쑥쑥 크는

한우의 교실

Grokking Simplicity

Original English language edition published by Manning Publications.
Copyright ⓒ 2021 by Manning Publications.
Korean edition copyright ⓒ 2022 by J-Pub Co., Ltd. All rights reserved.

쏙쏙 들어오는 함수형 코딩

1쇄 발행 2022년 4월 22일
3쇄 발행 2023년 3월 21일

지은이 에릭 노먼드
옮긴이 김은민
펴낸이 장성두
펴낸곳 주식회사 제이펍

출판신고 2009년 11월 10일 제406-2009-000087호
주소 경기도 파주시 회동길 159 3층 / **전화** 070-8201-9010 / **팩스** 02-6280-0405
홈페이지 www.jpub.kr / **원고투고** submit@jpub.kr / **독자문의** help@jpub.kr / **교재문의** textbook@jpub.kr

소통기획부 김정준, 이상복, 송영화, 권유라, 송찬수, 박재인, 배인혜
소통지원부 민지환, 이승환, 김정미, 서세원 / **디자인부** 이민숙, 최병찬

진행 및 교정·교열 송영화 / **내지디자인** 이민숙 / **내지편집** 남은순
용지 신승지류유통 / **인쇄** 해외정판사 / **제본** 일진제책사

ISBN 979-11-91600-75-9 (93000)
값 35,000원

제이펍은 독자 여러분의 아이디어와 원고 투고를 기다리고 있습니다. 책으로 펴내고자 하는 아이디어나 원고가 있는 분께서는 책의 간단한 개요와 차례, 구성과 저(역)자 약력 등을 메일(submit@jpub.kr)로 보내주세요.

쏙쏙 들어오는

함수형 코딩

Grokking Simplicity

심플한 코드로
복잡한 소프트웨어
길들이기

에릭 노먼드 지음 / 김은민 옮김

Jpub
제이펍

차례

CHAPTER 1 | 쏙쏙 들어오는 함수형 코딩에 오신 것을 환영합니다　1

CHAPTER 2 | 현실에서의 함수형 사고　17

PART I │ 액션과 계산, 데이터

CHAPTER 3 │ 액션과 계산, 데이터의 차이를 알기   31

CHAPTER 4 │ 액션에서 계산 빼내기   61

CHAPTER 5 | 더 좋은 액션 만들기   87

CHAPTER 6 | 변경 가능한 데이터 구조를 가진 언어에서 불변성 유지하기 109

CHAPTER 7 | 신뢰할 수 없는 코드를 쓰면서 불변성 지키기   147

CHAPTER 8 | 계층형 설계 I   167

CHAPTER 9 | 계층형 설계 II — 201

CHAPTER 13 | 함수형 도구 체이닝   317

CHAPTER 16 | 타임라인 사이에 자원 공유하기　　　　441

함수형 프로그래밍은 몇 년 전부터 개발자들에게 많은 관심을 받아왔습니다. 저도 비슷한 시기에 폴 그레이엄이 쓴 《해커와 화가》라는 책을 읽고 함수형 프로그래밍 언어인 리스프를 배웠습니다만 리스 프를 실제 업무에 쓸 수 없어 아쉬웠습니다. 그래서 업무에서 쓸 수 있는 리스프가 있는지 찾아보다 클로저라는 프로그래밍 언어를 알게 되었습니다. 클로저는 자바 가상 머신 환경에서 동작하는 리스프 의 한 종류이기 때문에 기존 자바 라이브러리를 모두 사용할 수 있었고 업무에서 쓸 수 있다는 자신감 이 생겼습니다. 클로저로 서비스를 할 수 있는 회사를 찾아봤고 운 좋게 개방적인 문화를 가지고 있는 회사와 동료들을 만나 클로저로 일을 할 수 있었습니다. 클로저로 대규모 서비스를 개발하고 운영하면 서 함수형 프로그래밍도 실제 동작하는 서비스에 쓸 수 있다는 확신을 가졌습니다. 또 함수형 프로그 래밍 언어인 클로저를 사용하면서 저절로 더 좋은 코드를 만들 수 있게 되었는데, 불변 데이터 구조를 사용하면서 변경 가능한 상태로 인한 버그가 생기지 않아 좋았습니다. 또 언어에서 제공하는 다양한 함수 조합 기능을 사용하기 위해 부수 효과가 있는 함수를 분리하자 테스트하기 좋은 코드가 되었습니 다. 이러한 점들 때문에 이제 함수형 프로그래밍을 하지 않는 코드는 상상하기 어려워졌습니다.

어떻게 하는 것이 함수형 프로그래밍을 하는 걸까요? 많은 함수형 프로그래밍 자료에서 함수형 프로 그래밍은 부수 효과가 없는 순수한 함수로 프로그래밍을 해야 한다고 말합니다. 어떤 자료들은 부수 효과가 전혀 없다고 가정한 상태로 설명하기도 합니다. 하지만 입력도 없고 출력도 없는 소프트웨어는 아무런 의미가 없습니다. 그래서 함수형 프로그래밍을 하려면 부수 효과를 처리하는 방법을 알아야 합니다. 부수 효과를 처리한다는 말은, 없앨 수 있는 부수 효과는 없애고 필요한 부수 효과는 잘 두는 것을 말합니다.

그럼 클로저나 스칼라, 하스켈과 같은 함수형 프로그래밍 언어를 사용하기만 하면 함수형 프로그래밍 을 한다고 말할 수 있을까요? 절반만 그렇다고 할 수 있습니다. 클로저나 스칼라, 하스켈과 같은 함수 형 프로그래밍 언어들은 기본적으로 불변형 데이터 구조를 지원합니다. 불변형 데이터 구조를 사용하면 전역변수를 읽고 쓰는 것과 같은 부수 효과가 없습니다. 하지만 입출력과 같은 부수 효과는 여전히 남아있습니다. 하스켈 개발자가 아닌 사람들은 하스켈과 같은 순수 함수형 언어는 부수 효과마저 순수한 함수로 표현하기 때문에 부수 효과가 없다고 오해하기도 합니다. 하지만 부수 효과를 단지 미루는 것뿐이고 결국 부수 효과는 발생합니다. 부수 효과가 없는 소프트웨어는 의미가 없기 때문입니다.

이 책은 함수형 개발자들이 부수 효과를 다루는 방법에 대해 많이 설명하고 있습니다. 부수 효과가 있는 함수인 액션과 부수 효과가 없는 함수인 계산을 잘 분리하는 방법을 설명합니다. 불변형 데이터 구조를 만들어 전역변수와 같은 부수 효과를 없애는 방법을 설명하고, 입출력과 같은 부수 효과를 순수 함수와 분리하는 방법을 배울 수 있습니다. 또 필요한 부수 효과와 그렇지 않은 함수를 설계의 관점에서 어떻게 구성하는 것이 좋을지도 설명하고, 동시성에 대한 문제도 다룹니다. 만약 동시에 진행하는 작업이 같은 자원을 공유한다면 문제가 생길 수 있습니다. 이 책에서는 이러한 문제를 함수형 프로그래밍의 관점에서 어떻게 해결하는 것이 좋은지 다룹니다. 마지막으로 함수형 프로그래밍과 잘 어울리는 아키텍처에 대해 설명합니다.

이 책은 더 좋은 소프트웨어를 개발하고 싶은 사람에게 많은 영감을 줍니다. 반드시 함수형 프로그래밍을 하지 않더라도 여기서 배운 내용은 좋은 소프트웨어를 만들기 위한 훌륭한 지식이 될 것이라고 확신합니다.

번역을 하면서 저자가 전달하려고 하는 말을 우리말로 쉽게 옮기려고 노력했습니다. 하지만 첫 번역이라 미숙해 어려움이 많았습니다. 전문 번역가들의 이야기와 편집자의 코멘트가 없었다면 완성하기 힘들었을 것 같습니다. 꼼꼼히 체크해 주신 송영화 편집자님과 좋은 책을 우리글로 알릴 수 있는 기회를 주신 장성두 대표님에게 감사드립니다. 그리고 함수형 프로그래밍의 첫 시작을 함께해 주신 곽윤도 님과 이민선 님에게도 감사드립니다. 마지막으로 항상 곁에서 응원해 주신 사랑하는 아내 정은하 님에게 감사드립니다.

For lambda calculus!

김은민 드림

이현수(유노믹)

이 책에서 배우는 내용은 분명 함수형 프로그래밍에서 강조되는 부분이긴 하지만, 제가 함수형 프로그래밍 개념을 알기 전부터 코드를 작성하는 습관 중 한 부분이었습니다. 그것을 액션, 계산, 데이터라는 용어로 환원하여 쉽게 설명함으로써 개념이 더 확실해지는 느낌을 받았습니다. 이 책은 함수형 프로그래밍 언어의 사용 여부와 무관하게 모든 프로그래머에게 도움이 되는 지혜를 담고 있기에 많은 분이 읽어보고 도움받으면 좋겠습니다.

 최인주(백엔드 개발자)

이 책은 실생활의 예를 통해 함수형 프로그래밍에 쉽게 입문할 수 있도록 도와줍니다. 이론에서 배운 내용을 연습 문제를 통해 코드로 직접 작성해 볼 수 있도록 구성되어 있습니다. 특히 함수형으로 리팩터링하는 과정에 대해 단계별로 설명하여 어려움 없이 따라 해 볼 수 있고, 리팩터링된 코드를 통해 함수형 프로그래밍의 이점을 살펴볼 수 있습니다. 마지막 장에서는 익혔던 이론을 실제로 적용할 수 있는 훈련법과 여러 함수형 언어들을 소개하여 더욱 도움이 되었습니다.

 양성모(현대오토에버)

이 책은 특정 언어에 한정되지 않는 포괄적인 함수형 프로그래밍 개념을 설명하고 있습니다. 실제 있을 법한 시나리오가 많아 실무에 함수형 프로그래밍을 도입하고자 할 때 더 도움이 될 것 같습니다. 특히 가끔가다 오류가 발생하는 비동기 프로그램을 겪어본 분이라면 꼭 이 책을 읽어 보면 좋을 것 같습니다.

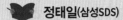 **정태일(삼성SDS)**

함수형 프로그래밍을 통해 코드를 리팩터링하고 견고한 프로그램을 설계 및 구현할 수 있는 힘을 길러줍니다. 특히 타임라인 다이어그램을 활용해서, 분명히 문제가 있지만 개발 및 테스트 단계에서는 재현이 어려운 버그를 찾아내는 방법은 많은 개발자에게 큰 도움이 될 것으로 생각합니다.

황시연(소프트웨어 개발자)

함수형 언어의 전반적인 틀을 잡을 수 있는 책입니다. 특정 언어에 종속되지 않고 소프트웨어 설계를 중심으로 설명하고 있습니다. 설명은 각 장의 이론을 바탕으로 순서도를 통해 풀어서 설명합니다. 또한, 코드를 수정하기 전과 후를 나눠서 왜 바꾸었고 어떤 점이 개선됐는지 자바스크립트로 상세하게 알려줘 함수형 언어의 개념을 보다 빠르게 익힐 수 있습니다.

김호준(한국오픈솔루션)

함수형 프로그래밍을 다루지만 그 내부는 '구리지 않은 코드를 작성'하거나 '이미 구린 코드'를 개선하는 내용을 다루고 있습니다. 코드 개선에 목말라 있는 모든 분들에게 가치 있는 책이라고 생각합니다. 무엇보다 실용적인 측면에서 함수형 프로그래밍을 다루고 있는 부분이 좋았고, 특히 재귀에 대한 설명 부분이 인상 깊었습니다. 실무에서도 도움받을 수 있는 내용이 많으니 참고하기 바랍니다.

김용현(Microsoft MVP)

함수형 프로그래밍을 작성하는 데 필요한 기본 마음가짐에 대해 안내해 줍니다. 입문자에게는 코드를 구성하는 이디엄 및 설계 방법을, 숙련자에게는 생각하는 대로 개발하는 습관을 고치는 기회가 될 것입니다. 비단 함수형 프로그래밍 개념뿐만 아니라 절차형에서의 멀티스레드, 동시성 개념을 가미해 작성하도록 하여 코드의 경쟁력을 높이는 데 크게 기여할 것입니다.

제이펍은 책에 대한 애정과 기술에 대한 열정이 뜨거운 베타리더의 도움으로
출간되는 모든 IT 전문서에 사전 검증을 시행하고 있습니다.

가이 스틸Guy Steele

저는 52년 넘게 프로그래밍을 했는데, 프로그래밍은 여전히 즐겁습니다. 새로운 문제에 도전하고 아직도 배울 것이 많기 때문입니다. 수십 년 동안 프로그래밍을 하면서 새로운 언어와 알고리즘, 코드를 구성하는 기술들을 배우면서 제 프로그래밍 스타일도 많이 바뀌었습니다.

제가 프로그래밍을 처음 배운 1960년대에는 코드를 만들기 전에 순서도를 그리는 것이 일반적이었습니다. 계산은 사각형으로, 조건문은 다이아몬드로, 입출력은 다른 도형으로 표시했습니다. 그리고 실행 흐름은 화살표로 표시했습니다. 프로그래밍은 단순히 순서도를 코드로 옮기는 일이었습니다. 순서도에서 화살표가 다음 상자를 가리키면 코드 위치와 상관없이 제어권을 넘기기 위해 goto 문을 작성했습니다. 그래서 스파게티 코드가 되는 경우가 많았습니다. 당시에는 '스파게티 코드'가 이해하기 어렵다는 이야기와 유지보수를 잘할 수 있는 방법에 대한 논의가 정말 많았습니다.

1970년대 초반 구조적 프로그래밍structured programming이라고 하는 개념이 많이 회자되었습니다. 구조적 프로그래밍은 제 프로그래밍 스타일에 처음으로 큰 영향을 줬습니다. 그 당시 커뮤니티에서 논의되던 구조적 프로그래밍의 중요한 핵심은 **두 가지**였습니다. 모두 **흐름 제어 구조**organizing control flow에 관한 내용이었습니다. 흐름 제어를 단순한 패턴으로 만들자는 것이 가장 유명해진 내용입니다. 순차적 실행과 if-then-else, switch 같은 다양한 방법으로 분기하는 구문, for 및 while과 같은 반복적 실행을 위한 구문들입니다. 'goto 문을 몰아내자!'라는 슬로건 아래 너무 과하게 단순화하는 경우도 있었지만, 이 패턴을 일관되게 사용한다면 실제로 goto 문을 사용할 일이 거의 없다는 것이 핵심이었습니다. 구조적 프로그래밍의 두 번째 핵심 개념은 덜 유명하지만 중요한 개념이었습니다. 중첩할 수 있는 블록으로 순차적으로 실행되는 구문을 나눌 수 있었습니다. 또 제어권을 비지역non-local 범위로 넘길 수 있어서 블록에서 블록 끝으로 가거나continue 블록 밖으로 나갈break 수 있었습니다. 하지만 블록 안으로 들어올 수는 없었습니다.

구조적 프로그래밍 개념을 처음 접했을 때 구조적 프로그래밍 언어를 쓰지는 않았습니다. 대신 쓰고 있던 포트란Fortran 코드를 구조적 프로그래밍 개념에 맞춰 조금씩 고쳤습니다. 어떤 경우에는 구조적 프로그래밍 언어의 컴파일러가 기계어로 바꾸는 것처럼 저수준의 어셈블리어를 써야 했습니다. 이런 원칙을 지키면 프로그램을 더 쉽게 만들 수 있고 유지보수도 잘할 수 있다는 것을 알았습니다. goto 문이나 분기문을 완전히 없애지는 못했지만, 항상 일관된 패턴을 만들어 썼기 때문에 코드가 명확하고 읽기 쉬웠습니다.

포트란으로 코드를 작성할 때는 모든 변수를 프로그램 상단에 미리 선언해야 했고, 변수 선언 이후에 실행할 코드를 작성했습니다. 코볼COBOL 언어는 변수 선언을 더 엄격하게 제한해서, 모든 변수는 언어에서 지정된 공간인 '데이터 영역'이라는 곳에 정의해야 했습니다. 실제로 데이터 영역은 'DATA DIVISION'이라는 구문을 사용했고, 또 실행할 코드는 'PROCEDURE DIVISION'이라는 구문 이후에 작성했습니다. 포트란의 모든 변수는 코드의 어떤 곳에서도 접근할 수 있었기 때문에 어떤 변수를 어디에서 쓰는지 파악하기 힘들었습니다.

두 번째로 제 프로그래밍 스타일에 큰 영향을 준 개념은 '객체 지향 프로그래밍object-oriented programming' 이었습니다. 객체 지향 프로그래밍은 객체와 클래스, '정보 은닉information hiding', '추상 데이터 타입 abstract data type'에 대한 초기 개념을 정리했습니다. 생각해 보면 객체 지향 프로그래밍의 핵심은 두 가지였는데, 모두 **데이터 접근 구조**organizing access to data에 관한 내용이었습니다. 객체 지향 프로그래밍의 첫 번째 핵심 개념은 모든 변수가 어떤 구조에 '캡슐화encapsulated'되거나 '포함contained'된다는 것입니다. 코드의 특정 부분에서만 변수에 접근할 수 있기 때문에 코드를 관리하고 읽기 쉬워집니다. 프로그램 가장 위에 변수를 선언하지 않고 블록 안에 로컬 변수를 선언하거나 클래스(또는 모듈)의 메서드 (모듈에 있는 프로시저)만 접근할 수 있도록 안전하게 변수를 선언할 수 있었습니다. 클래스나 모듈에 있는 변숫값이 변경되면 관련된 변수가 함께 변경되도록 메서드 또는 프로시저를 만들기 때문에 변수들의 집합이 일관된 속성을 따르게 할 수 있습니다. 객체 지향 프로그래밍의 두 번째 핵심 개념은 상속 inheritance입니다. 상속은 단순한 클래스에 변수나 메서드를 추가하거나 메서드를 재정의해서 더 복잡한 객체를 만드는 것을 의미합니다. 상속도 캡슐화가 있기 때문에 가능한 것입니다.

객체와 추상 데이터 타입에 대해 많이 배웠지만 당시 주로 사용하던 리스프Lisp는 객체 지향 언어가 아니었습니다. 하지만 리스프로 허용된 메서드(리스프 함수)만 데이터 구조에 접근하도록 만드는 것은 어렵지 않았습니다. 데이터 접근 구조에 대한 개념에 집중했기 때문에 객체 지향 언어를 사용하지 않아도 장점들을 얻을 수 있었습니다.

다음으로 프로그래밍 스타일에 큰 영향을 준 개념은 '함수형 프로그래밍functional programming'이었습니다. '부수 효과side effect를 없애라!'라는 슬로건 때문에 너무 단순하게 생각할 수도 있지만, 사실 함수형 프로그래밍은 **부수 효과 구성**organizing side effect에 관한 내용입니다. 부수 효과를 잘 관리해서 코드의 **아무 곳**에나 있지 않도록 하는 것입니다. **이 책의 주제이기도 합니다.**

함수형 프로그래밍도 서로 연결된 두 가지 핵심 개념이 있습니다. 하나는 **계산**computation과 **액션**action을 구분하는 것입니다. 계산은 외부에 어떤 영향을 주지 않기 때문에 여러 번 실행해도 같은 결과를 돌려줍니다. 하지만 화면에 글씨를 표시하거나 로켓을 발사하는 것과 같은 액션은 실행할 때마다 다른 결과가 나올 수도 있습니다. 액션은 **부수 효과**를 가지고 있습니다. 코드에 어떤 부분에 부수 효과가 있고 어떤 부분이 '순수한 계산'인지 쉽게 구분할 수 있는 패턴으로 구성하면 프로그램을 쉽게 이해할 수 있습니다. 이 패턴은 단일 스레드(순차적 실행)에서 실행하는 경우와 다중 스레드(동시 실행)에서 실행하는 경우로 나눌 수 있습니다.

함수형 프로그래밍의 두 번째 핵심 개념은 배열, 리스트, 데이터베이스와 같은 컬렉션을 하나씩 처리하지 않고 '한 번에' 처리한다는 개념입니다. '한 번에' 처리하기 위해서는 컬렉션 항목에 외부에 영향을 주는 부수 효과가 없어야 합니다. 항목이 독립적일 때 가장 효과적입니다. 이 개념은 첫 번째 개념인 계산과 액션의 구분이 있어야 동작하는 개념입니다.

저는 1995년 자바Java 프로그래밍 언어의 첫 번째 스펙을 작성하는 데 참여했습니다. 그리고 다음 해에 자바스크립트JavaScript 표준(ECMAScript 표준)을 작성하는 데 도움을 줬습니다. 둘 다 객체 지향 언어라고 할 수 있습니다. 자바에는 전역변수가 없고 모든 변수는 클래스나 메서드 안에 정의합니다. 또 두 언어에는 goto 문이 없습니다. 언어를 설계한 사람이 구조적 프로그래밍 운동에 대해 성공적이었다고 생각했기 때문에 goto 문을 없앴습니다. 수많은 개발자들이 요즘도 goto 문이나 전역변수 없이 프로그래밍을 잘하고 있습니다.

함수형 프로그래밍은 어떨까요? 하스켈Haskell과 같이 대중적인 순수 함수형 프로그래밍이 있습니다. 하스켈로 화면에 글씨를 표시하거나 로켓을 발사할 수 있지만, 이런 부수 효과를 사용하려면 매우 엄격한 원칙을 따라야 합니다. 그중 하나는 어떤 일이 생기는지 확인해 보기 위해 코드 중간중간 print 구문을 쓸 수 없다는 것입니다.

순수 함수형 언어가 아니지만 자바나 자바스크립트, C++, 파이썬과 같은 언어에 대해서도 함수형 프로그래밍 개념을 사용해 프로그래밍을 더 쉽게 할 수 있습니다. 부수 효과를 다루는 원칙을 이해하면 **어떤** 프로그래밍 언어를 사용하더라도 함수형 프로그래밍의 개념을 적용할 수 있습니다. 바로 이 책, 《쏙쏙 들어오는 함수형 코딩》에서 부수 효과를 다루는 원칙을 확인할 수 있습니다. 내용이 많다고 생각할 수도 있지만, 실제 사례와 친절한 설명이 많이 있어 쉽게 읽을 수 있습니다. 저도 코드에 적용할 수 있는 몇 가지 개념을 배웠고 정말 재밌게 읽었습니다. 여러분도 이 책과 함께 즐거운 시간이 되길 바랍니다!

제시카 커 Jessica Kerr(Jessitron, LLC)

프로그래밍을 처음 배울 때 내가 만든 프로그램이 어떻게 동작할지 예측할 수 있어 재밌었습니다. 제가 만든 프로그램은 단순했고 한 대의 컴퓨터(나만 사용하는)에서만 동작했습니다. 하지만 소프트웨어 개발을 좋아하는 것은 다른 이야기였습니다. 소프트웨어는 작지 않았고, 한 사람을 위해 만들지도 않았으며, 알 수 없는 여러 기기와 많은 프로세스에서 동작했습니다. 사람들과 협력해야 했고, 소프트웨어 지식이 없는 사람들과 조율해야 하는 경우도 많았습니다.

쓸모 있는 소프트웨어는 그렇게 단순하지 않습니다.

그럼, 개발자는 무엇을 해야 할까요?

60년 동안 함수형 프로그래밍 기술은 컴퓨터 과학자의 마음속에서 성장해 왔습니다. 연구자들은 일어나지 않을 일에 대해서 긍정적으로 말하는 것을 좋아합니다.

최근 10년 또는 20년 사이에 개발자들은 함수형 프로그래밍 기술을 비즈니스 소프트웨어에 도입하기 시작했습니다. 함수형 프로그래밍이 웹 애플리케이션의 특성과 잘 맞았기 때문에 이 시기는 함수형 프로그래밍을 도입하기 좋은 시기였습니다. 많은 앱이 분산되어 있고, 알 수 없는 컴퓨터에서 데이터가 다운로드되고, 수많은 사람들이 클릭을 합니다. 함수형 프로그래밍은 이러한 특성에 잘 맞습니다. 찾기 어려운 버그는 절대 일어나지 않습니다.

그러나 함수형 프로그래밍이 학계에서 비즈니스 소프트웨어로 넘어오는 과정은 쉽지 않았습니다. 하스켈이 일반화되어 있지 않은 상황에서 바로 함수형 프로그래밍을 업무에 적용할 수도 없습니다. 소프트웨어 개발은 통제할 수 없는 라이브러리와 런타임에 의존하며, 비즈니스 소프트웨어는 많은 시스템들과 상호작용합니다. 답을 찾기가 쉽지 않습니다. 레거시 코드를 함수형 프로그래밍으로 바꾸는 것에도 오랜 시간이 필요합니다.

저자는 우리를 위해 이러한 일을 떠맡았습니다. 함수형 프로그래밍을 철저하게 분석해서 도움이 될 만한 핵심을 찾아 우리에게 가져왔습니다.

정적 타입과 '순수한' 언어, 카테고리 이론은 모두 버렸습니다. 대신, 세상과 상호작용하는 코드와 변경 없는 데이터, 명확함을 위해 분리된 코드가 있습니다. 추상화를 적절한 단계로 유지하면서, 상태를 회피하는 것이 아니라 안전하게 유지하는 방법을 소개합니다.

저자는 코드를 이해하는 새로운 방법을 제시합니다. 새로운 다이어그램과 새로운 악취, 새로운 교육 방법들입니다. 모든 것은 함수형 프로그래밍에 대한 고민의 과정에서 나왔습니다. 생각을 명확하게 하는 나름의 방법과 새로운 도구들을 우리도 사용할 수 있도록 만들었습니다. 이 모든 것은 창의성에 도움이 될 것입니다.

내가 처음에 만들었던 간단한 프로그램은 세상에 도움이 되지 않았습니다. 쓸모 있는 소프트웨어는 절대 간단하지 않습니다. 하지만 더 단순하게, 그리고 세상과 상호작용하는 중요한 부분이 잘 관리되도록 만들 수 있습니다. 저자는 이러한 어려움을 해결해 줍니다.

이 책은 더 좋은 프로그래밍을 작성하도록, 나아가 더 좋은 소프트웨어를 개발하도록 하는 데 도움을 줄 것입니다.

머리말 ————————————————————————

저는 2000년 대학의 인공지능 수업에서 커먼 리스프Common Lisp로 함수형 프로그래밍을 처음 접했습니다. 리스프는 원래 익숙하던 객체 지향 언어와 많이 달라 처음에는 어색했습니다. 하지만 학기가 끝날 때쯤에는 많은 리스프 과제를 통해 익숙해졌고, 바로 그때가 함수형 프로그래밍을 처음 시작한 때였습니다.

그 후 몇 년 동안 함수형 프로그래밍을 더 많이 사용했습니다. 스스로 리스프를 만들어봤고 리스프에 대한 책도 많이 읽었습니다. 그러던 중 새로운 수업 과제를 통해 하스켈Haskell을 배우게 되었고, 2008년 마침내 클로저Clojure를 알게 되었습니다. 클로저는 제 인생 프로그래밍 언어였습니다. 50년 전통을 가진 리스프의 기능에 현대적이고 실용적인 형태를 가지고 있었습니다. 커뮤니티에는 계산, 데이터의 특성, 대규모 소프트웨어 시스템을 위한 실용적인 엔지니어링 지식들이 쏟아져 나왔습니다. 저는 모든 것을 소화하여 클로저에 대한 블로그를 만들었다가 결국 클로저를 가르치는 회사를 만들었습니다.

하스켈에 대한 이해도도 높아지고 있었습니다. 저는 몇 년 동안 하스켈을 업무에서 사용했습니다. 하스켈은 클로저와 비슷한 점이 많지만 많이 다릅니다. 클로저와 하스켈이 공통적으로 가지고 있는 **함수형 프로그래밍**functional programming을 어떻게 정의할 수 있을까? 이 질문이 바로 이 책을 쓰게 된 이유입니다.

첫 번째 개념은 함수형 프로그래밍 패러다임의 중요한 부분으로, 액션과 계산, 데이터를 구분하는 것이었습니다. 함수형 개발자에게 물어보면 함수형 프로그래밍을 하는 데 이러한 구분이 반드시 필요하다는 것에 동의할 것입니다만, 이 구분이 패러다임을 정의할 수 있다고 생각하는 사람은 별로 없을 것입니다. 저는 이것이 인지 부조화라고 생각했습니다. 사람들은 배운 대로 가르치는 경향이 있습니다. 그래서 저는 이런 인지 부조화가 사람들이 함수형 프로그래밍을 배울 수 있는 새로운 방법이 될 수 있을 것이라고 생각했습니다.

이 책을 쓸 때 여러 번 초안을 작성했습니다. 이론적인 것도 있었고, 인상적인 함수형 기능을 보여주는 것도 있었고, 너무 설교하려고만 하는 것도 있었고, 이야기로 풀어낸 것도 있었습니다. 하지만 결국 편집자의 코칭 덕분에 함수형 프로그래밍 기술을 모은 지금의 버전에 이르렀습니다. 기본적으로 함수형 프로그래밍에서 흔하게 사용하지만 다른 곳에서는 생소한 기술을 선택했습니다. 책의 방향이 결정되자 빠르게 글을 쓸 수 있었습니다. 함수형 프로그래밍 기술을 찾아 정리해 우선순위를 정하면 되었기 때문입니다.

이 책에서 모든 함수형 기술을 다루지는 않습니다. 함수형 프로그래밍은 적어도 60년은 되었습니다. 다뤄야 하지만 여유가 없어 다루지 못한 기술도 많이 있습니다. 이러한 생략에 반대 의견이 있을 수도 있겠으나, 이 책에서 다루는 기술들은 실제 함수형 개발자들이 중요하다고 생각하는 기술이라고 확신합니다. 또한 더 많은 기술로 나아가기 위한 계기가 되었으면 하며, 토론을 하거나 더 많은 것을 가르치기 위해 다른 저자들이 이 책의 기술을 사용하기를 바랍니다.

《쏙쏙 들어오는 함수형 코딩》의 목적은 전문 개발자들이 함수형 프로그래밍을 실용적인 대안으로 선택하도록 하는 데 있습니다. 어떤 개발자가 객체 지향 프로그래밍을 배우고 싶을 때, 초보자부터 전문가까지 볼 수 있는 객체 지향 프로그래밍에 대한 책은 많이 있습니다. 그런 책에는 기술을 배울 수 있는 패턴과 원칙, 연습 문제들이 있습니다. 하지만 함수형 프로그래밍에는 비슷한 자료가 없습니다. 주로 학문적인 책만 많이 있고, 그런 책은 실제 업무에 사용하기에 적당하지 않습니다. 그런 지식과 경험은 수많은 함수형 개발자의 마음속에 있습니다. 이 책이 다른 함수형 개발자들이 어렵게 쌓아온 기술을 책으로 펴낼 수 있는 시작이 되었으면 합니다.

감사의 글 ──────────────────────────

먼저 프로그래밍의 철학적, 과학적, 공학적 아이디어의 원천이 되어준 리치 히키Rich Hickey와 클로저 커뮤니티 전체에 감사드립니다. 이 책에서 많은 개념들이 클로저 사고방식에서 직접적으로 나왔다는 것을 잘 알 수 있을 것입니다.

가족들에게 감사드립니다. 특히 글을 쓰는 동안 격려와 인내, 사랑으로 지지해 주신 버지니아 메디닐라Virginia Medinilla, 올리비아 노먼드Olivia Normand와 이저벨라 노먼드Isabella Normand에게 감사드립니다. 또 처음부터 끝까지 아낌없이 조언해 주신 리즈 윌리엄스Liz Williams에게도 감사드립니다.

이 책에 관심을 가져 주신 가이 스틸Guy Steele과 제시카 커Jessi Kerr에게도 감사드립니다. 이 책의 내용을 있는 그대로 봐주셔서 감사합니다. 이 책의 목적을 잘 보셨다고 생각합니다. 추천사에서 개인적인 경험을 공유해 주신 것도 감사드립니다.

마지막으로 매닝 출판사 관계자 분들께 감사드립니다. 이 책이 완성될 수 있도록 많은 시간을 들여 열정적인 토론을 해 주신 버트 베이츠Bert Bates에게 감사드립니다. 더 좋은 선생님이 될 수 있도록 끊임없이 코칭하면서 이 책의 방향을 찾는 동안 기다려 주시고 지원해 주셔서 감사합니다. 함수형 프로그래밍이어서 더욱 어려웠을 것 같은데, 죄송합니다. 전체 프로젝트를 올바르게 진행시켜 주신 제니 스타우트Jenny Stout에게 감사드립니다. 또 멋지게 책을 디자인해 주신 제니퍼 홀Jennifer Houle에게도 감사드립니다. 그리고 매닝 관계자 여러분들에게도 모두 감사드립니다. 이 책이 여러 가지로 어려웠다는 것을 잘 압니다.

다음은 리뷰어 분들입니다. 마이클 아이딘바스Michael Aydinbas, 제임스 벨키James J. Byleckie, 하비어 콜라도Javier Collado, 테오 데스푸디스Theo Despoudis, 페르난도 가르시아Fernando García, 클라이브 하버Clive Harber, 프레드 히스Fred Heath, 콜린 조이스Colin Joyce, 올리버 코르텐Oliver Korten, 조엘 루카Joel Luukka, 필립 메찬트Filip Mechant, 브라이언 밀러Bryan Miller, 올란도 멘데스Orlando Méndez, 나가 파반

쿠마르Naga Pavan Kumar T., 롭 파체코Rob Pacheco, 댄 포지Dan Posey, 안슈만 푸로히트Anshuman Purohit, 코너 레드몬드Conor Redmond, 에드워드 리베이루Edward Ribeiro, 데이비드 린크David Rinck, 아민 세이들 링Armin Seidling, 카이 스트롬Kaj Ström, 켄트 스필너Kent Spillner, 서지 사이먼Serge Simon, 리처드 터틀 Richard Tuttle, 이반 펠리조트Yvan Phelizot와 그레그 라이트Greg Wright. 여러분의 제안 덕분에 이 책이 더 좋은 책이 될 수 있었습니다.

이 책에 대하여 ─────────────────

대상독자

《쏙쏙 들어오는 함수형 코딩》은 2~5년 정도의 경험을 지닌 개발자를 위한 책으로서 최소 하나 이상의 프로그래밍 언어를 알고 있을 것이라고 가정합니다. 이 책은 좀 더 크고 복잡한 시스템을 만들 때 도움이 될 것입니다. 이 책의 예제 코드는 읽기 쉽게 하기 위해 자바스크립트JavaScript로 작성했습니다. C나 C#, C++, 자바 같은 언어를 읽을 수 있다면 코드를 읽는 데 문제가 없을 것입니다.

이 책의 구성: 로드맵

이 책은 2개의 파트와 19개의 장으로 되어 있습니다. 각 파트에서 기본 기술에 대해 소개하고 기본 기술을 이해하기 위한 기술에 대해 자세히 알아봅니다. 각 파트는 함수형 프로그래밍 관점에서 설계와 아키텍처에 대한 결론으로 마무리합니다. 3장부터 시작하는 파트 I은 액션action과 계산calculation, 데이터data의 차이에 대해 소개합니다. 10장부터 시작하는 파트 II는 일급 값first-class value에 대한 개념을 소개합니다.

- 1장에서 이 책과 함수형 프로그래밍의 주요 개념을 소개합니다.
- 2장에서 이 책에서 소개하는 기술을 높은 수준으로 살펴봅니다.

파트 I: 액션과 계산, 데이터

- 3장에서 액션과 계산, 데이터를 구분하는 실용적인 기술로 파트 I을 시작합니다.
- 4장에서 코드를 계산으로 리팩터링하는 방법을 배웁니다.
- 5장에서 계산으로 바꾸지 못하는 액션을 개선하는 방법을 배웁니다.
- 6장에서 **카피-온-라이트**copy-on-write라는 중요한 불변성의 원칙에 대해 배웁니다.
- 7장에서 **방어적 복사**defensive copy라는 또 다른 불변성 원칙에 대해 배웁니다.

- 8장에서 계층이 의미하는 것에 따라 코드를 구성하는 방법을 소개합니다.
- 9장은 유지보수와 테스트, 재사용의 관점에서 계층을 분석하는 방법을 알아봅니다.

파트 II: 일급 추상first-class abstraction

- 10장은 일급 값first-class value의 개념으로 파트 II를 시작합니다.
- 11장은 함수를 리턴하는 함수가 가진 강력한 힘을 이해합니다.
- 12장은 배열을 반복하는 도구를 만들고 사용하는 방법을 보여줍니다.
- 13장은 12장에서 배운 도구로 복잡한 계산을 만들어 봅니다.
- 14장은 재귀를 소개하면서 함수형 도구로 중첩된 데이터를 다루는 방법에 대해 배웁니다.
- 15장은 코드가 어떻게 실행되는지 분석하기 위한 방법으로 타임라인 다이어그램의 개념을 소개합니다.
- 16장은 버그 없이 타임라인 사이에 안전하게 자원을 공유하는 방법에 대해 배웁니다.
- 17장은 버그를 없애기 위해 액션의 순서와 반복을 관리하는 방법을 보여줍니다.
- 18장은 함수형 프로그래밍으로 서비스를 구축할 수 있는 두 가지 아키텍처에 대한 논의로 파트 II를 마무리합니다.
- 19장은 이 책에 대한 회고와 더 읽을거리를 소개하면서 책을 마칩니다.

이 책은 처음부터 순서대로 읽는 것이 좋습니다. 각 장은 다음 장과 연결되어 있습니다. 연습 문제를 꼭 풀어 보세요. '생각해 보기' 연습 문제는 정답이 없는데, 여러분만의 의견을 만들기 위한 연습 문제입니다. 다른 연습 문제들은 정답이 있습니다. 연습 문제에는 현실적인 상황이 반영되어 있기 때문에 배운 기술을 연마하고 훈련하는 데 도움이 됩니다. 언제든지 책 읽기를 멈추세요. 혼자서 책을 읽고 함수형 프로그래밍을 마스터한 사람은 아무도 없습니다. 배운 것이 중요하다고 생각하면 책을 내려놓고 그 기술에 대해 더 깊이 빠져보세요. 여러분이 다시 준비가 되었을 때 이 책은 항상 거기에 있을 것입니다.

코드 정보

이 책에는 코드가 계속 나오는데, 최신의 모범 사례를 보여주는 것보다 명확한 스타일을 사용한 자바스크립트로 작성되었습니다. 함수형 프로그래밍은 반드시 자바스크립트로 해야 한다고 생각하지 않습니다. 사실 자바스크립트는 좋은 함수형 프로그래밍 언어가 아닙니다. 하지만 자바스크립트가 함수형 기능을 많이 가지고 있지 않기 때문에 함수형 프로그래밍을 가르치기 좋은 언어라고 생각합니다. 많은 함수형 개념을 직접 만들어 보면서 함수형 개념들을 깊이 이해할 수 있습니다. 그리고 하스켈이나 클로저에서 만들어 본 기능이 있다면 쉽게 쓸 수 있을 것입니다.

코드에서 텍스트 부분은 명확합니다. 텍스트에 한 줄로 표시되는 변수와 기타 구문들은 고정폭 글꼴을 사용해서 일반 텍스트와 구분했습니다. 코드 목록도 역시 고정폭 글꼴을 사용합니다. 어떤 코드는 이전 단계와 바뀐 것을 표시하기 위해 강조 표시를 했습니다. 최상위의 변수와 함수 이름은 잘 보이게 하기 위해 굵게 표시했습니다. 그리고 코드에서 주목해서 봐야 할 부분에 밑줄 표시를 했습니다.

이 책의 예제 코드는 출판사 웹 사이트에서 다운로드할 수 있습니다.

https://www.manning.com/downloads/2263

다른 온라인 자료

함수형 프로그래밍에 관한 온라인과 오프라인 자료는 너무 많아서 다 나열할 수 없습니다. 특별히 선택할 만한 고전도 없습니다. 저는 지역에서 함수형 프로그래밍 그룹을 찾기를 권합니다. 사람들에게 만나서 배우는 것이 가장 좋은 학습법이라고 생각합니다.

이 책과 관련된 추가 자료가 필요하다면 https://grokkingsimplicity.com 사이트를 참고하기 바랍니다.

쏙쏙 들어오는 함수형 코딩에 오신 것을 환영합니다

이번 장에서 살펴볼 내용

- 함수형 사고가 무엇인지 설명합니다.
- 다른 함수형 프로그래밍 책과 어떻게 다른지 알 수 있습니다.
- 함수형 프로그래머가 코드를 바라보는 특별한 방법을 알게 됩니다.
- 여러분이 이 책을 계속 볼지 말지 감을 잡을 수 있습니다.

이 장에서는 함수형 사고functional thinking가 무엇인지, 왜 함수형 사고가 더 좋은 소프트웨어를 만들려는 개발자에게 도움이 되는지 설명합니다. 그리고 많은 함수형 프로그래머가 경험으로 깨달은 두 가지 통찰을 통해 앞으로 배울 내용을 미리 살펴봅니다.

함수형 프로그래밍은 무엇인가요?

많은 개발자들이 함수형 프로그래밍이 무엇이고 어떤 경우에 쓰는 것이 좋을지 궁금해 합니다. 함수형 프로그래밍이 어디에 적합한지 콕 집어 말하기는 어렵습니다. 함수형 프로그래밍은 범용 프로그래밍 패러다임이기 때문에 어디서나 잘 쓸 수 있습니다. 하지만 이 책을 읽다 보면 함수형 프로그래밍이 더 잘 어울리는 곳을 찾을 수 있을 것입니다.

함수형 프로그래밍을 한마디로 설명하는 것은 어렵습니다. 함수형 프로그래밍은 넓은 분야에서 쓰고 있습니다. 학계나 산업 현장에서도 쓰고 있습니다. 하지만 많은 자료가 학계에서 만든 자료라 일반 개발자가 이해하기 어렵고 실용적이지 않습니다.

> 일반적인 함수형 프로그래밍 정의는 전혀 실용적이지 않아요.

《쏙쏙 들어오는 함수형 코딩》은 학문적인 내용을 주로 다루는 함수형 프로그래밍 책과 다르게 실무에서 쓸 수 있는 내용을 다룹니다. 이 책을 읽고 함수형 프로그래밍 기술을 실무에서 쓸 수 있었으면 합니다.

다시 질문으로 돌아가 함수형 프로그래밍이 무엇인지 알아봅시다. 함수형 프로그래밍에 대한 정의를 찾아보면 비슷한 내용이 나옵니다. 이 책이 말하려고 하는 내용을 알아보려면 함수형 프로그래밍의 정의에 대해 살펴봐야 합니다. 함수형 프로그래밍에 대한 정의를 찾아보면 아래와 비슷한 내용이 나옵니다. 아래 내용은 위키피디아에서 찾은 내용을 요약한 것입니다.

함수형 프로그래밍functional programming, FP, 명사

1. <u>수학 함수</u>를 사용하고 <u>부수 효과</u>side effect를 피하는 것이 특징인 프로그래밍 패러다임
2. <u>부수 효과</u> 없이 <u>순수 함수</u>pure function만 사용하는 프로그래밍 스타일

밑줄 친 내용을 살펴봅시다.

부수 효과는 함수가 리턴값 이외에 하는 모든 일을 말합니다. 예를 들어 메일 보내기나 전역 상태 수정하기 같은 일이 부수 효과입니다. 부수 효과는 함수를 부를 때마다 발생하기 때문에 문제가 될 수 있습니다. 어떤 경우에는 리턴값이 필요해서 불렀지만 의도하지 않게 부수 효과가 발생할 수 있습니다. 대부분의 함수형 프로그래머는 불필요한 부수 효과를 가능한 사용하지 않으려고 합니다.

순수 함수는 인자에만 의존하고 부수 효과가 없는 함수입니다. 인자에만 의존한다는 말은 같은 인자를 넣으면 항상 같은 결과를 돌려준다는 말입니다. 수학에서 함수도 그렇게 동작하기 때문에 우리

> 이런 것이 소프트웨어를 사용하는 근본적인 이유입니다!

> **부수 효과에는 다음과 같은 것이 있습니다.**
> - 이메일 보내기
> - 파일 읽기
> - 불빛을 깜빡이기
> - 웹 요청을 하기
> - 자동차에 브레이크 밟기

는 순수 함수를 **수학 함수**라고 볼 수 있습니다. 순수 함수는 다루기 쉽고 이해하기 쉽기 때문에 함수형 프로그래머들이 중요하게 생각합니다.

정의에 따르면 함수형 프로그래머는 항상 부수 효과를 피하고 **순수 함수**만 사용해야 할 것 같지만, 실제 함수형 프로그래머는 부수 효과와 순수하지 않은 함수를 사용합니다.

실용적인 측면에서 함수형 프로그래밍 정의의 문제점

앞에서 살펴본 함수형 프로그래밍의 정의는 학문적으로는 가치가 있을지 모르지만 실제 프로그래밍을 하는 개발자에게 큰 도움이 되지 않습니다. 앞에서 나온 정의를 다시 한번 살펴봅시다.

함수형 프로그래밍, 명사

1. 수학 함수를 사용하고 부수 효과를 피하는 것이 특징인 프로그래밍 패러다임
2. 부수 효과 없이 순수 함수만 사용하는 프로그래밍 스타일

이 내용은 실용적인 측면에서 세 가지 문제가 있습니다.

문제 1: 부수 효과는 필요합니다.

정의에 따르면 함수형 프로그래밍은 부수 효과를 피해야 하지만, 부수 효과는 소프트웨어를 실행하는 이유입니다. 이메일을 전송하지 않는 이메일 전송 소프트웨어가 무슨 의미가 있겠습니까? 정의에는 부수 효과를 완전히 쓰지 말라는 것처럼 되어 있지만 필요할 때는 써야 합니다.

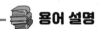 **용어 설명**

부수 효과란 함수에서 결괏값을 주는 것 외에 하는 행동을 말합니다.

순수 함수란 부수 효과 없이 결괏값이 인자에만 의존하는 함수를 말합니다.

문제 2: 함수형 프로그래밍은 부수 효과를 잘 다룰 수 있습니다.

함수형 프로그래머는 부수 효과가 실제로 필요하지만 문제가 될 수 있다는 것을 알기 때문에 부수 효과를 잘 다루기 위한 도구를 많이 알고 있습니다. 정의에는 **순수 함수**만 쓰라는 것처럼 되어 있지만, 함수형 프로그래머는 순수하지 않은 함수도 사용합니다. 그리고 순수하지 않은 함수를 잘 다룰 수 있는 기술이 많이 있습니다.

문제 3: 함수형 프로그래밍은 실용적입니다.

정의에서는 함수형 프로그래밍이 수학적이라 실제 소프트웨어 개발에서 사용하지 않는 것처럼 느껴집니다. 하지만 함수형 프로그래밍으로 잘 만들어진 좋은 소프트웨어가 많이 있습니다.

그래서 위 정의는 함수형 프로그래밍을 시작하려는 사람에게 혼란을 줍니다. 다음 페이지에서 위키피디아에서 함수형 프로그래밍의 정의를 보고 혼란스러워하는 관리자의 사례를 살펴봅시다.

함수형 프로그래밍 정의가 혼란스러운 관리자

열정적인 개발자인 제나가 이메일 전송 서비스에 함수형 프로그래밍을 쓰려고 합니다. 제나는 함수형 프로그래밍이 시스템 의존성을 개선하는 데 좋다는 것을 잘 알고 있습니다. 하지만 제나의 관리자는 함수형 프로그래밍이 무엇인지 몰라 위키피디아에서 검색해보기로 했습니다.

열정적인 개발자

위키피디아에는 '함수형 프로그래밍'에 대해 다음과 같이 적혀 있었습니다.

...부수 효과를 피하는 것이...

부수 효과라는 말도 처음 들어봐서 역시 구글링을 해봤습니다. 부수 효과에는 다음과 같은 것이 있습니다.

- 이메일 보내기

- ...

며칠 후에 ...

함수형 프로그래밍을 학문적 지식이 아닌 기술과 개념으로 보기

이 책에서는 일반적인 함수형 프로그래밍의 정의를 쓰지 않습니다. 함수형 프로그래밍은 많은 사람이 서로 다른 의미로 생각합니다. 또 학술적으로도 실용적으로도 많은 내용이 있습니다.

저는 다양한 함수형 프로그래머들과 함수형 프로그래밍의 장점에 대해 많은 이야기를 나눴습니다. 그 이야기들을 바탕으로 이 책에 서는 실제 함수형 프로그래밍을 쓰고 있는 프로그래머가 가진 기술과 생각의 흐름, 시각을 정리했습니다. 함수형 프로그래밍의 가장 실용적이고 중요한 개념만을 모아서 이 책을 만들었습니다.

《쏙쏙 들어오는 함수형 코딩》은 함수형 프로그래밍에 관한 학술적인 최신 연구 자료나 난해한 개념은 뺐습니다. 그래서 함수형 프로그래밍을 하기 위해 당장 쓸 수 있는 기술과 개념을 배울 수 있습니다. 이 책을 쓰면서 함수형 프로그래밍의 중요한 개념은 객체 지향 프로그래밍이나 절차적 프로그래밍을 가리지 않고 모든 프로그래밍 언어에서 쓸 수 있다는 것을 알았습니다. 함수형 프로그래밍의 진정한 아름다움은 코드 어느 곳에나 적용할 수 있는 유익한 내용이라는 점입니다.

그럼 이제 함수형 프로그래머들이 입을 모아 중요하다고 말하는 기술인 액션 action과 계산calculation, 데이터data 를 구분하는 일에 대해 살펴봅시다.

> 쏙쏙 들어오는 함수형 코딩은 실제 함수형 프로그래머들의 핵심 사례를 모아 정리했습니다.

액션과 계산, 데이터 구분하기

함수형 프로그래머는 직감적으로 코드를 세 분류로 나눕니다.

1. 액션

2. 계산

3. 데이터

아래는 어떤 코드에서 가져온 내용입니다. 별(*) 표시가 있는 코드를 주의해서 보세요.

별 표시가 있는 함수는 언제, 얼마큼 호출하는지가 중요하기 때문에 부를 때 신중해야 합니다. 중요한 이메일을 중복으로 보내거나 전송이 안 되는 것을 바라지는 않을 것입니다.

별 표시가 있는 코드를 **액션**이라고 부르겠습니다. 액션을 나머지 코드와 구분해 봅시다.

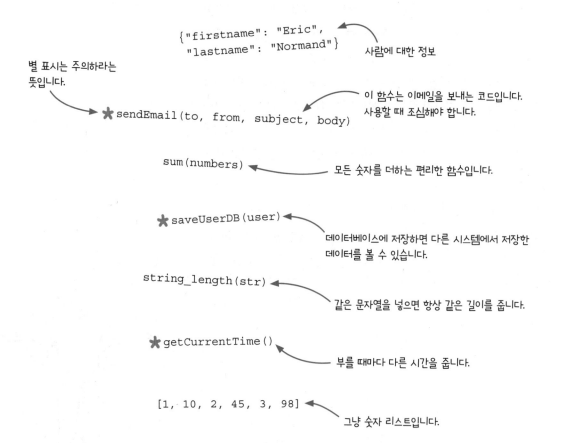

별 표시는 주의하라는 뜻입니다.

{"firstname": "Eric",
 "lastname": "Normand"}

사람에 대한 정보

* sendEmail(to, from, subject, body)

이 함수는 이메일을 보내는 코드입니다. 사용할 때 조심해야 합니다.

sum(numbers)

모든 숫자를 더하는 편리한 함수입니다.

* saveUserDB(user)

데이터베이스에 저장하면 다른 시스템에서 저장한 데이터를 볼 수 있습니다.

string_length(str)

같은 문자열을 넣으면 항상 같은 길이를 줍니다.

* getCurrentTime()

부를 때마다 다른 시간을 줍니다.

[1, 10, 2, 45, 3, 98]

그냥 숫자 리스트입니다.

함수형 프로그래머는 부를 때 조심해야 하는 코드를 구분합니다

선을 하나 긋고 호출하는 횟수나 호출하는 시점이 중요한 함수는 위로 올려봅시다.

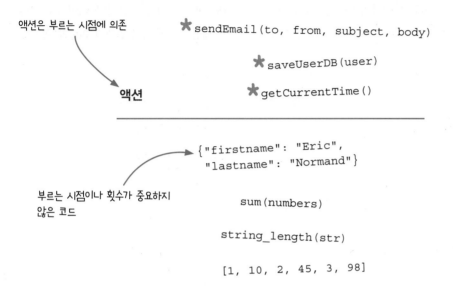

액션은 부르는 시점에 의존

액션

★ sendEmail(to, from, subject, body)

★ saveUserDB(user)

★ getCurrentTime()

{"firstname": "Eric",
 "lastname": "Normand"}

부르는 시점이나 횟수가 중요하지
않은 코드

sum(numbers)

string_length(str)

[1, 10, 2, 45, 3, 98]

방금의 분류는 매우 중요합니다. 액션(선 위쪽에 있는 코드)은 호출하는 시점과 횟수에 의존합니다. 그래서 호출할 때 조심해야 합니다.

반면 선 아래쪽에 있는 코드는 사용하기 쉽습니다. 예를 들어 sum 함수는 호출하는 시점이 중요하지 않습니다. 언제 호출해도 항상 같은 값을 주기 때문입니다. 호출하는 횟수 역시 중요하지 않습니다. 나머지 코드나 소프트웨어 외부에 영향을 주지 않기 때문에 여러 번 호출해도 상관없습니다.

다음으로 호출 가능 여부를 기준으로 코드를 나눌 수 있습니다. 새로운 선을 긋고 코드를 나눠 봅시다.

함수형 프로그래머는 실행하는 코드와
그렇지 않은 코드를 구분합니다

계산과 데이터를 나눌 새로운 선을 그어 봅시다. 계산이나 데이터는 둘 다 부르는 시점이나 횟수가 중요하지 않습니다. 계산과 데이터의 차이는 실행 여부에 있는데, 계산은 실행 가능하나 데이터는 그렇지 않습니다. 데이터는 정적이고 보이는 그대로 입니다. 하지만 계산은 실행하기 전까지 **어떻게 동작할 지 알 수 없습니다.**

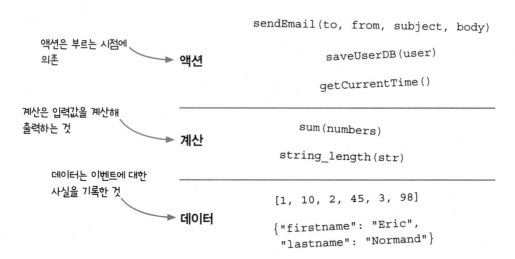

액션은 부르는 시점에 의존

액션

```
sendEmail(to, from, subject, body)

saveUserDB(user)

getCurrentTime()
```

계산은 입력값을 계산해 출력하는 것

계산

```
sum(numbers)

string_length(str)
```

데이터는 이벤트에 대한 사실을 기록한 것

데이터

```
[1, 10, 2, 45, 3, 98]

{"firstname": "Eric",
 "lastname": "Normand"}
```

액션과 계산, 데이터를 구분하는 것은 함수형 프로그래밍의 기본 개념입니다. 이런 구분이 중요하다는 것은 함수형 프로그래머 대부분이 동의할 것입니다. 많은 함수형 프로그래밍 기술과 개념은 코드를 액션과 계산, 데이터로 구분하는 것으로부터 시작합니다.

코드를 만들 때 액션과 계산, 데이터 모두 중요하기 때문에 모두 필요합니다. 하지만 액션과 계산, 데이터는 각각 장단점을 가지고 있기 때문에 잘 알고 적절하게 쓰는 것이 좋습니다. 일반적으로 액션 보다는 계산이 쓰기 쉽고 계산 보다는 데이터가 쓰기 쉽다고 생각합니다. 결과적으로 가장 쓰기 좋은 것은 데이터입니다.

중요한 내용이라 한번 더 강조하겠습니다. **함수형 프로그래머는 코드를 액션과 계산, 데이터로 구분합니다.** 이것이 함수형 프로그래밍의 핵심 개념입니다. 앞에서 언급한 것처럼 함수형 프로그래밍에는 이런 구분을 바탕으로 만든 기술과 개념이 많이 있습니다. 이 책의 파트 I에서 이런 기술과 개념들을 살펴보겠습니다.

> **함수형 프로그래머는 액션보다 계산을 좋아하고 계산보다 데이터를 좋아합니다.**

그럼 이제 간단한 업무 관리 서비스 예제를 통해 실제 서비스에서 어떻게 코드를 구분하는지 알아봅시다.

함수형 프로그래머는 액션과 계산, 데이터를 구분합니다

앞에서 액션과 계산, 데이터를 구분하는 것이 함수형 프로그래밍의 핵심 개념이라고 했습니다. 이렇게 구분하지 않으면 함수형 프로그래밍을 제대로 하기 어렵습니다. 앞에서 충분히 설명했지만 간단한 시나리오를 통해 더 자세히 알아봅시다.

프로젝트 관리를 위해 클라우드 서비스를 만든다고 생각해 봅시다. 여러 클라이언트가 작업 완료 표시를 하면 서버에서 이메일을 통해 알려주는 서비스입니다.

이 서비스에서 액션과 계산, 데이터는 어떤 것일까요? 함수형 프로그래머는 이 시나리오에서 동작을 어떻게 구분할까요?

1단계: 사용자가 작업 완료 표시를 함

이것은 UI 이벤트인데 실행 횟수에 의존하기 때문에 **액션**입니다.

2단계: 클라이언트가 서버로 메시지를 보냄

메시지를 보내는 것도 **액션**입니다. 그리고 메시지 자체는 나중에 서버에서 해석해야 하는 값이기 때문에 **데이터**입니다.

3단계: 서버가 메시지를 받음

메시지를 받는 것은 횟수에 의존하므로 **액션**입니다.

4단계: 서버가 데이터베이스를 변경

내부 상태를 바꾸는 것은 **액션**입니다.

5단계: 서버가 누구에게 알림을 보낼지 결정

결정하는 것은 **계산**입니다. 입력값이 같다면 서버는 항상 같은 결정을 내리기 때문입니다.

6단계: 서버가 이메일로 알림을 보냄

이메일 보내기는 **액션**입니다. 같은 메일을 한 번 보내는 것과 두 번 보내는 것은 다릅니다.

서버는 결정에 따라 이메일을 보냅니다. 이메일을 보내는 것은 **액션**입니다.

클라우드 서버는 여러 클라이언트에게 메시지를 받고 무엇을 해야 할지 결정합니다. 결정은 **계산**입니다.

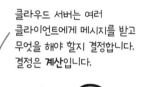

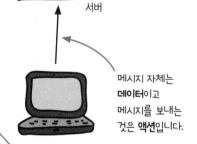

서버

메시지 자체는 **데이터**이고 메시지를 보내는 것은 **액션**입니다.

결정(**계산**)과 결정된 내용을 전송(**액션**)하는 것은 다릅니다.

위에서 구분한 방법이 잘 이해되지 않아도 좋습니다. 파트 I에서 코드를 구분하는 방법과 왜 그렇게 하는지 자세히 설명하겠습니다. 또 그렇게 구분하면 무엇이 좋은지 알아보겠습니다. 액션과 계산, 데이터를 구분하는 것이 이 책의 첫 번째 주제입니다.

함수형 프로그래밍에서는 코드를 세 가지로 분류합니다

각 분류가 어떤 특징을 갖고 있는지 살펴봅시다.

1. 액션

액션은 실행 시점이나 횟수 또는 둘 다에 의존합니다. 긴급한 메일을 오늘 보내는 것과 다음 주에 보내는 것은 완전히 다릅니다. 같은 메일을 10번 보내는 것과 한 번 보내는 것 또는 보내지 않는 것 역시 다릅니다.

2. 계산

계산은 입력값으로 출력값을 만드는 것입니다. 같은 입력값을 가지고 계산하면 항상 같은 결괏값이 나옵니다. 언제, 어디서 계산해도 결과는 같고 외부에 영향을 주지 않습니다. 계산은 테스트하기 쉽고 언제든지 몇 번을 불러도 안전합니다.

3. 데이터

데이터는 이벤트에 대해 기록한 사실입니다. 데이터는 실행하는 코드만큼 복잡하지 않기 때문에 다른 것과 구분됩니다. 알아보기 쉬운 속성으로 되어 있고 실행하지 않아도 데이터 자체로 의미가 있습니다. 또 같은 데이터를 여러 형태로 해석할 수 있습니다. 예를 들어 레스토랑에서 발행한 영수증 데이터가 있다고 합시다. 관리자는 이 데이터를 인기 있는 메뉴를 찾기 위해 쓸 수 있고, 고객은 외식비 지출 내역을 알아보기 위해 쓸 수 있습니다.

액션

각 분류에 해당하는 함수형 프로그래밍 도구가 있습니다.

- 시간이 지남에 따라 안전하게 상태를 바꿀 수 있는 방법
- 순서를 보장하는 방법
- 액션이 정확히 한 번만 실행되게 보장하는 방법

계산

- 정확성을 위한 정적 분석
- 소프트웨어에서 쓸 수 있는 수학적 지식
- 테스트 전략

데이터

- 효율적으로 접근하기 위해 데이터를 구성하는 방법
- 데이터를 보관하기 위한 기술
- 데이터를 이용해 중요한 것을 발견하는 원칙

> 이렇게 분류하는 것이 함수형 사고를 배우기 위한 시작입니다. 앞으로 더 많은 것을 배워 봅시다.

액션, 계산, 데이터를 구분하면 어떤 장점이 있나요?

함수형 프로그래밍은 요즘 유행하는 분산 시스템에 잘 어울립니다.

요즘 함수형 프로그래밍이 유행입니다. 반짝하고 사라질지 아니면 본질적인 것으로 남을지 아는 것이 중요합니다.

함수형 프로그래밍은 단순한 트렌드가 아닙니다. 오랫동안 쌓아온 수학 지식을 기반으로 하는 가장 오래된 프로그래밍 패러다임입니다. 최근 들어 인터넷과 전화, 노트북, 클라우드 서버와 같은 기기가 확산되면서 네트워크 통신을 하는 복잡한 소프트웨어가 필요하게 되었고, 그런 이유로 함수형 프로그래밍이 다시 각광받게 되었습니다.

여러 컴퓨터가 네트워크를 통해 통신하기 시작하면 소프트웨어가 복잡해집니다. 처리해야 할 메시지는 순서가 섞일 수 있고 중복되기도 하고 유실되기도 합니다. **시간에 따라 바뀌는 값을 모델링**할 때 동작 방법을 이해하는 것은 중요하지만 쉽지 않습니다. 실행 시점이나 횟수에 의존하는 코드를 없애면, 코드를 더 쉽게 이해할 수 있고 심각한 버그를 막을 수 있습니다.

데이터와 계산은 실행 시점이나 횟수에 의존하지 않습니다. 그래서 코드를 데이터와 계산으로 바꿀수록 분산 시스템에서 생기는 여러 가지 문제를 해결할 수 있습니다.

액션은 실행 시점과 횟수에 의존하기 때문에 여전히 문제가 되지만, 코드 전체에 영향을 주지 않도록 격리시키면 됩니다. 또 분산 시스템이 아무리 불확실성을 가지고 있다고 해도 액션을 안전하게 다룰 수 있는 기술이 있기 때문에 안심할 수 있습니다. 그리고 코드의 많은 부분을 액션에서 계산으로 옮기면 결과적으로 액션도 다루기 쉬워집니다.

분산 시스템 규칙 3가지

1. 메시지 순서가 바뀔 수 있다.
2. 메시지는 한 번 이상 도착할 수도 있고 도착하지 않을 수도 있다.
3. 응답을 받지 못하면 무슨 일이 생겼는지 알 수 없다.

분산 시스템이 되면 모든 것이 복잡해집니다.

다른 함수형 프로그래밍 책과 다른 점

이 책은 소프트웨어 엔지니어링 관점에서 실용적으로 썼습니다.

함수형 프로그래밍은 주로 학계에서 많이 논의되고 있습니다. 연구자들이 어떤 이론을 발견하기 위해 이런 논의를 주도하고 있습니다. 그러나 실제로 사용하는 것은 다른 문제입니다.

많은 함수형 프로그래밍 책이 학술적인 측면을 다루고 있습니다. 예를 들어 재귀나 CPScontinuation-passing style 같은 내용을 다룹니다. 하지만 이 책은 다릅니다. 《쏙쏙 들어오는 함수형 코딩》은 실제 함수형 프로그래머가 경험한 내용을 바탕으로 실용적인 내용을 다룹니다. 이론 역시 중요하지만, 실제 동작하는 소프트웨어에 쓸 수 있어야 한다는 것을 목표로 합니다.

실제 있을 법한 시나리오로 설명합니다.

이 책은 피보나치Fibonacci나 합병 정렬merge sort 같은 내용은 다루지 않습니다. 대신 실무를 하면서 일어날 수 있는 상황을 예로 들어 설명합니다. 그래서 기존에 있던 코드나 새로 만들려는 코드 또는 아키텍처 같은 곳에 함수형 사고를 적용합니다.

소프트웨어 설계를 중심으로 설명합니다.

문제가 작다면 좋은 해답을 쉽게 찾을 수 있습니다. FizzBuzz* 같은 코드를 짤 때 아키텍처 같은 것은 신경 쓰지 않아도 됩니다. 하지만 규모가 큰 소프트웨어를 만들 때는 설계 원칙 같은 것이 필요합니다.

많은 함수형 프로그래밍 책이 설계가 필요 없는 작은 프로그램만 다루기 때문에 설계에 대한 설명이 부족했습니다. 하지만 실제로 유지보수를 잘하기 위해서는 좋은 시스템 아키텍처가 있어야 합니다. 이 책은 짧은 코드부터 완성된 애플리케이션처럼 큰 코드까지 각 코드 규모에 따른 함수형 설계 원칙을 설명합니다.

함수형 프로그래밍의 풍부함을 배울 수 있습니다.

함수형 프로그래머들은 1950년대부터 기술과 원칙을 쌓아 왔습니다. 컴퓨팅에 있어서 많은 것이 변했지만 함수형 프로그래밍은 시간이 지나도 건재합니다. 그 어느 때보다 지금, 함수형 사고가 필요한 이유에 대해 자세히 알아봅니다.

특정 함수형 프로그래밍 언어에 종속적이지 않습니다.

많은 함수형 프로그래밍 책이 특정 함수형 언어의 기능을 가지고 설명합니다. 하지만 그런 책은 다른 언어를 쓸 때 적용할 수 있는 내용이 많지 않습니다.

---

* [옮긴이] 1부터 순서대로 숫자를 쓰다가 3으로 나누어 떨어지는 숫자는 Fizz, 5로 나누어 떨어지는 숫자는 Buzz, 3과 5로 나누어 떨어지는 숫자는 FizzBuzz로 표시하는 문제

이 책은 함수형 프로그래밍을 자바스크립트로 설명합니다. 자바스크립트는 함수형 프로그래밍을 **하기** 좋은 언어는 아니지만 함수형 프로그래밍을 하기에 부족하기 때문에 함수형 프로그래밍을 **가르치기** 좋은 언어입니다. 왜냐하면 부족한 기능으로 인해 그 문제를 어떻게 해결할지 생각해봐야 하기 때문입니다.

자바스크립트를 쓴다고 해서 이 책이 자바스크립트로 함수형 프로그래밍을 가르치는 책은 아닙니다. 그래서 이 책을 볼 때 언어보다 개념에 좀 더 초점을 맞추는 것이 좋습니다.

예제 코드도 개념을 명확하게 전달하는 것을 목표로 하기 때문에 코드 형식에 너무 신경 쓰지 않는 것이 좋습니다. C나 자바, C#, C++ 같은 언어를 읽을 수 있다면 예제 코드를 읽기 충분합니다.

함수형 사고가 무엇인가요?

함수형 사고는 함수형 프로그래머가 소프트웨어 문제를 해결하기 위해 사용하는 기술과 생각을 말합니다. 여러 가지 기술과 생각이 있지만 그 중 함수형 프로그래밍에서 가장 중요하다고 생각하는 두 가지 개념을 소개하고자 합니다. 첫 번째는 액션과 계산, 데이터를 구분해서 생각하는 것이고, 두 번째는 일급 추상first-class abstraction이라는 개념입니다. 이 두 가지 개념은 함수형 프로그래밍으로 실용적이고 튼튼한 프로그램을 만드는 기초가 됩니다. 그리고 이 개념을 이해하는 것이 전문적인 함수형 프로그래머로 가는 길이기도 합니다.

이 책은 두 개의 부로 되어 있는데 각 파트에서 각각의 개념을 설명합니다. 각 파트에서는 이 개념들을 라인 단위와 함수 단위로 코드에 어떻게 적용하는지 설명합니다. 그리고 마지막 한두 장은 앞에서 배운 개념을 설계 관점에서 실용적으로 적용해 봅니다.

그럼 앞으로 설명할 두 가지 기술을 간단하게 살펴봅시다.

파트 I: 액션과 계산, 데이터

앞에서 말한 것처럼 함수형 프로그래머는 코드를 액션과 계산, 데이터로 구분합니다. 실제 함수형 프로그래머가 액션과 계산, 데이터라는 용어를 쓰지 않을 수도 있지만 이 책에서는 그렇게 부르겠습니다. 이러한 분류는 코드를 이해하고 테스트 및 재사용하는 것과 관련되어 있습니다. 앞에서 이렇게 코드를 나누는 것에 대해 조금 살펴봤습니다. 파트 I에서는 코드를 구분하는 방법, 액션을 계산으로 리팩터링refactoring하는 방법, 액션을 더 쉽게 다루는 방법을 소개합니다. 그리고 뒤에서 이렇게 분류한 코드가 설계 관점에서 왜 유지보수와 테스트가 쉽고 재사용성이 좋은지에 대해 알아봅니다.

파트 II: 일급 추상

대부분의 프로그래머는 재사용을 위해 조금 더 일반적인 함수 이름을 짓기 위해 고민합니다. 함수형 프로그래머도 똑같지만 함수에 함수를 넘겨 더 많은 함수를 재사용합니다. 함수에 함수를 넘긴다는 말이 이상할지도 모르겠지만 매우 실용적입니다. 파트 II에서는 이것을 어떻게 쓰고 남용하지 않으려면 어떻게 해야 하는지 설명합니다. 그리고 마지막으로 설계 관점에서 반응형 아키텍처reactive architecture 와 어니언 아키텍처onion architecture를 일급 추상과 연결해서 설명합니다.

이 책을 읽기 위해 긴 시간이 필요하겠지만 서두르지 않아도 됩니다. 파트 I부터 천천히 살펴봅시다. 시작하기 전에 몇 가지 기본 규칙을 세워 봅시다.

이 책을 읽는 기본 규칙

함수형 프로그래밍의 세계는 방대하기 때문에 모든 지식을 다 배우기는 힘듭니다. 그래서 어떤 것을 먼저 배울 것인지 선택해야 합니다. 이 규칙은 프로그래머가 실용적인 함수형 프로그래밍 지식을 선택 하는 데 도움이 됩니다.

1. 특정 언어 기능에 의존하지 않아야 합니다.

함수형 프로그래밍 언어는 함수형 프로그래밍을 돕는 기능을 가지고 있습니다. 예를 들어 많은 함수 형 언어는 강력한 타입 시스템type system을 가지고 있습니다. 이런 함수형 언어를 쓰면 더 좋지만 그런 언어를 쓰지 않아도 함수형 사고는 여러분에게 도움이 됩니다. 이 책은 언어 종속적인 기술에 대해 설 명하지 않습니다. 타입 시스템이 좋다고 하더라도 이 책에서는 잠깐 언급 정도만 하겠습니다.

2. 실용적이라 바로 쓸 수 있어야 합니다.

함수형 프로그래밍은 학문적 연구나 실제 소프트웨어를 만들 때 쓰고 있습니다. 학계에서는 주로 함 수형 프로그래밍의 학문적이고 중요한 개념에 관심을 가지고 있습니다. 이론적인 내용도 좋지만 실용 적이지 않기 때문에 이 책에서는 다루지 않습니다. 이 책은 여러분이 업무에서 바로 쓸 수 있는 기술 을 다루려고 합니다. 그리고 이 책에서 다루는 내용을 실무에 쓰지 않더라도 도움이 될 것이라고 생각 합니다. 예를 들어 여러분이 액션을 구분하는 방법을 알았다면 어떤 버그는 쉽게 찾아낼 수 있습니다.

3. 여러분의 현재 가지고 있는 코드와 관계없이 쓸 수 있어야 합니다.

이 책을 읽을 때 어떤 사람은 새로운 프로젝트를 시작해서 아 직 코드가 없는 사람도 있고 또 어떤 사람은 이미 동작하는 많은 코드가 있을 수 있습니다. 어떤 사람은 그 중간에 있을 수도 있습니다. 이 책에서 소개하는 개념과 기술은 특정한 코드 와 관련이 없어야 합니다. 처음부터 함수형으로 다시 만드는 것이 아니고 지금 있는 코드에도 적용할 수 있어야 합니다.

앞으로 여정을 위해 충분히 준비했습니다. 이제 함께 가봅시다!

 **쉬는 시간**

더 진행하기 전에 가벼운 질문을 보면서 쉬어 갑시다.

Q 저는 객체지향 언어를 쓰는 개발자인데요. 이 책이 도움이 될까요?

A 물론 도움이 됩니다. 이 책에 나오는 원칙들은 특정 패러다임에 의존하지 않습니다. 어떤 내용은 객체 지향 설계 원칙과 비슷해서 잘 아는 내용도 있을 것입니다. 어떤 내용은 새롭다고 생각할 수 있지만 다른 관점으로 코드를 바라보는 데 도움이 됩니다.

함수형 사고는 사용하는 언어와 관계없이 유용합니다.

Q 함수형 프로그래밍을 공부해 보려고 노력해 봤지만 항상 수학이 나오거나 학문적인 내용이 많았습니다. 이 책도 그런가요?

A 아닙니다! 학자들은 함수형 프로그래밍이 계산을 추상화할 수 있고 논문에서 쉽게 분석할 수 있기 때문에 좋아합니다. 안타깝게도, 연구자들이 함수형 프로그래밍에 대한 논의를 주도하고 있습니다.

하지만 실무에서 함수형 프로그래밍을 쓰는 개발자도 많이 있습니다. 비록 많은 지식이 학문적인 내용에 의존하고 있지만, 실무에서 함수형 프로그래밍을 쓰는 개발자도 다른 개발자들처럼 실제 일하는 데 잘 쓰고 있습니다. 이 책은 함수형 프로그래머들이 마주치는 일상적인 문제를 해결하는 방법을 공유하려고 합니다. 이 책을 통해 실제 사용할 수 있는 함수형 프로그래밍 지식을 배울 수 있을 것입니다.

Q 왜 자바스크립트로 설명하나요?

A 좋은 질문입니다. 자바스크립트는 많은 사람들이 쓰고 있습니다. 웹 개발자가 아닌 개발자도 조금은 알고 있습니다. 프로그래밍 언어를 해본 사람이라면 대부분 자바스크립트 문법이 익숙할 것이라고 생각합니다. 믿기지 않으시겠지만 자바스크립트는 함수, 기본적인 데이터 구조 등 함수형 프로그래밍에 필요한 모든 것을 가지고 있습니다.

그래도 자바스크립트가 완벽한 함수형 프로그래밍 언어는 아닙니다. 이렇게 부족한 점은 우리가 함수형 프로그래밍을 하려면 어떤 것이 필요한지 알 수 있는 계기가 됩니다. 완벽하지 않은 프로그래밍 언어로 함수형 프로그래밍에 필요한 기능을 구현해 보는 것은 가치가 있습니다. 대부분 프로그래밍 언어가 함수형 프로그래밍 기능을 완전히 가지고 있지 않기 때문에 이런 기술을 배워 두면 어떤 프로그래밍 언어를 가지고도 함수형 프로그래밍을 할 수 있습니다.

Q 왜 기존 함수형 프로그래밍 정의가 아닌 '함수형 사고'라는 새로운 말을 만들어 쓰나요?

A 기존에 일반적으로 쓰고 있는 함수형 프로그래밍에 대한 정의는 학술 연구를 하기에는 적절할 수 있지만, 실용적으로 생각해보면 너무 극단적인 정의입니다. 예를 들어 정의에 나온 것처럼 부수 효과를 허용하지 않으면 어떤 것을 할 수 있을까요? 부수 효과는 실제 필요한 것이고, 소프트웨어 공학 측면에서 생각해봤을 때 동작하는 프로그래밍을 만들어야 하는 사람들에게는 더 관심이 필요한 부분입니다.

하지만 기존 정의에서는 설명하기 어려운 부수 효과 같은 것을 어떻게든 되는 것이라고 가정하고 있습니다. 이 책에서는 실용적 관점에서 기존 정의가 가정하고 있던 부분들을 먼저 설명합니다. 어떻게 보면 '함수형 사고'와 '함수형 프로그래밍'은 거의 같은 말입니다. 그럼에도 함수형 프로그래밍을 새롭게 접근해 보기 위해 '함수형 사고'라는 말을 새로 만들었습니다.

결론

함수형 프로그래밍 기술과 원칙에 대한 지식은 방대합니다. 하지만 그 모든 것은 액션과 계산, 데이터를 구분하는 것부터 시작합니다. 이 책을 통해 실용적인 함수형 프로그래밍을 배울 수 있습니다. 또 배운 것을 언어와 상황에 관계없이 적용해 볼 수 있습니다. 여러분이 이 책을 읽고 함수형 프로그래밍에 대한 확신을 가지고 많은 함수형 프로그래머들과 함께하길 바랍니다.

요점 정리

- 이 책은 두 파트로 되어 있습니다. 각 파트는 액션과 계산, 데이터를 구분하는 것과 일급 추상을 사용하는 것을 다룹니다.
- 일반적인 함수형 프로그래밍 정의는 학계 연구자들에게 도움이 되지만 아직까지는 소프트웨어 공학에 많은 도움이 되진 못했습니다. 그래서 함수형 프로그래밍이 추상적이고 실용적이지 않다는 느낌을 받았을 것입니다.
- 함수형 사고는 함수형 프로그래밍의 기술과 개념을 말합니다. 함수형 사고는 이 책의 주제입니다.
- 함수형 프로그래머는 코드를 액션과 계산, 데이터로 나눠서 바라봅니다.
- 액션은 시간에 의존합니다. 그래서 사용하기 가장 어렵습니다. 액션에서 시간에 의존하는 부분을 분리하면 좀 더 다루기 쉽습니다.
- 계산은 시간에 의존적이지 않습니다. 다루기 쉽기 때문에 가능한 코드를 계산으로 바꾸는 것이 좋습니다.
- 데이터는 정적이고 해석이 필요합니다. 데이터는 저장하거나 이해하기 쉽고 전송하기 편리합니다.
- 이 책의 예제는 대부분의 프로그래머가 익숙한 자바스크립트로 만들었습니다. 예제를 이해하기 위해 자바스크립트 기능에 대한 설명이 필요한 경우 설명하겠습니다.

다음 장에서 배울 내용

함수형 사고에 대해 간단히 알아봤습니다. 함수형 사고를 실제 프로그램에 어떻게 쓰는지 궁금할 수 있습니다. 다음 장에서는 이 책의 기본이 되는 개념을 사용하여 문제를 해결하는 예를 살펴보겠습니다.

CHAPTER 2

현실에서의 함수형 사고

이번 장에서 살펴볼 내용

- 현실적인 문제에 함수형 사고를 적용해 봅니다.
- 소프트웨어 구조를 잡는 데 계층형 설계가 좋은 이유를 설명합니다.
- 액션을 타임라인으로 시각화해 봅니다.
- 타임라인을 사용하면 시간에 관한 문제를 잘 풀 수 있다는 것을 배웁니다.

· ·

이 장에서는 함수형 사고가 무엇인지, 왜 함수형 사고가 더 좋은 소프트웨어를 만들려는 개발자에게 도움이 되는지 설명합니다. 그리고 많은 함수형 프로그래머가 경험으로 깨달은 두 가지 통찰을 통해 앞으로 배울 내용을 미리 살펴봅니다.

토니 피자에 오신 것을 환영합니다

토니 피자에 오신 것을 환영합니다. 때는 2118년, 미래 사람들도 여전히 피자를 좋아합니다. 하지만 이제 로봇이 피자를 만듭니다. 그리고 로봇은 자바스크립트로 프로그래밍 되어 있습니다. 이야기를 계속해 봅시다.

피자 가게를 운영하는 토니는 로봇에 함수형 사고를 많이 사용했습니다. 먼저 토니 가게가 어떻게 돌아가고 있는지, 또 주방과 재고 창고는 어떻게 운영되는지 살펴보고 두 개의 함수형 사고를 어떻게 적용했는지 알아봅시다.

두 가지 함수형 사고의 기술을 다시 한번 살펴봅시다. 다음은 토니가 적용한 것입니다.

파트 I: 액션과 계산, 데이터

토니는 요리 재료와 기타 필요 자원을 사용하는 코드를 액션으로 구분하고 나머지 코드는 계산으로 구분했습니다. 이번 장에서는 토니의 코드에서 액션과 계산, 데이터 각 분류에 해당하는 예를 살펴보고 코드에 적용한 **계층형 설계**stratified design 원칙이 어떤 것인지 알아봅시다.

파트 II: 일급 추상

가게 주방에는 많은 로봇이 함께 피자를 만들고 있습니다. 이것은 분산 시스템이라고 할 수 있습니다. 토니는 가끔 실패하는 분산 시스템을 이해하려고 **타임라인 다이어그램**timeline diagram을 사용했습니다. 타임라인 다이어그램에 대해서 살펴보겠습니다. 토니는 여러 로봇이 협력할 수 있도록 함수를 인자로 받는 **일급 함수**first-class function를 사용했습니다. 그래서 더 많이 더 빨리 피자를 만들 수 있었습니다. 토니가 어떻게 했는지 함께 알아보겠습니다.

토니   로봇

파트 I: 액션과 계산, 데이터

토니의 피자 가게는 빠르게 사업이 성장해 확장성 문제를 겪어야 했습니다. 하지만 토니는 열심히 함수형 사고를 적용해서 어려움을 이겨냈습니다. 토니는 함수형 사고 중에 가장 먼저 액션과 계산, 데이터를 구분하는 것부터 시작했습니다. 함수형 프로그래머는 코드에서 가장 먼저 이 세 가지를 구분하는데 쉽게 다룰 수 있는 부분과 조심히 다뤄야 할 부분을 명확하게 하기 위함입니다.

토니가 만든 코드도 액션과 계산, 데이터로 나눌 수 있습니다.

예를 들어 이런 것이 있습니다.

1. 액션

액션은 호출 횟수와 시점에 의존하는 것입니다. 오븐이나 배달 차 같은 자원과 요리 재료를 사용하는 것은 액션입니다. 액션은 사용할 때 조심해야 합니다.

액션 예

- 반죽 펴기
- 피자 배달
- 재료 주문

2. 계산

어떤 것을 결정하거나 계획하는 것은 계산입니다. 계산은 실행해도 다른 곳에 영향을 주지 않습니다. 계산은 아무 때나 사용해도 주방이 엉망진창 될 걱정이 없기 때문에 토니는 계산을 좋아합니다.

계산 예

- 조리법에 나온 것을 두 배로 만들기
- 쇼핑 목록 결정

3. 데이터

토니는 변경 불가능한immutable 데이터를 가능한 한 많이 쓰려고 합니다. 결제, 재고, 피자 조리법 같은 것이 데이터입니다. 데이터는 유연하기 때문에 저장하거나 네트워크로 전송하는 등 다양하게 쓸 수 있습니다.

데이터 예

- 고객 주문
- 영수증
- 조리법

위에 나온 액션과 계산, 데이터 예는 토니 피자 사업의 일부분입니다. 가장 작은 자바스크립트 코드부터 큰 함수에 이르기까지 모든 계층에 액션과 계산, 데이터를 구분해 보겠습니다. 그리고 3장에서 액션과 계산, 데이터가 서로 어떻게 부르고 상호작용하는지 배울 것입니다.

실제로 액션과 계산, 데이터라는 용어를 사용하지 않더라도 위와 같은 기준으로 나누는 것이 중요합니다. **파트 I이 끝나면 액션과 계산을 구분하고 액션과 계산을 자유롭게 옮길 수 있을 것입니다.** 다음은 토니가 적용한 계층화 설계를 살펴보겠습니다.

변경 가능성에 따라 코드 나누기

계층화 설계 맛보기

피자 사업이 성장하면서 토니가 만든 소프트웨어도 사업에 맞춰 달라져야 했습니다. 토니는 코드를 변경할 때 드는 비용을 줄이기 위해 함수형 사고로 코드를 구성하면 좋다는 것을 알고 있었습니다.

먼저 변경 가능성에 따라 코드를 나눠 봅시다. 토니의 코드를 가지고, 위쪽으로 갈수록 자주 바뀌는 코드가 있고 아래쪽으로 갈수록 자주 바뀌지 않는 코드가 있는 그림을 그려봅시다.

토니가 만든 소프트웨어에서 어떤 코드가 어디에 위치하면 좋을까요? 가장 분명한 것은 자바스크립트 언어 자체입니다. 자바스크립트 언어는 잘 바뀌지 않습니다. 그래서 가장 아래쪽에는 배열이나 객체 같은 언어 기능을 놓는 것이 좋겠습니다. 그리고 가운데에는 바뀔 수도 있지만 자주 바뀌지 않는 피자 조리에 대한 것이 좋겠습니다. 마지막으로 가장 위쪽에는 이번 주 메뉴와 같이 자주 바뀌는 사업적인 내용을 둡니다.

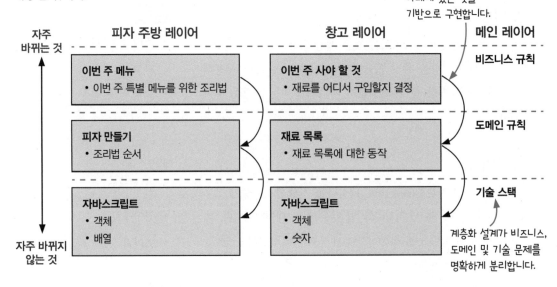

각 계층은 그 아래에 있는 계층을 기반으로 만들어 집니다. 그래서 각 계층에 있는 코드는 더 안정적인 기반 위에 작성할 수 있습니다. 이런 구조로 소프트웨어를 만들면 코드를 쉽게 변경할 수 있습니다. 가장 위에 있는 코드는 의존성이 거의 없기 때문에 쉽게 바꿀 수 있습니다. 아래에 있는 코드들은 위에 있는 코드보다 의존성이 많아 바꾸기 어렵지만 자주 바뀌지 않습니다.

함수형 프로그래머는 이 아키텍처 패턴이 계층을 만들기 때문에 **계층형 설계**stratified design라고 부릅니다. 계층형 설계는 일반적으로 비즈니스 규칙, 도메인 규칙, 기술 스택 계층으로 나눕니다.

계층형 설계로 만든 코드는 테스트, 재사용, 유지보수가 쉽습니다. 8장과 9장에서 계층형 설계에 대해 자세히 알아보겠습니다.

파트 II: 일급 추상

주방을 자동화하기

토니의 주방에는 로봇이 혼자 일하고 있었기 때문에 얼마 지나지 않아 확장성 문제가 생겼습니다. 토니는 고객이 원하는 속도로 피자를 만들 수 없습니다. 다음 **타임라인 다이어그램**은 로봇 한 대가 피자를 만들기 위한 액션들을 보여줍니다.

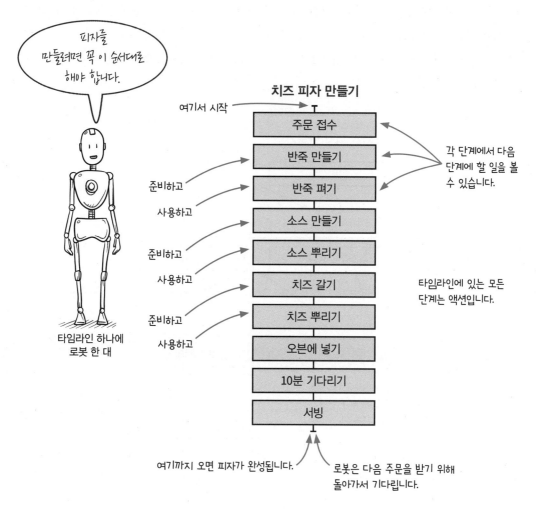

타임라인 다이어그램을 사용하면 액션이 시간 순서에 따라 어떻게 실행되는지 볼 수 있습니다. 액션은 실행 시점에 의존하기 때문에 실행 순서가 중요하다는 것을 잊지 마세요. 토니는 주방을 더 효율적으로 운영하기 위해 다이어그램을 고치려고 합니다. 15장에서 토니처럼 액션을 다이어그램으로 그리는 법을 알려드리겠습니다. 지금은 그냥 토니가 하는 것을 지켜봅시다. 아직 다 이해할 필요는 없습니다.

분산 시스템을 타임라인으로 시각화하기

토니가 로봇 한 대로 피자를 만들고 있습니다. 좋은 피자를 만들고 있지만 고객의 요구를 맞출 만큼 빠르진 않습니다. 단 한 대의 로봇이 일을 차례대로 하고 있기 때문입니다. 토니는 피자 하나를 로봇 세 대가 함께 만들면 더 빠를 것이라고 생각했습니다. 피자 만드는 작업을 반죽 만들기, 소스 만들기, 치즈 갈기 작업으로 나누고 로봇 세 대가 동시에 일을 하면 더 빨리 만들 수 있다고 생각했습니다.

여러 대의 로봇이 함께 일을 하는 것은 분산 시스템을 의미합니다. 분산 시스템에서 독립된 액션의 실행 순서는 어떻게 될지 모릅니다. 토니는 타임라인 다이어그램을 그려 로봇이 프로그래밍한 대로 동작할지 알아보기로 했습니다. 아래 그림처럼 로봇은 각자 타임라인을 가지고 있습니다. 타임라인을 그리는 방법은 파트 II에서 배웁니다.

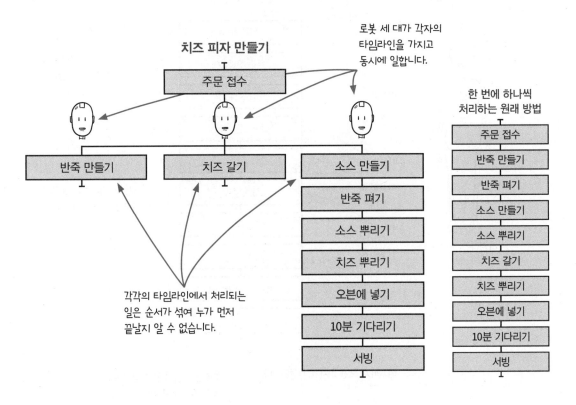

타임라인 다이어그램은 문제를 파악하는 데 도움이 되었지만 실행 순서가 섞이는 것은 어떻게 할 수 없었습니다. 토니는 저녁에 로봇 세 대로 장사를 해봤지만 완전히 실패했습니다. 많은 피자가 잘못 나왔습니다. 토니가 로봇 세 대가 일하도록 바꾼 타임라인은 엉뚱한 피자가 만들어질 가능성이 있습니다.

각각의 타임라인은 다른 순서로 실행됩니다

기본적으로 타임라인은 서로 순서를 맞출 수 있는 기능이 없습니다. 다른 타임라인 작업이 끝날 때까지 기다리라는 표시가 없어서 순서대로 다음 단계를 그냥 진행합니다. 서로 다른 타임라인에 있는 액션 간 실행 순서는 보장할 수 없습니다. 소스가 먼저 완성되고 반죽이 나중에 완성될 수도 있습니다. 이 경우 소스를 만드는 로봇은 반죽이 나오기도 전에 반죽을 펴는 작업을 시작합니다.

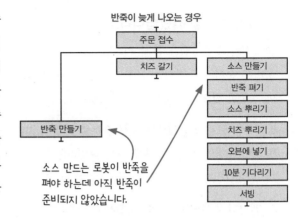

또는 치즈 가는 작업이 가장 마지막 작업이 될 수 있습니다. 이 경우 소스 만드는 로봇은 치즈 가는 작업이 끝나기도 전에 치즈 뿌리는 작업을 하게 됩니다.

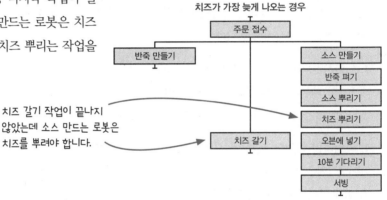

이 순서는 총 여섯 가지 방법으로 섞일 수 있습니다. 소스 만들기가 가장 마지막 순서에 와야 제대로 된 피자가 완성됩니다.

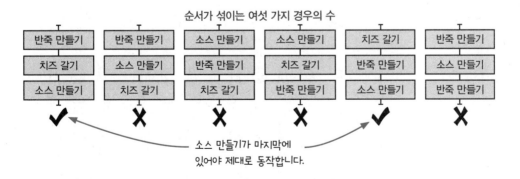

타임라인을 서로 맞추지 않은 분산 시스템은 예측 불가능한 순서로 실행됩니다. 로봇들이 반죽, 치즈, 소스 준비가 끝나면 피자를 만들도록 해야 합니다.

어려운 경험을 통해 분산 시스템에 대해 배운 것

토니는 회고를 해봤습니다.

순차적인 프로그램을 분산 시스템으로 바꾸는 것은 어렵다는 것을 알았습니다.
올바른 순서로 동작하는 프로그램을 만들려면 액션(시간에 의존적인)
에 집중할 필요가 있다는 것도 알았습니다.

지난밤에
고생하면서 배운
것입니다.

1. 기본적으로 타임라인은 서로 순서를 맞추지 않습니다.

반죽이 준비되지 않았는데도 다른 타임라인은 그냥 진행되었습
다. 타임라인은 서로 실행 순서를 맞춰야 합니다.

2. 액션이 실행되는 시간은 중요하지 않습니다.

일반적으로 소스 만드는 것이 제일 오래 걸리는 작업이지만 항상
그렇지는 않습니다. 그래서 각각의 타임라인은 다른 타임라인의 순
서와 관계없이 만들어야 합니다.

3. 드물지만 타이밍이 어긋나는 경우는 실제 일어납니다.

테스트할 때는 문제가 없었지만 실제 서비스에서는 문제가 생겼습니다. 저녁에 주문이 많이 들어오자
가끔 발생하던 오류는 더 많이 발생했습니다. 타임라인은 항상 옳바른 결과를 보장해야 합니다.

4. 타임라인 다이어그램으로 시스템의 문제를 알 수 있습니다.

다이어그램을 보고 치즈가 제시간에 준비되지 않을 수 있다는 것을 알았습니다. 시스템을 잘 이해하
기 위해 타임라인 다이어그램을 계속 쓰기로 했습니다.

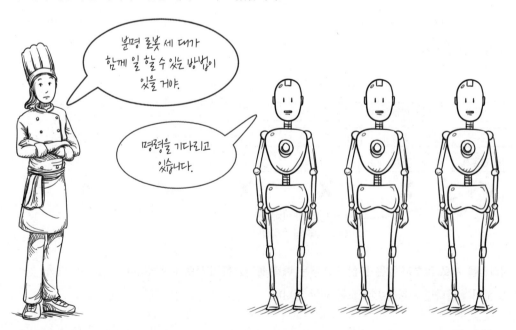

타임라인 커팅: 로봇이 서로를 기다릴 수 있게 하기

토니는 타임라인 **커팅**cutting이라고 부르는 기술을 쓰려고 합니다. 17장에서 타임라인 커팅에 대해 자세히 살펴보겠습니다. 타임라인 커팅은 여러 타임라인이 동시에 진행될 때 서로 순서를 맞추는 방법입니다.

타임라인 커팅은 **고차 동작***high-order operation으로 구현합니다. 각 타임라인은 독립적으로 동작하고 작업이 완료되면 다른 타임라인 끝나기를 기다리기 때문에 어떤 타임라인이 먼저 끝나도 괜찮습니다. 토니가 타임라인 커팅을 어떻게 적용하는지 봅시다.

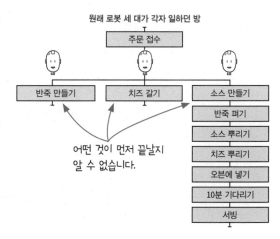

원래 로봇 세 대가 각자 일하던 방

어떤 것이 먼저 끝날지 알 수 없습니다.

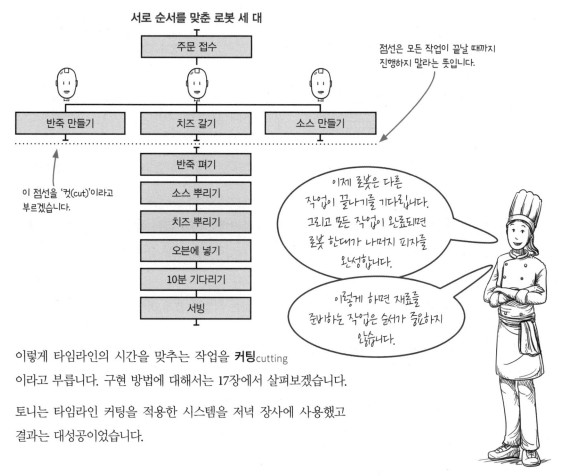

서로 순서를 맞춘 로봇 세 대

점선은 모든 작업이 끝날 때까지 진행하지 말라는 뜻입니다.

이 점선을 '컷(cut)'이라고 부르겠습니다.

이제 로봇은 다른 작업이 끝나기를 기다립니다. 그리고 모든 작업이 완료되면 로봇 한대가 나머지 피자를 완성합니다.

이렇게 하면 재료를 준비하는 작업은 순서가 중요하지 않습니다.

이렇게 타임라인의 시간을 맞추는 작업을 **커팅**cutting 이라고 부릅니다. 구현 방법에 대해서는 17장에서 살펴보겠습니다.

토니는 타임라인 커팅을 적용한 시스템을 저녁 장사에 사용했고 결과는 대성공이었습니다.

---

* [옮긴이] 고차 동작은 고차 함수로 만든 동작을 말합니다. 10장에서 고차 함수에 대해 자세히 알아보겠습니다.

좋은 경험을 통해 타임라인에 대해 배운 것

협력하는 로봇에 대한 회고

로봇 세 대는 아주 잘 동작했습니다. 피자는 이전보다 더 빨리 나왔고 준비도 완벽했습니다. 토니는 액션들이 올바른 순서로 실행되도록 타임라인 커팅 기술을 사용했습니다.

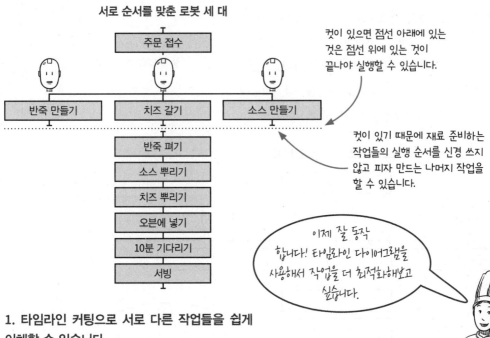

서로 순서를 맞춘 로봇 세 대

컷이 있으면 점선 아래에 있는 것은 점선 위에 있는 것이 끝나야 실행할 수 있습니다.

컷이 있기 때문에 재료 준비하는 작업들의 실행 순서를 신경 쓰지 않고 피자 만드는 나머지 작업을 할 수 있습니다.

이제 잘 동작합니다! 타임라인 다이어그램을 사용해서 작업을 더 최적화해보고 싶습니다.

1. 타임라인 커팅으로 서로 다른 작업들을 쉽게 이해할 수 있습니다.

타임라인에 컷을 그려 동시에 할 수 있는 재료 준비와 순서대로 해야 하는 피자 만들기를 분리했습니다. 타임라인 커팅으로 더 짧아진 타임라인을 실행 순서에 상관없이 이해할 수 있습니다.

2. 타임라인 다이어그램을 사용하면 시간에 따라 진행하는 작업을 쉽게 이해할 수 있습니다.

토니는 타임라인 다이어그램을 이해했기 때문에 동작 방법에 대해 확신할 수 있었습니다.

타임라인은 동시에 실행되는 분산 시스템을 시각화하기 좋습니다.

3. 타임라인 다이어그램은 유연합니다.

토니는 자기가 하려고 했던 것을 생각하고 타임라인으로 그렸습니다. 타임라인을 보고 쉽게 코드로 옮길 수 있었습니다. 그리고 타임라인 다이어그램으로 동시에 진행되는 작업을 쉽게 모델링할 수 있습니다.

파트 II에서는 타임라인 커팅과 여러 가지 고차 동작에 대해 배웁니다. 이 책의 대략적인 내용은 여기 까지 살펴보겠습니다.

결론

이 장에서는 앞으로 살펴볼 함수형 개념을 대략적으로 살펴봤습니다. 토니가 피자 가게 소프트웨어에 함수형 사고를 적용하면서 앞으로 배울 내용을 알아봤습니다. 토니는 유지보수 비용을 줄이기 위해 액션과 계산에 계층화 설계를 사용했습니다. 계층화 설계에 대해서는 3장부터 9장까지 다룰 예정입니다. 토니는 로봇 여러 대로 주방 효율을 높이고 시간에 따라 발생하는 어려운 버그도 고쳤습니다. 이 부분은 15장에서 17장에 걸쳐 타임라인 다이어그램을 다루면서 살펴보겠습니다.

아쉽게도 토니 이야기는 여기서 끝납니다. 하지만 토니가 배웠던 것을 똑같이 배울 수 있도록 다른 이 야기들을 준비했습니다.

요점 정리

- 액션과 계산, 데이터를 구분하는 일은 함수형 프로그래머에게 가장 중요하고 첫 번째로 해야 하는 일입니다. 우리도 코드를 이런 식으로 구분하는 법을 배워야 합니다. 3장에서 액션과 계산, 데이터 에 대해 다루면서 구분하는 방법을 배워 봅시다.
- 함수형 프로그래머는 유지보수를 잘 하기 위해 계층형 설계를 사용합니다. 각 계층은 코드의 변경 가능성에 따라 나눕니다. 계층형 설계는 8장과 9장에서 배웁니다.
- 타임라인 다이어그램은 시간에 따라 변하는 액션을 시각화하는 방법입니다. 타임라인 다이어그램 으로 액션이 다른 액션과 어떻게 연결되는지 볼 수 있습니다. 타임라인 다이어그램을 그리는 방법 은 15장에서 배웁니다.
- 액션 간 협력을 위해 타임라인 커팅이라는 기술을 살펴봤습니다. 타임라인 커팅은 액션이 올바른 순서로 실행할 수 있도록 보장해 줍니다. 17장에서 토니의 피자 주방과 비슷한 이야기를 통해 타임 라인 커팅에 대해 배워 봅시다.

다음 장에서 배울 내용

현실에서 함수형 사고를 어떻게 적용하는지 살펴봤습니다. 이제 액션과 계산, 데이터를 구분하는 함수 형 사고의 핵심으로 넘어가 보겠습니다.

액션과 계산,
데이터

앞으로 함수형 프로그래밍의 다양한 기술을 배울 것입니다. 그러기에 앞서 우리는 액션과 계산, 데이터를 구분할 수 있어야 합니다. 이것은 다른 모든 기술의 기초가 되기 때문에 배우고 나면 함수형 프로그래밍의 다른 기술을 쉽게 배울 수 있습니다. 읽기 쉽고 테스트하기 쉬운 코드를 위해 액션을 계산으로 리팩터링하는 법도 배울 것입니다. 또 액션을 잘 설계해서 재사용성을 높이는 방법도 알려드리겠습니다. 마지막으로 의미 있는 계층으로 코드를 구성하고 이해하는 법을 배울 것입니다. 이 모든 것을 배우기 위해 먼저 액션과 계산, 데이터에 대해 알아야 합니다.

PART I
Actions, calculations, and data

3

액션과 계산,
데이터의 차이를 알기

이번 장에서 살펴볼 내용

- 액션과 계산, 데이터가 어떻게 다른지 배웁니다.
- 문제에 대해 생각하거나 코드를 작성할 때 또는 코드를 읽을 때 액션과 계산, 데이터를 구분해서 적용해 봅니다.
- 액션이 코드 전체로 퍼질 수 있다는 것을 이해합니다.
- 이미 있는 코드에서 어떤 부분이 액션인지 찾아봅니다.

앞 장에서 액션과 계산, 데이터에 대해 간단하게 알아봤습니다. 이 장에서는 현실 세계의 문제를 통해 코드에서 액션과 계산, 데이터를 찾아 적용하는 방법을 알아보겠습니다. 액션과 계산, 데이터를 구분하는 것은 함수형 프로그래밍의 첫 번째 단계입니다. 이 장을 통해 일반적으로 코드에 액션이 너무 많이 사용되고 있는 반면에 계산은 거의 찾아보기 힘든 이유를 알 수 있습니다.

액션과 계산, 데이터

함수형 프로그래머는 액션과 계산, 데이터를 구분합니다.

액션	계산	데이터
실행 시점과 횟수에 의존합니다.	입력으로 출력을 계산합니다.	이벤트에 대한 사실
다른 말로 **부수 효과**side-effects, **부수 효과가 있는 함수**side-effecting function, **순수하지 않은 함수**impure function라고 부르기도 합니다.	다른 말로 **순수 함수**pure function, **수학 함수**mathematical function라고 부르기도 합니다.	
예) 이메일 보내기, 데이터베이스 읽기	예) 최댓값 찾기, 이메일 주소가 올바른지 확인하기	예) 사용자가 입력한 이메일 주소, 은행 API로 읽은 달러 수량*

모든 개발 과정에서 액션과 계산, 데이터를 구분하는 기술을 적용할 수 있습니다. 각 단계별로 아래와 같이 적용해 볼 수 있습니다.

1. 문제에 대해 생각할 때

아직 코딩을 시작하기 전이고 문제에 대해서 고민하고 있을 때도 문제를 액션과 계산, 데이터로 나눠 생각해 볼 수 있습니다. 문제를 액션과 계산, 데이터로 나눠보면 코드를 작성할 때 특별히 주의해야 할 부분(액션)과 데이터로 처리해야 할 부분, 결정을 내려야 하는 부분(계산)을 명확히 알 수 있습니다.

2. 코딩할 때

코딩을 할 때도 액션과 계산, 데이터를 구분할 수 있습니다. 함수형 프로그래머는 최대한 액션에서 계산을 빼내려고 합니다. 또 계산에서는 데이터를 분리할 수 있는지 생각합니다. 더 나아가 액션이 계산이 될 수 있는지, 계산은 데이터가 될 수 있는지 고민합니다.

3. 코드를 읽을 때

코드를 읽을 때 액션과 계산, 데이터 중 어떤 것에 속하는지 잘 살펴봐야 합니다. 특히 액션은 시간에 의존하기 때문에 더 조심해야 합니다. 그래서 언제나 숨어있는 액션까지도 찾아야 합니다. 대부분의

> **📚 용어 설명**
>
> 계산은 계산을 호출하는 코드를 계산 결과로 바꿀 수 있기 때문에 **참조 투명**(referentially transparent)합니다. 2 + 3의 예를 들어 봅시다. +는 계산이기 때문에 2 + 3의 결과는 항상 5입니다. 그래서 2 + 3이라는 코드를 5라는 결괏값으로 바꿔도 프로그램이 달라지지 않습니다. 다른 말로 하면 2 + 3 코드의 결과는 항상 같기 때문에 여러 번 불러도 문제가 없다는 뜻입니다.

---

* [옮긴이] 사용자 입력이 이벤트라면 이메일 주소는 사실입니다. 은행 API에서 읽는 것이 이벤트라면 달러 수량은 사실입니다.

함수형 프로그래머는 더 좋은 코드를 만들기 위해 이미 있는 코드를 액션과 계산, 데이터로 리팩터링하는 방법을 찾을 것입니다.

이 장에서 액션과 계산, 데이터를 각각 살펴보고 문제를 생각할 때, 코딩할 때, 코드를 읽을 때 액션과 계산, 데이터를 구분하는 기술을 적용하는 방법을 알아봅시다. 그럼 시작해볼까요?

액션과 계산, 데이터는 어디에나 적용할 수 있습니다

우리가 일상에서 자주 하는 장보기에 액션과 계산, 데이터를 적용해 봅시다.

함수형 프로그래머가 아닌 프로그래머가 장보기 과정을 그린다면 아래 그림처럼 그릴 수 있습니다. 각 단계가 액션과 계산, 데이터 중 어떤 종류에 속하는지 왼쪽에 표시해 보겠습니다.

> 액션은 호출 시점과 횟수에 의존합니다.

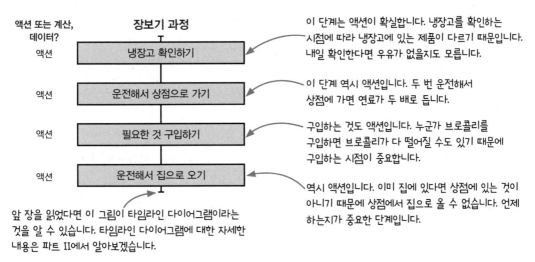

앞 장을 읽었다면 이 그림이 타임라인 다이어그램이라는 것을 알 수 있습니다. 타임라인 다이어그램에 대한 자세한 내용은 파트 II에서 알아보겠습니다.

고민이 많은

분명 액션과 계산, 데이터가 있다고 했는데 모든 것이 다 액션이네? 나머지는 어디 있는 거지?

모든 것이 액션이라니! 뭔가 놓친 것이 있는 것 같습니다. 계산과 데이터에 대해 알아봐야 할 것 같습니다.

모든 것을 액션으로 분류하면 안 될 것 같습니다. 물론 아주 단순한 과정은 액션으로만 분류할 수 있지만 위에서 살펴본 장보기 과정은 그렇게 단순하지 않습니다. 놓친 것이 있는지 단계별로 다시 살펴봅시다.

냉장고 확인하기

냉장고를 확인하는 일은 확인하는 시점이 중요하기 때문에 **액션**입니다. 냉장고에 가지고 있는 제품은 **데이터**입니다. 이것을 **현재 재고**current inventory라고 합시다.

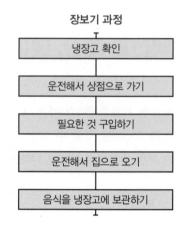
장보기 과정

| 냉장고 확인 |
| 운전해서 상점으로 가기 |
| 필요한 것 구입하기 |
| 운전해서 집으로 오기 |
| 음식을 냉장고에 보관하기 |

현재 재고

운전해서 상점으로 가기

운전해서 상점으로 가는 것은 복잡한 행동이고 명확히 **액션**입니다. 사실 여기에는 **데이터**가 숨어 있습니다. 상점 위치나 가는 경로는 데이터로 볼 수 있습니다. 하지만 우리가 할 일이 자율 주행 자동차를 만드는 것이 아니기 때문에 따로 분리하지 않겠습니다.

필요한 것 구입하기

구입하는 일도 확실히 **액션**입니다. 하지만 구입 과정은 몇 단계로 나눌 수 있습니다. 필요한 것을 구입하려면 필요한 것이 무엇인지 알아야 합니다. 필요한 것은 어떻게 알 수 있을 까요? 어떻게 장을 볼지에 따라 다르겠지만 필요하지만 없는 제품의 목록을 만드는 것이 가장 쉽습니다.

필요한 재고 – 현재 재고 = 장보기 목록

앞에 '냉장고 확인하기' 단계에서 만든 **현재 재고 데이터**를 사용했습니다. 이제 '필요한 것 구입하기' 단계를 몇 단계로 더 나눌 수 있습니다.

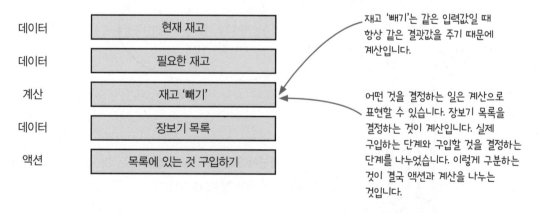

데이터	현재 재고
데이터	필요한 재고
계산	재고 '빼기'
데이터	장보기 목록
액션	목록에 있는 것 구입하기

재고 '빼기'는 같은 입력값일 때 항상 같은 결괏값을 주기 때문에 계산입니다.

어떤 것을 결정하는 일은 계산으로 표현할 수 있습니다. 장보기 목록을 결정하는 것이 계산입니다. 실제 구입하는 단계와 구입할 것을 결정하는 단계를 나누었습니다. 이렇게 구분하는 것이 결국 액션과 계산을 나누는 것입니다.

운전해서 집으로 오기

운전해서 집으로 오는 단계도 더 나눌 수 있지만, 우리가 다루려고 하는 범위가 아니기 때문에 더 나누지 않겠습니다.

그럼 앞에 이야기한 내용을 반영해서 장보기 과정을 다시 정리해 봅시다.

액션과 계산, 데이터를 더 명확하게 하기 위해 액션과 계산, 데이터에 해당하는 단계를 각각 다른 열에 그려봅시다. 그리고 데이터는 액션과 계산의 입력과 출력으로 사용되기 때문에 선으로 연결해 봅시다. 이제 장보기 과정이 완성된 것 같습니다.

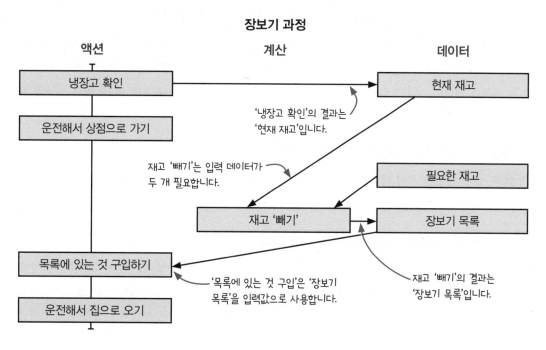

이렇게 반복하면 액션과 계산, 데이터를 더 많이 찾을 수 있고 풍부한 모델을 만들 수 있습니다.

예를 들어 '냉장고 확인하기' 단계는 '냉장실 확인하기' 단계와 '냉동실 확인하기' 단계로 나눠 액션으로 만들 수 있습니다. 각 액션은 각각의 데이터를 만들 수 있고 연결할 수 있습니다. '목록에 있는 것 구입하기' 단계도 '장바구니에 담기'와 '계산하기' 단계로 나눌 수 있습니다.

계속 나누다 보면 점점 더 복잡해진다고 생각할 수 있습니다. 하지만 액션에 숨어 있는 다른 액션이나 계산 또는 데이터를 발견하기 위해 나눌 수 있는 만큼 나누는 것이 좋습니다.

장보기 과정에서 배운 것

1. 액션과 계산, 데이터는 어디에나 적용할 수 있습니다.

처음에는 액션과 계산, 데이터를 적용하기 어려울 수 있지만 연습을 할수록 더 잘할 수 있습니다.

2. 액션 안에는 계산과 데이터, 또 다른 액션이 숨어 있을지도 모릅니다.

단순해 보이는 액션도 또 다른 액션이나 계산, 데이터로 나눌 수 있습니다. 함수형 프로그래밍에서는 액션을 더 작은 액션과 계산, 데이터로 나누고 나누는 것을 언제 멈춰야 할지 아는 것이 중요합니다.

3. 계산은 더 작은 계산과 데이터로 나누고 연결할 수 있습니다.

장보기 과정에서는 이러한 예를 확인할 수 없었습니다. 하지만 '필요한 것 구입하기' 단계에서 계산에 필요한 데이터를 찾았습니다. 계산을 더 작은 계산으로 나눌 수 있는 상황도 있습니다. 그리고 어떤 경우는 계산을 더 작은 계산으로 나누는 것이 더 좋을 때도 있습니다. 계산을 나누면 첫 번째 계산의 결과 데이터가 두 번째 계산의 입력이 됩니다.

4. 데이터는 데이터만 조합할 수 있습니다.

데이터는 다른 영향을 주지 않는 그냥 데이터입니다. 그래서 데이터 찾는 일을 먼저 해야 합니다. 데이터를 찾았다면 동작에 대해 많은 것을 알 수 있습니다.

5. 계산은 때로 '우리 머릿속에서' 일어납니다.

사실 계산 단계가 있지만 잘 보이지 않는 이유는 계산이 우리 사고 과정에 녹아있기 때문입니다. 장을 보는 상황에서 무엇을 사야 할지는 그냥 머릿속에서 저절로 생각납니다. 현실에서 장을 보다가 갑자기 무엇을 사야 할지 앉아서 목록을 작성하지는 않습니다. 이처럼 계산은 머릿속에서 나도 모르게 일어납니다.

하지만 이 사실을 알면 계산을 더 쉽게 찾을 수 있습니다. 어떤 단계에서 무엇인가 결정해야 할 것이 있는지 또는 무엇인가 계획해서 방법을 찾아야 할 것이 있는지 스스로에게 물어보면 됩니다. 결정과 계획은 계산이 될 가능성이 높기 때문입니다.

앞에서 현실 세계에 있을 법한 장보기 예제에 액션과 계산, 데이터를 잘 적용해 봤습니다. 하지만 실제 코드에 적용하지 않았기 때문에 코드에는 어떻게 적용해야 할지 아직 모릅니다. 이제 실제 코드에 액션과 계산, 데이터를 적용해 봅시다. 하지만 더 진행하기 전에 데이터에 대해 정리해 봅시다.

데이터에 대해 자세히 알아보기

데이터는 무엇인가요?

데이터는 이벤트에 대한 사실입니다. 일어난 일의 결과를 기록한 것입니다.

데이터를 어떻게 구현하나요?

자바스크립트에서는 기본 데이터 타입으로 구현합니다. 숫자나 문자, 배열, 객체 같은 것입니다. 다른 언어에서는 더 정교한 방법으로 데이터를 만들 수 있습니다. 하스켈은 새로운 데이터 타입을 정의해 도메인을 표현합니다.

어떻게 데이터에 의미를 담을 수 있나요?

데이터 구조로 의미를 담을 수 있습니다. 예를 들어 목록의 순서가 중요하다면 순서를 보장하는 데이터 구조를 사용하면 됩니다. 데이터 구조로 도메인을 표현할 수 있습니다.

불변성

함수형 프로그래머는 불변 데이터 구조를 만들기 위해 두 가지 원칙을 사용합니다.

1. **카피-온-라이트**copy-on-write. 변경할 때 복사본을 만듭니다.
2. **방어적 복사**defensive copy. 보관하려고 하는 데이터의 복사본을 만듭니다.

이 원칙은 6장과 7장에서 다루겠습니다.

· ·

데이터를 언제나 쉽게 해석할 수 있도록 표현하는 것이 함수형 프로그램에서 중요한 기술입니다.

· ·

데이터의 예

- 구입하려는 음식 목록
- 이름
- 전화 번호
- 음식 조리법

데이터의 장점은 무엇인가요?

역설적으로 데이터는 데이터 자체로 할 수 있는 것이 없기 때문에 좋습니다. 그래서 데이터는 데이터 그대로 이해할 수 있습니다.

1. **직렬화** 직렬화된 액션과 계산은 다른 곳에서 잘 동작할 것이라는 보장이 없습니다. 하지만 직렬화된 데이터는 전송하거나 디스크에 저장했다가 읽기 쉽습니다. 여러분의 데이터는 오랫동안 잘 사용되나요? 저는 자신 있게 말할 수 없지만, 함수보다는 오래 사용하고 있는 것 같습니다.

2. **동일성 비교** 계산이나 액션은 서로 비교하기 어렵습니다. 하지만 데이터는 비교하기 쉽습니다.

3. **자유로운 해석** 데이터는 여러 가지 방법으로 해석할 수 있습니다. 접속 로그는 문제 해결을 위해 사용할 수 있지만, 모니터링을 위해 사용할 수도 있습니다.

데이터의 단점은 무엇인가요?

유연하게 해석할 수 있다는 점은 장점이지만, 해석이 반드시 필요하다는 점은 단점입니다. 계산은 해석하지 않아도 실행할 수 있습니다. 하지만 해석하지 않은 데이터는 쓸모없는 바이트일 뿐입니다.

 **쉬는 시간**

더 진행하기 전에 가벼운 질문을 보면서 쉬어 갑시다.

Q 모든 데이터가 이벤트에 대한 사실인가요? 그럼 사용자나 다른 엔티티(entity)는 어떤 사실입니까?

A 정말 좋은 질문입니다. 사용자 정보도 어떤 시점에 시스템으로 들어옵니다. 데이터베이스에 저장되어 있는 사용자 이름도 어떻게 저장되었는지 살펴보면 'create user'와 같은 웹 요청 이벤트로부터 데이터가 저장되었다는 것을 알 수 있습니다. 웹 요청을 처리하고 해석하는 과정에서 일부 데이터가 데이터베이스에 저장된 것입니다. 자세히 살펴보면 모든 데이터가 이벤트에 대한 사실이라는 것을 알 수 있습니다. 그래서 질문에 대한 답은 예라고 할 수 있습니다. 사용자 이름을 사용자에 대한 사실로 해석할 수 있고 이것은 웹 요청이라는 **이벤트**로부터 생겼다고 할 수 있습니다.

데이터, 질량 명사*

1. 이벤트에 대한 사실
2. 사실 정보는 추론과 토론, 계산을 위한 기초 정보로 사용
3. 의미 있게 처리한 입력 장치로부터 얻은 정보

데이터를 사전에서 찾아보면 '이벤트에 대한 사실'이라는 설명이 정말로 나옵니다. 사전마다 정의가 다를 수 있지만 위에서 정의한 데이터는 두 가지 의미에서 함수형 프로그래밍에 적합합니다. 첫 번째로 데이터는 해석이 필요하다는 것을 내포하고 있습니다. 대부분의 데이터는 여러 단계의 해석 과정을 거칩니다. 예를 들어 사용자 정보 데이터는 바이트로부터 시작해 문자나 JSON 같은 해석 과정을 거칠 수 있습니다.

웹 요청을 해석하는 여러 단계

바이트 → 문자 → JSON → 컬렉션 → 사용자 정보

두 번째는 소프트웨어 엔지니어가 정보를 처리하는 시스템을 만든다는 것을 강조합니다. 정보를 처리하는 시스템은 정보를 받고 처리한 후에(오류가 생길 수 있음) 결정을 하고(무엇을 저장하고 누구에게 이메일을 보낼지), 결정에 따라 특정 행동(이메일을 보내기)을 합니다.

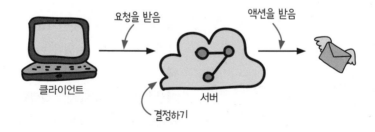

요청을 받음   액션을 받음

클라이언트   서버

결정하기

---

* 옮긴이 셀 수 없는 명사로 물질 명사와 추상 명사를 포함합니다.

새로 만드는 코드에 함수형 사고 적용하기

쿠폰독의 새로운 마케팅 전략

쿠폰독은 쿠폰에 관심 있는 구독자들에게 이메일로 쿠폰을 매주 보내주는 서비스입니다. 사용자도 많고 인기 있는 서비스입니다.

쿠폰독 CMOchief marketing officer는 사용자를 더 늘리기 위해 친구 10명을 추천하면 더 좋은 쿠폰을 보내주려고 합니다.

쿠폰독은 커다란 이메일 데이터베이스가 있습니다. 여기에는 이메일별로 각 사용자가 추천한 친구 수도 기록하고 있습니다.

쿠폰에 대한 정보를 가지고 있는 데이터베이스도 있습니다. 쿠폰 데이터베이스는 각 쿠폰에 'bad', 'good', 'best'과 같은 등급rank 정보도 있습니다. 'best' 쿠폰은 추천을 많이 한 사용자를 위한 쿠폰입니다. 'good' 쿠폰은 모든 사용자들에게 전달되는 쿠폰이고 'bad' 쿠폰은 사용하지 않기 때문에 사용자에게 전달하지 않습니다.

쿠폰 뉴스레터를 친구에게 추천한 수

이메일 데이터베이스 테이블

email	rec_count
john@coldmail.com	2
sam@pmail.co	16
linda1989@oal.com	1
jan1940@ahoy.com	0
mrbig@pmail.co	25
lol@lol.lol	0

쿠폰 데이터베이스 테이블

coupon	rank
MAYDISCOUNT	good
10PERCENT	bad
PROMOTION45	best
IHEARTYOU	bad
GETADEAL	best
ILIKEDISCOUNTS	good

클라우드 이메일 서비

이 사용자는 rec_count >= 10이기 때문에 'best' 쿠폰을 받을 수 있습니다.

추천 정책

10명 이상 추천한 사용자는 더 좋은 쿠폰을 받을 수 있습니다.

쿠폰 추천 정책에 따라 사용자에게 맞는 쿠폰을 보내는 프로그램을 만들어주세요. 금요일까지 가능할까요?

 연습 문제

꼭 정답을 쓰지 않아도 됩니다. 생각해보는 시간을 갖는 것이 중요합니다.

새로운 마케팅 계획은 간단해 보입니다. 정말 그럴까요? 코드를 작성하기 위해 어떤 것을 알아야 하고 무엇을 결정해야 하고 또 어떤 것을 해야 할까요? 생각나는 것들을 적어 봅시다. 구체적으로 작성할 필요는 없습니다. 그리고 순서도 중요하지 않습니다. 작성하는 데 도움을 주기 위해 몇 개는 미리 적어 놨습니다. 정답을 맞히는 것은 중요하지 않습니다. 여기서 정리한 것을 다음 페이지에서 액션과 계산, 데이터로 분류해 보겠습니다.

이메일 데이터베이스 테이블

email	rec_count
john@coldmail.com	2
sam@pmail.co	16
linda1989@oal.com	1
jan1940@ahoy.com	0
mrbig@pmail.co	25
lol@lol.lol	0

쿠폰 데이터베이스 테이블

coupon	rank
MAYDISCOUNT	good
10PERCENT	bad
PROMOTION45	best
IHEARTYOU	bad
GETADEAL	best
ILIKEDISCOUNTS	good

클라우드 이메일 서비스

추천 정책

10명 이상 추천한 사용자는 더 좋은 쿠폰을 받을 수 있습니다.

이런 식으로 작성하면 됩니다.

이메일 보내기
_____
데이터베이스에서 구독자 가져오기
_____
쿠폰에 등급 매기기
_____
_____
_____   여기에 여러분의
_____   생각을 적어 보세요.
_____
_____
_____
_____

아래 목록은 쿠폰독 팀이 생각한 것입니다. 이제 각 항목을 액션과 계산, 데이터로 분류해 봅시다. 항목 옆에 액션이면 A, 계산이면 C, 데이터라면 D라고 적어 봅시다.

- 이메일 보내기 **A** ← example
- 데이터베이스에서 구독자 가져오기
- 쿠폰에 등급 매기기
- 데이터베이스에서 쿠폰 읽기
- 이메일 제목
- 이메일 주소
- 추천 수
- 어떤 이메일이 쿠폰을 받을지 결정하기
- 구독자 DB 레코드
- 쿠폰 DB 레코드
- 쿠폰 목록 DB 레코드
- 구독자 목록 DB 레코드
- 이메일 본문

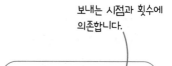
보내는 시점과 횟수에 의존합니다.

세 가지 분류
A 액션 ←
C 계산 ←
D 데이터

입력으로 결과를 계산합니다.

정답

A 이메일 보내기
A 데이터베이스에서 구독자 가져오기
D 쿠폰에 등급 매기기
A 데이터베이스에서 쿠폰 읽기
D 이메일 제목
D 이메일 주소
D 추천 수
C 어떤 이메일이 쿠폰을 받을지 결정하기

D 구독자 DB 레코드
D 쿠폰 DB 레코드
D 쿠폰 목록 DB 레코드
D 구독자 목록 DB 레코드
D 이메일 본문

이전 페이지로 가서 여러분이 적었던 것도 액션과 계산, 데이터로 분류해 보세요.

쿠폰 보내는 과정을 그려보기

쿠폰 보내는 과정을 그리는 방법은 많지만 여기서는 특별한 형태로 그려보겠습니다. 이 방법으로 그리면 액션과 계산, 데이터를 구별해서 그릴 수 있습니다.

email	rec_count
john@coldmail.com	2
sam@pmail.co	16
linda1989@oal.com	1
jan1940@ahoy.com	0
mrbig@pmail.co	25
lol@lol.lol	0

code	rank
MAYDISCOUNT	good
10PERCENT	bad
PROMOTION45	best
IHEARTYOU	bad
GETADEAL	best
ILIKEDISCOUNTS	good

1. 데이터베이스에서 구독자를 가져오는 것부터 시작해 봅시다.

쿠폰을 이메일로 보내려면 먼저 데이터베이스에서 구독자를 가져와야 합니다. 이 단계는 **액션**입니다. 구독자는 계속 바뀌기 때문에 지금 가져온 구독자와 다음에 가져온 구독자는 다를 수 있습니다. 그래서 이 단계는 실행 시점에 의존합니다. 구독자를 데이터베이스에서 가져오면 사용자 목록을 얻을 수 있고, 이것은 **데이터**입니다.

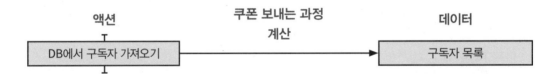

2. 데이터베이스에서 쿠폰 목록 가져오기

데이터베이스에서 쿠폰 목록을 가져오는 것도 **액션**입니다. 쿠폰 데이터베이스는 계속 바뀌기 때문에 가져오는 시점이 중요합니다. 그래서 한번 가져온 쿠폰 목록은 가져온 시점의 목록입니다. 그리고 가져온 쿠폰 목록은 **데이터**입니다. 쿠폰 목록 데이터는 DB 쿼리 이벤트에 대한 사실이라고 할 수 있습니다.

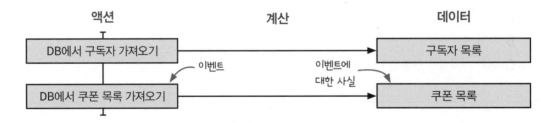

아직까지 어려운 것은 없습니다. 데이터베이스에서 구독자 목록과 쿠폰 목록 데이터를 얻었기 때문에 이 데이터를 사용해 어떤 결정을 할 수 있습니다. 다음 단계에서 이 데이터로 어떤 사용자가 어떤 쿠폰을 받을지 결정할 수 있습니다.

3. 보내야 할 이메일 목록 만들기

함수형 프로그래머는 처리 과정에 필요한 데이터를 만들기도 합니다. 장을 볼 때 돌아다니면서 생각나는 것을 사지 않고 장보기 전에 목록을 만드는 것과 비슷하다고 할 수 있습니다.

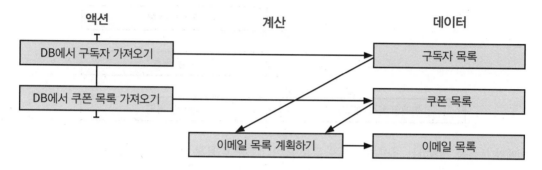

'이메일 목록 계획하기'에서 생성된 이메일 목록은 다음 단계에서 사용할 데이터입니다. 이메일 목록은 보내야 할 이메일을 계획한 결과입니다.

4. 이메일 전송하기

이제 계획한 이메일을 보낼 수 있습니다. 이메일을 전송하는 작업은 간단합니다. 이메일 메시지에는 수신자와 보낸 내용이 이미 앞에서 다 만들었기 때문에 목록을 순회하면서 그냥 보내면 됩니다. 여기서 중요한 것은 계획할 것을 미리 계획했다는 것입니다.

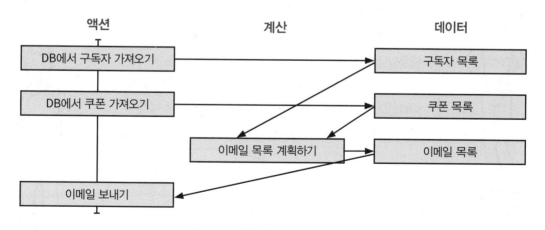

이제 중요한 단계는 다 끝났습니다. 그럼 보낼 이메일 목록을 만드는 부분을 자세히 살펴봅시다.

이메일 만드는 부분을 자세히 살펴보기

함수형 프로그래머가 아니라면 이메일을 보내기 전에 이메일 목록 전체를 미리 만드는 것이 이상하다고 생각할 수 있습니다.*

하지만 함수형 프로그래밍에서는 자연스러운 방법입니다. 이제 이메일 목록을 계획하는 계산을 더 작은 계산으로 나눠 봅시다. 아래는 앞에서 본 이메일 목록을 계획하는 단계입니다.

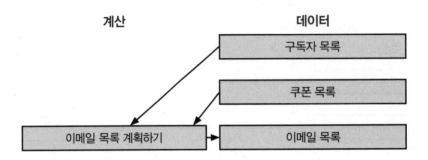

이메일 목록을 계획하는 계산은 구독자 목록 데이터와 쿠폰 목록 데이터를 받습니다. 그리고 계산한 결과는 이메일 목록입니다.

좋은 질문입니다. 함수형 프로그래머는 일반적으로 가능하면 액션을 쓰지 않으려고 합니다. 그리고 계산으로 바꿀 수 있는 액션이 있다면 그렇게 하는 것이 좋다고 생각합니다.

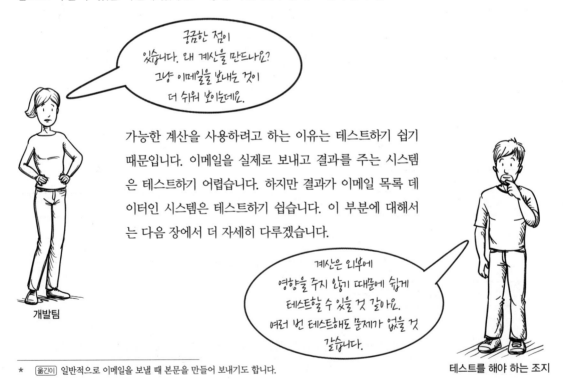

> 궁금한 점이 있습니다. 왜 계산을 만드나요? 그냥 이메일을 보내는 것이 더 쉬워 보이는데요.

가능한 계산을 사용하려고 하는 이유는 테스트하기 쉽기 때문입니다. 이메일을 실제로 보내고 결과를 주는 시스템은 테스트하기 어렵습니다. 하지만 결과가 이메일 목록 데이터인 시스템은 테스트하기 쉽습니다. 이 부분에 대해서는 다음 장에서 더 자세히 다루겠습니다.

> 계산은 외부에 영향을 주지 않기 때문에 쉽게 테스트할 수 있을 것 같아요. 여러 번 테스트해도 문제가 없을 것 같습니다.

개발팀

테스트를 해야 하는 조지

---

* [옮긴이] 일반적으로 이메일을 보낼 때 본문을 만들어 보내기도 합니다.

이제 이메일 목록을 계획하는 계산을 더 작은 계산으로 나눠 보겠습니다.

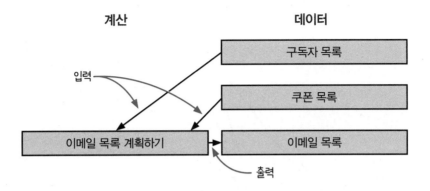

먼저 쿠폰 목록에서 'good' 쿠폰 목록과 'best' 쿠폰 목록을 계산할 수 있습니다.

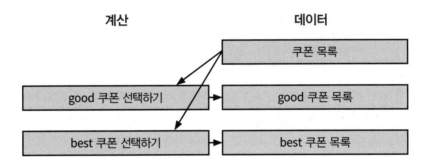

그리고 어떤 구독자가 good 쿠폰을 받을지 best 쿠폰을 받을지 결정하는 것을 계산으로 만들 수 있습니다.

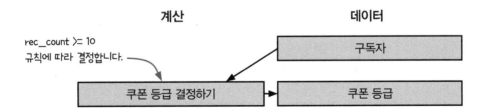

이제 각 단계를 모아 어떤 구독자가 어떤 이메일을 받을지 결정하는 계산을 그려봅시다.

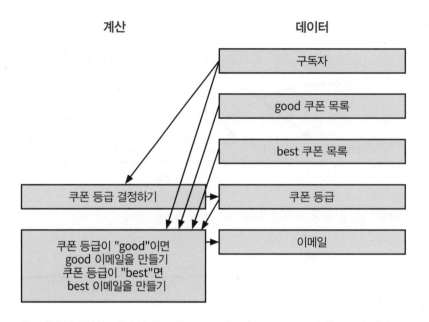

이제 구독자 한 명의 이메일을 계획하는 과정을 정리했기 때문에 전체 구독자에 대한 이메일 목록을 만드는 것은 쉽습니다. 구독자의 목록을 가지고 위 과정에 반복해서 적용하면 전체 구독자에 대한 이메일 목록을 얻을 수 있습니다.

지금 시점에서 계산을 더 나눌 수도 있습니다. 그리고 계산을 나누면 구현하기 쉽습니다. 하지만 충분히 구현하기 쉽다고 생각되는 시점에서 더 나누는 것을 멈춰야 합니다. 지금 시점은 구현하기 쉬울 정도로 계산을 나눴다고 생각하기 때문에 구현으로 넘어가 보겠습니다.

쿠폰 보내는 과정 구현하기

이제 다음 다이어그램을 구현해 봅시다. 쿠폰 등급을 결정하는 계산과 구독자 데이터, 쿠폰 등급 데이터가 있습니다.

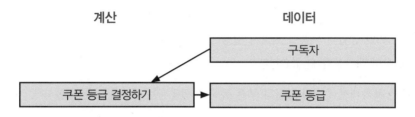

데이터베이스에서 가져온 구독자 데이터

구독자 데이터는 오른쪽에 있는 그림과 같이 이메일 데이터베이스 테이블에서 가져온 것입니다. 일반적으로 자바스크립트에서는 데이터베이스 행을 표현하기 위해 자바스크립트 객체를 사용합니다.

```
var subscriber = {
  email: "sam@pmail.com",
  rec_count: 16
};
```

테이블에 있는 행은 자바스크립트 객체로 표현할 수 있습니다.

함수형 프로그래밍에서 데이터는 언어에서 제공하는 단순한 데이터 타입으로 표현합니다. 언어에서 제공하는 데이터 타입은 알아보기 쉽고 사용하려고 하는 목적에도 잘 맞습니다.

이메일 데이터베이스 테이블

email	rec_count
john@coldmail.com	2
sam@pmail.co	16
linda1989@oal.com	1
jan1940@ahoy.com	0
mrbig@pmail.co	25
lol@lol.lol	0

쿠폰 등급은 문자열입니다.

쿠폰 등급은 문자열로 표현합니다. 다른 타입을 써도 좋지만 문자열이 편합니다. 쿠폰 등급은 데이터베이스 테이블에 있는 rank 열 값과 같습니다.

```
var rank1 = "best";
var rank2 = "good";
```

등급은 문자열입니다.

쿠폰 데이터베이스 테이블

code	rank
MAYDISCOUNT	good
10PERCENT	bad
PROMOTION45	best
IHEARTYOU	bad
GETADEAL	best
ILIKEDISCOUNTS	good

쿠폰 등급을 결정하는 것은 함수입니다.

자바스크립트에서 계산은 함수로 구현합니다. 입력값은 함수 인자이고 출력값은 함수의 리턴값입니다. 그리고 계산 내용은 함수 본문입니다.

> **기억하세요**
>
> 계산은 입력값으로 출력값을 만드는 것입니다. 호출 시점이나 횟수에 의존하지 않고 동일한 입력값으로 부르면 항상 같은 결괏값을 돌려줍니다.

```
function subCouponRank(subscriber) {
  if(subscriber.rec_count >= 10)       입력
    return "best";
  else                      계산
    return "good";
}              출력
```

어떤 구독자가 어떤 등급의 쿠폰을 받을지 결정하는 것은 함수로 구현했습니다. 이 함수는 명확하고 테스트하기 쉬우며 재사용할 수 있습니다.

이제 전체 쿠폰 목록에서 주어진 등급의 쿠폰 목록만 선택하는 부분을 구현해 봅시다.

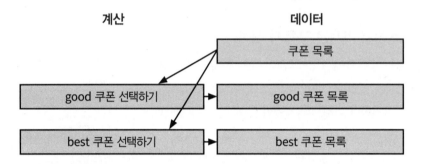

데이터베이스에서 가져온 쿠폰 데이터

구독자 데이터처럼 쿠폰 데이터도 자바스크립트 객체로 표현할 수 있습니다.

```
var coupon = {
  code: "10PERCENT",
  rank: "bad"
};
```

테이블에 있는 행은 자바스크립트 객체로 표현할 수 있습니다.

쿠폰 데이터베이스 테이블

code	rank
MAYDISCOUNT	good
10PERCENT	bad
PROMOTION45	best
IHEARTYOU	bad
GETADEAL	best
ILIKEDISCOUNTS	good

테이블은 같은 모양의 자바스크립트 객체를 담고 있는 배열로 볼 수 있습니다.

특정 등급의 쿠폰 목록을 선택하는 계산은 함수입니다.

특정 등급의 쿠폰을 선택하는 계산도 함수로 구현합니다.

입력값은 전체 쿠폰 목록과 선택할 등급입니다. 출력값은 선택한 등급을 가진 쿠폰 목록입니다.

```
function selectCouponsByRank(coupons, rank) {   입력
  var ret = [];                    빈 배열로 초기화
  for(var c = 0; c < coupons.length; c++) {
    var coupon = coupons[c];            모든 쿠폰에 대해 반복
    if(coupon.rank === rank)
```

```
      ret.push(coupon.code);
    }
  return ret;
}
```

현재 쿠폰이 주어진 등급에 맞는다면
쿠폰 코드를 배열에 넣습니다.

배열을 리턴

출력

selectCouponsByRank() 함수가 계산인지 확인해 봅시다. 같은 입력값을 넣었을 때 같은 값이 나올까요? 그렇습니다. 같은 쿠폰 목록과 등급을 넣으면 항상 같은 쿠폰 목록이 나옵니다. 함수에 대해 호출 횟수가 영향을 줄까요? 그렇지 않습니다. 아무리 호출해도 외부에 어떠한 영향도 주지 않습니다. 따라서 selectCouponsByRank() 함수는 계산입니다.

이제 구독자로 이메일을 만드는 부분을 구현해 봅시다. 다이어그램 전체에서 가장 중요한 부분입니다.

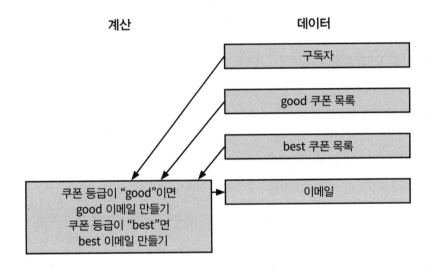

이메일은 그냥 데이터입니다.

보내야 할 이메일을 데이터로 표현해 봅시다. 이메일 데이터는 보내는 주소와 받는 주소, 제목, 본문을 포함합니다. 이 데이터 역시 자바스크립트 객체로 구현할 수 있습니다.

```
var message = {
  from: "newsletter@coupondog.co",
  to: "sam@pmail.com",
  subject: "Your weekly coupons inside",
  body: "Here are your coupons ..."
};
```

이 객체는 이메일을 보내기 위한
모든 정보를 담고 있습니다.
이 객체에 어떠한 결정도
담고 있지 않습니다.

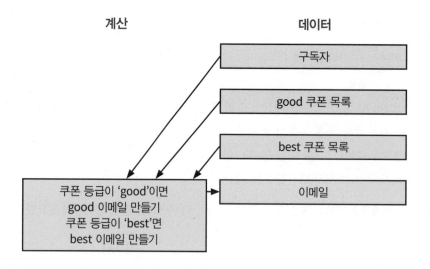

구독자가 받을 이메일을 계획하는 계산

계산이기 때문에 역시 자바스크립트 함수로 구현하겠습니다. 이 함수의 입력값에 대해 생각해 봅시다. 먼저 구독자에 대한 이메일을 만드는 함수이기 때문에 구독자를 인자로 받아야 합니다. 그리고 이메일에는 쿠폰 정보가 있어야 하기 때문에 쿠폰 목록도 입력값으로 받아야 합니다. 구독자가 받아야 할 쿠폰이 good 쿠폰 목록일지 best 쿠폰일지 미리 알 수 없기 때문에 good 쿠폰 목록과 best 쿠폰 목록을 모두 입력값으로 받아야 합니다. 그리고 결괏값은 이메일 데이터입니다.

```
function emailForSubscriber(subscriber, goods, bests) {          입력
  var rank = subCouponRank(subscriber);
  if(rank === "best")          등급을 결정하기
    return {          이메일을 만들어 리턴하기
      from: "newsletter@coupondog.co",
      to: subscriber.email,
      subject: "Your best weekly coupons inside",
      body: "Here are the best coupons: " + bests.join(", ")
    };
  else // rank === "good"
    return {          이메일을 만들어 리턴하기
     from: "newsletter@coupondog.co",
      to: subscriber.email,
      subject: "Your good weekly coupons inside",
      body: "Here are the good coupons: " + goods.join(", ")
    };
}
```

이 함수는 계산입니다. 외부에 어떤 영향도 주지 않고 입력값에 따라 이메일을 결정하고 리턴하는 것이 전부입니다.

이제 필요한 코드가 모두 준비되었기 때문에 모든 코드를 합쳐 이메일을 보내는 코드를 구현해 봅시다.

보낼 이메일 목록을 준비하기

앞에서 구독자가 받을 이메일을 생성하는 계산을 만들었습니다. 이제 필요한 것은 구독자 목록으로 전체 이메일 목록을 만드는 것입니다. 앞에서 했던 것처럼 반복문을 사용해서 구현해 보겠습니다.

```
function emailsForSubscribers(subscribers, goods, bests) {
  var emails = [];
  for(var s = 0; s < subscribers.length; s++) {
    var subscriber = subscribers[s];
    var email = emailForSubscriber(subscriber, goods, bests);
    emails.push(email);
  }
  return emails;
}
```

파트 II에서 반복문 대신 map을 사용해 코드를 개선하는 법을 살펴보겠습니다.

전체 이메일 목록을 만들려면 이메일을 만드는 것을 반복하면 됩니다.

이메일 보내기는 액션입니다.

이제 실제 이메일을 보내는 액션을 구현할 차례입니다. 일반적으로 액션도 계산처럼 함수로 구현합니다. 그래서 함수만 보고 계산인지 액션인지 알아보기는 쉽지 않습니다. 액션도 일반적으로 입력(인자)과 출력(리턴값)이 필요하기 때문에 자바스크립트 함수로 구현하겠습니다.

> **연습 문제**
>
> 이 함수는 액션과 계산, 데이터 중 어떤 것일까요?
>
> **정답:** 계산입니다. 이 함수는 실행 시점에 의존하지 않습니다.

```
function sendIssue() {
  var coupons     = fetchCouponsFromDB();
  var goodCoupons = selectCouponsByRank(coupons, "good");
  var bestCoupons = selectCouponsByRank(coupons, "best");
  var subscribers = fetchSubscribersFromDB();
  var emails = emailsForSubscribers(subscribers, goodCoupons, bestCoupons);
  for(var e = 0; e < emails.length; e++) {
    var email = emails[e];
    emailSystem.send(email);
  }
}
```

액션으로 모든 기능을 하나로 묶습니다.

모든 기능을 코드로 구현해 봤습니다. 데이터를 파악하는 것으로 시작해서 계산과 추가 데이터를 도출했습니다. 그리고 액션으로 모든 것을 묶었습니다. 데이터는 사용하는 데 제약이 많고 액션은 가장 제약이 없습니다. 이와 같이 데이터를 먼저 구현하고 계산을 구현한 후에 마지막으로 액션을 구현하는 것이 함수형 프로그래밍의 일반적인 구현 순서입니다.

> **일반적인 구현 순서**
> 1. 데이터
> 2. 계산
> 3. 액션

지금까지 새로 만들려고 하는 코드에 액션과 계산, 데이터를 적용해 봤습니다. 다음은 이미 있는 코드에 함수형 사고를 적용하는 방법을 살펴보겠습니다. 하지만 먼저 계산에 대해 정리해 봅시다.

 **쉬는 시간**

더 진행하기 전에 가벼운 질문을 보면서 쉬어 갑시다.

Q 이메일을 보내기 전에 왜 모든 이메일을 만드나요? 비효율적이지 않나요? 사용자가 수백만 명이면 어떻게 하나요?

A 좋은 질문입니다. 사용자가 많다면 메모리 부족으로 시스템이 동작하지 않을 수도 있습니다. 하지만 동작하지 않는다고 단정할 수도 없습니다. 실행하기 전에는 아무도 모르기 때문에 미리 최적화를 하는 것은 좋지 않습니다.

하지만 사용자가 증가한다면 문제가 생길 수도 있기 때문에 확장성에 대해 미리 고려하는 것이 좋을 것 같습니다. 다행히도 이 문제를 해결하기 위해 원래 코드를 거의 그대로 쓸 수 있습니다. emailsForSubscribers() 함수는 구독자를 배열로 받습니다. 이 함수에 모든 구독자 목록을 한꺼번에 배열로 넘기지 않아도 됩니다. 구독자 20명을 넘기면 이메일 20개를 얻을 수 있습니다. 20개씩 묶어서 반복하면 모든 구독자의 이메일을 얻을 수 있습니다. 고쳐야 하는 부분은 fetchSubscribersFromDB() 함수입니다. 이 함수는 모든 구독자를 리턴하는데, 일부 구독자만 리턴 하도록 바꿔야 합니다. 수정된 sendIssue() 함수는 아래와 같습니다.

```
function sendIssue() {
  var coupons     = fetchCouponsFromDB();
  var goodCoupons = selectCouponsByRank(coupons, "good");
  var bestCoupons = selectCouponsByRank(coupons, "best");
  var page = 0;                                          ← 0번 페이지부터 시작
  var subscribers = fetchSubscribersFromDB(page);
  while(subscribers.length > 0) {                        ← 가져온 것이 없을 때까지 반복
    var emails = emailsForSubscribers(subscribers,
                                      goodCoupons, bestCoupons);
    for(var e = 0; e < emails.length; e++) {
      var email = emails[e];
      emailSystem.send(email);
    }
    page++;                                              ← 다음 페이지 가져오기
    subscribers = fetchSubscribersFromDB(page);
  }
}
```

계산은 고치지 않았다는 것이 중요합니다. 잘 만들어진 시스템이라면 '0보다 크거나 같은 구독자들에 대한 이메일을 가져온다'는 추상적인 개념이 바뀌지 않는 한 계산은 바뀌지 않아야 합니다. 데이터베이스에서 메모리로 읽어오는 것은 액션입니다. 더 작은 개수를 읽도록 액션만 고쳐서 최적화했습니다.

계산에 대해 자세히 알아보기

계산은 무엇인가요?

계산은 입력값으로 출력값을 만드는 것입니다. 실행 시점과 횟수에 관계없이 항상 같은 입력값에 대해 같은 출력값을 돌려줍니다.

계산은 어떻게 구현하나요?

계산은 함수로 구현합니다. 자바스크립트도 역시 함수로 계산을 구현합니다.

어떻게 계산에 의미를 담을 수 있나요?

계산에는 연산을 담을 수 있습니다. 계산은 입력값을 출력값으로 만드는 것을 표현합니다. 계산을 언제 사용할지 또는 어떻게 사용할지는 때에 따라 다릅니다.

왜 액션보다 계산이 좋나요?

액션보다 좋은 점은 아래와 같습니다.

1. 테스트하기 쉽습니다. 계산은 언제 어디서나(로컬 장비, 빌드 서버, 테스트 장비) 원하는 만큼 테스트를 실행할 수 있습니다.

2. 기계적인 분석이 쉽습니다. 학술 연구에 정적 분석이라는 것이 있습니다. 정적 분석에서 자동화된 분석은 중요합니다.

3. 계산은 조합하기 좋습니다. 계산을 조합해 더 큰 계산을 만들 수 있습니다. 이때 일급high-order 계산을 사용하는데 14장에서 살펴보겠습니다.

. . . .

함수형 프로그래밍의 대부분은 계산을 가지고 하는 일입니다. 계산은 일반적으로 함수형 프로그래밍 외부에 있는 액션을 통해 수행됩니다.

. . . .

계산의 예

- 더하기나 곱하기
- 문자열 합치기
- 쇼핑 계획 하기

계산을 쓰면서 걱정하지 않아도 되는 것

함수형 프로그래머는 가능하면 액션보다 계산을 사용하려고 합니다. 왜냐하면 계산이 더 이해하기 쉽기 때문입니다. 계산은 읽기 쉽고 무엇을 하는지 이해하기도 쉽습니다. 아래는 계산을 쓰면서 걱정하지 **않아도** 되는 것들입니다.

1. 동시에 실행되는 것
2. 과거에 실행되었던 것이나 미래에 실행할 것
3. 실행 횟수

계산의 단점

계산과 액션은 실행하기 전에 어떤 일이 발생할지 알 수 없다는 단점이 있습니다.

물론 코드를 읽으면 예상할 수 있긴 합니다. 하지만 소프트웨어 측면에서 함수는 블랙박스입니다. 입력값으로 실행해야 결과를 알 수 있습니다.

이런 단점이 싫다면 계산이나 액션 대신 데이터를 사용해야 합니다.

계산은 일반적으로 무엇이라고 하나요?

다른 책에서 보통 **순수 함수**pure function 또는 **수학 함수**mathematical function라고 부릅니다. 이 책에서는 자바스크립트 함수처럼 언어 기능과 혼동을 피하기 위해 **계산**이라고 부르고 있습니다.

이미 있는 코드에 함수형 사고 적용하기

함수형 프로그래머는 이미 있는 코드에 함수형 사고를 적용하기도 합니다. 코드를 읽을 때도 액션과 계산, 데이터 관점으로 읽습니다.

다음은 제나가 자회사에 수수료를 보내기 위해 만든 코드입니다. sendPayout() 함수는 실제 은행 계좌로 송금하는 액션입니다.

함수형 코드가 맞죠?
이 코드에서 액션은 하나만 있죠?

```
function figurePayout(affiliate) {
  var owed = affiliate.sales * affiliate.commission;
  if(owed > 100)  // 100달러 이하면 송금하지 않기
    sendPayout(affiliate.bank_code, owed);
}

function affiliatePayout(affiliates) {
  for(var a = 0; a < affiliates.length; a++)
    figurePayout(affiliates[a]);
}

function main(affiliates) {
  affiliatePayout(affiliates);
}
```

제나가 말한 액션에 강조 표시를 했습니다.

개발팀

제나가 만든 코드는 함수형 코드라고 하기 어렵습니다. 그리고 액션은 하나가 아닙니다. 왜 그런지 알고 나면 액션을 사용하기 얼마나 어려운지 알 수 있습니다. 그리고 나중에 다루겠지만 이것과 관련된 기술에 대한 힌트도 얻을 수 있습니다.

그럼 시작해 봅시다.

강조 표시한 액션부터 시작해 점점 액션이 코드 전체로 퍼져나가는 것을 보겠습니다.

```
function figurePayout(affiliate) {
  var owed = affiliate.sales * affiliate.commission;
  if(owed > 100) // 100달러 이하면 송금하지 않기
    sendPayout(affiliate.bank_code, owed);
}
                                              액션에 강조 표시를 합니다.
function affiliatePayout(affiliates) {
  for(var a = 0; a < affiliates.length; a++)
    figurePayout(affiliates[a]);
}

function main(affiliates) {
  affiliatePayout(affiliates);
}
```

1. 제나가 말한 액션 코드 한 줄부터 시작합시다. 이 코드는 실제 돈을 송금하는 코드입니다. 호출 시점이나 횟수가 중요하기 때문에 액션이 맞습니다. 강조 표시를 하겠습니다.

```
function figurePayout(affiliate) {
  var owed = affiliate.sales * affiliate.commission;
  if(owed > 100) // 100달러 이하면 송금하지 않기
    sendPayout(affiliate.bank_code, owed);
}
                             함수 안에서 액션을 호출하고 있기
                             때문에 함수 전체가 액션입니다.
function affiliatePayout(affiliates) {
  for(var a = 0; a < affiliates.length; a++)
    figurePayout(affiliates[a]);
}
                             figurePayout() 함수는 액션이기
function main(affiliates) {   때문에 이 함수를 호출하는 곳도
  affiliatePayout(affiliates); 강조 표시를 합니다.
}
```

2. 액션의 정의에 따르면 액션은 호출 시점이나 횟수에 의존합니다. figurePayout() 함수는 액션인 sendPayout() 함수를 호출하기 때문에 역시 호출 시점과 횟수에 의존하게 됩니다. 그래서 figurePayout() 함수 역시 액션이 됩니다. 함수 본문 전체에 강조 표시를 하고 이 함수를 호출하는 곳도 강조 표시를 하겠습니다.

```
function figurePayout(affiliate) {
  var owed = affiliate.sales * affiliate.commission;
  if(owed > 100) // 100달러 이하면 송금하지 않기
    sendPayout(affiliate.bank_code, owed);
}

function affiliatePayout(affiliates) {
  for(var a = 0; a < affiliates.length; a++)
    figurePayout(affiliates[a]);    액션을 호출하기 때문에 함수 전체가
}                                    액션입니다. 강조 표시를 하겠습니다.

function main(affiliates) {
  affiliatePayout(affiliates);
}                        여기서 호출합니다.
```

3. 같은 논리로 affiliatePayout() 함수도 액션이고 사용하는 곳도 강조 표시를 해야 합니다.

```
function figurePayout(affiliate) {
  var owed = affiliate.sales * affiliate.commission;
  if(owed > 100) // 100달러 이하면 송금하지 않기
    sendPayout(affiliate.bank_code, owed);
}

function affiliatePayout(affiliates) {
  for(var a = 0; a < affiliates.length; a++)
    figurePayout(affiliates[a]);
}

function main(affiliates) {        모든 것이 액션입니다.
  affiliatePayout(affiliates);
}
```

4. 안에서 액션을 호출하는 main() 함수도 같은 논리로 액션이 되는 것을 피할 수 없습니다. 결국, 코드 안쪽에 액션을 호출하는 작은 코드 하나가 전체 프로그램을 액션으로 만들었습니다.

액션은 코드 전체로 퍼집니다

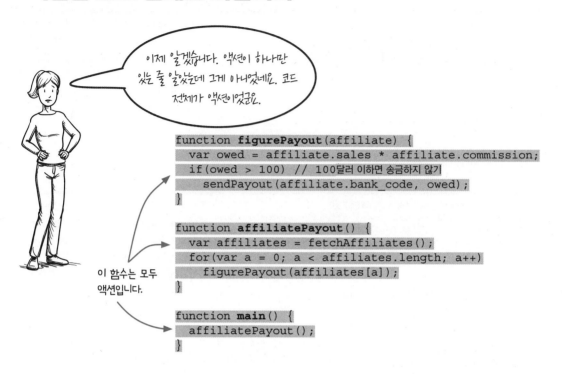

이제 알겠습니다. 액션이 하나만 있는 줄 알았는데 그게 아니었네요. 코드 전체가 액션이었군요.

이 함수는 모두 액션입니다.

```
function figurePayout(affiliate) {
    var owed = affiliate.sales * affiliate.commission;
    if(owed > 100) // 100달러 이하면 송금하지 않기
        sendPayout(affiliate.bank_code, owed);
}

function affiliatePayout() {
    var affiliates = fetchAffiliates();
    for(var a = 0; a < affiliates.length; a++)
        figurePayout(affiliates[a]);
}

function main() {
    affiliatePayout();
}
```

제나가 만든 코드는 잘못된 코드가 아닙니다. 다만 함수형 사고를 적용하지 않은 코드입니다.

앞에서 본 것처럼 액션은 사용하기 참 어렵습니다. 액션을 부르는 함수가 있다면 그 함수도 액션이 됩니다. 또 그 함수를 부르는 다른 함수도 역시 액션이 됩니다. 이런 식으로 작은 액션 하나가 코드 전체로 퍼져 나갑니다.

그렇기 때문에 함수형 프로그래머는 액션을 가능한 사용하지 않으려고 합니다. 액션을 쓰는 순간 코드 전체로 퍼져나가기 때문에 사용할 때 조심해야 합니다.

액션이 그렇게 위험하면 어떻게 사용해야 하나요?

테스트를 해야 하는 조지

좋은 질문입니다. 함수형 프로그래머는 액션을 사용하지만 매우 조심스럽게 사용합니다. 함수형 사고의 많은 부분이 액션을 잘 다루기 위한 내용이기도 합니다. 뒤에서 알아보도록 하겠습니다.

액션은 다양한 형태로 나타납니다

함수형 프로그래머는 액션과 계산, 데이터를 구분하지만 많은 프로그래밍 언어에서 액션과 계산, 데이터를 구분하지 않습니다. 자바스크립트 같은 언어에서 나도 모르게 액션을 호출하고 있을지도 모릅니다. 그리고 그것으로 인해 코드가 복잡해질 수 있습니다. 함수형 프로그래머는 액션을 관리하는 법을 배웁니다. 액션을 관리하기 위해서 액션이 코드에서 어떤 형태로 나타나는지 알아야 합니다.

자바스크립트에서 발생할 수 있는 액션을 살펴봅시다. 아마 많이 사용했을 것입니다. 액션은 어디서나 쉽게 볼 수 있습니다.

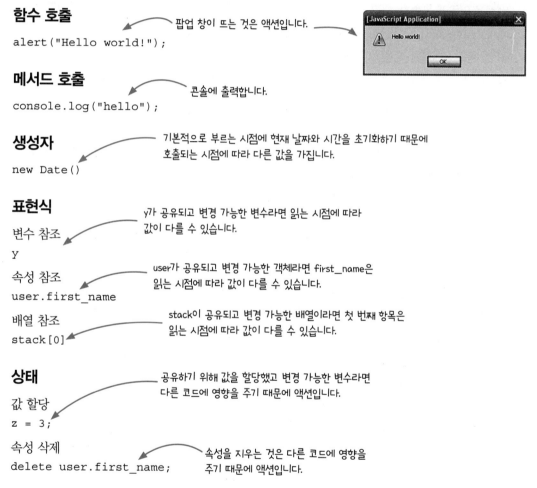

함수 호출

팝업 창이 뜨는 것은 액션입니다.

```
alert("Hello world!");
```

메서드 호출

콘솔에 출력합니다.

```
console.log("hello");
```

생성자

기본적으로 부르는 시점에 현재 날짜와 시간을 초기화하기 때문에 호출되는 시점에 따라 다른 값을 가집니다.

```
new Date()
```

표현식

변수 참조

y가 공유되고 변경 가능한 변수라면 읽는 시점에 따라 값이 다를 수 있습니다.

```
y
```

속성 참조

user가 공유되고 변경 가능한 객체라면 first_name은 읽는 시점에 따라 값이 다를 수 있습니다.

```
user.first_name
```

배열 참조

stack이 공유되고 변경 가능한 배열이라면 첫 번째 항목은 읽는 시점에 따라 값이 다를 수 있습니다.

```
stack[0]
```

상태

값 할당

공유하기 위해 값을 할당했고 변경 가능한 변수라면 다른 코드에 영향을 주기 때문에 액션입니다.

```
z = 3;
```

속성 삭제

속성을 지우는 것은 다른 코드에 영향을 주기 때문에 액션입니다.

```
delete user.first_name;
```

이것은 모두 액션입니다. 언제 부르는지 또는 얼마나 부르는지에 따라 다른 결과를 낼 수 있습니다. 어느 곳에서나 사용할 수 있기 때문에 코드 전체로 퍼지기 쉽습니다.

액션을 찾기 위해 액션 코드를 모두 찾을 필요는 없습니다. 단지 코드가 호출 시점이나 횟수에 의존하는지 생각해보면 됩니다.

액션에 대해 자세히 알아보기

액션은 무엇입니까?

액션은 외부 세계에 영향을 주거나 받는 것을 말합니다. 그리고 액션은 실행 시점과 횟수에 의존합니다.

- 언제 실행되는지 - **순서**
- 얼마나 실행되는지 - **반복**

액션은 어떻게 구현하나요?

자바스크립트에서는 함수로 구현합니다. 계산도 함수로 구현하기 때문에 구분하기 쉽지 않습니다. 앞으로 계산과 액션을 구분하는 방법을 알아볼 것입니다.

어떻게 액션에 의미를 담을 수 있나요?

액션으로 외부 세상에 영향을 줄 수 있습니다. 따라서 어떤 일을 하려는지 아는 것이 중요합니다.

액션의 예

- 이메일 보내기
- 계좌에서 인출하기
- 전역변숫값 바꾸기
- ajax 요청 보내기

액션은 일반적으로 무엇이라고 하나요?

다른 책에서 액션은 **순수하지 않은 함수**impure function, **부수 효과 함수**side-effecting function, **부수 효과가 있는 함수**function with side effects라고 부릅니다. 이 책에서는 자바스크립트 함수처럼 언어 기능과 혼동을 피하기 위해 **액션**이라고 부르고 있습니다.

액션은 함수형 프로그래밍에서 가장 중요합니다. 앞으로 몇 장에 걸쳐 액션을 제한적으로 사용하는 법에 대해 다루겠습니다.

액션은 쉽지 않습니다.

- 액션은 다루기 힘듭니다.
- 액션은 우리가 소프트웨어를 실행하려는 가장 중요한 이유입니다.

액션은 사용하기 어렵습니다. 하지만 액션은 꼭 써야 합니다. 함수형 프로그래머는 액션을 잘 사용합니다. 다음은 액션을 잘 사용하기 위한 방법입니다.

1. 가능한 액션을 적게 사용합니다. 액션을 전혀 쓰지 않을 수 없습니다. 액션 대신 계산을 사용할 수 있는지 생각해 봐야 합니다. 15장에서 이 내용을 다루겠습니다.

2. 액션은 가능한 작게 만듭니다. 액션에서 액션과 관련 없는 코드는 모두 제거합니다. 예를 들어, 액션에서 결정이나 계획과 관련된 부분은 계산으로 빼낼 수 있습니다. 이 내용은 다음 장에서 자세히 알아보겠습니다.

3. 액션이 외부 세계와 상호작용하는 것을 제한할 수 있습니다. 액션은 외부 세계에 영향을 주거나 받을 수 있습니다. 내부에 계산과 데이터만 있고 가장 바깥쪽에 액션이 있는 구조가 이상적입니다. 관련된 내용은 18장에서 어니언 아키텍처onion architecture를 다룰 때 살펴보겠습니다.

4. 액션이 호출 시점에 의존하는 것을 제한합니다. 함수형 프로그래머는 액션이 호출 시점과 횟수에 덜 의존하도록 만드는 기술을 알고 있습니다. 그래서 액션을 사용할 때 조금 더 쉽게 사용할 수 있습니다.

결론

이 장에서 액션과 계산, 데이터를 여러 가지 상황에 적용해 봤습니다. 계산은 계획이나 결정을 할 때 적용했고 데이터는 계획하거나 결정한 결과였습니다. 마지막으로 액션을 통해 계산으로 만든 계획을 실행할 수 있었습니다.

요점 정리

- 함수형 프로그래머는 액션과 계산, 데이터를 구분합니다. 함수형 프로그래머가 하는 것처럼 액션과 계산, 데이터를 구분하는 첫 번째 기술을 배웠습니다.
- 액션은 실행 시점이나 횟수에 의존합니다. 일반적으로 액션은 외부 세계에 영향을 주거나 받습니다.
- 계산은 입력값으로 출력값을 만드는 것입니다. 외부 세계에 영향을 주거나 받지 않고 실행 시점이나 횟수에 의존하지 않습니다.
- 데이터는 이벤트에 대한 사실입니다. 사실은 변하지 않기 때문에 영구적으로 기록 할 수 있습니다.
- 함수형 프로그래머는 액션보다 계산을 좋아하고 계산보다 데이터를 좋아합니다.
- 계산은 같은 입력값을 주면 항상 같은 출력값이 나오기 때문에 액션보다 테스트하기 쉽습니다.

다음 장에서 배울 내용

코드에서 액션과 계산, 데이터가 무엇인지 배웠습니다. 하지만 충분하지 않습니다. 함수형 프로그래머는 계산의 장점을 최대한 활용하기 위해 가능한 액션을 계산으로 바꾸려고 합니다. 다음 장에서 이 부분에 대해 살펴봅시다.

액션에서 계산 빼내기

이번 장에서 살펴볼 내용

- 어떻게 함수로 정보가 들어가고 나오는지 살펴봅니다.
- 테스트하기 쉽고 재사용성이 좋은 코드를 만들기 위한 함수형 기술에 대해 알아봅니다.
- 액션에서 계산을 빼내는 방법을 배웁니다.

이 장에서는 테스트하기 쉽고 재사용 하기 좋은 코드를 만들기 위해 리팩터링 하는 방법을 살펴보겠습니다. 예제 코드에 기능을 조금 추가한 다음, 액션에서 계산을 빼내는 리팩터링을 하겠습니다.

MegaMart.com에 오신 것을 환영합니다

여러분의 장바구니는 항상 가득 차 있습니다.

MegaMart는 온라인 쇼핑몰입니다. 경쟁력을 유지하고 있는 중요한 기능 중 하나는 쇼핑 중에 장바구니에 담겨 있는 제품의 금액 합계를 볼 수 있는 기능입니다.

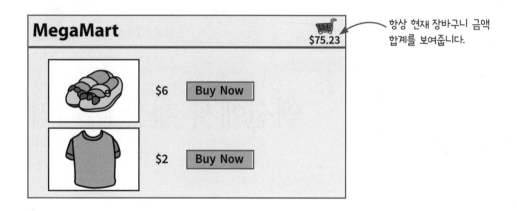

항상 현재 장바구니 금액
합계를 보여줍니다.

MegaMart 코드를 공개합니다.

보안 서약은 하지 않아도 됩니다.

장바구니 제품과 금액 합계를
담고 있는 전역변수

```
var shopping_cart = [];
var shopping_cart_total = 0;

function add_item_to_cart(name, price) {
  shopping_cart.push({
    name: name,
    price: price
  });
  calc_cart_total();
}

function calc_cart_total() {
  shopping_cart_total = 0;
  for(var i = 0; i < shopping_cart.length; i++) {
    var item = shopping_cart[i];
    shopping_cart_total += item.price;
  }
  set_cart_total_dom();
}
```

장바구니에 제품을 담기 위해
cart 배열에 레코드를 추가

장바구니 제품이 바뀌었기 때문에
금액 합계를 업데이트

모든 제품값 더하기

금액 합계를 반영하기 위해
DOM 업데이트

용어 설명

DOM(document object model)
은 웹브라우저 안에 있는 HTML
페이지를 메모리상에 표현한 것
입니다.

마지막 줄은 웹페이지를 변경하기 위해 **DOM**document object model
을 업데이트하는 코드입니다.

무료 배송비 계산하기

새로운 요구사항

MegaMart는 구매 합계가 20 달러 이상이면 무료 배송을 해주려고 합니다. 그래서 장바구니에 넣으면 합계가 20달러가 넘는 제품의 구매 버튼 옆에 무료 배송 아이콘을 표시해 주려고 합니다.

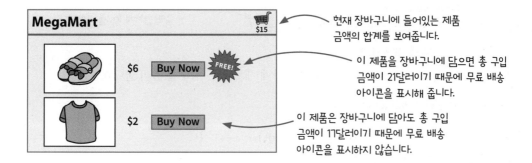

현재 장바구니에 들어있는 제품 금액의 합계를 보여줍니다.

이 제품을 장바구니에 담으면 총 구입 금액이 21달러이기 때문에 무료 배송 아이콘을 표시해 줍니다.

이 제품은 장바구니에 담아도 총 구입 금액이 17달러이기 때문에 무료 배송 아이콘을 표시하지 않습니다.

절차적인 방법으로 구현하기

절차적인 방법이 더 이해하기 쉬울 수 있습니다.

구매 버튼에 무료 배송 아이콘을 표시하기 위한 함수를 만듭니다. 지금은 이해하기 쉬운 절차적 스타일로 작성하지만, 뒤에서 함수형 스타일로 리팩터링을 하겠습니다.

```
function update_shipping_icons() {
  var buy_buttons = get_buy_buttons_dom();
  for(var i = 0; i < buy_buttons.length; i++) {
    var button = buy_buttons[i];
    var item = button.item;
    if(item.price + shopping_cart_total >= 20)
      button.show_free_shipping_icon();
    else
      button.hide_free_shipping_icon();
  }
}
```

페이지에 있는 모든 구매 버튼을 가져와 반복문을 적용합니다.

무료 배송이 가능한지 확인합니다.

결정에 따라 무료 배송 아이콘을 보여주거나 보여주지 않습니다.

합계 금액이 바뀔 때마다 모든 아이콘을 업데이트하기 위해 calc_cart_total() 함수 마지막에 update_shipping_icons() 함수를 불러 줍니다.

```
function calc_cart_total() {
  shopping_cart_total = 0;
  for(var i = 0; i < shopping_cart.length; i++) {
    var item = shopping_cart[i];
    shopping_cart_total += item.price;
  }
  set_cart_total_dom();
  update_shipping_icons();
}
```

앞에서 만든 함수입니다.

> **MegaMart 개발팀의 모토**
> 동작하면 배포한다!

여기에 아이콘을 업데이트하는 코드를 추가하겠습니다.

세금 계산하기

다음 요구사항

장바구니의 금액 합계가 바뀔 때마다 세금을 다시 계산해야 합니다. 함수형 프로그래밍을 적용하지 않고 이 기능을 추가하는 일은 어렵지 않습니다.

함수를 새로 만듭니다.

```
function update_tax_dom() {
  set_tax_dom(shopping_cart_total * 0.10);
}
```

금액 합계에 10%를 곱합니다.

DOM을 업데이트합니다.

앞에서 한 것처럼 calc_cart_total() 함수 마지막에 새로 만든 함수를 불러 줍니다.

```
function calc_cart_total() {
  shopping_cart_total = 0;
  for(var i = 0; i < shopping_cart.length; i++) {
    var item = shopping_cart[i];
    shopping_cart_total += item.price;
  }
  set_cart_total_dom();
  update_shipping_icons();
  update_tax_dom();
}
```

페이지에 세금을 업데이트하기 위해 코드를 추가합니다.

동작하니까 배포해야지!

개발팀 제나

테스트하기 쉽게 만들기

지금 코드는 비즈니스 규칙을 테스트하기 어렵습니다.

코드가 바뀔 때마다 조지는 아래와 같은 테스트를 만들어야 합니다.

쉽게 테스트할 수 있는 방법이 없을까요? 일주일째 집에 못 가고 있습니다. 애들을 보고 싶어요.

1. 브라우저 설정하기

2. 페이지 로드하기

3. 장바구니에 제품 담기 버튼 클릭

4. DOM이 업데이트될 때까지 기다리기 ← 이것보다 쉬운 방법이 있을 것입니다.

5. DOM에서 값 가져오기

6. 가져온 문자열 값을 숫자로 바꾸기

7. 예상하는 값과 비교하기

테스트를 담당하고 있는 조지

조지의 코드 설명

조지가 테스트해야 하는 비즈니스 규칙 (total * 0.10)

```
function update_tax_dom() {
  set_tax_dom(shopping_cart_total * 0.10);
}
```

결괏값을 얻을 방법은 DOM에서 값을 가져오는 방법뿐입니다.

테스트하기 전에 전역변숫값을 설정해야 합니다.

테스트 개선을 위한 조지의 제안

테스트를 더 쉽게 하려면 다음 조건이 필요합니다.

• DOM 업데이트와 비즈니스 규칙은 분리되어야 합니다.

• 전역변수가 없어야 합니다! ←

조지의 제안은 함수형 프로그래밍과 잘 맞습니다. 뒤에서 살펴보겠습니다.

> **MegaMart 테스트 팀의 모토**
> 100% 테스트 커버리지를 달성하지 못하면 집에 가지 말자!

재사용하기 쉽게 만들기

결제팀과 배송팀이 우리 코드를 사용하려고 합니다.

결제팀과 배송팀에서 우리가 만든 코드를 재사용하려고 했지만, 다음과 같은 이유로 재사용할 수 없었습니다.

결제팀과 배송팀에서 코드를 가져다 쓰려고 했지만 쓰지 못했습니다. 어떤 기능이 필요한지 알려주실 수 있나요?

- 장바구니 정보를 전역변수에서 읽어오고 있지만, 결제팀과 배송팀은 데이터베이스에서 장바구니 정보를 읽어 와야 합니다.

- 결과를 보여주기 위해 DOM을 직접 바꾸고 있지만, 결제팀은 영수증을, 배송팀은 운송장을 출력해야 합니다.

개발팀 제나

개발팀 제나의 코드 설명

```
function update_shipping_icons() {
  var buy_buttons = get_buy_buttons_dom();
  for(var i = 0; i < buy_buttons.length; i++) {
    var button = buy_buttons[i];
    var item = button.item;
    if(item.price + shopping_cart_total >= 20)
      button.show_free_shipping_icon();
    else
      button.hide_free_shipping_icon();
  }
}
```

결제팀과 배송팀에서 이 비즈니스 규칙을 사용하려고 합니다. ()>= 20)

이 함수는 전역변수인 shopping_cart_total 값이 있어야 실행할 수 있습니다.

이 코드는 DOM이 있어야 실행할 수 있습니다.

리턴값이 없기 때문에 결과를 받을 방법이 없습니다.

개발팀 제나의 제안

재사용하려면 아래와 같은 조건이 필요합니다.

- 전역변수에 의존하지 않아야 합니다.

- DOM을 사용할 수 있는 곳에서 실행된다고 가정하면 안 됩니다.

- 함수가 결괏값을 리턴해야 합니다.

제나가 제안한 내용은 함수형 프로그래밍과 잘 맞습니다. 왜 그런지 알아봅시다.

액션과 계산, 데이터를 구분하기

먼저 해야 할 일은 각 함수가 액션과 계산, 데이터 중 어떤 것인지 구분하는 일입니다. 그다음 어떻게 코드를 개선할 수 있는지 알 수 있습니다. 각 함수에 액션은 A, 계산은 C, 데이터는 D라고 표시해 보겠습니다.

```
var shopping_cart = []; A        ─── 이 전역변수는 변경 가능하기
var shopping_cart_total = 0; A        때문에 액션입니다.
function add_item_to_cart(name, price) { A
  shopping_cart.push({
    name: name,              ─── 전역변수를 바꾸는 것은
    price: price                  액션입니다.
  });
  calc_cart_total();         ─── DOM에서 읽는 것은 액션입니다.
}

function update_shipping_icons() { A
  var buy_buttons = get_buy_buttons_dom();
  for(var i = 0; i < buy_buttons.length; i++) {
    var button = buy_buttons[i];
    var item = button.item;
    if(item.price + shopping_cart_total >= 20)
      button.show_free_shipping_icon();
    else
      button.hide_free_shipping_icon();
  }                          ─── DOM을 바꾸는 것은 액션입니다.
}
function update_tax_dom() { A
  set_tax_dom(shopping_cart_total * 0.10);
}                            ─── DOM을 바꾸는 것은 액션입니다.
function calc_cart_total() { A
  shopping_cart_total = 0;
  for(var i = 0; i < shopping_cart.length; i++) {
    var item = shopping_cart[i];         ─── 전역변수를 바꾸는 것은 액션입니다.
    shopping_cart_total += item.price;
  }
  set_cart_total_dom();
  update_shipping_icons();
  update_tax_dom();
}
```

표시 방법

A 액션
C 계산
D 데이터

기억하세요

액션은 코드 전체로 퍼집니다.
어떤 함수 안에 액션이 하나만 있어도 그 함수 전체가 액션이 됩니다.

이 코드에는 계산이나 데이터는 없고 모든 코드가 액션입니다. 이제 제나와 조지가 고민하는 문제를 함수형 프로그래밍으로 어떻게 해결할 수 있는지 알아봅시다.

함수에는 입력과 출력이 있습니다

모든 함수는 입력과 출력이 있습니다. **입력**은 함수가 계산을 하기 위한 외부 정보입니다. 출력은 함수 밖으로 나오는 정보나 어떤 동작입니다. 함수를 부르는 이유는 결과가 필요하기 때문입니다. 그리고 원하는 결과를 얻으려면 입력이 필요합니다.

아래 함수를 보면서 어떤 입력과 출력이 있는지 살펴봅시다.

```
var total = 0;                              ─── 인자는 입력입니다.
function add_to_total(amount) {
  console.log("Old total: " + total);       ─── 전역변수를 읽는 것은 입력입니다.
  total += amount;                           ─── 콘솔에 뭔가 찍는 것은 출력입니다.
  return total;                              ─── 전역변수를 바꾸는 것은 출력입니다.
}
        ─ 리턴값은 출력입니다.
```

함수로 들어가는 정보와 나오는 정보 또는 발생하는 효과 전부를 살펴봤습니다.

입력과 출력은 명시적이거나 암묵적일 수 있습니다.

인자는 명시적인 입력입니다. 그리고 리턴값은 명시적인 출력입니다. 하지만 암묵적으로 함수로 들어가거나 나오는 정보도 있습니다.

```
var total = 0;                              ─── 인자는 명시적 입력입니다.
function add_to_total(amount) {
  console.log("Old total: " + total);       ─── 전역변수를 읽는 것은 암묵적 입력입니다.
  total += amount;                           ─── 콘솔에 찍는 것은 암묵적 출력입니다.
  return total;                              ─── 전역변수를 바꾸는 것도 암묵적 출력입니다.
}
        ─ 리턴값은 명시적 출력입니다.
```

함수에 암묵적 입력과 출력이 있으면 액션이 됩니다.

함수에서 암묵적 입력과 출력을 없애면 계산이 됩니다. 암묵적 입력은 함수의 인자로 바꾸고, 암묵적 출력은 함수의 리턴값으로 바꾸면 됩니다.

용어 설명

함수형 프로그래머는 암묵적 입력과 출력을 **부수 효과**라고 부릅니다. 부수 효과는 함수가 하려고 하는 주요 기능(리턴값을 계산하는 일)이 아닙니다.

테스트와 재사용성은 입출력과 관련 있습니다

조지와 제나는 테스트와 재사용성에 대해 고민하고 있습니다. 그리고 더 좋은 코드를 만들기 위해 몇 가지 제안을 했습니다.

테스트를 담당하고 있는 조지

- DOM 업데이트와 비즈니스 규칙은 분리되어야 합니다.
- 전역변수가 없어야 합니다.

개발팀 제나

- 전역변수에 의존하지 않아야 합니다.
- DOM을 사용할 수 있는 곳에서 실행된다고 가정하면 안 됩니다.
- 함수가 결괏값을 리턴해야 합니다.

이 제안은 모두 암묵적 입력과 출력을 없애야 한다고 말하고 있습니다. 하나씩 살펴봅시다.

조지1: DOM 업데이트와 비즈니스 규칙은 분리되어야 합니다.

DOM을 업데이트하는 일은 함수에서 어떤 정보가 나오는 것이기 때문에 출력입니다. 하지만 리턴값이 아니기 때문에 암묵적 출력입니다. 사용자가 정보를 볼 수 있어야 하기 때문에 DOM 업데이트는 어디선가 해야 합니다. 그래서 조지는 암묵적인 출력인 DOM 업데이트와 비즈니스 규칙을 분리하자고 제안했습니다.

조지2: 전역변수가 없어야 합니다.

전역변수를 읽는 것은 암묵적 입력이고 바꾸는 것은 암묵적 출력입니다. 결국 조지는 암묵적 입력과 출력을 없애야 한다고 제안한 것입니다. 암묵적 입력은 인자로 바꾸고 암묵적 출력은 리턴값으로 바꾸면 됩니다.

제나1: 전역변수에 의존하지 않아야 합니다.

조지의 두 번째 제안과 같은 내용입니다. 제나 역시 암묵적 입력과 출력을 없애자고 제안한 것입니다.

제나2: DOM을 사용할 수 있는 곳에서 실행된다고 가정하면 안 됩니다.

우리가 만든 함수는 DOM을 직접 쓰고 있습니다. 앞에서 이야기한 것처럼 이것은 암묵적 출력입니다. 암묵적 출력은 함수의 리턴값으로 바꿀 수 있습니다.

제나3: 함수가 결괏값을 리턴해야 합니다.

제나는 암묵적인 출력 대신 명시적인 출력을 사용하자고 제안하고 있습니다.

조지와 제나가 테스트와 재사용성을 높이기 위해 제안한 내용은 함수형 프로그래밍에서 다루는 명시적 입출력과 암묵적 입출력에 대한 내용입니다. 이제 액션에서 계산을 빼내 봅시다.

액션에서 계산 빼내기

액션에서 계산을 빼내는 과정을 살펴봅시다. 먼저 계산에 해당하는 코드를 분리합니다. 그리고 입력값은 인자로 출력값은 리턴값으로 바꿉니다.

원래 코드에 블록 표시된 부분이 계산으로 빼야 하는 부분입니다. 원래 코드는 그대로 두고 블록 표시된 부분을 빼서 새로운 함수로 만듭니다.

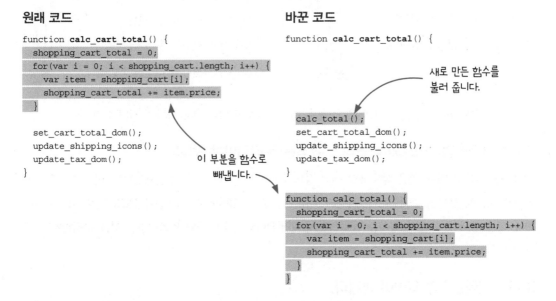

원래 코드

```
function calc_cart_total() {
  shopping_cart_total = 0;
  for(var i = 0; i < shopping_cart.length; i++) {
    var item = shopping_cart[i];
    shopping_cart_total += item.price;
  }
  set_cart_total_dom();
  update_shipping_icons();
  update_tax_dom();
}
```

이 부분을 함수로 빼냅니다.

바꾼 코드

```
function calc_cart_total() {



  calc_total();
  set_cart_total_dom();
  update_shipping_icons();
  update_tax_dom();
}

function calc_total() {
  shopping_cart_total = 0;
  for(var i = 0; i < shopping_cart.length; i++) {
    var item = shopping_cart[i];
    shopping_cart_total += item.price;
  }
}
```

새로 만든 함수를 불러 줍니다.

빼낸 코드를 새로운 함수로 만들고 이름을 붙여줬습니다. 그리고 원래 코드에서 빼낸 부분은 새로 만든 함수를 호출하도록 고쳤습니다. 하지만 새 함수는 아직 액션입니다. 계속해서 새 함수를 계산으로 바꿔가겠습니다.

방금 한 리팩터링은 **서브루틴 추출하기**extract subroutine라고 할 수 있습니다. 기존 코드에서 동작은 바뀌지 않았습니다.

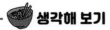 **생각해 보기**

앞에서 코드를 고치면서 동작은 그대로 유지했습니다. 이런 방법을 **리팩터링**이라고 합니다. 코드를 고칠 때 동작을 유지하면서 고치는 감각을 기르는 것이 좋습니다. 이렇게 동작을 유지하면서 코드를 바꾸는 것은 어떤 장점이 있을까요?

새로 만든 함수는 아직 액션이기 때문에 계산으로 바꿔야 합니다.
계산으로 바꾸려면 먼저 어떤 입력과 출력이 있는지 확인해야 합니다.

이 함수에는 출력 두 개와 입력 하나가 있습니다. shopping_
cart_total 전역변숫값을 바꾸는 것이 출력이고 shopping_
cart 전역변숫값을 읽어오는 것이 입력입니다.

여기에 있는 입력과 출력은 모두 암묵적이기 때문에 명시적인 입력
과 출력으로 바꿔야 계산이 됩니다.

전역변숫값을 바꾸는 일은 함
수에서 데이터가 나가는 일이
기 때문에 **출력**입니다.
전역변숫값을 읽는 일은 데이
터가 함수 안으로 들어오는 일
이기 때문에 **입력**입니다.

출력

입력

```
function calc_total() {
  shopping_cart_total = 0;
  for(var i = 0; i < shopping_cart.length; i++) {
    var item = shopping_cart[i];
    shopping_cart_total += item.price;
  }
}
```

출력

출력은 모두 같은 전역변숫값을 바꿉니다. 그래서 같은 리턴값을
사용해 바꿀 수 있습니다. 전역변수 대신 지역변수를 사용하도록
바꾸고 지역변숫값을 리턴하도록 고치겠습니다. 그리고 원래 함수
는 새 함수의 리턴값을 받아 전역변수에 할당하도록 고치겠습니다.

리턴값을 받아
전역변수에 할당합니다.

현재 코드

```
function calc_cart_total() {
  calc_total();
  set_cart_total_dom();
  update_shipping_icons();
  update_tax_dom();
}
```

함수를 호출하는 쪽에서
전역변수에 값을
할당하도록 고칩니다.

```
function calc_total() {
  shopping_cart_total = 0;
  for(var i = 0; i < shopping_cart.length; i++) {
    var item = shopping_cart[i];
    shopping_cart_total += item.price;
  }
}
```

지역변수를 사용합니다.

암묵적 출력을 없앤 코드

```
function calc_cart_total() {
  shopping_cart_total = calc_total();
  set_cart_total_dom();
  update_shipping_icons();
  update_tax_dom();
}
```

지역변수로 바꿉니다.

```
function calc_total() {
  var total = 0;
  for(var i = 0; i < shopping_cart.length; i++) {
    var item = shopping_cart[i];
    total += item.price;
  }
  return total;
}
```

지역변수를 리턴합니다.

🥢 **생각해 보기**

방금 중요한 변경을 했습니다. 이 상태에서 코드가
잘 동작할까요?

암묵적 출력 두 개를 없앴습니다. 이제 암묵적 입력
을 처리해 봅시다.

암묵적 출력은 없앴습니다. 이제 남은 일은 암묵적 입력을 함수 인자로 바꾸는 일입니다. cart라는 인자를 추가하고 함수 안에서 cart 인자를 사용하도록 고쳐봅시다.

현재 코드

```
function calc_cart_total() {
  shopping_cart_total = calc_total();
  set_cart_total_dom();
  update_shipping_icons();
  update_tax_dom();
}

function calc_total() {
  var total = 0;
  for(var i = 0; i < shopping_cart.length; i++) {
    var item = shopping_cart[i];
    total += item.price;
  }
  return total;
}
```

이 값을 읽는 곳은 두 군데입니다.

암묵적 입력을 없앤 코드

shopping_cart를 인자로 전달합니다.

```
function calc_cart_total() {
  shopping_cart_total = calc_total(shopping_cart);
  set_cart_total_dom();
  update_shipping_icons();
  update_tax_dom();
}

function calc_total(cart) {
  var total = 0;
  for(var i = 0; i < cart.length; i++) {
    var item = cart[i];
    total += item.price;
  }
  return total;
}
```

전역변수 대신 인자를 만들어 사용합니다.

이제 calc_total() 함수는 계산입니다. 모든 입력은 인자이고 모든 출력은 리턴값입니다.

액션에서 계산을 잘 빼냈습니다.

조지와 제나의 모든 고민은 해결되었습니다.

테스트를 담당하고 있는 조지

✔ DOM 업데이트와 비즈니스 규칙은 분리되어야 합니다.

장바구니 합계를 계산하는 것은 비즈니스 규칙입니다.

✔ 전역변수가 없어야 합니다.

calc_total() 함수는 이제 전역변수를 사용하지 않습니다.

개발팀 제나

✔ 전역변수에 의존하지 않아야 합니다.

이제 전역변수를 사용하지 않습니다.

✔ DOM을 사용할 수 있는 곳에서 실행된다고 가정하면 안 됩니다.

DOM을 업데이트하지 않습니다.

✔ 함수가 결괏값을 리턴해야 합니다.

이제 리턴값이 있습니다.

액션에서 또 다른 계산 빼내기

add_item_to_cart() 함수에서도 계산을 빼낼 수 있습니다. 앞에서 한 것처럼 빼낼 부분을 찾고 함수로 빼서 입력과 출력을 명시적으로 바꿉니다.

장바구니를 바꾸는 코드에서 계산을 빼내 봅시다. 이 코드는 계산으로 빼내기 좋습니다. 새 함수로 만들어 봅시다.

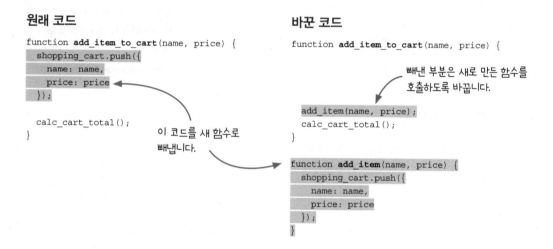

원래 코드

```
function add_item_to_cart(name, price) {
  shopping_cart.push({
    name: name,
    price: price
  });

  calc_cart_total();
}
```

이 코드를 새 함수로 빼냅니다.

바꾼 코드

```
function add_item_to_cart(name, price) {




  add_item(name, price);
  calc_cart_total();
}

function add_item(name, price) {
  shopping_cart.push({
    name: name,
    price: price
  });
}
```

빼낸 부분은 새로 만든 함수를 호출하도록 바꿉니다.

계산으로 빼낸 코드를 add_item()이라는 새 함수로 만들었습니다. 이 함수가 동작하려면 name과 price 인자가 필요합니다. 그리고 빼낸 코드 부분은 새로 만든 함수를 호출하도록 고쳐야 합니다.

앞에서도 이야기했지만 이 **작업은 함수 추출하기** 리팩터링입니다. 새로 만든 함수는 아직 액션입니다. 전역변수인 shopping_cart 배열을 바꾸기 때문입니다. 이제 계산으로 바꿔 봅시다.

 **생각해 보기**

함수 하나를 빼냈습니다. 이 작업으로 시스템의 동작이 달라졌나요?

add_item_to_cart() 함수에서 코드를 추출해 add_item() 함수를 만들었습니다. 이제 add_item() 함수를 계산으로 바꿔 봅시다. 먼저 암묵적 입력과 출력을 찾아야 합니다.

add_item() 함수는 전역변수를 읽기 때문에 입력입니다. 또 push() 함수로 전역변수인 배열을 바꾸는 것은 출력입니다.

```
function add_item(name, price) {
  shopping_cart.push({
    name: name,
    price: price
  });
}
```

push() 함수로 배열을 바꾸고 있습니다.

전역변수인 shopping_cart를 읽고 있습니다.

암묵적 입력과 출력을 찾았습니다. 이제 인자와 리턴값으로 바꿔 봅시다. 입력부터 해봅시다.

원래 shopping_cart 전역변수를 직접 사용하고 있었지만 add_item()에 인자를 추가해서 인자를 사용하도록 바꿔 봅시다.

전역변수를 인자로 넘깁니다.

현재 코드

```
function add_item_to_cart(name, price) {
  add_item(name, price);
  calc_cart_total();
}

function add_item(name, price) {
  shopping_cart.push({
    name: name,
    price: price
  });
}
```

암묵적 입력을 없앤 코드

```
function add_item_to_cart(name, price) {
  add_item(shopping_cart, name, price);
  calc_cart_total();
}

function add_item(cart, name, price) {
  cart.push({
    name: name,
    price: price
  });
}
```

인자를 추가합니다.

전역변수 대신 인자를 사용하도록 합니다.

호출하는 쪽은 전역변수를 인자로 넘기도록 고칩니다. 암묵적인 입력을 인자로 바꿔 명시적인 입력이 되었습니다.

이제 암묵적 출력이 남았습니다. push() 함수로 전역배열을 변경하는 부분입니다. 이것도 명시적인 출력으로 바꿔 봅시다.

암묵적 입력과 암묵적 출력 중 암묵적 입력은 인자로 바꿨습니다. 이제 암묵적 출력을 바꿔 봅시다.

우리가 확인한 출력은 shopping_cart에 있는 배열을 바꾸는 부분입니다. 이 값을 바꾸는 대신 복사본을 만들고 복사본에 추가해 리턴해야 합니다. 코드를 봅시다.

원래 함수에서는 리턴값을 받아 전역변수에 할당합니다.

현재 코드

```
function add_item_to_cart(name, price) {

  add_item(shopping_cart, name, price);
  calc_cart_total();
}

function add_item(cart, name, price) {

  cart.push({
    name: name,
    price: price
  });

}
```

복사본을 만들어 지역변수에 할당합니다.

암묵적 출력을 없앤 코드

```
function add_item_to_cart(name, price) {
  shopping_cart =
    add_item(shopping_cart, name, price);
  calc_cart_total();
}

function add_item(cart, name, price) {
  var new_cart = cart.slice();
  new_cart.push({
    name: name,
    price: price
  });
  return new_cart;
}
```

복사본을 변경합니다.

복사본을 리턴합니다.

복사본을 만들고 복사본에 제품을 추가해서 리턴했습니다. 그리고 호출하는 코드에서는 리턴값을 받아 전역변수에 할당했습니다. 이제 암묵적 출력값이 리턴값으로 바뀌었습니다.

계산으로 바꾸는 작업은 끝났습니다. add_item() 함수는 암묵적 입력이나 출력이 없는 계산입니다.

🍜 **생각해 보기**

복사본을 만들어서 인자 cart 값을 변경하지 않아도 되었습니다. 만약 인자로 전달한 배열을 직접 변경한다면 그 함수는 계산일까요? 계산이 아니라면 왜 아닌가요?

🚢 **한 발짝 더**

자바스크립트에서 배열을 직접 복사하는 방법이 없습니다. 그래서 이 책에서는 .slice() 메서드를 사용했습니다.

`array.slice()`

그 이유는 6장에서 더 자세히 알아보겠습니다.

앞에서 재사용하기 좋고 테스트하기 쉬운 add_item() 함수를 만들었습니다. add_item() 함수는 조지와 제나가 고민하던 모든 문제를 해결해 줄까요?

```javascript
function add_item_to_cart(name, price) {
  shopping_cart = add_item(shopping_cart, name, price);
  calc_cart_total();
}

function add_item(cart, name, price) {
  var new_cart = cart.slice();
  new_cart.push({
    name: name,
    price: price
  });
  return new_cart;
}
```

조지와 제나가 고민하던 문제가 해결되었다면 체크해 주세요.

테스트를 담당하고 있는 조지

☐ DOM 업데이트와 비즈니스 규칙은 분리되어야 합니다.

☐ 전역변수가 없어야 합니다.

개발팀 제나

☐ 전역변수에 의존하지 않아야 합니다.

☐ DOM을 사용할 수 있는 곳에서 실행된다고 가정하면 안 됩니다.

☐ 함수가 결괏값을 리턴해야 합니다.

 정답

네! 모든 고민을 해결해 줍니다.

더 진행하기 전에 가벼운 질문을 보면서 쉬어 갑시다.

Q 코드가 더 많아진 것 같습니다. 잘하고 있는 것인가요? 코드가 적어야 더 좋은 것이 아닌가요?

A 일반적으로 더 적은 코드가 좋은 것은 맞습니다. 하지만 우리가 고친 코드는 고치기 전보다 많아졌습니다.

새로운 함수를 만들면 최소 두 줄이 더 늘어납니다. 함수 선언 부분과 함수를 닫는 구문입니다. 하지만 시간이 지나면서 함수로 분리한 것에 장점을 얻을 수 있습니다.

벌써 몇 가지 좋은 점이 있습니다. 코드를 테스트하기 쉬워졌고 재사용하기 좋아졌습니다. 다른 두 부서에서 이미 이 함수를 사용합니다. 또 테스트 코드는 더 짧아졌습니다.

그리고 이것이 끝이 아닙니다. 기다려보면 더 좋은 점들을 발견할 수 있을 것입니다.

Q 재사용성을 높이고 쉽게 테스트할 수 있는 것이 함수형 프로그래밍으로 얻을 수 있는 전부인가요?

A 아닙니다! 함수형 프로그래밍으로 재사용하기 좋고 테스트하기 쉬운 코드를 만들 수 있지만 그것이 전부가 아닙니다. 이 책에 끝부분에서 동시성이나 설계, 데이터 모델링 측면에서 좋은 점들에 대해 설명할 것입니다. 함수형 프로그래밍의 장점은 더 많지만, 방대하기 때문에 이 책에서 모든 것을 다룰 수는 없습니다.

Q 앞에서는 다른 곳에서 쓰기 위해 계산을 분리했습니다. 다른 곳에서 쓰지 않더라도 계산으로 분리하는 것이 중요한 것인가요?

A 물론입니다. 함수형 프로그래밍의 목적 중에 어떤 것을 분리해서 더 작게 만들려고 하는 것도 있습니다. 작은 것은 테스트하기 쉽고 재사용하기 쉽고 이해하기 쉽기 때문입니다.

Q 계산으로 바꾼 함수 안에서 아직도 변수를 변경하고 있습니다. 함수형 프로그래밍에서는 모든 것이 불변값이어야 한다고 들었는데요. 어떻게 설명할 수 있나요?

A 좋은 질문입니다. 불변값은 생성된 다음에 바뀌면 안 되는 값입니다. 하지만 생성할 때는 초기화가 필요합니다. 만약 초깃값이 있어야 하는 배열이 필요하고 이후에 바꾸지 않는다고 해도 초깃값을 넣기 위해 시작 부분에 값을 배열에 넣어줘야 합니다.

지역변수를 변경하는 곳은 나중에 초기화할 값으로 새로 생성합니다. 지역변수이기 때문에 함수 밖에서는 접근할 수 없습니다. 그리고 초기화가 끝났다면 그 값은 리턴해야 합니다. 이처럼 값이 바뀌지 않으려면 원칙이 필요한데 자세한 내용은 6장에서 다루겠습니다.

📋 계산 추출을 단계별로 알아보기

액션에서 계산을 빼내는 작업은 반복적인 과정입니다.

1. 계산 코드를 찾아 빼냅니다.

빼낼 코드를 찾습니다. 코드를 추출해 새로운 함수를 만들어 리팩터링 합니다. 새 함수에 인자가 필요하다면 추가합니다. 원래 코드에서 빼낸 부분에 새 함수를 부르도록 바꿉니다.

2. 새 함수에 암묵적 입력과 출력을 찾습니다.

새 함수에 암묵적 입력과 출력을 찾습니다. 암묵적 입력은 함수를 부르는 동안 결과에 영향을 줄 수 있는 것을 말합니다. 암묵적 출력은 함수 호출의 결과로 영향을 받는 것을 말합니다.

함수 인자를 포함해 함수 밖에 있는 변수를 읽거나 데이터베이스에서 값을 가져오는 것은 입력입니다.

리턴값을 포함해 전역변수를 바꾸거나 공유 객체를 바꾸거나, 웹 요청을 보내는 것은 출력입니다.

3. 암묵적 입력은 인자로 암묵적 출력은 리턴값으로 바꿉니다.

한 번에 하나씩 입력은 인자로 출력은 리턴값으로 바꿉니다. 새로운 리턴값이 생겼다면 호출하는 코드에서 함수의 결과를 변수에 할당해야 할 수도 있습니다.

여기서 인자와 리턴값은 바뀌지 않는 불변값이라는 것이 중요합니다. 리턴값이 나중에 바뀐다면 암묵적 출력입니다. 또 인자로 받은 값이 바뀔 수 있다면 암묵적 입력입니다. 6장에서 불변 데이터에 대해 다루면서 이런 것을 어떻게 강제할 수 있는지 배우겠습니다. 일단 지금은 바뀌지 않는다고 가정합니다.

결제 부서에서 우리가 만든 세금 계산 코드를 쓰려고 합니다. 하지만 DOM과 묶여있어 바로 사용하기 어렵습니다. 아래 여백을 사용해 update_tax_dom() 함수에서 세금을 계산하는 부분을 추출해 보세요.

```
function update_tax_dom() {
  set_tax_dom(shopping_cart_total * 0.10);
}
```

여기 있는 계산을 결제 부서에서 쓰려고 합니다.

계산 추출하기

1. 코드를 선택하고 빼냅니다.

2. 암묵적 입력과 출력을 찾습니다.

3. 입력은 인자로 바꾸고 출력은 리턴값으로 바꿉니다.

계산을 빼내는 단계가 기억나지 않는다면 여기를 참고하세요.

이 공간에 코드를 작성해 보세요.

정답

우리가 할 일은 update_tax_dom() 함수에서 세금을 계산하는 코드를 추출하는 것입니다.
먼저 계산으로 바꿀 부분을 빼서 calc_tax() 함수로 만들어 봅시다.

원래 코드

```
function update_tax_dom() {
  set_tax_dom(shopping_cart_total * 0.10);
}
```

바꾼 코드

```
function update_tax_dom() {
  set_tax_dom(calc_tax());
}

function calc_tax() {
  return shopping_cart_total * 0.10;
}
```

암묵적 출력은 없습니다. 하지만
암묵적 입력이 하나 있습니다.

set_tax_dom() 함수에 인자로 넘기던 수식을 calc_tax() 함수로 뺐습니다. 이 함수에는
암묵적 출력이 없지만 암묵적 입력이 하나 있습니다. 출력은 명시적인 리턴값만 있습니다.

이제 암묵적 입력을 명시적인 인자로 바꿔 봅시다.

바꾼 코드

```
function update_tax_dom() {
  set_tax_dom(calc_tax());
}

function calc_tax() {
  return shopping_cart_total * 0.10;
}
```

완성된 코드

```
function update_tax_dom() {
  set_tax_dom(calc_tax(shopping_cart_
total));
}

function calc_tax(amount) {
  return amount * 0.10;
}
```

이제 깔끔한
세금 계산 기능을
결제팀에서 쓸 수
있습니다.

다 했습니다. 함수를 추출했고 암묵적인 입력과 출력은 명시적으로 바꿨습니다. 우리가 빼낸
함수는 계산이고 완벽하게 재사용할 수 있습니다. 이 함수에는 비즈니스 규칙만 있습니다.

앞에서 만든 calc_tax() 비즈니스 규칙이 조지와 제나가 고민하던 것을 모두 해결해 주는지 확인해 보세요.

```
function update_tax_dom() {
  set_tax_dom(calc_tax(shopping_cart_total));
}

function calc_tax(amount) {
  return amount * 0.10;
}
```

 테스트를 담당하고 있는 조지

☐ DOM 업데이트와 비즈니스 규칙은 분리되어야 합니다.

☐ 전역변수가 없어야 합니다.

 개발팀 제나

☐ 전역변수에 의존하지 않아야 합니다.

☐ DOM을 사용할 수 있는 곳에서 실행된다고 가정하면 안 됩니다.

☐ 함수가 결괏값을 리턴해야 합니다.

 정답

네! 모든 고민을 해결해 줍니다.

이번에는 배송팀에서 무료 배송인지 확인하기 위해 우리가 만든 코드를 사용하려고 합니다.
update_shipping_icons() 함수에서 계산을 추출해 보세요. 아래 빈 공간에 코드를 적어
봅시다. 정답은 다음 페이지에 있습니다.

```
function update_shipping_icons() {
  var buy_buttons = get_buy_buttons_dom();
  for(var i = 0; i < buy_buttons.length; i++) {
    var button = buy_buttons[i];
    var item = button.item;
    if(item.price + shopping_cart_total >= 20)
      button.show_free_shipping_icon();
    else
      button.hide_free_shipping_icon();
  }
}
```

이 부분이 배송팀에서 사용하려는
비즈니스 규칙입니다.

계산 추출하기

1. 코드를 선택하고 빼냅니다.

2. 암묵적 입력과 출력을 찾습니다.

3. 입력은 인자로 바꾸고 출력은 리턴값으로 바꿉니다.

계산을 빼내는 단계가 기억나지
않는다면 여기를 참고하세요.

이 공간에 코드를
작성해 보세요.

할 일은 무료 배송인지 결정하기 위한 계산 코드를 추출하는 것입니다. 먼저 코드를 빼내고 그 다음 계산으로 만들겠습니다.

원래 코드

```
function update_shipping_icons() {
  var buy_buttons = get_buy_buttons_dom();
  for(var i = 0; i < buy_buttons.length; i++) {
    var button = buy_buttons[i];
    var item = button.item;
    if(item.price + shopping_cart_total >= 20)
      button.show_free_shipping_icon();
    else
      button.hide_free_shipping_icon();
  }
}
```

바꾼 코드

```
function update_shipping_icons() {
  var buy_buttons = get_buy_buttons_dom();
  for(var i = 0; i < buy_buttons.length; i++) {
    var button = buy_buttons[i];
    var item = button.item;
    if(gets_free_shipping(item.price))
      button.show_free_shipping_icon();
    else
      button.hide_free_shipping_icon();
  }
}

function gets_free_shipping(item_price) {
  return item_price + shopping_cart_total >= 20;
}
```

전역변수를 읽는 암묵적 입력 하나가 있습니다.

필요한 코드를 빼서 gets_free_shipping() 함수를 만들었습니다. 이제 암묵적 입력을 없애 계산으로 만들어 봅시다.

바꾼 코드

```
function update_shipping_icons() {
  var buy_buttons = get_buy_buttons_dom();
  for(var i = 0; i < buy_buttons.length; i++) {
    var button = buy_buttons[i];
    var item = button.item;
    if(gets_free_shipping(
                    item.price))
      button.show_free_shipping_icon();
    else
      button.hide_free_shipping_icon();
  }
}

function gets_free_shipping(item_price) {
  return item_price + shopping_cart_total >= 20;
}
```

완성된 코드

```
function update_shipping_icons() {
  var buy_buttons = get_buy_buttons_dom();
  for(var i = 0; i < buy_buttons.length; i++) {
    var button = buy_buttons[i];
    var item = button.item;
    if(gets_free_shipping(shopping_cart_total,
                    item.price))
      button.show_free_shipping_icon();
    else
      button.hide_free_shipping_icon();
  }
}

function gets_free_shipping(total, item_price)
{
  return item_price + total >= 20;
}
```

앞에서 만든 gets_free_shipping() 비즈니스 규칙이 조지와 제나가 고민하던 것을 모두 해결해 주는지 확인해 보세요.

```
function update_shipping_icons() {
  var buy_buttons = get_buy_buttons_dom();
  for(var i = 0; i < buy_buttons.length; i++) {
    var button = buy_buttons[i];
    var item = button.item;
    if(gets_free_shipping(shopping_cart_total, item.price))
      button.show_free_shipping_icon();
    else
      button.hide_free_shipping_icon();
  }
}

function gets_free_shipping(total, item_price) {
  return item_price + total >= 20;
}
```

 테스트를 담당하고 있는 조지

☐ DOM 업데이트와 비즈니스 규칙은 분리되어야 합니다.

☐ 전역변수가 없어야 합니다.

 개발팀 제나

☐ 전역변수에 의존하지 않아야 합니다.

☐ DOM을 사용할 수 있는 곳에서 실행된다고 가정하면 안 됩니다.

☐ 함수가 결괏값을 리턴해야 합니다.

 정답

네! 모든 고민을 해결해 줍니다.

전체 코드를 봅시다

아래는 고친 전체 코드입니다. 각 함수에 액션은 A, 계산은 C, 데이터는 D라고 표시해 보겠습니다.

```
var shopping_cart = [];  A
var shopping_cart_total = 0;  A
function add_item_to_cart(name, price) {  A
  shopping_cart = add_item(shopping_cart, name, price);
  calc_cart_total();
}
function calc_cart_total() {  A
  shopping_cart_total = calc_total(shopping_cart);
  set_cart_total_dom();
  update_shipping_icons();
  update_tax_dom();
}
function update_shipping_icons() {  A
  var buttons = get_buy_buttons_dom();
  for(var i = 0; i < buttons.length; i++) {
    var button = buttons[i];
    var item = button.item;
    if(gets_free_shipping(shopping_cart_total, item.price))
      button.show_free_shipping_icon();
    else
      button.hide_free_shipping_icon();
  }
}
function update_tax_dom() {  A
  set_tax_dom(calc_tax(shopping_cart_total));
}
function add_item(cart, name, price) {  C
  var new_cart = cart.slice();
  new_cart.push({
    name: name,
    price: price
  });
  return new_cart;
}
function calc_total(cart) {  C
  var total = 0;
  for(var i = 0; i < cart.length; i++) {
    var item = cart[i];
    total += item.price;
  }
  return total;
}
function gets_free_shipping(total, item_price) {  C
  return item_price + total >= 20;
}
function calc_tax(amount) {  C
  return amount * 0.10;
}
```

전역변수는 액션입니다.

전역변수를 읽는 것은 액션입니다.

전역변수를 읽는 것은 액션입니다.

전역변수를 읽는 것은 액션입니다.

전역변수를 읽는 것은 액션입니다.

보통 이렇게 배열의 복사본을 만들어 사용합니다.

암묵적 입력과 출력이 없습니다.

암묵적 입력과 출력이 없습니다.

암묵적 입력과 출력이 없습니다.

암묵적 입력과 출력이 없습니다.

표시 방법

A 액션
C 계산
D 데이터

기억하세요

함수 안에 액션이 하나 있다면 그 함수 전체가 액션이 됩니다.

결론

코드를 바꾸고 나서 모두가 행복해졌습니다. 조지는 이제야 집에 가서 아이들을 만날 수 있었습니다. 아이들이 그새 많이 컸네요. 제나가 고친 코드는 결제팀과 배송팀에서 좋아했고 아무 문제 없이 잘 사용했습니다.

행복해하는 사람 중에 CEO도 있습니다. 무료 배송 아이콘 아이디어가 성공해 MegaMart 주가가 많이 올랐습니다. 하지만 보너스는 기대하지 마세요.

이 상황에서 개발팀 킴은 어떻게 하면 더 좋은 설계를 할 수 있을지 고민하고 있습니다.

요점 정리

- 액션은 암묵적인 입력 또는 출력을 가지고 있습니다.
- 계산의 정의에 따르면 계산은 암묵적인 입력이나 출력이 없어야 합니다.
- 공유 변수(전역변수 같은)는 일반적으로 암묵적 입력 또는 출력이 됩니다.
- 암묵적 입력은 인자로 바꿀 수 있습니다.
- 암묵적 출력은 리턴값으로 바꿀 수 있습니다.
- 함수형 원칙을 적용하면 액션은 줄어들고 계산은 늘어난다는 것을 확인했습니다.

다음 장에서 배울 내용

더 좋은 코드를 만들기 위해 액션에서 계산을 추출해 봤습니다. 하지만 어떤 경우에는 빼낼 계산이 없을지도 모릅니다. 그러면 모든 것이 액션입니다. 액션을 없앨 수 없는 상황에서 코드를 개선하려면 어떻게 해야 할까요? 다음 장에서 이 주제에 대해 알아보겠습니다.

더 좋은 액션 만들기

이번 장에서 살펴볼 내용

- 암묵적 입력과 출력을 제거해서 재사용하기 좋은 코드를 만드는 방법을 알아봅니다.
- 복잡하게 엉킨 코드를 풀어 더 좋은 구조로 만드는 법을 배웁니다.

지난 장에서 암묵적 입력과 출력을 없애 액션을 계산으로 만드는 방법에 대해 배웠습니다. 하지만 모든 액션을 없앨 수는 없습니다. 액션은 필요하기 때문입니다. 이 장에서는 액션에서 암묵적 입력과 출력을 줄여 설계를 개선하는 방법에 대해 알아보겠습니다.

비즈니스 요구 사항과 설계를 맞추기

요구 사항에 맞춰 더 나은 추상화 단계 선택하기

액션에서 계산으로 리팩터링하는 과정은 단순하고 기계
적이었습니다. 기계적인 리팩터링이 항상 최선의 구조
를 만들어 주는 것은 아닙니다. 좋은 구조를 만들기 위
해서는 어느 정도 사람의 손길이 필요합니다. 킴에게 더
좋은 구조를 만들기 위한 아이디어가 있습니다. 한번 살펴봅시다.

> 합계 금액과 제품
> 가격에 대한 무료 배송 여부가 아니고
> 주문 결과가 무료 배송인지 확인해야
> 합니다.

개발팀 킴

`gets_free_shipping()` 함수는 비즈니스 요구 사항으로 봤을 때 맞지 않는 부분
이 있습니다. 요구 사항은 장바구니에 담긴 제품을 주문할 때 무료 배송인지 확인하는 것
입니다. 하지만 함수를 보면 장바구니로 무료 배송을 확인하지 않고 제품의 합계와 가격으
로 확인하고 있습니다. 이것은 비즈니스 요구 사항과 맞지 않는 인자라고 할 수 있습니다.

이 인자는 요구 사항과 맞지 않습니다.

```
function gets_free_shipping(total, item_price) {
  return item_price + total >= 20;
}
```

또 중복된 코드도 있습니다. 합계에 제품 가격을 더하는 코드가 두
군데 있습니다. 중복이 항상 나쁜 것은 아니지만 코드에서 나는 냄
새입니다. **코드의 냄새**는 나중에 문제가 될 수도 있습니다.

장바구니 합계를 계산하는
코드(item + total)가
중복되어 있습니다.

```
function calc_total(cart) {
  var total = 0;
  for(var i = 0; i < cart.length; i++) {
    var item = cart[i];
    total += item.price;
  }
  return total;
}
```

다음 함수를

`gets_free_shipping(total, item_price)`

아래와 같이 바꿉니다.

`gets_free_shipping(cart)`

이 함수 시그니처는 장바구니가
무료 배송인지 알려줍니다.

그리고 `calc_total()` 함수를 재사용하여 중복을 없애 봅시다.

 용어 설명

코드의 냄새(code smell)는 더
큰 문제를 미리 알려줍니다.

비즈니스 요구 사항과 함수를 맞추기

함수의 동작을 바꿨기 때문에 엄밀히 말하면 리팩터링이라고 할 수 없습니다.

함수가 하는 일을 다시 살펴봅시다. `gets_free_shipping()` 함수는 장바구니 값을 인자로 받아 합계가 20보다 크거나 같은지 알려줍니다.

별도의 계산 함수를 사용해
금액 합계를 구합니다.

원래 코드

```
function gets_free_shipping(total,
                            item_price) {
  return item_price + total >= 20;
}
```

새 시그니처를 적용한 코드

```
function gets_free_shipping(cart) {
  return calc_total(cart) >= 20;
}
```

바꾼 함수는 합계와 제품 가격 대신 장바구니 데이터를 사용합니다. 장바구니는 전자상거래에서 많이 사용하는 엔티티entity 타입이기 때문에 비즈니스 요구 사항과 잘 맞습니다.

함수 시그니처가 바뀌었기 때문에 사용하는 부분도 고쳐야 합니다.

원래 코드

```
function update_shipping_icons() {
  var buttons = get_buy_buttons_dom();
  for(var i = 0; i < buttons.length; i++) {
    var button = buttons[i];
    var item = button.item;



    if(gets_free_shipping(
       shopping_cart_total,
       item.price))
      button.show_free_shipping_icon();
    else
      button.hide_free_shipping_icon();
  }
}
```

추가할 제품이 들어있는
새 장바구니를 만듭니다.

새 시그니처를 적용한 코드

```
function update_shipping_icons() {
  var buttons = get_buy_buttons_dom();
  for(var i = 0; i < buttons.length; i++) {
    var button = buttons[i];
    var item = button.item;
    var new_cart = add_item(shopping_cart,
                            item.name,
                            item.price);
    if(gets_free_shipping(
       new_cart))
      button.show_free_shipping_icon();
    else
      button.hide_free_shipping_icon();
  }
}
```

고친 함수를 부릅니다.

`gets_free_shipping()` 함수가 잘 동작하도록 고쳤습니다. 이제 `gets_free_shipping()` 함수는 장바구니가 무료 배송인지 아닌지 알려줍니다.

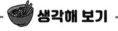 **생각해 보기**

방금 바꾼 코드에서 어떤 부분이 가장 인상적인가요? 원래 있던 장바구니를 직접 변경하지 않고 복사본을 만들었습니다. 이런 스타일을 함수형 프로그래밍에서 많이 사용합니다. 이 방법을 무엇이라고 부를까요?

 **쉬는 시간**

더 진행하기 전에 가벼운 질문을 보면서 쉬어 갑시다.

Q 코드 라인 수가 늘어났습니다. 그래도 좋은 코드인가요?

A 유지보수하기 좋은 코드를 평가하기에 코드의 라인 수는 좋은 지표로 사용할 수 있습니다. 하지만 코드 라인 수만으로 유지보수하기 좋은 코드인지 판단하기는 어렵습니다. 측정할 수 있는 여러 가지 지표 중 또 다른 지표는 함수의 크기입니다. 작은 함수는 이해하기 쉽습니다. 우리가 만든 계산 함수는 매우 작습니다. 또 이 함수는 응집력 있고 재사용하기 쉽습니다. 그리고 좋은 점들이 더 있습니다.

Q `add_item()` 함수를 부를 때마다 cart 배열을 복사합니다. 비용이 너무 많이 들지는 않나요?

A 그렇기도 하고 그렇지 않기도 합니다. 배열을 바꾸는 것보다 비용이 더 드는 것은 맞습니다. 하지만 최신 프로그래밍 언어의 런타임과 가비지 컬렉터(garbage collector)는 불필요한 메모리를 효율적으로 잘 처리합니다. 그래서 신경 쓰지 않고 복사본을 만들 수 있습니다. 자바스크립트는 불변형 문자열 구조를 제공합니다. 두 문자열을 합치면 항상 새로운 문자열을 만듭니다. 이때 모든 문자를 복사하지만, 비용에 대해 고민하지 않습니다.

그리고 복사본을 사용할 때 잃는 것보다 얻는 것이 더 많이 있습니다. 원래 있던 값을 바꾸지 않고 복사본을 만들어 바꾸는 방법은 많은 장점이 있습니다. 이 책을 계속 읽으면 그러한 장점을 알 수 있을 것입니다. 또 복사본을 만드는 코드가 느리다면 나중에 최적화할 수 있습니다. 하지만 섣부른 최적화는 하지 않겠습니다. 이 부분은 6장과 7장에서 자세히 알아보겠습니다.

원칙:
암묵적 입력과 출력은 적을수록 좋습니다

인자가 아닌 모든 입력은 암묵적 입력이고 리턴값이 아닌 모든 출력은 암묵적 출력입니다. 앞에서 암묵적 입력과 출력이 없는 함수를 작성했고 이 함수를 계산이라고 불렀습니다.

계산을 만들기 위해 암묵적 입력과 출력을 없애는 원칙은 액션에도 적용할 수 있습니다. 액션에서 모든 암묵적 입력과 출력을 없애지 않더라도 암묵적 입력과 출력을 줄이면 좋습니다.

어떤 함수에 암묵적 입력과 출력이 있다면 다른 컴포넌트와 강하게 연결된 컴포넌트라고 할 수 있습니다. 다른 곳에서 사용할 수 없기 때문에 모듈이 아닙니다. 이런 함수의 동작은 연결된 부분의 동작에 의존합니다. 암묵적 입력과 출력을 명시적으로 바꿔 모듈화된 컴포넌트로 만들 수 있습니다. 납땜하는 대신 쉽게 떼었다 붙일 수 있는 커넥터로 연결된 것이라고 볼 수 있습니다.

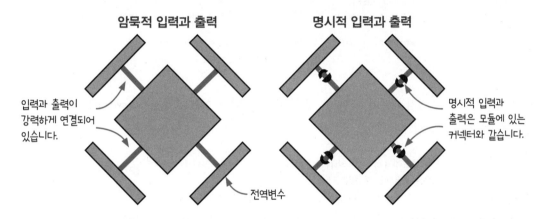

암묵적 입력과 출력

입력과 출력이 강력하게 연결되어 있습니다.

전역변수

명시적 입력과 출력

명시적 입력과 출력은 모듈에 있는 커넥터와 같습니다.

암묵적 입력이 있는 함수는 조심해서 사용해야 합니다. 앞에서 세금 계산할 때 `shopping_cart_total` 전역변수를 변경했습니다. 만약 다른 곳에서 이 값을 쓴다면 무슨 일이 생길까요? 원하는 값을 얻으려면 세금을 계산하는 동안 다른 코드가 실행되지 않는지 확인해야 합니다.

암묵적 출력이 있는 함수 역시 조심해서 사용해야 합니다. 암묵적 출력으로 발생하는 일을 원할 때만 쓸 수 있습니다. 만약 DOM을 바꾸는 암묵적 출력이 있는 함수를 쓸 때 DOM을 바꾸는 것이 필요 없다면 어떻게 해야 할까요? 결과는 필요하지만 다른 곳에 영향을 주기 싫다면 어떻게 해야 할까요?

암묵적 입력과 출력이 있는 함수는 아무 때나 실행할 수 없기 때문에 테스트하기 어렵습니다. 모든 입력값을 설정하고 테스트를 돌린 후에 모든 출력값을 확인해야 합니다. 입력과 출력이 많을수록 테스트는 더 어려워집니다.

계산은 암묵적 입력과 출력이 없기 때문에 테스트하기 쉽습니다. 모든 암묵적 입력과 출력을 없애지 못해 액션을 계산으로 바꾸지 못해도 암묵적 입력과 출력을 줄이면 테스트하기 쉽고 재사용하기 좋습니다.

암묵적 입력과 출력 줄이기

앞서 말한 원칙이 맞다면 어떤 코드에도 적용할 수 있어야 합니다. 그럼 update_shipping_icons() 함수에 이 원칙을 적용해 암묵적 입력과 출력을 줄여봅시다. 먼저 암묵적 입력을 명시적 입력인 인자로 바꿔 봅시다.

원래 코드

여기서 전역변수를 읽고 있습니다.

```
function update_shipping_icons() {
  var buttons = get_buy_buttons_dom();
  for(var i = 0; i < buttons.length; i++) {
    var button = buttons[i];
    var item = button.item;
    var new_cart = add_item(shopping_cart,
                            item.name,
                            item.price);
    if(gets_free_shipping(new_cart))
      button.show_free_shipping_icon();
    else
      button.hide_free_shipping_icon();
  }
}
```

명시적 인자로 바꾼 코드

전역변수 대신 인자를 추가합니다.

```
function update_shipping_icons(cart) {
  var buttons = get_buy_buttons_dom();
  for(var i = 0; i < buttons.length; i++) {
    var button = buttons[i];
    var item = button.item;
    var new_cart = add_item(cart,
                            item.name,
                            item.price);
    if(gets_free_shipping(new_cart))
      button.show_free_shipping_icon();
    else
      button.hide_free_shipping_icon();
  }
}
```

함수 시그니처가 달라졌기 때문에 호출하는 곳도 바꿔야 합니다. 아래는 update_shipping_icons() 함수를 호출하는 코드입니다.

원래 코드

원래 코드에서 update_shipping_icons() 함수를 호출하는 부분입니다.

```
function calc_cart_total() {
  shopping_cart_total =
    calc_total(shopping_cart);
  set_cart_total_dom();
  update_shipping_icons();
  update_tax_dom();
}
```

인자 전달하기

인자로 전달합니다.

```
function calc_cart_total() {
  shopping_cart_total =
    calc_total(shopping_cart);
  set_cart_total_dom();
  update_shipping_icons(shopping_cart);
  update_tax_dom();
}
```

 생각해 보기

방금 원칙을 적용해 암묵적 입력을 없앴습니다. 하지만 아직도 액션입니다. 원칙을 적용한 후에 함수가 더 좋아졌나요? 다양한 환경에서 재사용할 수 있나요? 테스트하기 더 쉬워졌나요?

아래는 지금까지 만든 액션입니다. 전역변수를 읽는 부분을 얼마나 인자로 바꿀 수 있을까요?
전역변수 읽는 곳을 찾아 인자로 바꿔 보세요. 정답은 다음 페이지에 있습니다.

```
function add_item_to_cart(name, price) {
  shopping_cart = add_item(shopping_cart, name, price);
  calc_cart_total();
}

function calc_cart_total() {
  shopping_cart_total = calc_total(shopping_cart);
  set_cart_total_dom();
  update_shipping_icons(shopping_cart);
  update_tax_dom();
}

function set_cart_total_dom() {
 ...
 shopping_cart_total
 ...
}

function update_shipping_icons(cart) {
  var buy_buttons = get_buy_buttons_dom();
  for(var i = 0; i < buy_buttons.length; i++) {
    var button = buy_buttons[i];
    var item = button.item;
    var new_cart = add_item(cart, item.name, item.price);
    if(gets_free_shipping(new_cart))
      button.show_free_shipping_icon();
    else
      button.hide_free_shipping_icon();
  }
}

function update_tax_dom() {
  set_tax_dom(calc_tax(shopping_cart_total));
}
```

이 코드는 처음 보는 코드지만
프런트엔드팀에서 인자를
추가해도 된다고 했습니다.

정답

전역변수를 읽는 곳을 인자로 많이 바꿨습니다.

shopping_cart 전역변수는
여기서만 읽고 있습니다.

원래 코드

```
function add_item_to_cart(name, price) {
  shopping_cart = add_item(shopping_cart,
                           name, price);
  calc_cart_total();
}

function calc_cart_total() {
  shopping_cart_total =
    calc_total(shopping_cart);
  set_cart_total_dom();
  update_shipping_icons(shopping_cart);
  update_tax_dom();

}
```

shopping_cart_total을 바꿨지만
어디서도 읽지 않습니다.

```
function set_cart_total_dom() {
  ...
  shopping_cart_total
  ...
}

function update_shipping_icons(cart) {
  var buttons = get_buy_buttons_dom();
  for(var i = 0; i < buttons.length; i++) {
    var button = buttons[i];
    var item = button.item;
    var new_cart = add_item(cart,
                            item.name,
                            item.price);
    if(gets_free_shipping(new_cart))
      button.show_free_shipping_icon();
    else
      button.hide_free_shipping_icon();
  }
}

function update_tax_dom() {
  set_tax_dom(calc_tax(shopping_cart_
total));
}
```

전역변수 읽는 부분을 없앤 코드

```
function add_item_to_cart(name, price) {
  shopping_cart = add_item(shopping_cart,
                           name, price);
  calc_cart_total(shopping_cart);
}

function calc_cart_total(cart) {
  var total =
    calc_total(cart);
  set_cart_total_dom(total);
  update_shipping_icons(cart);
  update_tax_dom(total);
  shopping_cart_total = total;
}

function set_cart_total_dom(total) {
  ...
  total
  ...
}

function update_shipping_icons(cart) {
  var buttons = get_buy_buttons_dom();
  for(var i = 0; i < buttons.length; i++) {
    var button = buttons[i];
    var item = button.item;
    var new_cart = add_item(cart,
                            item.name,
                            item.price);
    if(gets_free_shipping(new_cart))
      button.show_free_shipping_icon();
    else
      button.hide_free_shipping_icon();
  }
}

function update_tax_dom(total) {
  set_tax_dom(calc_tax(total));
}
```

코드 다시 살펴보기

더 정리할 부분이 있는지 코드를 다시 살펴봅시다.

함수형 원칙을 더 적용할 수 있는 부분이 있는지 살펴보는 것도 중요하지만 중복이나 불필요한 코드가 있는지도 살펴봐야 합니다.

아래 함수는 모두 액션입니다.

```
function add_item_to_cart(name, price) {
  shopping_cart = add_item(shopping_cart, name, price);
  calc_cart_total(shopping_cart);
}
```

이 함수는 '구매하기' 버튼을 누를 때 사용합니다.

```
function calc_cart_total(cart) {
  var total = calc_total(cart);
  set_cart_total_dom(total);
  update_shipping_icons(cart);
  update_tax_dom(total);
  shopping_cart_total = total;
}
```

이 함수는 조금 과한 것 같습니다. add_item_to_cart() 함수에 있어도 될 것 같습니다.

전역변수에 값을 할당했지만 읽는 곳이 없어 불필요한 코드입니다.

```
function set_cart_total_dom(total) {
 ...
}
```

```
function update_shipping_icons(cart) {
  var buy_buttons = get_buy_buttons_dom();
  for(var i = 0; i < buy_buttons.length; i++) {
    var button = buy_buttons[i];
    var item = button.item;
    var new_cart = add_item(cart, item.name, item.price);
    if(gets_free_shipping(new_cart))
      button.show_free_shipping_icon();
    else
      button.hide_free_shipping_icon();
  }
}
```

나머지 코드는 괜찮은 것 같습니다.

```
function update_tax_dom(total) {
  set_tax_dom(calc_tax(total));
}
```

정리할 코드가 두 개 있습니다. 사용하지 않는 shopping_cart_total 전역변수와 과해 보이는 calc_cart_total() 함수입니다. 다음 페이지에서 정리해 봅시다.

지난 페이지에서 정리할 코드 두 개를 찾았습니다. 사용하지 않는 shopping_cart_total과 조금 과한 calc_cart_total() 함수입니다. 사용하지 않는 코드는 지우고 과한 코드는 없애고 add_item_to_cart() 함수 안으로 옮겨봅시다.

원래 코드

```
function add_item_to_cart(name, price) {
  shopping_cart = add_item(shopping_cart,
                           name, price);
  calc_cart_total(shopping_cart);



}

function calc_cart_total(cart) {
  var total = calc_total(cart);
  set_cart_total_dom(total);
  update_shipping_icons(cart);
  update_tax_dom(total);
  shopping_cart_total = total;
}
```

개선한 코드

```
function add_item_to_cart(name, price) {
  shopping_cart = add_item(shopping_cart,
                           name, price);

  var total = calc_total(shopping_cart);
  set_cart_total_dom(total);
  update_shipping_icons(shopping_cart);
  update_tax_dom(total);
}
```

shopping_cart_total 전역변수와 calc_cart_total() 함수는 없애고 calc_cart_total() 함수 본문은 add_item_to_cart() 함수로 옮겼습니다.

나머지 코드는 고칠 부분이 없어 표시하지 않았습니다. 액션이 많이 좋아졌기 때문에 이제 의미 있는 계층으로 나누는 방법에 대해 알아봅시다.

 생각해 보기

지금까지 결과로 액션 코드 라인 수를 많이 줄였습니다. 여기까지 오는 데 오래 걸렸다고 생각하나요? 처음부터 바로 할 수 있었을까요?

계산 분류하기

의미 있는 계층에 대해 알아보기 위해 계산을 분류해 봅시다.

계산을 더 자세히 들여다봅시다. 아래는 계산 함수입니다. 어떤 함수가 장바구니 구조를 알아야 하면 C라고 표시하고, 제품에 대한 구조를 알아야 하면 I라고 표시해 봅시다. 그리고 비즈니스 규칙에 대한 함수라면 B라고 표시해 봅시다.

> **표시 방법**
> **C** cart에 대한 동작
> **I** item에 대한 동작
> **B** 비즈니스 규칙

C I

```javascript
function add_item(cart, name, price) {
  var new_cart = cart.slice();
  new_cart.push({
    name: name,
    price: price
  });
  return new_cart;
}
```

.slice()는 자바스크립트에서 배열을 복사하는 함수입니다.

C I B

```javascript
function calc_total(cart) {
  var total = 0;
  for(var i = 0; i < cart.length; i++) {
    var item = cart[i];
    total += item.price;
  }
  return total;
}
```

이 함수는 cart 구조를 알고 MegaMart에서 합계를 결정하는 비즈니스 규칙도 담고 있습니다.

B

```javascript
function gets_free_shipping(cart) {
  return calc_total(cart) >= 20;
}
```

B

```javascript
function calc_tax(amount) {
  return amount * 0.10;
}
```

시간이 지날수록 앞에서 나눈 그룹은 더 명확해질 것입니다. 그리고 이렇게 나눈 것은 코드에서 의미 있는 계층이 되기 때문에 기억해두면 좋습니다. 계층에 관한 이야기는 8장과 9장에서 본격적으로 다룰 예정이지만 관련된 코드가 나와서 계층에 대해 이야기했습니다. 일단 가벼운 마음으로 보셔도 됩니다. 계층은 엉켜있는 코드를 풀면 자연스럽게 만들어집니다. 그럼 다음 원칙인 엉켜있는 코드를 푸는 것에 대해 알아봅시다.

원칙:
설계는 엉켜있는 코드를 푸는 것이다

함수를 사용하면 관심사를 자연스럽게 분리할 수 있습니다. 함수는 인자로 넘기는 값과 그 값을 사용하는 방법을 분리합니다. 가끔 어떤 것은 합치고 싶을 수도 있습니다. 크고 복잡한 것이 더 잘 만들어진 것 같다고 느끼기 때문입니다. 하지만 분리된 것은 언제든 쉽게 조합할 수 있습니다. 오히려 잘 분리하는 방법을 찾기가 더 어렵습니다.

재사용하기 쉽다.

함수는 작으면 작을수록 재사용하기 쉽습니다. 하는 일도 적고 쓸 때 가정을 많이 하지 않아도 됩니다.

유지보수하기 쉽다.

작은 함수는 쉽게 이해할 수 있고 유지보수하기 쉽습니다. 코드가 작기 때문에 올바른지 아닌지 명확하게 알 수 있습니다.

테스트하기 쉽다.

작은 함수는 테스트하기 좋습니다. 한 가지 일만 하기 때문에 한 가지만 테스트하면 됩니다.

함수에 특별한 문제가 없어도 꺼낼 것이 있다면 분리하는 것이 좋습니다. 그렇게 하면 더 좋은 설계가 됩니다.

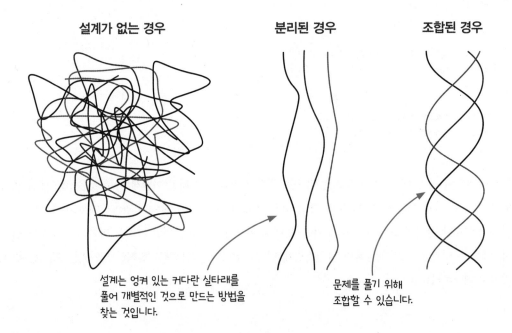

설계가 없는 경우   분리된 경우   조합된 경우

설계는 엉켜 있는 커다란 실타래를 풀어 개별적인 것으로 만드는 방법을 찾는 것입니다.

문제를 풀기 위해 조합할 수 있습니다.

add_item()을 분리해 더 좋은 설계 만들기

add_item() 함수는 잘 동작합니다. 그리고 장바구니에 제품을 추가하는 간단한 일만 하는 것 같습니다. 정말 그럴까요? 하지만 자세히 살펴보면 add_item() 함수도 네 부분으로 나눌 수 있습니다.

```javascript
function add_item(cart, name, price) {
  var new_cart = cart.slice();          ← 1. 배열을 복사합니다.
  new_cart.push({                       ← 2. item 객체를 만듭니다.
    name: name,
    price: price
  });                                   ← 3. 복사본에 item을 추가합니다.
  return new_cart;                      ← 4. 복사본을 리턴합니다.
}
```

add_item() 함수는 cart와 item 구조를 모두 알고 있습니다. item에 관한 코드를 별도의 함수로 분리해 봅시다.

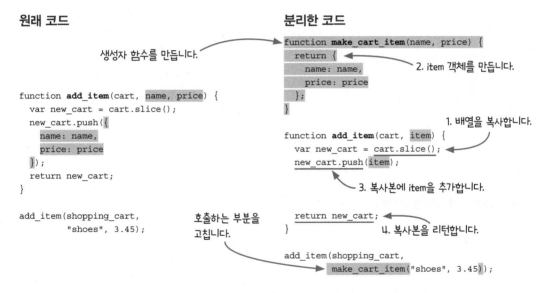

원래 코드

생성자 함수를 만듭니다.

```javascript
function add_item(cart, name, price) {
  var new_cart = cart.slice();
  new_cart.push({
    name: name,
    price: price
  });
  return new_cart;
}

add_item(shopping_cart,
         "shoes", 3.45);
```

호출하는 부분을
고칩니다.

분리한 코드

```javascript
function make_cart_item(name, price) {
  return {                              ← 2. item 객체를 만듭니다.
    name: name,
    price: price
  };
}

function add_item(cart, item) {         ← 1. 배열을 복사합니다.
  var new_cart = cart.slice();
  new_cart.push(item);                  ← 3. 복사본에 item을 추가합니다.
  return new_cart;                      ← 4. 복사본을 리턴합니다.
}

add_item(shopping_cart,
         make_cart_item("shoes", 3.45));
```

item 구조만 알고 있는 함수(make_cart_item)와 cart 구조만 알고 있는 함수(add_item)로 나눠 원래 코드를 고쳤습니다. 이렇게 분리하면 cart와 item을 독립적으로 확장할 수 있습니다. 예를 들어 배열인 cart를 해시 맵 같은 자료 구조로 바꾼다고 할 때 변경해야 할 부분이 적습니다.

1번과 3번, 4번은 값을 바꿀 때 복사하는 **카피-온-라이트**copy-on-write를 구현한 부분이기 때문에 함께 두는 것이 좋습니다. 이 부분은 6장에서 자세히 알아보겠습니다.

이제 add_item() 함수는 cart와 item에 특화된 함수가 아닙니다. 일반적인 배열과 항목을 넘겨도 잘 동작합니다. 다음 페이지에서 동작에 알맞게 이름을 바꿔 봅시다.

카피-온-라이트 패턴을 배내기

이제 add_item() 함수는 크기가 작고 괜찮은 함수입니다. 자세히 보면 카피-온-라이트를 사용해 배열에 항목을 추가하는 함수입니다. 이 함수는 일반적인 배열과 항목에 쓸 수 있지만 이름은 일반적이지 않습니다. 이름만 보면 장바구니를 넘겨야 쓸 수 있을 것 같습니다.

일반적인 이름이 아닙니다.

```
function add_item(cart, item) {
  var new_cart = cart.slice();
  new_cart.push(item);
  return new_cart;
}
```

구현은 어느 배열에나 쓸 수 있는 일반적인 구현입니다.

함수 이름과 인자 이름을 더 일반적인 이름으로 바꿔 봅시다.

어떤 배열이나 항목에도 쓸 수 있기 때문에 일반적인 이름으로 바꿨습니다.

원래 코드(일반적이지 않은 이름)

```
function add_item(cart, item) {
  var new_cart = cart.slice();
  new_cart.push(item);
  return new_cart;
}
```

일반적인 이름으로 바꾼 코드

```
function add_element_last(array, elem) {
  var new_array = array.slice();
  new_array.push(elem);
  return new_array;
}
```

원래 add_item() 함수는 간단하게 다시 만들 수 있습니다.

```
function add_item(cart, item) {
  return add_element_last(cart, item);
}
```

장바구니와 제품에만 쓸 수 있는 함수가 아닌 어떤 배열이나 항목에도 쓸 수 있는 이름으로 바꿨습니다. 이 함수는 재사용할 수 있는 유틸리티utility 함수입니다. 앞으로 장바구니에 제품을 추가하는 것뿐만 아니라 배열에 항목을 추가할 일이 있을 것입니다. 그때도 변경 불가능한 배열이 필요할 것입니다. 불변성에 대한 내용은 6장과 7장에서 자세히 살펴보겠습니다.

add_item() 사용하기

add_item()은 cart, name, price 인자가 필요한 함수였습니다.

```
function add_item(cart, name, price) {
  var new_cart = cart.slice();
  new_cart.push({
    name: name,
    price: price
  });
  return new_cart;
}
```

이제 cart와 item 인자만 필요합니다.

```
function add_item(cart, item) {
  return add_element_last(cart, item);
}
```

그리고 item을 만드는 생성자 함수를 분리했습니다.

```
function make_cart_item(name, price) {
  return {
    name: name,
    price: price
  };
}
```

그래서 add_item()을 호출하는 곳에서 올바른 인자를 넘기도록 고쳐야 합니다.

원래 코드

```
function add_item_to_cart(name, price) {

  shopping_cart = add_item(shopping_cart,
                     name, price);
  var total = calc_total(shopping_cart);
  set_cart_total_dom(total);
  update_shipping_icons(shopping_cart);
  update_tax_dom(total);
}
```

고친 함수를 사용하는 코드

```
function add_item_to_cart(name, price) {
  var item = make_cart_item(name, price);
  shopping_cart = add_item(shopping_cart,
                           item);
  var total = calc_total(shopping_cart);
  set_cart_total_dom(total);
  update_shipping_icons(shopping_cart);
  update_tax_dom(total);
}
```

item을 만들어 add_item() 함수에 넘겨줬습니다. 이제 코드를 고치는 작업은 끝났습니다. 그럼 계산 코드 전체를 다시 한번 봅시다.

계산을 분류하기

코드 수정이 끝났습니다. 이제 계산을 한 번 더 봅시다. 함수가 장바구니 구조를 알아야 하면 C라고 표시합니다. 장바구니 구조를 안다면 제품을 항목으로 가진 배열이라는 것을 아는 것입니다. 제품에 대한 구조를 알아야 하는 함수라면 I라고 표시해 봅시다. 그리고 비즈니스 규칙에 대한 함수라면 B라고 표시해 봅시다. 마지막으로 배열 유틸리티 함수는 A라고 표시합니다.

표시 방법

C cart에 대한 동작
I item에 대한 동작
B 비즈니스 규칙
A 배열 유틸리티

```
function add_element_last(array, elem) {
  var new_array = array.slice();
  new_array.push(elem);          A
  return new_array;
}
function add_item(cart, item) {
  return add_element_last(cart, item);   C
}
function make_cart_item(name, price) {
  return {
    name: name,                 I
    price: price
  };
}
function calc_total(cart) {
  var total = 0;                 C  I  B
  for(var i = 0; i < cart.length; i++) {
    var item = cart[i];
    total += item.price;
  }
  return total;
}
function gets_free_shipping(cart) {
  return calc_total(cart) >= 20;    B
}
function calc_tax(amount) {
  return amount * 0.10;    B
}
```

원래 하나인 함수를
세 개로 나눴습니다.

이 함수는 흥미롭습니다!
세 분류가 다 묶여 있습니다.

이 함수들은 바뀌지
않았습니다.

 **쉬는 시간**

더 진행하기 전에 가벼운 질문을 보면서 쉬어 갑시다.

Q 왜 계산을 유틸리티와 장바구니, 비즈니스 규칙으로 다시 나누는 것인가요?

A 좋은 질문입니다. 이렇게 나누는 이유는 나중에 다룰 설계 기술을 미리 보여주기 위해서입니다. 최종적으로 코드는 구분된 그룹과 분리된 계층으로 구성할 것입니다. 그전에 비슷한 구조를 미리 보면 나중에 이해하는 데 도움이 될 것이라고 생각합니다.

Q 그럼 비즈니스 규칙과 장바구니 기능은 어떤 차이가 있나요? 전자상거래를 만드는 것이라면 장바구니에 관한 것은 모두 비즈니스 규칙이 아닌가요?

A 이렇게 생각해보면 이해할 수 있습니다. 장바구니는 대부분의 전자상거래 서비스에서 사용하는 일반적인 개념입니다. 그리고 장바구니가 동작하는 방식도 모두 비슷합니다. 하지만 비즈니스 규칙은 다릅니다. MegaMart에서 운영하는 특별한 규칙이라고 할 수 있습니다. 예를 들어 다른 전자상거래 서비스에도 장바구니 기능이 있을 것이라고 기대하지만, MegaMart와 똑같은 무료 배송 규칙이 있을 것이라고 기대하지는 않습니다.

Q 비즈니스 규칙과 장바구니에 대한 동작에 모두 속하는 함수도 있을 수 있나요?

A 정말 좋은 질문입니다! 지금 시점에서는 예라고 할 수 있습니다. 하지만 계층에 관점에서 보면 코드에서 나는 냄새입니다. 비즈니스 규칙에서 장바구니가 배열인지 알아야 한다면 문제가 될 수 있습니다. 비즈니스 규칙은 장바구니 구조와 같은 하위 계층보다 빠르게 바뀝니다. 설계를 진행하면서 이 부분은 분리해야 합니다. 하지만 지금은 그대로 두겠습니다.

update_shipping_icons() 함수는 크기 때문에 많은 일을 하고 있습니다. 이 함수가 하는 일을 나열하고 분류했습니다.

```
function update_shipping_icons(cart) {
  var buy_buttons = get_buy_buttons_dom();
  for(var i = 0; i < buy_buttons.length; i++) {
    var button = buy_buttons[i];
    var item = button.item;
    var new_cart = add_item(cart, item);
    if(gets_free_shipping(new_cart))
      button.show_free_shipping_icon();
    else
      button.hide_free_shipping_icon();
  }
}
```

함수가 하는 일

구매하기 버튼 관련 동작

1. 모든 버튼을 가져오기

2. 버튼을 가지고 반복하기

cart와 iteam 관련 동작

3. 버튼에 관련된 제품을 가져오기

4. 가져온 제품을 가지고 새 장바구니 만들기

DOM 관련 동작

5. 장바구니가 무료 배송이 필요한지 확인하기

6. 아이콘 표시하거나 감추기

이 함수를 하나의 분류에만 속하도록 풀어 봅시다. 푸는 방법은 여러 가지 있습니다.

여백에 코드를 작성해 보세요.

이 함수를 나누는 방법은 여러 가지가 있습니다. 아래는 그중 하나입니다. 함수가 하려는 일을 명확하게 나눴습니다. 여러분은 완전히 다른 방법으로 분리할 수도 있고 그렇게 해도 좋습니다.

구매하기 버튼 관련 동작

```
function update_shipping_icons(cart) {              1. 모든 버튼을 가져오기
  var buy_buttons = get_buy_buttons_dom();
  for(var i = 0; i < buy_buttons.length; i++) {     2. 버튼을 가지고 반복하기
    var button = buy_buttons[i];
    var item = button.item;                          3. 버튼에 관련된 제품을 가져오기
    var hasFreeShipping =
      gets_free_shipping_with_item(cart, item);
    set_free_shipping_icon(button, hasFreeShipping);
  }
}
```

cart와 iteam 관련 동작

```
function gets_free_shipping_with_item(cart, item) {
  var new_cart = add_item(cart, item);             4. 가져온 제품으로 새 장바구니 만들기
  return gets_free_shipping(new_cart);
}
```

5. 장바구니가 무료 배송이 필요한지 확인하기

DOM 관련 동작

```
function set_free_shipping_icon(button, isShown) {
  if(isShown)
    button.show_free_shipping_icon();
  else
    button.hide_free_shipping_icon();              6. 아이콘 표시하거나 감추기
}
```

여기서 더 개선할 수 있는 것이 있습니다. cart 또는 item 동작과 버튼에 관한 동작을 분리하면 좋을 것입니다. 그리고 좋은 연습이 될 수 있습니다. 하지만 원래 코드도 잘 동작했기 때문에 일단 그대로 두고 진행하겠습니다.

작은 함수와 많은 계산

아래는 지금까지 고친 코드입니다. 어떤 분류가 얼마나 있는지 보기 위해 전에 했던 것처럼 함수에 A와 C, D 표시를 해봅시다.

표시
A 액션
C 계산
D 데이터

기억하세요
어떤 함수에 액션이 하나 있다면 그 함수 전체가 액션이 됩니다.

A
```
var shopping_cart = [];
```
전역변수는 액션

A
```
function add_item_to_cart(name, price) {
  var item = make_cart_item(name, price);
  shopping_cart = add_item(shopping_cart, item);
  var total = calc_total(shopping_cart);
  set_cart_total_dom(total);
  update_shipping_icons(shopping_cart);
  update_tax_dom(total);
}
```
전역변수 읽기는 액션

A
```
function update_shipping_icons(cart) {
  var buttons = get_buy_buttons_dom();
  for(var i = 0; i < buttons.length; i++) {
    var button = buttons[i];
    var item = button.item;
    var new_cart = add_item(cart, item);
    if(gets_free_shipping(new_cart))
      button.show_free_shipping_icon();
    else
      button.hide_free_shipping_icon();
  }
}
```
DOM 수정은 액션

A
```
function update_tax_dom(total) {
  set_tax_dom(calc_tax(total));
}
```
DOM 수정은 액션

C
```
function add_element_last(array, elem) {
  var new_array = array.slice();
  new_array.push(elem);
  return new_array;
}
```
암묵적 입력과 출력이 없음

C
```
function add_item(cart, item) {
  return add_element_last(cart, item);
}
```
암묵적 입력과 출력이 없음

C
```
function make_cart_item(name, price) {
  return {
    name: name,
    price: price
  };
}
```
암묵적 입력과 출력이 없음

C
```
function calc_total(cart) {
  var total = 0;
  for(var i = 0; i < cart.length; i++) {
    var item = cart[i];
    total += item.price;
  }
  return total;
}
```
암묵적 입력과 출력이 없음

C
```
function gets_free_shipping(cart) {
  return calc_total(cart) >= 20;
}
```
암묵적 입력과 출력이 없음

C
```
function calc_tax(amount) {
  return amount * 0.10;
}
```
암묵적 입력과 출력이 없음

결론

킴이 설계에 관해 제안한 아이디어는 코드를 잘 구성하는 데 도움이 되었습니다. 이제 액션은 데이터 구조에 대해 몰라도 됩니다. 그리고 재사용할 수 있는 유용한 인터페이스 함수가 많이 생겼습니다.

지금까지 잘 해왔습니다. 하지만 MegaMart가 아직 모르고 있는 버그가 장바구니에 많이 숨어 있습니다. 어떤 버그일까요? 곧 알 수 있습니다. 그전에 먼저 불변성에 대해 자세히 알아봐야 합니다.

요점 정리

- 일반적으로 암묵적 입력과 출력은 인자와 리턴값으로 바꿔 없애는 것이 좋습니다.
- 설계는 엉켜있는 것을 푸는 것입니다. 풀려있는 것은 언제든 다시 합칠 수 있습니다.
- 엉켜있는 것을 풀어 각 함수가 하나의 일만 하도록 하면, 개념을 중심으로 쉽게 구성할 수 있습니다.

다음 장에서 배울 내용

설계에 대한 내용은 8장에서 다시 살펴보겠습니다. 다음 두 장에서 불변성에 대해 알아보겠습니다. 기존 코드와 상호작용하면서 새로운 코드에 불변성을 적용하려면 어떻게 해야 할까요?

6

변경 가능한 데이터 구조를 가진
언어에서 불변성 유지하기

이번 장에서 살펴볼 내용

- 데이터가 바뀌지 않도록 하기 위해 카피-온-라이트를 적용합니다.
- 배열과 객체를 데이터에 쓸 수 있는 카피-온-라이트 동작을 만듭니다.
- 깊이 중첩된 데이터도 카피-온-라이트가 잘 동작하게 만듭니다.

앞에서 불변성에 대해 잠깐 이야기했습니다. 그리고 일부 코드에 적용해 봤습니다. 이 장에서는 불변성에 대해 더 자세히 알아보겠습니다. 일반적인 자바스크립트 배열과 객체에 불변 데이터를 다룰 수 있는 동작을 만들고 적용해 보겠습니다.

모든 동작을 불변형으로 만들 수 있나요?

앞에서 장바구니 동작 일부에 카피-온-라이트 원칙을 적용하여 구현해 봤습니다. 구현 방식을 다시 살펴보면, 배열을 복사하고 값을 바꾼 다음 리턴했습니다. 앞에서 일부 함수에 카피-온-라이트를 적용했기 때문에 아직 적용해야 할 동작이 많이 있습니다. 아래는 앞으로 카피-온-라이트를 적용해야 하거나 적용해야 할지도 모르는 장바구니와 제품에 대한 동작입니다.

장바구니에 대한 동작

1. 제품 개수 가져오기
2. 제품 이름으로 제품 가져오기
3. 제품 추가하기
4. 제품 이름으로 제품 빼기
5. 제품 이름으로 제품 구매 수량 바꾸기

이미 구현함

제품에 대한 동작

1. 가격 설정하기
2. 가격 가져오기
3. 이름 가져오기

중첩된 데이터에 대한 동작

어떻게 하면 장바구니 동작을 불변형으로 만들 수 있는지 알 것 같습니다.

그런데 5번 동작은 어떻게 해야 할지 모르겠습니다. 장바구니 안에 있는 제품을 바꿔야 합니다.

개발팀

 용어 설명

데이터 구조 안에 데이터 구조가 있는 경우 데이터가 **중첩**(nested)되었다고 말합니다. 배열 안에 객체가 있다면 중첩된 데이터입니다. 이런 경우에 객체가 배열 안에 **중첩**되었다고 볼 수 있습니다. 중첩을 생각할 때 인형 안에 인형이 들어 있는 러시아 인형을 상상해 보면 됩니다.

깊이 중첩(deeply nested)되었다는 말은 중첩이 이어진다는 말입니다. 깊다는 말은 상대적입니다. 어떤 객체가 객체 안에 또 다시 배열 안에, 객체 안에 있는 것처럼 중첩은 계속 이어질 수 있습니다.

제나는 모든 동작을 불변형으로 만들 수 있을지 의심스러워하고 있습니다. 특히 다섯 번째 동작은 장바구니 안에 제품의 정보를 바꿔야 해서 더 어려울 것 같다는 생각이 들었습니다. 이런 것을 **중첩된 데이터**nested data라고 합니다. 어떻게 하면 중첩된 데이터에 대한 불변 동작을 구현할 수 있을까요? 한번 알아봅시다.

동작을 읽기, 쓰기 또는 둘 다로 분류하기

동작을 읽기 또는 쓰기 또는 둘 다 하는 것으로 분류할 수 있습니다. 새로운 관점으로 살펴봅시다. 어떤 동작은 **읽기**read입니다. 읽기 동작은 데이터를 바꾸지 않고 정보를 꺼내는 것입니다. 데이터가 바뀌지 않기 때문에 다루기 쉽습니다. 특별히 해야 할 일이 없습니다. 만약 인자에만 의존해 정보를 가져오는 읽기 동작이라면 계산이라고 할 수 있습니다.

다른 동작은 **쓰기**write입니다. 쓰기 동작은 어떻게든 데이터를 바꿉니다. 바뀌는 값은 어디서 사용될지 모르기 때문에 바뀌지 않도록 원칙이 필요합니다.

장바구니 동작

1. 제품 개수 가져오기
2. 제품 이름으로 제품 가져오기   읽기
3. 제품 추가하기
4. 제품 이름으로 제품 빼기
5. 제품 이름으로 제품 구매 수량 바꾸기   쓰기

장바구니 동작 중 세 개는 쓰기 동작입니다. 쓰기 동작은 불변성 원칙에 따라 구현해야 합니다. 앞에서 본 것처럼 불변성 원칙은 **카피-온-라이트**copy-on-write라고 합니다. 하스켈Haskell이나 클로저Clojure 같은 언어도 이 원칙을 쓰고 있습니다. 이 언어들은 불변성이 언어에 이미 구현되어 있다는 것이 다릅니다.

자바스크립트는 기본적으로 변경 가능한 데이터 구조를 사용하기 때문에 불변성 원칙을 적용하려면 직접 구현해야 합니다.

읽으면서 쓰는 동작은 어떨까요? 어떤 경우에는 데이터를 바꾸면서(쓰기) **동시에** 정보를 가져오는(읽기) 경우도 있습니다. 이것이 가능한지 궁금하다면 곧 알려드리겠습니다. 짧게 답하면 '가능하다'입니다. 더 긴 답은 몇 페이지 뒤에서 하겠습니다.

제품에 대한 동작

1. 가격 설정하기   쓰기
2. 가격 가져오기
3. 이름 가져오기   읽기

> **읽기**
> - 데이터에서 정보를 가져옵니다.
> - 데이터를 바꾸지 않습니다.
>
> **쓰기**
> - 데이터를 바꿉니다.

> 👀 **언어 탐구**
>
> 불변형 데이터 구조는 함수형 프로그래밍 언어의 일반적인 기능이지만 언어에서 지원하지 않는 경우가 많습니다. 아래는 불변형 데이터 구조를 기본으로 지원하는 언어입니다.
>
> - 하스켈(Haskell)
> - 클로저(Clojure)
> - 엘름(Elm)
> - 퓨어스크립트(Purescript)
> - 얼랭(Erlang)
> - 엘릭서(Elixir)
>
> 변경 가능한 데이터 구조를 기본으로 하는 언어도 불변형 데이터를 사용할 수 있지만, 프로그래머의 선택에 맡겨야 합니다.

카피-온-라이트 원칙 세 단계

카피-온-라이트는 세 단계로 되어 있습니다. 각 단계를 구현하면 카피-온-라이트로 동작합니다. 장바구니 전역변수를 변경하는 동작을 모두 카피-온-라이트로 바꾸면, 장바구니는 더 이상 변경되지 않습니다. 따라서 불변 데이터로 동작합니다.

읽기
- 데이터에서 정보를 가져옵니다.
- 데이터를 바꾸지 않습니다.

쓰기
- 데이터를 바꿉니다.

아래 세 단계로 카피-온-라이트를 적용하면 불변성을 유지하면서 값을 바꿀 수 있습니다.

1. 복사본 만들기

2. 복사본 변경하기(원하는 만큼)

3. 복사본 리턴하기

지난 장에서 카피-온-라이트로 구현한 add_element_last() 함수를 다시 봅시다.

```
function add_element_last(array, elem) {          ← 배열을 변경하려고 합니다.
  var new_array = array.slice();                  ← 1. 복사본 만들기
  new_array.push(elem);                           ← 2. 복사본 바꾸기
  return new_array;                               ← 3. 복사본 리턴하기
}
```

이 함수는 어떻게 동작할까요? 어떻게 기존 배열을 변경하지 않았나요?

1. 배열을 복사했고 기존 배열은 변경하지 않았습니다.

2. 복사본은 함수 범위에 있기 때문에 다른 코드에서 값을 바꾸기 위해 접근할 수 없습니다.

3. 복사본을 변경하고 나서 함수를 나갑니다(리턴합니다). 이후에는 값을 바꿀 수 없습니다.

그럼 add_element_last() 함수는 읽기일까요, 쓰기일까요?

데이터를 바꾸지 않았고 정보를 리턴했기 때문에 읽기입니다! 우리는 쓰기를 읽기로 바꿨습니다.

카피-온-라이트는 쓰기를 읽기로 바꿉니다.

이 내용을 조금 더 자세히 살펴봅시다.

카피-온-라이트로 쓰기를 읽기로 바꾸기

장바구니를 바꾸는 다른 동작을 살펴봅시다. 아래는 제품 이름으로 장바구니에서 제품을 빼는 함수입니다.

```javascript
function remove_item_by_name(cart, name) {
  var idx = null;
  for(var i = 0; i < cart.length; i++) {
    if(cart[i].name === name)
      idx = i;
  }
  if(idx !== null)
    cart.splice(idx, 1);
}
```

cart.splice()로 장바구니를 변경합니다.

장바구니를 표현하기 위해 배열을 사용하는 것이 최선일까요? 아마 다른 자료 구조가 더 좋을 것입니다. 하지만 이 코드는 **MegaMart**가 구현한 코드이기 때문에 있는 코드를 가지고 해봅시다.

cart.splice()가 하는 일은 무엇일까요?

.splice() 메서드는 배열에서 항목을 삭제하는 메서드입니다.

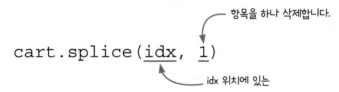

항목을 하나 삭제합니다.

cart.splice(idx, 1)

idx 위치에 있는

splice() 메서드에는 다른 인자를 받는 동작도 있지만 여기서는 다루지 않겠습니다.

이 함수는 장바구니를 변경합니다(cart.splice()를 통해서). 만약 remove_item_by_name() 함수에 전역변수 shopping_cart를 넘기면 전역변수인 장바구니가 변경됩니다.

하지만 우리는 장바구니가 바뀌지 않았으면 합니다. 장바구니를 변경 불가능한 데이터로 쓰려고 합니다. 그럼 remove_item_by_name()에 카피-온-라이트를 적용해 봅시다.

장바구니를 바꾸는 함수에 카피-온-라이트 원칙을 적용해 보려고
합니다. 가장 먼저 할 일은 장바구니를 복사하는 일입니다.

카피-온-라이트 규칙

1. 복사본 만들기
2. 복사본 변경하기(원하는 만큼)
3. 복사본 리턴하기

cart를 복사해서 지역변수에
저장했습니다.

현재 코드

```javascript
function remove_item_by_name(cart, name)
{
  var idx = null;
  for(var i = 0; i < cart.length; i++) {
    if(cart[i].name === name)
      idx = i;
  }
  if(idx !== null)
    cart.splice(idx, 1);
}
```

인자를 복사하도록 바꾼 코드

```javascript
function remove_item_by_name(cart, name)
{
  var new_cart = cart.slice();
  var idx = null;
  for(var i = 0; i < cart.length; i++) {
    if(cart[i].name === name)
      idx = i;
  }
  if(idx !== null)
    cart.splice(idx, 1);
}
```

복사본을 만들고 아무것도 하지 않았습니다. 다음 페이지에서
cart 인자를 복사한 값을 사용하도록 바꾸겠습니다.

카피-온-라이트 규칙

✔ 1. 복사본 만들기
2. 복사본 변경하기(원하는 만큼)
3. 복사본 리턴하기

복사본을 만들었기 때문에 이제 복사본을 사용해 봅시다. 원래 인자 cart를 사용하는 곳을 복사본을 사용하도록 바꿔 봅시다.

카피-온-라이트 규칙

1. 복사본 만들기

2. 복사본 변경하기(원하는 만큼)

3. 복사본 리턴하기

현재 코드

```javascript
function remove_item_by_name(cart, name)
{
  var new_cart = cart.slice();
  var idx = null;
  for(var i = 0; i < cart.length; i++) {
    if(cart[i].name === name)
      idx = i;
  }
  if(idx !== null)
    cart.splice(idx, 1);
}
```

바꾼 코드

```javascript
function remove_item_by_name(cart, name)
{
  var new_cart = cart.slice();
  var idx = null;
  for(var i = 0; i < new_cart.length;
i++) {
    if(new_cart[i].name === name)
      idx = i;
  }
  if(idx !== null)
    new_cart.splice(idx, 1);
}
```

이제 인자 cart를 변경하는 부분은 없습니다. 하지만 복사본은 아직 함수 안에만 있습니다. 이제 복사본을 리턴하도록 바꿔 보겠습니다.

카피-온-라이트 규칙

1. 복사본 만들기

2. 복사본 변경하기(원하는 만큼)

3. 복사본 리턴하기

지난 페이지에서 인자 **cart**를 변경하는 부분을 모두 복사본을 변경하도록 고쳤습니다. 이제 카피-온-라이트의 마지막 단계인 복사본을 리턴하는 일만 남았습니다.

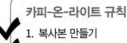

현재 코드

```
function remove_item_by_name(cart, name)
{
  var new_cart = cart.slice();
  var idx = null;
  for(var i = 0; i < new_cart.length;
i++) {
    if(new_cart[i].name === name)
      idx = i;
  }
  if(idx !== null)
    new_cart.splice(idx, 1);

}
```

복사본을 리턴하도록 바꾼 코드

```
function remove_item_by_name(cart, name)
{
  var new_cart = cart.slice();
  var idx = null;
  for(var i = 0; i < new_cart.length;
i++) {
    if(new_cart[i].name === name)
      idx = i;
  }
  if(idx !== null)
    new_cart.splice(idx, 1);
  return new_cart;
}
```

————— 복사본 리턴

remove_item_by_name() 함수를 카피-온-라이트 버전으로 바꿨습니다. 이제 이 함수를 사용하던 곳을 바꾸는 일만 남았습니다.

remove_item_by_name() 함수를 사용하는 곳은 살짝 바꿔줘야 합니다. 예를 들어 장바구니 항목을 삭제하는 버튼을 누를 때 이 함수를 부르는데, 더 이상 전역변수인 장바구니를 직접 바꾸지 않기 때문에 전역변수에 할당해 줘야 합니다. 다음과 같이 바꾸면 됩니다.

전역변수를 변경하고 있습니다.

이제 이 함수를 사용하는 곳에서 전역변수를 변경합니다.

현재 코드

```
function delete_handler(name) {

  remove_item_by_name(shopping_cart,
name);
  var total = calc_total(shopping_cart);
  set_cart_total_dom(total);
  update_shipping_icons(shopping_cart);
  update_tax_dom(total);
}
```

카피-온-라이트를 적용한 코드

```
function delete_handler(name) {
  shopping_cart =
    remove_item_by_name(shopping_cart,
name);
  var total = calc_total(shopping_cart);
  set_cart_total_dom(total);
  update_shipping_icons(shopping_cart);
  update_tax_dom(total);
}
```

remove_item_by_name() 함수를 사용하는 곳을 찾아 리턴값에 shopping_cart 전역변수를 할당해야 합니다. 이 작업은 단순하고 반복적인 작업이기 때문에 상세한 과정을 설명하지 않겠습니다.

원래 버전과 카피-온-라이트 버전의 차이 보기

지금까지 고친 코드와 원래 코드를 함께 봅시다.

값을 바꾸던 원래 버전

```
  var idx = null;
  for(var i = 0; i < cart.length; i++) {
    if(cart[i].name === name)
      idx = i;
  }
  if(idx !== null)
    cart.splice(idx, 1);

}

function delete_handler(name) {

  remove_item_by_name(shopping_cart,
name);
  var total = calc_total(shopping_cart);
  set_cart_total_dom(total);
  update_shipping_icons(shopping_cart);
  update_tax_dom(total);
}
```

카피-온-라이트를 적용한 버전

```
function remove_item_by_name(cart, name)
{
  var new_cart = cart.slice();
  var idx = null;
  for(var i = 0; i < new_cart.length;
i++) {
    if(new_cart[i].name === name)
      idx = i;
  }
  if(idx !== null)
    new_cart.splice(idx, 1);
  return new_cart;
}


function delete_handler(name) {
  shopping_cart =
    remove_item_by_name(shopping_cart,
name);
  var total = calc_total(shopping_cart);
  set_cart_total_dom(total);
  update_shipping_icons(shopping_cart);
  update_tax_dom(total);
}
```

앞에서 만든 카피-온-라이트 동작은 일반적입니다

앞으로 적용할 카피-온-라이트 동작도 앞에서 만든 동작과 비슷합니다. 그래서 `add_element_last()` 함수처럼 재사용하기 쉽도록 일반화할 수 있습니다.

그럼 배열에 `.splice()` 메서드를 일반화해 봅시다. `.splice()` 메서드는 `remove_item_by_name()` 함수에 있습니다.

원래 코드

```
function removeItems(array, idx, count)
{
  array.splice(idx, count);
}
```

카피-온-라이트를 적용한 코드

```
function removeItems(array, idx, count)
{
  var copy = array.slice();
  copy.splice(idx, count);
  return copy;
}
```

이제 고친 `removeItems()` 함수에 맞게 `remove_item_by_name()` 함수를 고쳐봅시다.

원래 카피-온-라이트 버전

```
function remove_item_by_name(cart, name)
{
  var new_cart = cart.slice();
  var idx = null;
  for(var i = 0; i < new_cart.length;
i++) {
    if(new_cart[i].name === name)
      idx = i;
  }
  if(idx !== null)
    removeItems(new_cart, idx, 1);
  return new_cart;
}
```

removeItems() 함수가 배열을 복사하기 때문에 이제 이렇게 할 필요가 없습니다.

splice() 사용한 카피-온-라이트 버전

```
function remove_item_by_name(cart, name)
{
  var idx = null;
  for(var i = 0; i < cart.length; i++) {
    if(cart[i].name === name)
      idx = i;
  }
  if(idx !== null)
    return removeItems(cart, idx, 1);
  return cart;
}
```

보너스! 값을 바꾸지 않으면 복사하지 않아도 됩니다.

이런 작업은 많이 사용하기 때문에 재사용할 수 있도록 만들면 나중에 고생을 하지 않아도 됩니다. 더 이상 배열이나 객체를 복사하는 코드 패턴을 반복해서 쓰지 않아도 됩니다.

자바스크립트 배열 훑어보기

배열array은 자바스크립트에 기본 컬렉션collection입니다. 자바스크립트 배열은 순서 있는 값을 나타내는 컬렉션입니다. 배열은 다른 타입의 항목을 동시에 가질 수 있습니다. 그리고 인덱스index로 접근합니다. 자바스크립트 배열은 자바나 C에서 말하는 배열과 다르게 크기를 늘리거나 줄일 수 있습니다.

인덱스로 값 찾기 [idx]

idx 위치에 있는 값을 가져옵니다. 인덱스는 0부터 시작합니다.

```
> var array = [1, 2, 3, 4];
> array[2]
3
```

값 할당하기 [] =

값을 할당하는 동작은 배열을 변경합니다.

```
> var array = [1, 2, 3, 4];
> array[2] = "abc"
"abc"
> array
[1, 2, "abc", 4]
```

길이 .length

배열에 항목이 몇 개 있는지 알려줍니다. 메서드가 아니기 때문에 괄호를 쓰지 않습니다.

```
> var array = [1, 2, 3, 4];
> array.length
4
```

끝에 추가하기 .push(el)

배열을 변경하는 메서드입니다. 배열 끝에 el을 추가하고 새로운 길이를 리턴합니다.

```
> var array = [1, 2, 3, 4];
> array.push(10);
5
> array
[1, 2, 3, 4, 10]
```

끝에 있는 값을 지우기 .pop()

배열을 변경하는 메서드입니다. 배열 끝에 있는 값을 지우고 지운 값을 리턴합니다.

```
> var array = [1, 2, 3, 4];
> array.pop();
4
> array
[1, 2, 3]
```

앞에 추가하기 .unshift(el)

배열을 변경하는 메서드입니다. 배열 맨 앞에 el을 추가하고 새로운 길이를 리턴합니다.

```
> var array = [1, 2, 3, 4];
> array.unshift(10);
5
> array
[10, 1, 2, 3, 4]
```

앞에 있는 값을 지우기 .shift()

배열을 변경하는 메서드입니다. 배열 맨 앞에 있는 값을 지우고 지운 값을 리턴합니다.

```
> var array = [1, 2, 3, 4];
> array.shift()
1
> array
[2, 3, 4]
```

배열 복사하기 .slice()

배열을 얕게 복사*해서 새로운 배열을 리턴합니다.

```
> var array = [1, 2, 3, 4];
> array.slice()
[1, 2, 3, 4]
```

항목 삭제하기 .splice(idx, num)

배열을 변경하는 메서드입니다. idx 위치에서 num개 항목을 지웁니다. 그리고 지운 항목을 리턴합니다.

```
> var array = [1, 2, 3, 4, 5, 6];
> array.splice(2, 3); // [3, 4, 5] 3개의 항목
을 삭제
> array
[1, 2, 6]
```

---

*   옮긴이 배열에 항목이 다른 배열이나 객체를 참조한다면 .slice()
     해도 참조하는 배열이나 객체는 복사되지 않습니다.

아래는 메일링 리스트에 연락처를 추가하는 코드입니다. 이메일 주소를 전역변수인 리스트에 추가합니다. 입력 폼을 처리하는 핸들러에서 이 동작을 부릅니다.

```
var mailing_list = [];

function add_contact(email) {
  mailing_list.push(email);
}

function submit_form_handler(event) {
  var form = event.target;
  var email = form.elements["email"].value;
  add_contact(email);
}
```

이 코드를 카피-온-라이트 형식으로 바꿔 보세요. 아래는 몇 가지 힌트입니다.

1. add_contact()가 전역변수에 접근하면 안 됩니다. mailing_list를 인자로 받아 복사하고 변경한 다음 리턴해야 합니다.

2. add_contact() 함수의 리턴값을 mailing_list 전역변수에 할당해야 합니다.

카피-온-라이트 원칙에 따라 코드를 바꿔 보세요. 정답은 다음 페이지에 있습니다.

여기에 코드를 써보세요.

정답

아래 두 가지 작업을 하면됩니다.

1. add_contact()가 전역변수에 접근하면 안 됩니다. mailing_list를 인자로 받아 복사하고 변경한 다음 리턴해야 합니다.

2. add_contact() 함수의 리턴값을 mailing_list 전역변수에 할당해야 합니다.

아래는 카피-온-라이트를 적용한 코드입니다.

원래 코드

```
var mailing_list = [];

function add_contact(email) {

  mailing_list.push(email);

}

function submit_form_handler(event) {
  var form = event.target;
  var email =
    form.elements["email"].value;

  add_contact(email);
}
```

카피-온-라이트를 적용한 코드

```
var mailing_list = [];

function add_contact(mailing_list,
                     email) {
  var list_copy = mailing_list.
slice();
  list_copy.push(email);
  return list_copy;
}

function submit_form_handler(event) {
  var form = event.target;
  var email =
    form.elements["email"].value;
  mailing_list =
    add_contact(mailing_list, email);
}
```

쓰기를 하면서 읽기도 하는 동작은 어떻게 해야 할까요?

어떤 동작은 읽고 변경하는 일을 동시에 합니다. 이런 동작은 값을 변경하고 리턴합니다. `.shift()` 메서드가 좋은 예제인데 한 번 살펴봅시다.

```
var a = [1, 2, 3, 4];
var b = a.shift();              ─── 값을 리턴
console.log(b); // 1을 출력
                                ─── 값이 바뀌었습니다.
console.log(a); // [2, 3, 4]를 출력
```

`.shift()` 메서드는 값을 바꾸는 동시에 배열에 첫 번째 항목을 리턴합니다. 변경하면서 읽는 동작입니다.

이 동작을 카피-온-라이트로 어떻게 바꿀 수 있을까요?

카피-온-라이트에서 쓰기를 읽기로 바꿨습니다. 읽기라는 말은 값을 리턴한다는 의미입니다. 하지만 `.shift()` 메서드는 이미 읽기입니다. 값을 리턴하고 있기 때문입니다. 어떻게 해야 할까요? 두 가지 접근 방법이 있습니다.

1. 읽기와 쓰기 함수로 각각 분리한다.

2. 함수에서 값을 두 개 리턴한다.

두 가지 접근 방법 모두 살펴보겠습니다. 선택할 수 있다면 첫 번째 접근 방법이 더 좋은 방법입니다. 책임이 확실히 분리되기 때문입니다. 5장에서 살펴본 것처럼 설계는 서로 엉켜있는 것을 분리하는 작업입니다.

> **두 가지 접근 방법**
> 1. 함수를 분리하기
> 2. 값을 두 개 리턴하기

먼저 첫 번째 접근 방법을 알아봅시다.

쓰면서 읽기도 하는 함수를 분리하기

쓰면서 읽기도 하는 함수를 분리하는 작업은 두 단계로 나눌 수 있습니다. 먼저 쓰기에서 읽기를 분리합니다. 다음으로 쓰기에 카피-온-라이트를 적용해 읽기로 바꿉니다. 이 작업은 일반적인 쓰기 동작에 카피-온-라이트를 적용하는 것과 같습니다.

읽기와 쓰기 동작으로 분리하기

`.shift()` 메서드의 읽기 동작은 값을 단순히 리턴하는 동작입니다. `.shift()` 메서드가 리턴하는 값은 배열에 첫 번째 항목입니다. 따라서 배열에 첫 번째 항목을 리턴하는 계산 함수를 만들면 됩니다. 이렇게 만든 함수는 읽기 동작만 할 뿐, 아무것도 바꾸지 않습니다. 숨겨진 입력이나 출력이 없기 때문에 이 함수는 계산입니다.

```
function first_element(array) {
  return array[0];
}
```

> 그냥 배열에 첫 번째 항목(배열이 비었다면 undefined)을 리턴하는 함수입니다. 이 함수는 계산입니다.

`first_element()` 함수는 배열을 바꾸지 않는 읽기 함수이기 때문에 카피-온-라이트를 적용할 필요가 없습니다.

`.shift()` 메서드의 쓰기 동작은 새로 만들 필요가 없습니다. `.shift()` 메서드가 하는 일을 그대로 감싸기만 하면 됩니다. 그리고 `.shift()` 메서드의 리턴값은 사용하지 않는다는 것을 강조하기 위해 리턴값을 무시하도록 처리하겠습니다.

```
function drop_first(array) {
  array.shift();
}
```

> `.shift()`를 실행하고 결괏값은 무시합니다.

쓰기 동작을 카피-온-라이트로 바꾸기

쓰기와 읽기를 잘 분리했습니다. 하지만 `drop_first()` 함수는 인자로 들어온 값을 변경하는 쓰기입니다. 이제 이 함수를 카피-온-라이트로 만들어 봅시다.

값을 변경

```
function drop_first(array) {

  array.shift();

}
```

> 전형적인 카피-온-라이트

카피-온-라이트

```
function drop_first(array) {
  var array_copy = array.slice();
  array_copy.shift();
  return array_copy;
}
```

읽기와 쓰기를 분리하는 접근 방법은 분리된 함수를 따로 쓸 수 있기 때문에 더 좋은 접근 방법입니다. 물론 함께 쓸 수도 있습니다. 원래는 무조건 함께 쓸 수밖에 없었지만 이제 선택해서 쓸 수 있습니다.

값을 두 개 리턴하는 함수로 만들기

첫 번째 접근 방법처럼 두 번째 접근 방법도 두 단계로 나눌 수 있습니다. 먼저 .shift() 메서드를 바꿀 수 있도록 새로운 함수로 감쌉니다. 다음으로 읽기와 쓰기를 함께 하는 함수를 읽기만 하는 함수로 바꿉니다.

동작을 감싸기

첫 번째 단계는 .shift() 메서드를 바꿀 수 있도록 새로운 함수로 감싸는 것입니다. 여기서 함수 리턴값을 무시하면 안 됩니다.

```
function shift(array) {
  return array.shift();
}
```

읽으면서 쓰기도 하는 함수를 읽기 함수로 바꾸기

인자를 복사한 후에 복사한 값의 첫 번째 항목을 지우고, 지운 첫 번째 항목과 변경된 배열을 함께 리턴하도록 바꿉니다. 어떻게 하는지 봅시다.

값을 변경	카피-온-라이트

```
function shift(array) {


  return array.shift();




}
```

```
function shift(array) {
  var array_copy = array.slice();
  var first = array_copy.shift();
  return {
    first : first,
    array : array_copy
  };
}
```

값 두 개를 리턴하기 위해
객체를 사용합니다.

다른 방법

또 다른 방법으로는 첫 번째 접근 방식을 사용해 두 값을 객체로 조합하는 방법입니다.

```
function shift(array) {
  return {
    first : first_element(array),
    array : drop_first(array)
  };
}
```

첫 번째 접근 방법으로 만든 두 함수는 모두 계산이기 때문에 쉽게 조합할 수 있습니다. 조합해도 이 함수는 계산입니다.

.shift() 메서드를 카피-온-라이트 버전으로 만들어 봤습니다. 배열에는 마지막 항목을 삭제하고 리턴하는 .pop() 메서드도 있습니다. .shift() 메서드와 마찬가지로 .pop() 메서드도 쓰면서 읽는 동작입니다.

.pop() 메서드도 두 가지 접근 방식을 이용해 읽기로 바꿔 봅시다. 다음은 .pop() 메서드가 어떻게 동작하는지 보여주는 간단한 예제입니다.

```
var a = [1, 2, 3, 4];
var b = a.pop();
console.log(b); // 4를 출력
console.log(a); // [1, 2, 3]을 출력
```

.pop() 메서드를 카피-온-라이트 버전으로 바꿔 보세요.

1. 읽기 함수와 쓰기 함수로 분리하기

여기에 정답을
써보세요.

2. 값 두 개를 리턴하는 함수로 만들기

.pop() 메서드에 카피-온-라이트 원칙을 적용해야 합니다. 이 문제는 두 가지 방법으로 구현할 수 있습니다.

1. 읽기 함수와 쓰기 함수로 분리하기

읽기와 쓰기 동작에 해당하는 함수를 각각 만들어 분리합니다.

```
function last_element(array) {
  return array[array.length - 1];
}
```
읽기 동작

```
function drop_last(array) {
  array.pop();
}
```
쓰기 동작

읽기 함수는 아무것도 바꾸지 않기 때문에 그대로 둡니다. 쓰기 동작만 카피-온-라이트로 바꿉니다.

원래 코드

```
function drop_last(array) {

  array.pop();

}
```

카피-온-라이트

```
function drop_last(array) {
  var array_copy = array.slice();
  array_copy.pop();
  return array_copy;
}
```

2. 값 두 개를 리턴하는 함수로 만들기

먼저 동작을 감싸는 함수를 하나 만듭니다. 아직 아무것도 고치지 않았지만 이 함수는 값을 변경합니다.

```
function pop(array) {
  return array.pop();
}
```

다음으로 카피-온-라이트 원칙을 적용합니다.

원래 코드

```
function pop(array) {

  return array.pop();

}
```

카피-온-라이트

```
function pop(array) {
  var array_copy = array.slice();
  var first = array_copy.pop();
  return {
    first : first,
    array : array_copy
  };
}
```

더 진행하기 전에 가벼운 질문을 보면서 쉬어 갑시다.

Q 카피-온-라이트를 적용한 `add_element_to_cart()` 함수가 어떻게 읽기가 되나요?

A 카피-온-라이트 원칙을 적용한 `add_element_to_cart()` 함수는 장바구니를 바꾸지 않기 때문에 읽기 동작입니다. 이 함수는 '이 항목이 들어 있는 장바구니는 어떤 형태인가요?'라는 질문에 답을 해줍니다.

이 질문은 가정하는 질문입니다. 보통 중요한 생각이나 계획은 가정하는 질문에 대한 답입니다. 계획할 때 계산을 사용한다는 것을 기억하세요. 뒤에서 더 많은 예제를 살펴보겠습니다.

Q 장바구니는 배열로 되어 있습니다. 제품 이름으로 항목을 찾을 때 배열 전체에서 찾아야 하는데 배열을 쓰는 것이 가장 좋은 방법인가요? 객체와 같이 연관 데이터 구조를 사용하는 것이 더 좋지 않나요?

A 네, 말씀하신 것처럼 객체를 사용하는 것이 더 좋습니다. 때로는 이미 배열로 되어 있는 장바구니가 있을지도 모르고, 바꾸기 쉽지 않습니다. 지금은 예제에서 이미 배열을 사용하고 있기 때문에 고치지 않고 계속 진행하겠습니다.

Q 불변성을 구현하는 일이 조금 많아 보이는데요. 가치 있는 일인가요? 그리고 더 쉬운 것이 맞나요?

A 자바스크립트에는 기본 라이브러리가 많이 없습니다. 그래서 언어에서 지원해야 하는 코드를 반복적으로 구현하고 있다는 느낌을 받을 수 있습니다. 자바스크립트에서 카피-온-라이트를 사용하는 것은 어렵습니다. 다른 많은 언어에서도 역시 카피-온-라이트를 반복적으로 만들어 써야 합니다. 시간을 들여 작업할 만한 가치가 있을지 물어볼 만합니다.

카피-온-라이트를 사용하기 위해 함수를 새로 만들지 않고 그냥 구현해도 됩니다. 하지만 어떤 경우는 그렇게 하는 것이 더 시간이 걸립니다. 코드가 반복되기 때문에 매번 다시 만들어야 하고 만들때 집중해서 만들어야 합니다. 그래서 한 번 만들어 두고 다시 쓰는 것이 더 좋습니다.

다행인 것은 만들어야할 동작이 그렇게 많지 않다는 것입니다. 처음에는 만드는 것이 귀찮을 수도 있는데, 곧 다시 만들어야 할 일이 생기고 미리 만들어 뒀다면 다시 만들지 않아도 됩니다. 이렇게 만들어 두면 재사용을 하거나 더 유용한 것을 만들기 위해 조합할 수 있습니다.

그래도 작업이 많이 필요하기 때문에 필요한 시점이 되었을 때 카피-온-라이트 함수를 만들 것을 추천합니다.

.push() 메서드를 카피-온-라이트 버전으로 만들어 보세요. .push() 메서드는 배열 끝에 항목을 추가하는 메서드입니다.

```
function push(array, elem) {


                                              여기에 코드를 써보세요.




}
```

정답

```
function push(array, elem) {
  var copy = array.slice();
  copy.push(elem);
  return copy;
}
```

바로 앞에서 만든 카피-온-라이트 버전의 push() 함수를 사용해 add_contact() 함수를 리팩터링 해보세요. 아래는 원래 코드입니다.

```
function add_contact(mailing_list, email) {
  var list_copy = mailing_list.slice();
  list_copy.push(email);
  return list_copy;
}
```

여기에 코드를 써보세요.

```
function add_contact(mailing_list, email) {



}
```

📝 정답

```
function add_contact(mailing_list,
                     email) {
  var list_copy = mailing_list.slice();
  list_copy.push(email);
  return list_copy;
}
```

```
function add_contact(mailing_list,
                     email) {
  return push(mailing_list, email);
}
```

배열 항목을 카피-온-라이트 방식으로 설정하는 arraySet() 함수를 만들어 보세요.

```
a[15] = 2;
```
이 동작을 카피-온-라이트
버전으로 만들어 보세요.

여기에 코드를 써보세요.

```
function arraySet(array, idx, value) {



}
```

정답

```
function arraySet(array, idx, value) {
  var copy = array.slice();
  copy[idx] = value;
  return copy;
}
```

불변 데이터 구조를 읽는 것은 계산입니다

읽기와 쓰기가 액션과 계산, 데이터와 어떤 관계가 있는지 알 것 같습니다.

쓰기는 데이터를 변경하기 때문에 쓰기가 없다면 데이터는 불변형이라고 할 수 있습니다.

변경 가능한 데이터를 읽는 것은 액션이고, 변경 불가능한 데이터를 읽는 것은 계산입니다.

개발팀 킴

변경 가능한 데이터를 읽는 것은 액션입니다.

변경 가능한 값을 읽을 때마다 다른 값을 읽을 수도 있습니다. 따라서 변경 가능한 데이터를 읽는 것은 액션입니다.

쓰기는 데이터를 변경 가능한 구조로 만듭니다.

쓰기는 데이터를 바꾸기 때문에 데이터를 변경 가능한 구조로 만듭니다.

어떤 데이터에 쓰기가 없다면 데이터는 변경 불가능한 데이터입니다.

쓰기를 모두 없앴다면 데이터는 생성 이후 바뀌지 않습니다. 따라서 불변 데이터입니다.

불변 데이터 구조를 읽는 것은 계산입니다.

어떤 데이터를 불변형으로 만들었다면 그 데이터에 모든 읽기는 계산입니다.

쓰기를 읽기로 바꾸면 코드에 계산이 많아집니다.

데이터 구조를 불변형으로 만들수록 코드에 더 많은 계산이 생기고 액션은 줄어듭니다.

애플리케이션에는 시간에 따라 변하는 상태가 있습니다

변경 가능한 데이터 구조를 불변 데이터로 만드는 방법을 알아봤습니다. 이제 어디서나 불변 데이터 구조를 쓸 수 있습니다. 쓰기 동작을 모두 읽기 동작으로 바꿀 수 있습니다. 하지만 아직 문제가 남아 있습니다. 데이터가 모두 불변형이면 애플리케이션에서 시간에 따라 변하는 상태를 어떻게 다뤄야 할까요? 바꿀 수 있는 것이 없다면 사용자는 장바구니에 제품을 어떻게 넣을 수 있을까요?

킴이 좋은 부분을 지적했습니다. 모든 값을 불변형으로 만들더라도 시간에 따라 바뀌는 값을 다룰 수 있어야 합니다. 우리가 만든 코드에도 그런 부분이 있는데 바로 shopping_cart 전역변수입니다. 장바구니가 바뀔때 shopping_cart 전역변수에 새로운 값을 할당합니다. 그래서 shopping_cart는 항상 최신 장바구니를 나타냅니다. 사실 장바구니 값은 새 값으로 교체swapping된다고 할 수 있습니다.

> 당연히 변경 가능한 데이터는 필요합니다. 장바구니가 바뀌지 않는다면 애플리케이션이 동작할 수 있을까요?

개발팀 킴

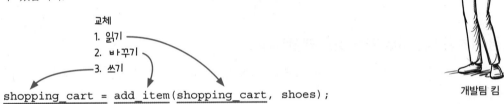

shopping_cart = add_item(shopping_cart, shoes);

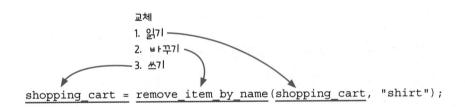

shopping_cart = remove_item_by_name(shopping_cart, "shirt");

shopping_cart 전역변수는 항상 최신값을 나타냅니다. 필요할 때 새로운 값으로 교체합니다. 교체하는 방법은 함수형 프로그래밍에서 일반적으로 사용하는 방법입니다. 교체를 사용하면 되돌리기를 쉽게 구현할 수 있습니다. 파트 II에서 교체를 사용해 애플리케이션을 더 견고하게 만드는 방법에 대해 알아보겠습니다.

불변 데이터 구조는 충분히 빠릅니다

일반적으로 불변 데이터 구조는 변경 가능한 데이터 구조보다 메모리를 더 많이 쓰고 느립니다.

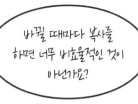

바뀔 때마다 복사를 하면 너무 비효율적인 것이 아닌가요?

하지만 불변 데이터 구조를 사용하면서 대용량의 고성능 시스템을 구현하는 사례는 많이 있습니다. 이런 사례는 불변 데이터도 일반 애플리케이션에 쓰기 충분히 빠르다는 증거입니다. 그래도 몇 가지 논점은 있습니다.

테스트팀

언제든 최적화할 수 있습니다.

애플리케이션을 개발할 때 예상하기 힘든 병목 지점이 항상 있습니다. 그래서 성능 개선을 할 때는 보통 미리 최적화하지 말라고 합니다.

불변 데이터 구조를 사용하고 속도가 느린 부분이 있다면 그때 최적화하세요.

가비지 콜렉터는 매우 빠릅니다.

대부분의 언어(물론 전부는 아니고)는 가비지 콜렉터 성능 개선을 위해 꾸준히 연구해 왔습니다. 어떤 가비지 콜렉터는 한두 개의 시스템 명령어로 메모리를 비울 수 있을 만큼 최적화되었습니다. 우리는 이런 기술을 그냥 쓰면 됩니다. 여러분이 사용하는 언어의 가비지 콜렉터를 살펴보세요.

생각보다 많이 복사하지 않습니다.

지금까지 만든 코드를 잘 보면 그렇게 많이 복사하지 않았습니다. 제품이 100개인 배열을 복사해도 참조만 복사됩니다. 데이터 구조의 최상위 단계만 복사하는 것을 **얕은 복사**shallow copy라고 합니다. 얕은 복사는 같은 메모리를 가리키는 참조에 대한 복사본을 만듭니다. 이것을 **구조적 공유**structural sharing 라고 합니다.

함수형 프로그래밍 언어에는 빠른 구현체가 있습니다.

앞에서는 직접 불변 데이터 구조를 만들었습니다. 하지만 어떤 함수형 프로그래밍 언어는 언어에서 불변 데이터 구조를 지원합니다. 그리고 직접 만든 것보다 더 효율적으로 동작합니다. 예를 들어 클로저 Clojure에서 지원하는 불변 데이터 구조는 다른 언어에서 참고할 만큼 효율적입니다.

어떻게 효율적일까요? 데이터 구조를 복사를 할 때 최대한 많은 구조를 공유합니다. 그래서 더 적은 메모리를 사용하고 결국 가비지 콜렉터의 부담을 줄여줍니다. 구현은 우리가 한 것과 같은 카피-온-라이트를 기반으로 하고 있습니다.

객체에 대한 카피-온-라이트

지금까지는 배열에 대한 카피-온-라이트에 대해 알아봤습니다. 이제 객체 형태로 장바구니 안에 있는 제품에도 카피-온-라이트를 적용할 수 있는 동작이 필요합니다. 역시 같은 단계로 구현할 수 있습니다.

1. 복사본 만들기

2. 복사본 변경하기

3. 복사본 리턴하기

배열은 `.slice()` 메서드로 복사본을 만들 수 있었습니다. 하지만 자바스크립트 객체에는 `.slice()` 메서드가 없습니다. 자바스크립트에서 객체에 있는 모든 키와 값을 복사하려면 어떻게 해야 할까요? 빈 객체에 모든 키와 값을 설정하면 복사 한 것과 같습니다. 자바스크립트 객체에는 이런 메서드가 있는데 바로 `Object.assign()`입니다. 아래는 `Object.assign()` 메서드를 이용해 복사를 구현한 코드입니다.

```
var object = {a: 1, b: 2};
var object_copy = Object.assign({}, object);
```

자바스크립트에서 객체를
복사하는 방법

`Object.assign()`을 사용해서 객체를 복사하는 데 사용할 것입니다. 다음은 `Object.assign()`을 사용해 제품 가격을 설정하는 `set_price()`를 구현한 코드입니다.

원래 코드	카피-온-라이트
| ```
function setPrice(item, new_price) {

  item.price = new_price;

}
``` | ```
function setPrice(item, new_price) {
  var item_copy = Object.assign({},
item);
  item_copy.price = new_price;
  return item_copy;
}
``` |

기본적인 아이디어는 배열과 같습니다. 어떤 데이터 구조라도 위에 세 단계를 적용하면 됩니다.

> **용어 설명**
>
> **얕은 복사**(shallow copy)는 중첩된 데이터 구조에 최상위 데이터만 복사합니다. 예를 들어 객체가 들어 있는 배열이 있다면 얕은 복사는 배열만 복사하고 안에 있는 객체는 참조로 공유합니다. 나중에 얕은 복사와 깊은 복사를 비교해 보겠습니다.
>
> 두 개의 중첩된 데이터 구조가 어떤 참조를 공유한다면 **구조적 공유**(structural sharing)라고 합니다. 데이터가 바뀌지 않는 불변 데이터 구조라면 구조적 공유는 안전합니다. 구조적 공유는 메모리를 적게 사용하고, 모든 것을 복사하는 것보다 빠릅니다.

자바스크립트 객체 훑어보기

자바스크립트 객체는 다른 언어의 해시 맵이나 연관 배열과 비슷합니다. 객체는 키와 값으로 되어 있고, 키는 객체 안에서 유일합니다. 키는 항상 문자열이지만 값은 아무 타입이나 될 수 있습니다. 아래는 객체에 대한 연산입니다.

키로 값 찾기 [key]

키로 값을 찾는 동작입니다. 만약 키가 없다면 undefined가 나옵니다.

```
> var object = {a: 1, b: 2};
> object["a"]
1
```

키로 값 찾기 .key

점 연산자를 이용해 키로 값을 찾을 수 있습니다. 키가 자바스크립트 토큰 문법*에 맞는다면 편리하게 쓸 수 있습니다.

```
> var object = {a: 1, b: 2};
> object.a
1
```

키로 값 설정하기 .key 또는 [key] =

객체를 변경하는 동작입니다. 두 가지 방법으로 객체에 값을 설정할 수 있습니다. 키에 해당하는 값을 바꿉니다. 만약 키가 있다면 값을 바꾸고, 없다면 값을 추가합니다.

```
> var object = {a: 1, b: 2};
> object["a"] = 7;
7
> object
{a: 7, b: 2}
> object.c = 10;
10
> object
{a: 7, b: 2, c: 10}
```

키/값 쌍 지우기 delete

주어진 키로 키/값 쌍을 지웁니다. 이 동작도 객체를 변경하는 동작입니다. 키로 값을 찾는 두 가지 문법 모두 값을 지우는 데 사용할 수 있습니다.

```
> var object = {a: 1, b: 2};
> delete object["a"];
true
> object
{b: 2}
```

객체 복사하기 Object.assign(a,b)

조금 복잡한 동작입니다. Object.assign() 메서드는 b 객체에 모든 키 값을 a 객체로 복사(값이 변경됩니다)합니다. 빈 객체에 모든 키/값 쌍을 복사해서 b의 복사본을 만들 수 있습니다.

```
> var object = {x: 1, y: 2};
> Object.assign({}, object);
{x: 1, y: 2}
```

키 목록 가져오기 Object.keys()

객체에 있는 키/값 쌍을 순회하고 싶다면, Object.keys() 함수를 사용해 모든 키를 가져와 순회할 수 있습니다. 객체에 있는 키를 배열로 리턴합니다. 이 배열을 순회하면 됩니다.

```
> var object = {a: 1, b: 2};
> Object.keys(object)
["a", "b"]
```

---

* [옮긴이] 자바스크립트 토큰에 대한 문법은 ECMAScript 언어 스펙을 참고(https://tc39.es/ecma262/#sec-tokens)

카피-온-라이트 방식으로 객체에 값을 설정하는 `objectSet()` 함수를 만들어 보세요.

```
o["price"] = 37;
```

이 동작을 카피-온-라이트
버전으로 만들어 보세요.

```
function objectSet(object, key, value) {
```

여기에 코드를 써보세요.

```
}
```

정답

```
function objectSet(object, key, value) {
  var copy = Object.assign({}, object);
  copy[key] = value;
  return copy;
}
```

방금 만든 objectSet() 함수를 사용해 setPrice()를 리팩터링 해보세요.

원래 코드:

```
function setPrice(item, new_price) {
  var item_copy = Object.assign({}, item);
  item_copy.price = new_price;
  return item_copy;
}
```

objectSet()을 사용해서 제품 가격을 설정하는 setPrice() 함수를 작성해 보세요. 카피-온-라이트 원칙을 지키면서 구현해야 합니다.

```
function setPrice(item, new_price) {
```

여기에 코드를 써보세요.

```
}
```

```
function setPrice(item, new_price) {
  return objectSet(item, "price", new_price);
```

objectSet() 함수를 이용해 제품 개수를 설정하는 setQuantity() 함수를 만들어 보세요.
카피-온-라이트 원칙을 지키는 것을 잊지 마세요.

```
function setQuantity(item, new_quantity) {


여기에 코드를 써보세요.



}
```

정답

```
function setQuantity(item, new_quantity) {
  return objectSet(item, "quantity", new_quantity);
}
```

객체의 키로 키/값 쌍을 지우는 delete 연산을 카피-온-라이트 버전으로 만들어 보세요.

```
> var a = {x : 1};
> delete a["x"];
> a
{}
```

이 동작을 카피-온-라이트
버전으로 만들어 보세요.

```
function objectDelete(object, key) {



}
```

여기에 코드를 써보세요.

정답

```
function objectDelete(object, key) {
  var copy = Object.assign({}, object);
  delete copy[key];
  return copy;
}
```

중첩된 쓰기를 읽기로 바꾸기

아직 장바구니 동작 중에 쓰기를 읽기로 바꿔야 할 것이 하나 더 있습니다. 제품 이름으로 해당 제품의 가격을 바꾸는 쓰기 동작입니다. 이 동작은 중첩된 데이터 구조를 바꿔야 하는 조금 특별한 동작입니다. 장바구니 배열 안에 중첩된 항목을 바꿔야 합니다.

가장 안쪽에 있는 쓰기 동작부터 바꾸는 것이 쉽습니다. 앞에서 setPrice() 함수를 구현했기 때문에 setPriceByName()에서 제품에 값을 설정하는 코드에 카피-온-라이트 버전의 setPrice()를 사용할 수 있습니다.

원래 코드

```
function setPriceByName(cart, name,
price) {

  for(var i = 0; i < cart.length; i++) {
    if(cart[i].name === name)
      cart[i].price =
        price;
  }

}
```

카피-온-라이트

> 복사본을 만들고 변경하는 전형적인
> 카피-온-라이트 패턴입니다.

```
function setPriceByName(cart, name,
price) {
  var cartCopy = cart.slice();
  for(var i = 0; i < cartCopy.length;
i++) {
    if(cartCopy[i].name === name)
      cartCopy[i] =
        setPrice(cartCopy[i], price);
  }
  return cartCopy;
}
```

> 중첩된 항목을 바꾸기 위해
> 카피-온-라이트 동작을 부릅니다.

중첩된 쓰기도 중첩되지 않은 쓰기와 같은 패턴을 사용합니다. 복사본을 만들고 변경한 다음 복사본을 리턴합니다. 중첩된 항목에 또 다른 카피-온-라이트를 사용하는 부분만 다릅니다.

원래 코드처럼 항목을 직접 변경하면 불변 데이터가 아닙니다. 배열에 항목은 바뀌지 않지만 배열 항목이 참조하는 값은 바뀝니다. 이렇게 되면 불변 데이터가 아닙니다. 중첩된 모든 데이터 구조가 바뀌지 않아야 불변 데이터라고 할 수 있습니다.

이것은 매우 중요한 개념입니다. 최하위부터 최상위까지 중첩된 데이터 구조의 모든 부분이 불변형이어야 합니다. 중첩된 데이터의 일부를 바꾸려면 변경하려는 값과 상위의 모든 값을 복사해야 합니다. 복사 과정을 제대로 이해하는 것은 중요하기 때문에 몇 페이지에 걸쳐 더 알아보겠습니다.

어떤 복사본이 생겼을까요?

장바구니 안에 제품 세 개가 있다고 해봅시다. 티셔츠와 신발, 양말입니다. 지금까지 사용했던 데이터 구조로 보면 배열 하나(장바구니)와 객체 세 개(티셔츠와 신발, 양말)가 있다고 할 수 있습니다.

이제 티셔츠 가격을 13달러로 바꾸려고 합니다. 중첩된 구조이므로 값을 바꾸려면 setPriceByName() 함수를 사용하면 됩니다.

```
shopping_cart = setPriceByName(shopping_cart, "t-shirt", 13);
```

코드를 한 줄 한 줄 살펴보면서 복사본이 몇 개 생기는지 봅시다.

```
function setPriceByName(cart, name, price) {
  var cartCopy = cart.slice();          ◄─────  배열 복사
  for(var i = 0; i < cartCopy.length; i++) {
    if(cartCopy[i].name === name)                반복하다가 티셔츠를 찾으면
      cartCopy[i] = setPrice(cartCopy[i], price);   setPrice()를 한 번만 부릅니다.
  }
  return cartCopy;
}

function setPrice(item, new_price) {            객체 복사
  var item_copy = Object.assign({}, item);
  item_copy.price = new_price;
  return item_copy;
}
```

배열 하나와 객체 세 개가 있었습니다. 어떤 복사본이 생겼을까요?

복사본은 배열 하나(장바구니)와 객체 하나(티셔츠)입니다.

나머지 객체 두 개는 복사하지 않았습니다. 어떻게 된 걸까요?

중첩된 데이터에 얕은 복사를 했기 때문입니다. 그 결과로 구조적 공유가 되었습니다. 짧은 문장에 많은 용어가 있습니다. 다음 페이지에서 그림으로 살펴봅시다.

📚 용어 설명

앞에서 본 몇 가지 용어를 빠르게 살펴봅시다.

- **중첩 데이터**(nested data): 데이터 구조 안에 데이터 구조가 있는 것을 말합니다. 중첩 데이터에 대해 이야기할 때 **안쪽**(inner) 데이터와 **최상위**(top-level) 데이터라는 용어를 사용합니다.
- **얕은 복사**(shallow copy): 중첩 데이터에서 최상위 데이터 구조만 복사합니다.
- **구조적 공유**(structural sharing): 두 중첩된 데이터 구조에서 안쪽 데이터가 같은 데이터를 참조합니다.

얕은 복사와 구조적 공유를 그림으로 알아보기

장바구니 하나(배열 하나)와 제품 세 개(객체 세 개)로 시작합니다. 데이터는 모두 네 개입니다. 여기서 티셔츠 가격을 13달러로 바꾸려고 합니다.

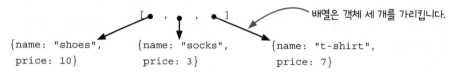

장바구니의 얕은 복사본을 만듭니다. 복사본은 메모리에서 같은 객체를 가리킵니다.

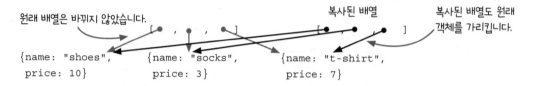

반복문에서 티셔츠를 찾아 setPrice() 함수를 부릅니다. 이 함수는 티셔츠 객체의 얕은 복사본을 만들고 가격을 13으로 바꿉니다.

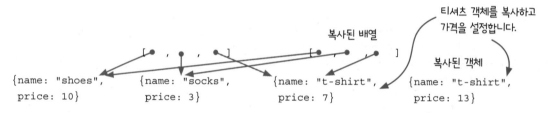

setPrice()는 복사본을 리턴합니다. 그리고 setPriceByName()에서 티셔츠 객체는 복사본을 가리키도록 합니다.

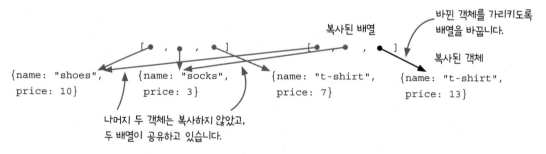

네 개(배열 하나, 객체 세 개) 데이터 중 두 개(배열 하나, 객체 하나)를 복사했습니다. 그리고 나머지 객체는 변경하지도 복사하지도 않았습니다. 그리고 원래 배열과 복사한 배열 모두 바뀌지 않은 객체를 가리킵니다. 이것이 앞에서 말한 구조적 공유입니다. 구조적 공유에서 공유된 복사본이 변경되지 않는 한 안전합니다. 값을 바꿀 때는 복사본을 만들기 때문에 공유된 값은 변경되지 않는다고 확신할 수 있습니다.

shopping_cart에 항목이 네 개 있다고 생각해 봅시다.

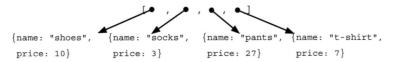

shopping_cart

{name: "shoes",   {name: "socks",   {name: "pants",   {name: "t-shirt",
 price: 10}   price: 3}   price: 27}   price: 7}

아래 코드를 실행하고 나면

setPriceByName(shopping_cart, "socks", 2);

어떤 것이 복사될까요? 복사되는 데이터에 동그라미 표시를 해봅시다.

바뀐 항목과 바뀐 항목의 경로에 있는 모든 것을 복사하면 됩니다. 이 경우 socks 항목이 바뀌었기 때문에 복사해야 하고, 이 항목을 포함하고 있는 배열도 바뀐 socks를 가리키도록 바뀌어야 하므로 복사해야 합니다.

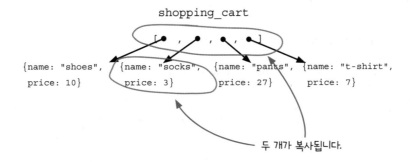

shopping_cart

{name: "shoes",   {name: "socks",   {name: "pants",   {name: "t-shirt",
 price: 10}   price: 3}   price: 27}   price: 7}

두 개가 복사됩니다.

다음 중첩된 동작을 카피-온-라이트 버전으로 만들어 보세요.

```
function setQuantityByName(cart, name, quantity) {
  for(var i = 0; i < cart.length; i++) {
    if(cart[i].name === name)
      cart[i].quantity = quantity;
  }
}
```

여기에 코드를 써보세요.

```
function setQuantityByName(cart, name, quantity) {



}
```

정답

```
function setQuantityByName(cart, name, quantity) {
  var cartCopy = cart.slice();
  for(var i = 0; i < cartCopy.length; i++) {
    if(cartCopy[i].name === name)
      cartCopy[i] =
        objectSet(cartCopy[i], 'quantity', quantity);
  }
  return cartCopy;
}
```

결론

이 장에서 카피-온-라이트에 대해 더 자세히 배웠습니다. 클로저Clojure나 하스켈Haskell 같은 언어에는 기본적으로 카피-온-라이트를 지원하지만, 자바스크립트에서는 카피-온-라이트 원칙을 직접 구현해줘야 했습니다. 그리고 유틸리티 함수로 만들어 나중에 편리하게 쓸 수 있도록 했습니다. 앞으로 카피-온-라이트를 적용해야 할 때 이 함수를 계속 사용하면 문제없을 것입니다. 다른 고민 없이 이 함수들을 사용하기 때문에 원칙이라고 부릅니다.

요점 정리

- 함수형 프로그래밍에서 불변 데이터가 필요합니다. 계산에서는 변경 가능한 데이터에 쓰기를 할 수 없습니다.
- 카피-온-라이트는 데이터를 불변형으로 유지할 수 있는 원칙입니다. 복사본을 만들고 원본 대신 복사본을 변경하는 것을 말합니다.
- 카피-온-라이트는 값을 변경하기 전에 얕은 복사를 합니다. 그리고 리턴합니다. 이렇게 하면 통제할 수 있는 범위에서 불변성을 구현할 수 있습니다.
- 보일러 플레이트 코드boilerplate code*를 줄이기 위해 기본적인 배열과 객체 동작에 대한 카피-온-라이트 버전을 만들어 두는 것이 좋습니다.

다음 장에서 배울 내용

카피-온-라이트 원칙은 좋습니다. 하지만 모든 코드에 우리가 만든 카피-온-라이트를 사용할 수는 없습니다. 기존에 많은 코드가 카피-온-라이트 원칙이 적용되지 않은 상태로 있습니다. 그래서 데이터를 변경하지 않고 데이터를 교체할 수 있는 방법이 필요합니다. 다음 장에서는 이러한 문제를 해결할 수 있는 **방어적 복사**defensive copy라는 원칙에 대해 알아보겠습니다.

★　[옮긴이] 보일러 플레이트 코드는 여러 곳에서 비슷한 코드가 반복되는 것을 말합니다.

7

신뢰할 수 없는 코드를 쓰면서
불변성 지키기

이번 장에서 살펴볼 내용

- 레거시 코드나 신뢰할 수 없는 코드로부터 내 코드를 보호하기 위해 방어적 복사를 만듭니다.
- 얕은 복사와 깊은 복사를 비교합니다.
- 카피-온-라이트와 방어적 복사를 언제 사용하면 좋은지 알 수 있습니다.

지난 장에서 불변성을 유지하기 위한 카피-온-라이트에 대해 배웠습니다. 하지만 카피-온-라이트를 적용할 수 없는 코드를 함께 사용해야 할 때도 있습니다. 바꿀 수 없는 라이브러리나 레거시 코드가 데이터를 변경한다면 카피-온-라이트를 적용할 수 없습니다. 어떻게 이런 코드에 불변 데이터를 전달할 수 있을까요? 이번 장에서 데이터를 변경하는 코드를 함께 사용하면서 불변성을 지키는 방법에 대해 배우겠습니다.

레거시 코드와 불변성

MegaMart는 블랙 프라이데이 세일을 준비하기로 했습니다. 매달 한 번씩 세일을 합니다. 마케팅 부서는 오래된 재고를 처리하기 위해 할인하려고 합니다. 오래전부터 MegaMart 코드에 많은 기능이 추가되어 왔습니다. 지금은 잘 동작하고 있고 비즈니스를 위해 코드를 유지하는 것이 중요합니다.

용어 설명

이 책에서 말하는 **레거시 코드** (legacy code)는 오래전에 만든 것으로, 지금 당장 고칠 수 없어서 그대로 사용해야 하는 코드를 말합니다.

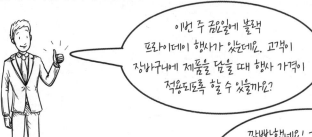

이번 주 금요일에 블랙 프라이데이 행사가 있는데요. 고객이 장바구니에 제품을 담을 때 행사 가격이 적용되도록 할 수 있을까요?

깜빡했네요! 그 코드는 카피-온-라이트가 적용되어 있지 않아서 어떻게 안전하게 데이터를 바꿀 수 있을지 고민이네요.

최고 마케팅

개발팀

지금까지 장바구니에 관련된 코드는 모두 카피-온-라이트를 적용해 불변성을 유지했습니다. 하지만 블랙 프라이데이 행사 코드는 많은 곳에서 장바구니 데이터를 변경합니다. 잘 동작하기는 하지만 오래전에 만든 코드라 당장 바꿀 시간이 없습니다. 그래서 레거시 코드에 쓸 수 있는 안전한 인터페이스가 필요합니다.

블랙 프라이데이 행사를 위해 add_item_to_cart() 함수에 코드 한 줄을 추가해야 합니다.

```
function add_item_to_cart(name, price) {
  var item = make_cart_item(name, price);
  shopping_cart = add_item(shopping_cart, item);
  var total = calc_total(shopping_cart);
  set_cart_total_dom(total);
  update_shipping_icons(shopping_cart);
  update_tax_dom(total);
  black_friday_promotion(shopping_cart);
}
```

이 코드를 추가해야 하지만 이 코드는 장바구니 값을 바꿉니다.

추가된 함수를 호출하면 카피-온-라이트 원칙을 지킬 수 없습니다. 그리고 black_friday_promotion() 함수를 고칠 수도 없습니다. 다행히 카피-온-라이트 원칙을 지키면서 안전하게 함수를 사용할 수 있는 다른 원칙이 있습니다. 이 원칙을 **방어적 복사**defensive copy라고 합니다. 방어적 복사를 사용해 데이터를 바꾸는 코드와 데이터를 주고받아 봅시다.

우리가 만든 카피-온-라이트 코드는 신뢰할 수 없는 코드와 상호작용해야 합니다

블랙 프라이데이 행사 함수는 카피-온-라이트를 적용한 코드가 아니기 때문에 신뢰할 수 없습니다. 불변성을 지킬 수 없습니다.

우리가 만든 모든 코드는 불변성이 지켜지는 **안전지대**safe zone에 있습니다. 안전지대에 있는 코드는 걱정 없이 쓸 수 있습니다.

블랙 프라이데이 행사 함수는 안전지대 밖에 있지만, 요구 사항을 구현하려면 우리가 만든 코드에서 안전하지 않은 함수를 써야 합니다. 따라서 블랙 프라이데이 함수의 입력과 출력을 통해 안전지대에 있는 코드와 데이터를 주고받아야 합니다.

여기서 문제가 발생합니다. 안전지대 밖으로 나가는 데이터는 잠재적으로 바뀔 수 있습니다. 신뢰할 수 없는 코드가 데이터를 바꿀 수 있기 때문입니다. 마찬가지로 신뢰할 수 없는 코드에서 안전지대로 들어오는 데이터 역시 잠재적으로 바뀔 수 있습니다. 신뢰할 수 없는 코드가 계속 데이터 참조를 가지고 있기 때문에 언제든 바뀔 수 있습니다. 문제는 불변성을 지키면서 데이터를 주고받는 방법을 찾아야 한다는 것입니다.

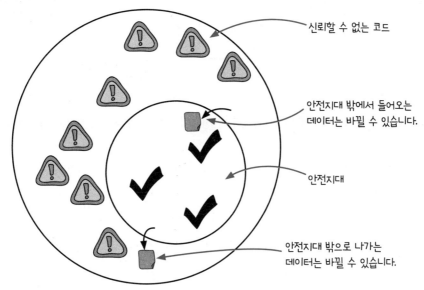

신뢰할 수 없는 코드

안전지대 밖에서 들어오는 데이터는 바뀔 수 있습니다.

안전지대

안전지대 밖으로 나가는 데이터는 바뀔 수 있습니다.

우리가 알고 있는 카피-온-라이트 패턴으로 이 문제를 해결할 수 없습니다. 카피-온-라이트 패턴은 데이터를 바꾸기 전에 복사합니다. 무엇이 바뀌는지 알기 때문에 무엇을 복사해야 할지 예상할 수 있습니다. 반면, 블랙 프라이데이 코드는 분석하기 힘든 레거시 코드라 어떤 일이 일어날지 정확히 알 수 없습니다. 그래서 데이터가 바뀌는 것을 완벽히 막아주는 원칙이 필요합니다. 이 원칙을 **방어적 복사**라고 합니다. 어떻게 동작하는지 알아봅시다.

방어적 복사는 원본이 바뀌는 것을 막아 줍니다

신뢰할 수 없는 코드와 데이터를 주고받는 문제를 푸는 방법은 복
사본 만드는 것입니다. 어떻게 동작하는지 봅시다.

바뀔 수도 있는 데이터가 신뢰할 수 없는 코드에서 안전지대로 들
어옵니다. 들어온 데이터로 깊은 복사본을 만들고 변경 가능한 원
본은 버립니다. 신뢰할 수 있는 코드만 복사본을 쓰기 때문에 데이
터는 바뀌지 않습니다. 이런 방법으로 들어오는 데이터를 보호할
수 있습니다.

O는 원본입니다.

C는 복사본입니다.

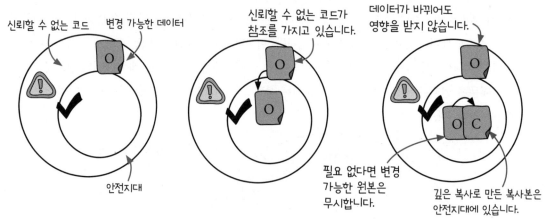

안전지대에서 나가는 데이터도 바뀌면 안 됩니다. 안전지대 밖으로 나가는 데이터는 신뢰할 수 없는 코
드가 값을 변경할 수 있어서 변경하지 못하도록 해야 합니다. 그렇게 하려면 나가는 데이터도 깊은 복
사본을 만들어 내보내면 됩니다. 이렇게 하면 나가는 데이터를 보호할 수 있습니다.

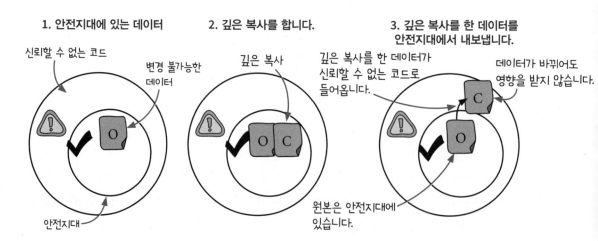

들어오고 나가는 데이터의 복사본을 만드는 것이 방어적 복사가 동작하는 방식입니다. 안전지대에 불변성을 유지하고, 바뀔 수도 있는 데이터가 안전지대로 들어오지 못하도록 하는 것이 방어적 복사의 목적입니다. 이 원칙을 블랙 프라이데이 코드에 적용해 봅시다.

방어적 복사 구현하기

인자로 들어온 값이 변경될 수도 있는 함수를 사용하면서 불변성은 지켜야 합니다. **방어적 복사**를 사용하면 데이터가 바뀌는 것을 막아 불변성을 지킬 수 있습니다. 원본이 바뀌지 않도록 막아주기 때문에 방어적이라고 합니다.

`black_friday_promotion()` 함수는 인자로 받은 장바구니 값을 바꿉니다. 장바구니 값을 넘기기 전에 깊은 복사를 해서 함수에 넘깁니다. 이렇게 하면 인자로 넘긴 원본이 바뀌지 않습니다.

원래 코드

```
function add_item_to_cart(name, price) {
  var item = make_cart_item(name, price);
  shopping_cart = add_item(shopping_cart,
                           item);
  var total = calc_total(shopping_cart);
  set_cart_total_dom(total);
  update_shipping_icons(shopping_cart);
  update_tax_dom(total);

  black_friday_promotion(shopping_cart);
}
```

데이터를 전달하기전에 복사

```
function add_item_to_cart(name, price) {
  var item = make_cart_item(name, price);
  shopping_cart = add_item(shopping_cart,
                           item);
  var total = calc_total(shopping_cart);
  set_cart_total_dom(total);
  update_shipping_icons(shopping_cart);
  update_tax_dom(total);
  var cart_copy = deepCopy(shopping_cart);
  black_friday_promotion(cart_copy);
}
```
└─ 넘기기 전에 복사

이제 `black_friday_promotion()` 함수에 결과를 받아야 합니다. 복사본을 전달해 `black_friday_promotion()` 함수가 변경한 `cart_copy`가 결괏값입니다. 어떻게 해야 `cart_copy`를 안전하게 쓸 수 있을까요? `cart_copy`는 바뀌지 않을까요? 나중에 `cart_copy`의 참조를 가진 `black_friday_promotion()` 함수가 `cart_copy` 값을 바꾼다면 어떻게 될까요? 아마 버그로 발견될 것입니다. 이 문제 해결하려면 우리가 만든 코드로 들어오는 데이터에 방어적 복사를 적용해야 합니다.

데이터를 전달하기전에 복사

```
function add_item_to_cart(name, price) {
  var item = make_cart_item(name, price);
  shopping_cart = add_item(shopping_cart,
                           item);
  var total = calc_total(shopping_cart);
  set_cart_total_dom(total);
  update_shipping_icons(shopping_cart);
  update_tax_dom(total);
  var cart_copy = deepCopy(shopping_cart);
  black_friday_promotion(cart_copy);


}
```

데이터를 전달하기 전후에 복사

```
function add_item_to_cart(name, price) {
  var item = make_cart_item(name, price);
  shopping_cart = add_item(shopping_cart,
                           item);
  var total = calc_total(shopping_cart);
  set_cart_total_dom(total);
  update_shipping_icons(shopping_cart);
  update_tax_dom(total);
  var cart_copy = deepCopy(shopping_cart);
  black_friday_promotion(cart_copy);
  shopping_cart = deepCopy(cart_copy);
}
```
└─ 들어오는 데이터를 위한 복사

이것이 방어적 복사의 패턴입니다. 복사본을 직접 만들어 데이터를 보호했습니다. 데이터가 시스템에서 나가기 전에 복사하고 들어올 때도 복사했습니다.

복사할 때는 **깊은 복사**deep copy를 해야 하는데 뒤에서 어떻게 구현하는지 알아보겠습니다.

방어적 복사 규칙

방어적 복사는 데이터를 변경할 수도 있는 코드와 불변성 코드 사이에 데이터를 주고받기 위한 원칙입니다. 여기에는 두 가지 규칙이 있습니다.

규칙1: 데이터가 안전한 코드에서 나갈 때 복사하기

변경 불가능한 데이터가 신뢰할 수 없는 코드로 나갈 때, 아래 단계로 원본 데이터를 보호할 수 있습니다.

1. 불변성 데이터를 위한 깊은 복사본을 만듭니다.
2. 신뢰할 수 없는 코드로 복사본을 전달합니다.

 용어 설명

깊은 **복사**(deep copy)는 위에서 아래로 모든 계층에 있는 중첩된 데이터 구조를 복사합니다.

규칙 2: 안전한 코드로 데이터가 들어올 때 복사하기

신뢰할 수 없는 코드에서 변경될 수도 있는 데이터가 들어온다면 다음 단계를 따릅니다.

1. 변경될 수도 있는 데이터가 들어오면 바로 깊은 복사본을 만들어 안전한 코드로 전달합니다.
2. 복사본을 안전한 코드에서 사용합니다.

이 규칙을 따르면 불변성 원칙을 지키면서 신뢰할 수 없는 코드와 상호작용할 수 있습니다.

첫 번째 규칙과 두 번째 규칙은 순서에 관계없이 쓸 수 있습니다. 어떤 경우는 먼저 데이터가 나가고 나중에 들어올 수도 있습니다. 신뢰할 수 없는 라이브러리 함수를 사용할 때 그렇습니다. 반대로 먼저 데이터가 들어오고 나중에 나갈 수도 있습니다. 공유 라이브러리를 만들 때 그렇습니다. 규칙은 어떤 순서로 적용해도 됩니다.

방어적 복사에 대해 더 알아보겠습니다. 블랙 프라이데이 코드를 조금 더 살펴봅시다. 방어적 복사와 관련된 코드를 감싸면wrapping 더 좋은 코드가 될 것 같습니다.

그리고 어떤 경우에는 들어오는 데이터가 없거나 나가는 데이터가 없을 수도 있습니다.

신뢰할 수 없는 코드 감싸기

블랙 프라이데이 행사를 위한 코드에 방어적 복사를 잘
적용했습니다. 하지만 나중에 `add_item_`
`to_cart()` 코드를 보면 복사본을 만드는
이유를 모를 수도 있습니다. 또한, `black_`
`friday_promotion()` 코드가 다시 필요
할 수도 있습니다. 그리고 다시 만든다고 해도
방어적 복사를 잘 만들기 어렵습니다. 따라서 방어적 복
사 코드를 분리해 새로운 함수로 만들어 두면 좋을것 같습니다.

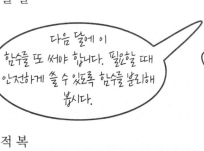

다음 달에 이
함수를 또 써야 합니다. 필요할 때
안전하게 쓸 수 있도록 함수를 분리해
봅시다.

개발팀 킴

원래 코드

```
function add_item_to_cart(name, price) {
  var item = make_cart_item(name, price);
  shopping_cart = add_item(shopping_cart,
                           item);
  var total = calc_total(shopping_cart);
  set_cart_total_dom(total);
  update_shipping_icons(shopping_cart);
  update_tax_dom(total);
  var cart_copy = deepCopy(shopping_cart);
  black_friday_promotion(cart_copy);
  shopping_cart =
    deepCopy(cart_copy);
}
```

이 코드를 빼서 새로운
함수로 만듭니다.

안전하게 분리한 버전

```
function add_item_to_cart(name, price) {
  var item = make_cart_item(name, price);
  shopping_cart = add_item(shopping_cart,
                           item);
  var total = calc_total(shopping_cart);
  set_cart_total_dom(total);
  update_shipping_icons(shopping_cart);
  update_tax_dom(total);


  shopping_cart =
    black_friday_promotion_safe(shopping_cart);
}

function black_friday_promotion_safe(cart) {
  var cart_copy = deepCopy(cart);
  black_friday_promotion(cart_copy);
  return deepCopy(cart_copy);
}
```

이제 걱정 없이 `black_friday_promotion_safe()` 함수를 쓰면 됩니다. 이 함수를 사용하면 데이
터가 바뀌지 않습니다. 그리고 코드가 하는 일이 더 명확합니다.

그럼 다른 방어적 복사 예제를 살펴봅시다.

MegaMart는 급여 계산을 위해 외부 라이브러리를 사용하고 있습니다. 모든 직원을 payrollCalc() 함수에 배열 형태로 넘기면 급여가 배열로 리턴됩니다. 이 함수는 신뢰할 수 없는 코드입니다. 직원 배열이 바뀔 수도 있고, 급여 계산에 무슨 영향을 끼칠지 알 수 없습니다.

payrollCalc() 함수에 방어적 복사를 적용해 안전하게 만들어 보세요.

아래는 payrollCalc() 함수의 입력과 출력입니다.

```
function payrollCalc(employees) {        방어적 복사를 적용해 보세요.
  ...
  return payrollChecks;
}
```

payrollCalc()를 감싼 payrollCalcSafe() 함수를 만들어 보세요.

```
function payrollCalcSafe(employees) {        빈 공간에 코드를 써보세요.




}
```

정답

```
function payrollCalcSafe(employees) {
  var copy = deepCopy(employees);
  var payrollChecks = payrollCalc(copy);
  return deepCopy(payrollChecks);
}
```

📝 연습 문제

MegaMart에는 사용자 데이터를 제공하는 또 다른 레거시 시스템이 있습니다. 이 시스템을 구독하면 사용자 정보가 바뀔 때마다 바뀐 사용자 정보를 알 수 있습니다.

구독하는 모든 코드는 같은 사용자 데이터를 전달받습니다. 전달받은 사용자 데이터는 모두 참조 값으로 메모리에 같은 객체를 가리키고 있습니다. 그리고 사용자 데이터는 신뢰할 수 없는 코드로부터 옵니다. 방어적 복사로 사용자 데이터를 보호해 보세요. 안전하지 않은 곳으로 나가는 데이터는 없습니다. 바뀔 수도 있는 사용자 데이터가 들어오기만 합니다.

아래는 사용자 구독하는 함수를 사용하는 예제입니다.

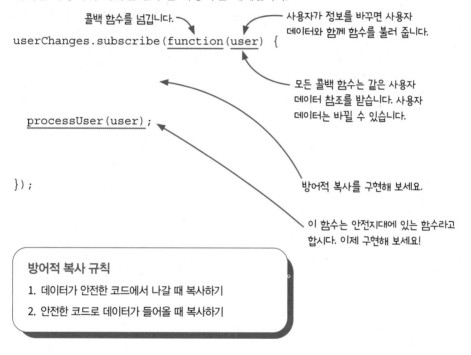

콜백 함수를 넘깁니다.

사용자가 정보를 바꾸면 사용자 데이터와 함께 함수를 불러 줍니다.

```
userChanges.subscribe(function(user) {



    processUser(user);



});
```

모든 콜백 함수는 같은 사용자 데이터 참조를 받습니다. 사용자 데이터는 바뀔 수 있습니다.

방어적 복사를 구현해 보세요.

이 함수는 안전지대에 있는 함수라고 합시다. 이제 구현해 보세요!

> **방어적 복사 규칙**
>
> 1. 데이터가 안전한 코드에서 나갈 때 복사하기
> 2. 안전한 코드로 데이터가 들어올 때 복사하기

📝 정답

```
userChanges.subscribe(function(user) {
  var userCopy = deepCopy(user);
  processUser(userCopy);
});
```

안전지대에서 데이터가 나가지 않기 때문에 복사할 필요가 없습니다.

방어적 복사가 익숙할 수도 있습니다

방어적 복사는 오래전부터 다른 곳에서 쓰던 일반적인 패턴입니다. 몇 가지 예로 가볍게 살펴봅시다.

웹 API 속에 방어적 복사

대부분의 웹 기반 API_{Application Programming Interface}는 암묵적으로 방어적 복사를 합니다. 시나리오를 통해 알아봅시다.

JSON 데이터가 API에 요청으로 들어왔다고 해봅시다. 클라이언트는 데이터를 인터넷을 통해 API로 보내려고 직렬화합니다. 이때 JSON 데이터는 **깊은 복사본**deep copy입니다. 서비스가 잘 동작한다면 JSON으로 응답합니다. 이때 JSON도 역시 **깊은 복사본**입니다. 서비스에 들어올 때와 나갈 때 데이터를 복사한 것입니다.

이처럼 웹 API는 방어적 복사를 합니다. 마이크로서비스나 서비스-지향service-oriented 시스템이 서로 통신할 때 방어적 복사를 한다는 점은 장점입니다. 방어적 복사로 서로 다른 코드와 원칙을 가진 서비스들이 문제없이 통신할 수 있습니다.

 용어 설명

모듈이 서로 통신하기 위해 방어적 복사를 구현했다면 **비공유 아키텍처**(shared nothing architecture)라고 합니다. 모듈이 어떤 데이터의 참조도 공유하고 있지 않기 때문입니다. 카피-온-라이트로 작성된 코드에 신뢰할 수 없는 코드의 참조를 공유하고 싶지는 않을 것입니다.

얼랭과 엘릭서에서 방어적 복사

얼랭Erlang과 엘릭서Elixir(모두 함수형 프로그래밍 언어)는 방어적 복사를 잘 구현했습니다. 얼랭에서 두 프로세스가 서로 메시지를 주고받을 때 수신자의 메일박스mailbox에 메시지data가 복사됩니다. 또 프로세스에서 데이터가 나갈 때도 데이터를 복사합니다. 방어적 복사는 얼랭 시스템이 고가용성을 보장하는 핵심 기능입니다.

얼랭과 엘릭서에 대해 더 자세히 알고 싶다면 https://www.erlang.org나 https://elixir-lang.org를 참고하세요.

우리 코드도 방어적 복사를 쓰면 얼랭 모듈이나 마이크로서비스와 같은 장점을 얻을 수 있습니다.

 **쉬는 시간**

더 진행하기 전에 가벼운 질문을 보면서 쉬어 갑시다.

Q 잠깐만요! 동시에 사용자 데이터 복사본 두 개가 있어도 문제가 없나요? 어떤 것이 진짜 사용자인 가요?

A 좋은 질문입니다. 함수형 프로그래밍을 배울 때 겪는 개념적인 변화 중 하나입니다. 대부분 소프트웨 어에서 사용자를 표현하려고 객체를 사용합니다. 그리고 같은 객체가 두 개 있다면 어떤 것이 진짜인지 혼란스러울 것입니다. 어떤 것이 진짜 사용자일까요?

함수형 프로그래밍에서는 유일한 객체로 사용자를 표현하지 않습니다. 그냥 사용자에 대한 데이터를 처 리하고 기록합니다. 데이터에 대한 정의를 다시 생각해 봅시다. 데이터는 이벤트에 대한 사실입니다. 입 력 폼을 전송했다는 이벤트에 대한 사용자 이름과 같은 사실을 기록합니다. 사실은 필요할 때마다 여러 번 복사할 수 있습니다.

Q 카피-온-라이트와 방어적 복사는 비슷한 것 같습니다. 정말 다른 것인가요? 둘 다 필요한가요?

A 카피-온-라이트와 방어적 복사 모두 불변성을 유지하기 위해 사용합니다. 어떻게 보면 하나만 있어 도 될 것 같습니다. 사실 안전지대에서도 방어적 복사로 불변성을 유지할 수 있습니다.

하지만 방어적 복사는 깊은 복사를 합니다. 깊은 복사는 위에서 아래로 모든 계층의 중첩된 데이터를 복사하기 때문에 얕은 복사보다 더 많은 비용이 듭니다. 안전지대에서는 데이터를 전달할 때 많은 복사 를 하지 않아도 됩니다. 많은 복사본 때문에 연산과 메모리를 낭비하는 것을 막으려면 가능한 안전지대 에서는 카피-온-라이트를 사용하는 것이 좋습니다. 그래서 두 원칙은 함께 사용해야 합니다.

카피-온-라이트와 방어적 복사를 잘 이해하기 위해 비교해 봅시다.

카피-온-라이트와 방어적 복사를 비교해 봅시다

카피-온-라이트

언제 쓰나요?

통제할 수 있는 데이터를 바꿀 때 카피-온-라이트를 씁니다.

어디서 쓰나요?

안전지대 어디서나 쓸 수 있습니다. 사실 카피-온-라이트가 불변성을 가진 안전지대를 만듭니다.

복사 방식

얕은 복사(상대적으로 비용이 적게 듭니다)

규칙

1. 바꿀 데이터의 얕은 복사를 만듭니다.
2. 복사본을 변경합니다.
3. 복사본을 리턴합니다.

방어적 복사

언제 쓰나요?

신뢰할 수 없는 코드와 데이터를 주고받아야 할 때 방어적 복사를 씁니다.

어디서 쓰나요?

안전지대의 경계에서 데이터가 오고 갈 때 방어적 복사를 씁니다.

복사 방식

깊은 복사(상대적으로 비용이 많이 듭니다)

규칙

1. 안전지대로 들어오는 데이터에 깊은 복사를 만듭니다.
2. 안전지대에서 나가는 데이터에 깊은 복사를 만듭니다.

깊은 복사는 얕은 복사보다 비쌉니다

깊은 복사는 원본과 어떤 데이터 구조도 공유하지 않는 것이 얕은 복사와 차이점입니다. 중첩된 모든 객체나 배열을 복사합니다. 얕은 복사에서는 바뀌지 않은 값이라면 원본과 복사본이 데이터를 공유합니다.

얕은 복사

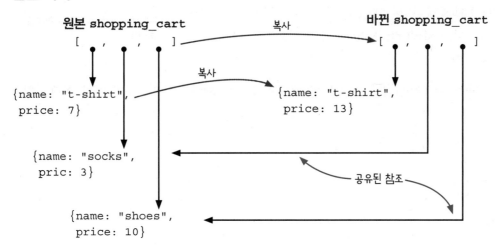

깊은 복사는 모든 것을 복사합니다. 데이터가 변경되면 안 되지만 신뢰할 수 없는 코드가 변경할지도 모른다면 깊은 복사를 사용해야 합니다.

깊은 복사

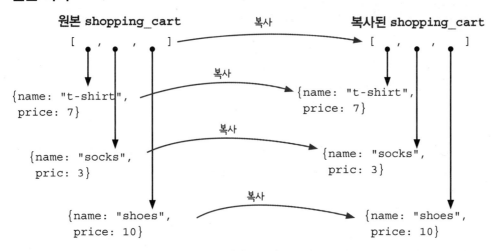

깊은 복사는 확실히 비쌉니다. 그래서 모든 곳에 쓰지 않습니다. 카피-온-라이트를 사용할 수 없는 곳에서만 사용합니다.

자바스크립트에서 깊은 복사를 구현하는 것은 어렵습니다

깊은 복사는 단순한 개념이기 때문에 만들기 쉬워 보입니다. 하지만 자바스크립트에서는 표준 라이브러리가 좋지 않아 만들기가 어렵습니다. 잘 동작하는 버전을 만들려면 이 책의 범위를 넘습니다.

그래서 Lodash 라이브러리에 있는 깊은 복사 함수를 쓰는 것을 추천합니다. Lodash에 .cloneDeep() 함수는 중첩된 데이터에 깊은 복사를 합니다. Lodash 라이브러리는 많은 개발자가 신뢰하는 라이브러리입니다.

> lodash.com을 보세요.

> lodash.com/docs/#cloneDeep을 보세요.

아래는 완벽하지는 않지만 깊은 복사가 어떻게 동작하는지 보여주는 간단한 구현입니다. 아래 구현은 JSON이 허용하는 모든 타입과 함수에 잘 동작합니다.

```javascript
function deepCopy(thing) {
  if(Array.isArray(thing)) {
    var copy = [];
    for(var i = 0; i < thing.length; i++)
      copy.push(deepCopy(thing[i]));
    return copy;
  } else if (thing === null) {
    return null;
  } else if(typeof thing === "object") {
    var copy = {};
    var keys = Object.keys(thing);
    for(var i = 0; i < keys.length; i++) {
      var key = keys[i];
      copy[key] = deepCopy(thing[key]);
    }
    return copy;
  } else {
    return thing;
  }
}
```

> 모든 항목을 재귀적으로 복사합니다.

> 문자열과 숫자, 불리언, 함수는 불변형이기 때문에 복사할 필요가 없습니다.

이 함수는 자바스크립트의 특성을 모두 반영하지 못합니다. 많은 타입에서 실패할 것입니다. 하지만 깊은 복사가 어떻게 동작하는지 잘 보여줍니다. 배열과 객체에 복사가 필요하기 때문에 모든 항목을 재귀적으로 반복합니다.

만약 깊은 복사가 필요하다면 자바스크립트에서 많이 사용하는 Lodash 라이브러리를 쓰는 것을 추천합니다. 위에서 만든 함수는 어떻게 동작하는지 알아보기 위한 것이고 실제 제품에서는 동작하지 않을 것입니다.

아래 문장은 깊은 복사와 얕은 복사 대한 내용입니다. 어떤 문장은 깊은 복사에 대한 내용이고 어떤 문장은 얕은 복사에 대한 내용입니다. 또 어떤 것은 둘 다 해당합니다. 각 문장에 깊은 복사에 대한 내용이라면 DC라고 쓰고, 얕은 복사에 대한 내용이라면 SC라고 써봅시다.

1. 중첩된 데이터 구조에 모든 것을 복사합니다.

2. 복사본과 원본 데이터 구조가 많은 부분을 공유하기 때문에 다른 방식보다 비용이 적게 듭니다.

3. 바뀐 부분만 복사합니다.

4. 공유하는 데이터 구조가 없기 때문에 신뢰할 수 없는 코드로부터 원본 데이터를 보호할 수 있습니다.

5. **비공유 아키텍처**shared nothing architecture를 구현하기 좋습니다.

> **표시 방법**
> **DC** 깊은 복사
> **SC** 얕은 복사

정답

1. DC, 2. SC, 3. SC, 4. DC, 5. DC.

카피-온-라이트와 방어적 복사의 대화

주제: 어떤 원칙이 더 중요한가?

카피-온-라이

확실히 내가 더 중요하지. 나는 데이터의 불변성을 유지할 수 있도록 해주거든.

방어적 복사

그것만 가지고 네가 더 중요하다고 말할 수 없어. 왜냐하면 나도 불변성을 유지하도록 해주니까.

내가 하는 얕은 복사는 네가 하는 깊은 복사보다 더 효율적인걸.

하지만 넌 데이터가 **바뀔 때마다** 복사를 해야 하니까 그런 걱정을 하겠지. 난 안전지대에서 데이터가 들어오거나 나갈 때만 복사를 하지.

말 잘했다! 내가 없으면 안전지대 자체가 없는데?

그 말은 맞는 것 같아. 하지만 외부로 데이터를 전달할 수 없다면 안전지대는 아무 쓸모가 없어. 라이브러리와 이미 있는 코드는 어떻게 할 건데?

레거시 코드나 라이브러리도 나를 쓸 수 있다고 생각해. 나처럼 원칙을 배우면 돼. 쓰기를 읽기로 바꾸면 읽기는 모두 계산이 되지.

잘 들어봐. 그런 일은 불가능해. 그냥 쓸 수밖에 없어. 세상에는 많은 코드가 있고 그걸 다 바꿀 만큼 개발자가 많지도 않아.

네 말이 맞아(흐느껴 운다)! 현실을 받아들여야 해. 난 너 없이 쓸모없어!

나도 감정이 격해지려고 하네(얼굴에 눈물이 흐른다)! 나도 너 없이는 살 수 없어!

(포옹한다)　(포옹한다)

얘들아... 다음으로 넘어갑시다.

아래 문장은 불변성 원칙에 관한 것입니다. 어떤 것은 방어적 복사와 관련된 내용이고 어떤 것은 카피-온-라이트에 관한 내용입니다. 또 어떤 것은 둘 다에 해당합니다. 각 문장에 방어적 복사에 관련된 내용에는 DC를 카피-온-라이트에 관한 내용이라면 CW라고 적어 봅시다.

1. 깊은 복사를 합니다.

2. 다른 것보다 비용이 적게 듭니다.

3. 불변성을 유지하는 데 중요합니다.

4. 데이터를 바꾸기 전에 복사본을 만듭니다.

5. 안전지대 안에서 불변성을 유지하기 위해 씁니다.

6. 신뢰할 수 없는 코드와 데이터를 주고받을 때 씁니다.

7. 불변성을 위한 완전한 방법입니다. 다른 원칙이 없어도 쓸 수 있습니다.

8. 얕은 복사를 합니다.

9. 신뢰할 수 없는 코드로 데이터를 전달하기 전에 복사합니다.

10. 신뢰할 수 없는 코드로부터 데이터를 받을 때 복사합니다.

> **표시 방법**
> **DC** 방어적 복사
> **CW** 카피-온-라이트

정답

1. DC, 2. CW, 3. DC와 CW, 4. CW, 5. CW, 6. DC, 7. DC, 8. CW, 9. DC, 10. DC.

📝 연습 문제

팀에서 안전지대를 만들기 위해 카피-온-라이트 원칙을 사용하기로 했습니다. 불변성을 지키기 위해 매번 새로운 코드를 만들고 있습니다. 새로운 작업이 주어졌습니다. 불변성 원칙을 지키지 않은 레거시 코드와 상호작용하는 코드를 만들어야 합니다. 다음 중 불변성을 유지할 수 있는 행동이 무엇일까요? 불변성을 유지할 수 있는 행동에 관한 문장을 찾고 그 이유를 써보세요.

1. 레거시 코드와 데이터를 주고받을 때 방어적 복사를 씁니다.

2. 레거시 코드와 데이터를 주고받을 때 카피-온-라이트 원칙을 씁니다.

3. 데이터를 바꾸는 부분이 있는지 확인하기 위해 레거시 코드를 읽고, 데이터를 바꾸는 부분이 없다면 특별한 원칙을 쓰지 않습니다.

4. 방어적 복사를 쓰지 않고 레거시 코드를 카피-온-라이트 방식으로 고칩니다.

5. 팀에 있는 코드이기 때문에 안전지대에 있다고 생각합니다.

📝 정답

1. 맞습니다. 방어적 복사는 메모리 비용을 감안하고 복사본을 만들어 안전지대를 보호합니다.

2. 아닙니다. 카피-온-라이트는 다른 카피-온-라이트 함수를 호출할 때만 쓸 수 있습니다. 확신할 수 없다면 레거시 코드는 카피-온-라이트 함수가 아니라고 생각해야 합니다.

3. 맞을 수도 있습니다. 소스 코드를 분석해 보면 넘긴 데이터를 변경하는지 알 수 있습니다. 하지만, 외부로 데이터를 전달하는 부분이 있는지 주의해서 살펴봐야 합니다.

4. 맞습니다. 할 수 있다면 카피-온-라이트로 다시 만들어 문제를 해결할 수 있습니다.

5. 아닙니다. 코드를 소유한다고 팀이 불변성을 강제한다고 생각할 수는 없습니다.

결론

이 장에서 불변성을 유지할 수 있는 강력하고 더 일반적인 원칙인 **방어적 복사**defensive copy에 대해 배웠습니다. 불변성을 스스로 구현할 수 있기 때문에 더 강력합니다. 하지만 더 많은 데이터를 복사해야 하므로 비용이 많이 듭니다. 그래서 카피-온-라이트와 함께 사용하면 필요할 때 언제든 적용할 수 있는 강력함과 얕은 복사로 인한 효율성에 대한 장점을 모두 얻을 수 있습니다.

요점 정리

- 방어적 복사는 불변성을 구현하는 원칙입니다. 데이터가 들어오고 나갈 때 복사본을 만듭니다.
- 방어적 복사는 깊은 복사를 합니다. 그래서 카피-온-라이트보다 비용이 더 듭니다.
- 카피-온-라이트와 다르게 방어적 복사는 불변성 원칙을 구현하지 않은 코드로부터 데이터를 보호해 줍니다.
- 복사본이 많이 필요하지 않기 때문에 카피-온-라이트를 더 많이 사용합니다. 방어적 복사는 신뢰할 수 없는 코드와 함께 사용할 때만 사용합니다.
- 깊은 복사는 위에서 아래로 중첩된 데이터 전체를 복사합니다. 얕은 복사는 필요한 부분만 최소한으로 복사합니다.

다음 장에서 배울 내용

다음 장에서는 지금까지 배운 내용을 모두 합쳐서 시스템 설계를 개선하기 위해 코드를 어떻게 구성해야 하는지 알아보겠습니다.

계층형 설계 I

이번 장에서 살펴볼 내용

- 소프트웨어 설계에 대한 실용적인 정의를 소개합니다.
- 계층형 설계를 이해하고 어떤 도움이 되는지 알아봅니다.
- 깨끗한 코드를 만들기 위해 함수를 추출하는 방법을 배웁니다.
- 계층을 나눠서 소프트웨어를 설계하면 왜 더 나은 생각을 할 수 있는지 알아봅니다.

파트 I의 마지막 장까지 왔습니다. 이제 더 큰 그림을 봅시다. 지금까지 작업한 코드에 계층형 설계 stratified design라는 설계 방법을 적용해 보겠습니다. 계층형 설계는 바로 아래 계층의 함수로 지금 계층의 함수를 만드는 방법입니다. 계층이 무엇일까요? 계층은 왜 필요한 것일까요? 이 질문에 대한 답을 이 장과 다음 장에서 찾아보겠습니다. 이 개념을 배우고 나면 파트 II를 이해하는 데 도움이 될 것입니다.

소프트웨어 설계란 무엇입니까?

MegaMart 개발자들은 장바구니 관련 기능의 중요성에 대해 잘 알았습니다. 하지만 장바구니 관련 기능이 잘 구현되어 있다고 생각하지 않습니다.

장바구니는 잘 만들지 못한 것 같아!

장바구니 관련 코드는 전체에 퍼져있습니다. 대부분의 시간을 장바구니 관련 작업을 해야 하는데 뭔가 잘못될 것 같아 걱정입니다.

개발팀

제나가 코드에 대해 자신이 없다는 것은 설계가 잘못되었다는 신호입니다. 설계가 잘 되어 있다면 걱정이 없을 것입니다. 설계를 잘하면 소프트웨어 개발 과정 전체에 도움이 됩니다. 아이디어를 코드로 구현하고 테스트하고 유지보수하기 쉽습니다.

바로 이러한 내용이 이 책에서 다루려고 하는 **소프트웨어 설계**에 관한 실용적인 정의에 가깝습니다.

소프트웨어 설계software design, 명사

> 코드를 만들고, 테스트하고, 유지보수하기 쉬운 프로그래밍 방법을 선택하기 위해 미적 감각을 사용하는 것

소프트웨어 설계에 대해 논쟁을 하려는 것은 아닙니다. 위 소프트웨어 설계에 대한 정의에 동의하지 않아도 되지만 책을 읽기 위해 일반적인 정의를 알면 도움이 됩니다.

이 장에서는 **계층형 설계**stratified design를 사용해 소프트웨어 설계를 위한 미적 감각을 키워볼 것입니다. 그럼 시작해 봅시다.

계층형 설계란 무엇인가요?

계층형 설계는 소프트웨어를 계층으로 구성하는 기술입니다. 각 계층에 있는 함수는 바로 아래 계층에 있는 함수를 이용해 정의합니다. 설계 감각을 키우면 소프트웨어를 고치고, 읽고, 테스트하고, 재사용하기 쉬운 코드를 만들기 위한 계층 구조가 무엇인지 알 수 있습니다. **계층**layer이 무엇인지 아래 그림을 보면 알 수 있을 것입니다.

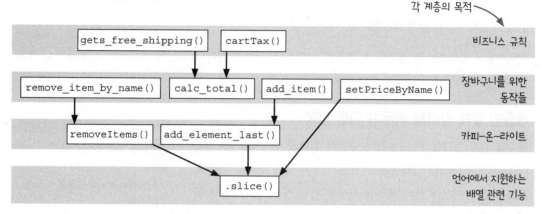

각 계층을 정확히 구분하기는 어렵습니다. 계층을 잘 구분하려면 구분하기 위한 다양한 변수를 찾고 찾은 것을 가지고 어떻게 해야 하는지 알아야 합니다. '가장 좋은 설계'를 위한 절대 공식과 그 공식을 만드는 변수는 많이 있지만 복잡하게 섞여 있어 찾기 어렵습니다. 하지만 좋은 설계를 위한 감각을 개발하고 그 감각을 따라가면 찾을 수 있습니다.

좋은 설계를 위한 감각은 어떻게 키울 수 있을까요? 정확히 말하기 어렵지만, 이 장에서 방향을 알려주려고 합니다. 코드를 읽을 때 더 좋은 설계를 알려주는 신호를 찾는 법을 배울 것입니다. 설계를 개선하고, 개선한 것이 어떤 의미가 있는지 알아보겠습니다. 이 장이 끝나면 더 좋은 설계 감각을 위한 기본적인 내용을 배울 수 있습니다. 그리고 그 감각은 앞으로 계속 갈고닦아야 합니다. 그러기 위해 약간의 노력과 운이 필요할지도 모릅니다.

> 📚 **용어 설명**
>
> **계층형 설계**(stratified design)는 소프트웨어를 계층으로 구성하는 기술입니다. 많은 사람들이 노력해 만든 오랜 역사가 있는 기술입니다. 이 기술에 좋은 영감을 준 글을 남긴 Harold Abelson과 Gerald Sussman*에게 감사를 표합니다.

---

* [옮긴이] 마법사의 책이라고 불리는 《컴퓨터 프로그램의 구조와 해석》(인사이트, 2016)의 공동 저자이기도 합니다.

설계 감각을 키우기

전문가의 저주

전문가는 본인의 전문 분야를 잘 알지만, 설명은 잘 못하는 것으로 악명 높습니다. 전문가는 오랜 시간 노력으로 축적된 지식이 있지만, 그것을 다른 사람들에게 설명하는 방법을 모릅니다. 이것이 전문가의 저주입니다. 여러분도 어떤 것을 잘하지만 어떻게 하는지 설명하지 못할 때가 있습니다. 설명하려는 것이 블랙박스와 같기 때문입니다.

전문가들이 블랙박스를 설명하지 못하는 이유는 복잡하기 때문입니다. 블랙박스는 복잡하고 다양한 입력을 받아 복잡하고 다양한 결과물을 냅니다.

계층형 설계 감각을 키우기 위한 입력

계층형 설계 감각을 키우기 위해 다양한 입력을 생각해볼 수 있습니다. 그리고 이러한 입력들은 계층형 설계에 대한 단서가 됩니다. 코드를 읽고 단서를 찾고 계층형 설계를 위한 길잡이로 사용해 봅시다. 다음은 몇 가지 단서들입니다.

> 지금 당장 무슨 뜻인지 몰라도 됩니다. 이 장과 다음 장에서 하나씩 설명할 것입니다.

함수 본문	계층 구조	함수 시그니처
• 길이	• 화살표 길이	• 함수명
• 복잡성	• 응집도	• 인자 이름
• 구체화 단계	• 구체화 단계	• 인잣값
• 함수 호출		• 리턴값
• 프로그래밍 언어의 기능 사용		

계층형 설계 감각을 키우기 위한 출력

여러 입력을 보면 머릿속에서 어떻게든 조합하게 됩니다. 하지만 전문가도 어떻게 조합하는지 설명하지 못한다는 것을 기억하세요. 어떤 사람들은 이러한 입력을 조합해 코드를 만드는 데 필요한 결정과 해야 할 일을 배웁니다. 계층형 설계 감각을 키우기 위한 입력으로 할 수 있는 일은 다양합니다.

조직화	구현	변경
• 새로운 함수를 어디에 놓을지 결정	• 구현 바꾸기	• 새 코드를 작성할 곳 선택하기
• 함수를 다른 곳으로 이동	• 함수 추출하기	• 적절한 수준의 구체화 단계 결정하기
	• 데이터 구조 바꾸기	

이제 코드를 여러 방향으로 살펴보고 계층형 설계 패턴을 적용해 보겠습니다. 운이 좋다면 여러분의 뇌는 가장 잘하는 것(패턴 찾기)을 할 것입니다. 그리고 전문가처럼 패턴이 보이기 시작할 것입니다.

계층형 설계 패턴

여러 방향으로 계층형 설계에 대해 살펴볼 수 있지만, 그중 가장 중요한 네 가지 패턴을 살펴보겠습니다. 이 장에서 첫 번째 패턴을 살펴보고 나머지는 다음 장에서 알아봅시다.

패턴 1: 직접 구현

직접 구현은 계층형 설계 구조를 만드는 데 도움이 됩니다. 직접 구현된 함수를 읽을 때, 함수 시그니처가 나타내고 있는 문제를 함수 본문에서 적절한 구체화 수준에서 해결해야 합니다. 만약 너무 구체적이라면 코드에서 나는 냄새입니다.

패턴 2: 추상화 벽

호출 그래프에 어떤 계층은 중요한 세부 구현을 감추고 인터페이스를 제공합니다. 인터페이스를 사용하여 코드를 만들면 높은 차원으로 생각할 수 있습니다. 고수준의 추상화 단계만 생각하면 되기 때문에 두뇌 용량의 한계를 극복할 수 있습니다.

패턴 3: 작은 인터페이스

시스템이 커질수록 비즈니스 개념을 나타내는 중요한 인터페이스는 작고 강력한 동작으로 구성하는 것이 좋습니다. 다른 동작도 직간접적으로 최소한의 인터페이스를 유지하면서 정의해야 합니다.

패턴 4: 편리한 계층

계층형 설계 패턴과 실천 방법은 개발자의 요구를 만족시키면서 비즈니스 문제를 잘 풀 수 있어야 합니다. 소프트웨어를 더 빠르고 고품질로 제공하는 데 도움이 되는 계층에 시간을 투자해야 합니다. 그냥 좋아서 계층을 추가하면 안 됩니다. 코드와 그 코드가 속한 추상화 계층은 작업할 때 편리해야 합니다.

위 패턴은 너무 추상적이기 때문에 구체적으로 알아봅시다. 시나리오나 다이어그램, 설명, 예제를 통해 계층형 설계에 대해 구체적으로 설명해 보겠습니다. 그럼 첫 번째 패턴을 알아봅시다.

패턴 1: 직접 구현

어떻게 하면 구현된 코드를 잘 읽을 수 있는지 알아봅시다. 계층 구조는 아무리 강력한 기능을 하는 함수가 있더라도 복잡하지 않게 함수를 표현해야 합니다.

앞에서 제나가 했던 말을 다시 살펴봅시다.

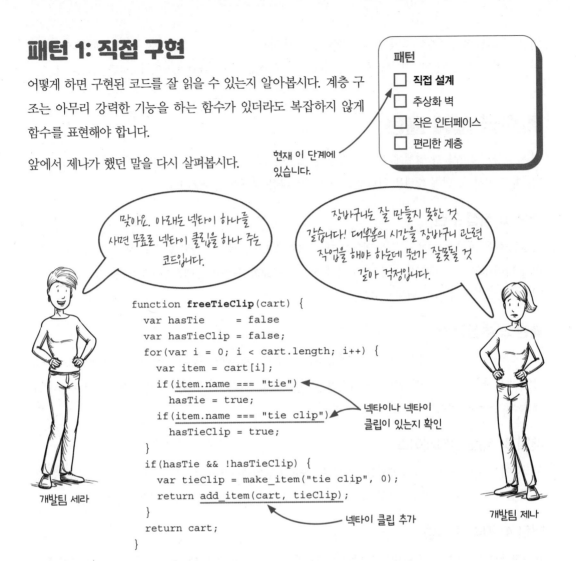

패턴

- ☐ **직접 설계**
- ☐ 추상화 벽
- ☐ 작은 인터페이스
- ☐ 편리한 계층

현재 이 단계에 있습니다.

> 맞아요. 아래는 넥타이 하나를 사면 무료로 넥타이 클립을 하나 주는 코드입니다.

> 장바구니는 잘 만들지 못한 것 같습니다! 대부분의 시간을 장바구니 관련 작업을 해야 하는데 뭔가 잘못될 것 같아 걱정입니다.

```
function freeTieClip(cart) {
  var hasTie     = false
  var hasTieClip = false;
  for(var i = 0; i < cart.length; i++) {
    var item = cart[i];
    if(item.name === "tie")
      hasTie = true;
    if(item.name === "tie clip")
      hasTieClip = true;
  }
  if(hasTie && !hasTieClip) {
    var tieClip = make_item("tie clip", 0);
    return add_item(cart, tieClip);
  }
  return cart;
}
```

넥타이나 넥타이 클립이 있는지 확인

넥타이 클립 추가

개발팀 세라

개발팀 제나

어렵지 않은 코드입니다. 하지만 많은 기능이 있습니다. 장바구니를 돌면서 항목을 체크하고 무엇인가를 결정하고 있습니다. 이 코드는 제대로 설계하지 않고 그냥 기능을 추가한 것입니다. 어떤 설계 원칙을 가지고 설계하지 않았습니다. 배열로 되어 있는 장바구니에서 넥타이 클립을 추가하면서 문제를 바로 해결했습니다. 이렇게 코드를 바로 추가하면 유지보수하기 어렵습니다.

이 코드는 첫 번째 계층형 설계 패턴인 직접 구현을 따르지 않고 있습니다. `freeTieClip()` 함수가 알아야 할 필요가 없는 구체적인 내용을 담고 있습니다. 마케팅 캠페인에 관련된 함수가 장바구니가 배열이라는 사실을 알아야 할까요? 장바구니 배열을 돌다가 오프-바이-원off-by-one* 에러가 생기면 실패할까요?

★ [옮긴이] 주로 배열을 반복해서 처리할 때 '크다' 또는 '크거나 같다'와 같은 비교문을 잘못 선택해 의도하지 않게 마지막 항목을 처리하지 못하거나 처리하는 오류를 말합니다.

장바구니가 해야 할 동작

개발팀은 장바구니 설계를 개선하기 위해 설계 스프린트를 하기로 했습니다. 코드에 있는 지식으로 장바구니가 해야 할 동작을 정리해 보기로 했습니다. 이 방법으로 코드가 어떻게 동작하는지 알 수 있습니다. 습관적으로 코드를 바로 작성하는 대신 해볼 수 있는 방법입니다.

아래에 왼쪽 목록은 장바구니에 필요한 동작입니다. 현재 구현되어 있는 것은 체크 표시를 했습니다. 오른쪽은 구현된 코드입니다.

패턴
- ☑ **직접 설계**
- ☐ 추상화 벽
- ☐ 작은 인터페이스
- ☐ 편리한 계층

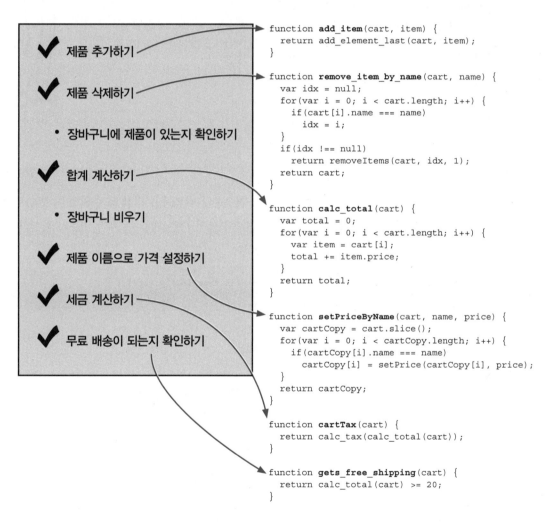

```
function add_item(cart, item) {
  return add_element_last(cart, item);
}

function remove_item_by_name(cart, name) {
  var idx = null;
  for(var i = 0; i < cart.length; i++) {
    if(cart[i].name === name)
      idx = i;
  }
  if(idx !== null)
    return removeItems(cart, idx, 1);
  return cart;
}

function calc_total(cart) {
  var total = 0;
  for(var i = 0; i < cart.length; i++) {
    var item = cart[i];
    total += item.price;
  }
  return total;
}

function setPriceByName(cart, name, price) {
  var cartCopy = cart.slice();
  for(var i = 0; i < cartCopy.length; i++) {
    if(cartCopy[i].name === name)
      cartCopy[i] = setPrice(cartCopy[i], price);
  }
  return cartCopy;
}

function cartTax(cart) {
  return calc_tax(calc_total(cart));
}

function gets_free_shipping(cart) {
  return calc_total(cart) >= 20;
}
```

제품 추가하기 ✔
제품 삭제하기 ✔
• 장바구니에 제품이 있는지 확인하기
합계 계산하기 ✔
• 장바구니 비우기
제품 이름으로 가격 설정하기 ✔
세금 계산하기 ✔
무료 배송이 되는지 확인하기 ✔

아직 구현하지 않은 동작은 두 개입니다. 뒤에서 구현하겠습니다.

제품이 있는지 확인하는 함수가 있다면 설계를 개선할 수 있습니다.

장바구니가 해야 할 동작을 모두 정리해보니 개선할 수 있는 부분을 발견했습니다. freeTieClip() 함수에 직접 구현 패턴을 적용할 수 있을 것 같습니다.

> 아직 구현하지 않은 함수 중에 장바구니 안에 제품이 있는지 확인하는 함수를 만들면 freeTieClip()을 더 명확하게 할 수 있을 것 같습니다.

```javascript
function freeTieClip(cart) {
  var hasTie     = false
  var hasTieClip = false;
  for(var i = 0; i < cart.length; i++) {
    var item = cart[i];
    if(item.name === "tie")
      hasTie = true;
    if(item.name === "tie clip")
      hasTieClip = true;
  }
  if(hasTie && !hasTieClip) {
    var tieClip = make_item("tie clip", 0);
    return add_item(cart, tieClip);
  }
  return cart;
}
```

→ 반복문은 장바구니에 넥타이와 넥타이 클립이 있는지 확인하고 있습니다.

개발팀 킴

장바구니 안에 제품이 있는지 확인하는 함수가 있다면, 저수준의 반복문을 직접 쓰지 않았을 것입니다. 저수준의 코드는 추출해야 할 가능성이 높습니다. 반복문에서 다른 제품 두 개가 있는지 확인하고 있는데, 하나의 함수를 만들어 사용하도록 고치겠습니다.

```javascript
function freeTieClip(cart) {
  var hasTie     = false;
  var hasTieClip = false;
  for(var i = 0; i < cart.length; i++) {
    var item = cart[i];
    if(item.name === "tie")
      hasTie = true;
    if(item.name === "tie clip")
      hasTieClip = true;
  }
  if(hasTie && !hasTieClip) {
    var tieClip = make_item("tie clip", 0);
    return add_item(cart, tieClip);
  }
  return cart;
}
```

반복문을 추출해 새로운 함수를 만듭니다.

```javascript
function freeTieClip(cart) {
  var hasTie     = isInCart(cart, "tie");
  var hasTieClip = isInCart(cart, "tie clip");

  if(hasTie && !hasTieClip) {
    var tieClip = make_item("tie clip", 0);
    return add_item(cart, tieClip);
  }
  return cart;
}

function isInCart(cart, name) {
  for(var i = 0; i < cart.length; i++) {
    if(cart[i].name === name)
      return true;
  }
  return false;
}
```

개선한 함수는 짧고 명확합니다. 또 모두 비슷한 구체화 수준에서 작동하고 있기 때문에 읽기 쉽습니다.

호출 그래프를 만들어 함수 호출을 시각화하기

freeTieClip() 함수를 또 다른 관점으로 살펴봅시다. 함수에서 사용하는 다른 함수와 언어 기능을 호출 그래프call graph로 그릴 수 있습니다. 반복문과 배열 인덱스를 참조하는 부분도 강조하기 위해 밑줄 표시를 했습니다. 그리고 호출 그래프로 그리겠습니다.

코드

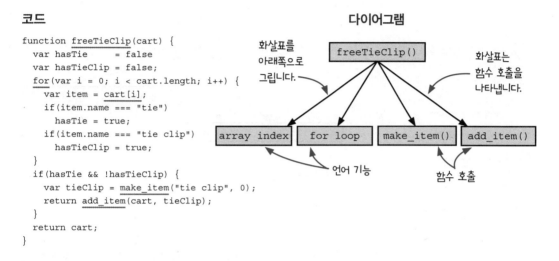

```
function freeTieClip(cart) {
  var hasTie    = false
  var hasTieClip = false;
  for(var i = 0; i < cart.length; i++) {
    var item = cart[i];
    if(item.name === "tie")
      hasTie = true;
    if(item.name === "tie clip")
      hasTieClip = true;
  }
  if(hasTie && !hasTieClip) {
    var tieClip = make_item("tie clip", 0);
    return add_item(cart, tieClip);
  }
  return cart;
}
```

호출 그래프 아래쪽에 있는 상자는 모두 같은 추상화 수준일까요? 아닙니다. make_item() 함수와 add_item() 함수는 직접 만든 함수입니다. 그리고 반복문이나 배열 인덱스 참조 기능은 언어에서 제공하는 기능입니다. 직접 만든 함수와 언어 기능은 추상화 수준이 다릅니다. 반복문과 배열 인덱스를 참조하는 기능은 더 낮은 추상화 단계입니다. 다이어그램으로 표현해 봅시다.

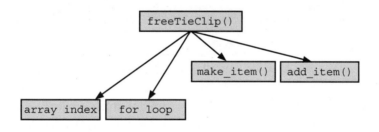

코드를 읽을 때 freeTieClip() 함수가 서로 다른 추상화 단계에 있다는 점을 다이어그램에서도 볼 수 있습니다. 화살표가 서로 다른 계층을 가리키고 있기 때문에 함수가 여러 계층을 사용하고 있다는 것을 알 수 있습니다. 한 함수에서 서로 다른 추상화 단계를 사용하면 코드가 명확하지 않아 읽기 어렵습니다.

개선된 freeTieClip() 함수를 그래프로 그려보면 어떨까요?

패턴
- ☑ **직접 구현**
- ☐ 추상화 벽
- ☐ 작은 인터페이스
- ☐ 편리한 계층

직접 구현 패턴을 사용하면 비슷한 추상화 계층에 있는 함수를 호출합니다.

서로 다른 추상화 단계에 있는 기능을 사용하면 직접 구현 패턴이 아닙니다. 앞에서 개선하기 전 freeTieClip() 함수의 호출 그래프를 그려 살펴봤습니다. 코드를 봤을 때 느꼈던 것과 같은 것을 그래프로 그렸습니다.

코드   **다이어그램**

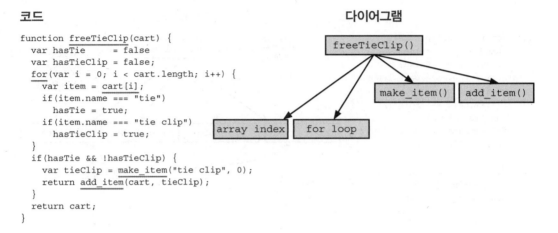

```
function freeTieClip(cart) {
  var hasTie     = false
  var hasTieClip = false;
  for(var i = 0; i < cart.length; i++) {
    var item = cart[i];
    if(item.name === "tie")
      hasTie = true;
    if(item.name === "tie clip")
      hasTieClip = true;
  }
  if(hasTie && !hasTieClip) {
    var tieClip = make_item("tie clip", 0);
    return add_item(cart, tieClip);
  }
  return cart;
}
```

이제 개선된 freeTieClip() 함수는 어떻게 될지 호출 그래프로 그려봅시다. 직접 구현에 가까울 것이라고 예상합니다. 그리고 개선된 함수는 더 가까운 추상화 계층을 호출할 것입니다.

코드   **다이어그램**

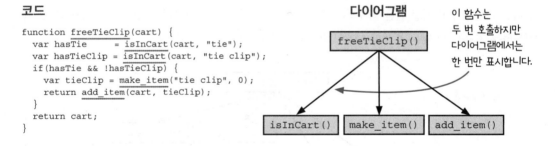

```
function freeTieClip(cart) {
  var hasTie     = isInCart(cart, "tie");
  var hasTieClip = isInCart(cart, "tie clip");
  if(hasTie && !hasTieClip) {
    var tieClip = make_item("tie clip", 0);
    return add_item(cart, tieClip);
  }
  return cart;
}
```

이 함수는 두 번 호출하지만 다이어그램에서는 한 번만 표시합니다.

freeTieClip()에 있는 함수는 정확히 같은 추상화 단계인지 확신할 수 없지만 비슷한 추상화 단계를 사용하고 있는 것 같습니다. 조금 명확하지 않지만 괜찮습니다. 뒤에서 명확하게 하려고 다른 각도로 살펴보겠습니다. 지금은 freeTieClip() 함수가 장바구니 기능을 사용하기 위해 알아야 할 것이 무엇인지에 집중해 봅시다. freeTieClip()은 장바구니가 배열로 되어 있는지 알아야 할까요?

개선된 함수에서는 장바구니가 배열인지 몰라도 됩니다. freeTieClip()이 사용하는 모든 함수는 장바구니가 배열인지 몰라도 됩니다. 장바구니가 배열인지 몰라도 된다는 것은 함수가 모두 비슷한 계층에 있다는 것을 의미합니다. 이처럼 함수가 모두 비슷한 계층에 있다면 직접 구현했다고 할 수 있습니다.

더 진행하기 전에 가벼운 질문을 보면서 쉬어 갑시다.

Q 호출 그래프가 정말 필요한가요? 그냥 코드를 봐도 문제를 알 수 있는 것 같은데요.

A 좋은 질문입니다. 방금 살펴본 예제는 직접 구현되어 있지 않은 코드라는 것을 금방 알 수 있습니다. 호출 그래프는 알고 있는 내용을 확인시켜 줄 뿐입니다. 이렇게 보면 호출 그래프는 필요 없는 것 같습니다.

앞에서 호출 그래프에 계층이 두 개 있었습니다. 만약 함수를 더 추가하면 더 많은 계층이 생길 수 있습니다. 계층이 많으면 호출 그래프를 통해 시스템 계층이 어떻게 구성되어 있는지 전체적으로 보는 데 도움이 될 것입니다. 그리고 복잡한 계층 정보는 한 번에 볼 수 있는 정도의 작은 코드로는 얻을 수 없습니다. 이러한 계층 구조는 설계 감각을 키우는 데 중요한 역할을 합니다.

Q 모든 다이어그램을 다 그려야 하나요?

A 정말 좋은 질문입니다. 대부분은 다이어그램을 그리지 않아도 됩니다. 다이어그램의 장점을 알았다면 머릿속에서 다이어그램을 그려 볼 수 있습니다.

하지만, 화이트보드 같은 곳에 그려 다이어그램을 공유할 수 있다면 좋은 커뮤니케이션 도구가 됩니다. 설계에 대해 논의를 하다 보면 추상적인 이야기가 될 수 있습니다. 다이어그램이 있다면 추상적인 대화가 아닌 구체적인 것을 보면서 논의할 수 있습니다.

Q 앞에서 그린 계층이 정답인가요? 모두가 동의할 수 있는 객관적인 것인가요?

A 정말 좋은 질문입니다. 이 질문은 답하기 어려운 철학적인 질문입니다.

계층형 설계는 각자의 관점으로 사람들이 사용하면서 습득한 것입니다. 계층형 설계를 코드 구조를 자세히 볼 수 있는 고글이라고 생각해 보세요. 고글을 쓰고 코드를 보면 재사용과 테스트, 유지보수하기 쉬운 코드를 만들 수 있는 방법을 찾을 수 있습니다. 도움이 되지 않는 것 같다면 고글을 벗으면 됩니다. 그리고 다른 사람의 고글을 봤다면 고글을 서로 바꿔서 보세요.

Q 앞의 예제에서 제가 그린 다이어그램에는 더 많은 계층이 있습니다. 잘못한 걸까요?

A 아닙니다. 알려드린 것보다 본인이 더 중요하다고 생각하는 구체화 단계에 초점을 맞췄을 것입니다. 더 구체적으로 보거나 더 높은 단계로 보는 것은 여러분의 자유입니다. 여러 고글을 써서 마음껏 확대 및 축소하여 보시기 바랍니다.

remove_item_by_name() 함수 그래프 그려보기

freeTieClip() 함수에 대한 호출 그래프를 그린 결과, 좋은 점을 많이 얻었습니다. 계속해서 좋은 점을 더 찾아보기 위해 다른 장바구니 동작들도 호출 그래프를 그려봅시다. 먼저 remove_item_by_ name() 함수에 대한 호출 그래프를 그려봅시다. 다른 함수를 부르거나 언어 기능을 사용하는 곳을 강조하기 위해 밑줄을 쳤습니다.

코드

```
function remove_item_by_name(cart, name) {
  var idx = null;
  for(var i = 0; i < cart.length; i++) {
    if(cart[i].name === name)
      idx = i;
  }
  if(idx !== null)
    return removeItems(cart, idx, 1);
  return cart;
}
```

다이어그램

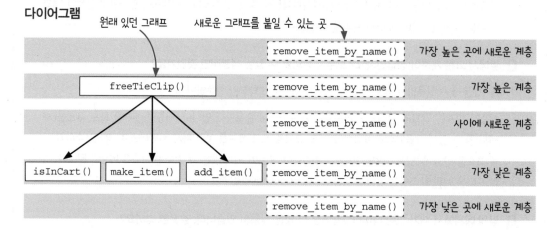

freeTieClip() 함수 그래프 옆에 remove_item_by_name() 그래프를 붙여 전체 그래프를 확장해 봅시다. 아래는 freeTieClip() 함수에 대한 다이어그램입니다. remove_item_by_name() 함수는 어느 계층에 붙여야 할까요? 다섯 개의 계층 중 한 곳에 붙일 수 있습니다.

다이어그램

원래 있던 그래프
새로운 그래프를 붙일 수 있는 곳

		remove_item_by_name()	가장 높은 곳에 새로운 계층
freeTieClip()		remove_item_by_name()	가장 높은 계층
		remove_item_by_name()	사이에 새로운 계층
isInCart() make_item() add_item()		remove_item_by_name()	가장 낮은 계층
		remove_item_by_name()	가장 낮은 곳에 새로운 계층

📝 연습 문제

remove_item_by_name() 함수를 놓을 수 있는 계층은 다섯 곳입니다. 어떤 곳은 새로운 계층을 만들어야 하고 어떤 곳은 원래 있던 계층에 추가하면 됩니다. 어디에 놓으면 좋을까요? 놓을 위치를 결정하려면 어떤 정보가 더 있어야 할까요? 다음 페이지에서 알아보겠습니다.

remove_item_by_name() 함수를 놓을 위치를 결정하기 위한 정보는 많습니다. 후보 계층을 하나씩 지워가면서 적당한 위치를 찾아봅시다.

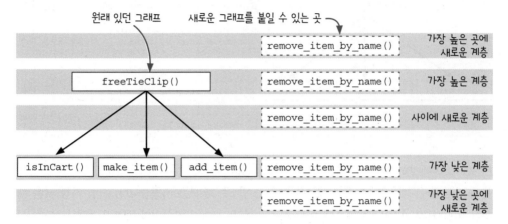

먼저 가장 높은 계층에 놓을 수 있는지 봅시다. 가장 높은 계층에는 freeTieClip() 함수가 있습니다. freeTieClip() 이름을 봅시다. 마케팅 캠페인에 관한 이름입니다. 하지만 remove_item_by_name() 함수 이름은 마케팅과 관련이 없습니다. freeTieClip() 함수보다 일반적인 동작에 관한 이름입니다. remove_item_by_name() 함수는 마케팅 캠페인을 하는 함수나 사용자 인터페이스와 같은 다른 함수에서 호출할 수 있습니다. 가장 높은 계층에 있는 마케팅에 관한 어떤 함수가 부를 수도 있습니다. 따라서 화살표가 아래쪽을 향해야 한다는 규칙을 지키기 위해 remove_item_by_name() 함수는 가장 높은 계층 보다 아래 있어야 합니다. 이제 가장 높은 계층과 그 위에 새로운 계층을 만드는 것은 후보에서 지울 수 있습니다.

함수 이름은 함수가 어느 곳에 위치할지 결정하기 위한 정보로 쓸 수 있습니다.

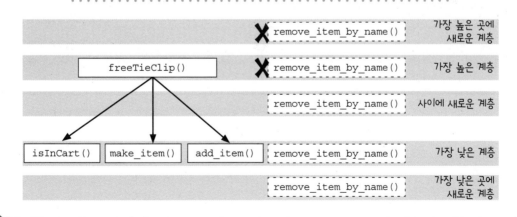

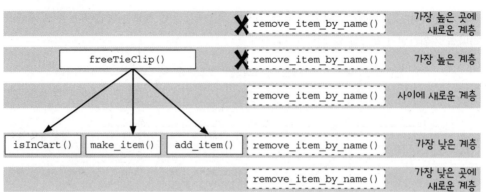

remove_item_by_name() 함수는 가장 높은 계층에 있는 어떤 함수가 호출할 수도 있기 때문에 가장 높은 계층과 그 위에 새로운 계층을 만드는 후보는 지웠습니다. 그럼 가장 낮은 계층은 어떨까요? 가장 낮은 계층에 있는 함수 이름을 보면 장바구니와 제품을 다루는 함수 이름입니다. remove_item_by_name() 함수도 장바구니를 다루기 때문에 괜찮은 위치인 것 같습니다.

그럼 나머지 계층은 후보에서 지워도 될까요? 가장 낮은 계층에서 remove_item_by_name() 함수를 호출할 일은 없기 때문에 가장 낮은 곳 아래 새로운 계층을 만드는 후보는 지워도 됩니다.

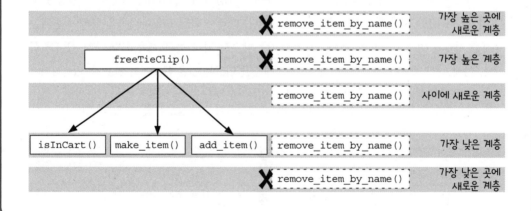

📝 **정답**

remove_item_by_name() 함수는 가장 낮은 계층에 있는 다른 동작처럼 장바구니에 대한 일반적인 동작이기 때문에 아직 가장 낮은 계층이 적당한 위치로 보입니다. 하지만 아직 지우지 못한 계층이 하나 남았습니다. 가장 높은 계층과 가장 낮은 계층 사이에 새로운 계층을 만드는 것은 지워도 될까요?

확실하지 않습니다. 확신하기 위해 **가장 낮은 계층에 있는 함수가 어떤 함수나 언어 기능을 호출하는지 봅시다.** remove_item_by_name() 함수가 가장 낮은 계층에 있는 함수와 비슷한 점이 있다면 가장 낮은 계층에 놓을 수 있다는 확신을 할 수 있습니다.

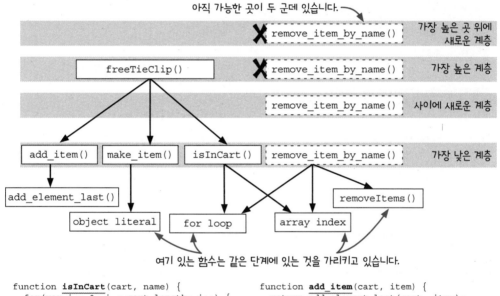

아직 가능한 곳이 두 군데 있습니다.

| | ❌ remove_item_by_name() | 가장 높은 곳 위에 새로운 계층 |

여기 있는 함수는 같은 단계에 있는 것을 가리키고 있습니다.

```
function isInCart(cart, name) {
  for(var i = 0; i < cart.length; i++) {
    if(cart[i].name === name)
      return true;
  }
  return false;
}

function make_item(name, price) {
  return {
    name: name,
    price: price
  };
}
```

```
function add_item(cart, item) {
  return add_element_last(cart, item);
}

function remove_item_by_name(cart, name) {
  var idx = null;
  for(var i = 0; i < cart.length; i++) {
    if(cart[i].name === name)
      idx = i;
  }
  if(idx !== null)
    return removeItems(cart, idx, 1);
  return cart;
}
```

isInCart() 함수와 remove_item_by_name() 함수는 모두 같은 박스를 가리키고 있습니다. **같은 박스를 가리킨다는 것은 같은 계층에 있어도 좋다는 정보입니다.** 뒤에서 더 좋은 방법을 알아보겠습니다. 지금은 remove_item_by_name()을 isInCart()과 make_item(), add_item() 함수가 있는 가장 낮은 계층에 놓는 것이 좋을 것 같습니다.

연습 문제

지금까지 구현한 장바구니 관련 코드를 아래 표시했습니다. 이미 호출 그래프에 추가한 함수는 강조 표시를 했습니다. 그리고 지금까지 그린 다이어그램을 아래 표시했습니다. 아직 그래프에 추가하지 않은 함수가 많이 있습니다.

아직 그래프에 추가하지 않은 함수도 호출 그래프를 그려 적절한 위치에 추가해 보세요. 필요하다면 원래 그린 함수를 다른 곳으로 옮겨도 됩니다. 정답은 다음 페이지에 있습니다.

```javascript
function freeTieClip(cart) {
  var hasTie     = isInCart(cart, "tie");
  var hasTieClip = isInCart(cart, "tie
clip");
  if(hasTie && !hasTieClip) {
    var tieClip = make_item("tie clip", 0);
    return add_item(cart, tieClip);
  }
  return cart;
}

function add_item(cart, item) {
  return add_element_last(cart, item);
}

function isInCart(cart, name) {
  for(var i = 0; i < cart.length; i++) {
    if(cart[i].name === name)
      return true;
  }
  return false;
}

function remove_item_by_name(cart, name) {
  var idx = null;
  for(var i = 0; i < cart.length; i++) {
    if(cart[i].name === name)
      idx = i;
  }
  if(idx !== null)
    return removeItems(cart, idx, 1);
  return cart;
}
```

```javascript
function calc_total(cart) {
  var total = 0;
  for(var i = 0; i < cart.length; i++) {
    var item = cart[i];
    total += item.price;
  }
  return total;
}

function gets_free_shipping(cart) {
  return calc_total(cart) >= 20;
}

function setPriceByName(cart, name,
price) {
  var cartCopy = cart.slice();
  for(var i = 0; i < cartCopy.length;
i++) {
    if(cartCopy[i].name === name)
      cartCopy[i] =
        setPrice(cartCopy[i], price);
  }
  return cartCopy;
}

function cartTax(cart) {
  return calc_tax(calc_total(cart));
}
```

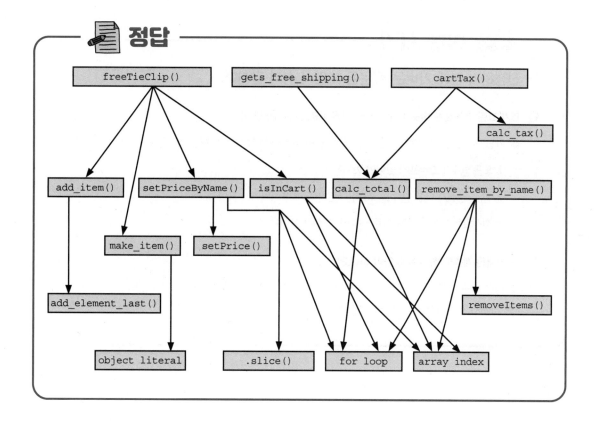

정답

 **쉬는 시간**

더 진행하기 전에 가벼운 질문을 보면서 쉬어 갑시다.

Q 제가 그린 그래프는 비슷하지만 조금 다른데요. 틀린 것인가요?

A 아닙니다. 그린 그래프가 정답과 다를 수 있습니다. 아래 항목을 만족한다면 괜찮습니다.

1. 모든 함수가 그래프에 있어야 합니다.

2. 함수 안에서 다른 함수를 호출한다면 반드시 표시되어야 합니다.

3. 화살표는 옆이나 위가 아닌 아래로 향해야 합니다.

Q 꼭 정해진 계층에 함수를 놓아야 하나요?

A 정말 좋은 질문입니다. 다이어그램에 있는 각 계층은 추상화 수준에 맞춰 미리 선택했습니다. 다음 페이지에서 각 계층에 대해 설명하겠습니다.

같은 계층에 있는 함수는 같은 목적을 가져야 합니다.

다이어그램은 명확하고 모호한 것이 없는 여섯 개의 계층으로 되어있습니다. 함수를 어떤 계층에 놓을 지 선택하는 과정은 복잡합니다. 그래도 계층이 서로 구분되는 목적이 있다면, 함수가 위치할 계층을 선택하는 데 좋은 정보로 사용할 수 있습니다. 계층의 목적은 각 계층에 있는 함수의 목적과 같습니다. 각 계층의 목적을 그래프에 표시해 봅시다.

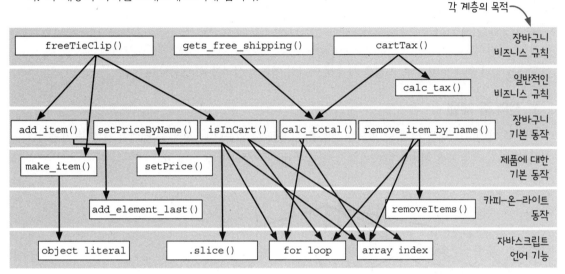

각 계층은 추상화 수준이 다릅니다. 그래서 어떤 계층에 있는 함수를 읽거나 고칠 때 낮은 수준의 구체적인 내용은 신경 쓰지 않아도 됩니다. 예를 들어 '장바구니 비즈니스 규칙' 계층에 있는 함수를 쓸 때, 장바구니가 배열로 구현되어 있다는 것과 같은 구체적인 내용은 신경 쓰지 않아도 됩니다.

다이어그램은 함수가 호출하는 것을 있는 그대로 표현한 것이기 때문에 함수를 어떤 계층에 놓을지 바로 알 수 있습니다. 그래서 다이어그램은 코드를 높은 차원에서 볼 수 있는 좋은 도구입니다.

하지만 단순히 코드를 높은 차원에서 보기 위해 다이어그램을 이용하는 것은 아닙니다. 계층형 설계를 잘하기 위한 패턴을 살펴보고 있다는 것을 잊지 마세요. 직접 구현은 계층형 설계를 하기 위한 방법 중 첫 번째 패턴입니다. 직접 구현이 어떻게 계층형 설계에 도움이 될까요? 다음 페이지에서 질문의 해답을 찾기 위해 조금 다른 구체화 수준(다른 줌 레벨)으로 살펴봅시다.

> **패턴**
> ☑ **직접 설계**
> ☐ 추상화 벽
> ☐ 작은 인터페이스
> ☐ 편리한 계층

3단계 줌 레벨

다이어그램에서 문제를 찾을 수도 있습니다. 하지만 다이어그램에는 너무 많은 정보가 있어 어느 곳에 문제가 있는지 찾기 어렵습니다. 계층형 설계에서 문제는 세 가지 다른 영역에서 찾을 수 있습니다.

1. 계층 사이에 상호 관계
2. 특정 계층의 구현
3. 특정 함수의 구현

문제를 찾기 위해 알맞은 줌 레벨을 사용해 하나의 영역을 살펴볼 수 있습니다.

1. 전역 줌 레벨

전역 줌 레벨로 그래프 전체 중 필요한 부분을 살펴볼 수 있습니다. 전역 줌 레벨이 기본 줌 레벨입니다. 계층 사이에 상호 관계를 포함해서 모든 문제 영역을 살펴볼 수 있습니다.

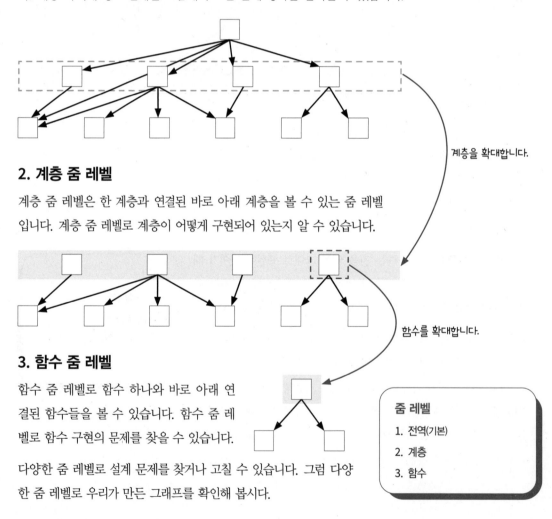

계층을 확대합니다.

2. 계층 줌 레벨

계층 줌 레벨은 한 계층과 연결된 바로 아래 계층을 볼 수 있는 줌 레벨입니다. 계층 줌 레벨로 계층이 어떻게 구현되어 있는지 알 수 있습니다.

함수를 확대합니다.

3. 함수 줌 레벨

함수 줌 레벨로 함수 하나와 바로 아래 연결된 함수들을 볼 수 있습니다. 함수 줌 레벨로 함수 구현의 문제를 찾을 수 있습니다.

다양한 줌 레벨로 설계 문제를 찾거나 고칠 수 있습니다. 그럼 다양한 줌 레벨로 우리가 만든 그래프를 확인해 봅시다.

> **줌 레벨**
> 1. 전역(기본)
> 2. 계층
> 3. 함수

계층 줌 레벨로 보면 함수가 가리키는 화살표를 계층 간에 비교할 수 있습니다.

아래는 우리가 완성한 그래프입니다(전역 줌 레벨).

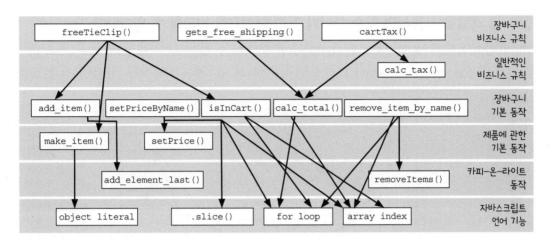

계층에 집중해 보면 계층에 있는 모든 함수와 직접 호출하는 함수를 모두 볼 수 있습니다. 장바구니 기본 동작 계층을 계층 줌 레벨로 살펴봅시다.

줌 레벨

1. 전역(기본)
2. 계층
3. 함수

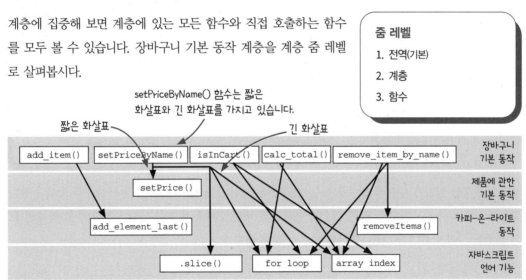

다이어그램이 조금 복잡해 보입니다. 화살표가 복잡해 보이는 것은 숨길 수 없습니다. 다이어그램이 복잡한 이유는 코드가 정돈되어 있지 않기 때문입니다. 이러한 복잡함을 정리하기 위한 방법을 찾아야 합니다.

직접 구현 패턴을 사용하면 모든 화살표가 같은 길이를 가져야 합니다. 하지만, 위 다이어그램을 보면 어떤 화살표는 한 계층 길이를 가지고 있고, 어떤 화살표는 세 계층 길이를 가지고 있습니다. 이렇게 다양한 계층을 넘나드는 것은 같은 구체화 수준이 아니라는 증거입니다.

패턴

- ☐ **직접 설계**
- ☐ 추상화 벽
- ☐ 작은 인터페이스
- ☐ 편리한 계층

답을 바로 찾지 말고 함수 하나를 함수 줌 레벨로 살펴봅시다. 가끔 이렇게 보면 답을 찾기 더 쉬울 때가 있습니다.

함수 줌 레벨을 사용하면 함수 하나가 가진 화살표를 비교할 수 있습니다.

하나의 함수에 집중하면 함수가 가리키는 화살표를 모두 볼 수 있습니다. 아래는 `remove_item_by_name()` 함수를 확대한 그래프입니다. 함수 자신과 함수가 사용하는 언어 기능 그리고 다른 함수를 보여줍니다.

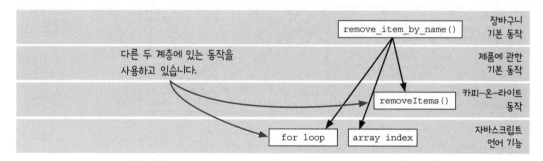

함수 하나를 살펴봤을 뿐인데 서로 다른 계층의 동작을 사용하는 것을 확인할 수 있습니다. 이것은 직접 구현 패턴에 맞지 않습니다.

직접 구현 패턴을 적용하면 `remove_item_by_name()`가 모두 같은 길이의 화살표를 가져야 합니다. 어떻게 하면 화살표를 같은 길이로 만들 수 있을까요?

가장 일반적인 방법은 중간에 함수를 두는 것입니다. 언어 기능을 사용하는 긴 화살표를 줄여야 합니다. `removeItems()` 함수와 같은 계층에 반복문과 배열 인덱스 참조를 담당하는 함수를 만들면 모든 화살표 길이가 같아질 것입니다. 그려보면 아래와 같습니다.

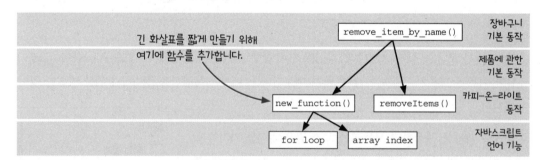

새로 함수를 만들려면 코드에서 반복문을 빼내야 합니다. 앞에서 비슷한 함수를 만든 적이 있습니다! 새로 그린 다이어그램은 무엇을 구현해야 하는지 보여줍니다.

> **패턴**
> - ☐ **직접 설계**
> - ☐ 추상화 벽
> - ☐ 작은 인터페이스
> - ☐ 편리한 계층

> **줌 레벨**
> 1. 전역(기본)
> 2. 계층
> 3. 함수

반복문 빼내기

remove_item_by_name() 함수에서 반복문을 빼서 새로운 함수로 만들어 봅시다. 반복문은 배열 안에 항목을 순서대로 확인해서 조건에 맞는 항목의 인덱스를 찾습니다. 반복문을 빼서 indexOfItem() 이라는 함수로 만들어 봅시다.

원래 코드

```
function remove_item_by_name(cart, name) {
  var idx = null;
  for(var i = 0; i < cart.length; i++) {
    if(cart[i].name === name)
      idx = i;
  }
  if(idx !== null)
    return removeItems(cart, idx, 1);
  return cart;
}
```

반복문을 새로운 함수로 빼냈습니다.

바꾼 코드

```
function remove_item_by_name(cart, name) {
  var idx = indexOfItem(cart, name);



  if(idx !== null)
    return removeItems(cart, idx, 1);
  return cart;
}

function indexOfItem(cart, name) {
  for(var i = 0; i < cart.length; i++) {
    if(cart[i].name === name)
      return i;
  }
  return null;
}
```

```
remove_item_by_name()
        │
        ├──────→ removeItems()
        │
        ↓          ↓
   for loop    array index
```

```
       remove_item_by_name()
         │              │
         ↓              ↓
  indexOfItem()    removeItems()
      │      │
      ↓      ↓
  for loop  array index
```

remove_item_by_name() 함수는 전 보다 읽기 쉬워졌습니다. 다이어그램에서도 보기 쉬워졌습니다. removeItems() 함수와 indexOfItem() 함수는 같은 계층에 있는 것처럼 보이지만 엄밀히 말하면 indexOfItem() 함수가 removeItems() 함수보다 조금 더 위에 위치합니다. indexOfItem() 함수는 배열에 있는 항목이 name 속성을 가지고 있다는 것을 알아야 합니다. 하지만 removeItems() 함수는 배열에 들어 있는 항목이 어떻게 생겼는지 몰라도 됩니다. 그래서 removeItems() 함수는 indexOfItem() 함수보다 더 일반적이고 indexOfItem() 함수보다 조금 더 낮은 계층에 있습니다. 10장에서 반복문을 더 일반적으로 처리하는 방법을 알아보겠습니다.

지금은 그대로 사용하면서 나중에 재사용할 수 있다는 가능성을 열어 둡시다. 다음 연습문제를 풀어보면 재사용을 할 수 있는 것이 좋은 계층 구조에 어떤 도움이 되는지 알 수 있습니다.

isInCart() 함수와 indexOfItem() 함수는 비슷하게 생겼습니다. 비슷한 부분을 함께 쓸 수 있을까요? 어떤 함수에서 다른 쪽 함수를 가져다 쓸 수 있을까요?

```javascript
function isInCart(cart, name) {
  for(var i = 0; i < cart.length;
i++) {
    if(cart[i].name === name)
      return true;
  }
  return false;
}
```

```javascript
function indexOfItem(cart, name) {
  for(var i = 0; i < cart.length;
i++) {
    if(cart[i].name === name)
      return i;
  }
  return null;
}
```

한쪽 함수를 다른 쪽 함수를 사용해서 구현해 보고 함수와 반복문, 배열 인덱스의 참조 관계를 다이어그램으로 그려보세요.

![정답](정답 아이콘)

indexOfItem() 함수와 isInCart() 함수는 비슷한 코드입니다. indexOfItem() 함수가 isInCart() 함수보다 더 낮은 수준의 함수입니다. indexOfItem() 함수는 인덱스를 리턴하기 때문에 사용하는 곳에서 장바구니가 배열이라는 것을 알아야 합니다. 반면, isInCart() 함수는 불리언값을 리턴하기 때문에 사용하는 곳에서 장바구니가 어떤 구조인지 몰라도 됩니다.

indexOfItem() 함수가 isInCart() 함수보다 더 낮은 수준에 있기 때문에 indexOfItem() 함수를 사용해 isInCart() 함수를 만들 수 있습니다.

원래 코드

```
function isInCart(cart, name) {
  for(var i = 0; i < cart.length; i++) {
    if(cart[i].name === name)
      return true;
  }
  return false;
}

function indexOfItem(cart, name) {
  for(var i = 0; i < cart.length; i++) {
    if(cart[i].name === name)
      return i;
  }
  return null;
}
```

indexOfItem() 함수와 비슷하게 생긴 반복문입니다.

다른 한쪽 함수를 사용해서 만든 함수

```
function isInCart(cart, name) {

  return indexOfItem(cart, name) !==
null;
}

function indexOfItem(cart, name) {
  for(var i = 0; i < cart.length; i++) {
    if(cart[i].name === name)
      return i;
  }
  return null;
}
```

반복문이 있던 곳에서 이 함수를 부릅니다.

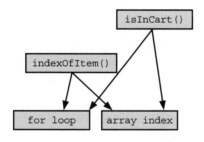

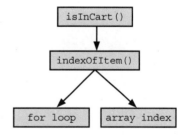

재사용으로 코드가 더 짧아졌고 계층도 명확해지는 장점을 모두 얻었습니다. 하지만 재사용을 했을 때 이런 장점이 항상 명확히 보이는 것은 아닙니다. 재사용에 관한 또 다른 문제를 풀어 봅시다.

setPriceByName() 함수와 indexOfItem() 함수에는 비슷한 반복문이 있습니다.

```
function setPriceByName(cart, name, price)
{
  var cartCopy = cart.slice();
  for(var i = 0; i < cartCopy.length; i++) {
    if(cartCopy[i].name === name)
      cartCopy[i] = setPrice(cartCopy[i],
price);
  }
  return cartCopy;
}
```

```
function indexOfItem(cart, name) {

  for(var i = 0; i < cart.length; i++) {
    if(cart[i].name === name)
      return i;
  }
  return null;
}
```

한쪽 함수를 다른 쪽 함수를 사용해서 구현해 보고 함수와 반복문, 배열 인덱스의 참조 관계를 다이어그램으로 그려보세요.

indexOfItem() 함수와 setPriceByName() 함수는 비슷합니다. 그리고 indexOfItem() 함수가 setPriceByName() 함수보다 더 낮은 단계에 있습니다.

원래 코드

```
function setPriceByName(cart, name, price)
{
  var cartCopy = cart.slice();
  for(var i = 0; i < cartCopy.length; i++) {

    if(cartCopy[i].name === name)

      cartCopy[i] =
        setPrice(cartCopy[i], price);
  }
  return cartCopy;
}

function indexOfItem(cart, name) {
  for(var i = 0; i < cart.length; i++) {
    if(cart[i].name === name)
      return i;
  }
  return null;
}
```

다른 한쪽 함수를 사용해서 만든 함수

```
function setPriceByName(cart, name, price)
{
  var cartCopy = cart.slice(b);

  var i = indexOfItem(cart, name);

  if(i !== null)
    cartCopy[i] =
      setPrice(cartCopy[i], price);

  return cartCopy;
}

function indexOfItem(cart, name) {
  for(var i = 0; i < cart.length; i++) {
    if(cart[i].name === name)
      return i;
  }
  return null;
}
```

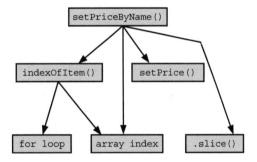

반복문을 없앴기 때문에 코드가 더 좋아졌습니다. 하지만 그래프는 더 좋아진 것 같지 않습니다. 원래 setPriceByName() 함수는 서로 다른 두 계층을 가리키고 있었습니다. 하지만 바꾼 후에도 여전히 서로 다른 두 계층을 가리키고 있습니다. 재사용으로 고친 코드가 계층을 개선하는 데 도움이 되지 않은 것일까요?

함수가 가리키는 화살표의 길이를 비교하는 것은 복잡성을 측정하는 좋은 방법이지만, 이 경우는 크게 도움이 되지 않습니다. 대신 긴 화살표를 하나 없애 설계를 개선한 것에 초점을 맞춰 봅시다. setPriceByName() 함수는 긴 화살표가 세 개 있었지만 하나를 없애 이제 두 개 남았습니다. 화살표 길이를 줄이는 것에 집중해 보면 더 좋은 계층 구조를 만들 수 있습니다. 지금 계층이 최선의 계층 구조일까요? 다음 예제를 통해 더 개선할 수 있는 것을 찾아봅시다.

6장에서 배열과 객체를 카피-온-라이트로 조작할 수 있는 함수를 많이 만들었습니다. 그 중에 인덱스의 항목을 카피-온-라이트로 바꿀 수 있는 arraySet() 함수가 있었습니다. arraySet() 함수는 setPriceByName() 함수와 비슷한 점이 있습니다. arraySet() 함수를 이용해 setPriceByName() 함수를 다시 만들 수 있을까요?

```
function setPriceByName(cart, name, price)
{
  var cartCopy = cart.slice();
  var idx = indexOfItem(cart, name);
  if(idx !== null)
    cartCopy[idx] =
      setPrice(cartCopy[idx], price);
  return cartCopy;
}
```

```
function arraySet(array, idx, value) {
  var copy = array.slice();

  copy[idx] =
    value;
  return copy;
}
```

arraySet() 함수를 이용해 setPriceByName() 함수를 구현하고 다이어그램을 그려보세요.

setPriceByName() 함수는 indexOfItem() 함수와 비슷하지만 indexOfItem() 함수가 setPriceByName() 함수보다 더 낮은 단계에 있습니다.

원래 코드	다른 한쪽 함수를 사용해서 만든 함수

```
function setPriceByName(cart, name, price)
{
  var cartCopy = cart.slice();
  var i = indexOfItem(cart, name);
  if(i !== null)
    cartCopy[i] =

      setPrice(cartCopy[i], price);
  return cartCopy;
}

function arraySet(array, idx, value) {
  var copy = array.slice();
  copy[idx] = value;
  return copy;
}
```

```
function setPriceByName(cart, name, price)
{

  var i = indexOfItem(cart, name);
  if(i !== null)

    return arraySet(cart, i,
      setPrice(cart[i], price));
  return cart;
}

function arraySet(array, idx, value) {
  var copy = array.slice();
  copy[idx] = value;
  return copy;
}
```

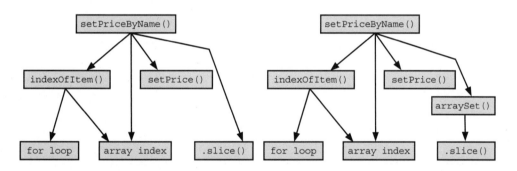

코드가 더 좋아진 것 같습니다. 원래 긴 화살표였던 .slice() 함수를 사용하던 것은 arraySet() 함수를 사용하면서 더 짧아졌습니다. 하지만, 화살표가 가리키는 계층이 하나 더 늘어 세 개가 되었습니다. 지금은 화살표 수보다 화살표 길이를 줄이고 있다는 것을 기억하세요. 구체적인 것을 감춰 화살표 길이를 줄였습니다.

하지만 개선한 함수도 직접 구현 패턴을 적용한 것 같지 않습니다. 여전히 낮은 수준의 배열 인덱스를 참조하는 동작을 그대로 쓰고 있습니다. 이런 느낌이 중요합니다. 이런 감각으로 과거에 많은 함수형 프로그래머가 코드를 추출해 더 일반적인 함수로 만들기 위해 노력해 왔습니다. 일단 지금은 그대로 두고 다음 장에서 추상화 벽 패턴을 적용해 더 명확한 코드를 만들어 보겠습니다. 그리고 10장에서 직접 구현을 위한 더 좋은 기술을 알려드리겠습니다.

 **쉬는 시간**

더 진행하기 전에 가벼운 질문을 보면서 쉬어 갑시다.

Q `setPriceByName()` 함수의 설계가 좋아진 것이 맞나요? 그래프가 직접 구현인 것 같지 않고 더 복잡해진 것 같습니다.

A 좋은 질문입니다. 이런 질문이 설계에 가장 어려운 점이기도 합니다. 최선의 설계를 결정하는 공식은 없습니다. 코드를 만드는 방법뿐만 아니라 개발자의 기술 수준 등 많은 요소가 복잡하게 연결되어 최선의 설계를 결정합니다. 앞에서 했던 것들로 코드나 호출 그래프에서 설계를 개선할 수 있는 것을 찾을 수 있습니다. 결국 좋은 설계를 하기 위해서는 지속적인 탐구와 직관이 필요합니다.

설계는 어렵고, 개발자들도 서로 동의하지 않을 수도 있고, 상황에 따라 좋은 설계의 기준이 달라지기도 합니다. 그래서 설계에 대해 이야기할 때는 같은 용어를 사용하는 것이 중요하고 상황을 고려해서 평가해야 합니다. 이 장과 다음 장은 좋은 설계를 결정하고 평가하는 능력을 기르는 데 도움이 될 것입니다.

새 함수를 만들어 배열 인덱스를 직접 참조하는 부분을 없앴습니다. 설계가 더 좋아졌나요?

배열 인덱스를 직접 참조

```javascript
function setPriceByName(cart, name, price)
{
  var i = indexOfItem(cart, name);
  if(i !== null) {
    var item = cart[i];
    return arraySet(cart, i,
      setPrice(item, price));
  }
  return cart;
}

function indexOfItem(cart, name) {
  for(var i = 0; i < cart.length; i++) {
    if(cart[i].name === name)
      return i;
  }
  return null;
}
```

배열 인덱스를 참조하지 않음

```javascript
function setPriceByName(cart, name, price)
{
  var i = indexOfItem(cart, name);
  if(i !== null) {
    var item = arrayGet(cart, i);
    return arraySet(cart, i,
      setPrice(item, price));
  }
  return cart;
}

function indexOfItem(cart, name) {
  for(var i = 0; i < cart.length; i++) {
    if(arrayGet(cart, i).name === name)
      return i;
  }
  return null;
}

function arrayGet(array, idx) {
  return array[idx];
}
```

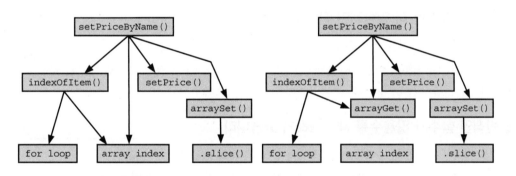

개선하기 전 설계가 좋았다고 느꼈던 점과 개선한 후에 설계가 좋아졌다고 느낀 점을 적어 보세요.

배열 인덱스를 직접 참조하면서 설계가 좋다고 느꼈을 때

- 배열을 쓸 때 편리했습니다.
-
-
-
-
-

배열 인덱스를 직접 참조하지 않으면서 설계가 좋다고 느꼈을 때

- 분리된 계층이 필요할 때
-
-
-
-
-

직접 구현 패턴 리뷰

직접 구현한 코드는 한 단계의 구체화 수준에 관한 문제만 해결합니다.

좋은 설계를 고민하지 않고 만든 코드는 읽거나 고치기 어렵습니다. 왜 어려울까요? 코드가 서로 다른 구체화 단계에 있다면 읽기 어렵습니다. 코드를 읽을 때 이해해야 할 것이 많이 있는데 구체화 단계가 다르다면 이해하기가 더 어렵습니다. 직접 구현하면 코드를 읽기 위해 알아야 하는 구체화 단계의 범위를 줄일 수 있습니다.

계층형 설계는 특정 구체화 단계에 집중할 수 있게 도와줍니다.

쉽지 않지만, 코드에 있는 다양한 단서를 통해 구체화 수준에 집중하다 보면 설계 감각을 키울 수 있고 코드를 필요에 알맞게 바꿀 수 있습니다.

호출 그래프는 구체화 단계에 대한 풍부한 단서를 보여줍니다.

코드에는 설계를 개선하기 위한 단서가 많이 있습니다. 하지만 큰 그림으로 한 번에 보기에는 너무 많은 정보가 있습니다. 호출 그래프는 함수가 서로 어떻게 연결되어 있는지 보여줍니다. 함수 시그니처와 본문, 호출 그래프와 같은 다양한 단서를 가지고 직접 코드 패턴을 적용할 수 있습니다.

함수를 추출하면 더 일반적인 함수로 만들 수 있습니다.

함수에 직접 구현 패턴을 적용하는 방법의 하나는 함수가 더 구체적인 내용을 다루지 않도록 함수를 일반적인 함수로 빼내는 것입니다. 일반적인 함수는 보통 구체적인 내용을 하나만 다루기 때문에 테스트하기 쉽습니다. 명확한 코드와 알맞은 이름을 가진 함수는 더 읽기 쉽습니다.

일반적인 함수가 많을수록 재사용하기 좋습니다.

함수로 빼내면 재사용할 수 있는 곳이 보입니다. '중복 코드'를 찾기 위해 함수를 빼내는 것과는 다릅니다. 구현을 명확하게 하기 위해 일반적인 함수를 빼내는 것입니다. 일반적인 함수는 구체적인 함수보다 더 많은 곳에서 쓸 수 있습니다. 그리고 사용할 곳을 따로 찾지 않아도 재사용할 수 있는 곳을 발견할 수 있을 것입니다.

> **패턴**
> - ☑ **직접 설계**
> - ☐ 추상화 벽
> - ☐ 작은 인터페이스
> - ☐ 편리한 계층

복잡성을 감추지 않습니다.

직접 구현 패턴을 적용한 코드처럼 보이게 만드는 것은 쉽습니다. 명확하지 않은 코드를 감추기 위해 '도우미 함수helper function'를 만들면 됩니다. 하지만 이렇게 하는 것은 계층형 설계가 아닙니다. 계층형 설계에서 모든 계층은 바로 아래 계층에 의존해야 합니다. 복잡한 코드를 같은 계층으로 옮기면 안됩니다. 더 낮은 구체화 수준을 가진 일반적인 함수를 만들어 소프트웨어에 직접 구현 패턴을 적용해야 합니다.

결론

계층 간 차이를 보기 위해 호출 그래프를 그려 코드를 시각화했습니다. 그리고 계층형 설계에서 가장 중요한 첫 번째 패턴인 직접 구현 패턴을 알아봤습니다. 직접 구현 패턴이 적용된 계층 구조로 만들면, 간단한 함수로 또 다른 간단한 함수를 만들면서 코드를 구성할 수 있습니다. 하지만 계층형 설계를 잘 만드는 방법은 더 있습니다. 다음 장에서 남은 세 개의 패턴을 살펴보겠습니다.

요점 정리

- 계층형 설계는 코드를 추상화 계층으로 구성합니다. 각 계층을 볼 때 다른 계층에 구체적인 내용을 몰라도 됩니다.
- 문제 해결을 위한 함수를 구현할 때 어떤 구체화 단계로 쓸지 결정하는 것이 중요합니다. 그래야 함수가 어떤 계층에 속할지 알 수 있습니다.
- 함수가 어떤 계층에 속할지 알려주는 요소는 많이 있습니다. 함수 이름과 본문, 호출 그래프 등이 그런 요소입니다.
- 함수 이름은 의도를 알려줍니다. 비슷한 목적의 이름을 가진 함수를 함께 묶을 수 있습니다.
- 함수 본문은 중요한 세부 사항을 알려줍니다. 함수 본문은 함수가 어떤 계층 구조에 있어야 하는지 알려줍니다.
- 호출 그래프로 구현이 직접적이지 않다는 것을 알 수 있습니다. 함수를 호출하는 화살표가 다양한 길이를 가지고 있다면 직접 구현되어 있지 않다는 신호입니다.
- 직접 구현 패턴은 함수를 명확하고 아름답게 구현해 계층을 구성할 수 있도록 알려줍니다.

다음 장에서 배울 내용

직접 구현 패턴은 계층 구조를 알려주는 시작에 불과합니다. 다음 장에서 재사용하고, 유지보수하기 쉽고, 테스트하기 쉬운 코드를 위한 패턴 세 개를 더 알아보겠습니다.

계층형 설계 II

이전 장에서 호출 그래프를 그리는 방법과 코드를 잘 구조화하기 위한 계층을 찾아봤습니다. 이번 장에서는 계층형 설계를 더 잘 이해해 보고 나머지 세 개 패턴을 보면서 디자인 감각을 갈고닦아 봅시다. 남은 세 개 패턴으로 유지보수와 테스트, 재사용하기 좋은 코드를 만들 수 있습니다.

계층형 설계 패턴

네 개의 패턴을 통해 계층형 설계에 대해 알아보고 있다는 것을 잊지 마세요. 첫 번째 패턴은 앞 장에서 이미 살펴봤습니다. 이제 계층형 설계에 대한 기본 지식은 배웠습니다. 이번 장에서는 나머지 패턴 세 개를 살펴보겠습니다. 아래는 앞 장에서 봤던 네 개의 패턴에 대한 설명입니다.

> **패턴**
> ☑ 직접 설계
> ☐ 추상화 벽
> ☐ 작은 인터페이스
> ☐ 편리한 계층

이 장에서는 나머지 세 패턴에 대해 알아보겠습니다.

패턴 1: 직접 구현

직접 구현은 계층형 설계 구조를 만드는 데 도움이 됩니다. 직접 구현된 함수를 읽을 때, 함수 시그니처가 나타내고 있는 문제를 함수 본문에서 적절한 구체화 수준으로 해결해야 합니다. 만약 너무 구체적이라면 코드에서 나는 냄새입니다.

패턴 2: 추상화 벽

호출 그래프에 어떤 계층은 중요한 세부 구현을 감추고 인터페이스를 제공합니다. 인터페이스를 사용하여 코드를 만들면 높은 차원으로 생각할 수 있습니다. 고수준의 추상화 단계만 생각하면 되기 때문에 두뇌 용량의 한계를 극복할 수 있습니다.

패턴 3: 작은 인터페이스

시스템이 커질수록 비즈니스 개념을 나타내는 중요한 인터페이스는 작고 강력한 동작으로 구성하는 것이 좋습니다. 다른 동작도 직간접적으로 최소한의 인터페이스를 유지하면서 정의해야 합니다.

패턴 4: 편리한 계층

계층형 설계 패턴과 실천 방법은 개발자의 요구를 만족시키면서 비즈니스 문제를 잘 풀 수 있어야 합니다. 소프트웨어를 더 빠르고 고품질로 제공하는 데 도움이 되는 계층에 시간을 투자해야 합니다. 그냥 좋아서 계층을 추가하면 안 됩니다. 코드와 그 코드가 속한 추상화 계층은 작업할 때 편리해야 합니다.

계층형 설계의 기본인 호출 그래프를 그리고 계층을 찾는 내용은 이미 살펴봤습니다. 이제 두 번째 패턴을 살펴봅시다.

패턴 2: 추상화 벽

추상화 벽abstraction barrier이라고 하는 두 번째 패턴에 대해 알아보
겠습니다. 추상화 벽은 여러 가지 문제를 해결합니다. 그중 하나는
팀 간 책임을 명확하게 나누는 것입니다.

현재 이 단계에 있습니다.

패턴
- ☑ 직접 설계
- ☐ **추상화 벽**
- ☐ 작은 인터페이스
- ☐ 편리한 계층

추상화 벽을 적용하기 전

큰 세일을 앞두고 있는데
개발팀은 아직도 코드를 못 만들고
있습니다!

마케팅팀을 위해
매주 마케팅 관련한 코드를 만들고
있습니다. 최대한 빨리 하고
있습니다. 기다려주세요!

최고 마케팅

개발팀

추상화 벽을 적용한 후

오랜만에 연락드립니다.
마케팅 관련한 코드는 어떻게
되어가고 있나요?

다 잘 되고 있습니다.
추상화 벽을 만들어 주셔서 기다리지
않고 세일 관련한 코드를 만들 수
있었습니다.

그럼 회사 소프트볼
대회 때 봅시다.

최고 마케팅

개발팀

추상화 벽으로 구현을 감춥니다

추상화 벽abstraction barrier은 세부 구현을 감춘 함수로 이루어진 계
층입니다. 추상화 벽에 있는 함수를 사용할 때는 구현을 전혀 몰라
도 함수를 쓸 수 있습니다.

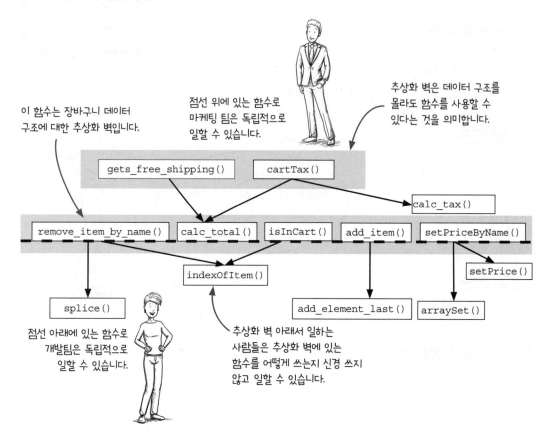

이 함수는 장바구니 데이터
구조에 대한 추상화 벽입니다.

점선 위에 있는 함수로
마케팅 팀은 독립적으로
일할 수 있습니다.

추상화 벽은 데이터 구조를
몰라도 함수를 사용할 수
있다는 것을 의미합니다.

점선 아래에 있는 함수로
개발팀은 독립적으로
일할 수 있습니다.

추상화 벽 아래서 일하는
사람들은 추상화 벽에 있는
함수를 어떻게 쓰는지 신경 쓰지
않고 일할 수 있습니다.

함수형 프로그래머는 문제를 높은 수준으로 생각하기 위해 추상화
벽을 효과적인 도구로 사용합니다. 예를 들어 마케팅팀은 지저분한
반복문이나 배열을 직접 다루지 않고 마케팅 코드를 만들기 위해
추상화 벽에 있는 함수를 사용할 수 있습니다.

패턴
- ✔ 직접 설계
- ☐ **추상화 벽**
- ☐ 작은 인터페이스
- ☐ 편리한 계층

세부적인 것을 감추는 것은 대칭적입니다

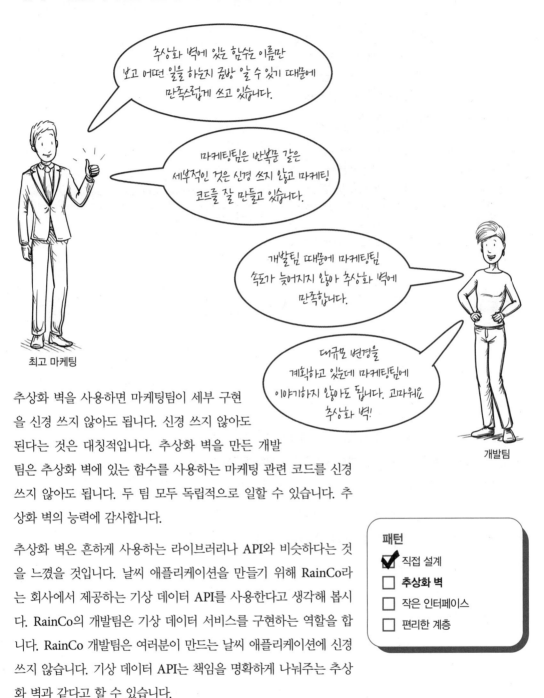

추상화 벽에 있는 함수 이름만 보고 어떤 일을 하는지 금방 알 수 있기 때문에 만족스럽게 쓰고 있습니다.

마케팅팀은 반복문 같은 세부적인 것은 신경 쓰지 않고 마케팅 코드를 잘 만들고 있습니다.

개발팀 때문에 마케팅팀 속도가 늦어지지 않아 추상화 벽에 만족합니다.

대규모 변경을 계획하고 있는데 마케팅팀에 이야기하지 않아도 됩니다. 고마워요 추상화 벽!

최고 마케팅

개발팀

추상화 벽을 사용하면 마케팅팀이 세부 구현을 신경 쓰지 않아도 됩니다. 신경 쓰지 않아도 된다는 것은 대칭적입니다. 추상화 벽을 만든 개발팀은 추상화 벽에 있는 함수를 사용하는 마케팅 관련 코드를 신경 쓰지 않아도 됩니다. 두 팀 모두 독립적으로 일할 수 있습니다. 추상화 벽의 능력에 감사합니다.

추상화 벽은 흔하게 사용하는 라이브러리나 API와 비슷하다는 것을 느꼈을 것입니다. 날씨 애플리케이션을 만들기 위해 RainCo라는 회사에서 제공하는 기상 데이터 API를 사용한다고 생각해 봅시다. RainCo의 개발팀은 기상 데이터 서비스를 구현하는 역할을 합니다. RainCo 개발팀은 여러분이 만드는 날씨 애플리케이션에 신경쓰지 않습니다. 기상 데이터 API는 책임을 명확하게 나눠주는 추상화 벽과 같다고 할 수 있습니다.

패턴
- ☑ 직접 설계
- ☐ **추상화 벽**
- ☐ 작은 인터페이스
- ☐ 편리한 계층

개발팀은 추상화 벽의 한계를 시험하기 위해 장바구니 데이터 구조를 변경하려고 합니다. 추상화 벽이 잘 동작한다면 마케팅팀 코드를 바꾸지 않아도 되기 때문에 알려줄 필요가 없습니다.

장바구니 데이터 구조 바꾸기

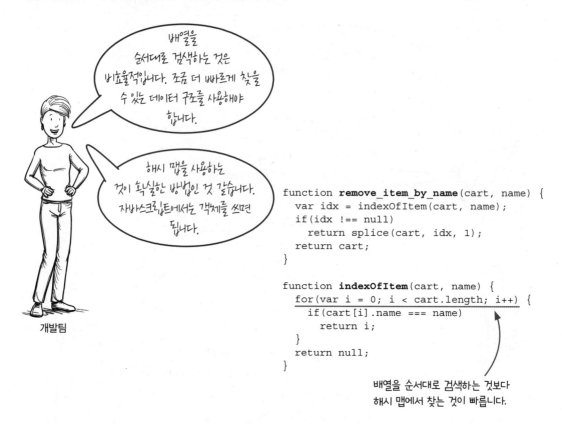

배열을 순서대로 검색하는 것은 비효율적입니다. 조금 더 빠르게 찾을 수 있는 데이터 구조를 사용해야 합니다.

해시 맵을 사용하는 것이 확실한 방법인 것 같습니다. 자바스크립트에서는 객체를 쓰면 됩니다.

개발팀

```javascript
function remove_item_by_name(cart, name) {
  var idx = indexOfItem(cart, name);
  if(idx !== null)
    return splice(cart, idx, 1);
  return cart;
}

function indexOfItem(cart, name) {
  for(var i = 0; i < cart.length; i++) {
    if(cart[i].name === name)
      return i;
  }
  return null;
}
```

배열을 순서대로 검색하는 것보다
해시 맵에서 찾는 것이 빠릅니다.

세라는 오래전 문제가 하나 생각났습니다. 배열을 순서대로 검색하는 것은 성능이 떨어지기 때문에 해결해야겠다고 생각했습니다. 성능 문제를 깔끔한 인터페이스로 감춰 해결할 수는 없습니다.

배열 대신 자바스크립트 객체를 해시 맵처럼 쓰는 것이 확실한 방법입니다. 객체에서 항목을 추가하거나 삭제하거나 항목이 있는지 확인하는 동작 모두 빠릅니다.

📝 연습 문제

장바구니 데이터 구조를 해시 맵으로 바꾸려면 어떤 함수를 고쳐야 할까요?

```
gets_free_shipping()        cartTax()
                                              calc_tax()

remove_item_by_name()   calc_total()   isInCart()   add_item()   setPriceByName()

                        indexOfItem()                             setPrice()

   splice()                        add_element_last()   arraySet()
```

📝 정답

강조 표시된 함수들을 고쳐야 합니다. 나머지 함수는 장바구니가 배열이라는 것을 모릅니다.
고쳐야 할 함수는 모두 추상화 벽에 있습니다.

이 계층에 있는 함수는
장바구니 데이터 구조를
알고 있습니다.

```
gets_free_shipping()        cartTax()
                                              calc_tax()

remove_item_by_name()   calc_total()   isInCart()   add_item()   setPriceByName()

                        indexOfItem()                             setPrice()

   splice()                        add_element_last()

                                                      .slice()
```

장바구니를 객체로 다시 만들기

장바구니를 자바스크립트 객체로 다시 만들어 봅시다. 자바스크립트 객체로 만들면 더 효율적이고 첫
번째 패턴인 직접 구현 패턴에 더 가깝습니다! 배열보다 객체가 어떤 위치에 추가하거나 삭제하기 좋습
니다.

배열로 만든 장바구니

```
function add_item(cart, item) {
  return add_element_last(cart, item);
}

function calc_total(cart) {
  var total = 0;

  for(var i = 0; i < cart.length; i++) {
    var item = cart[i];
    total += item.price;
  }
  return total;
}

function setPriceByName(cart, name,
price) {
  var cartCopy = cart.slice();
  for(var i = 0; i < cartCopy.length;
i++) {
    if(cartCopy[i].name === name)
      cartCopy[i] =
        setPrice(cartCopy[i], price);
  }
  return cartCopy;

}

function remove_item_by_name(cart, name)
{
  var idx = indexOfItem(cart, name);
  if(idx !== null)
    return splice(cart, idx, 1);
  return cart;
}

function indexOfItem(cart, name) {
  for(var i = 0; i < cart.length; i++) {
    if(cart[i].name === name)
      return i;
  }
  return null;
}

function isInCart(cart, name) {
  return indexOfItem(cart, name) !== null;
}
```

객체로 만든 장바구니

```
function add_item(cart, item) {
  return objectSet(cart, item.name,
item);
}

function calc_total(cart) {
  var total = 0;
  var names = Object.keys(cart);
  for(var i = 0; i < names.length; i++) {
    var item = cart[names[i]];
    total += item.price;
  }
  return total;
}

function setPriceByName(cart, name,
price) {
  if(isInCart(cart, name)) {
    var item = cart[name];
    var copy = setPrice(item, price);
    return objectSet(cart, name, copy);
  } else {
    var item = make_item(name, price);
    return objectSet(cart, name, item);
  }
}

function remove_item_by_name(cart, name)
{
  return objectDelete(cart, name);
}
```

이 함수는 더 이상 필요
없기 때문에 없애겠습니다.

항목이 있는지 확인하는
자바스크립트 객체 메서드

```
function isInCart(cart, name) {
  return cart.hasOwnProperty(name);
}
```

잘못 선택한 데이터 구조가 때로는 어려운 코드를 만듭니다. 고친 코드는 더 작고 깔끔하고 효율적입
니다. 마케팅팀은 원래 있던 코드를 고치지 않고 그대로 쓰고 있습니다!

추상화 벽이 있으면 구체적인 것을 신경 쓰지 않아도 됩니다

패턴

☑ 직접 설계
☐ **추상화 벽**
☐ 작은 인터페이스
☐ 편리한 계층

장바구니 동작을 쓰는 함수를 전부 바꾸지 않고 어떻게 데이터 구조를 바꿀 수 있었나요?

처음에는 장바구니에 제품을 담기 위해 배열을 사용했습니다. 하지만 배열은 비효율적이라는 것을 알았습니다. 그래서 장바구니를 조작하는 함수를 고쳐 사용하고 있는 데이터 구조를 완전히 바꿨습니다. 그런데 마케팅팀은 코드를 고치지 않았습니다. 심지어 마케팅팀은 데이터 구조가 바뀌었는지도 모릅니다! 어떻게 한 것일까요?

데이터 구조를 변경하기 위해 함수 다섯 개만 바꿀 수 있었던 것은 바꾼 함수가 추상화 벽에 있는 함수이기 때문입니다. 추상화 벽은 '어떤 것을 신경 쓰지 않아도 되지?'라는 말을 거창하게 표현한 개념입니다. 계층 구조에서 어떤 계층에 있는 함수들이 장바구니와 같이 공통된 개념을 신경 쓰지 않아도 된다면 그 계층을 추상화 벽이라고 할 수 있습니다. 추상화 벽은 필요하지 않은 것은 무시할 수 있도록 간접적인 단계를 만듭니다.

이 함수는 장바구니 데이터 구조에 대한 추상화 벽입니다.

추상화 벽은 데이터 구조에 대해 신경 쓰지 않아도 된다는 것을 의미합니다.

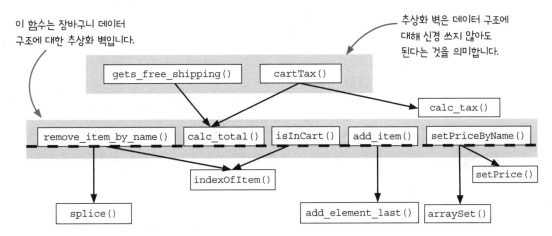

이 예제에서 추상화 벽이 의미하는 것은 추상화 벽 위에 있는 함수가 데이터 구조를 몰라도 된다는 것을 말합니다. 추상화 벽에 있는 함수만 사용하면 되고 장바구니 구현에 대해서는 신경 쓰지 않아도 됩니다. 그래서 추상화 벽 위에 있는 함수를 사용하는 사람에게 장바구니 구조가 배열에서 객체로 바뀌었다는 것을 알리지 않아도 되었습니다.

점선을 가로지르는 화살표가 없다는 것이 중요합니다. 만약 점선 위에 있는 함수가 장바구니를 조작하기 위해 `splice()` 함수를 호출한다면 추상화 벽 규칙을 어기는 것입니다. 신경 쓰지 않아야 할 세부적인 구현을 사용하고 있는 것입니다. 이런 것을 완전하지 않은 추상화 벽이라고 부르겠습니다. 완전하지 않은 추상화 벽을 완전한 추상화 벽으로 만드는 방법은 추상화 벽에 새로운 함수를 만드는 것입니다.

추상화 벽은 언제 사용하면 좋을까요?

추상화 벽으로 좋은 설계를 만들 수 있습니다. 하지만 모든 곳에 추상화 벽을 사용하면 안 됩니다. 추상화 벽은 언제 사용하면 좋을까요?

> **패턴**
> ✔ 직접 설계
> ☐ **추상화 벽**
> ☐ 작은 인터페이스
> ☐ 편리한 계층

1. 쉽게 구현을 바꾸기 위해

구현에 대한 확신이 없는 경우 추상화 벽을 사용하면 구현을 간접적으로 사용할 수 있기 때문에 나중에 구현을 바꾸기 쉽습니다. 프로토타이핑과 같이 최선의 구현을 확신할 수 없는 작업에 유용합니다. 다른 예로 서버에서 데이터를 받아서 처리해야 하지만 아직은 준비가 되지 않아 임시 데이터를 줘야 하는 경우와 같이 뭔가 바뀔 것을 **알고**know 있지만 아직 준비되지 않은 경우에도 좋습니다.

하지만 이런 장점은 때로는 독이 되기 때문에 주의해야 합니다. **만약을 대비해**just in case 코드를 만드는 경우가 종종 있습니다. 쓸데없는 코드는 줄이는 것이 좋습니다! 오지 않을 수도 있는 미래를 위해 불필요한 코드를 작성하는 것은 좋지 않은 습관입니다. 대부분의 데이터 구조는 바뀌지 않습니다. 예제에서는 개발팀이 끝까지 효율성에 대한 생각을 멈추지 않았기 때문에 데이터 구조를 바꿀 수 있었습니다.

2. 코드를 읽고 쓰기 쉽게 만들기 위해

추상화 벽을 사용하면 세부적인 것을 신경 쓰지 않아도 됩니다. 때로는 구체적인 것이 버그를 만듭니다. 반복문을 쓸 때 초기화 값을 정확히 입력했나요? 반복문 종료 조건에 오프-바이-원off-by-one 에러가 있지는 않았나요? 추상화 벽을 사용하면 이런 세부적인 것은 신경 쓰지 않고 쉽게 코드를 만들 수 있습니다. 적절한 것을 감추면 숙련된 프로그래머가 아니라도 더 생산적인 코드를 만들 수 있습니다.

3. 팀 간에 조율해야 할 것을 줄이기 위해

이전 페이지에서 개발팀은 마케팅팀에 먼저 이야기하지 않고 코드를 고쳤습니다. 마케팅팀도 개발팀에 확인 없이 쉽게 마케팅 코드를 만들 수 있었습니다. 추상화 벽을 사용하면 각 팀에 관한 구체적인 내용을 서로 신경 쓰지 않아도 일할 수 있습니다. 게다가 더 빠르게 일할 수 있습니다.

4. 주어진 문제에 집중하기 위해

추상화 벽의 진정한 가치에 대해 이야기해 보려고 합니다. 추상화 벽을 사용하면 문제를 해결하기 더 쉽습니다. 생각해 봅시다. 사람은 생각할 수 있는 두뇌의 한계가 있습니다. 그리고 고민해야 할 구체적인 문제가 많이 있습니다. 추상화 벽을 사용하면 해결하려는 문제의 구체적인 부분을 무시할 수 있습니다. 그렇기 때문에 코드에 실수를 줄이고, 만들면서 지치지 않을 수 있습니다.

패턴 2 리뷰: 추상화 벽

추상화 벽은 강력한 패턴입니다. 추상화 벽으로 추상화 벽 아래에 있는 코드와 위에 있는 코드의 의존성을 없앨 수 있습니다. 서로 신경 쓰지 않아도 되는 구체적인 것을 벽을 기준으로 나눠서 서로 의존하지 않게 합니다.

일반적으로 추상화 벽 위에 있는 코드는 데이터 구조와 같은 구체적인 내용을 신경 쓰지 않아도 됩니다. 앞에서 살펴본 예제에서도 추상화 벽 위에 있는 마케팅 코드는 장바구니가 배열인지 객체인지 몰라도 코드를 만들 수 있었습니다.

> **패턴**
> ✔ 직접 설계
> ✔ **추상화 벽**
> ☐ 작은 인터페이스
> ☐ 편리한 계층

추상화 벽과 그 아래에 있는 코드는 높은 수준의 계층에서 함수가 어떻게 사용되는지 몰라도 됩니다. 추상화 벽에 있는 함수는 그것이 어떻게 사용되든지 신경 쓰지 않아도 됩니다. 예제에서는 추상화 벽에 있는 코드를 마케팅팀이 어떻게 쓰는지 개발팀에서 전혀 신경 쓰지 않았습니다.

모든 추상화는 다음과 같이 동작합니다. 추상화 단계의 상위에 있는 코드와 하위에 있는 코드는 서로 의존하지 않게 정의합니다. 추상화 단계의 모든 함수는 비슷한 세부 사항을 무시할 수 있도록 정의합니다. 추상화 벽으로 추상화를 강력하고 명시적으로 만들 수 있습니다. 마케팅 관련 코드는 장바구니가 어떻게 구현되어 있는지 몰라도 됩니다. 추상화 벽에 있는 모든 함수가 이런 것을 가능하게 합니다.

바뀌지 않을지도 모르는 코드를 언젠가 쉽게 바꿀 수 있게 만들려는 함정에 빠지지 않아야 합니다. 추상화 벽을 사용하면 코드를 쉽게 고칠 수 있습니다. 하지만 코드를 쉽게 고치려고 추상화 벽을 사용하는 것은 아닙니다. 추상화 벽은 팀 간에 커뮤니케이션 비용을 줄이고, 복잡한 코드를 명확하게 하기 위해 전략적으로 사용해야 합니다.

신경 쓰지 않아도 되는 것을 다루는 것이 추상화 벽의 핵심입니다. 어느 부분을 신경 쓰지 않도록 만들면 좋을까요? 사람들이 몰라도 되면 좋은 것은 무엇인가요? 어떤 함수들이 비슷한 세부 사항을 신경 쓰지 않아도 되는 함수들일까요?

앞에서 고친 코드는 직접 구현에 더 가깝습니다

첫 번째 패턴인 직접 구현 패턴을 다시 봅시다.

데이터 구조를 바꿨더니 함수 대부분이 한 줄짜리 코드가 되었습니다. 하지만 코드 줄 수는 중요하지 않습니다. 중요한 것은 코드가 적절한 구체화 수준과 일반화가 되어 있는지입니다. 일반적으로 한 줄짜리 코드는 여러 구체화 수준이 섞일 일이 없기 때문에 좋은 코드라는 표시입니다.

```
function add_item(cart, item) {
  return objectSet(cart, item.name, item);
}

function gets_free_shipping(cart) {
  return calc_total(cart) >= 20;
}

function cartTax(cart) {
  return calc_tax(calc_total(cart));
}

function remove_item_by_name(cart, name) {
  return objectDelete(cart, name);
}

function isInCart(cart, name) {
  return cart.hasOwnProperty(name);
}
```

다음 두 함수는 아직 복잡한 코드입니다.

```
function calc_total(cart) {
  var total = 0;
  var names = Object.keys(cart);
  for(var i = 0; i < names.length; i++) {
    var item = cart[names[i]];
    total += item.price;
  }
  return total;
}

function setPriceByName(cart, name, price) {
  if(isInCart(cart, name)) {
    var itemCopy = objectSet(cart[name], 'price', price);
    return objectSet(cart, name, itemCopy);
  } else {
    return objectSet(cart, name, make_item(name, price));
  }
}
```

지금까지 알아본 직접 구현 패턴이 전부는 아닙니다. 10장과 11장에서 더 많은 기술을 살펴보겠습니다. 지금은 남은 패턴에 대해 알아봅시다.

패턴 3: 작은 인터페이스

설계 감각을 키우기 위한 세 번째 패턴은 **작은 인터페이스**minimal interface입니다. 작은 인터페이스 패턴은 새로운 코드를 추가할 위치에 관한 것입니다. 인터페이스를 최소화하면 하위 계층에 불필요한 기능이 쓸데없이 커지는 것을 막을 수 있습니다. 예제를 통해 알아보겠습니다.

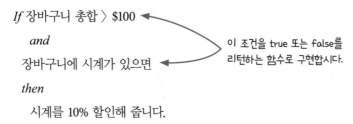

마케팅팀에서 시계를 할인하려고 합니다.

마케팅팀은 새로운 마케팅을 계획하고 있습니다. 장바구니에 제품을 많이 담은 사람이 시계를 구입하면 10% 할인해 주려고 합니다.

시계 할인 마케팅

> *If* 장바구니 총합 > $100
>
>   *and*
>
>   장바구니에 시계가 있으면
>
> *then*
>
>   시계를 10% 할인해 줍니다.

이 조건을 true 또는 false를 리턴하는 함수로 구현합시다.

최고 마케팅

할인 받을 수 있는 사람을 결정하는 코드를 구현해야 합니다. 화요일까지 가능하겠죠?

시계 할인 마케팅을 구현하기 위한 두 가지 방법

시계 할인 마케팅을 구현하는 방법은 두 가지가 있습니다. 하나는 추상화 벽에 구현하는 방법이고, 다른 하나는 추상화 벽 위에 있는 계층에 구현하는 방법입니다. 마케팅팀이 사용해야 하므로 추상화 벽 아래에 구현할 수는 없습니다. 어떤 방법을 선택해야 할까요?

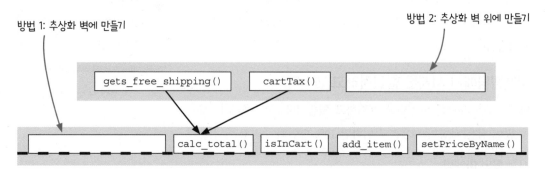

방법 1: 추상화 벽에 만들기

방법 2: 추상화 벽 위에 만들기

방법 1: 추상화 벽에 만들기

추상화 벽 계층에 있으면 해시 맵 데이터 구조로 되어 있는 장바구니에 접근할 수 있습니다. 하지만 같은 계층에 있는 함수를 사용할 수 없습니다.

```
function getsWatchDiscount(cart) {
  var total = 0;
  var names = Object.keys(cart);
  for(var i = 0; i < names.length; i++) {
    var item = cart[names[i]];
    total += item.price;
  }
  return total > 100 && cart.hasOwnProperty("watch");
}
```

방법 2: 추상화 벽 위에 만들기

추상화 벽 위에 만들면 해시 데이터 구조를 직접 접근할 수 없습니다. 추상화 벽에 있는 함수를 사용해서 장바구니에 접근해야 합니다.

```
function getsWatchDiscount(cart) {
  var total    = calcTotal(cart);
  var hasWatch = isInCart("watch");
  return total > 100 && hasWatch;
}
```

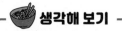 생각해 보기

> 어느 위치가 더 좋을까요? 왜 그 위치가 더 좋은가요?

추상화 벽 위에 있는 계층에 구현하는 것이 더 좋습니다.

시계 할인 마케팅 관련 코드는 두 번째 방법인 추상화 벽 위에 있는 계층에 만드는 것이 더 좋습니다. 여러 이유가 있지만, 추상화 벽 위에 있는 계층에 만드는 것이 더 직접 구현에 가깝습니다. 그래서 두 번째 방법이 더 좋습니다. 그리고 첫 번째 방법을 사용하면 시스템 하위 계층 코드가 늘어나기 때문에 좋지 않습니다.

방법 1

```
function getsWatchDiscount(cart) {
  var total = 0;
  var names = Object.keys(cart);
  for(var i = 0; i < names.length; i++) {
    var item = cart[names[i]];
    total += item.price;
  }
  return total > 100 &&
    cart.hasOwnProperty("watch");
}
```

방법 2

```
function getsWatchDiscount(cart) {
  var total    = calcTotal(cart);
  var hasWatch = isInCart("watch");
  return total > 100 && hasWatch;
}
```

첫 번째 방법을 사용해도 추상화 벽을 잘 유지할 수 있습니다. 호출 화살표가 장벽을 건너지 않기 때문입니다. 하지만 이 방법은 장벽의 또 다른 목적을 위반합니다. 만들려는 코드는 마케팅을 위한 코드입니다. 그리고 마케팅팀은 반복문 같은 구체적인 구현에 신경 쓰고 싶지 않습니다. 그러므로 첫 번째 방법으로 구현한 코드는 추상화 벽 아래 위치해야 하고 개발팀에서 관리해야 합니다. 만약 첫 번째 방법으로 구현하면 마케팅팀에서 코드를 바꾸고 싶을 때 개발팀에 이야기해야 합니다. 두 번째 방법은 그런 문제가 없습니다.

직접 구현
- 방법1
- ✔ 방법2

추상화 벽에 구현하는 방법은 또 다른 문제가 있습니다. 추상화 벽에 만드는 함수는 개발팀과 마케팅팀 사이에 계약이라고 할 수 있습니다. 추상화 벽에 새로운 함수가 생긴다면 계약이 늘어나는 것과 같습니다. 만약 변경이 생긴다면 계약에 사용하는 용어를 서로 맞춰야 하므로 시간이 많이 듭니다. 더 많은 코드를 이해하고 더 많이 신경 써야 합니다. 그래서 첫 번째 방법은 추상화 벽의 장점을 약화시킵니다.

추상화 벽
- 방법1
- ✔ 방법2

작은 인터페이스
- 방법1
- ✔ 방법2

새로운 기능을 만들 때 하위 계층에 기능을 추가하거나 고치는 것보다 상위 계층에 만드는 것이 작은 인터페이스 패턴이라고 할 수 있습니다. 다행히 시계 마케팅 관련 코드는 추상화 벽에 함수를 만들지 않아도 깔끔하게 구현할 수 있습니다. 하지만, 다른 많은 경우에 그것은 더 복잡하고 어려운 형태일 것입니다. 작은 인터페이스 패턴을 사용하면 하위 계층을 고치지 않고 상위 계층에서 문제를 해결할 수 있습니다. 작은 인터페이스 패턴은 추상화 벽뿐만 아니라 모든 계층에 적용할 수 있는 패턴입니다.

설계를 잘하는 사람도 잘못된 결정을 하기 쉽다는 것을 조금 더 복잡한 예제를 통해 알아봅시다. 다음 페이지로 가기 전에 세 번째 패턴인 작은 인터페이스 패턴을 잘 기억하세요.

마케팅팀은 장바구니에 제품을 담을 때 로그를 남기려고 합니다.

마케팅팀은 새로운 기능이 필요하게 되었습니다. 장바구니에 제품을 담기만 하고 사지 않는 고객이 있습니다. 이 고객들은 왜 구입하지 않을까요? 마케팅팀은 매출을 늘리기 위해 이 질문에 대한 답을 찾으려고 합니다. 그래서 장바구니에 제품을 담을 때마다 로그를 남겨달라고 개발팀에 요청했습니다.

패턴
- ☑ 직접 설계
- ☑ 추상화 벽
- ☐ **작은 인터페이스**
- ☐ 편리한 계층

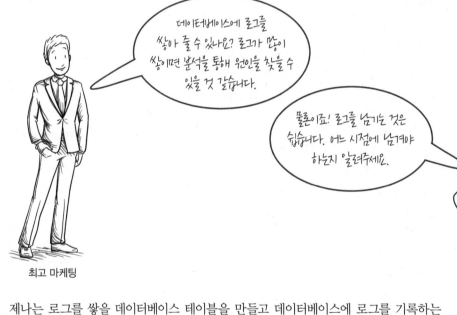

데이터베이스에 로그를 쌓아 줄 수 있나요? 로그가 많이 쌓이면 분석을 통해 원인을 찾을 수 있을 것 같습니다.

물론이죠! 로그를 남기는 것은 쉽습니다. 어느 시점에 남겨야 하는지 알려주세요.

최고 마케팅

개발팀

제나는 로그를 쌓을 데이터베이스 테이블을 만들고 데이터베이스에 로그를 기록하는 코드를 만들었습니다. 아래 코드를 호출하면 됩니다.

```
logAddToCart(user_id, item)
```

이제 로그를 남겨야 하는 곳에서 이 코드를 호출하면 됩니다. 제나는 add_item() 함수에서 호출하는 것을 제안했습니다.

```
function add_item(cart, item) {
  logAddToCart(global_user_id, item);
  return objectSet(cart, item.name, item);
}
```

여기가 좋은 위치일까요? 설계의 관점에서 생각해 봅시다. 여기에서 로그를 남기면 장점이 무엇인가요? 또 여기에서 로그를 남기면 단점이 무엇일까요? 함께 답을 찾아봅시다.

코드 위치에 대한 설계 결정

제나가 제안한 내용은 문제가 없어 보입니다. 장바구니에 제품을 담을 때마다 로그를 남겨야 하므로 add_item() 함수에서 로그를 남기면 됩니다. add_item() 함수에서 로그를 남기는 것이 요구 사항을 맞출 수 있는 가장 쉬운 방법입니다. 상위 계층에서는 이 함수를 사용할 때 로그가 남고 있다는 구체적인 내용을 몰라도 됩니다.

하지만, add_item() 함수에서 로그를 남기기에는 복잡하고 어려운 문제가 있습니다. logAddToCart() 함수는 액션입니다. add_item() 함수 안에서 액션을 호출하면 add_item() 함수도 액션이 됩니다. 그리고 add_item()을 호출하는 모든 함수가 액션이 되면서 액션이 전체로 퍼집니다. 그렇게 되면 테스트하기가 어려워집니다.

add_item() 함수는 원래 계산이기 때문에 아무 곳에서 편하게 쓸 수 있었습니다. 아래 코드는 add_item()을 사용하는 코드입니다.

```
function update_shipping_icons(cart) {
  var buttons = get_buy_buttons_dom();
  for(var i = 0; i < buttons.length; i++) {
    var button = buttons[i];
    var item = button.item;
    var new_cart = add_item(cart, item);
    if(gets_free_shipping(new_cart))
      button.show_free_shipping_icon();
    else
      button.hide_free_shipping_icon();
  }
}
```

> 사용자가 장바구니에 제품을 추가하지 않아도 add_item()이 호출됩니다.

> 여기서 로그를 남기고 싶지는 않습니다!

update_shipping_icons() 함수는 장바구니에 제품을 담는 행동을 하지 않아도 add_item() 함수를 사용합니다. update_shipping_icons() 함수는 사용자에게 제품이 표시될 때마다 불리게 됩니다. 여기서 로그를 남기면 사용자가 제품을 추가한 것처럼 되므로 여기서 로그를 남기면 안 됩니다.

위치를 결정하는 데 가장 중요한 요소는 장바구니에 관한 인터페이스를 깔끔하게 유지해야 하는 점입니다. add_item()과 같은 장바구니 인터페이스는 조심히 다뤄야 합니다. 장바구니 인터페이스를 사용하면서 세부적인 것은 무시할 수 있었습니다. add_item() 함수 안에 로그를 남기면 인터페이스를 개선하는 데 도움이 되지 않습니다. logAddToCart() 함수는 추상화 벽 위에 있는 계층에서 호출하는 것이 좋습니다. 다음 페이지에서 고쳐봅시다.

장바구니 로그를 남길 더 좋은 위치

`logAddToCart()` 함수에 대해 두 가지 사실을 알았습니다. 하나는 `logAddToCart()` 함수는 액션이라는 사실과 `logAddToCart()` 함수는 추상화 벽 위에 있어야 한다는 점입니다. 그럼 어디에 위치해야 할까요?

지금은 설계에 대해 결정을 하고 있습니다. 모든 상황에 맞는 설계는 없다는 것을 기억하세요. 여기서는 `add_item_to_cart()` 함수가 로그를 남길 좋은 곳인 것 같습니다. `add_item_to_cart()` 함수는 장바구니에 제품을 담을 때 호출하는 핸들러 함수입니다. 이 함수는 사용자가 장바구니에 제품을 담는 의도를 정확히 반영하는 위치입니다. 그리고 `add_item_to_cart()` 함수는 이미 액션입니다. `add_item_to_cart()` 함수는 사용자가 장바구니에 제품을 담을 때 해야 할 모든 일을 담는 함수처럼 보입니다. `logAddToCart()` 함수도 그중 하나입니다.

```
function add_item_to_cart(name, price) {
  var item = make_cart_item(name, price);
  shopping_cart = add_item(shopping_cart, item);
  var total = calc_total(shopping_cart);
  set_cart_total_dom(total);
  update_shipping_icons(shopping_cart);
  update_tax_dom(total);
  logAddToCart();
}
```

> 장바구니에 제품을 담을 때 호출되는 클릭 핸들러 함수

> 다른 액션들도 사용자가 클릭을 통해 장바구니에 제품을 담을 때 호출됩니다.

> 사용자가 장바구니에 제품을 담을 때 호출되는 다른 함수들처럼 여기에 추가하는 것이 좋을 것 같습니다.

이 방법이 유일한 정답은 아닙니다. 하지만 여기서 함수를 부르는 것이 우리가 하려는 설계에 잘 맞습니다. 완전히 다시 설계하는 것이 아니라면 지금 상황에서는 이 위치가 잘 맞는 것 같습니다. 만약 더 좋은 위치를 찾기 위해 코드를 수정하려 한다면 애플리케이션 전체를 다시 설계해야 할 것입니다.

앞에서 잘못된 위치에 함수를 놓을 뻔했습니다. 하지만 운 좋게 알맞은 위치를 찾았습니다. 운이 좋다는 말은 액션이 전체로 퍼져 나가지 않았다는 것입니다. 앞에서 액션이 된 `add_item()` 함수가 `update_shipping_icons()` 함수를 부르면서 액션이 되어 버린 것을 생각해 보세요.

작은 인터페이스 패턴을 사용하면 깨끗하고 단순하고 믿을 수 있는 인터페이스에 집중할 수 있습니다. 그리고 감춰진 코드의 나머지 부분을 대신하는 코드로 사용할 수 있습니다. 또 인터페이스가 많아져서 생기는 불필요한 변경이나 확장을 막아 줍니다.

패턴 3 리뷰: 작은 인터페이스

추상화 벽에 만든 함수는 인터페이스라고 생각할 수 있습니다. 추상화 벽에 있는 인터페이스로 어떤 값의 집합에 접근하거나 값을 조작할 수 있습니다. 그리고 계층형 설계에서 완전한 추상화 벽과 최소한의 인터페이스 사이에 유연하게 조율해야 하는 점이 있다는 것을 알았습니다.

아래는 추상화 벽을 작게 만들어야 하는 이유입니다.

1. 추상화 벽에 코드가 많을수록 구현이 변경되었을 때 고쳐야 할 것이 많습니다.

2. 추상화 벽에 있는 코드는 낮은 수준의 코드이기 때문에 더 많은 버그가 있을 수 있습니다.

3. 낮은 수준의 코드는 이해하기 더 어렵습니다.

4. 추상화 벽에 코드가 많을수록 팀 간 조율해야 할 것도 많아집니다.

5. 추상화 벽에 인터페이스가 많으면 알아야 할 것이 많아 사용하기 어렵습니다.

상위 계층에 어떤 함수를 만들 때 가능한 현재 계층에 있는 함수로 구현하는 것이 작은 인터페이스를 실천하는 방법입니다. 함수가 하려는 목적을 잘 파악하고 어떤 계층에 구현하는 것이 적합할지 생각해 보세요. 일반적으로 그래프에서 상위 계층에 구현하는 것이 좋습니다.

앞에서 추상화 벽을 개선하는 데 작은 인터페이스를 사용했지만 사실 모든 계층에서 쓸 수 있습니다. 이상적인 계층은 더도 덜도 아닌 필요한 함수만 가지고 있어야 합니다. 함수는 바뀌어도 안 되고 나중에 더 늘어나도 안 됩니다. 계층이 가진 함수는 완전하고, 적고, 시간이 지나도 바뀌지 않아야 합니다. 이것이 작은 인터페이스가 전체 계층에 사용되는 이상적인 모습입니다.

그런데 이것이 가능할까요? 모든 계층은 아니지만, 수년간 소스 파일이 바뀌지 않고 많이 사용되는 코드를 봤을 때 이상적인 모습을 일부에서 발견할 수 있습니다. 호출 그래프 하위 계층에 작고 강력한 동작을 만들었을 때 이런 모습을 볼 수 있습니다. 하지만, 이런 이상적인 모습을 목표로 하는 것보다 현실적으로 이 목표에 가려고 하는 노력이 중요합니다.

함수의 목적에 맞는 계층이 어디인지 찾는 감각을 기르는 것이 가장 중요합니다. 하려는 일이 적은 함수로 잘할 수 있나요? 목적에 맞게 바꾸려고 하고 있나요?

패턴 4: 편리한 계층

앞에서 알아본 패턴 세 개는 계층을 구성하는 것에 관한 패턴입니다. 세 개의 패턴은 가장 이상적인 계층 구성을 만드는 방법에 대해 설명하고 있습니다. 마지막으로 알아볼 네 번째 패턴은 **편리한 계층** comfortable layer이라고 하는 패턴입니다. 다른 패턴과 다르게 조금 더 현실적이고 실용적인 측면을 다루고 있습니다.

커다란 계층을 만들면 뿌듯합니다. 강력해 보이고 고민해야 할 것이 별로 없습니다. 하지만, 강력한 추상화 계층은 만들기 어렵습니다. 시간이 지나면 열심히 만든 추상화 벽이 크게 도움이 되지 않는다고 느낄 것입니다. 완벽하지 않고, 없는 것이 더 좋을 것이라고 느낄지도 모릅니다. 이렇게 추상화 벽을 높게 쌓은 경험이 있을 것입니다. 이런 실험과 실패도 과정의 일부입니다. 이처럼 추상화 계층을 높게 만드는 것은 어렵습니다.

추상화는 가능한 일과 불가능한 일의 차이를 나타내기도 합니다. 자바스크립트 언어는 기계어에 대한 추상화 벽을 제공합니다. 자바스크립트로 코딩을 할 때 기계어를 생각하는 사람은 아무도 없습니다. 자바스크립트는 기계어와 많은 차이가 있습니다. 그럼 이런 추상 계층은 어떻게 생각하고 만들었을까요? 수십 년에 걸쳐 수천 명의 사람들이 강력한 파서와 컴파일러 그리고 가상 머신을 만들었습니다.

비즈니스 문제를 해결하기 위해 일하고 있는 개발자로서 이처럼 거대한 추상 계층을 만들 시간적 여유는 없습니다. 너무 오래 걸리고 비즈니스는 기다려주지 않습니다.

편리한 계층 패턴은 언제 패턴을 적용하고 또 언제 멈춰야 하는지 실용적인 방법을 알려줍니다. 스스로 물어봅시다. 지금 편리한가요? 만약 작업하는 코드가 편리하다고 느낀다면 설계는 조금 멈춰도 됩니다. 반복문은 감싸지 않고 그대로 두고 호출 화살표가 조금 길어지거나 계층이 다른 계층과 섞여도 그대로 두세요.

하지만 구체적인 것을 너무 많이 알아야 하거나, 코드가 지저분하다고 느껴진다면 다시 패턴을 적용하세요. 어떤 코드도 이상적인 모습에 도달할 수 없습니다. 언제나 설계와 새로운 기능의 필요성 사이 어느 지점에 머물게 됩니다. 편리한 계층은 언제 멈춰야 할지 알려줍니다. 여러분과 팀은 코드를 가지고 일을 하면서 개발자로서의 필요성과 비즈니스 요구사항 모두를 만족시켜야 합니다.

패턴
- ☑ 직접 설계
- ☑ 추상화 벽
- ☑ 작은 인터페이스
- ☑ **편리한 계층**

← 현재 이 단계에 있습니다.

계층형 설계 패턴을 모두 살펴봤습니다. 이제 호출 그래프를 어떤 정보를 통해 알 수 있는지 살펴보겠습니다. 그전에 계층형 설계 패턴을 정리해 봅시다.

계층형 설계 패턴

네 가지 계층형 설계 패턴을 모두 알아봤습니다. 앞에서 배운 패턴을 다시 살펴봅시다.

패턴
- ✓ 직접 설계
- ✓ 추상화 벽
- ✓ 작은 인터페이스
- ✓ 편리한 계층

패턴 1: 직접 구현

직접 구현은 계층형 설계 구조를 만드는 데 도움이 됩니다. 직접 구현된 함수를 읽을 때, 함수 시그니처가 나타내고 있는 문제를 함수 본문에서 적절한 구체화 수준에서 해결해야 합니다. 만약 너무 구체적이라면 코드에서 나는 냄새입니다.

패턴 2: 추상화 벽

호출 그래프에 어떤 계층은 중요한 세부 구현을 감추고 인터페이스를 제공합니다. 인터페이스를 사용하여 코드를 만들면 높은 차원으로 생각할 수 있습니다. 고수준의 추상화 단계만 생각하면 되기 때문에 두뇌 용량의 한계를 극복할 수 있습니다.

패턴 3: 작은 인터페이스

시스템이 커질수록 비즈니스 개념을 나타내는 중요한 인터페이스는 작고 강력한 동작으로 구성하는 것이 좋습니다. 다른 동작도 직간접적으로 최소한의 인터페이스를 유지하면서 정의해야 합니다.

패턴 4: 편리한 계층

계층형 설계 패턴과 실천 방법은 개발자의 요구를 만족시키면서 비즈니스 문제를 잘 풀 수 있어야 합니다. 소프트웨어를 더 빠르고 고품질로 제공하는 데 도움이 되는 계층에 시간을 투자해야 합니다. 그냥 좋아서 계층을 추가하면 안 됩니다. 코드와 그 코드가 속한 추상화 계층은 작업할 때 편리해야 합니다.

이제 호출 그래프를 통해 재사용하기 쉽고 테스트하기 쉬우며 고치기 쉬운 코드를 만드는 방법을 알아봅시다. 어떤 계층에 코드를 추가하더라도 재사용하기 쉽고, 테스트하기 쉬우며, 고치기 쉬운 코드를 유지할 수 있어야 합니다.

그래프로 알 수 있는 코드에 대한 정보는 무엇이 있을까요?

앞에서 호출 그래프를 그리는 방법과 호출 그래프를 이용해 코드를 개선하는 방법에 대해 배웠습니다. 지난 여러 장을 통해 호출 그래프를 이용해 직접 구현을 잘할 수 있는 방법을 알아봤습니다. 계층을 잘 만들기 위한 여러 패턴도 알아봤습니다. 하지만 호출 그래프의 구조에 있는 코드의 정보에 대해서는 많이 다루지 않았습니다.

호출 그래프는 함수가 어떤 함수를 호출하는지 있는 그대로 보여줍니다. 호출 그래프에서 함수 이름을 없애면 구조에 대한 추상적인 모습을 볼 수 있습니다.

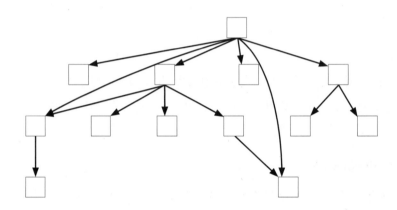

호출 그래프의 구조는 세 가지 중요한 비기능적 요구사항을 꾸밈없이 보여줍니다. **기능적 요구사항** functional requirements은 소프트웨어가 정확히 해야 하는 일을 말합니다. 예를 들어 세금에 대해 계산을 하면 올바른 계산 결과가 나와야 합니다. **비기능적 요구사항**nonfunctional requirements, NFRs은 테스트를 어떻게 할 것인지, 재사용을 잘할 수 있는지, 유지보수하기 어렵지 않은지와 같은 요구사항들입니다. 비기능적 요구사항은 소프트웨어 설계를 하는 중요한 이유입니다. 이런 것은 보통 테스트성 (**testability**) 또는 재사용성(**reusability**), 유지보수성(**maintainability**)과 같이 ~성(**ility**)이라고 부르기도 합니다(이미 많이 사용하고 있는 용어입니다).

호출 그래프로 알 수 있는 세 가지 비기능적 요구사항에 대해 알아봅시다.

1. **유지보수성**maintainability: 요구 사항이 바뀌었을 때 가장 쉽게 고칠 수 있는 코드는 어떤 코드인가요?
2. **테스트성**testability: 어떤 것을 테스트하는 것이 가장 중요한가요?
3. **재사용성**reusability: 어떤 함수가 재사용하기 좋나요?

호출 그래프에 함수 이름을 빼고 보면, 코드 위치를 통해 세 가지 중요한 비기능적 요구사항에 답할 수 있습니다.

그래프의 가장 위에 있는 코드가 고치기 가장 쉽습니다

그래프에서 함수 이름을 지워 추상화한 호출 그래프로 고치기 쉬
운 코드가 어디에 있는지 알 수 있을까요? 네, 알 수 있습니다. 호
출 그래프로 비즈니스 규칙처럼 자주 바뀌는 요구사항 코드를 어디
에 두면 좋은지 알 수 있습니다. 반대로 자주 바뀌면 안 되는 코드
는 어디에 두는 것이 좋은지도 알 수 있습니다. 코드를 적절한 위치
에 두면 유지보수 비용을 많이 줄일 수 있습니다.

개발팀 킴

개발팀

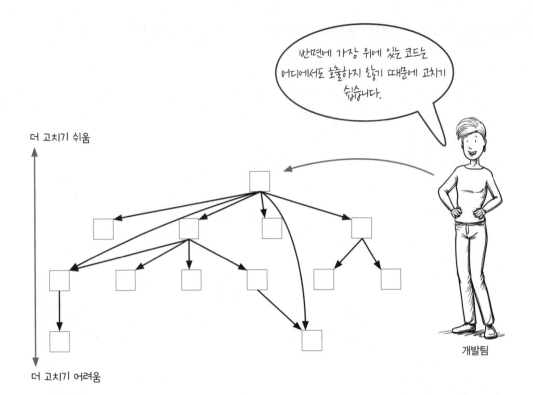

반면에 가장 위에 있는 코드는 어디에서도 호출하지 않기 때문에 고치기 쉽습니다.

더 고치기 쉬움

더 고치기 어려움

개발팀

세라 말이 맞습니다. 가장 높은 계층에 있는 코드는 쉽게 바꿀 수 있습니다. 가장 위에 있는 함수는 아무 곳에서도 호출하는 곳이 없기 때문에 바꿀 때 고민하지 않아도 됩니다. 다른 코드에 영향을 주지 않고 변경할 수 있습니다.

가장 낮은 계층에 있는 함수와 비교해 봅시다. 가장 낮은 계층에 있는 함수 동작은 상위 세 계층에 영향을 줍니다. 만약 가장 낮은 계층의 함수에서 외부에 영향을 주는 동작이 바뀌면 연결된 상위 동작들이 모두 바뀌어야 합니다. 그래서 가장 낮은 계층에 있는 함수는 고치기 어렵습니다.

따라서 시간이 지나도 변하지 않는 코드는 가장 아래 계층에 있어야 합니다. 앞에서 본 것처럼 카피-온-라이트 함수는 가장 낮은 계층에 있습니다. 이런 함수는 한번 잘 만들어 두면 바꿀 일이 없습니다. 직접 구현 패턴처럼 함수를 추출해 더 낮은 계층으로 보내거나 작은 인터페이스 패턴처럼 더 높은 계층에 함수를 추가하는 일은 모두 변경 가능성을 생각해서 계층화하고 있는 것입니다.

함수는 그래프 위에서 멀어질수록 더 고치기 어렵습니다.

자주 바뀌는 코드는 그래프 위에 있을수록 쉽게 일할 수 있습니다. 하지만 바뀌는 것이 많은 가장 높은 곳은 적게 유지하는 것이 좋습니다.

아래에 있는 코드는 테스트가 중요합니다

이번에는 그래프를 통해 어떤 코드를 테스트하는 것이 중요한지 알아봅시다. 모든 코드를 테스트해야 한다고 생각할 수 있습니다. 하지만 모든 코드를 테스트하는 것은 현실적이지 않습니다. 모든 것을 테스트할 수 없다면 장기적으로 좋은 결과를 얻기 위해 어떤 것을 테스트하는 것이 중요할까요?

지금 테스트가 하나도 없고 테스트를 만들려고 한다고 생각해 봅시다.

제한된 예산으로 가장 효과적으로 테스트를 하려면 어떤 것을 가장 먼저 테스트해야 할까요?

변경에 관한 문제보다 더 어려운 문제네요.

가장 위에 있는 함수를 테스트하면 많은 코드를 확인할 수 있습니다.

개발팀 킴

개발팀

이 함수를 테스트하면...

이 함수들이 잘 동작하는지 확인할 수 있습니다.

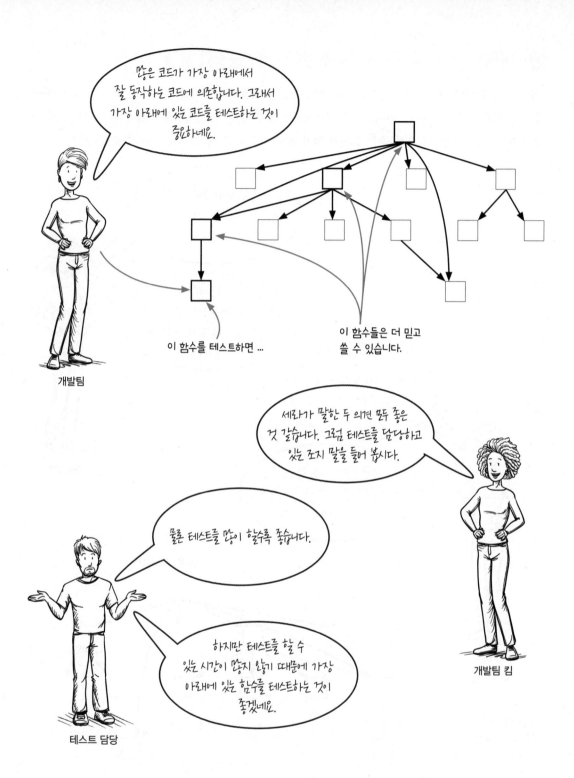

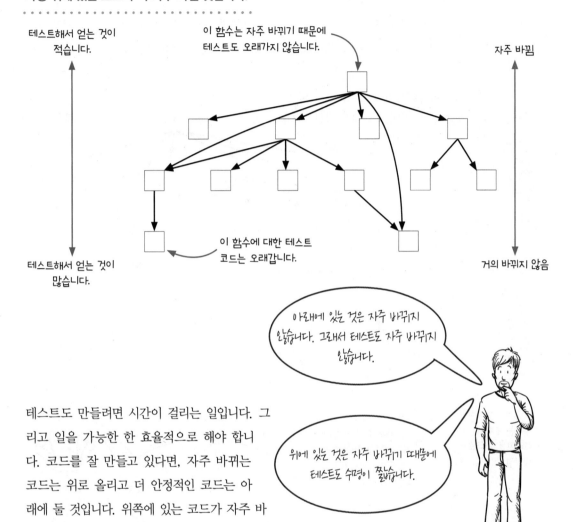

테스트해서 얻는 것이
적습니다.

이 함수는 자주 바뀌기 때문에
테스트도 오래가지 않습니다.

자주 바뀜

테스트해서 얻는 것이
많습니다.

이 함수에 대한 테스트
코드는 오래갑니다.

거의 바뀌지 않음

아래에 있는 것은 자주 바뀌지
않습니다. 그래서 테스트도 자주 바뀌지
않습니다.

위에 있는 것은 자주 바뀌기 때문에
테스트도 수명이 짧습니다.

테스트 담당

테스트도 만들려면 시간이 걸리는 일입니다. 그
리고 일을 가능한 한 효율적으로 해야 합니
다. 코드를 잘 만들고 있다면, 자주 바뀌는
코드는 위로 올리고 더 안정적인 코드는 아
래에 둘 것입니다. 위쪽에 있는 코드가 자주 바
뀌면 해당 코드의 테스트 코드도 바뀐 행동에 맞게 고
쳐줘야 합니다. 하지만 아래쪽에 있는 코드는 자주 바뀌지 않기 때
문에 테스트 코드도 자주 고칠 필요가 없습니다.

패턴을 사용하면 테스트 가능성에 맞춰 코드를 계층화할 수 있습
니다. 하위 계층으로 코드를 추출하거나 상위 계층에 함수를 만드
는 일은 테스트의 가치를 결정합니다.

하위 계층 코드를 테스트할수록
얻은 것이 더 오래갑니다.

아래에 있는 코드가 재사용하기 더 좋습니다

위에 있는 코드가 바꾸기 쉽고, 아래에 있는 코드를 테스트하는 것이 더 중요하다는 것을 알았습니다. 그럼 어떤 코드가 재사용하기 더 좋을까요? 코드를 재사용하면 코드를 다시 만들지 않아도 되기 때문에 여러 번 고치거나 테스트하지 않아도 됩니다. 코드를 재사용하면 시간과 비용을 줄일 수 있습니다.

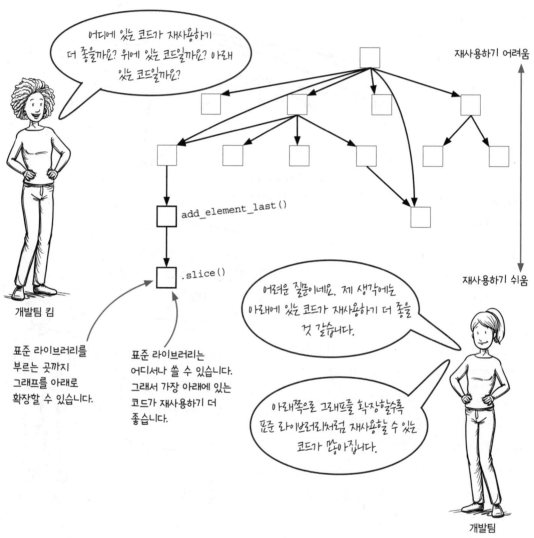

어디에 있는 코드가 재사용하기 더 좋을까요? 위에 있는 코드일까요? 아래 있는 코드일까요?

재사용하기 어려움

add_element_last()

.slice()

개발팀 킴

표준 라이브러리를 부르는 곳까지 그래프를 아래로 확장할 수 있습니다.

표준 라이브러리는 어디서나 쓸 수 있습니다. 그래서 가장 아래에 있는 코드가 재사용하기 더 좋습니다.

어려운 질문이네요. 제 생각에는 아래에 있는 코드가 재사용하기 더 좋을 것 같습니다.

재사용하기 쉬움

아래쪽으로 그래프를 확장할수록 표준 라이브러리처럼 재사용할 수 있는 코드가 많아집니다.

개발팀

앞에서 계층형 구조를 만들면 자연스럽게 재사용성이 좋아지는 것을 봤습니다. 낮은 계층으로 함수를 추출하면 재사용할 가능성이 많아지는 것을 봤습니다. 낮은 계층은 재사용하기 더 좋습니다. 계층형 설계 패턴을 적용하면 재사용 가능한 계층으로 코드를 만들 수 있습니다.

아래쪽으로 가리키는 화살표가 많은 함수는 재사용하기 어렵습니다.

요약: 그래프가 코드에 대해 알려주는 것

그래프를 통해 코드의 비기능적인 요구사항에 대해 많은 것을 알 수 있었습니다. 다시 살펴보면서 규칙처럼 정리해 봅시다.

유지보수성

규칙: **위로 연결된 것이 적은 함수가 바꾸기 쉽습니다.**

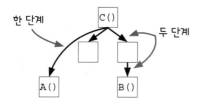

- A()는 B()보다 바꾸기 쉽습니다. A()는 위로 연결된 함수가 하나고 B()는 두 개입니다.
- C()는 위로 연결된 함수가 없기 때문에 가장 바꾸기 쉽습니다.

핵심: **자주 바뀌는 코드는 가능한 위쪽에 있어야 합니다.**

테스트 가능성

규칙: **위쪽으로 많이 연결된 함수를 테스트하는 것이 더 가치 있습니다.**

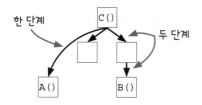

- A()보다는 위로 두 개 함수가 있는 B()가 전체 코드에 더 많은 영향을 주기 때문에 B()를 테스트하는 것이 더 가치 있습니다.

핵심: **아래쪽에 있는 함수를 테스트하는 것이 위쪽에 있는 함수를 테스트하는 것보다 가치 있습니다.**

재사용성

규칙: **아래쪽에 함수가 적을수록 더 재사용하기 좋습니다.**

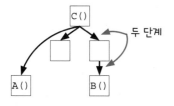

- A()와 B()는 아래쪽에 함수가 없기 때문에 재사용성이 같습니다.
- C()는 아래쪽에 두 단계나 함수가 있기 때문에 재사용하기 가장 어렵습니다.

핵심: **낮은 수준의 단계로 함수를 빼내면 재사용성이 더 높아집니다.**

위와 같은 특징은 호출 그래프 구조로 자연스럽게 알 수 있었습니다. 이 규칙으로 변경하거나, 테스트하거나, 재사용하기 적합한 계층을 찾을 수 있습니다. 방금 정리한 규칙은 16장에서 어니언 아키텍처 onion architecture에 대해 다룰 때 실용적인 예를 통해 더 자세히 알아보겠습니다.

결론

계층형 설계는 바로 아래 계층에 있는 함수로 현재 계층의 함수를 구현해 코드를 구성하는 기술입니다. 비즈니스 요구를 해결하기 충분히 편리한 코드인지 아닌지는 직관을 따라야 합니다. 그리고 어떤 코드를 테스트하는 것이 더 좋고, 변경하거나 재사용하기 쉬운 코드는 어떤 코드인지 계층 구조로 알아봤습니다.

요점 정리

- 추상화 벽 패턴을 사용하면 세부적인 것을 완벽히 감출 수 있기 때문에 더 높은 차원에서 생각할 수 있습니다.
- 작은 인터페이스 패턴을 사용하면 완성된 인터페이스에 가깝게 계층을 만들 수 있습니다. 중요한 비즈니스 개념을 표현하는 인터페이스는 한번 잘 만들어 놓고 더 바뀌거나 늘어나지 않아야 합니다.
- 편리한 계층 패턴을 이용하면 다른 패턴을 요구 사항에 맞게 사용할 수 있습니다. 패턴을 사용하다 보면 너무 과한 추상화를 할 수 있습니다. 패턴들은 요구 사항에 맞게 적용해야 합니다.
- 호출 그래프 구조에서 규칙을 얻을 수 있습니다. 이 규칙으로 어떤 코드를 테스트하는 것이 가장 좋은지, 유지보수나 재사용하기 좋은 코드는 어디에 있는 코드인지 알 수 있습니다.

다음 장에서 배울 내용

이 장을 마지막으로 첫 번째 중요한 여정을 마치겠습니다. 액션과 계산, 데이터에 대해 배웠고 코드에서 어떤 부분이 액션과 계산, 데이터인지 구분해 봤습니다. 많은 리팩터링을 했지만 어떤 함수는 추출하기 어려운 함수도 있었습니다. 다음 장에서 반복문에 대한 진정한 추상을 배우겠습니다. 그리고 코드를 데이터처럼 쓰기 위한 두 번째 여정을 시작해 보겠습니다.

일급 추상

액션과 계산, 데이터를 구분하고 나서 새로운 기술을 많이 배웠습니다. 이러한 구분은 도움이 될 것입니다. 하지만, 다음 단계에서 기다리고 있는 새로운 기술을 위해 배움을 이어나가야 합니다. 다음에 배울 기술은 일급 값(first-class value)에 대한 개념입니다. 일급 함수(first-class function)를 중심으로 알아보겠습니다. 일급 값에 대한 개념을 배우고 나면 함수적으로 반복하는 방법에 대해 배울 수 있습니다. 그리고 동작을 연결해 복잡한 계산을 만들 수 있습니다. 또 중첩된 데이터를 다루는 방법도 알 수 있습니다. 시간 차이 때문에 생기는 버그를 없애기 위해 액션의 순서와 반복을 다루는 방법도 배울 것입니다. 마지막으로 서비스를 구성하기 위한 두 가지 아키텍처에 대해 알아보겠습니다. 이 기술 모두 일급 값에 대해 배워야 알 수 있습니다.

PART 2

First-class abstractions

CHAPTER

10

일급 함수 I

이번 장에서 살펴볼 내용

- 왜 일급 값이 좋은지 알아봅니다.
- 문법을 일급 함수로 만드는 방법에 대해 알아봅니다.
- 고차 함수로 문법을 감싸는 방법을 알아봅니다.
- 일급 함수와 고차 함수를 사용한 리팩터링 두 개를 살펴봅니다.

여러분은 파트 II를 시작하는 대기실에 있습니다. 대기실 문에는 '일급 함수'라는 이름표가 붙어 있습니다. 대기실의 문을 열고 일급 함수라는 새롭고 강력한 세상으로 들어가 봅시다. 일급 함수가 무엇인가요? 어디에 사용하나요? 일급 함수는 어떻게 만드나요? 이 장에서 이 질문들에 대한 답을 알려드리겠습니다. 파트 II의 나머지 장에서 배열의 기능 중 몇 가지를 통해 일급 함수에 대해 알아보겠습니다.

이 장에서는 코드의 냄새와 중복을 없애 추상화를 잘할 수 있는 리팩터링 두 개를 알아보겠습니다. 여기서 배운 기술은 이 장과 파트 II에서 계속 사용할 것입니다. 이 페이지는 앞으로 배울 내용을 짧게 정리한 페이지입니다. 이 설명이 전부가 아니기 때문에 이해하지 못해도 걱정할 필요가 없습니다. 자세한 내용은 이 장을 통해 충분히 설명하겠습니다.

코드의 냄새: 함수 이름에 있는 암묵적 인자

이 코드의 냄새는 일급 값으로 바꾸면 표현력이 더 좋아집니다. 함수 본문에서 사용하는 어떤 값이 함수 이름에 나타난다면 **함수 이름에 있는 암묵적 인자**implicit argument in function name는 코드의 냄새가 됩니다. 아래 나오는 리팩터링으로 해결할 수 있습니다.

특징

1. 거의 똑같이 구현된 함수가 있다.
2. 함수 이름이 구현에 있는 다른 부분을 가리킨다.

> **용어 설명**
>
> **코드의 냄새**(code smell)는 더 큰 문제를 가져올 수 있는 코드입니다.

리팩터링: 암묵적 인자를 드러내기

함수 이름에 있는 암묵적 인자를 어떻게 명시적인 함수 인자로 바꿀 수 있을까요? **암묵적 인자를 드러내기**express implicit argument 리팩터링은 암묵적 인자가 일급 값이 되도록 함수에 인자를 추가합니다. 이렇게 하면 잠재적 중복을 없애고 코드의 목적을 더 잘 표현할 수 있습니다.

단계

1. 함수 이름에 있는 암묵적 인자를 확인합니다.
2. 명시적인 인자를 추가합니다.
3. 함수 본문에 하드 코딩된 값을 새로운 인자로 바꿉니다.
4. 함수를 호출하는 곳을 고칩니다.

리팩터링: 함수 본문을 콜백으로 바꾸기

언어 문법 중 어떤 문법은 일급이 아닙니다. **함수 본문을 콜백으로 바꾸기**replace body with callback 리팩터링으로 함수 본문에 어떤 부분(비슷한 함수에 있는 서로 다른 부분)을 콜백으로 바꿉니다. 이렇게 하면 일급 함수로 어떤 함수에 동작을 전달할 수 있습니다. 이 방법은 원래 있던 코드를 고차 함수로 만드는 강력한 방법입니다.

단계

1. 함수 본문에서 바꿀 부분의 앞부분과 뒷부분을 확인합니다.
2. 리팩터링 할 코드를 함수로 빼냅니다.
3. 빼낸 함수의 인자로 넘길 부분을 또 다른 함수로 빼냅니다.

위의 세 개념을 이 장에서 설명하겠습니다. 앞으로 이 장과 나머지 장에서 계속 배워 봅시다.

마케팅팀은 여전히 개발팀과 협의해야 합니다

추상화 벽은 마케팅팀이 사용하기 좋은 API였습니다. 하지만 예상만큼 잘 안 되었습니다. 대부분은 개발팀과 협의 없이 일할 수 있었지만, 주어진 API로는 할 수 없는 일이 있어서 새로운 API를 개발팀에 요청해야 합니다. 아래는 새로운 요구사항입니다.

검색 결과: 마케팅팀에서 개발팀에 요청한 티켓 2,343개입니다.

요구사항: 장바구니에 있는 제품 값을 설정하는 기능 — 가격 설정

우선순위: 긴급!!!
다음 주 쿠폰 세일할 때 이 기능이
필요합니다.

 요청자:
최고 마케팅 관리자

 담당자:
개발팀 제나

요구사항: 장바구니에 있는 제품 개수를 설정하는 기능 — 개수 설정

우선순위: 긴급!!!!
이번 주 토요일 슈퍼 스페셜 행사에
필요합니다.

 요청자:
최고 마케팅 관리자

 담당자:
개발팀 제나

요구사항: 장바구니에 있는 제품에 배송을 설정하는 기능 — 배송 설정

우선순위: 더 긴급!
내일 있을 멋진 반값 배송 행사에
필요합니다!

 요청자:
최고 마케팅 관리자

 담당자:
개발팀 제나

모든 요구사항이 설정하는
필드만 다르고 비슷합니다.

이런 요구사항이 더 있고, 계속해서 요청이 들어오고 있습니다. 마케팅팀이 요청한 요구사항은 모두 비슷합니다. 코드로 구현해도 비슷할 것입니다. 추상화 벽이 이런 것을 막아주는 것 아니었나요? 원래 마케팅팀은 데이터 구조에 직접 접근할 수 있었지만, 이제는 개발팀이 구현해 주기를 기다려야 합니다. 마케팅팀은 개발팀을 기다리지 않고 일 할 수 있었습니다. 하지만 이제는 추상화 벽이 잘 동작하지 않는 것 같습니다.

코드의 냄새: 함수 이름에 있는 암묵적 인자

마케팅팀은 마케팅 행사를 위해 장바구니에 제품을 변경해야 합니다. 예를 들어 어떤 제품은 무료 배송을 해야 하고, 어떤 제품은 가격을 0으로 설정해야 합니다. 개발팀은 요구사항에 맞춰 열심히 함수를 만들었습니다. 하지만 모든 함수가 비슷합니다. 아래는 개발팀이 만든 비슷하게 생긴 함수들입니다.

```javascript
function setPriceByName(cart, name, price) {
  var item = cart[name];
  var newItem = objectSet(item, 'price', price);
  var newCart = objectSet(cart, name, newItem);
  return newCart;
}
```

```javascript
function setQuantityByName(cart, name, quant) {
  var item = cart[name];
  var newItem = objectSet(item, 'quantity', quant);
  var newCart = objectSet(cart, name, newItem);
  return newCart;
}
```

이 함수들은 이 문자열만 다릅니다.

```javascript
function setShippingByName(cart, name, ship) {
  var item = cart[name];
  var newItem = objectSet(item, 'shipping', ship);
  var newCart = objectSet(cart, name, newItem);
  return newCart;
}
```

```javascript
function setTaxByName(cart, name, tax) {
  var item = cart[name];
  var newItem = objectSet(item, 'tax', tax);
  var newCart = objectSet(cart, name, newItem);
  return newCart;
}
```

문자열이 함수 이름에 그대로 들어있습니다.

문자열이 함수 이름에 그대로 들어있습니다.

참고하기 위해 6장에서 만든 objectSet() 함수를 가져왔습니다. 이 함수를 보고 어떤 함수였는지 떠올려 봅시다.

```javascript
function objectSet(object, key, value) {
  var copy = Object.assign({}, object);
  copy[key] = value;
  return copy;
}
```

이 코드는 코드 냄새로 가득합니다. 자세히 보면 밑줄 친 부분에서 냄새가 많이 납니다. 분명하게 알 수 있는 문제는 중복입니다. 여기 있는 함수는 거의 똑같이 생겼습니다. 또 다른 냄새는 분명하게 보이지 않지만 함수들의 차이점, 즉 필드를 결정하는 문자열이 함수 이름에 있다는 것입니다. 함수 이름에 있는 일부가 인자처럼 동작하는 것 같습니다. 그래서 이 냄새를 **함수 이름에 있는 암묵적 인자**implicit argument in function name라고 부릅니다. 값을 명시적으로 전달하지 않고 함수 이름의 일부로 '전달'하고 있습니다.

 냄새를 맡는 법

함수 이름에 있는 암묵적 인자(implicit argument in function name) 냄새는 두 가지 특징을 보입니다.

1. 함수 구현이 거의 똑같습니다.
2. 함수 이름이 구현의 차이를 만듭니다.

함수 이름에서 서로 다른 부분이 암묵적 인자입니다.

 용어 설명

코드의 냄새는 더 큰 문제를 가져올 수 있는 코드입니다.

말풍선 (왼쪽 남성): 이제 더 이상 추상화 벽을 믿지 못하겠어! 결국 우리는 냄새가 나는 코드를 만들었어!

말풍선 (오른쪽 여성): 걱정하지 마세요! 이 문제는 해결할 수 있고 추상화 벽도 계속 쓸 수 있습니다.

최고 마케팅   개발팀   개발팀 킴

CMO: 코드에서 냄새가 나요?

제나: 뭐, 그렇다고 할 수 있지요. 코드에 뭔가 확인이 필요하다는 말입니다. 정말 이상한 코드는 아니지만, 나중에 문제가 될 수도 있는 코드입니다.

킴: 네! 이 코드는 확실히 냄새가 납니다. 중복 코드가 많아요.

제나: 맞아요, 코드가 거의 똑같습니다. 그런데 어떻게 중복을 없애야 할지 모르겠어요. 가격과 수량을 설정할 수 있어야 하는데 둘은 다르지 않나요?

킴: 중복이라는 말에서 알 수 있는 것은 코드가 거의 차이가 없다는 말입니다. 다른 점은 'price' 그리고 'quantity', 'tax'와 같은 필드명인 문자열입니다.

제나: 그러네요! 이 문자열은 함수 이름에도 있어요.

킴: 맞아요. 인자로 필드명을 넘기는 대신 함수 이름의 일부분이 되어 있는 것이 바로 코드의 냄새입니다.

CMO: 그래서 고칠 수 있다는 건가요?

킴: 네. 모든 함수를 하나의 함수로 리팩터링 할 수 있는 방법을 알고 있습니다. 필드명을 일급으로 만들면 됩니다.

CMO: 일급이요? 기차표에서 말하는 일급처럼요?

킴: 음, 비슷한 것 같아요. 필드명이 인자가 된다고 생각하면 됩니다. 일급이라는 말은 나중에 다시 설명하겠습니다.

리팩터링: 암묵적 인자를 드러내기

함수 이름의 일부가 암묵적 인자로 사용되고 있다면 **암묵적 인자를 드러내기**express implicit argument 리팩터링을 사용할 수 있습니다. 기본적인 아이디어는 암묵적 인자를 명시적인 인자로 바꾸는 것입니다. **드러낸다**express라는 의미가 암묵적인 것을 명시적으로 바꾼다는 것을 말합니다. 아래는 리팩터링 단계입니다.

1. 함수 이름에 있는 암묵적 인자를 확인합니다.

2. 명시적인 인자를 추가합니다.

3. 함수 본문에 하드 코딩된 값을 새로운 인자로 바꿉니다.

4. 함수를 부르는 곳을 고칩니다.

원래 가격만 설정하는 setPriceByName() 함수를 어떤 필드값이든 설정할 수 있는 setFieldByName() 함수로 리팩터링해 봅시다.

> 원래 인자는 더 일반적인 이름으로 바꿉니다.

> 명시적인 인자를 추가합니다.

리팩터링 전

> 함수 이름에 있는 price가 암묵적 인자입니다.

```
function setPriceByName(cart, name, price) {
  var item = cart[name];
  var newItem = objectSet(item, 'price', price);
  var newCart = objectSet(cart, name, newItem);
  return newCart;
}
```

```
cart = setPriceByName(cart, "shoe", 13);
cart = setQuantityByName(cart, "shoe", 3);
cart = setShippingByName(cart, "shoe", 0);
cart = setTaxByName(cart, "shoe", 2.34);
```

> 호출하던 곳을 고칩니다.

리팩터링 후

```
function setFieldByName(cart, name, field, value) {
  var item = cart[name];
  var newItem = objectSet(item, field, value);
  var newCart = objectSet(cart, name, newItem);
  return newCart;
}
```

> 새로운 인자를 사용합니다.

```
cart = setFieldByName(cart, "shoe", 'price', 13);
cart = setFieldByName(cart, "shoe", 'quantity', 3);
cart = setFieldByName(cart, "shoe", 'shipping', 0);
cart = setFieldByName(cart, "shoe", 'tax', 2.34);
```

> 값에는 큰따옴표를 쓰고 키에는 작은따옴표를 썼습니다. 만약 'shoe'처럼 키로도 쓰고 값으로도 쓴다면 큰따옴표를 사용합니다.

리팩터링으로 비슷한 함수를 모두 일반적인 함수 하나로 바꿨습니다. 이제 일반적인 setFieldByName() 함수가 있기 때문에 많은 함수가 없어도 됩니다.

리팩터링으로 필드명을 일급 값으로 만들었습니다. 리팩터링 전에는 필드명이 함수 이름에 암묵적으로 있었고 API로도 제공되지 않았습니다. 하지만 이제 암묵적인 이름은 인자로 넘길 수 있는 값(여기서는 문자열)이 되었습니다. 값은 변수나 배열에 담을 수 있습니다. 그래서 **일급**first-class이라고 부릅니다. 일급 값은 언어 전체에 어디서나 쓸 수 있습니다. 일급으로 만드는 것이 이번 장의 주제입니다.

필드명을 문자열로 넘기는 것은 안전하지 않다고 느낄지도 모릅니다. 이 부분은 뒤에서 자세히 다루겠습니다. 지금은 하던 것을 계속 진행해 봅시다.

 **용어 설명**

일급 값(first-class value)은 언어에 있는 다른 값처럼 쓸 수 있습니다.

최고 마케팅　　　　　　　　개발팀　　　　　　　　개발팀 킴

CMO: 이제 필드에 값을 설정해야 할 때 개발팀에 티켓을 요청할 필요가 없나요?

제나: 네, 이제 요청하지 않으셔도 돼요. 필요하다면 어떤 필드에나 접근할 수 있고 사용할 필드를 문자열로 넘기면 됩니다.

CMO: 그런데 어떤 필드명이 있는지 어떻게 알 수 있나요?

킴: 아! 그건 쉽습니다. 어떤 필드명을 쓸 수 있는지 API 문서로 정리하겠습니다. 추상화 벽에서 정의한 것처럼요.

CMO: 음... 이 방법이 마음에 드는 것 같습니다. 그런데 질문이 하나 있습니다. 개발팀에서 장바구니나 제품에 새로운 필드를 추가하면 어떻게 되나요?

제나: 새로 필드를 추가해도 원래 함수는 잘 동작합니다. 저희가 새로운 필드를 추가하면 필드명을 알려줄 것이고 새로운 필드명을 원래 사용하던 것처럼 쓰시면 됩니다.

CMO: 알겠습니다. 더 쉬워진 것 같네요.

킴: 정말 더 편할 거예요! 함수를 여러 개 알고 있어야 했는데 이제 함수 하나와 필드명만 알면 됩니다. 또 새로 필드를 추가할 때 요청하지 않아도 됩니다!

원래 API 사용법

```
function setPriceByName(cart, name, price)

function setQuantityByName(cart, name, quant)

function setShippingByName(cart, name, ship)

function setTaxByName(cart, name, tax)

...
```

새로운 API 사용법

```
function setFieldByName(cart, name, field,
value)
```

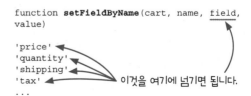

'price'
'quantity'
'shipping'
'tax'
...

이것을 여기에 넘기면 됩니다.

일급인 것과 일급이 아닌 것을 구별하기

자바스크립트에는 일급이 아닌 것과 일급인 것이 섞여 있습니다.
다른 언어를 사용해도 마찬가지입니다.

자바스크립트에서 숫자로 할 수 있는 것을 생각해 봅시다. 숫자는 함수에 인자로 넘길 수 있고 함수의 리턴값으로 받을 수 있습니다. 또 변수에 넣을 수 있고 배열이나 객체의 항목으로 넣을 수도 있습니다. 문자열이나 불리언값, 배열, 객체도 비슷하게 할 수 있습니다. 자바스크립트나 다른 많은 언어에서 함수 역시 비슷하게 쓸 수 있습니다. 이런 식으로 쓸 수 있는 값을 일급이라고 합니다.

아직 뭘 하고 있는지 잘 모르겠네요.

테스트 담당

자바스크립트에는 일급 값이 아닌 것도 많이 있습니다. 예를 들어 + 연산자는 변수에 담을 방법이 없습니다. * 연산자도 함수의 인자로 넘길 수 없습니다. 자바스크립트에서 수식 연산자는 일급이 아닙니다.

일급이 아닌 것은 더 있습니다. if 키워드는 어떨까요? for 키워드 같은 것도요. 이런 것은 자바스크립트에서 값이 아니기 때문에 일급이 아닌 것이라고 합니다. 언어의 부족함을 이야기하려고 하는 것은 아닙니다. 대부분의 언어가 일급이 아닌 것을 가지고 있습니다. 중요한 것은 일급이 아닌 것을 일급으로 바꾸는 방법을 아는 것입니다.

> ### 자바스크립트에서 일급이 아닌 것
> 1. 수식 연산자
> 2. 반복문
> 3. 조건문
> 4. try/catch 블록

아래는 이전 페이지에서 했던 것입니다.

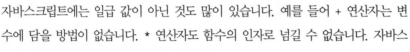

```
function setPriceByName(cart, name, price)
function setFieldByName(cart, name, field, value)
```

이름을 참조할 수 있는 방법이 없기 때문에 이름을 인자로 만들었습니다.

자바스크립트에서 함수명 일부를 값처럼 쓸 수 있는 방법은 없습니다. 함수명은 일급이 아니기 때문입니다. 그래서 함수명의 일부를 인자로 바꿔 일급으로 만들었습니다. 자바스크립트는 객체 필드에 접근할 때 문자열을 사용할 수 있습니다. 앞에서 한 리팩터링으로 부족하지만 우리가 가진 문제를 잘 해결할 수 있었습니다.

> ### 일급으로 할 수 있는 것
> 1. 변수에 할당
> 2. 함수의 인자로 넘기기
> 3. 함수의 리턴값으로 받기
> 4. 배열이나 객체에 담기

이 장의 나머지와 파트 II에서 이와 같은 패턴을 계속 알아보겠습니다. 일급이 아닌 것을 찾고 그것을 일급으로 바꿔 보겠습니다. 그렇게 하면 문제를 해결할 수 있는 새로운 능력을 얻을 수 있습니다. 일급으로 바꾸는 기술은 함수형 프로그래밍에서 중요합니다. 이 기술을 시작으로 함수형 프로그래밍 패턴의 세련된 기술을 더 많이 알 수 있을 것입니다.

필드명을 문자열로 사용하면 버그가 생기지 않을까요?

조지는 문자열이 일을 망치지 않을까 걱정하고 있습니다. '문자열에 오타가 있으면 어떻게 될까?'

충분히 걱정할 만한 일입니다. 이 문제를 해결하는 것이 좋을 것 같습니다. 문제를 해결할 수 있는 방법은 두 가지가 있습니다. 하나는 컴파일 타임에 검사하는 것과 다른 하나는 런타임에 검사하는 것입니다.

이런! 필드명을 문자열로 사용한다고요? 휴가 동안에 피자 없이 지내는 것보다 더 심각한 문제가 될 것 같아요.

테스트 담당

컴파일 타임에 검사하는 방법은 주로 정적 타입 시스템에서 사용하는 방법입니다. 자바스크립트는 정적 타입 시스템 언어가 아니지만 타입스크립트TypeScript와 같은 것을 사용할 수 있습니다. 타입스크립트로 문자열이 사용할 수 있는 필드인지 확인할 수 있습니다. 만약 오타가 있다면 타입 검사기가 코드를 실행하기 전에 알려줄 것입니다.

많은 정적 타입 시스템 언어에서 필드명이 올바른지 확인하기 위해 타입 시스템을 사용할 수 있습니다. 예를 들어 자바에서는 Enum 타입을 하스켈에서는 합 타입*으로 표현할 수 있습니다. 언어마다 타입 시스템이 다르기 때문에 언어에 맞는 최선의 방법을 찾으면 됩니다.

런타임 검사는 컴파일 타임에 동작하지 않습니다. 함수를 실행할 때마다 동작합니다. 전달한 문자열이 올바른 문자열인지 확인합니다. 자바스크립트는 정적 타입 언어가 아니기 때문에 런타임 검사 방법을 사용하겠습니다. 아래는 런타임 검사 방법으로 필드명이 올바른지 확인하는 코드입니다.

```
var validItemFields = ['price', 'quantity', 'shipping', 'tax'];

function setFieldByName(cart, name, field, value) {
  if(!validItemFields.includes(field))
    throw "Not a valid item field: " +
        "'" + field + "'.";
  var item = cart[name];
  var newItem = objectSet(item, field, value);
  var newCart = objectSet(cart, name, newItem);
  return newCart;
}

function objectSet(object, key, value) {
  var copy = Object.assign({}, object);
  copy[key] = value;
  return copy;
}
```

여기에 접근 가능한 필드를 추가합니다.

6장에서 objectSet() 함수를 정의했습니다.

필드가 일급이기 때문에 런타임에 확인하는 것은 쉽습니다.

🍜 **생각해 보기**

자바스크립트는 필드명이나 함수명을 검사하지 않습니다. 필드에 접근할 때 함수를 사용하는 것이 문자열보다 안전하다는 조지의 생각은 맞을까요?

---

* 대수적 데이터 타입(algebraic data type) 중 하나이며 Enum과 비슷하게 사용할 수 있습니다.

일급 필드를 사용하면 API를 바꾸기 더 어렵나요?

제나는 엔티티entity 필드명을 일급으로 만들어 사용하
는 것이 세부 구현을 밖으로 노출하는 것이 아닌
지 걱정하고 있습니다. 장바구니와 제품은 어떤
필드명과 함께 추상화 벽 아래에서 정의한 객체
입니다. 추상화 벽 아래에서 정의한 필드명이 추
상화 벽 위에 있는 사람들에게 전달되는 것은 추상화
벽의 원칙을 위반하는 것이 아닐까요? 또 API 문서에 필드명을 명시하면 영
원히 필드명을 바꾸지 못하는 것이 아닌가요?

> 마케팅의 문제를 해결할 수
> 있어서 이 방법은 참 좋은 것 같습니다.
> 하지만 이렇게 하면 API를 고치기 너무
> 힘들지 않나요?

개발팀

맞습니다. 필드명은 계속 유지해야 합니다. 하지만 구현이 외부에 노출된 것은 아닙니
다. 만약 내부에서 정의한 필드명이 바뀐다고 해도 사용하는 사람들이 원래 필드명을
그대로 사용하게 할 수 있습니다. 내부에서 그냥 바꿔 주면 됩니다.

예를 들어 'quantity' 필드명이 어떤 이유로 'number'라는 이름으로 바뀌었다고 생각
해 봅시다. 코드 전체를 바꾸지 않고 추상화 벽 위에서 'quantity' 필드명을 그대로 사
용하고 싶다면 내부에서 간단히 필드명을 바꿔 주면 됩니다.

```
var validItemFields = ['price', 'quantity', 'shipping', 'tax', 'number'];
var translations = { 'quantity': 'number' };

function setFieldByName(cart, name, field, value) {
  if(!validItemFields.includes(field))
    throw "Not a valid item field: '" + field + "'.";
  if(translations.hasOwnProperty(field))
    field = translations[field];
  var item = cart[name];
  var newItem = objectSet(item, field, value);
  var newCart = objectSet(cart, name, newItem);
  return newCart;
}
```

원래 필드명을 새로운 필드명으로
단순히 바꿔 줍니다.

이런 방법은 필드명이 일급이기 때문에 할 수 있는 것입니다. 필드
명이 일급이라는 말은 객체나 배열에 담을 수 있다는 뜻입니다. 그
리고 언어에 모든 기능을 이용해서 필드명을 처리할 수 있습니다.

🍜 생각해 보기

함수 이름에 있던 필드명은 이
제 문자열로 공개하고 있습니
다. 필드명이 바뀌어도 함수명
은 바뀌지 않아도 됩니다. 문자
열로 필드명을 공개하는 것과
함수 이름에 넣는 것이 어떻게
다를까요? 또 같은 점은 무엇일
까요?

지루하고 단순한 문제를 한번 풀어 보겠습니다. 팀에 누군가가 **함수 이름에 있는 암묵적 인자** 냄새가 나는 코드를 만들었습니다. **암묵적 인자를 드러내기** 리팩터링으로 중복을 없애 봅시다.

```javascript
function multiplyByFour(x) {
  return x * 4;
}

function multiplyBy12(x) {
  return x * 12;
}
```

```javascript
function multiplyBySix(x) {
  return x * 6;
}

function multiplyByPi(x) {
  return x * 3.14159;
}
```

여기에 코드를 써보세요.

리팩터링 단계

1. 함수 이름에 있는 암묵적 인자를 확인합니다.
2. 명시적인 인자를 추가합니다.
3. 함수 본문에 하드 코딩된 값을 새로운 인자로 바꿉니다.
4. 함수를 호출하는 곳을 고칩니다.

연습 문제에서는 호출하는 곳이 없기 때문에 넘어가도 됩니다.

정답

```javascript
function multiply(x, y) {
  return x * y;
}
```

아래는 UI팀에서 사용하는 코드입니다. 장바구니 화면에서 제품의 수량을 늘리거나, 옷 사이즈를 늘리는 버튼에 사용하는 코드입니다.

```
function incrementQuantityByName(cart, name) {
  var item = cart[name];
  var quantity = item['quantity'];
  var newQuantity = quantity + 1;
  var newItem = objectSet(item, 'quantity', newQuantity);
  var newCart = objectSet(cart, name, newItem);
  return newCart;
}
```
암묵적 인자

```
function incrementSizeByName(cart, name) {
  var item = cart[name];
  var size = item['size'];
  var newSize = size + 1;
  var newItem = objectSet(item, 'size', newSize);
  var newCart = objectSet(cart, name, newItem);
  return newCart;
}
```

함수명에 있는 'quantity'와 'size'는 필드명입니다. **암묵적 인자를 드러내기** 리팩터링으로 중복을 없애 봅시다.

여기에 코드를 써보세요.

리팩터링 단계

1. 함수 이름에 있는 암묵적 인자를 확인합니다.

2. 명시적인 인자를 추가합니다.

3. 함수 본문에 하드 코딩된 값을 새로운 인자로 바꿉니다.

4. 함수를 호출하는 곳을 고칩니다.

연습 문제에서는 호출하는 곳이 없기 때문에 넘어가도 됩니다.

```
function incrementFieldByName(cart, name, field) {
  var item = cart[name];
  var value = item[field];
  var newValue = value + 1;
  var newItem = objectSet(item, field, newValue);
  var newCart = objectSet(cart, name, newItem);
  return newCart;
}
```

개발팀은 API를 사용하는 사람이 지원하지 않는 필드의 값을 증가시키기 위해 이 함수를 사용하지 않을까 걱정하고 있습니다. 예를 들어 제품에 있는 price나 name 같은 필드는 이 함수를 사용해서 값을 늘릴 수 없습니다! 이 문제를 해결하기 위해 런타임 체크를 추가해 봅시다. 필드명이 'size'나 'quantity'가 아니라면 예외를 만들어 봅시다. 런타임 체크 코드는 함수 시작 부분에 넣으면 됩니다. 런타임 체크를 만들어 보세요.

```
function incrementFieldByName(cart, name, field) {



                                            여기에 답을 적어 보세요.




  var item = cart[name];
  var value = item[field];
  var newValue = value + 1;
  var newItem = objectSet(item, field, newValue);
  var newCart = objectSet(cart, name, newItem);
  return newCart;
}
```

정답

```
function incrementFieldByName(cart, name, field) {
  if(field !== 'size' && field !== 'quantity')
    throw "This item field cannot be incremented: " +
          "'" + field + "'.";
  var item = cart[name];
  var value = item[field];
  var newValue = value + 1;
  var newItem = objectSet(item, field, newValue);
  var newCart = objectSet(cart, name, newItem);
  return newCart;
}
```

객체와 배열을 너무 많이 쓰게 됩니다

해시 맵은 속성과 값을 잘 표현할 수 있기 때문에 장
바구니 제품을 해시 맵으로 표현했습니다. 자바
스크립트에서는 객체가 해시 맵과 같은 기능을
해줍니다. 물론 다른 언어를 사용한다면 다른 기
능을 사용해야 할 것입니다. 하스켈과 같은 언어에
서는 대수적 데이터 타입algebraic data type을 사용하는 것이
적합할 것입니다. 또 자바를 사용한다면 일급 값인 해시 맵을 사용할 수 있
습니다. 루비처럼 객체 지향 언어는 접근자를 일급으로 다루기 쉽습니다. 모든 언어가
다르기 때문에 언어에 맞는 결정을 해야 합니다. 하지만 자바스크립트를 사용한다면
전보다 객체를 더 많이 쓴다고 느낄 수 있습니다.

일급 필드를 사용하면 코드에
자바스크립트 객체를 너무 많이
사용하는 것 같아요.

개발팀 킴

중요한 것은 데이터를 사용할 때 임의의 인터페이스로 감싸지 않고
그대로 사용하고 있다는 점입니다. 인터페이스를 잘 만들면 데이터
를 정해진 방법으로만 쓸 수 있습니다. 하지만 장바구니와 제품 엔
티티는 매우 일반적입니다. 호출 그래프를 보면 가장 아래 있습니
다. 장바구니와 제품 엔티티는 커스텀 API처럼 구체적인 것보다는
낮은 곳에 위치합니다. 그래서 장바구니와 제품 엔티티에 일반적인
데이터 구조인 객체와 배열을 사용하는 것입니다.

> 장바구니와 제품처럼 일반적인
> 엔티티는 객체와 배열처럼 일반
> 적인 데이터 구조를 사용해야 합
> 니다.

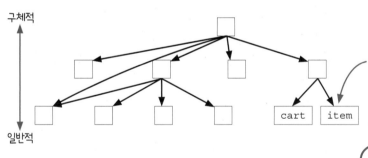

이 엔티티는 일반적이고 재사용할 수
있어야 하기 때문에 일반적인 형식인
객체와 배열을 사용해야 합니다.

데이터를 데이터 그대로 사용하는 것의 중요한 장점은 여러 가지 방
법으로 해석할 수 있다는 점입니다. 제한된 API로 정의하면 데이터
를 제대로 활용할 수 없습니다. 데이터가 미래에 어떤 방법으로 해
석될지 미리 알 수 없기 때문에 필요할 때 알맞은 방법으로 해석할
수 있어야 합니다.

  용어 설명

데이터 지향(data orientation)
은 이벤트와 엔티티에 대한 사
실을 표현하기 위해 일반 데이터
구조를 사용하는 프로그래밍 형
식입니다.

이것이 **데이터 지향**data orientation이라고 하는 중요한 원칙입니다. 그리고 이 책에서 이 원칙을 계속 사
용할 것입니다. 9장에서 본 것처럼 필요하다면 언제든지 인터페이스를 추가할 수 있습니다.

정적 타입 vs 동적 타입

소프트웨어 엔지니어링에서 정적 타입과 동적 타입 또는 컴파일 타임 검사와 런타임 검사에 대한 논쟁은 오래되었습니다. 컴파일할 때 타입을 검사하는 언어를 **정적 타입**statically typed 언어라고 부릅니다. 그리고 컴파일할 때 타입 검사를 하지 않지만 런타임에 타입을 확인하는 언어를 **동적 타입**dynamically typed 언어라고 합니다. 수십 년이 흘렀지만 이 논쟁은 아직도 뜨겁습니다. 특히 함수형 프로그래밍 커뮤니티에서는 더욱더 논쟁이 뜨겁습니다.

사실 정답은 없습니다. 정적 타입과 동적 타입은 양쪽 모두 타당한 이유가 있습니다. 이 책에서 이 오래된 문제를 해결할 수는 없습니다. 둘 다 장단점이 있어 어느 것이 더 좋은지 가릴 수 없음을 이해하는 것이 중요합니다. 두 시스템을 충분히 이해하고 한쪽이 다른 쪽 보다 소프트웨어의 품질이 더 좋다는 결론을 내려도 이 문제는 명확하게 해결할 수 없을 것입니다. 예를 들어 어떤 연구에서는 정적 타입 언어와 동적 타입 언어를 구분하는 것보다 소프트웨어 품질을 위해 숙면을 하는 것이 더 중요하다고 합니다(https://increment.com/teams/the-epistemology-of-software-quality/).

여기서 짚고 넘어가야 할 것이 있습니다. 이 책의 예제가 자바스크립트로 되어 있다는 점입니다. 자바스크립트는 동적 타입 언어입니다. 이 책이 자바스크립트를 사용한다고 해서 자바스크립트나 동적 타입 언어가 더 좋다는 의미는 아닙니다. 이 책에서 자바스크립트를 쓰는 이유는 자바스크립트가 대중적인 언어이고 친숙한 문법을 가지고 있어 많은 사람이 이해하기 쉽기 때문입니다. 그리고 정적 타입 언어로 설명하면 타입 시스템도 배워야 하므로 함수형 프로그래밍 패러다임과 함께 배울 것이 너무 많아집니다.

다른 측면에서 생각해 볼 문제도 있습니다. 정적 타입과 동적 타입에 대한 논쟁에서 언어가 가진 타입 시스템의 차이를 생각하지 않는다는 것입니다. 좋은 정적 타입 시스템을 가진 언어도 있고, 나쁜 정적 타입 시스템을 가진 언어도 있습니다. 또 좋은 동적 타입 시스템을 가진 언어와 나쁜 정적 타입 시스템을 가진 언어도 있습니다. 이렇게 타입 시스템의 형태만 가지고 비교하는 것은 바람직하지 않습니다. 한쪽 시스템이 다른 쪽 시스템보다 무조건 좋다고 말할 수는 없습니다.

그럼 우리는 어떻게 해야 할까요? 여러분과 여러분의 팀이 선택한 언어가 편하다면 걱정하지 말고 계속 사용하시면 됩니다. 그리고 잠을 더 자는 것이 좋겠네요.

모두 문자열로 통신합니다

네 맞습니다! 문자열을 쓰면 오류가 있을 수 있
습니다. 그런데 조금 더 생각해 봅시다.

많은 동적 타입 언어가 데이터 구조에 있
는 필드를 문자열로 표현하고 전송합니다.
자바스크립트나 루비, 클로저, 파이썬이 유명합

> 잠깐만요! 지금 문자열을
> 전송하겠다는 말인가요? 문자열은
> 아무거나 써도 되고 오타가
> 있을지도 모릅니다.

개발팀

니다. 오타나 잘못된 문자열로 인한 에러가 종종 발생하는 것도 맞습니다. 하
지만 동적 언어로 만든 수십억 어쩌면 조 단위의 금액을 다루는 많은 비즈니스
시스템이 잘 운영되고 있습니다. 우리도 문자열을 사용할 수 있습니다.

하지만 문자열에 관한 문제는 우리가 생각하는 것보다 조금 더 깊이 들여다볼
필요가 있습니다. 웹 브라우저는 서버로 JSON을 보냅니다. JSON은 단순한 문
자열입니다. 서버는 JSON 문자열을 받아 해석하고 JSON이 올바를 것이라고 기대합니다. 만약
올바른 JSON 문서라면 데이터 구조를 이해할 수 있을 것으로 기대합니다.

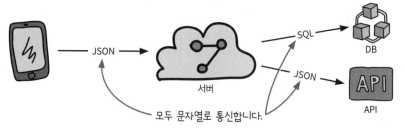

웹 서버와 데이터베이스가 통신하는 것도 마찬가지입니다. 웹 서버는 명령어를 데이터베이스로
전달하기 위해 문자열로 직렬화해야 합니다. 그리고 데이터베이스는 받은 명령어를 해석하고
실행합니다. 역시 통신 과정에 있는 것은 모두 문자열입니다. 데이터 형식에 타입이 있다고 해
도 역시 바이트일 뿐입니다. 여기에도 오타나 악의적인 의도로 잘못된 문자열을 넣을 수 있는
가능성은 많이 있습니다.

API는 클라이언트에게 받은 데이터를 런타임에 체크해야 합니다. 이것은 정적 타입 언어를 사
용해도 마찬가지입니다. 정적 타입 언어가 할 수 있는 것은 시스템에 있는 어떤 코드가 가진 타
입이 일관되도록 보장해 주는 일입니다.

그럼 정적 타입 언어는 쓰지 않아야 하나요? 그것은 아닙니다. 그럼 써야 하나요? 그것도 아닙
니다. 다만 동적 타입 언어가 이런 문제를 만드는 것이 아니고 정적 타입 언어가 없어져야 할
대상이 아니라는 것을 잘 알아야 합니다. 그리고 데이터의 단점 하나를 발견할 수 있었습니다.
그것은 바로 데이터는 항상 해석이 필요하다는 것입니다.

어떤 문법이든 일급 함수로 바꿀 수 있습니다

앞에서 자바스크립트에는 일급이 아닌 것이 많다고 말씀드렸습니다. + 연산자는 변수에 할당할 수 없습니다. 하지만 + 연산자와 같은 함수를 만들 수 있습니다.

```
function plus(a, b) {
  return a + b;
}
```

자바스크립트에서 함수는 일급 값입니다. 위 코드는 + 연산자를 일급 값으로 만든 것입니다. 단순히 + 연산자를 하는 함수이기 때문에 쓸데없는 함수라고 생각할 수도 있습니다. 하지만 앞으로 이런 일급 함수를 추가해 사용하는 예를 많이 살펴볼 것입니다. 일급으로 만들면 강력한 힘이 생긴다는 것을 기억하세요. 우리는 이 힘을 가지고 많은 문제를 해결할 수 있습니다.

*나 -, / 같은 다른 연산자도 일급으로 만들어 보세요. 함수로 감싸면 됩니다.

*   -

/

![정답](정답 아이콘) **정답**

```
function times(a, b) {              function minus(a, b) {
  return a * b;                       return a - b;
}                                  }

function dividedBy(a, b) {
  return a / b;
}
```

최고 마케팅   개발팀   개발팀 킴

CMO: 정말 할 수 있을까요? 아시는 것처럼 저희는 개발자가 아니고 마케터입니다. 반복문 같은 것을 직접 만들면 오류가 많이 생길 것 같아요. 농담이 아닙니다.

제나: 어떻게 반복문을 안 쓰게 할 수 있죠? 아! 제가 생각해 볼게요. 반복문을 일급으로 만들면 될 것 같습니다.

킴: 맞을 수도 있고, 아닐 수도 있습니다. 맞다면 반복문을 말 그대로 일급으로 만들 것입니다. 그리고 아니라고 한다면 마케팅팀에 도움을 줄 수 없게 되겠죠. 저희는 일급 함수를 인자로 받는 함수를 만들어 마케팅팀에 줄 것입니다. 다른 말로 **고차 함수**higher-order function를 만든다고 합니다.

CMO: 참고로 저는 일급이나 고차와 같은 말이 무슨 말인지 모릅니다.

킴: 두 단어는 관계가 있습니다. **일급**first-class은 인자로 전달할 수 있다는 말입니다. 그리고 **고차**higher-order라는 말은 함수가 다른 함수를 인자로 받을 수 있다는 말입니다. 일급 함수가 없다면 고차 함수를 만들 수 없습니다.

CMO: 네, 조금 알 것 같습니다. 저희 팀 사람들이 반복문 문법을 봤을 때 당황하지 않았으면 합니다. 정말 반복문을 다시 만들지 않도록 할 수 있을까요?

킴: 물론입니다! 제가 그렇게 할 수 있도록 하는 리팩터링을 알고 있습니다. 바로 본문을 **콜백으로 바꾸기**replace body with callback라는 리팩터링입니다.

> 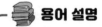 **용어 설명**
>
> **고차 함수**(higher-order function)는 인자로 함수를 받거나 리턴 값으로 함수를 리턴할 수 있는 함수를 말합니다.

반복문 예제: 먹고 치우기

배열을 순회하는 일반적인 반복문을 살펴봅시다. 첫 번째 반복문은 음식을 준비하고 먹는 일을 합니다. 그리고 두 번째 반복문은 지저분한 식기를 설거지합니다.

준비하고 먹기

```
for(var i = 0; i < foods.length; i++) {
  var food = foods[i];
  cook(food);
  eat(food);

}
```

설거지하기

```
for(var i = 0; i < dishes.length; i++) {
  var dish = dishes[i];
  wash(dish);
  dry(dish);
  putAway(dish);
}
```

코드가 비슷하지만 두 반복문은 하는 일이 다릅니다. 코드가 완전히 같지 않다면 두 번 호출할 수밖에 없습니다. 그럼 두 반복문에서 최대한 문법적으로 비슷한 부분을 찾아 하나로 만들어 봅시다. 만약 비슷한 부분을 찾아 하나로 만들 수 있다면 한쪽 반복문을 없앨 수 있을 것입니다. 이 과정을 하나씩 살펴보겠습니다. 만약 이 과정이 조금 느리다는 생각이 들면 넘어가도 좋습니다.

```
for(var i = 0; i < foods.length; i++) {
  var food = foods[i];
  cook(food);
  eat(food);

}
```

```
for(var i = 0; i < dishes.length; i++) {
  var dish = dishes[i];
  wash(dish);
  dry(dish);
  putAway(dish);
}
```

닫는 괄호를 포함해 이 부분은 같습니다.

최종적인 목표는 밑줄 부분을 뺀 나머지 부분을 넣을 수 있는 구멍을 만드는 일입니다. 먼저 할 일은 이 코드를 함수로 만드는 일입니다. 이렇게 하면 일이 조금 더 쉬워집니다.

설명할 수 있는 이름을 붙입니다.

```
function cookAndEatFoods() {
  for(var i = 0; i < foods.length; i++) {
    var food = foods[i];
    cook(food);
    eat(food);

  }
}

cookAndEatFoods();
```

```
function cleanDishes() {
  for(var i = 0; i < dishes.length; i++)
  {
    var dish = dishes[i];
    wash(dish);
    dry(dish);
    putAway(dish);
  }
}

cleanDishes();
```

원래처럼 동작할 수 있도록 새 함수를 호출해 줍니다.

남은 페이지가 많지 않기 때문에 다음 장에서 계속하겠습니다.

이전 페이지에서 두 반복문을 그냥 함수로 감쌌습니다. 그리고 하는 일을 보고 함수에 이름을 붙였습니다. 아래는 지금까지 작업한 코드입니다.

```
function cookAndEatFoods() {
  for(var i = 0; i < foods.length; i++) {
    var food = foods[i];
    cook(food);
    eat(food);

  }
}

cookAndEatFoods();
```

이 변수는 같은 일을 하지만 이름이 다릅니다.

```
function cleanDishes() {
  for(var i = 0; i < dishes.length; i++) {
    var dish = dishes[i];
    wash(dish);
    dry(dish);
    putAway(dish);

  }
}

cleanDishes();
```

> **함수 이름에 있는 암묵적 인자 냄새의 특징**
>
> 1. 거의 똑같이 구현된 함수가 있다.
> 2. 함수 이름이 구현에 있는 다른 부분을 가리킨다.

주목할 부분은 지역변수의 이름이 매우 구체적이라는 것입니다. 한쪽 반복문에 있는 food와 다른 쪽 반복문에 있는 dish가 그렇습니다. 이름에 대한 제약은 없기 때문에 더 일반적인 이름으로 바꿔 보겠습니다.

```
function cookAndEatFoods() {
  for(var i = 0; i < foods.length; i++) {
    var item = foods[i];
    cook(item);
    eat(item);

  }
}

cookAndEatFoods();
```

둘 다 item이라고 하겠습니다.

```
function cleanDishes() {
  for(var i = 0; i < dishes.length; i++) {
    var item = dishes[i];
    wash(item);
    dry(item);
    putAway(item);

  }
}

cleanDishes();
```

> **리팩터링 단계**
>
> 1. 함수 이름에 있는 암묵적 인자를 확인합니다.
> 2. 명시적인 인자를 추가합니다.
> 3. 함수 본문에 하드 코딩된 값을 새로운 인자로 바꿉니다.
> 4. 함수를 호출하는 곳을 고칩니다.

이 코드에서 방금 배운 함수 이름에 있는 **암묵적 인자**implicit argument in function name 냄새를 맡을 수 있습니다. 함수 안에서 배열 이름으로 쓰고 있는 foods가 함수 이름에도 있는 것을 볼 수 있습니다. 다른 함수에 있는 dishes 역시 마찬가지입니다. 암묵적 인자를 드러내기 리팩터링을 적용해 봅시다.

일반적인 이름으로 함수명을 바꿉니다.

```
function cookAndEatArray(array) {
  for(var i = 0; i < array.length; i++) {
    var item = array[i];
    cook(item);
    eat(item);

  }
}

cookAndEatArray(foods);
```

명시적인 배열 인자를 추가합니다.

인자로 전달합니다.

```
function cleanArray(array) {
  for(var i = 0; i < array.length; i++) {
    var item = array[i];
    wash(item);
    dry(item);
    putAway(item);

  }
}

cleanArray(dishes);
```

다음 페이지에서 계속 해봅시다.

지난 페이지에서 함수 이름에 있던 암묵적 인자를 명시적 인자로
바꿨습니다. 이제 두 배열 모두 array라고 씁니다. 아래는 지금까
지 작성한 코드입니다.

```javascript
function cookAndEatArray(array) {
  for(var i = 0; i < array.length; i++) {
    var item = array[i];
    cook(item);
    eat(item);

  }
}

cookAndEatArray(foods);
```

```javascript
function cleanArray(array) {
  for(var i = 0; i < array.length; i++) {
    var item = array[i];
    wash(item);
    dry(item);
    putAway(item);
  }
}

cleanArray(dishes);
```

이제 반복문 안에 있는 본문을 분리하는 일이 남았습니다. 이 부분
만 다르고 나머지는 같습니다. 반복문 안에 있는 본문이 여러 줄이
기 때문에 함수로 빼내 한 줄로 만들어 봅시다.

함수 이름에 있는 암묵적인 인자가
두 함수의 유일한 차이입니다.

```javascript
function cookAndEatArray(array) {
  for(var i = 0; i < array.length; i++) {
    var item = array[i];
    cookAndEat(item);
  }
}
```

빼낸 함수를 호출합니다.

```javascript
function cleanArray(array) {
  for(var i = 0; i < array.length; i++) {
    var item = array[i];
    clean(item);
  }
}
```

```javascript
function cookAndEat(food) {
  cook(food);
  eat(food);
}
```

빼낸 함수를 정의합니다.

```javascript
function clean(dish) {
  wash(dish);
  dry(dish);
  putAway(dish);
}
```

```javascript
cookAndEatArray(foods);
```

```javascript
cleanArray(dishes);
```

이제 반복문 안에 함수 하나만 있습니다. 그리고 함수 이름에 있는
암묵적 인자implicit argument in function name 냄새를 또다시 맡을 수
있습니다! cookAndEatArray() 함수는 cookAndEat() 함수를
부르고, cleanArray() 함수는 clean() 함수를 부릅니다. 다음
페이지에서 리팩터링을 해봅시다.

> **함수 이름에 있는 암묵적
> 인자 냄새의 특징**
> 1. 구현이 비슷하다.
> 2. 함수 이름에 다른 부분이
>   함수에서 사용된다.

지난 페이지에서 함수 이름에 있는 암묵적 인자 냄새를 찾았습니다. 두 함수는 구현이 비슷하고 함수 본문에서 함수 이름을 쓰고 있는 부분만 다릅니다.

> **함수 이름에 있는 암묵적 인자 냄새의 특징**
> 1. 구현이 비슷하다.
> 2. 함수 이름에 다른 부분이 함수에서 사용된다.

함수 이름을 인용하는 부분이 다릅니다.

```
function cookAndEatArray(array) {
  for(var i = 0; i < array.length; i++) {
    var item = array[i];
    cookAndEat(item);
  }
}
```

```
function cleanArray(array) {
  for(var i = 0; i < array.length; i++) {
    var item = array[i];
    clean(item);
  }
}
```

비슷한 함수

```
function cookAndEat(food) {
  cook(food);
  eat(food);
}
```

```
function clean(dish) {
  wash(dish);
  dry(dish);
  putAway(dish);
}
```

```
cookAndEatArray(foods);
```

```
cleanArray(dishes);
```

이제 리팩터링을 해봅시다!

일반적인 이름으로 바꿉니다.

명시적인 인자로 표현합니다.

명시적인 인자로 표현합니다.

```
function operateOnArray(array, f) {
  for(var i = 0; i < array.length; i++) {
    var item = array[i];
    f(item);
  }
}
```

```
function operateOnArray(array, f) {
  for(var i = 0; i < array.length; i++) {
    var item = array[i];
    f(item);
  }
}
```

본문에서 새 인자를 사용합니다.

```
function cookAndEat(food) {
  cook(food);
  eat(food);
}
```

```
function clean(dish) {
  wash(dish);
  dry(dish);
  putAway(dish);
}
```

호출하는 코드에 인자를 추가합니다.

호출하는 코드에 인자를 추가합니다.

```
operateOnArray(foods, cookAndEat);
```

```
operateOnArray(dishes, clean);
```

호출하는 코드에 인자를 추가합니다.

이제 원래 코드가 같아졌습니다. 다른 부분은 모두 인자로 빼냈습니다. 다른 부분은 동작해야 하는 함수와 처리할 배열입니다. 다음 페이지에서 계속 이야기를 이어가 봅시다.

> **리팩터링 단계**
> 1. 함수 이름에 있는 암묵적 인자를 확인합니다.
> 2. 명시적인 인자를 추가합니다.
> 3. 함수 본문에 하드 코딩된 값을 새로운 인자로 바꿉니다.
> 4. 함수를 호출하는 곳을 고칩니다.

지난 페이지에서 두 함수의 본질적인 기능을 똑같이 만들었습니다.

다음은 지난 페이지에서 작업한 코드입니다.

```
function operateOnArray(array, f) {          function operateOnArray(array, f) {
  for(var i = 0; i < array.length; i++) {      for(var i = 0; i < array.length; i++) {
    var item = array[i];                         var item = array[i];
    f(item);                                     f(item);
  }                                            }
}                                            }
```

같은 함수

```
function cookAndEat(food) {                  function clean(dish) {
  cook(food);                                  wash(dish);
  eat(food);                                   dry(dish);
}                                              putAway(dish);
                                             }
```

```
operateOnArray(foods, cookAndEat);           operateOnArray(dishes, clean);
```

두 함수가 같기 때문에 이제 하나를 없앨 수 있습니다. 자바스크립
트에서는 이런 함수를 forEach()라고 하므로 함수 이름도 바꿔
봅시다.

forEach() 함수가 인자로 함수를 받으므로
forEach() 함수는 고차 함수라는 것을
알 수 있습니다.

```
function forEach(array, f) {
  for(var i = 0; i < array.length; i++) {
    var item = array[i];
    f(item);
  }
}
```

```
function cookAndEat(food) {                  function clean(dish) {
  cook(food);                                  wash(dish);
  eat(food);                                   dry(dish);
}                                              putAway(dish);
                                             }
```

```
forEach(foods, cookAndEat);                  forEach(dishes, clean);
```

forEach() 함수는 배열과 함수를 인자로 받습니다. 함수를 인자로
받으므로 forEach() 함수는 **고차 함수**higher-order function입니다.

이제 끝났네요. 많은 단계를 거쳤습니다. 그럼 다음 페이지에서 바
꾸기 전과 후를 비교해 봅시다.

용어 설명

고차 함수(higher-order function)
는 인자로 함수를 받거나 리턴
값으로 함수를 리턴할 수 있습
니다.

앞에서 리팩터링을 여러 단계 거쳤습니다. 리팩터링이 많다 보니 처음에 어디에서 시작했는지 잊어버리기 쉽습니다. 큰 그림을 놓칠 수 있습니다. 원래 코드와 바꾼 코드를 함께 비교해 봅시다. 바뀐 코드에는 **익명 함수**anonymous function를 사용해 보겠습니다.

원래 코드

```
for(var i = 0; i < foods.length; i++) {
    var food = foods[i];
    cook(food);
    eat(food);
}
```

이 부분은 이제
필요 없어졌습니다.

```
for(var i = 0; i < dishes.length; i++) {
    var dish = dishes[i];
    wash(dish);
    dry(dish);
    putAway(dish);
}
```

forEach를 사용하기

```
forEach(foods, function(food) {
    cook(food);
    eat(food);
});
```

익명 함수

```
forEach(dishes, function(dish) {
    wash(dish);
    dry(dish);
    putAway(dish);
});
```

forEach() 함수는 배열 전체를 순회할 수 있는 완전한 반복문입니다. 더는 반복문을 다시 만들 필요가 없습니다. forEach() 함수는 반복문을 작성할 때 사용했던 패턴을 그대로 담고 있습니다. 이제 반복문 대신 forEach()를 쓰면 됩니다.

forEach() 함수는 고차 함수입니다. 함수를 인자로 받기 때문입니다. 고차 함수의 좋은 점은 코드를 추상화할 수 있다는 점입니다. 반복문 안에 있는 본문은 항상 다르므로 매번 반복문을 만들어야 했습니다. 하지만, 고차 함수를 사용하면 반복문에서 다른 부분만 함수로 넘겨주면 됩니다.

forEach() 함수는 꼭 배워야 할 중요한 함수입니다. 12장에서 이와 비슷한 함수를 가지고 고차 함수에 대해 더 자세히 알아보겠습니다. 이 장에서 중요하게 이야기하고 싶었던 내용은 고차 함수를 만드는 과정입니다. 앞에서 여러 리팩터링 단계를 거치면서 고차 함수를 만들었습니다. 앞에서 사용한 리팩터링은 고차 함수를 만드는 여러 가지 방법의 하나입니다. 다음은 앞에서 했던 리팩터링 단계입니다.

1. 코드를 함수로 감싸기

2. 더 일반적인 이름으로 바꾸기

3. 암묵적 인자를 드러내기

4. 함수 추출하기

5. 암묵적 인자를 드러내기

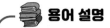 **용어 설명**

익명 함수(anonymous function)는 이름이 없는 함수입니다. 익명 함수는 필요한 곳에 **인라인**(inline)으로 쓸 수 있습니다.

너무 많은 단계가 있어서 단계를 하나로 합치면 좋을 것 같습니다. 단계를 하나로 합친 리팩터링을 **함수 본문을 콜백으로 바꾸기**replace body with callback라고 합니다. 여러 단계를 줄여서 할 수 있는 리팩터링이고 다음 페이지에서 조지가 만들고 있는 새로운 로깅 시스템에 적용해 보겠습니다.

리팩터링: 함수 본문을 콜백으로 바꾸기

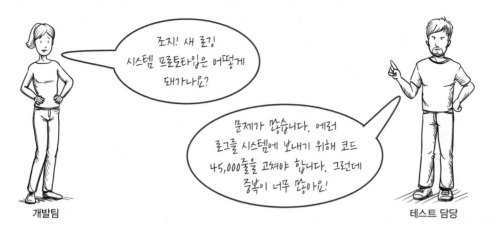

조지! 새 로깅 시스템 프로토타입은 어떻게 돼가나요?

문제가 많습니다. 에러 로그를 시스템에 보내기 위해 코드 45,000줄을 고쳐야 합니다. 그런데 중복이 너무 많아요!

개발팀

테스트 담당

제나: 안타깝네요.

조지: 네. 손목이 말썽이네요. 수천 줄의 코드를 try/catch로 감싸서 **Snap Errors**® 에러 로깅 시스템으로 에러를 보내야 합니다. 그냥 입력하는 것은 문제가 아닌데, 중복된 코드가 많아 문제입니다. try/catch 구문이 여기저기 널려있어요! try/catch 코드는 이렇게 생겼습니다.

```
try {
  saveUserData(user);
} catch (error) {
  logToSnapErrors(error);
}
```

> **Snap Errors**®
> 실수는 인간의 몫이고, Snap은 신의 몫이다.*
> **Snap Errors API 문서**
> `logToSnapErrors(error)`
> **Snap Errors**® 서비스로 error를 보냅니다. error는 코드에서 작성자가 throw하고 catch한 것이어야 합니다.

이 코드를 함수로 빼보려고 했지만 어떻게 해야 할지 모르겠습니다. try에서 catch를 분리하면 문법에 어긋나기 때문에 함수로 빼낼 수가 없어요. 절망적입니다. 중복을 없앨 수 없을 것 같아요.

제나: 오! 우연의 일치네요! 제가 방금 관련된 리팩터링 방법을 배웠거든요. **함수 본문을 콜백으로 바꾸기**replace body with callback라는 리팩터링입니다.

조지: 잘 될지 모르겠지만 뭐라도 해봐야겠어요.

제나: 도움을 드려 기쁘지만, 저도 지금 배우는 중이라서요. 코드에서 본문 앞뒤로 바뀌지 않는 부분을 찾고 리팩터링 할 본문을 찾으면 되는 것 같아요.

조지: 어! 잠시만요! 너무 빠른 것 같아요! 잠시 생각해 볼게요.

---

* [옮긴이] 영국의 시인이자 비평가인 알렉산더 포프(Alexander Pope)가 말한 '실수는 인간의 몫이고, 용서는 신의 몫이다(To err is human, to forgive divine.)'라는 말을 패러디

제나: 실행해야 할 코드의 다른 부분을 함수의 인자로 넘기는 것입니다.

조지: 네, 조금 감이 옵니다. 그런데 코드로 봐야 정확히 이해할 수 있을 것 같아요.

조니는 지난 몇 주간 중요한 코드를 try/catch로 감싸는 작업을 했습니다. 고생해서 만든 코드는 다음과 같습니다.

```
try {                        모든 곳에서 같은 형태로      try {
  saveUserData(user);        catch 구문을 사용합니다.        fetchProduct(productId);    Snap Errors API
} catch (error) {                                       } catch (error) {            함수입니다.
  logToSnapErrors(error);                                 logToSnapErrors(error);
}                                                       }
```

조지는 위 코드와 비슷한 try/catch 구문을 다음 분기에도 계속 작성할 것입니다. 하지만 제나는 **함수 본문을 콜백으로 바꾸기**라는 리팩터링으로 중복을 없앨 수 있다고 확신합니다.

코드 본문에 앞부분과 뒷부분의 패턴을 찾으면 함수 본문을 콜백으로 바꾸기 리팩터링에 다가갈 수 있습니다. 조지가 만든 코드를 다시 봅시다.

```
try {          ◄─────────  앞부분  ─────►  try {
  saveUserData(user);  ◄───  본문  ────►    fetchProduct(productId);
} catch (error) {                         } catch (error) {
  logToSnapErrors(error);  ───  뒷부분  ──►   logToSnapErrors(error);
}                                         }
```

두 코드의 앞부분과 뒷부분은 바뀌지 않습니다. 그래서 두 코드의 앞부분과 뒷부분은 정확히 같다고 할 수 있습니다. 하지만 앞뒤 사이에 본문 코드가 있습니다. 앞부분과 뒷부분은 재사용하면서 본문을 바꿀 방법이 필요합니다. 다음과 같이 할 수 있습니다.

> 두 코드의 앞부분과 뒷부분은 다르지 않습니다. 다른 부분에 '구멍'을 만들어 코드를 넣으면 됩니다.

1. 본문과 본문의 앞부분과 뒷부분을 구분합니다. ◄────── 이미 했습니다!

2. 전체를 함수로 빼냅니다.

3. 본문 부분을 빼낸 함수의 인자로 전달한 함수로 바꿉니다.

첫 번째 단계는 이미 했습니다. 나머지 두 단계를 다음 페이지에서 알아봅시다.

 용어 설명

> 자바스크립트에서 인자로 전달하는 함수를 **콜백**(callback)이라고 부릅니다. 물론 자바스크립트가 아닌 다른 커뮤니티에서도 사용하는 용어입니다. 콜백으로 전달하는 함수는 나중에 호출될 것을 기대합니다. 다른 곳에서는 **핸들러 함수**(handler function)라고도 합니다. 함수형 프로그래밍에 경험이 있는 사람이라면 인자로 전달하는 함수에 별다른 이름이 없다는 것을 알 것입니다.

지난 페이지에서 본문과 바뀌지 않는 본문의 앞부분과 뒷부분을 찾았습니다. 다음 단계는 전체를 함수로 빼내는 것입니다. 여기서 빼낸 함수 이름을 `withLogging()`이라고 합시다.

원래 코드

```
try {
  saveUserData(user);
} catch (error) {
  logToSnapErrors(error);
}
```

함수로 빼낸 코드

```
function withLogging() {
  try {
    saveUserData(user);
  } catch (error) {
    logToSnapErrors(error);
  }
}

withLogging();
```

withLogging() 함수를 만들고 부릅니다.

빼낸 함수에 이름을 붙였기 때문에 이제 이름으로 함수를 부를 수 있습니다. 다음 단계는 앞뒤 사이에 있는 본문을 인자로 빼는 것입니다.

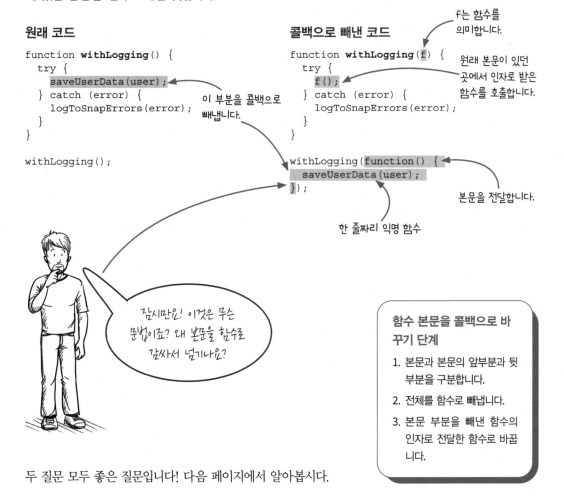

원래 코드

```
function withLogging() {
  try {
    saveUserData(user);
  } catch (error) {
    logToSnapErrors(error);
  }
}

withLogging();
```

이 부분을 콜백으로 빼냅니다.

콜백으로 빼낸 코드

```
function withLogging(f) {
  try {
    f();
  } catch (error) {
    logToSnapErrors(error);
  }
}

withLogging(function() {
  saveUserData(user);
});
```

f는 함수를 의미합니다.

원래 본문이 있던 곳에서 인자로 받은 함수를 호출합니다.

본문을 전달합니다.

한 줄짜리 익명 함수

잠시만요! 이것은 무슨 뜻입니까? 왜 본문을 함수로 감싸서 넘기나요?

함수 본문을 콜백으로 바꾸기 단계

1. 본문과 본문의 앞부분과 뒷부분을 구분합니다.
2. 전체를 함수로 빼냅니다.
3. 본문 부분을 빼낸 함수의 인자로 전달한 함수로 바꿉니다.

두 질문 모두 좋은 질문입니다! 다음 페이지에서 알아봅시다.

이것은 무슨 문법인가요?

아래는 조지가 궁금해했던 코드입니다.

```
withLogging(function() { saveUserData(user); });
```

위 코드는 함수를 정의하고 전달하는 일반적인 방법이라는 것을 곧 알 수 있습니다. 함수를 정의하는 방법에는 세 가지가 있습니다. 하나씩 알아봅시다.

용어 설명

인라인 함수(inline function)는 쓰는 곳에서 바로 정의하는 함수입니다. 예를 들어, 인자 목록에서 바로 정의하는 함수가 인라인 함수입니다.

1. 전역으로 정의하기

함수를 전역적으로 정의하고 이름을 붙일 수 있습니다. 이 방법은 함수 정의를 할 때 가장 많이 쓰는 방법입니다. 나중에 붙인 이름으로 프로그램 어디서나 쓸 수 있습니다.

```
function saveCurrentUserData() {
    saveUserData(user);                          전역으로 함수를 정의하기
}

withLogging(saveCurrentUserData);                함수 이름으로 다른
                                                 함수에 전달하기
```

2. 지역적으로 정의하기

함수를 지역 범위 안에서 정의하고 이름을 붙일 수 있습니다. 이름을 가지고 있지만, 범위 밖에서는 쓸 수 없습니다. 지역적으로 쓰고 싶지만 이름이 필요할 때 유용합니다.

```
function someFunction() {
    var saveCurrentUserData = function() {
        saveUserData(user);                      지역 범위에서만 쓸 수 있는
    };                                           이름을 붙입니다.
    withLogging(saveCurrentUserData);
}                                                함수 이름으로 다른
                                                 함수에 전달하기
```

3. 인라인으로 정의하기

함수를 사용하는 곳에서 바로 정의할 수 있습니다. 함수를 변수 같은 곳에 넣지 않기 때문에 이름이 없습니다. 그래서 **익명 함수** anonymous function라고 부릅니다. 문맥에서 한 번만 쓰는 짧은 함수에 쓰면 좋습니다.

용어 설명

익명 함수(anonymous function)는 이름이 없는 함수입니다. 익명 함수는 보통 필요한 곳에서 **인라인**(inline)으로 정의합니다.

```
withLogging(function() { saveUserData(user); });
```
이 함수는 이름이 없습니다.   쓰는 곳에서 바로 함수를 정의합니다.

앞에서 했던 것이 인라인으로 함수를 정의하는 방법이었습니다. 익명 함수를 인라인으로 만들었습니다. **익명** anonymous이라는 뜻은 이름이 필요 없어서 이름이 없다는 말입니다. **인라인** inline이라는 말은 사용하는 곳에서 바로 정의했다는 말입니다.

왜 본문을 함수로 감싸서 넘기나요?

아래는 조지가 궁금해하는 코드입니다. 조지는 `saveUserData(user)` 코드를 왜 함수로 감싸서 넘겼는지 궁금해하고 있습니다. 자세히 살펴보면서 코드를 실행하는 것과 어떻게 다른지 알아봅시다.

```
function withLogging(f) {
  try {
    f();
  } catch (error) {
    logToSnapErrors(error);     왜 함수를 만들어 이 코드를 감쌌나요?
  }
}
withLogging(function() { saveUserData(user); });
```

조지는 `try` 블록이라는 문맥 안에서 실행해야 하는 `saveUserData(user)`라는 코드가 있습니다. 이 코드는 `try/catch`로 감쌀 수도 있고 함수를 만들어 감쌀 수도 있습니다. 결국 함수를 만들어 감싼 이유는 코드가 바로 실행되면 안 되기 때문입니다. 이 코드는 마치 얼음 속에 있는 생선처럼 '보관' 되어있다고 생각할 수 있습니다. 이 방법은 함수의 실행을 미루는 일반적인 방법입니다.

```
function() {
  saveUserData(user);     감싼 함수를 호출하기 전까지
}                          실행되지 않습니다.
```

자바스크립트에서 함수는 일급이기 때문에 함수를 정의할 수 있는 방법은 여러 가지가 있습니다. 변수에 저장해서 이름을 붙일 수도 있고 배열이나 객체 같은 자료 구조에 보관할 수도 있습니다. 또는 그냥 그대로 전달할 수도 있습니다. 모두 일급이기 때문에 할 수 있는 일입니다.

이름 붙이기
```
var f = function() {
  saveUserData(user);
};
```

컬렉션에 저장하기
```
array.push(function() {
  saveUserData(user);
});
```

그냥 넘기기
```
withLogging(function() {
  saveUserData(user);
});
```

여기서는 함수에 바로 넘겼습니다. 함수 안에 담아 실행을 미뤄 전달한 함수는 선택적으로 호출될 수 있고 나중에 호출될 수도 있습니다. 또 어떤 문맥 안에서 실행할 수도 있습니다.

선택적으로 호출하기
```
function callOnThursday(f)
{
  if(today === "Thursday")
    f();       목요일에만 f()를
}              호출한다.
```

나중에 호출하기
```
function callTomorrow(f) {
  sleep(oneDay);
  f();        하루 지나서
}             f()를 호출한다.
```

새로운 문맥 안에서 호출하기
```
function withLogging(f) {
  try {
    f();
  } catch (error) {
    logToSnapErrors(error);
  }            try/catch 안에서 f()를 호출한다.
}
```

앞에서 만든 코드는 실행을 미루고 `withLogging()` 함수에서 만든 `try/catch` 문맥 안에서 실행하도록 코드를 감쌌습니다. `withLogging()` 함수는 조지네 팀에서 표준으로 사용할 코드가 되었습니다. 이 장의 뒷부분에서 이 코드를 조금 더 개선해 보겠습니다.

더 진행하기 전에 가벼운 질문을 보면서 쉬어 갑시다.

Q 본문을 콜백으로 바꾸기 리팩터링은 중복을 없애는 데 좋은 것 같습니다. 그런데 중복을 없애는 것이 전부인가요?

A 좋은 질문입니다. 어떤 의미에서는 그렇습니다. 본문을 콜백으로 바꾸기(replace body with callback) 리팩터링은 중복을 없애는 것에 관한 리팩터링입니다. 고차 함수를 사용하지 않아도 중복을 없앨 수 있습니다. 중복된 본문을 고차 함수 대신 함수 이름으로 실행하면 됩니다. 이렇게 하면 고차 함수를 사용하는 것과 같지만 일반 데이터가 아니고 함수를 실행해야 한다는 점이 다릅니다.

Q 왜 함수에 일반 데이터값으로 전달하지 않고 함수를 전달하나요?

A 이 질문도 역시 좋은 질문입니다. 앞에서 본 `try/catch` 예제에서 함수 대신 '일반적'인 데이터를 인자로 전달했다고 해봅시다. 그럼 아래와 같은 코드가 될 것입니다.

```
function withLogging(data) {
  try {
    data;
  } catch (error) {
    logToSnapErrors(error);
  }
}

withLogging(saveUserData(user));
```

> 함수 자체를 전달하지 않고 함수의 결괏값을 전달

> 이 함수는 try/catch 문맥 밖에서 부릅니다.

문제는 `saveUserData()` 함수에서 에러가 나면 어떻게 되는가 하는 것입니다. `withLogging()` 함수에 있는 `try/catch`가 처리해 줄까요?

아닙니다. `saveUserData()` 함수는 `withLogging()` 함수를 부르기 전에 예외가 발생하고 에러를 던집니다. 이 경우에는 `withLogging()` 함수에 있는 `try/catch` 구문을 써봤자 소용없습니다.

함수로 전달하는 이유는 함수 안에 있는 코드가 특정한 문맥 안에서 실행돼야 하기 때문입니다. 이 경우에 문맥은 `try/cactch`라고 할 수 있습니다. `forEach()` 함수의 경우에 문맥은 본문이 반복문 안에 실행되는 것을 말합니다. 고차 함수를 쓰면 다른 곳에 정의된 문맥에서 코드를 실행할 수 있습니다. 그리고 문맥은 함수이기 때문에 재사용할 수 있습니다.

결론

이 장에서 **일급 값**first-class value과 **일급 함수**first-class function, **고차 함수**high-order function에 대해 배웠습니다. 다음 장에서 이 개념의 숨은 힘에 대해 알아보겠습니다. 액션과 계산, 데이터를 구분하고 나서 고차 함수에 관한 개념은 함수형 프로그래밍이 가진 힘에 대한 새로운 세계를 열어줬습니다. 이 책의 파트 II는 함수형 프로그래밍의 새로운 힘에 대한 내용을 다룹니다.

요점 정리

- 일급 값은 변수에 저장할 수 있고 인자로 전달하거나 함수의 리턴값으로 사용할 수 있습니다. 일급 값은 코드로 다룰 수 있는 값입니다.

- 언어에는 일급이 아닌 기능이 많이 있습니다. 일급이 아닌 기능은 함수로 감싸 일급으로 만들 수 있습니다.

- 어떤 언어는 함수를 일급 값처럼 쓸 수 있는 일급 함수가 있습니다. 일급 함수는 어떤 단계 이상의 함수형 프로그래밍을 하는 데 필요합니다.

- 고차 함수는 다른 함수에 인자로 넘기거나 리턴값으로 받을 수 있는 함수입니다. 고차 함수로 다양한 동작을 추상화할 수 있습니다.

- **함수 이름에 있는 암묵적 인자**implicit argument in function name는 함수의 이름으로 구분하는 코드의 냄새입니다. 이 냄새는 코드로 다룰 수 없는 함수 이름 대신 일급 값인 인자로 바꾸는 **암묵적 인자를 드러내기**express implicit argument 리팩터링을 적용해서 없앨 수 있습니다.

- 동작을 추상화하기 위해 **본문을 콜백으로 바꾸기**replace body with callback 리팩터링을 사용할 수 있습니다. 서로 다른 함수의 동작 차이를 일급 함수 인자로 만듭니다.

다음 장에서 배울 내용

이 장에서 고차 함수에 숨어 있는 힘을 조금 살펴봤습니다. 앞으로 계산과 액션에서 고차 함수가 얼마나 도움이 되는지 살펴볼 것입니다. 다음 장에서는 이 장에서 코드를 개선하기 위해 배운 리팩터링을 계속 적용해 보겠습니다.

11

일급 함수 II

- -

이번 장에서 살펴볼 내용

- 함수 본문을 콜백으로 바꾸기 리팩터링에 대해 더 알아봅니다.
- 함수를 리턴하는 함수가 가진 강력한 힘을 이해합니다.
- 고차 함수에 익숙해지기 위해 여러 고차 함수를 만들어 봅니다.

- -

지난 장에서 고차 함수를 만드는 방법을 배웠습니다. 이 장에서는 다양한 예제를 통해 앞에서 배운 고차 함수에 대해 더 자세히 알아보겠습니다. 먼저 카피-온-라이트 원칙을 코드로 옮기는 예제를 살펴보고 앞 장에서 살펴본 로그 시스템을 개선해 보겠습니다. 어렵지 않을 것입니다.

코드 냄새 하나와 리팩터링 두 개

앞에서 코드 냄새와 리팩터링을 살펴봤습니다. 리팩터링으로 코드에 중복을 없애고 더 좋은 추상화를 만들었습니다. 그리고 그 과정에서 일급 값과 고차 함수를 만들었습니다. 일급 값과 고차 함수는 파트 II에서 계속 쓰기 때문에 다시 한번 정리해 봅시다.

코드의 냄새: 함수 이름에 있는 암묵적 인자

이 코드의 냄새는 일급 값으로 바꾸면 표현력이 더 좋아집니다. 함수 본문에서 사용하는 어떤 값이 함수 이름에 나타난다면 **함수 이름에 있는 암묵적 인자**implicit argument in function name는 코드의 냄새입니다. 아래에 나오는 리팩터링으로 해결할 수 있습니다.

특징

1. 거의 똑같이 구현된 함수가 있다.
2. 함수 이름이 구현에 있는 다른 부분을 가리킨다.

리팩터링: 암묵적 인자를 드러내기

함수 이름에 있는 암묵적 인자를 어떻게 명시적인 함수 인자로 바꿀 수 있을까요? **암묵적 인자를 드러내기**express implicit argument 리팩터링은 암묵적 인자가 일급 값이 되도록 함수에 인자를 추가합니다. 이렇게 하면 잠재적 중복을 없애고 코드의 목적을 더 잘 표현할 수 있습니다.

단계

1. 함수 이름에 있는 암묵적 인자를 확인합니다.
2. 명시적인 인자를 추가합니다.
3. 함수 본문에 하드 코딩된 값을 새로운 인자로 바꿉니다.
4. 함수를 호출하는 곳을 고칩니다.

리팩터링: 함수 본문을 콜백으로 바꾸기

언어 문법 중 어떤 문법은 일급이 아닙니다. **함수 본문을 콜백으로 바꾸기**replace body with callback 리팩터링으로 함수 본문에 어떤 부분(비슷한 함수에 있는 서로 다른 부분)을 콜백으로 바꿉니다. 이렇게 하면 일급 함수로 어떤 함수에 동작을 전달할 수 있습니다. 이 방법은 원래 있던 코드를 고차 함수로 만드는 강력한 방법입니다.

단계

1. 본문에서 바꿀 부분의 앞부분과 뒷부분을 확인합니다.
2. 리팩터링 할 코드를 함수로 빼냅니다.
3. 빼낸 함수의 인자로 넘길 부분을 또 다른 함수로 빼냅니다.

그럼 이 리팩터링 기술이 습관이 될 수 있도록 반복해서 적용해 보겠습니다.

카피-온-라이트 리팩터링하기

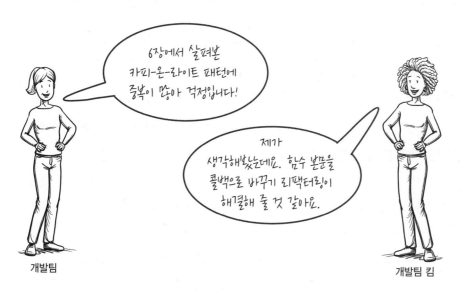

개발팀

6장에서 살펴본 카피-온-라이트 패턴에 중복이 많아 걱정입니다!

개발팀 김

제가 생각해봤는데요. 함수 본문을 콜백으로 바꾸기 리팩터링이 해결해 줄 것 같아요.

제나: 정말요? 저도 **함수 본문을 콜백으로 바꾸기** 리팩터링을 쓸
수 있을지 생각해봤는데요. 이 리팩터링은 반복문이나 try/
catch 같은 문법의 중복을 없애는 리팩터링이라서 여기에
적용할 수 없을 것 같았어요.

킴: 맞아요. 우리가 한 것처럼 확실히 문법 중복을 없애는 데 효
과가 있는 것 같습니다. 하지만 코딩 원칙 같은 다른 형태의
중복을 없앨 수도 있을 것 같아요.

제나: 와! 정말 좋네요! 빨리 확인해 보고 싶습니다.

킴: 이 리팩터링의 첫 번째 단계를 알고 있을 거예요.

제나: 음, 함수 본문에서 바꿀 부분의 앞부분과 뒷부분을 확인하는 것이죠.

킴: 맞습니다. 첫 단계가 잘 되면 나머지는 물 흐르듯이 진행할 수 있어요.

제나: 카피-온-라이트의 규칙은 복사본을 만들고 복사본을 변경한
다음 복사본을 리턴하는 것입니다. 달라지는 부분은 변경하
는 방법이고, 복사본을 만들고 리턴하는 동작은 항상 같아요.

킴: 만약 달라지는 부분이 있다면 본문이 되어야 합니다. 그리
고 달라지지 않는 앞부분과 뒷부분 사이에 오면 됩니다.

제나: 이 리팩터링을 카피-온-라이트에 적용할 수 있을 것 같아요!

킴: 예! 여백이 부족하니 다음 페이지에서 확인해 봅시다!

> **함수 본문을 콜백으로 바 꾸기 단계**
> 1. 본문과 앞부분, 뒷부분을 확인하기
> 2. 함수 빼내기
> 3. 콜백 빼내기

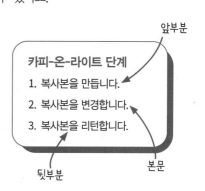

앞부분

> **카피-온-라이트 단계**
> 1. 복사본을 만듭니다.
> 2. 복사본을 변경합니다.
> 3. 복사본을 리턴합니다.

뒷부분

본문

배열에 대한 카피-온-라이트 리팩터링

6장에서 배열에 사용할 수 있는 카피-온-라이트 함수를 만들었습니다. 카피-온-라이트 함수는 모두 복사하고, 복사본을 변경하고, 복사본을 리턴하는 기본 패턴을 따르고 있습니다. 이 패턴에 **함수 본문을 콜백으로 바꾸기**replace body with callback 리팩터링을 적용해 봅시다.

> **카피-온-라이트 단계**
> 1. 복사본을 만듭니다.
> 2. 복사본을 변경합니다.
> 3. 복사본을 리턴합니다.

1. 본문과 앞부분, 뒷부분을 확인하기

앞서 만든 카피-온-라이트 함수를 살펴봅시다. 자세히 보면 두 함수가 비슷하다는 것을 알 수 있습니다. 복사하고, 복사본을 변경하고, 복사본을 리턴하는 것이 자연스럽게 리팩터링의 앞부분과 본문, 뒷부분에 해당하는 것을 알 수 있습니다.

```
function arraySet(array, idx, value) {        function push(array, elem) {
  var copy = array.slice();    ◄─ 앞부분 ─►     var copy = array.slice();
  copy[idx] = value;           ◄─ 본문  ─►      copy.push(elem);
  return copy;                 ◄─ 뒷부분 ─►     return copy;
}                                             }


function drop_last(array) {                   function drop_first(array) {
  var array_copy = array.slice();  ◄─ 앞부분 ─►  var array_copy = array.slice();
  array_copy.pop();                ◄─ 본문  ─►   array_copy.shift();
  return array_copy;               ◄─ 뒷부분 ─►  return array_copy;
}                                             }
```

복사하고 리턴하는 것은 같으므로 `arraySet()` 함수로 리팩터링을 해봅시다. 물론 둘 중 어떤 함수로 리팩터링 해도 상관없습니다.

> **함수 본문을 콜백으로 바꾸기 단계**
> 1. 본문과 앞부분, 뒷부분을 확인하기
> 2. 함수 빼내기
> 3. 콜백 빼내기

2. 함수 빼내기

다음 단계는 리팩터링 할 코드를 함수로 빼는 단계입니다. 이 함수에는 앞부분과 뒷부분이 있습니다. 이 부분이 함수의 핵심이고 배열을 복사하는 일을 하므로 함수를 빼서 `withArrayCopy()`라는 이름을 붙여주겠습니다.

원래 코드

```
function arraySet(array, idx, value) {
  var copy = array.slice();
  copy[idx] = value;
  return copy;
}
```

함수로 뺍니다.

함수로 빼낸 코드

```
function arraySet(array, idx, value) {
  return withArrayCopy(array);
}

function withArrayCopy(array) {
  var copy = array.slice();
  copy[idx] = value;
  return copy;
}
```

아직 정의되지 않았습니다.   아직 정의되지 않았습니다.

잘하고 있습니다. 하지만 아직 코드는 동작하지 않습니다. idx와 value가 withArrayCopy() 함수 범위 안에 없기 때문입니다. 다음 단계를 계속해 봅시다.

다음 단계는 본문을 콜백 함수로 빼는 단계입니다.

앞에서 배열을 다루는 카피-온-라이트 동작에 **함수 본문을 콜백으로 바꾸기**replace body with callback 리팩터링을 적용해 두 번째 단계까지 마쳤습니다. 지금까지 완성한 코드는 아래와 같습니다.

> **함수 본문을 콜백으로 바꾸기 단계**
> 1. 본문과 앞부분, 뒷부분을 확인하기
> 2. 함수 빼내기
> 3. 콜백 빼내기

```
function arraySet(array, idx, value) {
  return withArrayCopy(array);
}
```
카피-온-라이트 동작

```
function withArrayCopy(array) {
  var copy = array.slice();
  copy[idx] = value;
  return copy;
}
```
앞부분
본문
아직 정의되지 않은 변수
뒷부분

두 번째 단계까지 잘 마쳤지만, 아직 코드가 동작하지 않습니다. withArrayCopy() 함수 범위에 idx 와 value가 정의되지 않았기 때문입니다. 그럼 리팩터링의 다음 단계를 진행해 봅시다.

3. 콜백 빼내기

다음 단계는 본문을 콜백으로 빼내는 단계입니다. 콜백은 배열을 변경하는 일을 하므로 modify라고 합시다.

원래 코드
```
function arraySet(array, idx, value) {
  return withArrayCopy(
    array

  );
}

function withArrayCopy(array) {
  var copy = array.slice();
  copy[idx] = value;
  return copy;
}
```
본문을 인자로 만들어 전달합니다.

콜백으로 빼낸 코드
```
function arraySet(array, idx, value) {
  return withArrayCopy(
    array,
    function(copy) {
      copy[idx] = value;
    });
}

function withArrayCopy(array, modify) {
  var copy = array.slice();
  modify(copy);
  return copy;
}
```
콜백

이제 끝났습니다! 다음 페이지에서 원래 코드와 리팩터링 한 코드를 비교해 봅시다.

앞 페이지에서 리팩터링을 끝냈습니다. 리팩터링 하기 전 코드와 리팩터링 한 후 코드를 비교해 봅시다. 코드를 비교해 보면 리팩터링이 어떤 의미가 있는지 알 수 있을 것입니다.

리팩터링 전

```
function arraySet(array, idx, value) {
  var copy = array.slice();
  copy[idx] = value;
  return copy;
}
```

카피-온-라이트 원칙을 따르고
재사용할 수 있는 함수

리팩터링 후

```
function arraySet(array, idx, value) {
  return withArrayCopy(array, function(copy) {
    copy[idx] = value;
  });
}

function withArrayCopy(array, modify) {
  var copy = array.slice();
  modify(copy);
  return copy;
}
```

어떤 경우에는 리팩터링을 하고 나서 중복을 없애면 코드가 더 짧아집니다. 하지만 이 경우는 아닙니다. 원래 코드가 2줄밖에 안 되었습니다. 그래도 리팩터링으로 큰 장점을 얻었습니다. 배열에 쓸 수 있는 카피-온-라이트 원칙을 코드로 만들었고 이제 똑같은 코드를 여기저기 만들지 않아도 됩니다. 카피-온-라이트 원칙에 대한 코드를 한 곳에서 관리할 수 있습니다.

> **리팩터링으로 얻은 것**
> 1. 표준화된 원칙
> 2. 새로운 동작에 원칙을 적용할 수 있음
> 3. 여러 개를 변경할 때 최적화

또 다른 장점도 있습니다. 6장에서 카피-온-라이트로 동작하는 배열 기본 연산 몇 개를 만들었습니다. 하지만 리팩터링 결과인 withArrayCopy() 함수는 기본 연산뿐만 아니라 배열을 바꾸는 어떠한 동작에도 쓸 수 있습니다. 예를 들어 엄청나게 빠른 정렬 라이브러리를 찾았다고 합시다. 이런 경우에도 카피-온-라이트 원칙을 유지하면서 새로운 정렬 라이브러리를 쉽게 적용할 수 있습니다.

```
var sortedArray = withArrayCopy(array, function(copy) {
  SuperSorter.sort(copy);
});
```

배열을 직접 변경하는 고성능 정렬 함수

장점은 또 있습니다. withArrayCopy() 함수는 동작을 최적화하기 더 쉽습니다. 카피-온-라이트 동작은 실행할 때마다 새로운 복사본을 만듭니다. 느리고 메모리를 많이 쓰는 동작입니다. withArrayCopy() 함수를 쓰면 최적화를 위해 복사본을 하나만 만들어 쓸 수 있습니다.

중간 복사본을 만듭니다.

```
var a1 = drop_first(array);
var a2 = push(a1, 10);
var a3 = push(a2, 11);
var a4 = arraySet(a3, 0, 42);
```

배열을 네 번
복사합니다.

복사본을 하나만 만듭니다.

복사본을 하나만
만듭니다.

```
var a4 = withArrayCopy(array, function(copy){
  copy.shift();
  copy.push(10);
  copy.push(11);
  copy[0] = 42;
});
```

하나의 복사본을
네 번 변경합니다.

이제 배열에 대한 카피-온-라이트 동작 모두 withArrayCopy() 함수를 사용하도록 고쳐봅시다. 좋은 연습이 될 것입니다.

앞에서 카피-온-라이트 원칙을 코드로 적용한 withArrayCopy() 함수를 만들었습니다. 다음은 arraySet()에 withArrayCopy() 함수를 적용한 예입니다. push(), drop_last(), drop_first() 함수에도 withArrayCopy() 함수를 적용해 보세요.

```
function withArrayCopy(array, modify) {
  var copy = array.slice();
  modify(copy);
  return copy;
}
```

예제

```
function arraySet(array, idx, value) {
  var copy = array.slice();
  copy[idx] = value;
  return copy;
}
```

```
function arraySet(array, idx, value) {
  return withArrayCopy(array,
function(copy) {
    copy[idx] = value;
  });
}
```

여기에 코드를
써보세요.

```
function push(array, elem) {
  var copy = array.slice();
  copy.push(elem);
  return copy;
}
```

```
function drop_last(array) {
  var array_copy = array.slice();
  array_copy.pop();
  return array_copy;
}
```

```
function drop_first(array) {
  var array_copy = array.slice();
  array_copy.shift();
  return array_copy;
}
```

정답

원래 코드

```
function push(array, elem) {
  var copy = array.slice();
  copy.push(elem);
  return copy;
}
```

withArrayCopy()를 사용

```
function push(array, elem) {
  return withArrayCopy(array, function(copy) {
    copy.push(elem);
  });
}
```

```
function drop_last(array) {
  var array_copy = array.slice();
  array_copy.pop();
  return array_copy;
}
```

```
function drop_last(array) {
  return withArrayCopy(array, function(copy) {
    copy.pop();
  });
}
```

```
function drop_first(array) {
  var array_copy = array.slice();
  array_copy.shift();
  return array_copy;
}
```

```
function drop_first(array) {
  return withArrayCopy(array, function(copy) {
    copy.shift();
  });
}
```

앞에서 배열에 사용할 수 있는 `withArrayCopy()` 함수를 만들었습니다. 객체에 사용할 수 있는 버전도 만들 수 있을까요?

다음은 객체에 카피-온-라이트를 적용한 구현입니다.

```
function objectSet(object, key, value) {      function objectDelete(object, key) {
  var copy = Object.assign({}, object);         var copy = Object.assign({}, object);
  copy[key] = value;                            delete copy[key];
  return copy;                                  return copy;
}                                             }
```

`withObjectCopy()` 함수를 만들고 위의 두 함수에 적용해 봅시다.

여기에 정답을 써보세요.

정답

```
function withObjectCopy(object, modify) {
  var copy = Object.assign({}, object);
  modify(copy);
  return copy;
}

function objectSet(object, key, value) {
  return withObjectCopy(object, function(copy) {
    copy[key] = value;
  });
}

function objectDelete(object, key) {
  return withObjectCopy(object, function(copy) {
    delete copy[key];
  });
}
```

조지는 로그를 남기는 중복된 코드를 없애기 위해 withLogging() 함수를 만들어 코드 전체에 적용했습니다. 오래 걸렸지만 해냈습니다. 적용하다 보니 더 일반적인 버전으로 만들 수 있을 것 같다는 생각이 들었습니다. try/catch 구문은 사용할 때마다 달라지는 곳이 두 군데 있습니다. 하나는 try에 있는 본문이고, 나머지 하나는 catch에 있는 본문입니다. 조지를 도와서 서로 다른 본문을 받을 수 있도록 리팩터링 해봅시다.

```
tryCatch(sendEmail, logToSnapErrors)
```

참고로 조지는 아래 코드를 위와 같이 쓰고 싶어 합니다.

```
try {
  sendEmail();
} catch(error) {
  logToSnapErrors(error);
}
```

연습 문제는 tryCatch() 함수를 만드는 것입니다.

힌트: 정답은 withLogging() 함수와 비슷하게 생겼습니다. 함수 인자 두 개를 받는 것이 다릅니다.

여기에 정답을 써보세요.

정답

```
function tryCatch(f, errorHandler) {
  try {
    return f();
  } catch(error) {
    return errorHandler(error);
  }
}
```

재미로 **함수 본문을 콜백으로 바꾸기** 리팩터링을 사용해 다른 문제를 풀어 봅시다. 이번에는 if 구문을 리팩터링해 봅시다. 실용적이지는 않지만 좋은 연습 문제입니다. 문제를 조금 더 간단하게 만들기 위해 else 구문은 없다고 가정합시다. 아래는 리팩터링할 if 구문입니다.

'조건식' 구문 ⟶   'then' 구문 ⟶

```
if(array.length === 0) {            if(hasItem(cart, "shoes")) {
  console.log("Array is empty");       return setPriceByName(cart, "shoes", 0);
}                                   }
```

두 if 구문을 리팩터링 해 when()이라는 함수로 만들어 봅시다. when() 함수는 아래와 같이 사용할 수 있어야 합니다.

'조건식' 구문 ⟶   'then' 구문 ⟶

```
when(array.length === 0, function() {    when(hasItem(cart, "shoes"), function() {
  console.log("Array is empty");           return setPriceByName(cart, "shoes", 0);
});                                      });
```

여기에 정답을 써보세요.

```
function when(test, then) {
  if(test)
    return then();
}
```

지난 연습 문제에서 when() 함수를 만들었습니다. 개발자 몇 명이 쓰기 시작했고 좋아합니다!
이제 else 구문도 있었으면 좋겠다고 합니다. when() 함수 이름을 IF()로 바꾸고 else 구
문을 콜백 인자로 추가해 보세요.

'조건식' 구문   'then' 구문

```
IF(array.length === 0, function() {
  console.log("Array is empty");
}, function() {
  console.log("Array has something in
it.");
});
```

'else' 구문

```
IF(hasItem(cart, "shoes"), function() {
  return setPriceByName(cart, "shoes", 0);
}, function() {
  return cart; // 변경되지 않음
});
```

여기에 정답을 써보세요.

정답

```
function IF(test, then, ELSE) {
  if(test)
    return then();
  else
    return ELSE();
}
```

함수를 리턴하는 함수

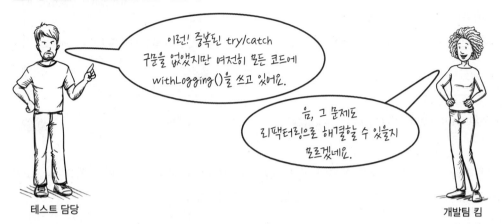

이런! 중복된 try/catch 구문을 없앴지만 여전히 모든 코드에 withLogging()을 쓰고 있어요.

음, 그 문제도 리팩터링으로 해결할 수 있을지 모르겠네요.

테스트 담당

개발팀 킴

조지: 리팩터링이 해결해 주면 좋겠네요. **Snap Errors**®로 에러를 보내려면 try/catch 안에 있는 코드를 withLogging() 함수로 감싸야 합니다. 말하다 보니 일반 코드에 슈퍼 파워를 주는 것 같네요. 여기서 슈퍼 파워는 에러를 잡아서 **Snap Errors**®로 보내는 기능을 말합니다. 슈퍼 히어로가 슈퍼 파워를 얻기 위해 특별한 옷을 입는 것과 같다고 할 수 있네요.

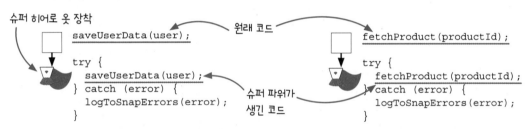

슈퍼 히어로 옷 장착

원래 코드

```
saveUserData(user);

try {
    saveUserData(user);
} catch (error) {
    logToSnapErrors(error);
}
```

슈퍼 파워가 생긴 코드

```
fetchProduct(productId);

try {
    fetchProduct(productId);
} catch (error) {
    logToSnapErrors(error);
}
```

조지: 잘 동작하지만 수천 줄의 코드를 이런 식으로 감싸야 합니다. 반복된 일을 없애려고 리팩터링을 적용했지만, 아직도 수동으로 withLogging()이 적용된 버전을 만들어야 합니다.

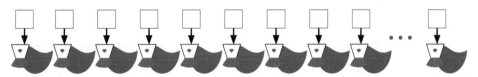

조지: 만약 이런 일을 해주는 함수가 있으면 수천 줄의 코드를 일일이 작업하지 않아도 돼서 좋을 것 같습니다.

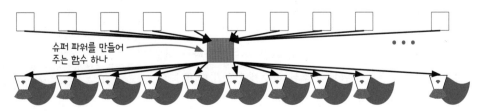

슈퍼 파워를 만들어 주는 함수 하나

킴: 할 수 있습니다! 고차 함수를 사용하면 될 것 같아요.

조지가 원래 고민하던 문제와 해결한 방법을 처음부터 다시 살펴봅시다.

조지는 에러를 잡아서 **Snap Errors**® 서비스에 로그를 남기려고
했습니다. 원래 코드는 이런 모양이었습니다.

옷을 입은 슈퍼 히어로는 슈퍼 파워가 있다는 것을 말합니다.

이 한 줄만 다른 부분이고 나머지는 모든 코드에서 중복됩니다!

```
try {                              try {
  saveUserData(user);               fetchProduct(productId);
} catch (error) {                  } catch (error) {
  logToSnapErrors(error);            logToSnapErrors(error);
}                                  }
```

조지는 로그를 남겨야 하는 모든 함수에 이런 비슷한 try/catch 구문으로 감싸야 했습니다. 조지
는 이렇게 중복되는 코드가 계속 생기지 않는 방법을 찾으려고 했습니다.

그래서 제나와 조지가 찾은 방법이 다음 코드입니다.

```
function withLogging(f) {          반복되는 코드를 캡슐화합니다.
  try {
    f();
  } catch (error) {
    logToSnapErrors(error);
  }
}
```

새로 만든 코드도 밑줄 친 부분만 빼면 여전히 모든 코드에 중복됩니다.

새로 만든 withLogging() 함수를 원래 try/catch를 사용하던
코드에 적용하면 아래와 같습니다.

```
withLogging(function() {           withLogging(function() {
  saveUserData(user);                fetchProduct(productID);
});                                });
```

로그를 남기기 위한 일반적인 시스템이 생겼지만, 여전히 두 가지 문제가 있습니다.

1. 어떤 부분에 로그를 남기는 것을 깜빡할 수 있습니다.

2. 모든 코드에 수동으로 withLogging() 함수를 적용해야 합니다.

중복된 코드를 많이 줄였지만 여전히 불편할 정도로 중복 코드가
있습니다. 중복 코드를 모두 없앨 방법이 있으면 좋겠습니다.

에러를 잡아 로그를 남길 수 있는 기능이 추가된 함수를 일반 함수
처럼 그냥 호출할 수 있으면 좋겠습니다. 그런 함수를 하나씩 직접
만들 수도 있지만 자동으로 만들어 주는 함수가 있으면 더 좋을 것
같습니다. 다음 페이지에서 계속 알아봅시다.

> **Snap Errors**®
>
> 실수는 인간의 몫이고, Snap은
> 신의 몫이다.
>
> **Snap Errors API 문서**
>
> logToSnapErrors(error)
>
> **Snap Errors**® 서비스로
> error를 보냅니다. error는
> 코드에서 작성자가 throw하고
> catch 한 것이어야 합니다.

앞에서 조지의 고민과 노력을 살펴봤습니다. 이제 이 코드를 개선해 봅시다. withLogging() 함수로
코드를 감싸 에러 로그를 남길 수 있는 일반적인 방법이 생겼습니다. 만약에 코드를 감싸지 않고 그냥
함수를 호출할 수 있다면 얼마나 좋을까요? 다행히도 그렇게 할 수 있는 방법이 있습니다. 그리고 쉽
게 만들 수 있습니다. 그럼 원래 코드를 다시 살펴보겠습니다.

> 원래 기능과 슈퍼 파워(로깅)
> 기능을 함께 합니다.

원래 코드

```
try {                              try {
  saveUserData(user);               fetchProduct(productId);
} catch (error) {                  } catch (error) {
  logToSnapErrors(error);            logToSnapErrors(error);
}                                  }
```

코드를 명확하게 하기 위해 로그를 남기지 않는다는 것을 함수 이
름에 표현해 봅시다.

> 로그를 남기지 않는 함수이기 때문에
> 명확하게 이름을 바꿔 줍니다.

이름을 명확하게 바꿈

```
try {                              try {
  saveUserDataNoLogging(user);      fetchProductNoLogging(productId);
} catch (error) {                  } catch (error) {
  logToSnapErrors(error);            logToSnapErrors(error);
}                                  }
```

그리고 전체 코드는 로그를 남기므로 함수로 빼서 로그를 남기고
있는 버전이라는 이름을 붙여줍시다.

> 이 함수를 호출할 때 로그가 남을
> 것이라고 예상할 수 있습니다.

로그를 남기는 함수

```
function saveUserDataWithLogging(user) {    function fetchProductWithLogging(product
  try {                                     Id) {
    saveUserDataNoLogging(user);              try {
  } catch (error) {                             fetchProductNoLogging(productId);
    logToSnapErrors(error);                   } catch (error) {
  }                                             logToSnapErrors(error);
}                                             }
                                            }
```

> 하지만 아직 본문이
> 계속 중복됩니다.

로그를 남기지 않는 함수를 로그를 남기는 기능을 하도록 만들었습니다. 이제 로그가 남는 함수를 사
용할 때 로그가 남으리라는 것을 이름으로 예상할 수 있습니다. 이런 함수가 있다면 로그를 남기기 위
해 withLogging() 같은 함수로 감싸야 할지 고민하지 않아도 됩니다. 이렇게 슈퍼 파워가 있는 함
수를 만들어 주면 로그를 남기기 위해 일일이 로그가 남지 않는 버전의 함수를 감싸지 않아도 됩니다.

하지만 새로운 중복이 생겼습니다. 두 함수가 거의 똑같습니다. 이런 형태의 함수를 자동으로 만들어
주는 함수가 있으면 좋겠습니다. 다음 페이지에서 한번 만들어 봅시다.

지난 페이지에서 매우 비슷하게 생긴 함수 두 개를 만들었습니다. 두 함수는 다른 점이 있지만 많은 부분이 중복됩니다. 이 중복을 없애는 것이 좋을 것 같습니다.

중복되는 것이 많음

```
function saveUserDataWithLogging(user) {          function fetchProductWithLogging(product
  try {                                           Id) {
    saveUserDataNoLogging(user);                    try {
  } catch (error) {                                   fetchProductNoLogging(productId);
    logToSnapErrors(error);                         } catch (error) {
  }                                                   logToSnapErrors(error);
}                                                   }
                                                  }
```

만약 이 함수에 이름이 없다고 생각해 봅시다. 이름을 없애고 익명 함수로 만들어 보겠습니다. 인자 이름도 조금 더 일반적인 이름으로 바꿔 봤습니다.

```
function(arg) {              앞부분             function(arg) {
  try {                      본문                 try {
    saveUserDataNoLogging(arg);                     fetchProductNoLogging(arg);
  } catch (error) {          뒷부분             } catch (error) {
    logToSnapErrors(error);                         logToSnapErrors(error);
  }                                               }
}                                               }
```

앞부분과 본문, 뒷부분이 명확하게 드러났습니다. 이제 **함수 본문을 콜백으로 바꾸기**replace body with callback 리팩터링을 적용해 봅시다. 이 함수에 콜백 인자를 추가하는 대신 이 함수를 새로운 함수로 감싸겠습니다. 그럼 남은 작업을 해봅시다.

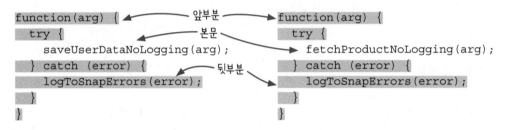

함수를 인자로 받습니다.

```
function(arg) {                   function wrapLogging(f) {
          함수를 리턴합니다.        return function(arg) {
  try {                             try {
    saveUserDataNoLogging(arg);       f(arg);
  } catch (error) {                 } catch (error) {
    logToSnapErrors(error);           logToSnapErrors(error);
  }                                 }
}                                 }
          리턴값을 변수에 할당해    }
          이름을 붙입니다.         var saveUserDataWithLogging = wrapLogging(saveUserDataNoLogging);
```

함수로 감싼 슈퍼 파워 코드는 나중에 실행됩니다.

로그를 남기지 않는 함수를 변환하기 위해 warpLogging() 함수를 부릅니다.

wrapLogging() 함수는 f 함수를 받아서 f를 try/catch 구문으로 감싼 함수를 리턴합니다. 이제 로그를 남기지 않는 버전을 로그를 남기는 버전으로 쉽게 바꿀 수 있습니다. 어떤 함수라도 슈퍼 파워를 줄 수 있게 되었습니다!

```
var saveUserDataWithLogging = wrapLogging(saveUserDataNoLogging);
var fetchProductWithLogging = wrapLogging(fetchProductNoLogging);
```

그리고 중복도 없앴습니다. 어떤 함수라도 같은 방식으로 로그를 남기는 함수로 쉽게 바꿀 수 있습니다. 마지막으로 정리해 보겠습니다.

옆 페이지에서 로깅이 필요한 함수에 로깅 슈퍼 파워를 줄 수 있는 함수를 만들었습니다. 원래 코드와 비교해 봅시다.

수동으로 슈퍼 파워를 주기

```
try {
  saveUserData(user);
} catch (error) {
  logToSnapErrors(error);
}
```

자동으로 슈퍼 파워를 주기

```
saveUserDataWithLogging(user)
```

try/catch 구문을 수 천 줄 써야 한다고 생각해 보세요.

물론 뒤에서는 많은 일이 일어나지만 동일한 슈퍼 파워를 어느 함수에나 줄 수 있는 함수가 있기 때문에 쉽게 만들 수 있습니다.

```
function wrapLogging(f) {
  return function(arg) {
    try {
      f(arg);
    } catch (error) {
      logToSnapErrors(error);
    }
  }
}
```

이 함수를 사용해 saveUserData() 함수를 saveUserDataWithLogging() 함수로 만들 수 있습니다. 시각화해 보면 다음과 같습니다.

```
var saveUserDataWithLogging = wrapLogging(saveUserData);
```

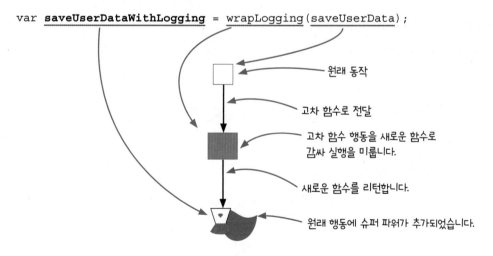

원래 동작

고차 함수로 전달

고차 함수 행동을 새로운 함수로 감싸 실행을 미룹니다.

새로운 함수를 리턴합니다.

원래 행동에 슈퍼 파워가 추가되었습니다.

함수를 리턴하는 함수는 함수 팩토리factory와 같습니다.

자동으로 정형화된 코드를 함수로 만들 수 있습니다.

더 진행하기 전에 가벼운 질문을 보면서 쉬어 갑시다.

Q 리턴값인 함수를 변수에 할당했는데요. 평소에는 `function` 키워드를 사용해 전역으로 함수를 정의해서 사용했습니다. 조금 헷갈리지 않을까요?

A 좋은 질문입니다. 익숙해지려면 시간이 좀 걸릴 수 있습니다. 이 패턴을 사용하지 않았더라도 데이터나 함수가 들어 있는 변수를 사용해 본 적이 있을 수도 있습니다. 보통 함수명은 동사형을 쓰고 변수명은 명사를 씁니다.

함수를 정의하는 다양한 방법이 있다는 것에 익숙해져야 합니다. 코드에서 직접 함수를 정의할 수도 있고, 다른 함수의 리턴값을 받아 함수를 정의할 수도 있습니다.

Q `wrapLogging()` 인자가 하나인 함수만 받습니다. 인자가 여러 개인 함수를 받으려면 어떻게 해야 하나요? 그리고 안쪽에 있는 함수에서 리턴값을 어떻게 전달하나요?

A 아주 좋은 질문입니다. 리턴값을 전달하기는 아주 쉽습니다. 안쪽 함수에서 그냥 `return` 키워드를 사용해서 리턴값을 전달하면 됩니다. 이렇게 하면 생성된 함수의 리턴값을 받을 수 있습니다.

자바스크립트에서 가변 인자를 처리하는 것은 조금 복잡합니다. 새로운 자바스크립트 문법을 사용하는 ES6에서는 조금 더 쉬워졌습니다. ES6를 사용한다면 *rest arguments*와 *spread operator*를 찾아보세요. 다른 언어에도 이와 비슷한 기능이 있을 것입니다.

오래된 자바스크립트를 사용해도 실제 사용하기 충분한 버전으로 만들 수 있습니다. 자바스크립트 함수는 인자 개수가 유연해서 많이 전달하거나 부족하게 전달해도 문제가 되지 않습니다. 그리고 현실적으로 함수에 많은 수의 인자가 필요한 경우는 거의 없습니다.

인자를 9개까지 넣을 수 있는 `wrapLogging()` 함수가 필요하다면, 다음과 같이 만들 수 있습니다.

자바스크립트는 사용하지 않는
인자는 무시합니다.

```
function wrapLogging(f) {
  return function(a1, a2, a3, a4, a5, a6, a7, a8, a9) {
    try {
      return f(a1, a2, a3, a4, a5, a6, a7, a8, a9);
    } catch (error) {
      logToSnapErrors(error);
    }
  }
}
```

안쪽 함수에서 리턴하려는
값을 리턴하면 됩니다.

다양한 방법이 있지만, 이것이 자바스크립트 문법으로 만들 수 있는 가장 간단하고 쉬운 방법입니다. 여러분이 사용하는 언어에서 가변 인자를 함수에 적용하는 방법을 찾아보세요.

예외가 발생했을 때 에러를 무시하는 함수를 만드는 함수를 만들어 보세요. 에러가 발생하면 null을 리턴하세요. 최소 3개의 인자를 갖는 함수에 쓸 수 있어야 합니다.

힌트

일반적으로 에러를 무시하려면 try/catch의 catch 구문에서 아무것도 하지 않으면 됩니다.

```
try {
  codeThatMightThrow();
} catch(e) {
  // 에러를 무시하고 아무것도 하지 않음
}
```

여기에 정답을 써보세요.

정답

```
function wrapIgnoreErrors(f) {
  return function(a1, a2, a3) {
    try {
      return f(a1, a2, a3);
    } catch(error) {   // 에러를 무시
      return null;
    }
  };
}
```

다른 숫자에 어떤 숫자를 더하는 함수를 makeAdder() 라는 이름으로 만들어 보세요.

아래는 makeAdder() 를 사용하는 예입니다.

```
var increment = makeAdder(1);        var plus10 = makeAdder(10);

> increment(10)                      > plus10(12)
11                                   22
```

여기에 정답을 써보세요.

정답

```
function makeAdder(n) {
  return function(x) {
    return n + x;
  };
}
```

 **쉬는 시간**

더 진행하기 전에 가벼운 질문을 보면서 쉬어 갑시다.

Q 고차 함수를 통해 함수를 리턴하면 많은 것을 할 수 있을 것 같습니다. 전체 프로그램을 고차 함수로 만들면 안 되나요?

A 정말 좋은 질문입니다. 아마도 고차 함수만 가지고 프로그램 전체를 만들 수 있을 것입니다. 더 좋은 질문은 정말 그것이 필요한가입니다.

고차 함수로 프로그램을 만들면 더 일반적으로 만들 수 있습니다. 그리고 고차 함수를 만드는 즐거움에 쉽게 빠질 수 있습니다. 마치 복잡한 퍼즐을 풀고 똑똑해진 것 같은 느낌을 받는 것처럼 여러분의 뇌를 자극합니다. 좋은 엔지니어링은 퍼즐을 푸는 것이 아닙니다. 효과적으로 문제를 해결할 수 있어야 합니다.

코드에 반복되는 부분을 줄이기 위해 고차 함수를 사용하는 것이 중요합니다. 반복문을 너무 많이 쓰고 있다면 `forEach()` 함수와 같이 고차 함수를 쓰는 것이 좋습니다. 또 catch 구문에서 에러를 반복적으로 처리하고 있다면 반복적인 부분을 고차 함수로 일반화하는 것이 도움이 됩니다.

많은 함수형 프로그래머는 과도하게 몰두하기 쉽습니다. 고차 함수만으로 가장 간단한 것을 만들어 사용하는 방법을 설명하는 책도 있습니다. 하지만 코드를 봤을 때 직관적인 방법으로 만든 것보다 더 명확할까요?

여러분은 탐구하고 실험해야 합니다. 다양한 목적으로 다양한 곳에 고차 함수를 적용해 보세요. 탐구에 제한은 없습니다. 하지만 제품 코드에서 실험하면 안 되겠죠. 실험은 배우기 위해 한다는 것을 명심하세요.

만약 고차 함수로 만든 좋은 방법을 찾았다면 직관적인 방법과 항상 비교해 보세요. 어떤 방법이 더 좋을까요? 코드가 더 읽기 쉬운가요? 얼마나 많은 중복 코드를 없앨 수 있나요? 코드가 하는 일이 무엇인지 쉽게 알 수 있나요? 이런 질문들을 놓치면 안 됩니다.

요점: 고차 함수는 강력한 기능입니다. 하지만 비용이 따릅니다. 만드는 재미에 빠져 읽을 때 문제를 보지 못하면 안 됩니다. 능숙하게 쓸 줄 알아야 하지만 더 좋은 코드를 만드는 데 써야 합니다.

결론

이 장에서 **일급 값**first-class value과 **일급 함수**first-class function, **고차 함수**high-order function에 대해 배웠습니다. 다음 장에서 이 개념의 숨은 힘에 대해 알아보겠습니다. 액션과 계산, 데이터를 구분하고 나서 고차 함수에 대한 개념은 함수형 프로그래밍 힘에 대한 새로운 세계를 열어줬습니다. 이 책의 파트 II는 함수형 프로그래밍의 새로운 힘에 대한 내용을 다룹니다.

요점 정리

- 고차 함수로 패턴이나 원칙을 코드로 만들 수 있습니다. 고차 함수를 사용하지 않는다면 일일이 수작업을 해야 합니다. 고차 함수는 한번 정의하고 필요한 곳에 여러 번 사용할 수 있습니다.

- 고차 함수로 함수를 리턴하는 함수를 만들 수 있습니다. 리턴 받은 함수는 변수에 할당해서 이름이 있는 일반 함수처럼 쓸 수 있습니다.

- 고차 함수를 사용하면서 잃는 것도 있습니다. 고차 함수는 많은 중복 코드를 없애 주지만 가독성을 해칠 수도 있습니다. 잘 익혀서 적절한 곳에 써야 합니다.

다음 장에서 배울 내용

앞 장에서 배열을 순회하는 forEach() 함수를 살펴봤습니다. 다음 장에서는 forEach() 함수 개념을 더 확장해서 함수형 스타일로 순회하는 것에 대해 알아보겠습니다. 배열을 순회하는 일반적인 함수형 패턴에 대해 알아보겠습니다.

12

함수형 반복

- 함수형 도구 `map()`, `filter()`, `reduce()`에 대해 배웁니다.
- 배열에 대한 반복문을 함수형 도구로 바꾸는 방법에 대해 알아봅니다.
- 함수형 도구를 어떻게 구현하는지 알아봅니다.

대부분의 함수형 프로그래밍 언어에는 컬렉션 데이터를 다룰 수 있는 다양하고 강력한 추상 함수가 있습니다. 이 장에서는 그중 가장 많이 쓰는 `map()`과 `filter()`, `reduce()`라고 하는 함수에 대해 알아보겠습니다. 세 가지 함수형 도구는 함수형 프로그래밍의 중요한 기반이 됩니다. 함수형 프로그래머는 반복문 대신 세 가지 함수형 도구가 모든 작업의 기반이 되기 때문에 작업대처럼 사용합니다. 배열을 반복해서 처리하는 일은 자주 있어서 여기서 배우는 함수는 유용하게 쓸 수 있습니다.

코드 냄새 하나와 리팩터링 두 개

앞에서 코드 냄새와 리팩터링을 살펴봤습니다. 리팩터링으로 코드에 중복을 없애고 더 좋은 추상화를 만들었습니다. 그리고 그 과정에서 일급 값과 고차 함수를 만들었습니다. 일급 값과 고차 함수는 파트 II에서 계속 쓰기 때문에 다시 한번 정리해 봅시다.

코드의 냄새: 함수 이름에 있는 암묵적 인자

이 코드의 냄새는 일급 값으로 바꾸면 표현력이 더 좋아집니다. 함수 본문에서 사용하는 어떤 값이 함수 이름에 나타난다면 **함수 이름에 있는 암묵적 인자**implicit argument in function name는 코드의 냄새가 됩니다. 아래에 나오는 리팩터링으로 해결할 수 있습니다.

특징

1. 거의 똑같이 구현된 함수가 있다.
2. 함수 이름이 구현에 있는 다른 부분을 가리킨다.

리팩터링: 암묵적 인자를 드러내기

함수 이름에 있는 암묵적 인자를 어떻게 명시적인 함수 인자로 바꿀 수 있을까요? **암묵적 인자를 드러내기**express implicit argument 리팩터링은 암묵적 인자가 일급 값이 되도록 함수에 인자를 추가합니다. 이렇게 하면 잠재적 중복을 없애고 코드의 목적을 더 잘 표현할 수 있습니다.

단계

1. 함수 이름에 있는 암묵적 인자를 확인합니다.
2. 명시적인 인자를 추가합니다.
3. 함수 본문에 하드 코딩된 값을 새로운 인자로 바꿉니다.
4. 함수를 호출하는 곳을 고칩니다.

리팩터링: 함수 본문을 콜백으로 바꾸기

언어 문법 중 어떤 문법은 일급이 아닙니다. **함수 본문을 콜백으로 바꾸기**replace body with callback 리팩터링으로 함수 본문에 어떤 부분(비슷한 함수에 있는 서로 다른 부분)을 콜백으로 바꿉니다. 이렇게 하면 일급 함수로 어떤 함수에 동작을 전달할 수 있습니다. 이 방법은 원래 있던 코드를 고차 함수로 만드는 강력한 방법입니다.

단계

1. 함수 본문에서 바꿀 부분의 앞부분과 뒷부분을 확인합니다.
2. 리팩터링 할 코드를 함수로 빼냅니다.
3. 빼낸 함수의 인자로 넘길 부분을 또 다른 함수로 빼냅니다.

그럼 이 리팩터링 기술이 습관이 될 수 있도록 반복해서 적용해 보겠습니다.

MegaMart에서 커뮤니케이션팀을 만들기로 했습니다

To: MegaMart 구성원
From: MegaMart 경영진

안녕하세요!

우리 고객이 드디어 백만 명을 넘었습니다. 이제 고객에게 아래와 같이 다양한 이메일을 보내야 합니다.

- 마케팅팀은 프로모션 이메일을 보냅니다.
- 법무팀은 법률 관련 내용을 이메일로 보냅니다.
- 비즈니스 개발팀은 계정 관련된 이메일을 보냅니다.
- 이 외에도 고객에게 다양한 이메일을 보내야 합니다.

이메일은 각각의 목적이 있지만 비슷한 점도 있습니다. 이메일을 특정 고객에게 보내야 합니다. 이것은 아직 해보지 않은 새롭고 도전적인 문제입니다.

이제 이메일을 보낼 수백 개가 넘는 고객군을 구분해야 합니다. 이 요구사항을 맞추기 위해 고객 커뮤니케이션팀을 만들었습니다. 앞으로 관련된 코드는 고객 커뮤니케이션팀에서 만들고 유지보수할 것입니다.

고객 커뮤니케이션 팀은 아래 멤버로 구성합니다.

- 개발팀 킴
- 마케팅팀 존
- 고객 서비스팀 해리

고객 커뮤니케이션팀은 지금부터 바로 일을 시작합니다. 만약 고객 데이터가 필요하다면 고객 커뮤니케이션팀에 요청해 주시면 감사하겠습니다.

감사합니다.
경영진 드림

이 메일은 새로운 팀 멤버에게 미리 알려주지 않고 오늘 아침에 발송되었습니다. 팀이 꾸려지는 동안 벌써 요구사항이 들어오기 시작했습니다. 첫 번째 요구사항은 다음과 같습니다.

데이터 요청: 쿠폰 이메일 처리

3장에서 이 기능을 구현했지만
이제 저희 일이 아니네요.
그래서 이 업무를 넘깁니다.

요청자:
최고 마케팅 담당자

담당자:
개발팀 킴

마케팅팀   고객 서비스팀   개발팀 킴

3장에서 나왔던 코드

```
function emailsForCustomers(customers, goods, bests) {
  var emails = [];
  for(var i = 0; i < customers.length; i++) {
    var customer = customers[i];
    var email = emailForCustomer(customer, goods, bests);
    emails.push(email);
  }
  return emails;
}
```

for 반복문입니다. 이제 for 반복문 대신 쓸 수 있는 forEach() 함수가 있습니다.

존: 이 코드를 개선할 수 있을까요?

해리: 잘 모르겠네요. 이미 코드가 단순해 보이는 것 같아요. 액션도 아니고 계산입니다.

킴: 맞아요. 하지만 이와 비슷한 많은 코드를 만들어야 한다고 생각해 보세요. 오늘 받은 메일에 백 개가 넘는 서로 다른 고객군을 구분해야 한다고 쓰여 있었습니다.

존: 네! 반복문을 그렇게 많이 만들면 정신이 나갈 수도 있을 것 같아요.

킴: 함수형 프로그래밍으로 해결할 수 있는 방법이 분명히 있을 것 같은데 잘 모르겠네요. 하지만, 최근에 배운 반복문에 사용할 수 있는 함수를 먼저 적용해 볼 수 있을 것 같아요. 배열을 순회하는 코드에 항상 쓸 수 있으니까요.

해리: 맞아요! 먼저 forEach() 함수로 반복문을 바꿔 봅시다.

```
function emailsForCustomers(customers, goods, bests) {
  var emails = [];
  forEach(customers, function(customer) {
    var email = emailForCustomer(customer, goods, bests);
    emails.push(email);
  });
  return emails;
}
```

마케팅팀   고객 서비스팀   개발팀 킴

forEach() 함수로 바꾼 버전

```
function emailsForCustomers(customers, goods, bests) {
  var emails = [];
  forEach(customers, function(customer) {
    var email = emailForCustomer(customer, goods, bests);
    emails.push(email);
  });
  return emails;
}
```

해리: 훨씬 더 좋아진 것 같습니다! 불필요한 중복을 많이 없앴어요.

존: 예, 그래도 아직 비슷한 함수를 계속 작성해야 할 것 같네요. 저는 제 삶이 사랑의 블랙홀*에 나오는 마케터처럼 되고 싶지는 않습니다.

킴: 잠시만요! 이 코드가 제가 어디서 읽은 것하고 비슷하게 생긴 것 같아요. map() 이었던 것 같아요.

존: map() 이요? 길을 찾을 때 사용하는 지도 말입니까?

킴: 아니요! 지도를 말하는 것이 아닙니다. map() 은 배열을 받아 하나씩 변환해서 같은 길이의 배열로 만들어주는 함수입니다. 우리가 해야 하는 것이 고객 배열을 받아서 이메일 배열을 리턴해 주는 것이라 map() 이 딱 맞는 것 같아요.

해리: 음, 알 것 같은데요. 조금 더 설명해 주실 수 있나요?

킴: 네. 고차 함수로 배열을 반복하는 forEach() 처럼 map() 도 고차 함수로 배열을 반복합니다. 다만 map() 은 새로운 배열을 리턴하는 것이 다른 점입니다.

존: 리턴하는 배열에는 무엇이 들어 있나요?

킴: 그것이 장점인데요. map() 에 전달하는 함수가 리턴하는 배열에 들어갈 항목을 만들어 줍니다.

존: 그럼 지금 코드를 더 쉽게 만들 수 있을까요?

킴: 네! 더 짧고 명확하게 만들 수 있습니다. 조금 더 설명해 볼게요. 하지만 여백이 부족하네요.

---

*   옮긴이 1993년 개봉한 영화로 주인공인 기상통보관의 하루가 계속 반복되는 것을 소재로 다룬 영화

예제를 통해 map() 함수를 도출하기

고객 커뮤니케이션팀에 할당된 코드 중 비슷한 코드를 몇 개 살펴봅시다.

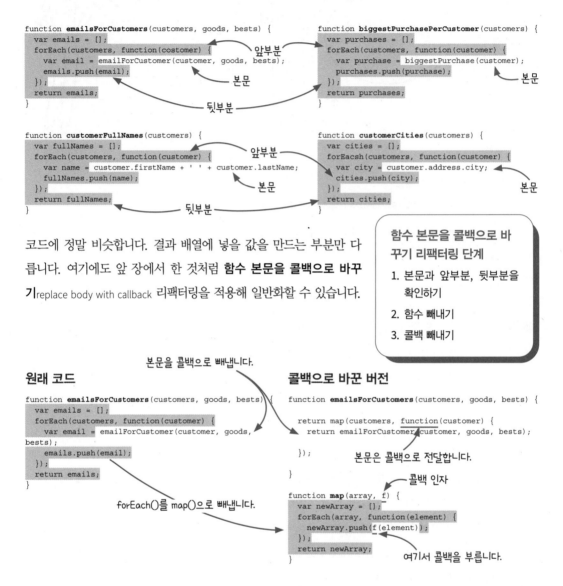

```
function emailsForCustomers(customers, goods, bests) {
  var emails = [];
  forEach(customers, function(costomer) {       앞부분
    var email = emailForCustomer(customer, goods, bests);
    emails.push(email);                        본문
  });
  return emails;
}                                              뒷부분
```

```
function biggestPurchasePerCustomer(customers) {
  var purchases = [];
  forEach(customers, function(customer) {
    var purchase = biggestPurchase(customer);
    purchases.push(purchase);                  본문
  });
  return purchases;
}
```

```
function customerFullNames(customers) {
  var fullNames = [];
  forEach(customers, function(customer) {      앞부분
    var name = customer.firstName + ' ' + customer.lastName;
    fullNames.push(name);                      본문
  });
  return fullNames;
}                                              뒷부분
```

```
function customerCities(customers) {
  var cities = [];
  forEacsh(customers, function(customer) {
    var city = customer.address.city;
    cities.push(city);                         본문
  });
  return cities;
}
```

코드에 정말 비슷합니다. 결과 배열에 넣을 값을 만드는 부분만 다릅니다. 여기에도 앞 장에서 한 것처럼 **함수 본문을 콜백으로 바꾸기**replace body with callback 리팩터링을 적용해 일반화할 수 있습니다.

> **함수 본문을 콜백으로 바꾸기 리팩터링 단계**
> 1. 본문과 앞부분, 뒷부분을 확인하기
> 2. 함수 빼내기
> 3. 콜백 빼내기

원래 코드

본문을 콜백으로 빼냅니다.

```
function emailsForCustomers(customers, goods, bests) {
  var emails = [];
  forEach(customers, function(customer) {
    var email = emailForCustomer(customer, goods, bests);
    emails.push(email);
  });
  return emails;
}
```

forEach()를 map()으로 빼냅니다.

콜백으로 바꾼 버전

```
function emailsForCustomers(customers, goods, bests) {
  return map(customers, function(customer) {
    return emailForCustomer(customer, goods, bests);
  });
}
```

본문은 콜백으로 전달합니다.

콜백 인자

```
function map(array, f) {
  var newArray = [];
  forEach(array, function(element) {
    newArray.push(f(element));
  });
  return newArray;
}
```

여기서 콜백을 부릅니다.

일반적으로 사용할 수 있는 반복 함수 map()을 만들었습니다. map()은 함수형 프로그래머들이 자주 사용하는 도구입니다. 매우 유용하기 때문에 함수형 도구 중 하나로 알려드렸습니다. 그럼 map()이 어떤 일을 하는지 더 자세히 알아봅시다.

함수형 도구: map()

map()은 이 장에서 소개하는 세 가지 함수형 도구 중 하나입니다. map()으로 함수형 프로그래머는 많은 것을 할 수 있습니다. 나머지 함수형 도구인 filter()와 reduce()도 곧 살펴보겠습니다. 그럼 map()에 대해 더 자세히 알아봅시다.

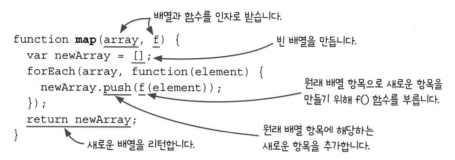

배열과 함수를 인자로 받습니다.

```
function map(array, f) {
  var newArray = [];
  forEach(array, function(element) {
    newArray.push(f(element));
  });
  return newArray;
}
```

빈 배열을 만듭니다.

원래 배열 항목으로 새로운 항목을 만들기 위해 f() 함수를 부릅니다.

원래 배열 항목에 해당하는 새로운 항목을 추가합니다.

새로운 배열을 리턴합니다.

map()은 X(어떤 값의 집합) 값이 있는 배열을 Y(또 다른 값의 집합) 값이 있는 배열로 변환한다고 볼 수 있습니다. 변환을 하려면 X를 Y로 바꾸는 함수가 필요합니다. X를 Y로 바꾸는 함수는 X를 인자로 받아 Y를 리턴해야 합니다. map()은 값 하나를 바꾸는 함수를 배열 전체를 바꾸는 데 사용할 수 있습니다.

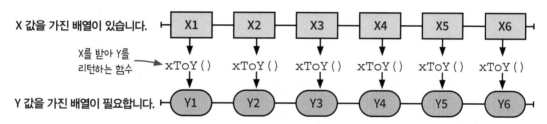

X 값을 가진 배열이 있습니다.

X를 받아 Y를 리턴하는 함수

Y 값을 가진 배열이 필요합니다.

map()에 넘기는 함수가 계산일 때 가장 사용하기 쉽습니다. map()에 계산을 넘기면 map()을 사용하는 코드도 계산입니다. 하지만 map()에 액션을 넘기면 map()은 항목의 개수만큼 액션을 호출할 것입니다. 결과적으로 map()을 사용하는 코드도 액션이 됩니다. 앞에서 map()을 사용한 예제 코드를 다시 한번 봅시다.

고객 배열을 map()에 전달합니다.

고객을 받아 이메일을 리턴하는 함수를 map()에 전달합니다.

```
function emailsForCustomers(customers, goods, bests) {
  return map(customers, function(customer) {
    return emailForCustomer(customer, goods, bests);
  });
}
```

고객에서 이메일을 계산한 결과를 리턴합니다.

잠시만요!
코드를 어떻게 읽어야 하죠?
'customer'는 갑자기 어디서
나왔나요?

고객 서비스팀

'customer'가 넘어올 것이라고
확신할 수 있나요?

```
function emailsForCustomers(customers, goods, bests) {
  return map(customers, function(customer) {
    return emailForCustomer(customer, goods, bests);
  });
}
```

고차 함수에 익숙하지 않다면 어려울 수도 있습니다.

한 단계씩 천천히 살펴봅시다. map()은 배열과 함수를 인자로 받습니다.

map()에 넘기는 배열에는 고객 정보가 있을 것으로 기대합니다. 자바스크립트는 타입 검사를 하지 않으므로 배열에 뭔가 다른 것이 들어 있어도 됩니다. 하지만 이 경우에는 고객 배열이 있을 것으로 기대합니다. 타입 검사를 하는 언어는 기대하는 것이 들어 있다는 것을 보장하지만 여기서는 코드를 믿고 고객 배열이 들어 있으리라 생각해야 합니다.

> 📚 **용어 설명**
>
> **인라인 함수**(inline function)는 이름을 붙여 쓰는 대신 쓰는 곳에서 바로 정의하는 함수입니다.

```
function emailsForCustomers(customers, goods, bests) {
  return map(customers, function(customer) {
    return emailForCustomer(customer, goods, bests);
  });
}
```

전달하는 함수는 **익명 함수**anonymous function를 사용해 **인라인**inline으로 정의했습니다. 사용하는 곳에서 바로 정의했다는 의미입니다. 함수를 정의할 때 인자의 이름을 통해 인자가 무엇인지 알 수 있습니다. X나 Y 또는 pumpkin처럼 어떤 이름을 붙여도 동작하지만 명확하게 하기 위해 customer라고 이름을 붙였습니다.

> 📚 **용어 설명**
>
> **익명 함수**(anonymous function)는 이름이 없는 함수입니다. 익명 함수는 필요한 곳에 **인라인**(inline)으로 정의합니다.

```
function(X) {
  return
emailForCustomer(
    X, goods, bests
  );
}
```

```
function(Y) {
  return
emailForCustomer(
    Y, goods, bests
  );
}
```

```
function(pumpkin) {
  return
emailForCustomer(
    pumpkin, goods, bests
  );
}
```

 이 함수들은 모두 같습니다.

왜 customer일까요? map()은 배열에 있는 항목 하나하나 마다 함수를 부릅니다. 함수를 호출할 때 인자로 전달하는 값은 고객일 것이라고 기대하므로 인자 이름을 customer라고 했습니다. 또 map()은 배열에 있는 항목을 하나씩 꺼내 부르기 때문에 단수로 표현했습니다.

함수를 전달하는 세 가지 방법

자바스크립트에서 함수에 함수를 전달하는 방법은 세 가지가 있습니다. 다른 언어에는 더 많은 방법이 있을 수도 있고 더 적은 방법이 있을 수도 있습니다. 자바스크립트는 일급 함수를 사용하는 대표적인 언어입니다.

용어 설명

인라인 함수는 쓰는 곳에서 바로 정의하는 함수입니다. 인자를 넘기는 곳에서 바로 정의한다면 인라인 함수입니다.

전역으로 정의하기

함수를 전역으로 정의하고 이름을 붙일 수 있습니다. 함수 정의를 할 때 가장 많이 쓰는 방법입니다. 붙인 이름으로 프로그램 어디서나 쓸 수 있습니다.

```
function greet(name) {
  return "Hello, " + name;
}
```

프로그램 한 곳에서 이름을 붙여 함수를 정의합니다.

```
var friendGreetings = map(friendsNames, greet);
```

어디서나 이름으로 함수를 참조할 수 있습니다. 이렇게 map()에 전달할 수 있습니다.

지역적으로 정의하기

함수를 지역 범위 안에서 정의하고 이름을 붙일 수 있습니다. 이름을 가지고 있지만 범위 밖에서는 쓸 수 없습니다. 지역적으로 쓰고 싶지만 이름이 필요할 때 유용합니다.

용어 설명

익명 함수는 이름이 없는 함수입니다. 익명 함수는 보통 필요한 곳에 **인라인**으로 정의합니다.

```
function greetEverybody(friends) {
  var greeting;
  if(language === "English")
    greeting = "Hello, ";
  else
    greeting = "Salut, ";

  var greet = function(name) {
    return greeting + name;
  };

  return map(friends, greet);
}
```

이 함수 범위 안에 있습니다.

이 함수 안에서 이름을 붙여 함수를 정의합니다.

같은 범위에 있다면 이름으로 함수를 참조할 수 있습니다.

인라인으로 정의하기

함수를 사용하는 곳에서 바로 정의할 수 있습니다. 함수를 변수 같은 곳에 넣지 않기 때문에 이름이 없습니다. 그래서 익명 함수anonymous function라고 부릅니다. 문맥에서 한 번만 쓰는 짧은 함수에 사용하면 좋습니다.

```
var friendGreetings = map(friendsNames, function(name) {
  return "Hello, " + name;
});
```

함수를 사용하는 곳에서 함수를 정의합니다.

함수의 정의가 시작된 {와 짝을 맞추고 map() 함수를 호출하는 (와 짝을 맞춥니다.

예제: 모든 고객의 이메일 주소

map()을 사용하는 전형적인 예제를 하나 살펴봅시다. 모든 고객의
이메일을 만들어야 한다고 생각해 봅시다. 고객 데이터는 이미 배열
로 가지고 있습니다. 이 예제는 map()을 사용하기 좋은 예제입니다.

가진 것: 고객 배열

필요한 것: 고객 이메일 주소 배열

함수: 고객 하나를 받아 고객 이메일 주소를 리턴하는 함수

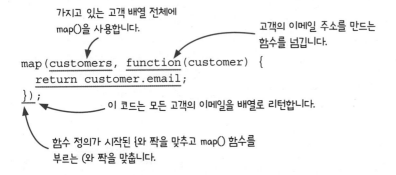

map()을 사용하면 배열에 있는 모든 값에 함수를 적용할 수 있습니다.

주의하세요!

map()은 매우 유용한 함수입니다. 그리고 함수형 프로그래머는 map()을 항상 조심해서 사용합니다.
map()은 단순하기 때문에 함수형 프로그래머들이 좋아합니다. 하지만 리턴값인 배열에 들어 있는 항
목을 확인하지 않기 때문에 조심해야 합니다. 고객 데이터에 이메일이 없어서 customer.email 값이
null이나 undefined이면 어떻게 될까요? 결과 배열 안에 null이 들어갈 것입니다.

전에도 비슷한 문제가 있었습니다. 만약 자바스크립트처럼 null을 허용하는 언어라면 가끔 null이
생길 수 있습니다. 하지만 map()은 배열 전체에 함수를 적용하기 때문에 문제가 더 커질 수 있습니다.
이런 경우에 두 가지 해결 방법이 있습니다. 조심해서 사용하거나 null을 허용하지 않는 언어를 사용
하는 것입니다.

null이 생길 수도 있지만, 없애고 싶다면 다음에 설명할 함수형 도구인 filter()를 사용하면 도움
이 될 것입니다.

우리가 만들어야 하는 코드 중에는 특별한 날에 유용한 코드가 있습니다. 특별한 날에 모든 고객에게 엽서를 보내야 할 수 있습니다. 엽서를 보내기 위해 만들어야 하는 객체에는 각 고객의 성, 이름, 주소가 있어야 합니다. map()을 사용해 필요한 객체가 들어 있는 배열을 만들어 보세요.

주어진 것

- 모든 고객 배열인 customers

- 필요한 데이터는 customer.firstName과 customer.lastName, customer.address 에 있습니다.

여기에 코드를 써보세요.

정답

```
map(customers, function(customer) {
  return {
    firstName : customer.firstName,
    lastName  : customer.lastName,
    address   : customer.address
  };
});
```

데이터 요청: 우수 고객 목록

저희는 우수 고객이 구매를 더 할 수
있도록 메일을 보내려고 합니다.
우수 고객은 세 개 이상 제품을
구입한 고객입니다.

 요청자:
최고 마케팅 담당자

 담당자:
개발팀 킴

마케팅팀

고객 서비스팀

개발팀 킴

해리: 여기에도 map()을 쓰면 될까요?

존: 글쎄요. map()은 주어진 배열과 길이가 같은 배열을 리턴하는데요. 요청 사항을 보면 전체 고
객 중 우수 고객들만 가져와야 하네요.

킴: 맞습니다. 그럼 먼저 forEach()로 구현하면 어떻게 되는지 봅시다.

```
function selectBestCustomers(customers) {
  var newArray = [];
  forEach(customers, function(customer) {
    if(customer.purchases.length >= 3)
      newArray.push(customer);
  });
  return newArray;
}
```

해리: map()과 비슷하지만, map()에는 조건문이 없습니다.

존: 킴! 지금까지 항상 패턴을 발견했는데, 여기에는 뭔가 방법이 없을까요?

킴: 방금 떠올랐는데요. 여기에는 두 번째 함수형 도구인 filter()를 사용해야 할 것 같아요!

존: 두 번째 함수형 도구요? 뭔가 히어로가 된 것 같은 느낌이네요.

킴: 그런 것은 존이 책에 나오는 캐릭터일 때 가질 수 있고요. 아무튼 filter()는 원래 배열을 가
지고 새로운 배열을 만드는 고차 함수입니다. 새로운 배열에 담을 항목과 건너뛸 항목을 결정
할 수 있습니다.

해리: 알았어요! 우수 고객을 선택하는 함수와 filter()를 사용하면 되는군요!

킴: 빙고! 다음 페이지에서 살펴봅시다.

예제를 통해 filter() 함수 도출하기

고객 커뮤니케이션팀에 할당된 코드 중 비슷한 코드를 몇 개 살펴봅시다.

```
function selectBestCustomers(customers) {
  var newArray = [];                          앞부분
  forEach(customers, function(customer) {
    if(customer.purchases.length >= 3)
      newArray.push(customer);                 본문(if 문으로 검사)
  });
  return newArray;                             뒷부분
}
```

```
function selectCustomersAfter(customers, date) {
  var newArray = [];
  forEach(customers, function(customer) {
    if(customer.signupDate > date)
      newArray.push(customer);                 본문(if 문으로 검사)
  });
  return newArray;
}
```

```
function selectCustomersBefore(customers,
date) {
  var newArray = [];                          앞부분
  forEach(customers, function(customer) {
    if(customer.signupDate < date)
      newArray.push(customer);                 본문(if 문으로 검사)
  });
  return newArray;                             뒷부분
}
```

```
function singlePurchaseCustomers(customers) {
  var newArray = [];
  forEach(customers, function(customer) {
    if(customer.purchases.length === 1)
      newArray.push(customer);                 본문(if 문으로 검사)
  });
  return newArray;
}
```

코드를 보면 if문으로 검사하는 부분만 다릅니다. 검사하는 코드는 결과 배열에 어떤 항목을 담을지 결정합니다. 이 부분을 본문으로 볼 수 있습니다. 그럼 **함수 본문을 콜백으로 바꾸기**replace body with callback 리팩터링을 적용해 일반화해 봅시다.

원래 코드

```
function selectBestCustomers(customers) {
  var newArray = [];
  forEach(customers, function(customer) {
    if(customer.purchases.length >= 3)
      newArray.push(customer);
  });
  return newArray;
}
```

forEach()를 filter()로 빼냅니다.

콜백 함수로 바꾼 버전

```
function selectBestCustomers(customers) {
  return filter(customers, function(customer)
  {
    return customer.purchases.length >= 3;
  });
}
```

표현식을 함수로 빼서 인자로 전달합니다.

```
function filter(array, f) {
  var newArray = [];
  forEach(array, function(element) {
    if(f(element))
      newArray.push(element);
  });
  return newArray;
}
```

조건식을 콜백으로 부릅니다.

일반적으로 사용할 수 있는 반복 함수인 filter()를 만들었습니다. filter()는 함수형 프로그래머들이 자주 사용하는 도구입니다. map()처럼 유용하기 때문에 함수형 도구 중 하나로 알려드렸습니다.

함수는 전역으로 정의하거나 지역 또는 인라인 형태로 정의할 수 있다는 것을 기억하세요. 여기서는 짧고 명확한 인라인 형태로 정의했습니다.

그럼 filter()가 하는 일을 자세히 알아봅시다.

> **함수를 정의하는 세 가지 방법**
> 1. 전역
> 2. 지역
> 3. 인라인

함수형 도구: filter()

filter()는 세 가지 함수형 도구 중 하나입니다. filter()로 함수형 프로그래머는 많은 것을 할수 있습니다. 나머지 함수형 도구인 reduce()는 곧 살펴볼 것입니다. 그럼 filter()에 대해 자세히 알아봅시다.

```
function filter(array, f) {          배열과 함수를 받습니다.
  var newArray = [];                 빈 배열을 만듭니다.
  forEach(array, function(element) {
    if(f(element))                   f()를 호출해 항목을 결과 배열에
      newArray.push(element);        넣을지 확인합니다.
  });                                조건에 맞으면 원래 항목을
  return newArray;                   결과 배열에 넣습니다.
}              결과 배열을 리턴합니다.
```

filter()는 배열에서 일부 항목을 선택하는 함수로 볼 수 있습니다. 항목이 X인 배열에 filter()를 사용해도 결과는 여전히 항목이 X인 배열입니다. 하지만 남길 배열을 선택하기 때문에 원래 가진 항목보다 더 적을 수 있습니다. 항목을 선택하기 위해서 X를 받아 불리언 타입을 리턴하는 함수를 전달해야합니다. 불리언 타입은 true나 false(또는 false 역할을 하는 값) 값을 말합니다. true인 경우 항목을 유지하고 false인 경우에는 항목을 없앱니다. true나 false를 리턴하는 함수를 보통 술어predicate라고 부릅니다. 새로 만들어진 배열도 원래 배열의 순서를 유지하지만 어떤 항목은 건너뛰기도 합니다.

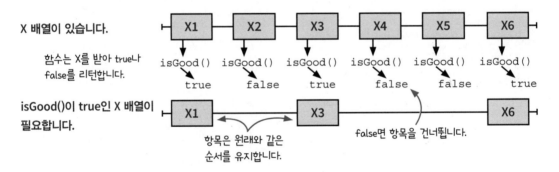

X 배열이 있습니다.

함수는 X를 받아 true나 false를 리턴합니다.

isGood()이 true인 X 배열이 필요합니다.

항목은 원래와 같은 순서를 유지합니다.

false면 항목을 건너뜁니다.

map()처럼 filter()도 전달하는 함수가 계산일 때 가장 사용하기 쉽습니다. filter()는 배열의 모든 항목에 대해 전달하는 함수를 부릅니다.

> **용어 설명**
>
> **술어**(predicate)는 true 또는 false를 리턴하는 함수입니다. filter()나 다른 고차 함수에 전달하기 좋습니다.

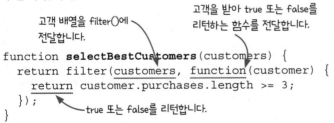

고객 배열을 filter()에 전달합니다.

고객을 받아 true 또는 false를 리턴하는 함수를 전달합니다.

```
function selectBestCustomers(customers) {
  return filter(customers, function(customer) {
    return customer.purchases.length >= 3;
  });
}
```
true 또는 false를 리턴합니다.

예제: 아무것도 구입하지 않은 고객

filter()를 사용하는 간단한 예제를 살펴봅시다. 모든 고객 중에 아무것도 구입하지 않은 고객을 배열로 만들려고 합니다. 이 예제는 filter() 함수를 사용하기 좋은 예제입니다.

가진 것: 고객 배열

필요한 것: 아무것도 구입하지 않은 고객 배열

함수: 고객 하나를 받아 아무것도 구입하지 않았다면 true를 리턴

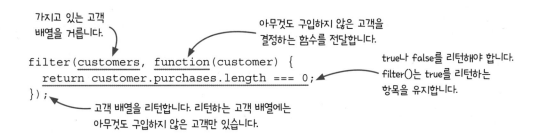

```
filter(customers, function(customer) {
  return customer.purchases.length === 0;
});
```

filter()를 사용하면 배열의 원래 순서를 유지하면서 하위 배열을 만들 수 있습니다.

주의하세요!

앞에서 map()을 사용할 때 결과 배열에 null이 있을 수 있다는 것을 봤습니다. null이 있어도 문제가 없는 경우도 있습니다. 하지만, null 항목을 없애려면 어떻게 해야 할까요? filter() 함수를 사용하면 null을 쉽게 없앨 수 있습니다.

```
var allEmails = map(customers, function(customer) {
  return customer.email;
});
```
고객 이메일이 null이면 배열에 null이 들어갑니다.

```
var emailsWithoutNulls = filter(emailsWithNulls, function(email) {
  return email !== null;
});
```
올바른 이메일만 남겨두기 위해 filter()를 사용해 null을 없앨 수 있습니다.

map()과 filter()는 함께 잘 동작합니다. 다음 장에서 map()과 filter(), reduce()를 조합해 더 복잡한 문제를 풀어 보겠습니다.

마케팅팀에서 작은 테스트를 하려고 합니다. 대략 3분의 1정도 고객에게 나머지 고객과 다른 메일을 보낸다고 합니다. 고객 아이디가 3으로 나누어떨어지는 고객을 테스트 그룹으로 만들면 충분하다고 요청했습니다. 테스트 그룹과 아닌 그룹을 나누는 코드를 작성해 보세요.

주어진 것

- 전체 고객 배열인 customers
- 고객 아이디가 들어 있는 customer.id
- 나머지 연산자 %, x % 3 === 0이라면 3으로 나누어떨어지는 값입니다.

여기에 코드를 써보세요.

```
var testGroup =



var nonTestGroup =
```

```
var testGroup = filter(customers, function(customer) {
  return customer.id % 3 === 0;
});

var nonTestGroup = filter(customers, function(customer) {
  return customer.id % 3 !== 0;
});
```

데이터 요청: 모든 고객의 전체 구매 수

모든 고객이 지금까지 얼마나 구매했는
지 알고 싶습니다. 각 고객의 구매 목록
은 고객 레코드에 있습니다. 이 값을 전
부 더하면 전체 구매 수가 나옵니다.

 요청자:
최고 마케팅 담당자

 담당자:
개발팀

마케팅팀

고객 서비스팀

개발팀 킴

해리: 이번 요청은 map()이나 filter()와는 다른 것 같네요. 배열을 리턴하는 것이 아니에요.

존: 맞아요. 결괏값이 숫자입니다. 킴, 다른 함수형 도구가 있죠?

킴: 아마도요. 먼저 forEach()로 만들면 어떻게 되는지 봅시다.

```
function countAllPurchases(customers) {
  var total = 0;
  forEach(customers, function(customer) {
    total = total + customer.purchases.length;
  });
  return total;
}
```

해리: map()이나 filter()와 비슷하지만 다르네요.

존: 잘 만든 코드 같아요. 이전 합계를 사용해 다음 합계를 만들고 있어요.

킴: 네! 이것이 바로 세 번째 함수형 도구인 reduce()가 필요한 이유입니다. reduce()도 다른 함
수형 도구처럼 고차 함수입니다. 하지만 배열을 순회하면서 값을 누적해가는 것이 다른 점입니
다. 여기서 누적하는 일은 값을 더하는 것입니다. 값을 누적하는 형태는 여러 가지가 될 수 있
습니다. 원하는 대로 할 수 있어요.

해리: 그럼 reduce()에 넘기는 함수가 누적하는 방법을 결정하는 것인가요?

킴: 네 맞아요! 다음 페이지에서 살펴봅시다.

예제를 통해 reduce() 도출하기

고객 커뮤니케이션팀에 할당된 코드 중 비슷한 코드를 몇 개 살펴봅시다.

```
function countAllPurchases(customers) {
  var total = 0;                                        ← 앞부분
  forEach(customers, function(customer) {
    total = total + customer.purchases.length;
  });                                                   ← 본문(합치는 동작)
  return total;                                         ← 뒷부분
}
```

```
function concatenateArrays(arrays) {
  var result = [];
  forEach(arrays, function(array) {
    result = result.concat(array);
  });
  return result;                                        ← 본문(합치는 동작)
}
```

```
function customersPerCity(customers) {
  var cities = {};                                      ← 앞부분
  forEach(customers, function(customer) {
    cities[customer.address.city] += 1;
  });                                                   ← 본문(합치는 동작)
  return cities;                                        ← 뒷부분
}
```

```
function biggestPurchase(purchases) {
  var biggest = {total:0};
  forEach(purchases, function(purchase) {
    biggest = biggest.total>purchase.total?
              biggest:purchase;
  });                                                   ← 본문(합치는 동작)
  return total;
}
```

이 함수들은 두 군데가 다릅니다. 하나는 변수의 초깃값이고 다른 하나는 변수의 다음 값을 구하는 계산 방법입니다. 변수의 다음 값은 변수의 이전 값과 배열에 있는 현재 값으로 계산합니다. 합치는 방법이 다르다고 할 수 있습니다.

> **아래 항목으로 다음 값을 만듭니다**
> 1. 현재 값
> 2. 현재 배열의 항목

원래 코드

```
function countAllPurchases(customers) {
  var total = 0;
  forEach(customers, function(customer) {
    total = total + customer.purchases.length;
  });
  return total;
}
```

forEach()를 reduce()로 빼냅니다.

콜백으로 바꾼 버전

```
function countAllPurchases(customers) {
  return reduce(
    customers, 0, function(total, customer) {
      return total + customer.purchase.length;
    }
  );
}
```
초깃값   콜백 함수

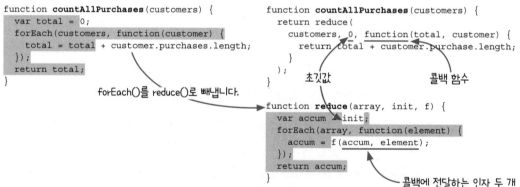

```
function reduce(array, init, f) {
  var accum = init;
  forEach(array, function(element) {
    accum = f(accum, element);
  });
  return accum;
}
```
콜백에 전달하는 인자 두 개

일반적으로 사용할 수 있는 반복 함수인 reduce()를 만들었습니다. reduce()는 함수형 프로그래머들이 자주 사용하는 도구입니다. 매우 쓸모 있기 때문에 함수형 도구 중 하나로 알려드렸습니다. 그럼 reduce()가 어떤 일을 하는지 자세히 알아봅시다.

함수형 도구: reduce()

reduce()는 함수형 프로그래머들이 자주 사용하는 세 번째 함수형 도구입니다. 나머지 두 개는 map()과 filter()입니다. 그럼 reduce() 함수에 대해 자세히 알아봅시다.

배열과 초깃값, 누적 함수를 받습니다.

```
function reduce(array, init, f) {
  var accum = init;                    ← 누적된 값을 초기화 합니다.
  forEach(array, function(element) {
    accum = f(accum, element);         누적 값을 계산하기 위해 현재 값과
  });                                  배열 항목으로 f() 함수를 부릅니다.
  return accum;
}                    누적된 값을 리턴합니다.
```

reduce()는 배열을 순회하면서 값을 누적합니다. 값을 누적하는 것은 추상적인 개념입니다. 실제로는 여러 가지 형태가 될 수 있습니다. 예를 들면 값을 더할 수도 있고 해시 맵이나 문자열을 합치는 것이 될 수도 있습니다. 전달하는 함수를 통해 누적하는 방법을 결정할 수 있습니다. 함수는 누적하고 있는 현재 값과 반복하고 있는 현재 배열의 항목을 인자로 받습니다. 그리고 새로운 누적값을 리턴합니다.

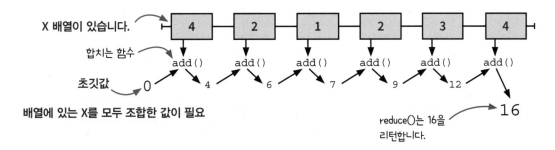

X 배열이 있습니다. → 4 2 1 2 3 4

합치는 함수 → add() add() add() add() add() add()

초깃값 → 0 → 4 → 6 → 7 → 9 → 12 → **16**

배열에 있는 X를 모두 조합한 값이 필요 reduce()는 16을 리턴합니다.

reduce()에 전달하는 함수는 인자를 두 개 받습니다. 현재 누적된 값과 배열의 현재 항목입니다. 그리고 첫 번째 인자와 같은 타입의 값을 리턴해야 합니다. 예제에서 어떻게 사용하는지 봅시다.

reduce()에 고객 배열을 전달
reduce()에 초깃값을 전달

```
function countAllPurchases(customers) {
  return reduce(                          reduce()에 전달하는 함수는 인자가
    customers, 0,                         두 개여야 하고 리턴값은 첫 번째
    function(total, customer) {           인자와 타입이 같아야 합니다.
      return total + customer.purchase.length;
    });
}                    지금까지 누적한 합계와 현재 고객이 구입한
                     제품의 개수를 더한 값을 리턴합니다.
```

예제: 문자열 합치기

reduce()를 사용하는 예제를 하나 살펴봅시다. 어떤 문자열 배열이 있고 이 배열에 모든 문자열을 하나로 합치려고 합니다. reduce()는 이 문제를 푸는 데 적합합니다.

가진 것: 문자열 배열

필요한 것: 배열에 있는 모든 문자열을 하나로 합친 문자열 ← 합치는 동작

함수: 누적된 문자열과 배열에 있는 현재 문자열을 받아서 합치는 함수

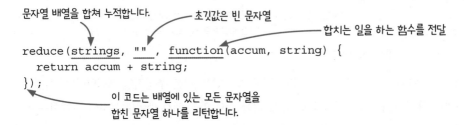

문자열 배열을 합쳐 누적합니다.　　초깃값은 빈 문자열　　합치는 일을 하는 함수를 전달

```
reduce(strings, "" , function(accum, string) {
  return accum + string;
});
```

이 코드는 배열에 있는 모든 문자열을 합친 문자열 하나를 리턴합니다.

reduce()는 주어진 초깃값을 가지고 배열에 있는 모든 항목을 하나의 값으로 합칩니다.

주의하세요!

reduce() 함수를 사용할 때 두 가지 조심할 것이 있습니다. 하나는 인자의 순서입니다. reduce()는 인자가 세 개이고, reduce()에 전달하는 함수는 인자가 두 개이기 때문에 순서를 혼동할 수 있습니다. 다른 언어에 있는 reduce() 함수는 인자 순서가 다를 수 있습니다. 옳은 순서는 없습니다! 이 책에서는 배열을 먼저 넣는 형태로 사용하겠습니다. 그리고 함수는 마지막 인자로 넣겠습니다. 이 규칙에 따르면 초깃값은 중간에 위치해야 합니다.

다른 언어에서는 다른 규칙을 사용할 수도 있습니다.

> **이 책에서 함수형 도구의 인자 순서**
> 1. 배열이 가장 먼저
> 2. 콜백이 가장 마지막
> 3. 나머지 인자가 있다면 그 사이

reduce() 함수를 사용할 때 조심해야 할 또 다른 것은 초깃값을 결정하는 방법입니다. 초깃값은 동작과 문맥에 따라 다릅니다. 하지만 아래 두 가지 질문에 같은 답을 해야 합니다.

- **계산이 어떤 값에서 시작되는가?** 예를 들어 더하기를 한다면 초깃값은 0이어야 합니다. 만약 곱하기를 해야 한다면 초깃값은 1이어야 합니다.

- **배열이 비어 있다면 어떤 값을 리턴할 것인가?** 위 예제에서 빈 문자열 배열을 사용한다면 합친 문자열 결과는 빈 문자열이어야 합니다.

> **초깃값을 결정하는 방법**
> 1. 계산이 어떤 값에서 시작하는가?
> 2. 빈 배열을 사용하면 어떤 값을 리턴할 것인가?
> 3. 비즈니스 규칙이 있는가?

회계팀은 더하는 일과 곱하는 일을 많이 사용합니다. 숫자 리스트를 모두 더하거나 곱하는 함수를 만들어 보세요. reduce()에 넘길 초깃값을 잘 결정해야 합니다.

여기에 코드를 써보세요.

```
// 배열에 있는 모든 수를 더하기
function sum(numbers) {



}

// 배열에 있는 모든 수를 곱하기
function product(numbers) {




}
```

정답

```
function sum(numbers) {
  return reduce(numbers, 0, function(total, num) {
    return total + num;
  });
}

function product(numbers) {
  return reduce(numbers, 1, function(total, num) {
    return total * num;
  });
}
```

누적 함수를 잘 사용하면 reduce()는 정말 유용한 함수입니다. Math.min()와 Math.max()를 사용하지 않고 숫자 배열에 있는 가장 큰 값과 가장 작은 값을 찾는 함수를 만들어 보세요.

주어진 것

- 자바스크립트에서 가장 큰 숫자인 Number.MAX_VALUE

- 자바스크립트에서 가장 작은 숫자인 Number.MIN_VALUE

```
//  배열에서 가장 작은 숫자를 리턴
//  (빈 배열이라면 Number.MAX_VALUE를 리턴)
function min(numbers) {




}
```

여기에 코드를 써보세요.

```
//  배열에서 가장 큰 숫자를 리턴
//  (빈 배열이라면 Number.MIN_VALUE를 리턴)
function max(numbers) {




}
```

```
function min(numbers) {
  return reduce(numbers, Number.MAX_VALUE, function(m, n) {
    if(m < n) return m;
    else      return n;
  });
}

function max(numbers) {
  return reduce(numbers, Number.MIN_VALUE, function(m, n) {
    if(m > n) return m;
    else      return n;
  });
}
```

함수형 도구를 사용할 때 극단에 있는 값을 사용하면 어떻게 되는지 알면 더 잘 이해할 수 있습니다. 다음 질문에 답을 써보세요. 다음은 양극단의 값을 사용하는 질문입니다.

1. `map()` 함수에 빈 배열을 넘기면 어떤 값이 리턴될까요?

   > `map([], xToY)`

2. `filter()` 함수에 빈 배열을 넘기면 어떤 값이 리턴될까요?

   > `filter([], isGood)`

3. `reduce()` 함수에 빈 배열을 넘기면 어떤 값이 리턴될까요?

   > `reduce([], init, combine)`

4. `map()` 함수에 인자를 그대로 리턴하는 함수를 넘기면 어떤 값이 리턴될까요?

   > `map(array, function(x) { return x; })`

5. `filter()` 함수에 항상 true를 리턴하는 함수를 넘기면 어떤 값이 리턴될까요?

   > `filter(array, function(_x) { return true; })`

6. `filter()` 함수에 항상 false를 리턴하는 함수를 넘기면 어떤 값이 리턴될까요?

   > `filter(array, function(_x) { return false; })`

사용하지 않는 인자를 구분하기 위해
인자 이름 앞에 밑줄을 붙였습니다.

정답

1. `[]`
2. `[]`
3. `init`
4. 얕은 복사가 된 `array`
5. 얕은 복사가 된 `array`
6. `[]`

reduce()가 얼마나 강력한지 모른다면 그렇게 생각할 수 있습니다. 사실 reduce()로 map()이나 filter()를 만들 수 있습니다. 하지만 map()이나 filter()로는 reduce()를 만들 수 없습니다.

reduce()는 좋은 것 같아요. 그런데 map()이나 filter()만큼 유용해 보이지 않아요.

reduce()로 많은 것을 할 수 있습니다. 멋진 기능을 만들 가능성이 열려있는 함수형 도구입니다. 하지만 지금은 더 깊이 알아보지 않으려고 합니다. 대신 reduce()로 할 수 있는 것들을 나열해 보겠습니다.

reduce()로 할 수 있는 것들

실행 취소/실행 복귀

실행 취소와 실행 복귀는 제대로 동작하도록 만들기 정말 어렵습니다. 특히 처음 만들어 본다면 더욱더 어려울 것입니다. 리스트 형태의 사용자 입력에 reduce()를 적용한 것이 현재 상태라고 생각해 보면, 실행 취소는 리스트의 마지막 사용자 입력을 없애는 것이라고 할 수 있습니다.

테스트할 때 사용자 입력을 다시 실행하기

시스템의 처음 상태가 초깃값이고 사용자 입력이 순서대로 리스트에 있을 때 reduce()로 모든 값을 합쳐 현재 상태를 만들 수 있습니다.

> **👓 언어 탐구**
>
> 다른 언어에서 reduce()는 다른 이름을 가지고 있습니다. fold()라는 함수를 들어봤을 수도 있습니다. fold()는 리스트를 탐색하는 방향에 따라 foldLeft()와 foldRight()와 같은 버전이 있습니다.

시간 여행 디버깅

어떤 언어는 변경 사항을 어떤 시점으로 되돌릴 수 있습니다. 뭔가 잘못 동작하는 경우 특정 시점 상태의 값을 보관할 수 있습니다. 그리고 문제를 고치고 새로운 코드로 다시 실행해 볼 수 있습니다. 마술처럼 보이지만 reduce()를 통해 할 수 있습니다.

회계 감사 추적

특정 시점에 시스템 상태를 알고 싶은 경우가 있습니다. 법무팀에서 12월 31일에 무슨 일이 있었는지 물어볼 수도 있습니다. reduce()로 과거에 어떤 일이 있었는지 기록할 수 있습니다. 어떤 일이 있었는지 뿐만 아니라 어떤 과정을 통해 일이 생겼는지도 알 수 있습니다.

앞에서 reduce()로 map()과 filter()를 만들 수 있다고 했습니다. 한번 만들어 보세요.

정답

여러 가지 방법으로 map()과 filter()를 만들 수 있습니다. 여기서는 두 가지 방법을 살펴보겠습니다. 모두 계산이라는 점에 주목하세요. 하나는 각 단계에서 리턴하는 누적값을 바꾸지 않는 방법이고, 다른 하나는 누적값을 바꾸는 방법입니다. 지역값을 바꾸더라도 리턴한 후에는 바꾸지 않기 때문에 두 방법 모두 여전히 계산입니다.

```
function map(array, f) {
  return reduce(array, [], function(ret, item) {
    return ret.concat(f([item]));   ← 비효율적이지만 불변 함수를 사용
  });
}
function map(array, f) {
  return reduce(array, [], function(ret, item) {
    ret.push(f(item));              ← 조금 더 효율적인 변이 함수를 사용
    return ret;
  });
}
function filter(array, f) {
  return reduce(array, [], function(ret, item) {
    if(f(item)) return ret.concat([item]);   ← 비효율적이지만 불변 함수를 사용
    else        return ret;
  });
}
function filter(array, f) {
  return reduce(array, [], function(ret, item) {
    if(f(item))
      ret.push(item);               ← 조금 더 효율적인 변이 함수를 사용
    return ret;
  });
}
```

앞에서 reduce()에 계산을 넘겨야 코드가 계산된다고 했으므로 두 구현을 살펴보는 것이 중요합니다. 여기서 변이 함수를 넘기는 경우 계산이라는 규칙을 어길 수 있습니다. 하지만 변이가 지역적으로 일어나기 때문에 여전히 계산이라는 규칙을 유지합니다. 그래서 두 예제에 나온 map()과 filter() 모두 계산입니다. 이 예제를 통해 규칙이 가이드라인과 비슷하다는 것을 알 수 있습니다. 가이드라인은 기본적으로 따라야 합니다. 만약 규칙을 어겼다면 경고와 벌칙을 주세요.

세 가지 함수형 도구를 비교하기

map() 어떤 배열의 모든 항목에 함수를 적용해 새로운 배열로 바꿉니다.

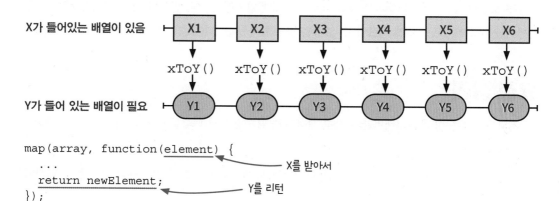

```
map(array, function(element) {
  ...
  return newElement;
});
```
X를 받아서

Y를 리턴

filter() 어떤 배열의 하위 집합을 선택해 새로운 배열로 만듭니다.

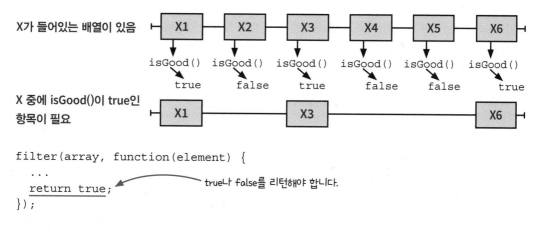

```
filter(array, function(element) {
  ...
  return true;
});
```
true나 false를 리턴해야 합니다.

reduce() 어떤 배열의 항목을 조합해 최종값을 만듭니다.

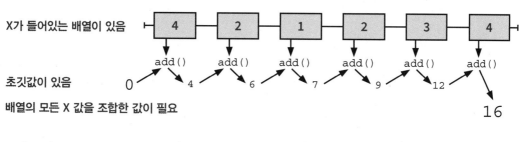

```
reduce(array, 0, function(accum, element) {
  ...
  return combine(accum, element);
});
```
어떤 combine() 함수라도 사용할 수 있음

결론

함수형 프로그래밍은 잘 동작하는 작은 추상화 함수로 되어 있습니다. 이 장에서 가장 많이 사용하는 함수형 도구인 map()과 filter(), reduce()에 대해 알아봤습니다. 만들기 쉽고, 유용한 함수이고, 일반적인 반복 패턴으로 쉽게 도출할 수 있다는 것도 알아봤습니다.

요점 정리

- 거의 모든 함수형 프로그래머들이 자주 사용하는 함수형 도구 map()과 filter(), reduce()를 알아봤습니다.
- map()과 filter(), reduce()는 특별한 방법으로 배열을 반복할 수 있습니다. 반복문을 대체해서 코드의 목적을 더 명확하게 할 수 있습니다.
- map()은 어떤 배열의 모든 항목에 함수를 적용해 새로운 배열로 바꿉니다. 각 항목은 지정한 콜백 함수에 의해 변환됩니다.
- filter()는 어떤 배열의 하위 집합을 선택해 새로운 배열로 만듭니다. 술어를 전달해서 특정 항목을 선택할 수 있습니다.
- reduce()는 초깃값을 가지고 어떤 배열의 항목을 조합해 하나의 값을 만듭니다. 데이터를 요약하거나 시퀀스를 하나의 값으로 만들 때 주로 씁니다.

다음 장에서 배울 내용

데이터 시퀀스에 사용할 수 있는 강력한 함수형 도구를 알아봤습니다. 하지만, 아직 고객의 요구 사항에 답을 해주지 못했습니다. 다음 장에서 함수형 도구를 하나의 프로세스로 조합하는 방법을 알아보겠습니다. 그렇게 하면 세 가지 도구의 힘을 조합해 더 강력한 방법으로 데이터를 변환할 수 있습니다.

13

함수형 도구 체이닝

이번 장에서 살펴볼 내용

- 복합적인 쿼리로 데이터를 조회하기 위해 함수형 도구를 조합하는 방법을 배웁니다.
- 복잡한 반복문을 함수형 도구 체인으로 바꾸는 방법을 이해합니다.
- 데이터 변환 파이프라인을 만들어 작업을 수행하는 방법을 배웁니다.

함수형 도구로 반복문에서 하려는 일과 반복하는 일을 분리했습니다. 하지만 계산이 더 복잡해지면 함수형 도구 하나로 작업할 수 없습니다. 이 장에서는 여러 단계를 하나로 엮은 **체인**chain으로 복합적인 계산을 표현하는 방법을 살펴보겠습니다. 각 단계는 함수형 도구를 사용합니다. 함수형 도구를 조합해서 읽고 쓰기 쉽고 단순한 단계를 유지하며 매우 복잡한 계산을 할 수 있습니다. 함수형 프로그래머들에게는 이미 익숙한 방법입니다. 이 장을 통해 함수형 도구가 얼마나 강력한지 알 수 있을 것입니다.

고객 커뮤니케이션팀은 계속 일하고 있습니다

데이터 요청: 우수 고객들의 가장 비싼 구매	
우수 고객이 가장 많은 비용을 쓸 것으로 생각하고 있습니다. 그래서 각각의 우수 고객(3개 이상 구매)의 구매 중 가장 비싼 구매를 알려주세요.	요청자: 최고 마케팅 담당자 담당자: 개발팀 킴

마케팅팀   고객 서비스팀   개발팀 킴

해리: 이번 요청은 더 복잡하네요.

존: 그렇네요. 우수 고객들의 구매 중 가장 비싼 구매를 구해야 하는데 어려워 보이네요.

킴: 네, 조금 어렵네요. 하지만 각 단계에서 뭘 해야 할지 알고 있어요. 단계들을 조합해 하나의 쿼리로 만들면 됩니다. 이렇게 여러 단계를 하나로 조합하는 것을 **체이닝**chainning이라고 합니다.

존: 알겠습니다! 그럼 단계가 어떻게 되는 거죠?

해리: 제 생각에는 먼저 우수 고객을 뽑은 다음에 각 우수 고객의 가장 비싼 구매를 가져오면 될 것 같아요.

킴: filter를 하고 map을 하는 것처럼 보이네요. 그런데 가장 비싼 구매를 어떻게 뽑죠?

존: 앞에서 가장 큰 숫자를 찾는 코드를 만들었는데 그것과 비슷하지 않을까요?

킴: 그런 것 같아요. 아직 어떻게 생겼을지 모르겠지만 하나씩 하다 보면 완성할 수 있을 것 같아요. 그럼 쿼리를 만들어 봅시다. 한 단계의 결과를 다음 단계의 입력으로 쓸 수 있을 거예요.

우수 고객들의 가장 비싼 구매를 구해야 합니다.

이 과정을 여러 단계로 나누고 순서대로 실행하면 됩니다.

1. 우수 고객(3개 이상 구매)을 거릅니다(filter).
2. 우수 고객을 가장 비싼 구매로 바꿉니다(map).

가장 비싼 구매를 구하는 방법은 앞에서 reduce()로 만든 max() 와 비슷합니다. 먼저 함수를 정의부터 만들어 봅시다.

함수 시그니처를 정의하는 것으로 시작합니다.

```
function biggestPurchasesBestCustomers(customers) {
```

우수 고객을 거르는 코드를 만들어 봅시다. 우수 고객을 거르는 코드는 이전 장에서 만들었습니다. 다음 코드가 체인의 가장 첫 단계가 됩니다.

1단계

```
function biggestPurchasesBestCustomers(customers) {
  var bestCustomers = filter(customers, function(customer) {
    return customer.purchases.length >= 3;
  });
```

다음으로 할 일은 각 고객의 가장 비싼 구매를 가져와 배열에 담는 일입니다. 앞에서 만든 적은 없지만 map()을 사용하면 된다는 것을 알고 있습니다. 이 코드를 체인에 연결해 봅시다.

1단계

```
function biggestPurchasesBestCustomers(customers) {
  var bestCustomers = filter(customers, function(customer) {
    return customer.purchases.length >= 3;
  });
```

2단계

```
  var biggestPurchases = map(bestCustomers, function(customer) {
    return ...;
  });
}
```

map()을 쓰면 된다는 것을 알고 있지만 무엇을 리턴해야 할까요?

가장 큰 수를 찾는 방법은 알고 있습니다. 가장 큰 수를 찾는 코드로 가장 비싼 구매를 찾는 코드를 만들 수 있을 것입니다. 가장 큰 수를 찾는 코드는 reduce()를 사용하기 때문에 가장 비싼 구매를 찾는 코드도 reduce()를 사용해 만들 수 있습니다. 다음 페이지에서 코드를 만들고 두 번째 단계에 추가해 봅시다.

앞 페이지에서 각 단계의 기초를 만들었습니다. 하지만 아직 map()
단계에 사용할 콜백을 결정하지 못했습니다. 다음은 아직 작업하지
못한 코드입니다.

```
function biggestPurchasesBestCustomers(customers) {
  var bestCustomers = filter(customers, function(customer) {    ← 1단계
    return customer.purchases.length >= 3;
  });

  var biggestPurchases = map(bestCustomers, function(customer) {    ← 2단계
    return ...;
  });
}
```

map()을 쓰면 된다는 것을 알고
있지만 어떤 것을 리턴해야 할까요?

가장 큰 수를 찾는 방법은 이미 알고 있습니다. 가장 큰 수를 찾는
코드를 가지고 가장 비싼 구매를 찾는 코드를 쉽게 만들 수 있습니
다. reduce()로 만든 가장 비싼 구매를 찾는 코드는 다음과 같습
니다.

```
function biggestPurchasesBestCustomers(customers) {
  var bestCustomers = filter(customers, function(customer) {    ← 1단계
    return customer.purchases.length >= 3;
  });

  var biggestPurchases = map(bestCustomers, function(customer) {    ← 2단계
    return reduce(customer.purchases, {total: 0}, function(biggestSoFar, purchase) {
      if(biggestSoFar.total > purchase.total)
        return biggestSoFar;
      else
        return purchase;
    });
  });
  return biggestPurchases;
}
```

reduce()의 초깃값으로 빈 구매 객체를 사용합니다.

가장 비싼 구매를 찾기 위해
reduce()를 사용합니다.

각 고객의 가장 비싼 구매를 찾아야
하기 때문에 reduce()는 map()의
콜백 안에 있습니다.

잘 동작하는 코드입니다. 하지만 콜백이 여러 개 중첩되어 함수가
너무 커졌습니다. 이렇게 만들면 함수형 도구를 연결해 쓰는 방법
이 좋지 않다고 생각할 수도 있습니다. 코드를 더 깨끗하게 만들 방
법이 많이 있으므로 여기서 멈추지 말고 개선해 봅시다.

다음은 지금까지 만든 코드입니다. 잘 동작하지만 이해하기 어렵습니다.

```
function biggestPurchasesBestCustomers(customers) {
  var bestCustomers = filter(customers, function(customer) {
    return customer.purchases.length >= 3;
  });

  var biggestPurchases = map(bestCustomers, function(customer) {
    return reduce(customer.purchases, {total: 0}, function(biggestSoFar, purchase) {
      if(biggestSoFar.total > purchase.total)
        return biggestSoFar;
      else
        return purchase;
    });
  });
  return biggesetPurchases;
}
```

중첩된 콜백은 읽기 어렵습니다.

지난 장에서 만들었던 max() 함수와 앞에서 만든 reduce() 단계를 비교해 봅시다.

가장 비싼 구매 찾기

가능한 값 중에 가장 작은 값으로 초기화

가장 큰 수 찾기

```
reduce(customer.purchases,
    {total: 0},
    function(biggestSoFar, purchase) {
      if(biggestSoFar.total > purchase.total)
        return biggestSoFar;
      else
        return purchase;
    });
```

```
reduce(numbers,
    Number.MIN_VALUE,
    function(m, n) {
      if(m > n)
        return m;
      else
        return n;
    });
```

값을 비교

가장 큰 값을 리턴

가장 비싼 구매를 찾는 코드는 total 값을 비교하고, max() 함수는 값을 직접 비교한다는 점이 다릅니다. total 값을 가져오는 부분을 콜백으로 분리해 봅시다.

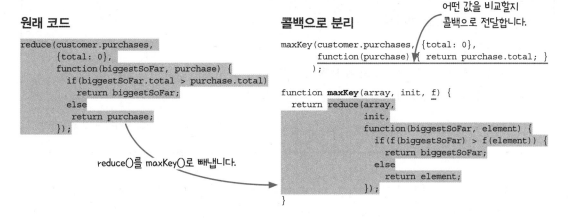

원래 코드

```
reduce(customer.purchases,
    {total: 0},
    function(biggestSoFar, purchase) {
      if(biggestSoFar.total > purchase.total)
        return biggestSoFar;
      else
        return purchase;
    });
```

reduce()를 maxKey()로 빼냅니다.

어떤 값을 비교할지 콜백으로 전달합니다.

콜백으로 분리

```
maxKey(customer.purchases, {total: 0},
    function(purchase) { return purchase.total; }
);

function maxKey(array, init, f) {
  return reduce(array,
      init,
      function(biggestSoFar, element) {
        if(f(biggestSoFar) > f(element)) {
          return biggestSoFar;
        else
          return element;
      });
}
```

배열에서 가장 큰 값을 찾는 maxKey() 함수를 만들었습니다. maxKey()에 비교할 값을 함수로 지정할 수 있습니다. 그럼 원래 코드에 maxKey() 함수를 적용해 봅시다.

배열에서 가장 큰 값을 찾는 maxKey() 함수를 만들었습니다. 이제
reduce()를 maxKey()로 바꿔 봅시다.

```
function biggestPurchasesBestCustomers(customers) {
  var bestCustomers = filter(customers, function(customer) {        1단계
    return customer.purchases.length >= 3;
  });
                                                                    2단계
  var biggestPurchases = map(bestCustomers, function(customer) {
    return maxKey(customer.purchases, {total: 0}, function(purchase) {
      return purchase.total;
    });
  });

  return biggestPurchases;
}
```

중첩된 리턴은
읽기 어렵습니다.

reduce()가 있던 곳에
maxKey()를 사용합니다.

코드가 간결해졌습니다. maxKey()로 코드가 의미하는 것을 명확하게 표현했습니다. reduce()는 일 반적이기 때문에 낮은 수준의 함수입니다. reduce()는 배열의 값을 조합한다는 의미 말고 특별한 의 미가 없습니다. 반면에 maxKey()는 더 구체적인 함수입니다. maxKey()는 배열에서 가장 큰 값을 선 택한다는 의미가 있습니다.

📝 연습 문제

max()와 maxKey()는 비슷한 함수입니다. 따라서 코드도 비슷할 것입니다. 만약 둘 중 하나 로 나머지 하나를 만들 수 있다고 가정하고 다음 질문에 답해 보세요.

1. 어떤 것으로 다른 하나를 만들 수 있을까요? 왜 그런가요?
2. 코드로 만들어 보세요.
3. 두 함수를 호출 그래프로 표현해 보세요.
4. 어떤 함수가 더 일반적인 함수라고 할 수 있나요?

(정답은 다음 페이지에 있습니다)

지금까지 만든 코드도 충분히 간결하지만, 더 명확하게 만들 수 있습니다. 코드를 개선하다 보면 함수 형 체이닝의 진정한 가치를 알 수 있을 것입니다. 코드에 중첩된 리턴 구문이 있는 콜백이 있습니다. 그래서 코드가 어떤 일을 하는지 알기 어렵습니다. 이 문제를 해결하기 위한 방법은 두 가지가 있습니 다. 뒤에서 두 가지 방법을 모두 살펴보고 비교해 보겠습니다.

1. maxKey()가 더 일반적이므로 maxKey()로 max()를 만들 수 있습니다. maxKey()는 비교하는 값을 자유롭게 선택해서 최댓값을 구할 수 있지만, max()는 값을 직접 비교해야 합니다.

2. 인자로 받은 값을 그대로 리턴하는 항등 함수identity function와 maxKey()를 사용해 max()를 만들 수 있습니다.

```
function maxKey(array, init, f) {
  return reduce(array,
                init,
                function(biggestSoFar, element) {
                  if(f(biggestSoFar) > f(element))
                    return biggestSoFar;
                  else
                    return element;
                });
}

function max(array, init) {
  return maxKey(array, init, function(x) {
    return x;
  });
}
```

값을 그대로 비교한다고 maxKey()에게 알려줍니다.

인자로 받은 값을 그대로 리턴하는 함수를 항등 함수라고 합니다.

3. 호출 그래프는 다음과 같습니다.

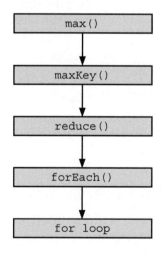

용어 설명

인자로 받은 값을 그대로 리턴하는 함수를 **항등 함수**(identity function)라고 합니다. 아무 일도 하지 않지만 아무것도 하지 않아야 할 때 유용하게 쓸 수 있습니다.

4. maxKey()가 max() 보다 아래 위치합니다. maxKey()는 max() 보다 더 일반적인 함수입니다. max()는 maxKey()의 특별한 버전이라고 볼 수 있습니다.

체인을 명확하게 만들기 1: 단계에 이름 붙이기

체인을 명확하게 만드는 첫 번째 방법은 각 단계에 이름을 붙이는 것입니다. 다음은 지금까지 작업했던 코드입니다.

```
function biggestPurchasesBestCustomers(customers) {
  var bestCustomers = filter(customers, function(customer) {        ◄── 1단계
    return customer.purchases.length >= 3;
  });

  var biggestPurchases = map(bestCustomers, function(customer) {     ◄── 2단계
    return maxKey(customer.purchases, {total: 0}, function(purchase) {
      return purchase.total;
    });
  });

  return biggestPurchases;
}
```

다음과 같이 각 단계의 고차 함수를 빼내 이름을 붙일 수 있습니다.

```
function biggestPurchasesBestCustomers(customers) {
  var bestCustomers    = selectBestCustomers(customers);      ◄── 1단계
  var biggestPurchases = getBiggestPurchases(bestCustomers);  ◄── 2단계
  return biggestPurchases;
}
```
단계가 더 짧아졌고 코드가 모여있어 의미를 이해하기 쉽습니다.

```
function selectBestCustomers(customers) {
  return filter(customers, function(customer) {
    return customer.purchases.length >= 3;
  });
}
```
고차 함수에 이름을 붙여 현재 문맥에 추가했습니다.

```
function getBiggestPurchases(customers) {
  return map(customers, getBiggestPurchase);
}
```
고차 함수를 함수로 쉽게 빼낼 수 있습니다.

```
function getBiggestPurchase(customer) {
  return maxKey(customer.purchases, {total: 0}, function(purchase) {
    return purchase.total;
  });
}
```

각 단계에 이름을 붙이면 훨씬 명확해집니다. 그리고 각 단계에 숨어 있던 두 함수의 구현도 알아보기 쉽습니다. 하지만 아직 분명하지 않은 부분이 더 있습니다. 콜백 함수는 여전히 인라인으로 사용하고 있습니다. 또 인라인으로 정의된 콜백 함수는 재사용할 수 없습니다. 콜백을 재사용할 수 있을까요? 호출 그래프에서 아래쪽에 있는 작은 함수들이 재사용하기 좋다는 것을 배웠습니다. 그럼 이 함수를 더 작은 함수로 쪼갤 수 있을까요?

가능한 방법이 있습니다. 체인을 명확하게 만들기 위한 두 번째 방법을 다음 페이지에서 살펴봅시다.

체인을 명확하게 만들기 2: 콜백에 이름 붙이기

체인을 명확하게 만드는 두 번째 방법은 콜백에 이름을 붙이는 방법입니다. 단계에 이름을 붙이기 전으로 코드를 되돌려 봅시다.

```
function biggestPurchasesBestCustomers(customers) {
  var bestCustomers = filter(customers, function(customer) {        ← 1단계
    return customer.purchases.length >= 3;
  });

  var biggestPurchases = map(bestCustomers, function(customer) {        ← 2단계
    return maxKey(customer.purchases, {total: 0}, function(purchase) {
      return purchase.total;
    });
  });

  return biggestPurchases;
}
```

이번에는 단계에 이름을 붙이는 대신 **콜백**callback을 빼내 이름을 붙여봅시다.

```
function biggestPurchasesBestCustomers(customers) {                    ← 1단계
  var bestCustomers    = filter(customers, isGoodCustomer);        ← 2단계
  var biggestPurchases = map(bestCustomers, getBiggestPurchase);
  return biggestPurchases;
}

function isGoodCustomer(customer) {
  return customer.purchases.length >= 3;
}

function getBiggestPurchase(customer) {
  return maxKey(customer.purchases, {total: 0}, getPurchaseTotal);
}

function getPurchaseTotal(purchase) {
  return purchase.total;
}
```

콜백에 이름을 붙입니다.

이렇게 해도 단계는 짧고 의미를 이해하기 쉽습니다.

콜백을 빼내고 이름을 붙여 재사용할 수 있는 함수로 만들었습니다. 호출 그래프의 아래쪽에 위치하므로 재사용하기 좋은 코드라는 것을 알 수 있습니다. 그리고 직관적으로 더 재사용하기 좋은 코드처럼 생겼습니다. `selectBestCustomers()` 함수는 고객 배열로만 쓸 수 있지만 `isGoodCustomer()` 함수는 고객 하나를 넘겨 쓸 수 있습니다. `filter()`에 `isGoodCustomer()` 함수를 넘기면 고객 배열에도 쓸 수 있습니다.

다음 페이지에서 두 가지 방법을 비교해 봅시다.

체인을 명확하게 만들기 3: 두 방법을 비교

함수형 도구 체인을 명확하게 만들기 위한 두 가지 방법을 살펴봤습니다. 이제 결과 코드를 보면서 두 가지 방법을 비교해 봅시다.

방법 1: 단계에 이름 붙이기

```
function biggestPurchasesBestCustomers(customers) {
  var bestCustomers    = selectBestCustomers(customers);
  var biggestPurchases = getBiggestPurchases(bestCustomers);
  return biggestPurchases;
}

function selectBestCustomers(customers) {
  return filter(customers, function(customer) {
    return customer.purchases.length >= 3;
  });
}

function getBiggestPurchases(customers) {
  return map(customers, getBiggestPurchase);
}

function getBiggestPurchase(customer) {
  return maxKey(customer.purchases, {total: 0}, function(purchase) {
    return purchase.total;
  });
}
```

방법 2: 콜백에 이름 붙이기

```
function biggestPurchasesBestCustomers(customers) {
  var bestCustomers    = filter(customers, isGoodCustomer);
  var biggestPurchases = map(bestCustomers, getBiggestPurchase);
  return biggestPurchases;
}

function isGoodCustomer(customer) {
  return customer.purchases.length >= 3;
}

function getBiggestPurchase(customer) {
  return maxKey(customer.purchases, {total: 0}, getPurchaseTotal);
}

function getPurchaseTotal(purchase) {
  return purchase.total;
}
```

일반적으로 두 번째 방법이 더 명확합니다. 그리고 고차 함수를 그대로 쓰는 첫 번째 방법보다 이름을 붙인 두 번째 방법이 재사용하기도 더 좋습니다. 인라인 대신 이름을 붙여 콜백을 사용하면 단계가 중첩되는 것도 막을 수 있습니다.

물론 이러한 것은 사용하는 언어의 문법과 문맥에 따라 달라집니다. 함수형 프로그래머라면 두 가지 방법을 모두 시도해서 어떤 방법이 더 좋은지 코드를 비교해 결정할 것입니다.

예제: 한 번만 구매한 고객의 이메일 목록

함수형 도구 체인을 사용하는 간단한 예제를 살펴봅시다. 마케팅팀이 처음 구매한 고객을 지속적인 고객으로 만들기 위해 특별한 혜택이 담긴 메일을 보내려고 합니다.

가진 것: 전체 고객 배열

필요한 것: 한 번만 구매한 고객들의 이메일 목록

계획:

1. 한 번만 구매한 고객을 거릅니다(filter).

2. 고객 목록을 이메일 목록으로 바꿉니다(map).

> 걸러진 결과를 담는 새로운
> 변수를 정의합니다.

```
var firstTimers = filter(customers, function(customer) {
  return customer.purchases.length === 1;
});
```

> 앞에서 정의한 변수를 다음 단계의
> 인자로 사용합니다.

```
var firstTimerEmails = map(firstTimers, function(customer) {
  return customer.email;
});
```

> 마지막 변수에 구하려고 하는 값이
> 들어 있을 것입니다.

만약 더 짧고 명확하게 만들려면 다음과 같이 콜백에 이름을 붙여주면 됩니다.

```
var firstTimers      = filter(customers, isFirstTimer);
var firstTimerEmails = map(firstTimers, getCustomerEmail);

function isFirstTimer(customer) {
  return customer.purchases.length === 1;
}

function getCustomerEmail(customer) {
  return customer.email;
}
```

> 이 함수는 다른 곳에서 정의해도 되고
> 재사용할 수 있습니다.

마케팅팀은 구매 금액이 최소 100달러를 **넘고**(AND) 두 번 이상 구매한 고객을 찾으려고 합니다. 두 가지 조건을 만족하는 고객을 **큰 손**big spender이라고 합니다. 함수형 도구를 체이닝해서 bigSpenders() 함수를 만들어 보세요. 깔끔하고 읽기 쉽게 만들어야 합니다.

```
function bigSpenders(customers) {
```

여기에 코드를 써보세요.

```
}
```

정답

```
function bigSpenders(customers) {
  var withBigPurchases    = filter(customers, hasBigPurchase);
  var with2OrMorePurchases = filter(withBigPurchases,
has2OrMorePurchases);
  return with2OrMorePurchases;
}

function hasBigPurchase(customer) {
  return filter(customer.purchases, isBigPurchase).length > 0;
}

function isBigPurchase(purchase) {
  return purchase.total > 100;
}

function has2OrMorePurchases(customer) {
  return customer.purchases.length >= 2;
}
```

거의 모든 부서에서 숫자 배열에 대한 평균값이 필요합니다. 평균을 계산하는 함수를 만들어 보세요.

> **힌트:** 평균은 모두 더한 값을 개수로 나누면 됩니다.

> **힌트:** reduce()를 이용해 모든 값을 더할 수 있습니다.

```
function average(numbers) {




}
```

여기에 코드를 써보세요.

정답

```
function average(numbers) {
  return reduce(numbers, 0, plus) / numbers.length;
}

function plus(a, b) {
  return a + b;
}
```

각 고객의 구매액 평균을 구하려고 합니다. 지난 페이지에서 만든 average()를 사용하여 구현해 보세요.

```
function averagePurchaseTotals(customers) {
```

여기에 코드를 써보세요.

```

}
```

정답

```
function averagePurchaseTotals(customers) {
  return map(customers, function(customer) {
    var purchaseTotals = map(customer.purchases, function(purchase) {
      return purchase.total;
    });
    return average(purchaseTotals);
  });
}
```

filter()와 map()은 모두 새로운 배열을 만듭니다. 함수가 호출될 때마다 새로운 배열이 생기기 때문에 크기가 클 수도 있습니다. 비효율적이라고 생각할 수 있지만, 대부분 문제가 되지 않습니다. 만들어진 배열이 필요 없을 때 가비지 컬렉터garbege-collector가 빠르게 처리하기 때문입니다. 현대 가비지 컬렉터는 매우 빠릅니다.

잠시만요. 너무 비효율적인 것 같은데요? map()이나 filter()를 부를 때마다 새로운 배열을 만들어야 합니다.

개발팀

그래도 어떤 경우에는 비효율적인 경우가 있습니다. 다행히 map()과 filter(), reduce()는 쉽게 최적화할 수 있기 때문에 다시 반복문으로 돌아가지 않아도 됩니다. map()과 filter(), reduce() 체인을 최적화하는 것을 **스트림 결합**stream fusion이라고 합니다. 어떻게 동작하는지 봅시다.

값 하나에 두 번 map()을 부르는 동작은 다음과 같이 한 단계로 합칠 수 있습니다.

값 하나에 map() 두 번 사용

```
var names       = map(customers, getFullName);
var nameLengths = map(names, stringLength);
```

map()을 한 번 사용해도 같습니다.

```
var nameLengths = map(customers, function(customer) {
  return stringLength(getFullName(customer));
});
```

두 동작을 동작 하나로 조합

두 코드는 결과가 같습니다. 하지만 map()을 한 번 사용하는 오른쪽 코드는 가비지 컬렉션이 필요 없습니다.

filter()도 비슷하게 최적화할 수 있습니다. 값 하나에 두 번 filter()를 적용하는 것은 두 값에 AND 불리언 연산을 적용하는 것과 같습니다.

값 하나에 filter() 두 번 사용

```
var goodCustomers = filter(customers, isGoodCustomer);
var withAddresses = filter(goodCustomers, hasAddress);
```

filter()을 한 번 사용해도 같습니다.

```
var withAddresses = filter(customers, function(customer) {
  return isGoodCustomer(customer) &&
  hasAddress(customer);
});
```

filter()을 한 번 사용해도 같습니다.

역시 두 결과는 같습니다. 하지만 오른쪽 코드는 가비지 컬렉션을 적게 합니다.

마지막으로 reduce()는 reduce() 자체가 많은 일을 할 수 있으므로 추가적인 계산을 받을 수 있습니다. 예를 들어 map() 다음에 reduce()를 사용한다면 다음과 같이 최적화할 수 있습니다.

map() 다음에 reduce()를 사용

```
var purchaseTotals = map(purchases, getPurchaseTotal);
var purchaseSum    = reduce(purchaseTotals, 0, plus);
```

reduce()를 한 번 사용해도 같습니다.

```
var purchaseSum = reduce(purchases, 0, function(total, purchase) {
  return total + getPurchaseTotal(purchase);
});
```

reduce() 콜백에서 계산을 합니다.

map()을 사용하지 않았기 때문에 가비지 컬렉션할 중간 배열을 만들지 않습니다. 다시 말하지만 지금 하는 일은 최적화입니다. 병목이 생겼을 때만 쓰는 것이 좋고 대부분의 경우에는 여러 단계를 사용하는 것이 더 명확하고 읽기 쉽습니다.

반복문을 함수형 도구로 리팩터링하기

지금까지 여러 예제를 통해 함수형 도구 체이닝에 대해 알아봤습니다. 앞서 본 예제는 새로운 요구 사항을 처리하는 것이었습니다. 하지만 어떤 때에는 기존에 있던 반복문을 함수형 도구로 리팩터링해야 합니다. 어떻게 할 수 있을까요?

전략 1: 이해하고 다시 만들기

첫 번째 전략은 단순히 반복문을 읽고 어떤 일을 하는지 파악한 다음에 구현을 잊어버리는 것입니다. 그리고 이 장에 나온 예제를 떠올리면서 다시 만드는 것입니다.

전략 2: 단서를 찾아 리팩터링

기존에 있던 코드는 보통 잘 이해할 수도 있지만, 그렇지 않은 경우도 있습니다. 이때는 반복문을 하나씩 선택한 다음 함수형 도구 체인으로 바꾸면 됩니다. 예제를 통해 살펴봅시다.

다음은 중첩된 반복문이 있는 코드입니다.

```
var answer = [];                          answer는 반복문 안에서
                                          결과가 완성되는 배열입니다.
var window = 5;
                                          바깥쪽 배열은 배열
for(var i = 0; i < array.length; i++) {   개수만큼 반복합니다.
  var sum   = 0;
  var count = 0;                          안쪽 배열은 0에서 N까지
  for(var w = 0; w < window; w++) {       작은 구간을 반복을 합니다.
    var idx = i + w;
    if(idx < array.length) {             새로운 인덱스를 계산합니다.
      sum   += array[idx];
      count += 1;
    }                                     어떤 값을 누적합니다.
  }
  answer.push(sum/count);                answer 배열에 값을 추가합니다.
}
```

코드를 전부 이해하지 않더라도 작게 쪼갤 수 있습니다. 코드에는 선택할 수 있는 단서가 많이 있습니다.

가장 눈에 띄는 단서는 원래 배열 크기만큼 answer 배열에 항목을 추가하고 있는 것입니다. 이것은 map()을 사용할 수 있다는 강력한 단서입니다. 이러한 단서를 통해 코드를 보면 바깥쪽 반복문은 map()을 사용하기 좋음을 알 수 있습니다. 또, 안쪽 반복문은 reduce()를 사용하기 좋습니다. 배열을 돌면서 항목을 값 하나로 만들고 있기 때문입니다.

안쪽 반복문이 리팩터링을 시작하기 좋은 위치입니다. 하지만 어떤 배열을 반복하는 것일까요? 다음 페이지에서 더 자세히 알아보겠습니다.

팁 1: 데이터 만들기

어떤 값에 map()과 filter()를 단계적으로 사용하면 중간에 배열이 생기고 없어집니다. for 반복문을 사용할 때는 처리할 모든 값이 배열에 들어있지 않아도 됩니다. 예를 들어 반복문으로 10까지 세는 코드에서 인덱스 i 값을 사용하지만, 이 값은 배열에 들어있지 않습니다. 첫 번째 팁은 데이터를 배열에 넣으면 함수형 도구를 쓸 수 있다는 것입니다.

다음은 앞에서 만든 코드입니다.

```
var answer = [];

var window = 5;

for(var i = 0; i < array.length; i++) {
  var sum   = 0;
  var count = 0;
  for(var w = 0; w < window; w++) {
    var idx = i + w;
    if(idx < array.length) {
      sum   += array[idx];
      count += 1;
    }
  }
  answer.push(sum/count);
}
```

w는 0부터 window − 1까지 바뀌지만 배열에 들어 있는 값은 아닙니다.

idx는 i부터 i + window − 1까지 바뀌지만 배열로 만들지는 않습니다.

배열에 있는 작은 범위의 값이지만 배열로 따로 만들지 않습니다.

안쪽 반복문은 array에 있는 값들 중 어떤 범위의 값을 반복합니다. 만약 이 범위의 값을 배열로 만들어 반복하면 어떻게 될까요?

먼저 이렇게 만들려면 자바스크립트 배열에 있는 .slice() 메서드를 사용해야 합니다. .slice()는 배열에 어떤 부분으로 새로운 배열로 만들 수 있습니다. 그럼 코드를 고쳐봅시다.

```
var answer = [];

var window = 5;

for(var i = 0; i < array.length; i++) {
  var sum   = 0;
  var count = 0;
  var subarray = array.slice(i, i + window);
  for(var w = 0; w < subarray.length; w++) {
    sum   += subarray[w];
    count += 1;
  }
  answer.push(sum/count);
}
```

하위 배열로 만듭니다.

그리고 반복문으로 배열을 반복합니다.

팁 2: 한 번에 전체 배열을 조작하기

하위 배열을 만들었기 때문에 일부 배열이 아닌 배열 전체를 반복할 수 있습니다. `map()`이나 `filter()`, `reduce()`은 배열 전체에 동작하기 때문에 이제 이런 함수형 도구를 쓸 수 있습니다. 앞에서 만들었던 코드를 보면서 반복문을 어떻게 바꿀지 생각해 봅시다.

리팩터링 팁
1. 데이터 만들기
2. **배열 전체를 다루기**
3. 작은 단계로 나누기

```
var answer = [];

var window = 5;

for(var i = 0; i < array.length; i++) {
  var sum   = 0;
  var count = 0;
  var subarray = array.slice(i, i + 5);
  for(var w = 0; w < subarray.length; w++) {
    sum   += subarray[w];
    count += 1;
  }
  answer.push(sum/count);
}
```

하위 배열을
반복하는 반복문

하위 배열의 합과 개수를 구합니다.

평균을 구하기 위해 나눕니다.

이 코드는 하위 배열 항목의 합과 개수를 구한 다음 나눕니다. 평균을 구하는 것이네요! 지난 페이지에서 평균을 구하는 함수를 만든 적이 있습니다. 여기서 다시 만들어도 되지만 전에 만들었던 `average()` 함수를 재사용해 봅시다.

```
var answer = [];

var window = 5;

for(var i = 0; i < array.length; i++) {
  var subarray = array.slice(i, i + window);
  answer.push(average(subarray));
}
```

본문에서 배열에 있는 항목을
사용하지 않고 인덱스를 사용합니다.

안쪽 반복문 전체를 .slice()와 average()를
호출하는 코드로 바꿨습니다.

좋아 보입니다! 이제 반복문이 하나 남았습니다. 전체 항목을 반복하기 때문에 `map()`을 사용하기 좋을 것 같습니다. 하지만 반복문이 배열 항목을 사용하지 않으므로 `map()`을 바로 적용할 수 없습니다. `map()`은 콜백 함수에 현재 항목을 전달하기 때문입니다. 이 반복문은 하위 배열을 만들기 위해 배열 인덱스인 `i` 값을 사용합니다. 그래서 `map()`을 사용할 수 없습니다. 해법을 알아보려면 페이지가 더 필요하겠네요.

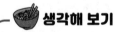
생각해 보기

반복문을 사용해 왔지만, 지금은 사용하지 않고 있습니다. 반복문은 어디로 갔을까요?

팁 3: 작은 단계로 나누기

원래 코드를 많이 개선해서 더 관리하기 좋은 코드가 되었습니다. 하지만 코드에 map()이 숨어있는 것 같습니다. 배열 항목 전체를 반복하면서 같은 크기의 새로운 배열을 만들고 있습니다. 다음은 지금까지 작업한 코드입니다.

리팩터링 팁

1. 데이터 만들기
2. 배열 전체를 다루기
3. **작은 단계로 나누기**

```
var answer = [];

var window = 5;

for(var i = 0; i < array.length; i++) {
  var subarray = array.slice(i, i + window);
  answer.push(average(subarray));
}
```

하위 배열을 만들기 위해
반복문의 인덱스를 사용합니다.

배열의 항목이 아니라 **인덱스**index를 가지고 반복해야 하는 문제가 있습니다. 인덱스를 가지고 원래 배열의 하위 배열 또는 windows라는 배열을 만듭니다. 인덱스로 반복하는 코드를 한 단계로 만들기 어렵거나 어쩌면 불가능할 수도 있습니다. 그래서 더 작은 단계로 나눠야 합니다. 필요한 것이 인덱스이기 때문에 인덱스가 들어 있는 배열(팁1)을 만들어 봅시다. 그러고 나서 인덱스 배열 전체에 함수형 도구(팁2)를 사용해 봅시다.

```
var indices = [];

for(var i = 0; i < array.length; i++)
  indices.push(i);
```

인덱스를 생성하는
작은 단계를 만듭니다.

새로운 단계가 생겼습니다. 이제 인덱스 배열에 map()을 적용해 반복문을 바꿔 봅시다.

```
var indices = [];

for(var i = 0; i < array.length; i++)
  indices.push(i);

var window = 5;

var answer = map(indices, function(i) {
  var subarray = array.slice(i, i + window);
  return average(subarray);
});
```

인덱스 배열에 map()을
사용합니다.

각 항목마다 인덱스를 가지고
콜백을 부릅니다.

새로운 단계에서는 숫자 배열을 만듭니다. 다음으로 map()에 넘기는 콜백은 두 가지 일을 하므로 작은 단계로 나눠 봅시다.

지금까지 만든 코드를 봅시다.

```
var indices = [];
for(var i = 0; i < array.length; i++)
  indices.push(i);

var window = 5;

var answer = map(indices, function(i) {
  var subarray = array.slice(i, i + window);
  return average(subarray);
});
```

리팩터링 팁

1. 데이터 만들기
2. 배열 전체를 다루기
3. **작은 단계로 나누기**

하위 배열을 만드는 일과 평균을 계산하는 일을 하고 있습니다.

map() 콜백 안에서 두 가지 일을 하고 있습니다. 하위 배열을 만들고 평균을 계산하는 일입니다. 이 코드는 두 단계로 나누면 더 명확해질 것입니다.

```
var indices = [];
for(var i = 0; i < array.length; i++)
  indices.push(i);

var window = 5;

var windows = map(indices, function(i) {
  return array.slice(i, i + window);
});

var answer = map(windows, average);
```

단계 1, 하위 배열 만들기

단계 2, 평균 계산하기

마지막으로 남은 것은 인덱스 배열을 만드는 코드를 빼내 유용한 함수로 정의하는 일입니다. 분명 나중에 잘 쓸 수 있는 함수입니다.

```
function range(start, end) {
  var ret = [];
  for(var i = start; i < end; i++)
    ret.push(i);
  return ret;
}

var window = 5;

var indices = range(0, array.length);
var windows = map(indices, function(i) {
  return array.slice(i, i + window);
});
var answer = map(windows, average);
```

range() 함수는 나중에 유용하게 쓸 수 있습니다.

range()로 인덱스 배열 생성

단계 1, 인덱스 배열 생성

단계 2, 하위 배열 만들기

단계 3, 평균 계산하기

이제 모든 반복문을 함수형 도구로 체이닝했습니다. 지금까지 한 작업을 다시 살펴봅시다.

절차적 코드와 함수형 코드 비교

모든 작업이 끝났습니다. 어떻게 했는지 살펴봅시다.

절차적인 원래 코드

```
var answer = [];

var window = 5;

for(var i = 0; i < array.length; i++) {
  var sum   = 0;
  var count = 0;
  for(var w = 0; w < window; w++) {
    var idx = i + w;
    if(idx < array.length) {
      sum   += array[idx];
      count += 1;
    }
  }
  answer.push(sum/count);
}
```

함수형 도구를 사용한 코드

```
var window = 5;

var indices = range(0, array.length);
var windows = map(indices, function(i) {
  return array.slice(i, i + window);
});
var answer = map(windows, average);
```

재사용 가능한 추가 도구

```
function range(start, end) {
  var ret = [];
  for(var i = start; i < end; i++)
    ret.push(i);
  return ret;
}
```

처음에는 반복문이 중첩되고 인덱스를 계산하며 지역변수를 바꾸는 코드였습니다. 이 과정을 각 단계로 나눠 명확하게 만들었습니다. 완성된 코드는 글로도 그대로 바꿔 쓸 수 있습니다.

배열을 이동하며 평균 구하기

1. 숫자 리스트가 있을 때 각 숫자에 대한 window를 만듭니다.

2. 그리고 각 window의 평균을 구합니다.

코드에 있는 각 단계는 알고리즘을 설명하는 것과 비슷합니다. 추가로 range()라는 함수형 도구도 생겼습니다. range()는 함수형 프로그래머가 자주 사용하는 도구입니다.

 생각해 보기

호출 그래프에서 range()는 어디에 위치할까요? 쉽게 위치를 찾을 수 있나요?

1. 재사용하기 좋나요?

2. 테스트하기 쉽나요?

3. 유지보수하기 쉽나요?

체이닝 팁 요약

반복문을 함수형 도구 체인으로 리팩터링하기 위한 팁을 알아봤습니다. 다음은 세 가지 팁과 유용한 보너스 팁입니다.

데이터 만들기

함수형 도구는 배열 전체를 다룰 때 잘 동작합니다. 배열 일부에 대해 동작하는 반복문이 있다면 배열 일부를 새로운 배열로 나눌 수 있습니다. 그리고 map()이나 filter(), reduce() 같은 함수형 도구를 사용하면 작업을 줄일 수 있습니다.

배열 전체를 다루기

어떻게 하면 반복문을 대신해 전체 배열을 한 번에 처리할 수 있을지 생각해 보세요. map()은 모든 항목을 변환하고 filter()는 항목을 없애거나 유지합니다. 그리고 reduce()는 항목을 하나로 합칩니다. 과감하게 배열 전체를 처리해 보세요.

작은 단계로 나누기

알고리즘이 한 번에 너무 많은 일을 한다고 생각된다면 직관에 반하지만 두 개 이상의 단계로 나눠 보세요. 단계를 더 만들면 이해하기 더 쉬워질까요? 맞습니다! 작은 단계는 더 단순하기 때문입니다. 작은 단계가 만들려는 목적에 얼마나 가까운지 생각해 보세요.

보너스: 조건문을 filter()로 바꾸기

반복문 안에 있는 조건문은 항목을 건너뛰기 위해 사용하는 경우가 있습니다. 앞 단계에서 filter()를 사용해 거르면 어떨까요?

보너스: 유용한 함수로 추출하기

map()과 filter(), reduce()는 함수형 도구의 전부가 아닙니다. 자주 사용하는 함수형 도구일 뿐입니다. 더 많은 함수형 도구가 있고 스스로 찾을 수 있습니다. 함수를 추출하고 좋은 이름을 붙여 사용하세요!

보너스: 개선을 위해 실험하기

어떤 사람들은 함수형 도구를 사용해 아름답고 명확하게 문제를 해결합니다. 어떻게 그렇게 할 수 있을까요? 많은 것을 시도하고 연습하기 때문입니다. 좋은 방법을 찾기 위해 함수형 도구를 새로운 방법으로 조합해 보세요.

다음은 MegaMart 코드의 일부입니다. 다음 코드를 함수형 도구 체인으로 바꿔 보세요. 여러 가지 방법이 있을 수 있습니다.

```
function shoesAndSocksInventory(products) {
  var inventory = 0;
  for(var p = 0; p < products.length; p++) {
    var product = products[p];
    if(product.type === "shoes" || product.type === "socks") {
      inventory += product.numberInInventory;
    }
  }
  return inventory;
}
```

여기에 정답을 써보세요.

정답

```
function shoesAndSocksInventory(products) {
  var shoesAndSocks = filter(products, function(product) {
    return product.type === "shoes" || product.type === "socks";
  });
  var inventories = map(shoesAndSocks, function(product) {
    return product.numberInInventory;
  });
  return reduce(inventories, 0, plus);
}
```

체이닝 디버깅을 위한 팁

고차 함수를 사용하는 것은 매우 추상적이기 때문에 문제가 생겼을 때 이해하기 어려운 때도 있습니다. 다음은 디버깅을 위한 팁입니다.

구체적인 것을 유지하기

데이터를 처리하는 과정에서 데이터가 어떻게 생겼는지 잊어버리기 쉽습니다. 파이프라인 단계가 많다면 더 잊어버리기 쉽습니다. 각 단계에서 어떤 것을 하고 있는지 알기 쉽게 이름을 잘 지어야 합니다. x나 a 같은 변수명은 짧지만 아무 의미가 있지 않습니다. 의미를 기억하기 쉽게 이름을 붙이세요.

출력해보기

경험이 많은 함수형 개발자라도 중간에 어떤 데이터가 생기는지 잊어버리는 경우가 있습니다. 그런 경우 각 단계 사이에 print 구문을 넣어 코드를 돌려봅니다. 예상한 대로 동작하는지 확인할 수 있는 좋은 방법입니다. 정말 복잡한 체인이라면 한 번에 한 단계씩 추가해 결과를 확인하고 다음 단계를 추가하세요.

타입을 따라가 보기

함수형 도구는 정확한 타입이 있습니다. 자바스크립트처럼 타입이 없는 언어를 사용해도 함수형 도구는 타입이 있습니다. 다만 컴파일 타임에 타입을 검사하지 않을 뿐입니다. 각 단계를 지나는 값의 타입을 따라가 보세요.

map()은 새로운 배열을 리턴합니다. 안에 무엇이 들어있을까요? 어떤 값인지 몰라도 콜백이 리턴하는 타입의 값이 들어 있을 것입니다.

reduce()는 어떨까요? reduce()의 결괏값은 콜백이 리턴하는 값과 같습니다. 그리고 초깃값과도 같습니다.

이런 식으로 각 단계에서 만들어지는 값의 타입을 따라가면서 단계를 살펴볼 수 있습니다. 이런 방법은 코드를 이해하고 문제를 디버깅하는 데 도움이 됩니다.

다양한 함수형 도구

함수형 프로그래머가 자주 쓰는 함수형 도구는 다양합니다. `map()`과 `filter()`, `reduce()`가 가장 단순하고 많이 쓰는 도구입니다. 다양한 함수형 도구는 보통 함수형 언어의 표준 라이브러리에 있습니다. 함수형 도구 문서를 살펴보면 영감을 얻는 데 도움이 됩니다. 다음은 몇 가지 함수형 도구입니다.

pluck()

`map()`으로 특정 필드값을 가져오기 위해 콜백을 매번 작성하는 것은 번거롭습니다. `pluck()`을 사용하면 매번 작성하지 않아도 됩니다.

```
function pluck(array, field) {
  return map(array, function(object) {
    return object[field];
  });
}
```

사용법

```
var prices = pluck(products, 'price');
```

비슷한 도구

```
function invokeMap(array, method) {
  return map(array, function(object) {
    return object[method]();
  });
}
```

concat()

`concat()`으로 배열 안에 배열을 뺄 수 있습니다. 중첩된 배열을 한 단계의 배열로 만듭니다.

```
function concat(arrays) {
  var ret = [];
  forEach(arrays, function(array) {
    forEach(array, function(element) {
      ret.push(element);
    });
  });
  return ret;
}
```

사용법

```
var purchaseArrays = pluck(customers,
"purchases");
var allPurchases = concat(purchaseArrays);
```

비슷한 도구

```
function concatMap(array, f) {
  return concat(map(array, f));
}
```

어떤 언어에서는 mapcat()이나 flatmap()이라고 합니다.

frequenciesBy()와 groupBy()

개수를 세거나 그룹화하는 일은 종종 쓸모가 있습니다. 이 함수는 객체 또는 맵을 리턴합니다.

```
function frequenciesBy(array, f) {
  var ret = {};
  forEach(array, function(element) {
    var key = f(element);
    if(ret[key]) ret[key] += 1;
    else         ret[key]  = 1;
  });
  return ret;
}
```

사용법

```
var howMany = frequenciesBy(products,
function(p) {
  return p.type;
});
> console.log(howMany['ties'])
4
```

```
function groupBy(array, f) {
  var ret = {};
  forEach(array, function(element) {
    var key = f(element);
    if(ret[key]) ret[key].push(element);
    else         ret[key] = [element];
  });
  return ret;
}
```

```
var groups = groupBy(range(0, 10), isEven);
> console.log(groups)
{
  true:  [0, 2, 4, 6, 8],
  false: [1, 3, 5, 7, 9]
}
```

다양한 함수형 도구를 찾을 수 있는 곳

함수형 프로그래머는 많은 함수형 도구를 알수록 더 좋은 코드를 만들 수 있다는 것을 알고 있습니다. 예를 들어 클로저 언어로 개발하는 사람들은 문제를 해결하기 위한 다양한 함수가 자바스크립트에 있음을 알고 있습니다. 그런 함수들은 만들기 쉬워서 직접 만들어 문제를 해결하는 데 사용합니다. 다음 자료들을 보고 다른 언어에 있는 좋은 함수형 도구를 가져옵시다.

Lodash: 자바스크립트 함수형 도구

Lodash는 자바스크립트에 빠진 표준 라이브러리를 채워준다고 합니다. 여기에는 데이터를 다루는 추상화된 기능이 많이 포함되어 있습니다. 각 기능은 몇 줄이면 될 정도로 단순하게 구현되어 있습니다. 여기에 많은 아이디어가 있습니다!

- Lodash 문서(https://lodash.com/docs)

Laravel 컬렉션: PHP 함수형 도구

Laravel에는 PHP 배열에 쓸 수 있는 정말 좋은 함수형 도구가 있습니다. 많은 사람이 사용하고 있습니다. 함수형 도구로 기존보다 더 좋은 컬렉션을 사용하는 예제가 궁금하다면 살펴보세요.

- Laravel 컬렉션 문서(https://laravel.com/docs/8.x/collections#available-methods)

클로저 표준 라이브러리

클로저 표준 라이브러리는 완전한 함수형 도구입니다. 문제는 너무 많다는 것입니다. 공식 문서는 그냥 알파벳 순으로 나열되어 있어 ClojureDocs처럼 페이지 단위로 잘 정리된 사이트를 추천합니다.

- ClojureDocs quick reference(https://clojuredocs.org/quickref#sequences)
- 공식 문서(https://clojure.github.io/clojure/clojure.core-api.html)

하스켈 Prelude

함수형 도구를 얼마나 짧고 정확하게 만들 수 있는지 보려면 하스켈 Prelude를 참고해 보세요. 하스켈 타입 시그니처를 읽을 수 있다면 어떻게 동작하는지 이해할 수 있을 것입니다. 하스켈 Prelude에서 각 함수의 타입 시그니처와 구현, 좋은 설명과 다양한 예제를 볼 수 있습니다.

- 하스켈 Prelude(https://hackage.haskell.org/package/base-4.16.0.0/docs/Prelude.html)

더 편리한 자바스크립트

이 책에서 비록 자바스크립트로 예제를 만들어 쓰고 있지만, 자바스크립트로 함수형 프로그래밍을 하는 방법을 설명하는 책은 아니라는 것을 다시 한번 말씀드립니다. 사실 지금까지 봤던 예제는 자바스크립트에서 주로 사용하는 코드보다 조금 어렵습니다.

어떤 점이 어려운 걸까요? 사실 자바스크립트를 잘 활용하면 우리가 만든 `map()`과 `filter()`, `reduce()`를 더 편리하게 쓸 수 있습니다. 첫 번째는 `map()`과 `filter()`, `reduce()`가 내장 함수이기 때문에 직접 만들지 않아도 된다는 사실입니다. 두 번째는 이 함수들이 배열의 메서드이기 때문에 쓰기 쉽다는 점입니다.

이 책에서 구현한 것

```
var customerNames = map(customers,
function(c) {
  return c.firstName + " " + c.lastName;
});
```

자바스크립트 내장 함수

```
var customerNames = customers.
map(function(c) {
  return c.firstName + " " + c.lastName;
});
```

자바스크립트에 있는 함수형 도구는 메서드이기 때문에 체이닝 할 때 중간 변수에 할당하지 않고 이어서 쓸 수 있습니다. 배열을 이동하면서 평균을 구하는 예제를 내장 함수로 만들면 다른 형태가 됩니다. 어떤 사람들은 이 방법을 더 좋아합니다.

이 책에서 구현한 것

```
var window = 5;

var indices = range(0, array.length);
var windows = map(indices, function(i) {
  return array.slice(i, i + window);
});
var answer = map(windows, average);
```

메서드로 체이닝

```
var window = 5;

var answer =
  range(0, array.length)
    .map(function(i) {
      return array.slice(i, i + window);
    })
    .map(average);
```

> 점 연산자를 기준으로 정렬할 수 있습니다.

자바스크립트에는 인라인 함수를 정의하는 편리한 문법이 있습니다. 그래서 `map()`과 `filter()`, `reduce()`를 더 짧고 쉽게 만들 수 있습니다. 앞 예제는 다음과 같이 간결하게 만들 수 있습니다.

```
var window = 5;

var answer =
  range(0, array.length)
    .map(i => array.slice(i, i + window))
    .map(average);
```

> 화살표 문법(=>)으로 콜백을 짧고 명확하게 만들 수 있습니다.

마지막으로 자바스크립트 `map()`과 `filter()`는 우리가 만든 예제와 다르게 항목과 인덱스를 함께 전달할 수 있습니다. 그래서 배열을 이동하면서 평균을 구하는 예제를 한 줄로 만들 수 있습니다. `average()` 역시 한 줄로 만들 수 있습니다.

> 현재 항목과 인덱스가 인자로 넘어옵니다.

```
var window  = 5;
var average = array => array.reduce((sum, e) => sum + e, 0) / array.length;
var answer  = array.map((e, i) => array.slice(i, i + window)).map(average);
```

자바스크립트를 쓰고 있다면 함수형 프로그래밍을 하기 정말 좋습니다.

자바 스트림

자바8 버전에서 함수형 프로그래밍을 위한 새로운 기능이 추가되었습니다. 많은 기능이 있어서 여기서 전부 다룰 수는 없습니다. 여기서는 함수형 도구와 관련 있는 세 가지 기능만 살펴보겠습니다.

람다 표현식

람다 표현식lambda expression으로 인라인 함수를 만들 수 있습니다. 실제로는 컴파일러가 익명 클래스로 바꿉니다. 구현이 어찌 됐건 좋은 점이 많이 있습니다. 람다 표현식 안에서 정의한 변수를 범위 밖에서 참조할 수 있는 **클로저**closure를 지원하고 이 장에서 했던 것을 모두 할 수 있습니다.

함수형 인터페이스

자바에는 **함수형 인터페이스**functional interface라고 하는 단일 메서드 인터페이스가 있습니다. 모든 함수형 인터페이스는 람다 표현식의 인스턴스입니다. 자바8은 제네릭으로 어떤 타입에도 쓸 수 있는 함수형 인터페이스 몇 가지를 제공합니다. 이 인터페이스로 타입이 있는 함수형 언어처럼 쓸 수 있습니다. 다음은 함수형 도구나 forEach() 콜백으로 쓸 수 있는 몇 가지 함수형 인터페이스입니다.

- **Function**: 인자 하나와 리턴값을 갖는 함수로 map()에 전달하기 좋습니다.
- **Predicate**: 인자 하나와 true 또는 false를 리턴하는 함수로 filter()에 전달하기 좋습니다.
- **BiFunction**: 인자 두 개와 리턴값을 갖는 함수로 첫 번째 인자와 리턴 타입이 같다면 reduce()에 전달할 수 있습니다.
- **Consumer**: 인자 하나를 받지만 리턴값이 없는 함수로 forEach()에 전달하기 좋습니다.

스트림 API

스트림 API는 자바의 함수형 도구입니다. 스트림은 배열이나 컬렉션 같은 데이터로 만들 수 있습니다. 스트림 API에는 스트림을 다룰 수 있는 map()이나 filter(), reduce()와 같은 함수형 도구가 있습니다. 물론 더 많은 기능이 있습니다. 스트림은 원래 데이터를 바꾸지 않고 체이닝 할 수 있으며 내부적으로 스트림을 효율적으로 사용합니다.

값을 만들기 위한 reduce()

지금까지 reduce()로 값을 요약하는 예제를 여러 개 살펴봤습니다. 컬렉션 데이터를 받아 모든 항목을 하나의 값으로 만들었습니다. reduce()로 평균을 구하거나 모든 값을 더하는 문제는 값을 요약하는 예제입니다. 값을 요약하는 기능도 중요하지만, reduce()로 더 많은 것을 할 수 있습니다.

reduce()의 또 다른 용도는 값을 만드는 것입니다. 상황을 가정해 봅시다. 고객이 장바구니를 잃어버렸지만 운 좋게 고객이 장바구니에 추가한 제품을 모두 배열로 로깅하고 있었습니다.

고객의 장바구니에 추가한 모든 제품을 배열로 가지고 있습니다.

```
var itemsAdded = ["shirt", "shoes", "shirt", "socks", "hat", ....];
```

이 정보가 있다면 현재 장바구니 상태로 만들 수 있지 않을까요? 그리고 중복된 제품은 수량을 증가시키면 됩니다.

reduce()를 쓰기 좋은 상황입니다. 배열을 반복하면서 값을 하나로 만드는 일입니다. 이때 값은 장바구니입니다.

 팁

콜백 함수의 본문을 만들기 전에 함수형 도구를 호출하는 부분을 만들어 보세요.

한 단계씩 코드로 만들어 봅시다. 먼저 reduce() 인자를 확인해 봅시다. 첫 번째 인자는 항목 배열이므로 로그 배열을 넘깁니다. 그리고 두 번째 인자는 초깃값입니다. 장바구니는 객체로 표현하면 되고, 처음에는 빈 상태로 시작해야 합니다. 그래서 초깃값에 빈 객체를 전달합니다.

전달하는 콜백 함수의 시그니처도 잘 알고 있습니다. 첫 번째 인자는 리턴값과 같은 장바구니고 두 번째 인자는 배열에 들어 있는 제품 이름입니다.

```
var shoppingCart = reduce(itemsAdded, {}, function(cart, item) {
```

이제 함수 본문만 만들면 됩니다. 어떻게 하면 될까요?

두 가지 경우의 수가 있습니다. 첫 번째는 쉽습니다. 추가하려고 하는 제품이 장바구니에 없는 경우입니다.

제품 이름으로 가격을 가져올 수 있는 함수가 있다고 가정합니다.

```
var shoppingCart = reduce(itemsAdded, {}, function(cart, item) {
  if(!cart[item])
    return add_item(cart, {name: item, quantity: 1, price: priceLookup(item)});
```

두 번째는 조금 복잡합니다. 추가하려고 하는 제품이 이미 장바구니에 있는 경우입니다.

```
var shoppingCart = reduce(itemsAdded, {}, function(cart, item) {
  if(!cart[item])
    return add_item(cart, {name: item, quantity: 1, price: priceLookup(item)});
  else {
    var quantity = cart[item].quantity;
    return setFieldByName(cart, item, 'quantity', quantity + 1);
  }
});
```

제품 수량을 늘립니다.

끝났습니다. 이제 코드에 대해 더 이야기해 봅시다.

reduce()를 사용해 고객이 추가한 제품으로 장바구니를 만들었습니다. 다음은 앞에서 만든 코드입니다.

```
var shoppingCart = reduce(itemsAdded, {}, function(cart, item) {
  if(!cart[item])
    return add_item(cart, {name: item, quantity: 1, price: priceLookup(item)});
  else {
    var quantity = cart[item].quantity;
    return setFieldByName(cart, item, 'quantity', quantity + 1);
  }
});
```

reduce()에 전달한 함수는 유용합니다. 사실 전달한 함수는 장바구니 추상화 벽에 추가해 API의 일부가 되기 충분한 함수입니다. 장바구니와 제품을 인자로 받아 추가된 제품이 있는 새로운 장바구니를 리턴하는 함수입니다. 장바구니에 이미 제품이 있는 상태도 처리할 수 있습니다.

```
var shoppingCart = reduce(itemsAdded, {}, addOne);           콜백 함수를 빼내
                                                             이름을 붙입니다.
function addOne(cart, item) {           매우 유용한 함수입니다.
  if(!cart[item])
    return add_item(cart, {name: item, quantity: 1, price: priceLookup(item)});
  else {
    var quantity = cart[item].quantity;
    return setFieldByName(cart, item, 'quantity', quantity + 1);
  }
}
```

이 코드가 의미하는 것을 조금 더 살펴봅시다. 고객이 장바구니에 제품을 추가한 기록이 모두 있어서 어느 시점의 장바구니라도 만들 수 있습니다. 모든 시점의 장바구니를 만들지 않아도 로그를 이용해 어느 시점의 장바구니라도 다시 만들 수 있습니다.

이는 함수형 프로그래밍에서 중요한 기술입니다. 고객이 장바구니에 추가한 제품을 배열 형태로 기록한다고 생각해 보세요. 되돌리기는 어떻게 구현할 수 있을까요? 배열에서 마지막 항목만 없애면 됩니다. 이 책에서 자세히 다루지 않겠지만 관심이 있다면 **이벤트 소싱**event sourcing에 대해 찾아보세요.

유용한 지식을 얻기 위해 예제를 조금 더 들여다봅시다.

이 예제는 고객이 장바구니에서 제품을 제거하는 것을 고려하지 않았습니다. 만약 고객이 제품을 추가하거나 삭제하는 것을 모두 지원하려면 어떻게 해야 할까요? 다음 페이지에서 방법을 알아봅시다.

데이터를 사용해 창의적으로 만들기

지난 페이지에서 고객이 추가한 제품들의 기록으로 장바구니를 만들어 봤습니다. 다음은 앞에서 만든 코드입니다.

```
var itemsAdded = ["shirt", "shoes", "shirt", "socks", "hat", ....];

var shoppingCart = reduce(itemsAdded, {}, addOne);

function addOne(cart, item) {
  if(!cart[item])
    return add_item(cart, {name: item, quantity: 1, price: priceLookup(item)});
  else {
    var quantity = cart[item].quantity;
    return setFieldByName(cart, item, 'quantity', quantity + 1);
  }
}
```

잘 만든 코드이지만 고객이 제품을 삭제하는 경우는 처리하지 않았습니다. 다음과 같이 고객이 제품을 추가했는지 삭제했는지 알려주는 값과 제품에 대한 값을 함께 기록하면 고객이 제품을 삭제한 경우도 처리할 수 있습니다.

```
var itemOps = [['add', "shirt"], ['add', "shoes"], ['remove', "shirt"],
               ['add', "socks"], ['remove', "hat"], ....];
```

제품을 삭제한 경우 ↰

각 항목은 동작과 제품으로 되어 있습니다.

이제 제품을 추가add한 경우와 삭제remove한 경우를 모두 처리할 수 있습니다.

```
var shoppingCart = reduce(itemOps, {}, function(cart, itemOp) {
  var op = itemOp[0];
  var item = itemOp[1];
  if(op === 'add')    return addOne(cart, item);
  if(op === 'remove') return removeOne(cart, item);
});
function removeOne(cart, item) {
  if(!cart[item])
    return cart;
  else {
    var quantity = cart[item].quantity;
    if(quantity === 1)
      return remove_item_by_name(cart, item);
    else
      return setFieldByName(cart, item, 'quantity', quantity - 1);
  }
}
```

동작에 따라 알맞은 함수를 실행합니다.

장바구니에 제품이 없다면 아무것도 하지 않습니다.

수량이 하나 일 때는 제품을 삭제합니다.

그렇지 않으면 수량을 줄입니다.

제품을 추가하거나 삭제하는 동작을 목록에 넣어 장바구니를 다시 만들 수 있도록 코드를 고쳤습니다. 여기서 중요한 기술을 하나 발견할 수 있습니다. 인자를 데이터로 표현했다는 점입니다. 배열에 동작 이름과 제품 이름인 인자를 넣어 동작을 완전한 데이터로 표현했습니다. 이런 방법은 함수형 프로그래밍에서 자주 사용하는 방법입니다. 인자를 데이터로 만들면 함수형 도구를 체이닝하기 좋습니다. 체이닝을 할 때 리턴할 데이터를 다음 단계의 인자처럼 쓸 수 있도록 만들어 보세요.

올해의 전자 상거래 소프트볼 토너먼트가 코앞으로 다가왔습니다. MegaMart는 챔피언 방어를 위해 팀을 구성해야 합니다. 누가 어떤 포지션에서 경기 할지 결정해 명단을 만들어야 합니다. 프로 코치는 모든 직원에 대해 적합한 포지션과 얼마나 잘하는지 점수를 매겼습니다.

다음은 코치가 정리한 데이터입니다. 목록은 이미 높은 점수순으로 정렬되어 있습니다.

```
var evaluations = [{name: "Jane", position: "catcher", score: 25},
                   {name: "John", position: "pitcher", score: 10},
                   {name: "Harry", position: "pitcher", score: 3},
                   ...];
```

최종 명단은 다음과 같이 만들어야 합니다.

```
var roster = {"pitcher": "John",
              "catcher": "Jane",
              "first base": "Ellen",
              ...};
```

포지션별로 가장 높은 사람을 골라 명단을 완성하는 코드를 만들어 보세요.

여기에 정답을 써보세요.

 🖊️ **정답**

```
var roster = reduce(evaluations, {}, function(roster, eval) {
  var position = eval.position;
  if(roster[position]) // 이미 포지션이 결정 되었음
    return roster;       // 아무것도 하지 않음
  return objectSet(roster, position, eval.name);
});
```

올해의 전자 상거래 소프트볼 토너먼트가 코앞으로 다가왔습니다. MegaMart는 챔피언 방어를 위해 팀을 구성해야 합니다. 모든 직원에 대해 적합한 포지션이 무엇인지 알아야 합니다. 만약 공을 잘 던진다면 투수pitcher, 공을 잘 잡는다면 포수catcher라고 알려주면 됩니다. 개인의 적합한 포지션이 무엇인지 알려주는 함수는 이미 있습니다. recommendPosition()이라는 함수이고 프로 소프트볼 코치가 분석한 데이터를 바탕으로 만들었습니다. 이 함수에 직원 이름을 넣으면 분석 로직이 실행되어 추천 결과가 나옵니다. 다음은 recommendPosition()을 사용하는 예제입니다.

```
> recommendPosition("Jane")
"catcher"
```

모든 직원의 이름을 리스트로 가지고 있습니다. 전체 직원에 대해 직원 이름과 추천 포지션으로 구성된 추천 레코드의 목록이 필요합니다. 예를 들어 제인의 추천 레코드는 다음과 같이 생겼습니다.

```
{
  name: "Jane",
  position: "catcher"
}
```

recommendPosition()을 사용해 직원 이름을 리스트를 모든 직원의 추천 레코드로 바꾸는 코드를 만들어 보세요.

```
var employeeNames = ["John", "Harry", "Jane", ...];

var recommendations =
```

여기에 정답을 써보세요.

```
var recommendations = map(employeeNames, function(name) {
  return {
    name: name,
    position: recommendPosition(name)
  };
});
```

올해의 전자 상거래 소프트볼 토너먼트가 코앞으로 다가왔습니다. MegaMart는 챔피언 방어를 위해 팀을 구성해야 합니다. 우승 확률을 높이기 위해 어떤 선수가 추천된 포지션에서 가장 잘 하는지 알아야 합니다. 다행히 우리가 고용한 프로 코치에게 `scorePlayer()`라는 새로운 함수가 있습니다. 이 함수는 직원 이름과 추천 포지션을 넘기면 숫자로 된 점수를 리턴합니다. 높은 점수가 더 좋은 선수입니다.

```
> scorePlayer("Jane", "catcher")
25
```

추천 레코드 목록을 가지고 있을 때 레코드값을 인자로 `scorePlayer()`를 불러 다음과 같은 평점 레코드를 만들어야 합니다.

```
{
  name: "Jane",
  position: "catcher",
  score: 25
}
```

추천 레코드 목록을 받아 인자로 넘겨 평점 목록으로 바꿔 보세요.

```
var recommendations = [{name: "Jane", position: "catcher"},
                       {name: "John", position: "pitcher"},
                       ...];

var evaluations =
```

여기에 정답을 써보세요.

■ 정답

```
var evaluations = map(recommendations, function(rec) {
  return objectSet(rec, 'score', scorePlayer(rec.name, rec.position));
});
```

올해의 전자 상거래 소프트볼 토너먼트가 코앞으로 다가왔습니다. MegaMart는 챔피언 방어를 위해 팀을 구성해야 합니다. 앞에 세 개의 연습 문제에서 만든 코드를 체이닝해 봅시다! 모든 직원 이름이 있는 리스트를 하나의 체인으로 엮어 최종 명단을 만들어야 합니다.

앞에 연습 문제 정답 세 개 말고 다음 두 가지 함수를 이용해 높은 점수순으로 정렬된 평점 목록과 낮은 점수순으로 정렬된 평점 목록도 만들어 보세요.

- sortBy(array, f), array 배열을 받아 f가 리턴한 값을 우선순위로 정렬한 복사본 배열을 리턴합니다(점수로 정렬하기 위해 필요합니다).
- reverse(array), array 배열을 받아 역순으로 정렬된 복사본 배열을 리턴합니다.

토너먼트가 얼마 남지 않았습니다! 어서 만들어 보세요.

```
var employeeNames = ["John", "Harry", "Jane", ...];
```

여기에 정답을 써보세요.

```
var recommendations = map(employeeNames, function(name) {
  return {
    name: name,
    position: recommendPosition(name)
  };
});

var evaluations = map(recommendations, function(rec) {
  return objectSet(rec, 'score', scorePlayer(rec.name, rec.
position));
});

var evaluationsAscending = sortBy(evaluations, function(eval) {
  return eval.score;
});

var evaluationsDescending = reverse(evaluationsAscending);

var roster = reduce(evaluations, {}, function(roster, eval) {
  var position = eval.position;
  if(roster[position]) // 이미 포지션이 결정 되었음
    return roster;      // 아무것도 하지 않음
  return objectSet(roster, position, eval.name);
});
```

메서드 연산자로 정렬하기

함수형 도구를 체이닝할 때 코드 포매팅을 어떻게 할 것인지 고민이 될 때가 많습니다. 점 연산자를 사용해서 수직으로 정렬된 라인은 보기에 좋습니다. 하지만 보기만 좋은 것이 아닙니다. 점으로 나열된 긴 줄은 함수형 도구를 잘 연결해 쓰고 있다는 뜻입니다. 또 긴 줄은 많은 단계가 있다는 말이고 가장 위로 데이터가 들어와 가장 아래로 나가는 파이프라인으로 읽을 수 있습니다.

다음은 재미 삼아 다양한 언어로 만들어 본 정렬된 모습입니다. 앞에서 만들었던 배열을 이동하며 평균을 구하는 예제입니다.

ES6

```
function movingAverage(numbers) {
  return numbers
         .map((_e, i) => numbers.slice(i, i + window))
         .map(average);
}
```

Lodash를 사용한 전통적인 자바스크립트

```
function movingAverage(numbers) {
  return _.chain(numbers)
         .map(function(_e, i) { return numbers.slice(i, i + window); })
         .map(average)
         .value();
}
```

자바8 스트림

```
public static double average(List<Double> numbers) {
  return numbers
         .stream()
         .reduce(0.0, Double::sum) / numbers.size();
}

public static List<Double> movingAverage(List<Double> numbers) {
  return IntStream
         .range(0, numbers.size())
         .mapToObj(i -> numbers.subList(i, Math.min(i + 3, numbers.size())))
         .map(Utils::average)
         .collect(Collectors.toList());
}
```

C#

```
public static IEnumerable<Double> movingAverage(IEnumerable<Double> numbers) {
  return Enumerable
         .Range(0, numbers.Count())
         .Select(i => numbers.ToList().GetRange(i, Math.Min(3, numbers.Count() - i)))
         .Select(l => l.Average());
}
```

결론

이 장에서 함수형 도구를 연결해 사용하는 방법을 살펴봤습니다. **체인**chain이라고 부르는 방법으로 여러 단계를 조합했습니다. 체인의 각 단계는 원하는 결과에 가까워지도록 데이터를 한 단계씩 변환하는 단순한 동작입니다. 또 기존에 있던 반복문을 함수형 도구 체인으로 리팩터링하는 방법도 배웠습니다. 마지막으로 reduce()가 얼마나 강력한 도구인지 알아봤습니다. 함수형 프로그래머는 이런 도구를 자주 사용합니다. 기본적으로 함수형 프로그래머는 계산을 데이터 변환으로 생각합니다.

요점 정리

- 함수형 도구는 여러 단계의 체인으로 조합할 수 있습니다. 함수형 도구를 체인으로 조합하면 복잡한 계산을 작고 명확한 단계로 표현할 수 있습니다.
- 함수형 도구를 체인으로 조합하는 것은 SQL 같은 쿼리 언어로 볼 수 있습니다. 함수형 도구 체인으로 배열을 다루는 복잡한 쿼리를 표현할 수 있습니다.
- 종종 체인의 다음 단계를 위해 새로운 데이터를 만들거나 기존 데이터를 인자로 사용해야 하는 일이 있습니다. 최대한 암묵적인 정보를 명시적으로 표현하는 방법을 찾아야 합니다.
- 함수형 도구는 더 많이 있습니다. 여러분의 코드를 리팩터링 하면서 새로운 함수형 도구를 찾거나 다른 언어에서 영감을 받을 수 있습니다.
- 자바처럼 전통적으로 함수형 언어가 아닌 언어들도 나름의 방법으로 함수형 도구를 지원하고 있습니다. 언어에 맞는 방법을 찾아 함수형 도구를 사용하세요.

다음 장에서 배울 내용

데이터 시퀀스에 사용할 수 있는 강력한 함수형 도구를 알아봤습니다. 그런데 아직 중첩된 데이터를 다루기에는 부족합니다. 중첩이 많이 될수록 더 어렵습니다. 다음 장에서 고차 함수로 중첩된 데이터에 사용할 수 있는 함수형 도구들을 만들어 보겠습니다.

14

중첩된 데이터에
함수형 도구 사용하기

이번 장에서 살펴볼 내용

- 해시 맵에 저장된 값을 다루기 위한 고차 함수를 만듭니다.
- 중첩된 데이터를 고차 함수로 쉽게 다루는 방법을 배웁니다.
- 재귀를 이해하고 안전하게 재귀를 사용하는 방법을 살펴봅니다.
- 깊이 중첩된 엔티티에 추상화 벽을 적용해서 얻을 수 있는 장점을 이해합니다.

배열을 효과적으로 다루기 위한 함수형 도구들을 살펴봤습니다. 이번 장에서는 객체를 다룰 수 있는 함수형 도구를 살펴보겠습니다. 객체는 해시 맵을 대신해 사용하고 있습니다. 이 장에서 만들 함수형 도구는 중첩된 구조를 다룰 수 있습니다. 중첩된 구조는 복합적인 데이터 구조를 표현하기 위해 자주 사용합니다. 중첩된 데이터를 불변 데이터로 다루는 것은 어렵습니다. 하지만 이 장에서 소개할 함수형 도구를 사용하면 여러 번 중첩된 데이터도 쉽게 다룰 수 있기 때문에 원하는 대로 데이터를 구성할 수 있습니다. 이번에 소개하는 함수형 도구들 역시 함수형 프로그래밍 언어에서 사용하는 일반적인 도구입니다.

객체를 다루기 위한 고차 함수

최고 마케팅   개발팀   개발팀 킴

CMO: 고차 함수를 사용해서 깨끗한 코드를 유지할 수 있었습니다.

제나: 정말 잘 되었네요!

CMO: 네 맞아요! 여러분이 앞에서 보여준 리팩터링으로 많은 코드를 정리할 수 있었습니다. 그래서 더 많은 동작을 고차 함수로 만들고 싶은데, 아직 방법을 찾지 못했습니다.

제나: 그렇군요. 어떤 내용인지 말씀해 보세요.

CMO: 중첩된 장바구니 제품 객체에 값을 바꾸려 하고 있습니다. 제품 크기나 수량을 늘리거나 줄이는 동작을 많이 만들었는데, 중복이 많이 생겼습니다. 어떤 것들인지 보여드릴게요.

제나: 이야기를 들어보니 객체를 다룰 수 있는 고차 함수가 필요하신 것 같네요. 앞에서 배열을 다루는 고차 함수로 작업을 했는데요. 객체를 다룰 수 있는 고차 함수가 있다면 유용할 것 같아요.

킴: 맞아요. 함께 살펴봅시다. 하지만 남은 여백이 별로 없어 다음 페이지에서 살펴봐야 할 것 같네요.

필드명을 명시적으로 만들기

마케팅팀은 10장에서 배운 내용으로 리팩터링을 했습니다. 다음은 마케팅팀에서 리팩터링 했던 비슷한 함수 두 개입니다.

수량 필드명이 함수명에 있습니다.

크기 필드명이 함수명에 있습니다.

```
function incrementQuantity(item) {
  var quantity = item['quantity'];
  var newQuantity = quantity + 1;
  var newItem = objectSet(item, 'quantity',
newQuantity);
  return newItem;
}
```

```
function incrementSize(item) {
  var size = item['size'];
  var newSize = size + 1;
  var newItem = objectSet(item, 'size', newSize);
  return newItem;
}
```

먼저 함수 이름에 있는 필드명을 확인했습니다. 이 코드에는 **함수 이름에 있는 암묵적 인자**implicit argument in function name 냄새가 있습니다. 이 함수는 함수 이름에 있는 일부분을 본문에서 사용합니다. 이 코드의 냄새는 앞에서 배운 **암묵적 인자를 드러내기**express implicit argument 리팩터링으로 없앴습니다.

필드명을 명시적인 인자로 만들었습니다.

원래 냄새가 나던 코드

```
function incrementQuantity(item) {
  var quantity = item['quantity'];
  var newQuantity = quantity + 1;
  var newItem = objectSet(item, 'quantity',
newQuantity);
  return newItem;
}
```

인자로 바꾼 코드

```
function incrementField(item, field) {
  var value = item[field];
  var newValue = value + 1;
  var newItem = objectSet(item, field, newValue);
  return newItem;
}
```

리팩터링 후에 중복이 많이 없어졌습니다. 하지만 increment, decrement, double, halve처럼 비슷한 동작이 생겼습니다. 또 다른 중복이 시작된 것 같습니다. 다음 코드를 봅시다.

동작 이름이 함수 이름에 있습니다.

```
function incrementField(item, field) {
  var value = item[field];
  var newValue = value + 1;
  var newItem = objectSet(item, field, newValue);
  return newItem;
}
```

```
function decrementField(item, field) {
  var value = item[field];
  var newValue = value - 1;
  var newItem = objectSet(item, field, newValue);
  return newItem;
}
```

동작 이름이 함수 이름에 있습니다.

```
function doubleField(item, field) {
  var value = item[field];
  var newValue = value * 2;
  var newItem = objectSet(item, field, newValue);
  return newItem;
}
```

```
function halveField(item, field) {
  var value = item[field];
  var newValue = value / 2;
  var newItem = objectSet(item, field, newValue);
  return newItem;
}
```

이 함수들은 목적은 다르지만 대부분 비슷합니다. 자세히 보면 **함수 이름에 있는 암묵적 인자** 냄새와 비슷합니다. 각 함수 이름에는 동작 이름이 있습니다. 여기에도 **암묵적 인자를 드러내기** 리팩터링을 적용할 수 있습니다. 다음 페이지에서 알아봅시다.

update() 도출하기

다음은 앞에서 본 코드입니다. 모든 코드가 비슷하다는 것을 알 수 있습니다. 하려는 동작만 다릅니다. 그리고 동작은 함수 이름에 들어 있고 그 이름으로 부릅니다. 이 함수들로 어떤 객체라도 바꿀 수 있는 함수를 도출한다면 중복을 많이 없앨 수 있습니다.

```javascript
function incrementField(item, field) {
  var value = item[field];
  var newValue = value + 1;
  var newItem = objectSet(item, field, newValue);
  return newItem;
}

function doubleField(item, field) {        앞부분
  var value = item[field];                 본문
  var newValue = value * 2;
  var newItem = objectSet(item, field, newValue);
  return newItem;                          뒷부분
}
```

```javascript
function decrementField(item, field) {
  var value = item[field];
  var newValue = value - 1;
  var newItem = objectSet(item, field, newValue);
  return newItem;
}

function halveField(item, field) {
  var value = item[field];
  var newValue = value / 2;
  var newItem = objectSet(item, field, newValue);
  return newItem;
}
```

동시에 두 가지 리팩터링을 해야 합니다. 함수 이름에 있는 암묵적인 인자는 **암묵적 인자를 드러내기** express implicit argument 리팩터링으로 동작 이름을 명시적인 인자로 바꿉니다. 그런데 명시적으로 바꿔야 할 인자가 일반값이 아니고 동작입니다. 따라서 **함수 본문을 콜백으로 바꾸기** replace body with callback 리팩터링으로 동작을 함수 인자로 받도록 해야 합니다.

```javascript
function incrementField(item, field) {
  var value = item[field];
  var newValue = value + 1;
  var newItem = objectSet(item, field, newValue);
  return newItem;
}
```

함수로 빼냅니다.

```javascript
function incrementField(item, field) {
  return updateField(item, field, function(value) {
    return value + 1;
  });
}
```
값을 바꾸는 함수를 전달

```javascript
function updateField(item, field, modify) {
  var value = item[field];
  var newValue = modify(value);
  var newItem = objectSet(item, field, newValue);
  return newItem;
}
```

모든 동작을 고차 함수 하나로 합쳤습니다. 이제 바꾸고 싶은 필드와 동작을 콜백으로 전달할 수 있습니다. 특정 필드를 바꾸는 함수가 아니기 때문에 함수 이름에 field는 빼고 일반적인 이름인 update()라고 바꿉시다.

```javascript
function update(object, key, modify) {
  var value    = object[key];              값을 가져와서
  var newValue = modify(value);            바꾸고
  var newObject = objectSet(object, key, newValue);   설정합니다.
  return newObject;
}
```

update()는 객체에 있는 값을 바꿉니다. 바꿀 객체와 바꾸려는 키, 바꾸는 동작을 함수로 넘기면 됩니다. 이 함수는 objectSet()을 사용하기 때문에 카피-온-라이트 원칙을 따릅니다. 다음 페이지에서 update()를 사용하는 예제를 알아봅시다.

값을 바꾸기 위해 update() 사용하기

직원 데이터가 있고 직원의 월급을 10% 올려주려고 합니다. 직원 데이터는 다음과 같이 생겼습니다.

```
var employee = {
  name: "Kim",
  salary: 120000
};
```

다음은 월급을 인자로 받아서 10% 올려주는 raise10Percent() 함수입니다.

```
function raise10Percent(salary) {
  return salary * 1.1;
}
```

raise10Percent()를 사용해 직원 레코드에 월급을 10% 올려 줄 수 있습니다. 레코드에서 월급값은 salary 키에 있다는 것을 알고 있습니다.

```
> update(employee, 'salary', raise10Percent)

{
  name: "Kim",
  salary: 132000
}
```

update()는 raise10Percent()를 직원 객체(해시 맵)에 사용할 수 있도록 해줍니다. update()는 특정 값(여기서는 salary)을 다루는 동작을 받아 특정키가 있는 해시 맵에 적용합니다. 이것은 중첩된 문맥 안에 있는 값에 함수를 적용하는 것으로 볼 수 있습니다.

 **쉬는 시간**

더 진행하기 전에 가벼운 질문을 보면서 쉬어 갑시다.

Q update()가 원본 해시 맵을 바꾸나요?

A 아닙니다. update()는 원본 해시 맵을 바꾸지 않습니다. 6장에서 배운 카피-온-라이트 원칙을 사용합니다. update()는 원래 해시 맵의 복사본을 변경해 리턴합니다.

Q 원본을 바꾸지 않는다면 어떻게 사용하나요?

A 좋은 질문입니다. 6장에서 본 것처럼 update()에서 리턴한 값을 원래 변수에 다시 할당해서 사용합니다. 다음은 update()를 사용하는 예제입니다.

```
var employee = {
  name: "Kim",
  salary: 120000            원래 값을 새 값으로 바꿉니다.
};

employee = update(employee, salary, raise10Percent);
```

계산(월급 계산)과 액션(상태 변경)이 분리된 모습입니다.

리팩터링: 조회하고 변경하고 설정하는 것을 update()로 교체하기

앞에서 리팩터링 두 개를 한 번에 적용했습니다. 하나는 **암묵적 인자를 드러내기**이고 다른 하나는 **함수 본문을 콜백으로 바꾸기**입니다. 이제 두 리팩터링은 한 번에 할 수 있습니다. 다음은 코드를 봅시다.

리팩터링 전

```
function incrementField(item, field) {
  var value = item[field];          조회
  var newValue = value + 1;         바꾸기
  var newItem = objectSet(item, field, newValue);
  return newItem;                   설정
}
```

리팩터링 후

```
function incrementField(item, field) {
  return update(item, field, function(value) {
    return value + 1;
  });
}
```

왼쪽 코드를 보면 전체 동작은 세 단계입니다.

1. 객체에서 값을 조회
2. 값을 바꾸기
3. 객체에 값을 설정(카피-온-라이트 사용)

만약 이 동작을 같은 키에 대해 하고 있다면 update() 하나로 바꿀 수 있습니다. 객체와 바꿀 키, 바꾸는 계산을 전달하면 됩니다.

조회하고 변경하고 설정하는 것을 update()로 교체하기 단계

이 리팩터링은 두 단계로 되어 있습니다.

1. 조회하고 바꾸고 설정하는 것을 찾습니다.
2. 바꾸는 동작을 콜백으로 전달해서 update()로 교체합니다.

단계 1: 조회하고 바꾸고 설정하는 것을 찾습니다.

```
function halveField(item, field) {       설정
  var value = item[field];               바꾸기
  var newValue = value / 2;                         설정
  var newItem = objectSet(item, field, newValue);
  return newItem;
}
```

단계 2: update()로 교체합니다.

```
function halveField(item, field) {
  return update(item, field, function(value) {
    return value / 2;
  });                              바꾸는 동작을 콜백으로
}                                  전달합니다.
```

조회하고 변경하고 설정하는 것을 update()로 교체하기 리팩터링은 중첩된 객체에 적용하기 좋습니다.

함수형 도구: update()

update() 역시 중요한 함수형 도구입니다. 앞에서 배열을 다루는 함수형 도구를 배웠습니다. update()는 객체(해시 맵 대신 쓰고 있는)를 다루는 함수형 도구입니다. 조금 더 자세히 알아봅시다.

객체와 바꿀 값의 위치(키), 바꾸는 동작을 받습니다.

```
function update(object, key, modify) {          조회
  var value = object[key];                      바꾸기
  var newValue = modify(value);                 설정
  var newObject = objectSet(object, key, newValue);
  return newObject;
}                          바꾼 객체를 리턴(카피-온-라이트)
```

update()에 전달하는 함수는 값 하나를 인자로 받아 객체에 적용합니다. 하나의 키에 하나의 값을 변경하기 때문에 외과 수술하는 것과 비슷합니다.

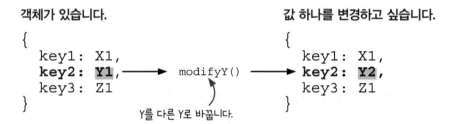

객체가 있습니다.

```
{
    key1: X1,
    key2: Y1,         ──→  modifyY()  ──→
    key3: Z1
}
              Y를 다른 Y로 바꿉니다.
```

값 하나를 변경하고 싶습니다.

```
{
    key1: X1,
    key2: Y2,
    key3: Z1
}
```

update()는 객체와 변경할 값이 어디 있는지 알려주는 키, 값을 변경하는 함수가 필요합니다. update()에 전달할 함수는 계산이어야 하고 현재 값을 인자로 받아 새로운 값을 리턴합니다. 예제에서 어떻게 사용했는지 봅시다.

객체(장바구니 제품)를
update()에 전달
바꿀 값의 필드를 update()에 전달
바꾸는 함수를 update()에 전달

```
function incrementField(item, field) {
  return update(item, field, function(value) {
    return value + 1;
  });
}
              1이 증가한 값을 리턴
```

객체에 있는 값을 시각화하기

update()가 동작하는 방식을 시각화해 봅시다.

다음과 같은 장바구니 제품이 있다고 해봅시다.

코드

```
var shoes = {
  name: "shoes",
  quantity: 3,
  price: 7
};
```

객체를 다이어그램으로
시각화해 보겠습니다.

다이어그램으로 표현

```
shoes
  name: "shoes"
  quantity: 3
  price: 7
```

아래는 신발의 수량을 두 배로 늘리는 코드입니다.

```
> update(shoes, 'quantity', function(value) {
  return value * 2; // 숫자를 두 배
});
```

이 코드에서 update() 과정을 한 단계씩 살펴보겠습니다.

단계   코드

```
        function update(object, key, modify) {    조회
  1.      var value = object[key];                변경
  2.      var newValue = modify(value);
  3.      var newObject = objectSet(object, key, newValue);    설정
          return newObject;
        }
```

단계 1: 키를 가지고 객체에서 값을 조회   quantity

```
shoes
  name: "shoes"
  quantity: 3
  price: 7
```
3

단계 2: 현재 값으로 modify()를 불러 새로운 값을 생성

modify()
x * 2

3   6

단계 3: 복사본을 생성

objectSet()

6

```
shoes
  name: "shoes"
  quantity: 3
  price: 7
```

```
shoes copy
  name: "shoes"
  quantity: 6
  price: 7
```

문자열을 소문자로 바꿔 주는 `lowercase()` 함수가 있습니다. 사용자의 이메일 주소는
`email`이라는 키에 있습니다. `update()`를 사용해 user 레코드에 있는 사용자 이메일 주소에
`lowercase()`를 적용해 보세요.

```
var user = {
  firstName: "Joe",
  lastName: "Nash",
  email: "JOE@EXAMPLE.COM",
  ...
};
```

소문자로 만들어 보세요.

여기에 정답을 써보세요.

정답

```
> update(user, 'email', lowercase)

{
  firstName: "Joe",
  lastName: "Nash",
  email: "joe@example.com",
  ...
}
```

사용자 인터페이스팀은 구매를 늘릴 방법을 고민하고 있습니다. 그래서 수량을 10배씩 늘려주는 버튼을 만들어 보려고 합니다. update()를 이용해 제품의 수량을 10배 늘려주는 함수를 만들어 보세요. 제품 레코드는 다음과 같습니다.

```
var item = {
  name: "shoes",
  price: 7,
  quantity: 2,
  ...
};

function tenXQuantity(item) {
```

10을 곱하면 됩니다.

여기에 정답을 써보세요.

정답

```
function tenXQuantity(item) {
  return update(item, 'quantity', function(quantity) {
    return quantity * 10;
  });
}
```

다음과 같은 데이터 구조가 있을 때 아래 질문에 답해 보세요.

```
var user = {
  firstName: "Cindy",
  lastName: "Sullivan",
  email: "cindy@randomemail.com",
  score: 15,
  logins: 3
};
```

주어진 것

- 1 증가시키는 increment() 함수
- 1 감소시키는 decrement() 함수
- 문자열을 대문자로 바꿔 주는 uppercase() 함수

1. 다음 코드의 결괏값은 무엇일까요?

```
> update(user, 'score', increment).score
```

여기에 정답을 써보세요.

2. 다음 코드의 결괏값은 무엇일까요?

```
> update(user, 'logins', decrement).score
```

3. 다음 코드의 결괏값은 무엇일까요?

```
> update(user, 'firstName', uppercase).firstName
```

── 📋 정답 ──

1.
```
> update(user, 'score', increment).score
16
```

2.
```
> update(user, 'logins', decrement).score
15
```

logins 값을 바꿔도 score 값이
바뀌지는 않습니다.

3.
```
> update(user, 'firstName', uppercase).firstName
"CINDY"
```

최고 마케팅

개발팀

개발팀 킴

CMO: update()가 객체 바로 아래에 있는 데이터에는 잘 동작하는 것 같습니다. 그런데 객체 안에 객체가 있는 데이터 구조에는 잘 동작 하나요? 심지어는 세 단계가 중첩되어 있을 수도 있어요.

제나: 어떻게 생겼는지 보여주실 수 있나요?

CMO: 네, 다음은 셔츠 크기를 늘려주는 코드입니다.

```
var shirt = {
  name: "shirt",
  price: 13,
  options: {
    color: "blue",
    size: 3
  }
};
```

객체 안에 객체가 중첩

options 객체 안에 있는 값을 꺼내야 합니다.

```
function incrementSize(item) {
  var options = item.options;
  var size = options.size;
  var newSize = size + 1;
  var newOptions = objectSet(options, 'size', newSize);
  var newItem = objectSet(item, 'options', newOptions);
  return newItem;
}
```

조회

조회

변경

설정

설정

결과를 만들기 위해 둘 다 objectSet()을 사용합니다.

킴: 코드를 보니 무슨 말인지 알겠어요. 조회, 조회, 변경, 설정, 설정이네요. 앞에서 배운 리팩터링과 맞지 않네요.

CMO: 방법이 있을까요?

제나: 희망을 가져봅시다. 제가 보기에 여기에 숨은 update()가 있는 것 같아요. 리팩터링을 할 수 있을 것 같아요.

중첩된 update 시각화하기

다음은 지난 페이지에서 CMO가 보여준 코드입니다. 이 함수는 중첩된 options 객체를 다루고 있습니다. 어떤 일을 하는지 정확히 이해하기 위해 한 줄씩 살펴봅시다.

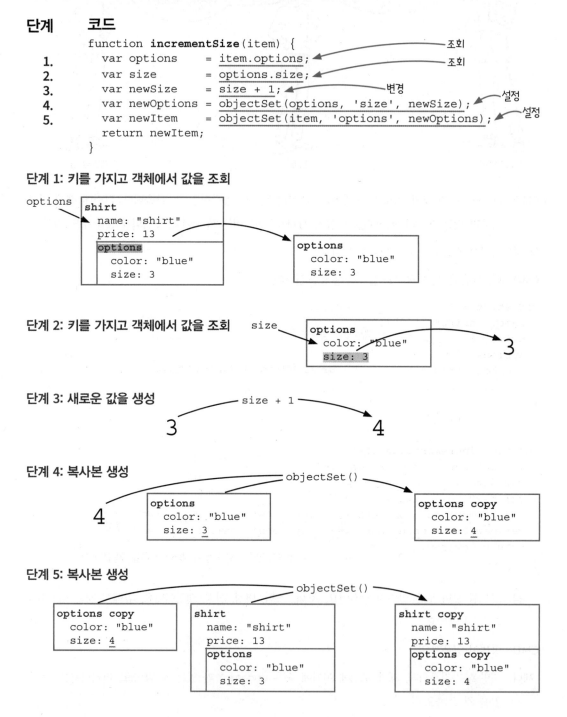

단계　　**코드**

```
function incrementSize(item) {                              조회
 1.    var options    = item.options;                        조회
 2.    var size       = options.size;
 3.    var newSize    = size + 1;                            변경
 4.    var newOptions = objectSet(options, 'size', newSize);   설정
 5.    var newItem    = objectSet(item, 'options', newOptions); 설정
       return newItem;
}
```

단계 1: 키를 가지고 객체에서 값을 조회

```
options    shirt
              name: "shirt"                    options
              price: 13                          color: "blue"
              options                            size: 3
                color: "blue"
                size: 3
```

단계 2: 키를 가지고 객체에서 값을 조회

```
             size    options
                       color: "blue"             3
                       size: 3
```

단계 3: 새로운 값을 생성

```
                    size + 1
         3                        4
```

단계 4: 복사본 생성

```
                    objectSet()
    4     options                      options copy
            color: "blue"                color: "blue"
            size: 3                      size: 4
```

단계 5: 복사본 생성

```
                    objectSet()
    options copy       shirt                 shirt copy
      color: "blue"      name: "shirt"         name: "shirt"
      size: 4            price: 13             price: 13
                         options               options copy
                           color: "blue"         color: "blue"
                           size: 3               size: 4
```

중첩된 데이터에 update() 사용하기

코드를 잘 이해하기 위해 시각화를 해봤습니다. 이 코드에 update()를 사용할 수 있을까요?

```
function incrementSize(item) {
  var options = item.options;        조회
  var size = options.size;           조회
  var newSize = size + 1;            변경
  var newOptions = objectSet(options, 'size', newSize);   설정
  var newItem = objectSet(item, 'options', newOptions);   설정
  return newItem;
}
```

조회, 변경,
설정이 중첩

조회하고 변경하고 설정하는 것을 update()로 교체하기replace get, modify, set with update 리팩터링을 하려고 합니다. 먼저 조회하고 변경하고 설정하는 부분을 찾아야 합니다. 찾을 수 있을까요?

가능합니다! 코드를 자세히 보면 가운데 끼어 있는 조회, 변경, 설정을 볼 수 있습니다. 그리고 가장 위와 아래에 각각 조회와 설정이 하나씩 더 있는 구조입니다. 가운데 있는 조회, 변경, 설정에 리팩터링을 적용해 봅시다.

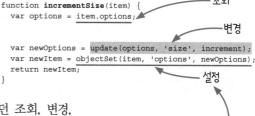

> **조회하고 변경하고 설정하는 것을 update()로 교체하기의 단계**
> 1. 조회하고 변경하고 설정하는 것을 찾습니다.
> 2. 바꾸는 동작을 콜백으로 전달해서 update()로 교체합니다.

원래 코드

조회, 변경, 설정을 update()로 바꿈

```
function incrementSize(item) {
  var options = item.options;
  var size = options.size;
  var newSize = size + 1;
  var newOptions = objectSet(options, 'size', newSize);
  var newItem = objectSet(item, 'options', newOptions);
  return newItem;
}
```

리팩터링 후

```
function incrementSize(item) {
  var options = item.options;        조회

  var newOptions = update(options, 'size', increment);   변경
  var newItem = objectSet(item, 'options', newOptions);
  return newItem;                    설정
}
```

조회, 변경, 설정이
또 생겼습니다.

중첩이 없어진 것 같습니다. 자세히 보면 가운데 있던 조회, 변경, 설정이 변경으로 바뀐 것을 볼 수 있습니다. update()가 options을 변경하는 동작이기 때문입니다. 그래서 여기에 조회, 변경, 설정에 리팩터링을 다시 해볼 수 있습니다.

한 번 리팩터링한 코드

```
function incrementSize(item) {
  var options = item.options;        조회    변경
  var newOptions = update(options, 'size', increment);
  var newItem = objectSet(item, 'options', newOptions);
  return newItem;                    설정
}
```

두 번 리팩터링한 코드

update()로 바꿉니다.

```
function incrementSize(item) {
  return update(item, 'options', function(options) {
    return update(options, 'size', increment);
  });
}
```

안쪽 update()는 바깥쪽 update()의
콜백 함수 안에 있습니다.

중첩된 객체에 중첩된 update를 사용할 수 있다는 중요한 사실을 알았습니다. update()를 중첩해서 부르면 더 깊은 단계로 중첩된 객체에도 사용할 수 있습니다. 이 개념을 다음 페이지에서 더 발전시켜봅시다.

updateOption() 도출하기

update() 안에서 update()를 호출하는 코드를 만들어 봤습니다. 이 코드를 일반화해서 updateOption()을 만들 수 있습니다.

```
function incrementSize(item) {
  return update(item, 'options', function(options) {
    return update(options, 'size', increment);
  });
}
```

중첩된 update()

update()를 두 번 부르고 size 데이터도 두 단계(객체 두 개를 거침)로 중첩된 것을 볼 수 있습니다. 여기서 데이터가 중첩된 단계만큼 update()를 호출해야 한다는 것을 알 수 있습니다.

이것은 중요한 사실로 잠시 뒤에 알아보겠습니다. 지금은 앞에서 만든 코드를 더 살펴봅시다. 이 코드에는 전에 봤던 냄새가 두 개 있습니다. 실제로는 둘 다 같은 냄새입니다.

```
function incrementSize(item) {
  return update(item, 'options', function(options) {
    return update(options, 'size', increment);
  });
}
```

함수 이름에 있는 암묵적 인자를 본문에서 두 번이나 쓰고 있습니다!

```
var shirt = {
  name: "shirt",
  price: 13,
  options: {
    color: "blue",
    size: 3
  }
};
```

처리해야 할 중첩된 데이터

options 안에 size가 있습니다.

> **암묵적 인자를 드러내기**
> (express implicit argument)
> **리팩터링 단계**
>
> 1. 함수 이름에 있는 암묵적 인자를 확인합니다.
> 2. 명시적인 인자를 추가합니다.
> 3. 함수 본문에 하드 코딩된 값을 새로운 인자로 바꿉니다.
> 4. 함수를 호출하는 곳을 고칩니다.

암묵적 인자가 두 개나 있습니다. 그것을 명시적 인자로 바꿔 봅시다. size부터 한 번에 하나씩 해봅시다.

암묵적 option 인자

```
function incrementSize(item) {
  return update(item, 'options', function(options) {
    return update(options, 'size', increment);
  });
}
```

명시적 option 인자

```
function incrementOption(item, option) {
  return update(item, 'options', function(options) {
    return update(options, option, increment);
  });
}
```

암묵적 modify 인자

```
function incrementOption(item, option) {
  return update(item, 'options', function(options) {
    return update(options, option, increment);
  });
}
```

명시적 modify 인자

```
function updateOption(item, option, modify) {
  return update(item, 'options', function(options) {
    return update(options, option, modify);
  });
}
```

잘 만든 것 같습니다! 이 함수는 제품(객체)과 옵션 이름, 옵션을 바꾸는 함수를 받습니다.

```
function updateOption(item, option, modify) {
  return update(item, 'options', function(options) {
    return update(options, option, modify);
  });
}
```

코드의 냄새가 또 생겼습니다! 여전히 함수 이름에 있는 것을 본문에서 참조하고 있습니다.

같은 냄새가 또 생겼습니다! 이번에는 암묵적 인자가 함수 이름에 있는 options입니다. 다음 페이지에서 처리해 봅시다.

update2() 도출하기

지난 페이지에서 암묵적 인자가 두 개 있는 코드를 리팩터링 했습니다. 리팩터링을 했더니 새로운 암묵적 인자가 생겼습니다. 리팩터링을 한 번 더 리팩터링 하면 일반적인 함수인 update2()를 도출할 수 있습니다. 다음은 앞에서 만든 코드입니다.

```
function updateOption(item, option, modify) {
  return update(item, 'options', function(options) {
    return update(options, option, modify);
  });
}
```

필드명이 함수 이름에 있습니다.
이 필드명은 인자가 될 수 있습니다.

세 번째 리팩터링을 해봅시다. 이 리팩터링을 하고 나면 더 일반적인 함수가 됩니다. 함수 이름도 일반적인 형태에 맞춰 바꾸겠습니다.

더 일반적인 함수이므로 인자 이름도 일반적으로 바꿉니다.

암묵적 인자가 있는 코드

```
function updateOption(item, option, modify) {
  return update(item, 'options', function(options) {
    return update(options, option, modify);
  });
}
```

숫자 2는 두 번 중첩되었다는 뜻입니다.

명시적 인자가 있는 코드

```
function update2(object, key1, key2, modify) {
  return update(object, key1, function(value1) {
    return update(value1, key2, modify);
  });
}
```

명시적인 인자로 만듭니다.

이제 더 일반적인 함수가 되었습니다. update2()는 두 단계로 중첩된 어떤 객체에도 쓸 수 있는 함수입니다. 그래서 함수를 쓸 때 두 개의 키가 필요합니다.

```
var shirt = {
  name: "shirt",
  price: 13,
  options: {
    color: "blue",
    size: 3
  }
};
```

options, size 경로에 있는 값을 늘리려고 합니다.

> **암묵적 인자를 드러내기**
> (express implicit argument)
> **리팩터링 단계**
> 1. 함수 이름에 있는 암묵적 인자를 확인합니다.
> 2. 명시적인 인자를 추가합니다.
> 3. 함수 본문에 하드 코딩된 값을 새로운 인자로 바꿉니다.
> 4. 함수를 호출하는 곳을 고칩니다.

원래 코드와 다시 만든 코드를 나란히 비교해 봅시다.

원래 코드

```
function incrementSize(item) {
  var options = item.options;
  var size = options.size;
  var newSize = size + 1;
  var newOptions = objectSet(options, 'size', newSize);
  var newItem = objectSet(item, 'options', newOptions);
  return newItem;
}
```

update2()를 사용한 코드

```
function incrementSize(item) {

  return update2(item, 'options', 'size', function(size) {
    return size + 1;
  });

}
```

이제 조회, 조회, 변경, 설정, 설정 패턴이 있는 경우 직접 구현하지 않아도 update2()를 사용하면 됩니다. update2()는 조금 추상적이기 때문에 다음 페이지에서 시각화해 봅시다.

중첩된 객체에 쓸 수 있는 update2() 시각화하기

지난 페이지에서 두 번 중첩된 객체의 값을 바꿀 수 있는 update2() 를 만들었습니다. 너무 많은 일을 한 것 같아 그림을 보면서 천천히 살펴봅시다.

옵션 안에 있는 제품의 크기를 늘리려고 합니다. 먼저 중첩된 객체에 경로를 파악해야 합니다. 제품에서 options 키를 가지고 한 단계 들어갑니다. 그리고 size 키를 가지고 값에 접근합니다. 이 키를 모아 리스트로 만들면 **경로**path라고 부를 수 있습니다. 경로로 중첩된 데이터의 어떤 부분을 가리키는지 표현할 수 있습니다.

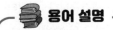 **용어 설명**

중첩된 객체의 값을 가리키는 시퀀스를 **경로**(path)라고 합니다. 경로는 중첩된 각 단계의 키를 포함합니다.

다음은 옵션 안에 있는 제품 크기를 늘리기 위한 코드입니다.

```
> return update2(shirt, 'options', 'size', function(size) {
    return size + 1;
  });
```

값을 늘립니다.

접근하려고 하는 값의 경로

아래는 바꾸려는 제품 객체입니다. 제품 객체 안에 옵션 객체가 중첩된 것을 볼 수 있습니다.

```
var shirt = {
  name: "shirt",
  price: 13,
  options: {
    color: "blue",
    size: 3
  }
};
```

```
shirt
  name: "shirt"
  price: 13
  options
    color: "blue"
    size: 3
```

두 번 조회하는 과정

경로를 따라 안쪽으로 조회합니다.

```
shirt
  name: "shirt"
  price: 13
  options
    color: "blue"   size+1
    size: 3
```

4

경로 끝에는 늘려야 할 값이 있습니다.

모든 경로에 있는 변경된 복사본이 결과입니다.

두 번 설정하는 과정

중첩된 객체 밖으로 나오면서 카피-온-라이트를 적용합니다.

```
shirt
  name: "shirt"
  price: 13
  options
    color: "blue"
    size: 3  - - - - - - -
```

—objectSet()→

—objectSet()—→

- - - - size+1 - - - →

```
shirt copy
  name: "shirt"
  price: 13
  options copy
    color: "blue"
    size: 4
```

CMO: 심각한 문제는 아닙니다. 저희가 제품 객체를 다룰 때 장바구니 객체 안에 넣어서 사용하는 경우가 많이 있거든요. 항상 그렇지는 않지만 자주 그렇게 사용하고 있습니다.

제나: 그래서요?

CMO: 아래 코드를 보면 옵션 안에 바꿔야 할 객체가 있고 옵션은 제품 객체 안에 있습니다. 그런데 문제는 제품 객체가 장바구니 객체 안에 있다는 것입니다.

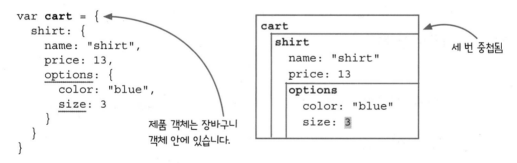

```
var cart = {
  shirt: {
    name: "shirt",
    price: 13,
    options: {
      color: "blue",
      size: 3
    }
  }
}
```
제품 객체는 장바구니 객체 안에 있습니다.

```
cart
  shirt
    name: "shirt"
    price: 13
    options
      color: "blue"
      size: 3
```
세 번 중첩됨

제나: 아, 알았어요. 객체가 한 번 더 중첩되어 있네요.

CMO: 네, 맞아요. 이 함수는 incrementSizeByName() 입니다. 이 코드를 고치려면 update3() 이 필요할 것 같은데요.

킴: update3() 은 당장 필요하지 않지만 유용할 것 같네요. 먼저 이미 만든 도구로 뭘 할 수 있는지 살펴봅시다. 제 생각에는 원래 하던 방식에 한 단계만 추가하면 될 것 같아요. 다음 페이지에서 해봅시다.

incrementSizeByName()을 만드는 네 가지 방법

CMO는 장바구니 안에 있는 제품의 특정 옵션값을 바꿔야 한다고 말했습니다. 문제의 핵심은 세 번 중첩된 형태라는 것입니다. 이 문제를 해결할 수 있는 네 가지 방법에 대해 살펴봅시다. CMO는 장바구니 안에 특정 이름을 가진 제품의 크기 옵션을 늘리고 싶다고 말했습니다. 그리고 이 함수는 incrementSizeByName()이라고 했습니다. 이 함수는 장바구니와 제품의 이름을 받아 해당 제품의 크기 옵션을 늘립니다. 이 함수는 어떻게 만들 수 있을까요?

옵션1: update()와 incrementSize()로 만들기

장바구니 안에 중첩된 제품을 다뤄야 합니다. update()는 중첩된 객체의 값을 바꿀 수 있기 때문에 incrementSize() 함수가 있으면 만들 수 있습니다.

```
function incrementSizeByName(cart, name) {
  return update(cart, name, incrementSize);
}
```

이미 있는 도구를 활용한 직관적인 방법

옵션2: update()와 update2()로 만들기

update2()를 사용해 incrementSize()를 인라인으로 구현할 수 있습니다.

```
function incrementSizeByName(cart, name) {
  return update(cart, name, function(item) {
    return update2(item, 'options', 'size', function(size) {
      return size + 1;
    });
  });
}
```

update() 안에 있는 update2()로
incrementSize()를 인라인으로 구현

옵션3: update()로 만들기

두 번 중첩된 update()로 update2()를 인라인으로 만들 수 있습니다.

```
function incrementSizeByName(cart, name) {
  return update(cart, name, function(item) {
    return update(item, 'options', function(options) {
      return update(options, 'size', function(size) {
        return size + 1;
      });
    });
  });
}
```

update()만 불러서
인라인으로 구현

 **생각해 보기**

네 가지 방법 중 어느 것이 더 좋은 것 같나요? 왜 그런가요? 네 가지 방법 모두 마음에 들지 않나요? 왜 그런가요? 뒤에서 이야기해 봅시다.

옵션4: 조회하고 바꾸고 설정하는 것을 직접 만들기

조회하고 변경하고 설정하는 코드를 직접 만들어 update()를 인라인으로 구현할 수 있습니다.

```
function incrementSizeByName(cart, name) {
  var item       = cart[name];              ← 조회, 조회, 조회
  var options    = item.options;            ← 변경
  var size       = options.size;
  var newSize    = size + 1;                ← 설정, 설정, 설정
  var newOptions = objectSet(options, 'size', newSize);
  var newItem    = objectSet(item, 'options', newOptions);
  var newCart    = objectSet(cart, name, newItem);
  return newCart;
}
```

update3() 도출하기

update3()을 도출해 봅시다. 앞에서 비슷한 작업을 많이 했기 때문에 빠르게 해 봅시다. 지난 페이지에 있던 옵션2 코드를 가지고 시작해 봅시다. 여기에 **암묵적 인자를 드러내기**express implicit argument 리팩터링을 적용하면 update3()을 만들 수 있습니다. 한 번에 만들어 봅시다.

옵션2

암묵적 인자

```
function incrementSizeByName(cart, name) {
  return update(cart, name, function(item) {
    return update2(item, 'options', 'size',
      function(size) { return size + 1; });
  });
}
```

update3()으로 빼냄

update3()은 update() 안에서
update2()를 부르는 코드입니다.

리팩터링 코드

```
function incrementSizeByName(cart, name) {
  return update3(cart,
    name, 'options', 'size',          경로 세 개
    function(size) { return size + 1; });
}
```

```
function update3(object, key1, key2, key3, modify) {
  return update(object, key1, function(object2) {
    return update2(object2, key2, key3, modify);
  });
}
```

update3()은 update() 안에 update2()를 중첩한 모습입니다. 두 단계만 들어갈 수 있는 update2()에 update()를 사용해 한 단계 더 들어갑니다. 그래서 총 세 단계를 들어갈 수 있습니다.

> **암묵적 인자를 드러내기**
> (express implicit argument)
> **리팩터링 단계**
>
> 1. 함수 이름에 있는 암묵적 인자를 확인합니다.
> 2. 명시적인 인자를 추가합니다.
> 3. 함수 본문에 하드 코딩된 값을 새로운 인자로 바꿉니다.
> 4. 함수를 호출하는 곳을 고칩니다.

마케팅팀에서 update4()와 update5()가
필요하다고 합니다. 만들어 보세요.

update4()라
update5()도 있으면 정말 좋을 것
같습니다!

최고 마케팅

여기에 정답을 써보세요.

정답

```
function update4(object, k1, k2, k3, k4, modify) {
  return update(object, k1, function(object2) {
    return update3(object2, k2, k3, k4, modify);
  });
}

function update5(object, k1, k2, k3, k4, k5, modify) {
  return update(object, k1, function(object2) {
    return update4(object2, k2, k3, k4, k5, modify);
  });
}
```

nestedUpdate() 도출하기

update3()을 함께 만들어 봤습니다. 또 update4()와 update5()를 만들면서 어떤 패턴이 있다는 것을 알았을 것입니다. 패턴이 명확하지 않지만, 함수를 살펴보면 단서가 있을 것입니다. update6() 부터 update21()까지 만들지 않아도 중첩된 개수에 상관없이 쓸 수 있는 nestedUpdate()를 만들어 봅시다.

먼저 패턴을 찾아봅시다.

```
function update3(object, key1, key2, key3, modify) {
  return update(object, key1, function(value1) {
    return update2(value1, key2, key3, modify);
  });
}                X        X - 1
```

```
function update4(object, key1, key2, key3, key4, modify) {
  return update(object, key1, function(value1) {
    return update3(value1, key2, key3, key4, modify);
  });
}                X        X - 1
```

패턴은 간단합니다. 만약 updateX()를 만들려고 한다면 update() 안에 updateX-1()을 불러주면 됩니다. update()는 첫 번째 키만 사용하고 나머지 키와 modify 함수는 updateX-1()이 사용합니다. 이 패턴을 update2()에 적용하면 어떻게 될까요? update2()는 앞에서 구현했지만 먼저 구현한 버전은 생각하지 않겠습니다.

```
function update2(object, key1, key2, modify) {
  return update(object, key1, function(value1) {
    return update1(value1, key2, modify);
  });
}
```

> 숫자 2는 키를 두 개 사용하고 update1()을 호출한다는 것을 의미합니다.

X-1은 0인데 update1()은 어떻게 생겼을까요?

```
function update1(object, key1, modify) {
  return update(object, key1, function(value1) {
    return update0(value1, modify);
  });
}
```

> 숫자 1은 키를 한 개 사용하고 update0()을 호출한다는 것을 의미합니다.

update0()은 두 가지 이유로 지금 패턴과 다릅니다. 하나는 사용하는 키가 없기 때문에 키가 한 개 필요한 update()를 부를 수 없습니다. 두 번째 이유는 X-1이 -1이 되기 때문에 경로 길이를 표현할 수 없습니다.

직관적으로 update0()은 중첩되지 않은 객체를 의미한다는 것을 알 수 있습니다. 조회나 설정을 하지 않고 그냥 변경만 하는 함수입니다. 찾으려고 하는 값만 있으면 되기 때문에 update0()은 modify()를 그냥 호출하는 함수가 됩니다.

> **함수 이름에 있는 암묵적 인자 냄새의 특징**
> 1. 거의 똑같이 구현된 함수가 있다.
> 2. 함수 이름이 구현에 있는 다른 부분을 가리킨다.

```
function update0(value, modify) {
  return modify(value);
}
```

> 숫자 0은 사용할 키가 없다는 것을 의미합니다.

지금까지 조금 지루한 과정이었습니다. 죄송합니다! 하지만 중요한 사실이 있습니다. 코드에 계속 나왔던 냄새가 또 나왔다는 점입니다. **함수 이름에 있는 암묵적 인자**implicit argument in function name 냄새입니다. 함수 이름에 있는 숫자가 항상 인자의 개수와 일치합니다. 이제 냄새를 처리해 봅시다.

앞에서 updateX()에 대한 패턴을 알아봤습니다. **함수 이름에 있는 암묵적 인자** 냄새가 있다는 것도 알아냈습니다. 하지만 **암묵적 인자를 드러내기**express implicit argument 리팩터링이 있기 때문에 냄새를 없앨 수 있습니다.

update3()을 봅시다. 3을 어떻게 명시적 인자로 바꿀 수 있을까요?

```
                          X              X 만큼의 키
function update3(object, key1, key2, key3, modify) {
  return update(object, key1 function(value1) {
    return update2(value1, key2, key3, modify);
  });                    X-1        첫 번째 키는 제외
}
```

깊이depth라는 인자를 추가해 봅시다.

```
       명시적 인자인 depth                   depth 개수만큼의 키
function updateX(object, depth, key1, key2, key3, modify) {
  return update(object, key1, function(value1) {
    return updateX(value1, depth-1, key2, key3, modify);
  });                                         이 함수는 동작하지 않습니다.
}         재귀 호출      depth-1을 전달   하나 작은 만큼의 키
```

인자를 명시적으로 만들었지만 새로운 문제가 생겼습니다. 깊이와 키 개수를 어떻게 맞출 수 있을까요? depth 인자와 실제 키 개수는 달라질 수 있어서 버그가 생길 것입니다. 하지만 단서가 있습니다. **키**keys의 **개수**number와 **순서**order가 중요하다는 점입니다. 이 단서는 배열 자료 구조가 필요하다는 것을 말합니다. 모든 키를 배열로 넘기면 어떻게 될까요? 그렇게 하면 depth 인자는 배열의 길이입니다. 다음 함수 시그니처를 보세요.

```
                                   배열에 담긴 키
function updateX(object, keys, modify) {
```

같은 패턴으로 첫 번째 키에 대해 update()를 호출하고 나머지 키는 updateX()에 전달합니다. 나머지 키의 길이가 X-1입니다.

> **📚 용어 설명**
>
> **재귀 함수**(recursive function)는 자신을 참조하도록 정의한 함수입니다. 재귀 함수는 안에서 자신을 부르는 **재귀 호출**(recursive call)을 합니다.

뒤에서 재귀에 대해 자세히 알아보겠습니다. 지금은 updateX()에 대해 계속 알아봅시다.

첫 번째 키로 update()를 호출합니다.

```
function updateX(object, keys, modify) {
  var key1 = keys[0];
  var restOfKeys = drop_first(keys);
  return update(object, key1, function(value1) {
    return updateX(value1, restOfKeys, modify);
  });
}
```

나머지 키로 재귀
함수를 호출합니다.

이제 update0()을 빼면 나머지는 모두 updateX()로 바꿀 수 있습니다. update0()은 다른 패턴이
기 때문에 따로 살펴봅시다.

다음은 지금까지 만든 updateX() 함수입니다.

```
function updateX(object, keys, modify) {
  var key1 = keys[0];
  var restOfKeys = drop_first(keys);
  return update(object, key1, function(value1) {
    return updateX(value1, restOfKeys, modify);
  });
}
```

키가 없다면 어떻게 될까요?

update1(), update2(), update3() 같은 함수(update4, 5, 6... 계속해서)는 같은 패턴을 가지고
있기 때문에 updateX()로 바꿔 쓸 수 있습니다. 하지만 update0()은 다릅니다. update0()은
update()를 부르지 않습니다. 콜백 함수인 modify()만 부릅니다. 어떻게 처리해야 할까요?

```
function update0(value, modify) {
  return modify(value);
}
```

update0() 정의는 update1(),
update2() 같은 함수들과 다릅니다.

재귀 호출을 하지 않습니다.

0인 경우는 특별하게 처리해야 할 것 같습니다. keys 배열의 길이가 0일 때 키가 없다는 것을 알고 있
습니다. 이 경우에는 modify()를 불러주고 그렇지 않은 경우에는 updateX()를 부르면 됩니다.

0에 대한 처리가 없는 코드

```
function updateX(object, keys, modify) {


  var key1 = keys[0];
  var restOfKeys = drop_first(keys);
  return update(object, key1, function(value1) {
    return updateX(value1, restOfKeys, modify);
  });
}
```

0인 경우를 처리한 코드

0인 경우를 처리

```
function updateX(object, keys, modify) {
  if(keys.length === 0)
    return modify(object);
  var key1 = keys[0];
  var restOfKeys = drop_first(keys);
  return update(object, key1, function(value1) {
    return updateX(value1, restOfKeys, modify);
  });
}
```

재귀 호출이 없음

재귀 호출

이제 키 길이에 상관없이 쓸 수 있는 updateX()가 생겼습니다. 여러 단계로 중첩된 객체에 modify() 함수를 적용할 수 있습니다. 바꿀 값이 있는 키들만 알면 됩니다.

updateX()는 일반적으로 nestedUpdate()라고 부릅니다. 이제 이름을 바꿔 봅시다.

앞에서 updateX()를 완성했습니다. updateX()는 0을 포함해 중첩된 깊이에 상관없이 사용할 수 있습니다. 데이터가 중첩되지 않았다면 바로 바꾸는 동작을 합니다.

updateX()보다 nestedUpdate()라는 이름을 사용하는 것이 더 일반적입니다. 객체와 중첩된 객체의 값을 가리키는 키 경로와 바꿀 함수를 인자로 받습니다. 그리고 빠져나오는 모든 경로에 있는 객체의 복사본을 만듭니다.

용어 설명

종료 조건(base case)은 더는 재귀를 하지 않고 멈춰야 하는 경우를 말합니다. 재귀 호출은 종료 조건에 가까워지도록 만들어야 합니다.

```
function nestedUpdate(object, keys, modify) {
  if(keys.length === 0)
    return modify(object);          ← 종료 조건(경로의 길이가 0일 때)
  var key1 = keys[0];
  var restOfKeys = drop_first(keys);  ← 종료 조건에 가까워집니다
  return update(object, key1, function(value1) {    (항목을 하나씩 없앰).
    return nestedUpdate(value1, restOfKeys, modify);
  });
}                      ← 재귀 호출
```

nestedUpdate()는 0을 포함, 중첩된 깊이에 상관없이 사용할 수 있습니다. **재귀 함수**recursive이기 때문에 자신을 참조하고 있습니다. 함수형 프로그래머는 다른 프로그래머보다 재귀 함수를 조금 더 많이 사용합니다. 재귀의 개념은 조금 복잡하기 때문에 어떻게 동작하는지 완전히 이해할 수 있도록 조금 더 설명하겠습니다.

더 진행하기 전에 가벼운 질문을 보면서 쉬어 갑시다.

Q 어떻게 함수가 자신을 부를 수 있나요?

A 좋은 질문입니다. 함수는 자신을 포함해서 어떤 함수라도 부를 수 있습니다. 그리고 자신을 부를 때 재귀(recursive)라고 합니다. 재귀(recursive)는 자신을 부를 수 있는 일반적인 개념입니다. nestedUpdate() 함수는 재귀 함수로 만들었습니다.

```
function nestedUpdate(object, keys, modify) {
  if(keys.length === 0)
    return modify(object);
  var key1 = keys[0];
  var restOfKeys = drop_first(keys);
  return update(object, key1, function(value1) {
    return nestedUpdate(value1, restOfKeys, modify);
  });
}
```
　　　　　　　　　　　　　　└── 자신을 호출합니다.

Q 재귀의 핵심은 무엇인가요? 이해하기 어려운 것 같습니다.

A 정말 좋은 질문입니다. 재귀는 많은 경험이 있다고 해도 머릿속으로 이해하기 어렵습니다. 재귀는 중첩된 데이터와 잘 어울립니다. 앞에서 정의했던 deepCopy() 함수를 떠올려 보세요. 역시 중첩된 데이터를 위한 함수입니다. 중첩된 데이터를 다룰 때 각 단계를 비슷한 방법으로 처리합니다. 재귀 호출은 중첩된 데이터를 한 단계 없애고 다음 단계를 같은 방법으로 다시 호출합니다.

Q 반복문을 사용할 수는 없나요? for 반복문이 이해하기 더 쉬운 것 같은데요.

A for 반복문이 재귀보다 이해하기 쉽습니다. 하지만 코드를 작성할 때 하려는 일을 코드로 명확하게 표현하는 것이 좋습니다. 중첩된 데이터를 다루는 경우에는 재귀로 만드는 것이 더 명확합니다. 재귀의 장점은 재귀 호출을 리턴 받는 곳에서 기존의 인잣값을 스택으로 유지할 수 있다는 점입니다. 만약 일반 반복문으로 만든다면 스택을 직접 관리해야 합니다. 자바스크립트 함수 호출은 직접 pop이나 push 동작을 구현하지 않아도 스택으로 잘 동작합니다.

Q 재귀 호출은 위험한가요? 무한 반복에 빠지거나 스택이 바닥날 수 있나요?

A 네! 재귀도 절차적인 반복문처럼 무한 반복에 빠질 수 있습니다. 언어나 재귀 함수에 따라 스택이 빨리 바닥날 수 있습니다. 하지만 잘 만들었다면 그렇게 깊은 스택을 사용할 일이 없을 것입니다. 재귀를 올바로 사용하려면 되도록 적은 단계로 사용하는 것이 좋습니다. 재귀를 제대로 사용하는 방법은 알고 나면 어렵지 않습니다. 그럼 재귀를 안전하게 사용하는 방법에 대해 알아봅시다.

안전한 재귀 사용법

재귀는 for나 while 반복문처럼 무한 반복에 빠질 수 있습니다. 다음 가이드를 따라서 하면 문제가 생기지 않습니다.

1. 종료 조건

재귀를 멈추려면 **종료 조건**base case이 필요합니다. 종료 조건은 재귀가 멈춰야 하는 곳에 있어야 합니다. 더는 재귀 호출을 하지 않으므로 그 위치에서 재귀가 끝납니다.

```
function nestedUpdate(object, keys, modify) {
  if(keys.length === 0)              ← 종료 조건
    return modify(object);
  var key1 = keys[0];               ← 재귀가 없음
  var restOfKeys = drop_first(keys);
  return update(object, key1, function(value1) {
    return nestedUpdate(value1, restOfKeys, modify);
  });
}
```

종료 조건은 확인하기 쉽습니다. 보통 배열 인자가 비었거나 점점 줄어드는 값이 0이 되었거나, 찾아야 할 것이 없을 때 종료 조건이 됩니다. 종료 조건이 되면 할 일이 끝난 것입니다. 종료 조건은 만들기 쉽습니다.

2. 재귀 호출

재귀 함수는 최소 하나의 **재귀 호출**recursive call이 있어야 합니다. 재귀 호출이 필요한 곳에서 재귀 호출을 해야 합니다.

```
function nestedUpdate(object, keys, modify) {
  if(keys.length === 0)
    return modify(object);
  var key1 = keys[0];                          ← 남은 키가 하나 줄어듭니다(진행).
  var restOfKeys = drop_first(keys);
  return update(object, key1, function(value1) {
    return nestedUpdate(value1, restOfKeys, modify);
  });                          ← 재귀 호출
}
```

3. 종료 조건에 다가가기

재귀 함수를 만든다면 최소 하나 이상의 인자가 점점 줄어들어야 합니다. 그래야 종료 조건에 가까워질 수 있습니다. 예를 들어 종료 조건이 빈 배열이라면 각 단계에서 배열 항목을 없애야 합니다.

각 재귀 호출에서 한 단계씩 종료 조건에 가까워진다면 결국 종료 조건과 일치해 재귀 함수가 끝날 것입니다. 가장 좋지 않은 것은 재귀 호출에 같은 인자를 그대로 전달하는 것입니다. 이렇게 하면 무한 반복에 빠질 가능성이 높아집니다.

그럼 nestedUpdate() 동작을 더 잘 이해하기 위해 시각화를 해봅시다.

nestedUpdate() 시각화하기

추상적인 내용이 너무 많기 때문에 `nestedUpdate()` 동작을 단계별로 시각화해 봅시다. 앞에서 `update3()`를 사용했던 예제는 세 단계로 중첩된 데이터를 처리했습니다.

다음은 장바구니에 있는 제품 크기를 증가시키는 코드를 `nestedUpdate()`로 구현한 것입니다. 각 단계를 천천히 살펴봅시다.

```
> nestedUpdate(cart, ["shirt", "options", "size"], increment)
```

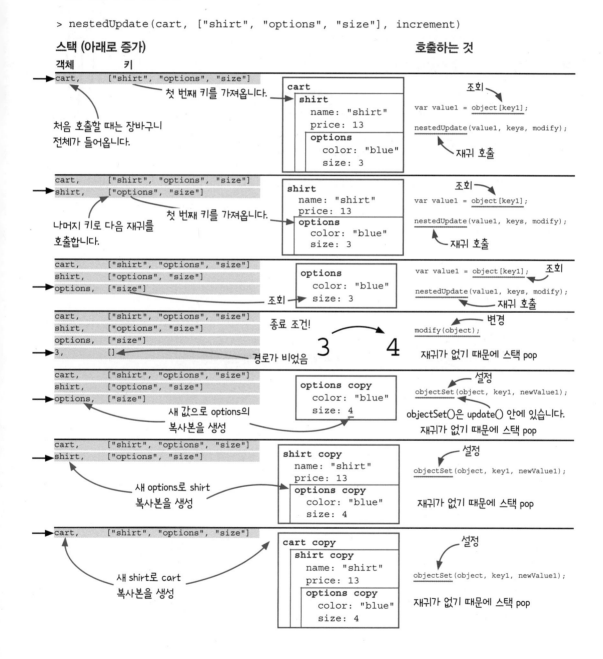

재귀 함수가 적합한 이유

지금까지 배열을 반복해서 처리하기 위해 for 반복
문을 사용했습니다. 앞 장에서 만든 함수형 도구도
배열을 반복하는 것을 대신하기 위해 구현했습니다. 하
지만 이번에는 조금 달랐습니다. 중첩된 데이터를 다뤄야 했
습니다.

> 앞의 문제를 해결하기에 재귀가
> 더 좋은지 모르겠어요.

원래 배열을 반복할 때는 배열의 처음부터 끝까지 순서대로 처리하고 결과
배열에 처리한 항목을 추가했습니다.

배열은 차례대로 처리합니다.

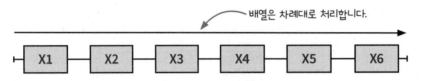

개발팀

중첩된 데이터를 다루는 방법은 조금 다릅니다. 점점 아래 단계로 내려가면서 최종값에 도착하면 값
을 변경하고, 나오면서 새로운 값을 설정합니다. 새로운 값을 설정할 때는 카피-온-라이트 원칙에 따
라 복사본을 만들었습니다.

점점 깊이 들어가면서 값을 조회합니다.

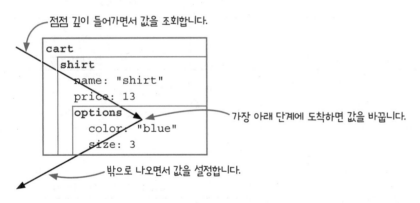

가장 아래 단계에 도착하면 값을 바꿉니다.

밖으로 나오면서 값을 설정합니다.

중첩된 조회, 바꾸기, 설정은 중첩된 데이터 구조를 그대로 반영합니다. 재귀나 호출 스택을 사용하지
않고 중첩된 데이터를 다루기는 어렵습니다.

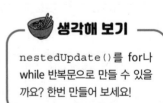

생각해 보기

nestedUpdate()를 for나
while 반복문으로 만들 수 있을
까요? 한번 만들어 보세요!

앞에서 incrementSizeByName()을 네 가지 방법으로 구현해 봤습니다. nestedUpdate() 를 이용해서 다섯 번째 방법으로 구현해 보세요.

```
function incrementSizeByName(cart, name) {
```

여기에 정답을 써보세요.

정답

```
function incrementSizeByName(cart, name) {
  return nestedUpdate(cart, [name, 'options', 'size'],
                      function(size) {
                        return size + 1;
                      });
}
```

깊이 중첩된 구조를 설계할 때 생각할 점

깊이 중첩된 구조를 설계할 때 생각해야 할 것이 있습니다. 깊이 중첩된 데이터에 nestedUpdate()를 쓰려면 긴 키 경로가 필요합니다. 키 경로가 길면 중간 객체가 어떤 키를 가졌는지 기억하기 어렵습니다. 직접 만든 데이터가 아닌 API를 사용할 때 이런 어려움은 더 큽니다.

> nestedUpdate()는 좋습니다. 그런데 나중에 코드를 고치려고 보면 어떤 키가 있었는지 알아보기 힘들 것 같습니다.

개발팀 킴

```
httpGet("http://my-blog.com/api/category/blog", function(blogCategory) {
  renderCategory(nestedUpdate(blogCategory, ['posts', '12', 'author', 'name'], capitalize));
});
```

콜백 → `function(blogCategory)`

중첩된 객체 → `blogCategory`

긴 키 경로 → `['posts', '12', 'author', 'name']`

바꾸는 함수 → `capitalize`

이 코드는 간단한 예제입니다. 블로그 API로 blog라는 분류에 있는 값을 JSON으로 가져와 콜백에서 처리하는 코드입니다. 콜백에서는 blog 분류에 있는 12번째 글을 가져와 글쓴이 이름을 대문자로 바꾸는 일을 합니다. 예제를 위해 만든 코드지만 문제를 잘 이해할 수 있습니다. 3주 후에 이 코드를 읽으려고 할 때 얼마나 잘 이해할 수 있을까요? 다음과 같은 것을 알 수 있을까요?

너무 많이 알아야 합니다.

user.name
posts[12]
post.author
category.posts

1. 각 분류는 posts 키 아래 블로그 글을 담고 있습니다.

2. 각 블로그 글은 ID를 통해 접근할 수 있습니다.

3. 블로그 글은 author 키 아래 글쓴이 사용자 레코드를 담고 있습니다.

4. 각 사용자 레코드는 name 키 아래 사용자 이름을 담고 있습니다.

경로에 따라 중첩된 각 단계에는 기억해야 할 새로운 데이터 구조가 있습니다. 각 데이터 구조에 어떤 키가 있는지 기억하기는 어렵습니다. 중간 객체들은 서로 다른 키를 가지고 있지만 nestedUpdate() 경로를 보고 어떤 키가 있을지 알 수 없습니다.

그럼 어떻게 해야 할까요? 9장에서 배웠던 직접 구현으로 해결할 수 있습니다. 기억해야 할 것이 너무 많을 때 추상화 벽을 사용하면 도움이 됩니다. 추상화 벽을 사용하면 구체적인 것을 몰라도 됩니다. 다음 페이지에서 살펴봅시다.

👆 **기억하세요**

추상화 벽(abstraction barrier)은 구현을 감추기 때문에 함수를 쓸 때 어떻게 구현되어 있는지 몰라도 됩니다.

깊이 중첩된 데이터에 추상화 벽 사용하기

앞에서 깊이 중첩된 데이터를 사용할 때 너무 많은 것을 기억해야 하는 어려움이 있었습니다. 중첩된 각 단계의 데이터 구조를 모두 기억해야 합니다. 문제를 해결하는 열쇠는 같은 작업을 하면서 알아야 할 데이터 구조를 줄이는 것입니다. 추상화 벽을 통해 그렇게 할 수 있습니다. 추상화 벽에 함수를 만들고 의미 있는 이름을 붙여주는 것입니다. 추상화 벽을 만들 때는 사용하려는 데이터의 이해도를 높일 수 있는 방향으로 만들어야 합니다.

주어진 ID로 블로그를 변경하는 함수가 있다면 어떨까요?

분류에 있는 블로그 글이 어떤 구조인지 몰라도 함수를 쓸 수 있습니다.

명확한 이름

```
function updatePostById(category, id, modifyPost) {
  return nestedUpdate(category, ['posts', id], modifyPost);
}
```

분류의 구조 같은 구체적인 부분은 추상화 벽 뒤로 숨김

블로그 글 구조에 대해서는 콜백에 맡깁니다.

이제 글쓴이를 수정하는 함수를 만들어 봅시다.

블로그 글 안에 글쓴이가 어떤 구조로 저장되어 있는지 몰라도 함수를 쓸 수 있습니다.

명확한 이름

```
function updateAuthor(post, modifyUser) {
  return update(post, 'author', modifyUser);
}
```

사용자를 처리하는 방법은 modifyUser가 알고 있습니다.

사용자 이름을 대문자로 바꾸는 함수도 만들 수 있습니다.

명확한 이름

```
function capitalizeName(user) {
  return update(user, 'name', capitalize);
}
```

capitalizeName()를 쓸 때 키를 몰라도 됩니다.

이제 모두 합쳐봅시다.

이 함수로 모두 합칩니다.

```
updatePostById(blogCategory, '12', function(post) {
  return updateAuthor(post, capitalizeUserName);
});
```

더 좋아진 것일까요? 두 가지 사실 때문에 더 좋아졌다고 말할 수 있습니다. 첫 번째는 기억해야 할 것이 네 가지에서 세 가지로 줄었다는 점입니다. 기억해야 할 것이 하나 줄었기 때문에 좋아졌다고 말할 수 있습니다. 두 번째는 동작의 이름이 있으므로 각각의 동작을 기억하기 쉽다는 점입니다. 분류 안에 블로그 글이 있다는 것을 알고 있습니다. 하지만 이제 어떤 키에 들어 있는지 기억하지 않아도 됩니다. 글쓴이도 마찬가지입니다. 블로그 글에 글쓴이가 하나 있다는 것만 알면 되고 어떻게 저장되어 있는지는 몰라도 됩니다.

앞에서 배운 고차 함수들

10장에서 고차 함수에 대한 개념을 처음 배웠습니다. 다른 함수를 인자로 받거나 함수를 리턴값으로 리턴할 수 있는 함수가 고차 함수입니다.

앞에서 몇 개의 고차 함수를 사용해 봤습니다. 이제 앞에서 사용했던 고차 함수를 정리해 보면서 얼마나 유용했는지 알아봅시다.

배열을 반복할 때 for 반복문 대신 사용하기

forEach()와 map(), filter(), reduce()는 배열을 효과적으로 다룰 수 있는 고차 함수입니다. 이 함수들을 조합해 복잡한 계산을 할 수 있다는 것을 배웠습니다.

- 257, 294, 301, 306페이지를 보세요.

중첩된 데이터를 효율적으로 다루기

깊이 중첩된 데이터를 변경하려면 바꾸려는 데이터까지 내려 가는 동안의 데이터를 모두 복사해야 합니다. update()와 nestedUpdate() 고차 함수로 중첩 단계에 상관없이 특정한 값을 수술하는 것처럼 바꿀 수 있습니다.

- 358, 380페이지를 보세요.

카피-온-라이트 원칙 적용하기

카피-온-라이트 원칙을 적용한 코드는 중복이 많습니다. 복사하고 바꾸고 리턴하는 코드가 항상 있습니다. withArrayCopy()와 withObjectCopy()를 사용하면 카피-온-라이트 맥락 안에서 어떤 동작(콜백)이든 수행할 수 있습니다. 어떤 원칙을 코드로 표현하는 좋은 예제입니다.

- 271, 275페이지를 보세요.

try/catch 로깅 규칙을 코드화

wrapLogging()은 어떤 함수를 받아 그 함수가 리턴하는 값을 그대로 리턴해 주지만, 에러가 발생하면 잡아서 로그를 남기는 함수입니다. wrapLogging()은 어떤 함수에 다른 행동이 추가된 함수로 바꿔 주는 좋은 예제입니다.

- 282페이지를 보세요.

결론

지난 장에서 세 가지 함수형 도구를 사용하여 배열 데이터를 다루는 리팩터링 두 개를 배웠습니다. 이 장에서는 중첩된 데이터를 다루기 위해 같은 리팩터링을 적용했습니다. 어떤 깊이로 중첩된 데이터에도 동작할 수 있는 코드를 만들기 위해 재귀를 사용했습니다. 그리고 깊이 중첩된 데이터를 변경하는 동작을 설계할 때 고려해야 할 점과 문제를 해결하는 방법에 대해 논의했습니다.

요점 정리

- `update()`는 일반적인 패턴을 구현한 함수형 도구입니다. `update()`를 사용하면 객체 안에서 값을 꺼내 변경하고 다시 설정하는 일을 수동으로 하지 않아도 됩니다.
- `nestedUpdate()`는 깊이 중첩된 데이터를 다루는 함수형 도구입니다. 바꾸려고 하는 값이 어디 있는지 가리키는 키 경로만 알면 중첩된 데이터를 쉽게 바꿀 수 있습니다.
- 보통 일반적인 반복문은 재귀보다 명확합니다. 하지만 중첩된 데이터를 다룰 때는 재귀가 더 쉽고 명확합니다.
- 재귀는 스스로 불렀던 곳이 어디인지 유지하기 위해 스택을 사용합니다. 재귀 함수에서 스택은 중첩된 데이터 구조를 그대로 반영합니다.
- 깊이 중첩된 데이터는 이해하기 어렵습니다. 깊이 중첩된 데이터를 다룰 때 모든 데이터 구조와 어떤 경로에 어떤 키가 있는지 기억해야 합니다.
- 많은 키를 가지고 있는 깊이 중첩된 구조에 추상화 벽을 사용하면 알아야 할 것이 줄어듭니다. 추상화 벽으로 깊이 중첩된 데이터 구조를 쉽게 다룰 수 있습니다.

다음 장에서 배울 내용

이제 일급 값과 고차 함수에 대해 조금 익숙해졌을 것입니다. 다음으로 현대 프로그래밍에서 가장 어려운 부분인 분산 시스템에 대해 이야기해 보려고 합니다. 좋든 싫든 오늘날 소프트웨어는 최소한 프런트엔드frontend와 백엔드backend 컴포넌트로 구성되어 있습니다. 그리고 프런트엔드와 백앤드 사이에 데이터를 공유하는 일은 복잡합니다. 일급 값과 고차 함수 개념으로 이러한 것을 다뤄 보려고 합니다. 그럼 다음 장에서 알아봅시다.

15

타임라인 격리하기

이번 장에서 살펴볼 내용

- 코드를 타임라인 다이어그램으로 그리는 방법을 배웁니다.
- 버그를 찾기 위해 타임라인 다이어그램 보는 법을 이해합니다.
- 타임라인끼리 공유하는 자원을 줄여 코드 설계를 개선하는 방법을 알아봅니다.

이번 장에서는 시간에 따라 실행되는 액션의 순서를 나타내기 위해 타임라인 다이어그램에 대해 알아보겠습니다. 타임라인 다이어그램은 소프트웨어가 어떻게 동작하는지 이해하는 데 도움이 됩니다. 특히 웹 서버와 클라이언트 간 통신처럼 분산 시스템을 이해하기 좋습니다. 또 타임라인 다이어그램으로 버그를 진단하고 예측할 수 있습니다. 그리고 문제를 해결하는 코드를 만들 수 있습니다.

버그가 있습니다!

MegaMart 고객센터에 장바구니에서 합계 금액이 잘못 표시된다는 문의가 많이 들어오고 있습니다. 고객이 장바구니에 제품을 추가하면 합계 금액이 X달러라고 표시되지만, 실제 결제를 진행하면 Y달러가 결제되어 있습니다. 심각한 문제입니다. 고객들은 불편을 느끼고 있습니다. 이 문제를 어떻게 디버깅할 수 있는지 함께 봅시다.

천천히 클릭하면 문제가 생기지 않습니다.

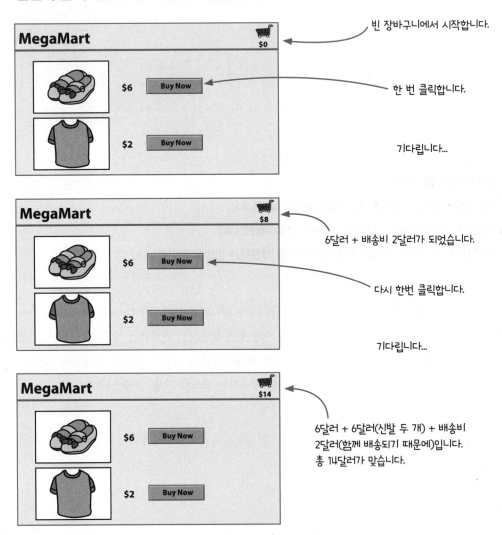

천천히 클릭하면 잘 동작하는 것 같습니다. 하지만 빠르게 클릭한다면 다른 결과가 나옵니다. 함께 봅시다.

두 번 빠르게 클릭해 봅시다

고객들은 빠르게 클릭할 때 문제가 발생한다고 합니다.

구매 버튼을 빠르게 두 번 클릭했을 때 버그를 재현할 수 있습니다.

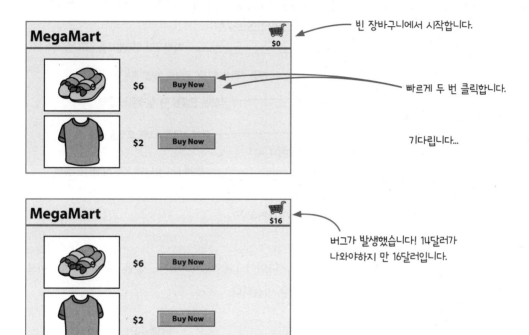

빈 장바구니에서 시작합니다.

빠르게 두 번 클릭합니다.

기다립니다...

버그가 발생했습니다! 14달러가 나와야하지 만 16달러입니다.

몇 번 테스트를 해보니 다양한 결과가 나왔습니다.

같은 방법(두 번 빠르게 클릭)으로 여러 번 해보니 다음과 같은 결과를 얻을 수 있었습니다.

- 14달러 ◄ 올바른 결과입니다.
- 16달러
- 22달러

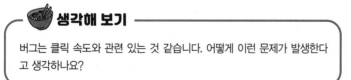

생각해 보기

버그는 클릭 속도와 관련 있는 것 같습니다. 어떻게 이런 문제가 발생한다고 생각하나요?

코드를 보면서 버그를 이해해 봅시다.

다음은 장바구니에 제품을 추가하는 버튼에 대한 코드입니다. `add_item_to_cart()`는 버튼을 클릭할 때 실행되는 핸들러 함수입니다.

```
function add_item_to_cart(name, price, quantity) {
  cart = add_item(cart, name, price, quantity);
  calc_cart_total();
}

function calc_cart_total() {
  total = 0;
  cost_ajax(cart, function(cost) {
    total += cost;
    shipping_ajax(cart, function(shipping) {
      total += shipping;
      update_total_dom(total);
    });
  });
}
```

사용자가 장바구니에 추가 버튼을 클릭할 때 실행되는 함수입니다.

장바구니 전역변수를 읽고 씁니다.

제품 API로 AJAX 요청을 보냅니다.

요청이 완료될 때 실행되는 콜백

판매 API로 AJAX 요청을 보냅니다.

판매 API 응답이 오면 실행되는 콜백

합계를 DOM에 보여줍니다.

이 코드를 예전부터 많이 쓰던 유스케이스use case 다이어그램으로 그려봐도 좋을 것 같습니다. 서로 다른 API 두 개와 차례로 통신하고 있는 것을 볼 수 있습니다.

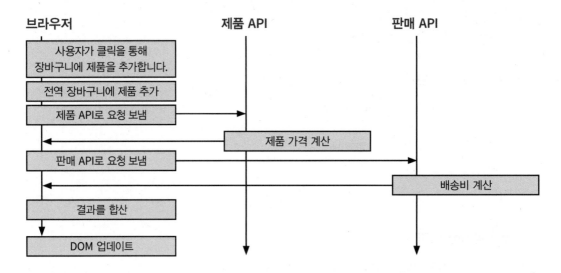

코드를 보거나 유스케이스 다이어그램을 그려봐도 잘 동작하는 것처럼 보입니다. 사실 장바구니에 제품을 추가하고 다음 제품을 추가할 때까지 기다리면 시스템은 올바르게 동작합니다. 고객이 기다리지 않고 다음 제품을 추가할 때 어떻게 되는지 볼 수 있는 방법이 필요합니다. 이 경우 두 가지 일이 동시에 진행됩니다. 다음 페이지에서 타임라인timeline 다이어그램을 통해 동시에 진행되는 일을 표현해 봅시다.

타임라인 다이어그램은 시간에 따라 어떤 일이 일어나는지 보여줍니다

다음은 두 번 빠르게 클릭했을 때 어떤 일이 일어나는지 보여주는 타임라인 다이어그램입니다. **타임라인**timeline은 액션을 순서대로 나열한 것입니다. **타임라인 다이어그램**timeline diagram은 시간에 따른 액션 순서를 시각적으로 표시한 것입니다. 다이어그램 옆으로 타임라인을 하나씩 추가하면 각 액션이 서로 어떻게 상호작용하고 간섭하는지 볼 수 있습니다.

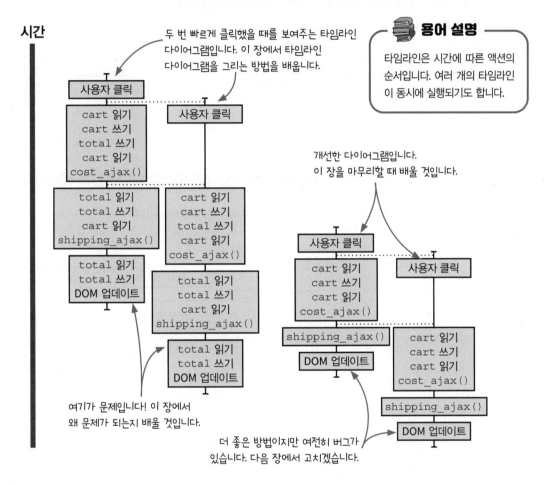

아직 타임라인 다이어그램이 익숙하지 않겠지만, 왼쪽 다이어그램을 보면 잘못된 동작을 한다는 것을 알 수 있습니다. 이 장에서 코드를 타임라인 다이어그램으로 그리는 방법을 배울 것입니다. 또 시간에 관련한 문제를 찾기 위해 다이어그램을 읽는 방법도 배울 것입니다. 마지막으로 타임라인 원칙을 사용해 이런 종류의 버그를 줄일 방법을 배우겠습니다.

배워야 할 것이 많습니다. 화가 난 고객은 기다려주지 않습니다. 그럼 다이어그램을 그리는 방법부터 시작해 봅시다.

두 가지 타임라인 다이어그램 기본 규칙

타임라인 다이어그램으로 알 수 있는 중요한 두 가지 사실이 있습니다. 순서대로 실행되는 액션과 동시에 나란히 실행되는 액션입니다. 두 종류의 액션을 시각화해 보면 코드가 올바르게 동작하는지 아니면 문제가 있는지 알 수 있습니다. 이것과 관련된 두 가지 기본 규칙은 코드를 타임라인 다이어그램으로 바꿀 때 중요한 가이드가 됩니다. 그럼 기본 규칙 두 가지를 살펴봅시다.

1. 두 액션이 순서대로 나타나면 같은 타임라인에 넣습니다.

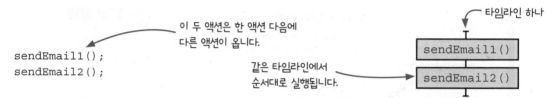

타임라인에는 액션만 그립니다. 계산은 실행 시점에 영향을 받지 않기 때문에 그리지 않습니다.

2. 두 액션이 동시에 실행되거나 순서를 예상할 수 없다면 분리된 타임라인에 넣습니다.

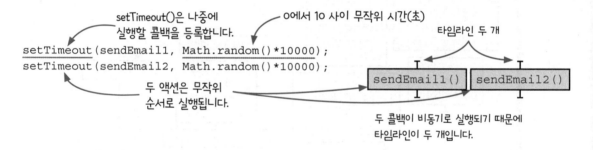

액션이 서로 다른 스레드나 프로세스, 기계, 비동기 콜백에서 실행되면 서로 다른 타임라인에 표시합니다. 이 경우는 액션 두 개가 서로 다른 비동기 콜백에서 실행됩니다. 두 액션의 실행 시점이 무작위이기 때문에 어떤 액션이 먼저 실행될지 알 수 없습니다.

요약

1. 액션은 순서대로 실행되거나 동시에 실행됩니다.

2. 순서대로 실행되는 액션은 같은 타임라인에서 하나가 끝나면 다른 하나가 실행됩니다.

3. 동시에 실행되는 액션은 여러 타임라인에서 나란히 실행됩니다.

이 규칙을 적용해서 코드를 타임라인 다이어그램으로 그리면 시간이 지남에 따라 코드가 어떻게 실행되는지 이해할 수 있습니다.

아래는 저녁을 준비하는 코드입니다. 이 코드를 타임라인 다이어그램으로 그려보세요. dinner() 안에 있는 함수는 모두 액션입니다.

```
function dinner(food) {
  cook(food);
  serve(food);
  eat(food);
}
```

여기에 다이어그램을 그려보세요.

정답

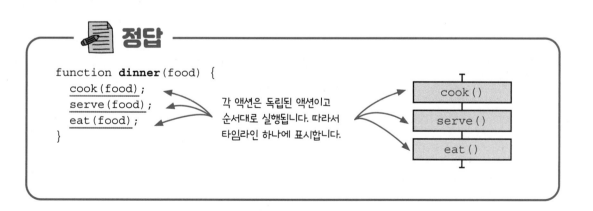

```
function dinner(food) {
  cook(food);
  serve(food);
  eat(food);
}
```

각 액션은 독립된 액션이고 순서대로 실행됩니다. 따라서 타임라인 하나에 표시합니다.

cook()
serve()
eat()

다음은 세 명이 각각 따로 저녁 식사를 하는 코드입니다. dinner()는 버튼을 클릭할 때 비동기 콜백으로 실행됩니다. 버튼을 빠르게 클릭했다고 가정하고 타임라인 다이어그램을 완성해 보세요.

```
function dinner(food) {
  cook(food);
  serve(food);
  eat(food);
}

button.addEventListener('click', dinner);
```

세 번 클릭했을 때를 나타내는
타임라인 다이어그램을 완성해
보세요.

점선을 사용해서 서로 다른
타임라인에 클릭을 표시할
수 있습니다. 클릭은 동시에
일어나지 않습니다.

클릭 1   클릭 2   클릭 3

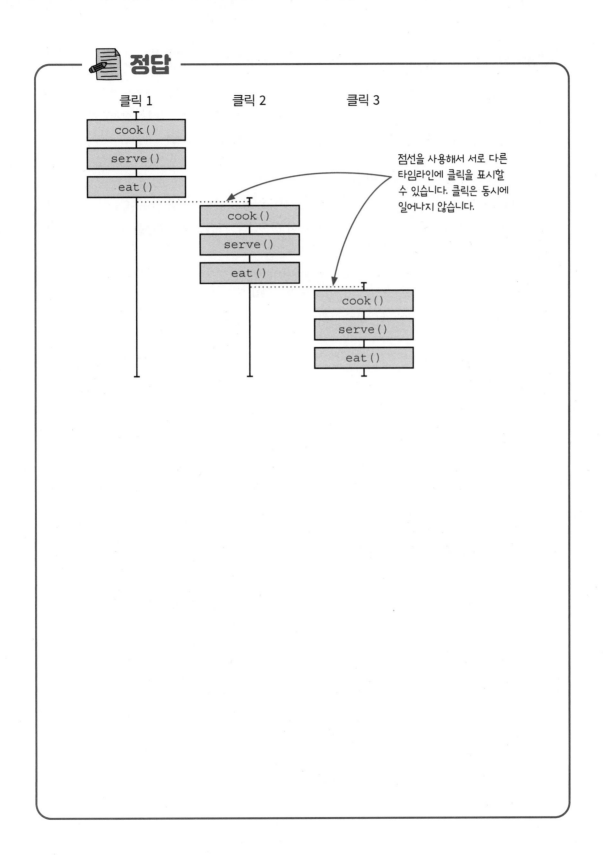

자세히 보면 놓칠 수 있는 액션 순서에 관한 두 가지 사실

모든 액션을 확인하고 어떤 순서로 실행되는지 이해하는 것은 중요합니다. 모든 언어는 별도의 실행 방법을 가지고 있습니다. 자바스크립트 역시 마찬가지입니다. 다음 내용은 파트 I에서 살펴봤지만, 타임라인 다이어그램을 그릴 때 중요한 부분이기 때문에 다시 한번 살펴보겠습니다.

1. ++와 +=는 사실 세 단계입니다.

자바스크립트(자바나 C, C++, C#도 마찬가지)에서 이 연산자로 짧고 쉽게 쓰기를 할 수 있습니다. 하지만 이 연산자에는 세 단계로 연산을 한다는 사실이 숨어 있습니다. 다음은 전역변수를 증가시키는 연산입니다.

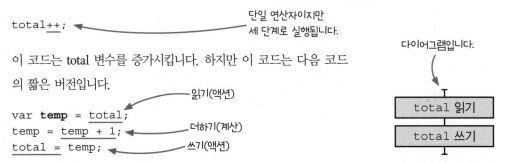

이 코드는 total 변수를 증가시킵니다. 하지만 이 코드는 다음 코드의 짧은 버전입니다.

모두 세 단계로 되어 있습니다. 먼저 total 값을 읽고 1을 더한 다음 total 값을 기록합니다. 만약 total 값이 전역변수라면 첫 번째 단계와 세 번째 단계는 액션입니다. 두 번째 단계인 1을 더하는 동작은 계산입니다. 따라서 다이어그램에 표시하지 않습니다. total++이나 total+=3은 읽기와 쓰기, 두 개의 액션으로 다이어그램에 표시해야 합니다.

2. 인자는 함수를 부르기 전에 실행합니다.

만약 함수에 인자를 전달하면서 실행한다면 인자는 함수에 전달되기 전에 실행됩니다. 이 부분도 타임라인 다이어그램을 그릴 때 순서대로 표현되어야 합니다. 다음은 전역변수를 읽어(액션) 값을 로깅하는(액션) 코드입니다.

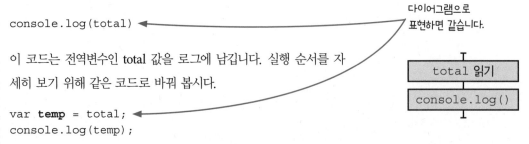

이 코드는 전역변수인 total 값을 로그에 남깁니다. 실행 순서를 자세히 보기 위해 같은 코드로 바꿔 봅시다.

```
var temp = total;
console.log(temp);
```

이 코드에서 보면 전역변수를 읽는 것을 명확히 알 수 있습니다. 모든 액션을 다이어그램에 올바른 순서로 표시해야 하므로 이 부분을 놓치지 않도록 주의해야 합니다.

add-to-cart 타임라인 그리기: 단계 1

타임라인 다이어그램 그릴 때 순서대로 실행되는 것과 동시에 실행되는 액션이 있다는 사실을 알았습니다. 이제 add-to-cart 코드의 다이어그램을 그려봅시다. 타임라인 다이어그램은 모두 세 단계로 그릴 수 있습니다.

1. 액션을 확인합니다.

2. 순서대로 실행되거나 동시에 실행되는 액션을 그립니다.

3. 플랫폼에 특화된 지식을 사용해 다이어그램을 단순하게 만듭니다.

1. 액션을 확인합니다.

밑줄 친 부분은 모두 액션입니다. 계산은 다이어그램을 그릴 때 신경 쓰지 않아도 됩니다.

```
function add_item_to_cart(name, price, quantity) {
    cart = add_item(cart, name, price, quantity);
    calc_cart_total();
}

function calc_cart_total() {
    total = 0;
    cost_ajax(cart, function(cost) {
        total += cost;
        shipping_ajax(cart, function(shipping) {
            total += shipping;
            update_total_dom(total);
        });
    });
}
```

전역변수를 읽고 씁니다.

장바구니를 읽고 cost_ajax()를 호출합니다.

total을 읽고 씁니다.

액션

1. cart 읽기
2. cart 쓰기
3. total = 0 쓰기
4. cart 읽기
5. cost_ajax() 부르기
6. total 읽기
7. total 쓰기
8. cart 읽기
9. shipping_ajax() 부르기
10. total 읽기
11. total 쓰기
12. total 읽기
13. update_total_dom() 부르기

이 짧은 코드에 13개의 액션이 있습니다. 그리고 비동기 콜백 두 개가 있다는 것도 주의해야 합니다. 하나는 cost_ajax()에 전달되는 콜백이고 다른 하나는 shipping_ajax()에 전달되는 콜백입니다. 아직 콜백을 그리는 방법은 배우지 않았습니다. 이제 이 코드는 잠시 접어두고(1단계가 끝났습니다) 콜백을 어떻게 그리는지 알아보고 다음 단계를 진행해 봅시다.

비동기 호출은 새로운 타임라인으로 그립니다

앞에서 비동기 콜백은 새로운 타임라인에 표시해야 한다는 것을 살펴봤습니다. 먼저 비동기 콜백이 어떻게 동작하는지 아는 것이 중요합니다. 앞으로 몇 페이지에 걸쳐 자바스크립트 비동기 엔진이 어떻게 동작하는지 알아보겠습니다. 관심이 있다면 다음 몇 페이지를 꼭 읽어보세요. 여기서 왜 타임라인 다이어그램에 점선이 필요한지도 이야기하겠습니다.

다음은 사용자와 문서를 저장하는 과정에서 로딩 상태를 보여주는 코드입니다.

```
saveUserAjax(user, function() {          ← 서버에 사용자를 저장합니다(ajax).
    setUserLoadingDOM(false);            ← 사용자 로딩 표시를 감춥니다.
});
setUserLoadingDOM(true);                 ← 사용자 로딩 표시를 보여줍니다.
saveDocumentAjax(document, function() {  ← 서버에 문서를 저장합니다(ajax).
    setDocLoadingDOM(false);             ← 문서 로딩 표시를 감춥니다.
});
setDocLoadingDOM(true);                  ← 문서 로딩 표시를 보여줍니다.
```

이 코드는 각 라인이 코드 순서와 다르게 실행될 수 있는 재미있는 코드입니다. 이 코드로 타임라인 다이어그램을 그리는 두 단계를 진행해 봅시다.

첫 번째 단계로 모든 액션을 확인하기 위해 액션에 밑줄 표시를 합니다. user와 document는 지역변수라고 가정하면 user나 document를 읽는 것은 액션이 아닙니다.

```
saveUserAjax(user, function() {
    setUserLoadingDOM(false);
});
setUserLoadingDOM(true);
saveDocumentAjax(document, function() {
    setDocLoadingDOM(false);
});
setDocLoadingDOM(true);
```

> **다이어그램을 그리기 위한 세 단계**
> 1. 액션을 확인합니다.
> 2. 각 액션을 그립니다.
> 3. 단순화합니다.

액션
1. saveUserAjax()
2. setUserLoadingDOM(false)
3. setUserLoadingDOM(true)
4. saveDocumentAjax()
5. setDocLoadingDOM(false)
6. setDocLoadingDOM(true)

두 번째 단계는 액션을 그리는 것입니다. 몇 페이지에 걸쳐 함께 완성해 봅시다. 완성되면 다음과 같은 모습일 것입니다. 왜 다음과 같이 그려야 하는지 이해했다면 그리는 과정은 넘어가도 됩니다.

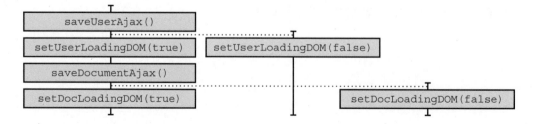

서로 다른 언어, 서로 다른 스레드 모델

자바스크립트는 단일 스레드, 비동기 모델을 사용합니다. 하지만 모든 언어가 단일 스레드, 비동기 모델을 사용하는 것은 아닙니다. 다른 언어에서 사용하는 스레드 모델에 대해 알아봅시다.

자바스크립트에는 비동기 콜백이 있습니다. 사용하는 언어에 비동기 콜백이 없으면 어떻게 해야 하지?

개발팀

단일 스레드, 동기

기본적으로 멀티스레드를 지원하지 않는 언어도 있습니다. 예를 들어 PHP는 기본적으로 멀티스레드를 사용할 수 없습니다. 모든 것이 순서대로 실행되고 입출력을 사용하면 끝날 때까지 기다려야 합니다. 하지만 이런 제약은 시스템이 단순하다는 장점이기도 합니다. 스레드가 하나면 타임라인도 하나이지만, 네트워크를 통한 API 호출 같은 것은 다른 타임라인이 필요합니다. 하지만 메모리를 공유하지 않기 때문에 공유 자원을 많이 없앨 수 있습니다.

단일 스레드, 비동기

자바스크립트는 스레드가 하나입니다. 입출력 작업을 하려면 비동기 모델을 사용해야 합니다. 입출력의 결과는 콜백으로 받을 수 있지만, 언제 끝날지 알 수 없기 때문에 다른 타임라인에 표현해야 합니다.

멀티스레드

자바나 파이썬, 루비, C, C#과 같은 많은 언어가 멀티스레드를 지원합니다. 멀티스레드는 실행 순서를 보장하지 않기 때문에 프로그래밍하기 매우 어렵습니다. 새로운 스레드가 생기면 새로운 타임라인을 그려야 합니다.

메시지 패싱(message-passing) 프로세스

엘릭서나 얼랭 같은 언어는 서로 다른 프로세스를 동시에 실행할 수 있는 스레드 모델을 지원합니다. 프로세스는 서로 메모리를 공유하지 않고 메시지로 통신합니다. 서로 다른 타임라인에 있는 액션은 순서가 섞이지만, 메모리를 공유하지 않기 때문에 가능한 실행 순서가 많아도 문제가 되지 않습니다.

한 단계씩 타임라인 만들기

앞에서 사용자와 문서를 저장하는 코드로 타임라인을 완성해 봤습니다. 한 번에 완성했기 때문에 완성하는 과정을 코드 한 줄씩 따라가 보면서 한 단계씩 진행해 보면 좋을 것 같습니다. 다음은 코드와 코드에 있는 액션 목록입니다.

```
1 saveUserAjax(user, function() {
2    setUserLoadingDOM(false);
3 });
4 setUserLoadingDOM(true);
5 saveDocumentAjax(document, function() {
6    setDocLoadingDOM(false);
7 });
8 setDocLoadingDOM(true);
```

액션

1. saveUserAjax()
2. setUserLoadingDOM(false)
3. setUserLoadingDOM(true)
4. saveDocumentAjax()
5. setDocLoadingDOM(false)
6. setDocLoadingDOM(true)

일반적으로 자바스크립트는 위에서 아래로 코드가 실행되기 때문에 첫 번째 줄부터 봅시다. 첫 번째 줄은 쉽습니다. 아직 타임라인이 없기 때문에 새로운 타임라인을 만들면 됩니다.

> **다이어그램을 그리기 위한 세 단계**
> 1. 액션을 확인합니다.
> 2. 각 액션을 그립니다.
> 3. 단순화합니다.

```
1 saveUserAjax(user, function() {
```

두 번째 줄을 봅시다. 두 번째 줄은 콜백 안에 있습니다. 콜백은 비동기로 실행되기 때문에 요청이 끝나는 시점에 언젠가 실행될 것입니다. 비동기 콜백이기 때문에 새로운 타임라인이 필요합니다. 그리고 콜백이 ajax 함수 뒤에 실행된다는 사실을 점선으로 표시합니다. 요청을 보내기 전에 응답을 받을 수는 없기 때문에 점선으로 순서를 표시해야 합니다.

```
2    setUserLoadingDOM(false);
```

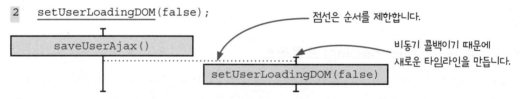

점선은 순서를 제한합니다.

비동기 콜백이기 때문에 새로운 타임라인을 만듭니다.

세 번째 줄에는 어떤 액션도 없기 때문에 네 번째 줄로 넘어갑니다.

네 번째 줄에서 setUserLoadingDOM(true)를 실행합니다. 어떤 타임라인에 그려야 할까요? 콜백이 아니므로 이 동작은 원래 타임라인에서 실행됩니다. 원래 타임라인 점선 뒤에 그려봅시다.

```
4 setUserLoadingDOM(true);
```

```
      saveUserAjax()
```
```
setUserLoadingDOM(true)        setUserLoadingDOM(false)
```

이제 모든 액션 중 절반을 그렸습니다. 다음은 우리가 그리고 있는 코드와 찾은 액션들, 지금까지 그린 다이어그램입니다.

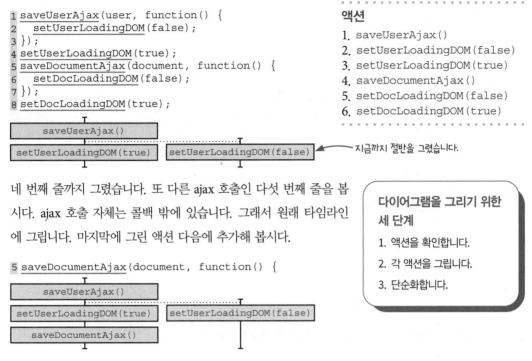

```
1 saveUserAjax(user, function() {
2   setUserLoadingDOM(false);
3 });
4 setUserLoadingDOM(true);
5 saveDocumentAjax(document, function() {
6   setDocLoadingDOM(false);
7 });
8 setDocLoadingDOM(true);
```

액션

1. saveUserAjax()
2. setUserLoadingDOM(false)
3. setUserLoadingDOM(true)
4. saveDocumentAjax()
5. setDocLoadingDOM(false)
6. setDocLoadingDOM(true)

지금까지 절반을 그렸습니다.

네 번째 줄까지 그렸습니다. 또 다른 ajax 호출인 다섯 번째 줄을 봅시다. ajax 호출 자체는 콜백 밖에 있습니다. 그래서 원래 타임라인에 그립니다. 마지막에 그린 액션 다음에 추가해 봅시다.

> **다이어그램을 그리기 위한 세 단계**
>
> 1. 액션을 확인합니다.
> 2. 각 액션을 그립니다.
> 3. 단순화합니다.

```
5 saveDocumentAjax(document, function() {
```

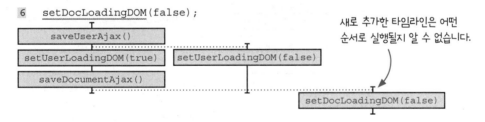

다음 줄은 콜백 안에 있는 코드이기 때문에 새로운 타임라인에 그립니다. 이 콜백은 미래에 응답이 도착하는 시점에 실행됩니다. 네트워크 상황을 예측할 수 없어서 언제 실행될지 알 수 없습니다. 다이어그램에 방금 추가한 타임라인은 어떤 순서로 실행될지 알 수 없습니다.

```
6   setDocLoadingDOM(false);
```

새로 추가한 타임라인은 어떤 순서로 실행될지 알 수 없습니다.

여덟 번째 줄은 마지막 액션입니다. 이 액션은 특별한 것이 없어서 원래 타임라인에 그립니다.

```
8 setDocLoadingDOM(true);
```

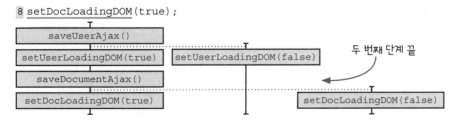

두 번째 단계 끝

다이어그램을 그리기 위한 두 번째 단계가 끝났습니다. 이제 세 번째 단계가 남았습니다. 다음 단계를 진행하기 전에 **add-to-cart** 코드로 돌아가서 두 번째 단계를 마무리합시다.

add-to-cart 타임라인 그리기: 단계 2

앞에서 add-to-cart에 있는 모든 액션을 확인했습니다. 비동기 콜백이 두 개 있다는 것도 알았습니다. 타임라인 그리기 두 번째 단계를 해봅시다. 모든 액션을 다이어그램에 그리는 단계입니다. 다음 코드에서 액션을 확인하는 단계까지 마쳤습니다.

```
function add_item_to_cart(name, price, quantity) {
  cart = add_item(cart, name, price, quantity);
  calc_cart_total();
}

function calc_cart_total() {
  total = 0;
  cost_ajax(cart, function(cost) {
    total += cost;
    shipping_ajax(cart, function(shipping) {
      total += shipping;
      update_total_dom(total);
    });
  });
}
```

다이어그램을 그리기 위한 세 단계

1. 액션을 확인합니다.
2. 각 액션을 그립니다.
3. 단순화합니다.

액션

1. cart 읽기
2. cart 쓰기
3. total = 0 쓰기
4. cart 읽기
5. cost_ajax() 부르기
6. total 읽기
7. total 쓰기
8. cart 읽기
9. shipping_ajax() 부르기
10. total 읽기
11. total 쓰기
12. total 읽기
13. update_total_dom() 부르기

2. 순서대로 실행되거나 동시에 실행되는 액션을 그립니다.

모든 액션을 확인했기 때문에 이제 차례로 다이어그램에 그려봅시다. ajax 콜백 두 개는 새로운 타임라인으로 그려야 합니다.

137개의 액션이 다이어그램에 있습니다.

cost_ajax()는 ajax 요청이기 때문에 콜백은 새로운 타임라인에 그립니다.

shipping_ajax()는 ajax 요청이기 때문에 콜백은 새로운 타임라인에 그립니다.

다이어그램을 잘 그렸는지 단계별로 확인해 봅시다. (1) 확인된 모든 액션(13개)은 다이어그램에 있어야 합니다. (2) 각 비동기 콜백(2개)은 다른 타임라인에 있어야 합니다.

세 번째 단계를 하기 전에 다이어그램으로 어떤 것을 알 수 있는지 살펴봅시다.

타임라인 다이어그램으로 순서대로 실행되는 코드에도 두 가지 종류가 있다는 것을 알 수 있습니다

코드는 두 가지 형태로 실행될 수 있습니다. 일반적으로 순서대로 실행되는 두 액션 사이에 다른 타임라인에 있는 액션이 끼어들 수 있습니다. 하지만 어떤 환경에서는 그렇지 않습니다. 예를 들어 자바스크립트 스레드 모델에서 동기화된 액션 사이에는 다른 액션이 끼어들 수 없습니다. 뒤에서 타임라인 실행 순서가 서로 섞이지 않도록 하는 방법을 더 알아보겠습니다.

순서대로 실행되지만 순서가 섞일 수 있는 코드와 그렇지 않은 코드 모두 타임라인 다이어그램으로 표현할 수 있습니다.

순서가 섞일 수 있는 코드

두 액션 사이에 시간은 얼마나 걸릴지 알 수 없습니다. 액션은 박스로 표시하고 액션 사이에 걸리는 시간은 선으로 표시합니다. 그래서 액션과 액션 사이에 걸리는 시간에 따라 선을 길게 그릴 수도 있고 짧게 그릴 수도 있습니다. 그렇다고 해도 액션1과 액션2 사이에 시간이 얼마나 걸릴 지 알 수 없습니다.

순서가 섞이지 않는 코드

어떤 경우에는 두 액션이 차례로 실행되는데 그사이에 다른 작업이 끼어들지 못합니다. 어떻게 그럴 수 있을까요? 런타임이 원래 해주거나 프로그래밍(나중에 배울 것입니다)을 잘해서 만들 수 있습니다. 이런 경우는 액션을 같은 상자에 그립니다.

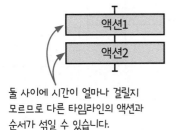

둘 사이에 시간이 얼마나 걸릴지 모르므로 다른 타임라인의 액션과 순서가 섞일 수 있습니다.

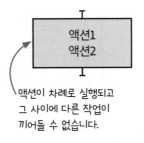

액션이 차례로 실행되고 그 사이에 다른 작업이 끼어들 수 없습니다.

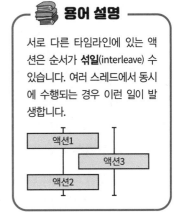

용어 설명

서로 다른 타임라인에 있는 액션은 순서가 **섞일**(interleave) 수 있습니다. 여러 스레드에서 동시에 수행되는 경우 이런 일이 발생합니다.

두 타임라인은 서로 다르게 실행됩니다. 왼쪽 타임라인은 다른 타임라인에 있는 액션이 끼어들 수 있습니다. 여기에는 없지만 만약 다른 타임라인에 액션3이 있다면 액션1과 액션2 사이에 끼어들 수 있습니다. 오른쪽 타임라인에서는 그런 일이 일어나지 않습니다.

왼쪽 타임라인(액션이 섞일 수 있는)에는 박스가 두 개입니다. 반면 오른쪽 타임라인은 박스가 하나입니다. 짧은 타임라인은 관리하기 쉽습니다. 따라서 박스가 적은 것이 더 좋습니다.

박스 하나에 여러 액션을 표현해 본 적은 없지만 곧 세 번째 단계에서 배울 것입니다. 지금은 다이어그램으로 알 수 있는 것을 더 알아봅시다.

타임라인 다이어그램으로 동시에 실행되는 코드는 순서를 예측할 수 없다는 것을 알 수 있습니다

타임라인 다이어그램은 순차적으로 실행되는 코드뿐만 아니라 동시에 실행되는 코드를 표현할 수 있습니다. 동시에 실행되는 코드는 실행 순서를 확신할 수 없습니다.

동시에 실행되는 코드는 타임라인 다이어그램에 나란히 표현합니다. 다이어그램에 나란히 표현되지만 액션1과 액션2가 항상 정확히 동시에 실행된다는 의미는 아닙니다. 타임라인에서 나란히 표현된 액션은 세 가지 실행 순서를 가질 수 있습니다.

타임라인 다이어그램을 볼 때 선의 길이나 액션이 정렬된 위치와 상관없이 위와 같은 순서가 가능하다고 생각해야 합니다. 다음 다이어그램은 다르게 그렸지만 모두 같은 의미입니다.

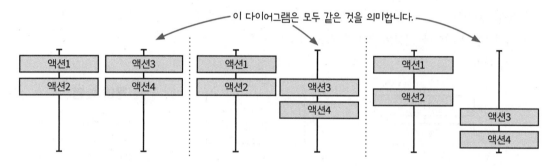

타임라인 다이어그램을 볼 때 이 다이어그램을 모두 같은 것으로 볼 수 있어야 합니다. 또 실행 **가능한 순서**possible ordering는 문제가 될 수 있기 때문에 예상할 수 있어야 합니다. 그래서 어떤 경우에는 명확한 설명을 위해 특정 순서를 강조해서 그릴 수도 있습니다.

박스가 하나 있는 두 개의 타임라인은 세 가지 실행 순서로 실행될 수 있습니다. 그리고 타임라인이 길어지거나 더 많아지면 가능한 실행 순서는 빠르게 늘어납니다.

순서가 섞이는 것과 마찬가지로 실행 가능한 순서는 사용하는 플랫폼에서 지원하는 스레드 모델마다 다릅니다. 타임라인 다이어그램을 그리는 세 번째 단계로 가기 전에 이 내용을 숙지하는 것이 중요합니다.

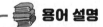 **용어 설명**

여러 개의 타임라인은 시간에 따라 다양한 방식으로 실행될 수 있습니다. 타임라인이 실행 가능한 방법을 **가능한 순서**(possible ordering)라고 합니다. 타임라인이 하나라면 실행 가능한 순서는 하나입니다.

좋은 타임라인의 원칙

타임라인을 사용하면서 좋은 타임라인의 원칙을 알면 코드를 개선하거나 더 이해하기 쉬운 코드를 만드는 데 도움이 됩니다. 실행 가능한 순서가 많다면 시스템을 이해하기 어렵다는 것을 잊지 마세요.

아래 원칙은 모두 중요하지만, 이 장에서는 처음 세 가지 원칙에 대해 알아보겠습니다. 나머지 두 개의 원칙은 16장과 17장에서 다루겠습니다.

1. 타임라인은 적을수록 이해하기 쉽습니다.

타임라인이 하나인 시스템이 가장 이해하기 쉽습니다. 타임라인이 하나라면 모든 액션은 앞의 액션 다음에 바로 실행됩니다. 하지만 요즘 시스템에는 여러 타임라인이 필요합니다. 멀티스레드나 비동기 콜백, 클라이언트-서버 간 통신 등을 사용하려면 새로운 타임라인이 필요합니다.

새로운 타임라인은 항상 시스템을 이해하기 어렵게 만듭니다. 타임라인 수(오른쪽 수식에서 t)를 줄인다면 훨씬 이해하기 쉬운 시스템이 됩니다. 하지만 항상 타임라인 수를 마음대로 조정할 수는 없습니다.

가능한 실행 순서의 개수 공식

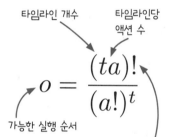

타임라인 개수   타임라인당 액션 수

$$o = \frac{(ta)!}{(a!)^t}$$

가능한 실행 순서

!는 팩토리얼입니다.

2. 타임라인은 짧을수록 이해하기 쉽습니다.

타임라인을 이해하기 쉽게 만드는 또 다른 방법은 타임라인의 단계를 줄이는 것입니다. 단계(오른쪽 수식에서 a를 줄입니다)를 줄인다면 실행 가능한 순서의 수도 많이 줄일 수 있습니다.

3. 공유하는 자원이 적을수록 이해하기 쉽습니다.

서로 다른 타임라인에 있는 두 액션이 서로 자원을 공유하지 않는다면 실행 순서에 신경 쓸 필요가 없습니다. 실행 가능한 순서의 개수가 줄어들지는 않지만, 신경 써야 할 실행 가능한 순서를 줄일 수 있습니다. 타임라인이 두 개 있다면 서로 자원을 공유하는 액션을 주의 깊게 봐야 합니다.

4. 자원을 공유한다면 서로 조율해야 합니다.

공유 자원을 많이 없앤다고 해도 여전히 없앨 수 없는 공유 자원이 남습니다. 타임라인은 공유 자원을 안전하게 공유할 수 있어야 합니다. 안전하게 공유한다는 말은 올바른 순서대로 자원을 쓰고 돌려준다는 말입니다. 타임라인 간 조율은 올바른 결과를 주지 않는 실행 순서를 없애는 것을 말합니다.

5. 시간을 일급으로 다룹니다.

액션의 순서와 타이밍을 맞추는 것은 어렵습니다. 타임라인 다루는 재사용 가능한 객체를 만들면 타이밍 문제를 쉽게 만들 수 있습니다. 다른 장에서 예제를 통해 알아보겠습니다.

버그를 없애고 코드를 더 쉽게 만들기 위해 이 장과 다음 몇 장에서 이 원칙을 사용합니다.

자바스크립트의 단일 스레드

자바스크립트의 스레드 모델은 타임라인이 자원을 공유하면서 생기는 문제를 줄여줍니다. 자바스크립트는 하나의 메인 스레드만 있어서 대부분의 액션을 하나의 박스로 표현할 수 있습니다. 다음과 같은 자바 코드가 있다고 생각해 봅시다.

```java
int x = 0;

public void addToX(int y) {
  x += y;
}
```

자바에서 두 스레드가 변수를 공유할 때 += 연산자는 실제로 세 단계로 실행됩니다.

1. 현재 값을 읽습니다.

2. 그 값에 숫자를 더합니다.

3. 새 값을 다시 저장합니다.

+는 계산이기 때문에 타임라인에 표시하지 않습니다. 두 스레드가 addToX()를 동시에 실행한다면 실행 순서가 섞여 여러 가지 결과가 나옵니다. 자바 스레드 모델은 이런 문제가 있습니다.

하지만 자바스크립트는 스레드가 하나만 있습니다. 그래서 특별히 문제가 생기지 않습니다. 자바스크립트에서 스레드를 사용한다면 같은 스레드를 계속 사용하는 것입니다. 그리고 두 액션이 동시에 실행될 일도 없습니다.

일반적인 절차적 프로그래밍으로 공유변수를 읽고 쓸 때는 타임라인에 대해 고민할 필요가 없습니다.

하지만 비동기 콜백을 함께 사용한다면 문제가 생길 수 있습니다. 비동기 호출은 미래에 알 수 없는 시점에 런타임에 의해 실행됩니다. 따라서 박스 사이에 선이 길어질 수도 있고 짧아질 수도 있습니다. 자바스크립트에서 어떤 동작이 동기인지 비동기인지 아는 것은 중요합니다.

* 자바스크립트는 스레드가 하나입니다.

* 전역변수를 바꾸는 동기 액션은 타임라인이 서로 섞이지 않습니다.

* 비동기 호출은 미래에 알 수 없는 시점에 런타임에 의해 실행됩니다.

* 두 동기 액션은 동시에 실행되지 않습니다.

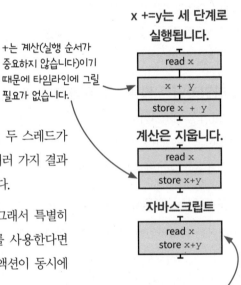

x +=y는 세 단계로 실행됩니다.

+는 계산(실행 순서가 중요하지 않습니다)이기 때문에 타임라인에 그릴 필요가 없습니다.

| read x |
| x + y |
| store x + y |

계산은 지웁니다.

| read x |
| store x+y |

자바스크립트

| read x |
| store x+y |

자바스크립트에서는 사이에 다른 액션이 끼어들지 않으므로 같은 박스에 넣습니다.

자바스크립트의 비동기 큐

브라우저에서 동작하는 자바스크립트 엔진은 **작업 큐**job queue라고 하는 큐를 가지고 있습니다. 작업 큐는 **이벤트 루프**event loop에 의해 처리됩니다. 이벤트 루프는 큐에서 작업 하나를 꺼내 실행하고 완료되면 다음 작업을 꺼내 실행하는 것을 무한히 반복합니다. 이벤트 루프는 하나의 스레드에서 처리하기 때문에 두 개의 작업이 동시에 실행될 수 없습니다.

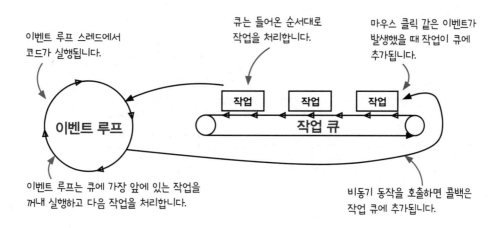

작업이란 무엇인가요?

작업 큐에 있는 작업은 이벤트 데이터와 이벤트를 처리할 콜백으로 구성되어 있습니다. 이벤트 루프는 이벤트 데이터를 인자로 콜백을 부릅니다. 콜백은 이벤트 루프가 실행할 함수입니다. 이벤트 루프는 단순히 첫 번째 인자에 이벤트 데이터를 넣어 콜백 함수를 실행합니다.

작업은 큐에 어떻게 들어가나요?

이벤트가 발생하면 큐에 작업이 추가됩니다. 이벤트는 마우스 클릭이나 키보드 입력, AJAX 이벤트 같은 것을 말합니다. 만약 콜백 함수가 있는 버튼에 이벤트가 발생하면 콜백 함수와 이벤트 데이터(클릭에 대한 정보)가 큐에 추가됩니다. 마우스 클릭처럼 어떤 이벤트도 예상할 수 없기 때문에 이벤트는 **예측 불가능한**unpredictably 시점에 작업 큐에 들어갑니다. 들어간 작업은 작업 큐에서 나중에 온전히 가져옵니다.

작업이 없을 때 엔진은 무엇을 하나요?

처리할 작업이 없는 경우도 있습니다. 이벤트 루프는 대기 상태로 들어가고 전원을 아낍니다. 또는 가비지 컬렉션 같은 관리 작업을 하기도 합니다. 이것은 브라우저 개발자에게 달려있습니다.

AJAX와 이벤트 큐

AJAX는 브라우저에 기반을 둔 웹 요청을 말합니다. Asynchronous JavaScript And XML의 약자입니다. 조금 이상한 약자입니다. 실제로 XML을 사용하지 않지만, 용어는 그대로 남아 쓰고 있습니다. 일반적으로 브라우저에서 서버와 통신할 때 AJAX를 사용합니다.

이 책에서는 AJAX 요청을 하는 함수 뒤에 _ajax라는 단어를 붙이겠습니다. 이렇게 생긴 함수는 비동기로 실행된다고 생각하면 됩니다.

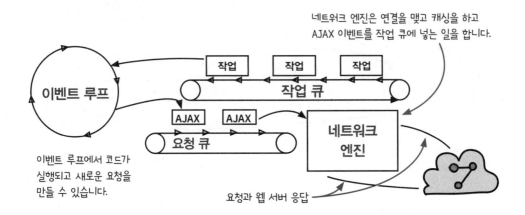

자바스크립트에서 AJAX 요청을 만들면 네트워크 엔진이 AJAX 요청을 처리하기 위해 요청 큐에 넣습니다.

요청 큐에 작업이 추가되어도 코드는 계속 실행됩니다. 요청이 완료될 때까지 기다릴 필요가 없습니다. 많은 언어가 요청이 완료되어야 다음 코드를 진행할 수 있는 동기 요청 방식이지만 자바스크립트에서 AJAX를 사용하는 부분은 **비동기**asynchronous입니다. 네트워크 환경은 예측할 수 없기 때문에 응답은 요청 순서대로 오지 않습니다. AJAX 콜백도 요청 순서와 상관없이 작업 큐에 들어갑니다.

요청에 대한 응답을 기다리지 않으면 응답을 어떻게 받나요?

AJAX 요청을 만들 때 요청에 관련된 다양한 이벤트 콜백을 등록할 수 있습니다. 콜백은 이벤트가 발생했을 때 실행되는 함수입니다.

요청이 처리되는 동안 네트워크 엔진에 의해 다양한 이벤트가 발생합니다. 많이 사용하는 이벤트는 load와 error입니다. load는 응답이 모두 다운로드 되었을 때 발생하는 이벤트입니다. 그리고 error는 뭔가 잘못된 경우에 발생합니다. 이 이벤트에 콜백을 등록하면 요청이 완료되었을 때 코드를 실행할 수 있습니다.

- AJAX는 Asynchronous JavaScript And XML의 약자입니다.
- AJAX는 브라우저에서 실행되는 자바스크립트에서 웹 요청을 만드는 방법입니다.
- 응답은 비동기 콜백으로 처리할 수 있습니다.
- 응답은 요청 순서대로 오지 않습니다.

완전한 비동기 예제

다음은 MegaMart 사이트에 있는 간단한 페이지입니다. 장바구니에 제품을 넣기 위해 구매 버튼을 누르면 어떤 과정을 거치는지 살펴봅시다.

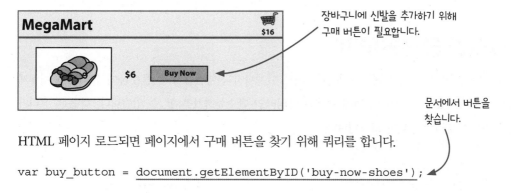

장바구니에 신발을 추가하기 위해 구매 버튼이 필요합니다.

HTML 페이지 로드되면 페이지에서 구매 버튼을 찾기 위해 쿼리를 합니다.

문서에서 버튼을 찾습니다.

```
var buy_button = document.getElementByID('buy-now-shoes');
```

찾은 구매 버튼을 클릭했을 때 실행할 콜백 함수를 추가합니다.

ajax 요청을 만듭니다.

구매 버튼에 클릭 이벤트 콜백을 추가합니다.

```
buy_button.addEventListener('click', function() {
  add_to_cart_ajax({item: 'shoes'}, function() {
    shopping_cart.add({item: 'shoes'});
    render_cart_icon();
    buy_button.innerHTML = "Buy Now";
  });
  buy_button.innerHTML = "loading";
});
```

이 콜백은 ajax 요청이 완료되었을 때 실행됩니다.

나중에 ajax 요청이 완료되면 UI를 업데이트합니다.

ajax 요청을 만들고 바로 버튼을 "loading"으로 바꿉니다.

어느 시점에 사용자가 구매 버튼을 클릭하면 작업 큐에 추가됩니다. 이벤트 루프는 할 일을 하다가 클릭 이벤트를 작업 큐에서 꺼내면 클릭 이벤트에 등록된 콜백을 실행합니다.

클릭 이벤트 콜백이 실행되면 요청 큐에 AJAX 요청을 추가합니다. 그리고 언젠가 네트워크 엔진이 요청 큐에 있는 요청을 꺼내서 처리합니다. 그리고 구매 버튼 글씨를 바꿉니다. 여기까지가 클릭 이벤트 콜백 작업입니다. 이벤트 루프는 큐에서 다음 작업을 꺼내 처리할 것입니다.

이 예제에 대한 타임라인

버튼 클릭 콜백

ajax 콜백

나중에 AJAX 요청이 완료되면 네트워크 엔진은 등록했던 AJAX 요청에 대한 콜백을 작업 큐에 추가합니다. AJAX 요청 콜백은 작업 큐에 있는 다른 작업이 모두 처리되고 처리할 때가 되면 실행됩니다. 응답 콜백은 장바구니를 업데이트하고 장바구니 아이콘을 표시하고 구매 버튼 글씨를 원래대로 다시 설정합니다.

타임라인 단순화하기

지금까지 타임라인 다이어그램을 그리는 두 번째 단계까지 진행했습니다. 플랫폼에서 코드가 어떻게 동작하는지 이해했기 때문에 세 번째 단계인 타임라인 단순화하기를 할 수 있습니다. 다음은 우리가 만들고 있는 타임라인에 대한 코드입니다.

```
1 saveUserAjax(user, function() {
2   setUserLoadingDOM(false);
3 });
4 setUserLoadingDOM(true);
5 saveDocumentAjax(document, function() {
6   setDocLoadingDOM(false);
7 });
8 setDocLoadingDOM(true);
```

액션
1. saveUserAjax()
2. setUserLoadingDOM(false)
3. setUserLoadingDOM(true)
4. saveDocumentAjax()
5. setDocLoadingDOM(false)
6. setDocLoadingDOM(true)

세 번째 단계를 시작해 봅시다. 세 번째 단계는 플랫폼의 스레드 모델에 따라 다이어그램을 단순하게 만드는 일입니다. 앞에서 그린 타임라인 세 개는 모두 브라우저에서 동작하는 자바스크립트에서 실행됩니다. 이제 브라우저 런타임에 대한 지식을 다이어그램에 적용해 봅시다. 자바스크립트에서 단순화하는 단계는 두 단계로 정리할 수 있습니다.

> **다이어그램을 그리기 위한 세 단계**
> 1. 액션을 확인합니다.
> 2. 각 액션을 그립니다.
> 3. 단순화합니다.

1. 하나의 타임라인에 있는 모든 액션을 하나로 통합합니다.

2. 타임라인이 끝나는 곳에서 새로운 타임라인이 하나 생긴다면 통합합니다.

순서대로 위 단계를 따르면 됩니다. 다음 페이지에서 해봅시다.

지난 페이지에서 다음과 같은 다이어그램을 완성했습니다. 하지만 아직 두 번째 단계가 끝났다는 것을 잊지 마세요. 이미 완전한 다이어그램이지만 세 번째 단계를 통해 단순화해 봅시다.

다이어그램을 그리기 위한 세 단계

1. 액션을 확인합니다.
2. 각 액션을 그립니다.
3. 단순화합니다.

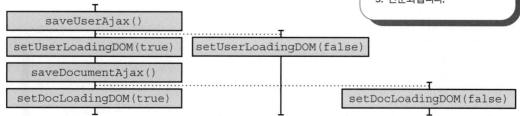

자바스크립트에서 타임라인은 두 단계로 단순화할 수 있습니다. 자바스크립트가 하나의 스레드에서 실행되기 때문에 간단합니다.

1. 하나의 타임라인에 있는 모든 액션을 하나로 통합합니다.
2. 타임라인이 끝나는 곳에서 새로운 타임라인이 하나만 생긴다면 통합합니다.

자바스크립트에서 단순화하기 위한 두 단계

1. 액션을 통합합니다.
2. 타임라인을 통합합니다.

1. 하나의 타임라인에 있는 모든 액션을 하나로 통합합니다.

자바스크립트는 스레드가 하나이기 때문에 액션은 순서가 섞이지 않고 하나의 타임라인에서 실행됩니다. 타임라인은 다른 타임라인이 실행되기 전에 완료됩니다. 다이어그램에 점선이 있다면 타임라인 끝으로 옮깁니다.

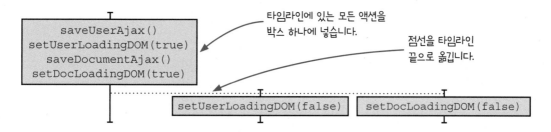

자바스크립트 런타임은 가능한 많은 실행 순서를 없애 코드 실행을 단순화할 수 있습니다.

2. 타임라인이 끝나는 곳에서 새로운 타임라인이 하나만 생긴다면 통합합니다.

첫 번째 타임라인이 끝나는 곳에 새로운 타임라인이 두 개 생기기 때문에 통합하지 않습니다. 이 단계는 add-to-cart를 단순화할 때 살펴보겠습니다. 이제 다이어그램을 모두 완성했습니다.

![연필 아이콘] **연습 문제**

다음은 앞에서 연습으로 만들었던 코드와 다이어그램입니다. 자바스크립트에서 동작한다고 가정하면 두 단계로 단순화할 수 있습니다. 액션을 통합하는 첫 번째 단계를 해보세요. cook() 과 serve(), eat()은 동기적으로 실행되는 액션이라고 가정합니다.

```
function dinner(food) {
  cook(food);
  serve(food);
  eat(food);
}
```

> **자바스크립트에서 단순화 하기 위한 두 단계**
> 1. 액션을 통합합니다.
> 2. 타임라인을 통합합니다.

이 단계만 해보세요.

```
button.addEventListener('click', dinner);
```

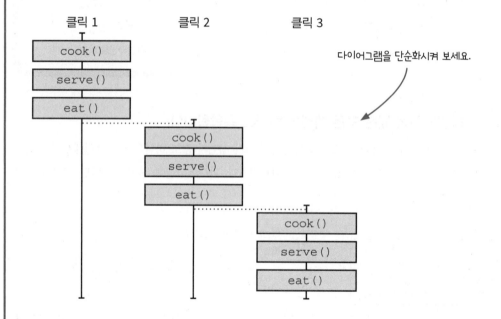

다이어그램을 단순화시켜 보세요.

정답

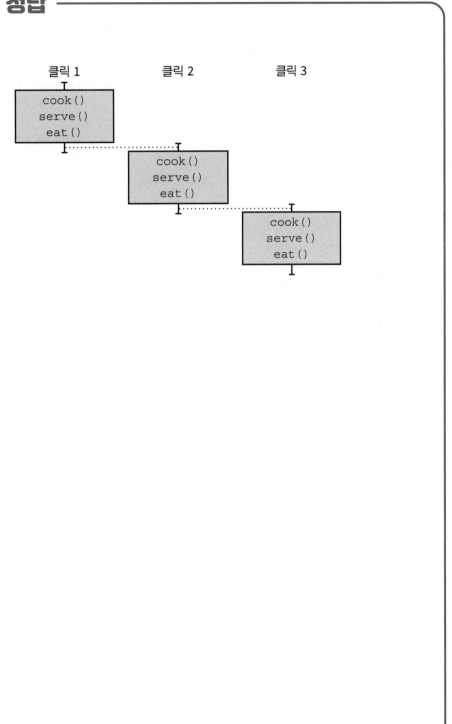

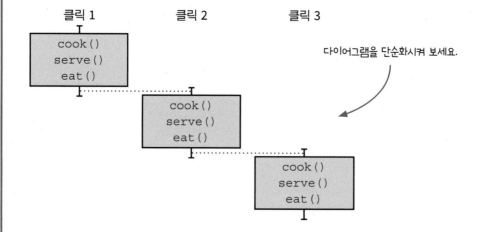

연습 문제

다음은 앞에서 연습으로 만들었던 코드와 다이어그램입니다. 자바스크립트에서 동작한다고 가정하면 두 단계로 단순화할 수 있습니다. 타임라인을 통합하는 두 번째 단계를 해보세요. cook()과 serve(), eat()은 동기적으로 실행되는 액션이라고 가정합니다.

```
function dinner(food) {
  cook(food);
  serve(food);
  eat(food);
}
```

이 단계를 해보세요.

> 자바스크립트에서 단순화
> 하기 위한 두 단계
> 1. 액션을 통합합니다.
> **2. 타임라인을 통합합니다.**

```
button.addEventListener('click', dinner);
```

클릭 1   클릭 2   클릭 3

다이어그램을 단순화시켜 보세요.

| cook() |
| serve() |
| eat() |

| cook() |
| serve() |
| eat() |

| cook() |
| serve() |
| eat() |

정답

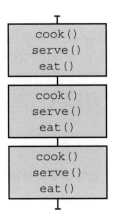

완성된 타임라인 읽기

더 진행하기 전에 완성된 타임라인으로 어떤 것을 알 수 있는지 봅시다.

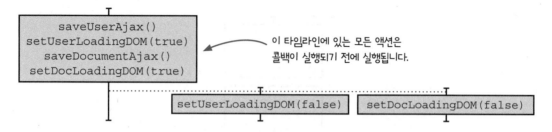

타임라인 다이어그램으로 가능한 액션의 순서를 알 수 있습니다. 실행 순서를 이해하면 코드가 제대로 동작하는지 알 수 있습니다. 잘 동작하지 않는 실행 순서를 알면 버그를 찾을 수 있고, 잘 동작하는 순서를 알면 코드가 올바르다는 것을 알 수 있습니다.

두 종류의 순서가 있습니다. 확실하거나 불확실한 순서입니다. 먼저 확실한 순서를 봅시다. 왼쪽에 있는 타임라인의 모든 액션은 같은 타임라인에서 실행되므로 액션이 순서대로 실행된다는 것을 알고 있습니다. 그리고 점선이 있기 때문에 다른 타임라인이 실행되기 전에 끝난다는 것도 알 수 있습니다.

다음은 순서가 불확실한 경우입니다. 서로 다른 타임라인에 있는 두 개의 콜백은 여러 가지 순서로 실행될 수 있습니다. 앞에서 본 것처럼 두 개의 타임라인이 있을 때 액션은 세 가지 순서로 실행될 수 있습니다. 다시 한번 봅시다.

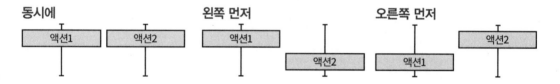

자바스크립트는 스레드 하나에서 실행하기 때문에 동시에 실행되는 일은 없습니다. 그래서 가능한 순서는 두 가지입니다. 어떤 AJAX 응답이 먼저 오는가에 따라 실행 순서가 달라집니다.

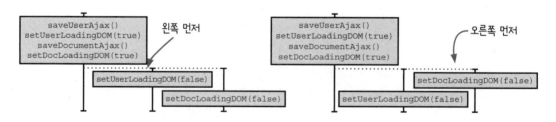

항상 순서대로 로딩 표시를 먼저 하고 콜백에서 감추기 때문에 이 코드는 문제가 없습니다.

다음은 자바스크립트에서 실행되는 액션 세 개입니다. 다이어그램을 보고 실행 가능한 액션 순서를 나열해 보세요. 다이어그램으로 그려도 좋습니다.

여기에 정답을 써보세요.

정답

1. A B C

2. B A C

3. B C A

add-to-cart 타임라인 단순화하기: 단계 3

오래 기다리셨습니다. 이제 add-to-cart 코드를 타임라인으로 그리는 세 번째 단계를 시작해 봅시다. 다음은 두 번째 단계까지 완성한 다이어그램입니다.

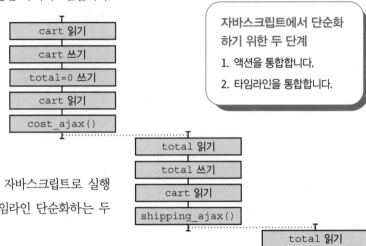

역시 브라우저에서 동작하는 자바스크립트로 실행하기 때문에 앞에서 봤던 타임라인 단순화하는 두 단계를 똑같이 적용합니다.

1. 같은 타임라인에 있는 모든 액션을 하나로 통합합니다.
2. 타임라인이 끝나는 곳에서 새로운 타임라인이 하나 생긴다면 통합합니다.

위 단계를 순서대로 적용해야 합니다. 그렇지 않으면 제대로 그릴 수 없습니다.

1. 하나의 타임라인에 있는 모든 액션을 하나로 통합합니다.

다시 한번 말하지만, 자바스크립트는 하나의 스레드에서 모든 코드를 실행합니다. 현재 타임라인에 다른 스레드가 끼어들지 않습니다. 따라서 타임라인에 있는 액션이 서로 섞일 가능성이 없습니다. 다음과 같이 같은 타임라인에 있는 모든 액션을 박스 하나에 넣어 봅시다.

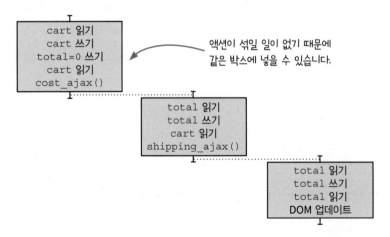

액션이 섞일 일이 없기 때문에 같은 박스에 넣을 수 있습니다.

앞에서 하나의 타임라인에 있는 모든 액션을 박스 하나에 넣었습니다.

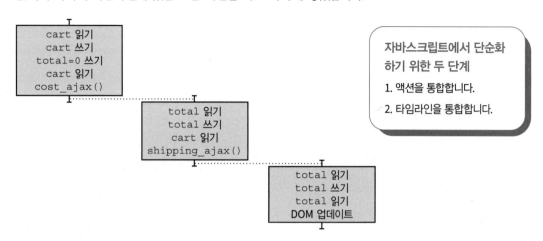

이제 단순화를 위한 다음 단계를 진행해 봅시다.

2. 타임라인이 끝나는 곳에서 새로운 타임라인이 하나 생긴다면 통합합니다.

다이어그램에 있는 타임라인은 새로운 타임라인이 시작하면 끝납니다. 각 타임라인은 **ajxa** 호출을 하면서 끝나고 콜백 하나가 다음 작업을 이어서 합니다. 따라서 모든 타임라인을 하나의 타임라인으로 합칠 수 있습니다.

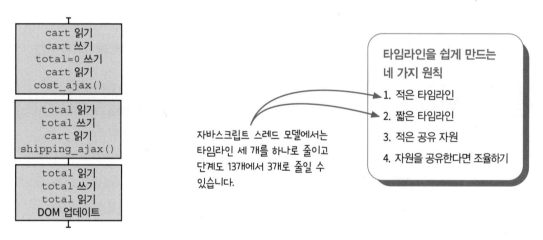

이 상태에서 타임라인을 단순화하는 첫 번째 단계를 다시 적용해 모든 액션을 하나의 박스로 넣을 수는 없습니다. 그냥 이대로 둬야 합니다. 왜 그럴까요? 만약 다른 타임라인에 액션이 생긴다면 각 박스는 순서가 섞일 가능성이 있기 때문입니다.

이렇게 표현하면 콜백 체인이 하나의 타임라인에서 실행되는 것처럼 생각할 수 있습니다. 또한 그리기도 더 쉽습니다. 이렇게 세 단계가 모두 끝났습니다!

리뷰: 타임라인 그리기(단계 1~3)

어떤 과정으로 타임라인을 그렸는지 되돌아봅시다. 첫 번째 단계에서 코드에 있는 모든 액션을 확인했습니다. 모두 13개였습니다.

```
function add_item_to_cart(name, price, quantity) {
  cart = add_item(cart, name, price, quantity);
  calc_cart_total();
}

function calc_cart_total() {
  total = 0;
  cost_ajax(cart, function(cost) {
    total += cost;
    shipping_ajax(cart, function(shipping) {
      total += shipping;
      update_total_dom(total);
    });
  });
}
```

액션
1. cart 읽기
2. cart 쓰기
3. total = 0 쓰기
4. cart 읽기
5. cost_ajax() 부르기
6. total 읽기
7. total 쓰기
8. cart 읽기
9. shipping_ajax() 부르기
10. total 읽기
11. total 쓰기
12. total 읽기
13. update_total_dom() 부르기

두 번째 단계는 다이어그램의 초안을 그리는 단계입니다. 액션을 타임라인에 그릴 때 다음 액션이 순서대로 오는지 아니면 동시에 실행되는 것인지에 따라 그렸습니다. 액션이 순서대로 실행되면 같은 타임라인에, 액션이 동시에 실행되는 경우에는 새로운 타임라인에 그렸습니다.

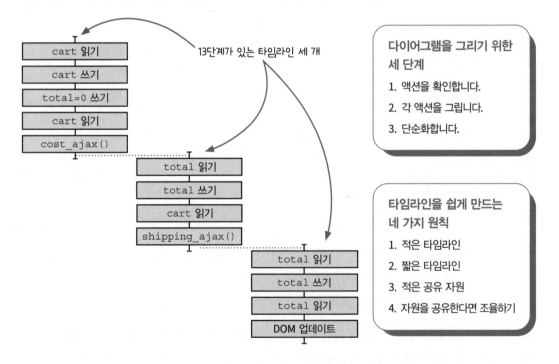

13단계가 있는 타임라인 세 개

다이어그램을 그리기 위한 세 단계
1. 액션을 확인합니다.
2. 각 액션을 그립니다.
3. 단순화합니다.

타임라인을 쉽게 만드는 네 가지 원칙
1. 적은 타임라인
2. 짧은 타임라인
3. 적은 공유 자원
4. 자원을 공유한다면 조율하기

세 번째 단계는 다이어그램을 단순화하는 단계입니다. 다음 페이지에서 살펴봅시다.

앞에서 타임라인 다이어그램을 그리는 두 번째 단계까지 돌아봤습니다.

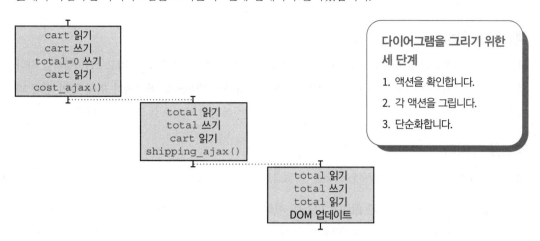

다이어그램을 그리기 위한
세 단계

1. 액션을 확인합니다.
2. 각 액션을 그립니다.
3. 단순화합니다.

세 번째이자 마지막 단계는 코드가 실행되는 플랫폼 정보를 사용해서 다이어그램을 단순화하는 단계입니다. 브라우저에서 실행되는 자바스크립트라면 두 단계로 단순화할 수 있습니다. 자바스크립트는 하나의 스레드에서 실행되기 때문에 모든 액션을 박스 하나에 넣을 수 있습니다. 다음으로 비동기 액션 이후에 연속되는 콜백이 하나라면 하나의 타임라인으로 통합할 수 있습니다. 완성된 다이어그램에 박스가 여러 개 남아 있다는 것을 보고 불확실한 타이밍과 순서가 섞일 가능성이 있다는 것을 알 수 있었습니다.

자바스크립트에서 단순화
하기 위한 두 단계

1. 액션을 통합합니다.
2. 타임라인을 통합합니다.

타임라인 하나와
세 단계

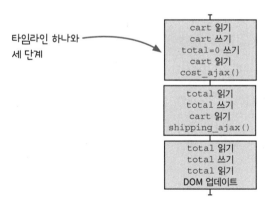

타임라인을 쉽게 만드는
네 가지 원칙

1. 적은 타임라인
2. 짧은 타임라인
3. 적은 공유 자원
4. 자원을 공유한다면 조율하기

13개의 액션을 하나로 만들고 세 개의 타임라인을 하나의 타임라인으로 단순화할 수 있었던 것은 자바스크립트 스레드 모델의 특징 때문입니다. 하지만 다이어그램으로 문제를 완전히 없앨 수 없다는 것도 알 수 있습니다. 비동기 액션은 여전히 분리된 박스로 표현합니다. 다음 페이지에서 다이어그램을 통해 우리가 알고 있는 버그를 찾는 방법을 알아봅시다.

요약: 타임라인 다이어그램 그리기

액션을 확인하기

모든 액션은 타임라인에 표시되어야 합니다. 복합적인 액션도 있으므로 변수를 읽고 쓰는 것처럼 하나의 액션처럼 보이지만 여러 액션으로 되어 있는 액션을 하나의 액션으로 파악하기 위해 주의 깊게 봐야 합니다. ++나 +=는 하나의 액션처럼 생겼지만 실제로는 복합적 액션으로 되어 있습니다.

액션을 그리기

액션은 순서대로 실행되거나 동시에 실행될 수 있습니다.

순서대로 실행되는 액션: 하나가 끝나고 다음이 시작

순서대로 실행되는 액션은 같은 타임라인에 표시합니다. 함수의 인자가 왼쪽에서 오른쪽으로 평가되는 것처럼 순서대로 실행되는 액션은 문법에 있을 수도 있습니다.

동시에 실행되는 액션: 동시에 실행되거나 왼쪽 먼저 또는 오른쪽 먼저 실행

동시에 실행되거나 순서가 섞여서 실행되는 경우 분리된 타임라인으로 표시합니다. 다음과 같이 다양한 경우에 액션이 동시에 실행될 수 있습니다.

- 비동기 콜백
- 멀티스레드
- 멀티 프로세스
- 여러 장치

모든 액션을 그린 후 실행 순서를 제한하기 위해 점선을 사용할 수 있습니다. 예를 들어 ajax 콜백은 ajax 요청 전에 실행할 수 없습니다. 점선으로 이러한 것을 표현합니다.

타임라인을 단순화하기

언어의 특징을 사용해서 타임라인을 단순화할 수 있습니다.

- 순서가 섞이지 않는 두 액션은 하나의 박스로 합칩니다.
- 타임라인 끝에서 새로운 타임라인이 하나만 생긴다면 하나로 합칩니다.
- 순서에 제약이 있는 경우 점선을 추가합니다.

타임라인 읽기

일반적으로 서로 다른 타임라인에 있는 액션은 세 가지 순서로 실행될 수 있습니다. 동시에 실행되거나 왼쪽이 먼저 실행되거나 오른쪽이 먼저 실행될 수 있습니다. 이런 경우 실행 순서는 불가능하거나 기대한 대로이거나 잘못된 결과를 가져올 수 있습니다.

타임라인을 나란히 보면 문제가 보입니다

앞에서 장바구니에 제품을 담기 위해 한 번 클릭했을 때는 합계가 올바르게 나왔습니다. 하지만 두 번 빠르게 클릭하면 버그가 발생했습니다. 문제를 확인하기 위해 같은 타임라인을 나란히 놓고 봅시다.

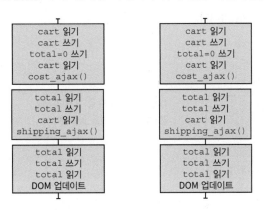

다이어그램은 클릭을 나타냅니다. 다이어그램이 두 개이므로 두 번 클릭을 나타냅니다. 다른 타임라인에 있고 박스는 떨어져 있기 때문에 순서가 섞일 수 있습니다. 이 다이어그램은 조금 바꿔볼 수 있습니다. 타임라인에 있는 단계들은 이벤트 큐가 순서대로 처리하는 것을 보장합니다. 따라서 다이어그램을 조금 조정해볼 수 있습니다. 두 번째 타임라인은 첫 번째 타임라인에 있는 첫 번째 단계가 끝나야 실행되기 때문에 점선을 추가해서 실행 시점을 조정해 봅시다.

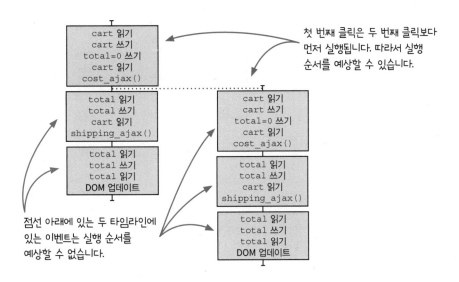

문제가 없어 보이지만 사실 이 다이어그램은 많은 문제를 보여주고 있습니다. 이 장이 끝나면 여러분은 스스로 문제를 파악할 수 있을 것입니다.

두 번 천천히 클릭하면 문제가 없습니다

이제 두 번 클릭했을 때를 나타내는 다이어그램을 완성했습니다. 순서가 서로 섞일 수 있는 문제를 명확하게 하려고 단계 사이에 있는 선을 늘렸습니다. 먼저 가장 쉽고 올바른 결과가 나오는 다이어그램입니다. 두 번 천천히 클릭한 경우입니다.

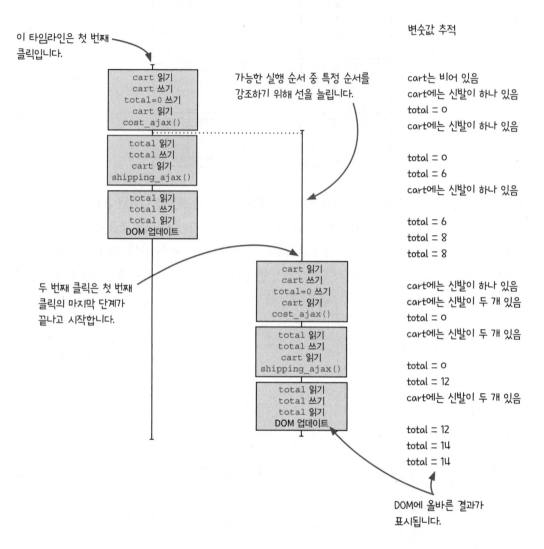

실행 가능한 순서 중 하나를 선택해 다이어그램의 단계를 추적해보면 어떻게 결과가 나오는지 볼 수 있습니다. 이 경우에는 올바른 결과가 나옵니다. 다음은 잘못된 결과(16달러)가 나오는 실행 순서를 살펴봅시다.

빠르게 두 번 클릭하면 잘못된 결과가 나옵니다

첫 번째 타임라인이 완료되고 두 번째 클릭하는 경우를 살펴봤습니다. 순서가 섞이지 않기 때문에 쉽게 이해할 수 있었습니다. 이제 잘못된 결과가 나오는 실행 순서를 살펴봅시다. 다이어그램 오른쪽에서 변숫값을 추적해 볼 것입니다.

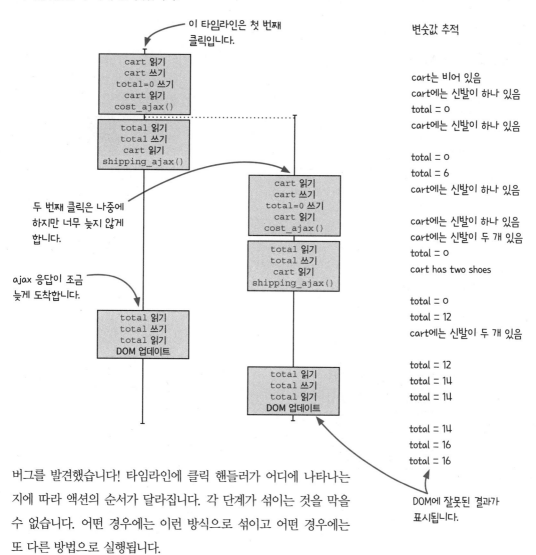

이 타임라인은 첫 번째 클릭입니다.

두 번째 클릭은 나중에 하지만 너무 늦지 않게 합니다.

ajax 응답이 조금 늦게 도착합니다.

변숫값 추적

cart는 비어 있음
cart에는 신발이 하나 있음
total = 0
cart에는 신발이 하나 있음

total = 0
total = 6
cart에는 신발이 하나 있음

cart에는 신발이 하나 있음
cart에는 신발이 두 개 있음
total = 0
cart has two shoes

total = 0
total = 12
cart에는 신발이 두 개 있음

total = 12
total = 14
total = 14

total = 14
total = 16
total = 16

DOM에 잘못된 결과가 표시됩니다.

버그를 발견했습니다! 타임라인에 클릭 핸들러가 어디에 나타나는 지에 따라 액션의 순서가 달라집니다. 각 단계가 섞이는 것을 막을 수 없습니다. 어떤 경우에는 이런 방식으로 섞이고 어떤 경우에는 또 다른 방법으로 실행됩니다.

이 타임라인 두 개는 비교적 짧지만, 실행 가능한 순서가 10개나 됩니다. 어떤 것이 올바른 순서일까요? 그리고 어떤 것이 잘못된 순서일까요? 물론 모든 것을 추적하고 찾아볼 수 있지만 대부분의 타임라인은 너무 길 것입니다. 어쩌면 가능한 순서가 백 개 또는 천 개, 만 개가 될 수도 있습니다. 하나하나 다 볼 수는 없습니다. 코드가 잘 동작한다는 것을 보장하기 위한 다른 방법이 필요합니다. 생각할 수 있는 범위로 가능성을 줄이기 위해 코드를 조금 고쳐봅시다.

자원을 공유하는 타임라인은 문제가 생길 수 있습니다

공유하는 자원을 없애 문제를 해결할 수 있습니다.

타임라인과 코드에 대한 이해도가 많이 높아졌습니다. 왜 문제가 발생하는 것일까요? 문제는 공유하는 자원 때문에 발생합니다. 두 타임라인 모두 같은 전역변수를 사용하고 있습니다. 실행 순서가 섞인 상태에서도 각 타임라인이 전역변수에 접근합니다.

코드에 있는 전역변수에 밑줄을 쳐봅시다.

```
function add_item_to_cart(name, price, quantity) {
  cart = add_item(cart, name, price, quantity);
  calc_cart_total();
}
function calc_cart_total() {
  total = 0;
  cost_ajax(cart, function(cost) {
    total += cost;
    shipping_ajax(cart, function(shipping) {
      total += shipping;
      update_total_dom(total);
    });
  });
}
```

전역변수

문제를 명확하게 보기 위해 타임라인의 각 단계에 전역변수를 사용한다는 정보를 추가해 봅시다.

total 전역변수를 공유하는 액션에 다음 표시를 합니다.

cart 전역변수를 공유하는 액션에 다음 표시를 합니다.

DOM을 공유하는 액션에 다음 표시를 합니다.

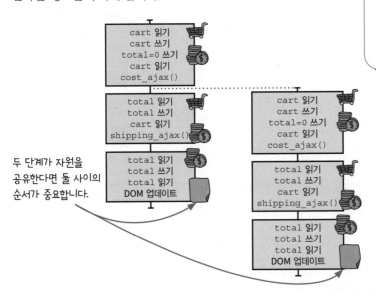

두 단계가 자원을 공유한다면 둘 사이의 순서가 중요합니다.

많은 자원을 공유하고 있습니다! 모든 단계에서 total 값을 읽고 쓰기 때문에 버그가 생길 수 있습니다. 잘못된 순서로 실행된다면 분명 문제가 생길 것입니다. 그럼 total 전역변수를 지역변수로 바꿔 봅시다.

전역변수를 지역변수로 바꾸기

전역변수 total은 공유할 필요가 없습니다.

total은 전역변수가 아니어도 됩니다. 가장 쉬운 개선 방법은 전역
변수 대신 지역변수를 사용하는 것입니다.

1. 지역변수로 바꿀 수 있는 전역변수를 찾습니다.

```
function calc_cart_total() {
  total = 0;
  cost_ajax(cart, function(cost) {
    total += cost;
    shipping_ajax(cart, function(shipping) {
      total += shipping;
      update_total_dom(total);
    });
  });
}
```

total 값이 0이 아닐 수도 있습니다. 콜백이 호출되기
전에 다른 타임라인에서 값을 바꿀 수 있습니다.

2. 찾은 전역변수를 지역변수로 바꿉니다.

```
function calc_cart_total() {
  var total = 0;
  cost_ajax(cart, function(cost) {
    total += cost;
    shipping_ajax(cart, function(shipping) {
      total += shipping;
      update_total_dom(total);
    });
  });
}
```

지역변수로 바꿉니다.

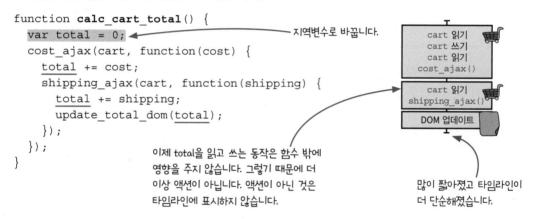

이제 total을 읽고 쓰는 동작은 함수 밖에
영향을 주지 않습니다. 그렇기 때문에 더
이상 액션이 아닙니다. 액션이 아닌 것은
타임라인에 표시하지 않습니다.

많이 짧아졌고 타임라인이
더 단순해졌습니다.

쉽게 고쳤습니다! total을 지역변수로 바꿔서 많은 것을 얻었습니
다. 타임라인은 여전히 세 단계로 되어 있고 따라서 가능한 실행 순
서도 그대로지만(10가지) total 전역변수를 함께 사용하지 않기 때
문에 올바른 결과가 나오는 실행 순서가 더 많아졌습니다.

이제 cart 전역변수를 없애 봅시다.

전역변수를 인자로 바꾸기

암묵적 입력이 적은 액션이 더 좋다는 것을 기억하시나요? 이 사실을 타임라인에 적용해 봅시다. 타임라인에는 cart 전역변수를 암묵적 입력으로 사용하고 있습니다. 이 암묵적 입력을 없애 타임라인이 공유하는 자원을 한 번에 없앨 수 있습니다. 액션에서 암묵적 입력을 없앤 것과 같은 과정으로 없앨 수 있습니다. 전역변수를 인자로 바꿔 봅시다.

1. 암묵적 인자 확인하기

```
function add_item_to_cart(name, price, quantity) {
  cart = add_item(cart, name, price, quantity);
  calc_cart_total();
}
function calc_cart_total() {
  var total = 0;
  cost_ajax(cart, function(cost) {
    total += cost;
    shipping_ajax(cart, function(shipping) {
      total += shipping;
      update_total_dom(total);
    });
  });
}
```

이 사이에 cart 값이 바뀌면 다른 cart 값이 됩니다.

cart 전역변수를 사용하는 단계가 아직 하나 남아있습니다.

2. 암묵적 입력을 인자로 바꾸기

```
function add_item_to_cart(name, price, quantity) {
  cart = add_item(cart, name, price, quantity);
  calc_cart_total(cart);
}
function calc_cart_total(cart) {
  var total = 0;
  cost_ajax(cart, function(cost) {
    total += cost;
    shipping_ajax(cart, function(shipping) {
      total += shipping;
      update_total_dom(total);
    });
  });
}
```

cart를 인자로 추가합니다.

이제 더는 전역변수를 읽지 않습니다.

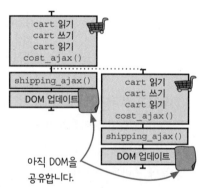

다이어그램에 cart 전역변수를 사용하는 단계가 하나 있습니다. 하지만 두 번째 타임라인은 첫 번째 타임라인의 첫 번째 단계(점선이 있기 때문에)가 끝나야 실행된다는 제약이 있습니다. 따라서 cart를 사용하는 첫 번째 단계는 어느 타임라인에서나 항상 순서대로 실행됩니다. 그러므로 첫 번째 단계의 cart 값은 서로 영향을 주지 않습니다. 이 책에 남은 부분에서 이런 특성을 많이 사용할 것입니다. 이 방법은 여러 타임라인에 있는 전역변수를 안전하게 변경할 수 있는 방법입니다.

아직 DOM을 공유합니다.

하지만 아직 이 코드에 버그가 남아 있습니다. DOM 자원을 여전히 공유하고 있기 때문입니다. DOM 업데이트는 필요하므로 그냥 없앨 수는 없습니다. 이 부분은 다음 장에서 공유 자원을 다루는 방법에 대해 배울 때 알아보겠습니다.

 쉬는 시간 ━━━━

더 진행하기 전에 가벼운 질문을 보면서 쉬어 갑시다.

Q calc_cart_total()에 있는 모든 전역변수를 없앴습니다. 그렇다면 이 함수는 계산이 아닌가요?

A 좋은 질문입니다. 이 함수는 계산이 아닙니다. `calc_cart_total`에 전역변수를 모두 없애도 여전히 몇 개의 액션을 수행합니다. 그중 하나는 서버에 두 번 접근하는 액션입니다. 이 동작은 명확히 액션입니다. 마지막으로 `calc_cart_total()`은 DOM을 업데이트합니다. DOM 업데이트도 액션입니다.

하지만 전역변수를 읽고 쓰는 부분은 없앴습니다. 이렇게 하면 확실히 계산에 가깝습니다. 좋은 점은 있습니다. 계산은 실행 시점에 의존하지 않으므로 언제 실행해도 됩니다. 그래서 `calc_cart_total()`은 전보다 실행 시점에 덜 의존하게 됩니다. 계산이라는 선을 넘지 못했지만 확실히 계산에 더 가까워졌습니다.

뒤에서 `calc_cart_toal()` 함수 안에 있는 DOM 업데이트 코드를 함수 바깥으로 옮겨 보겠습니다. 이렇게 하면 더 계산에 가까워지고 재사용하기 좋아집니다.

Q 앞에서 자바스크립트 스레드 모델과 AJAX, 자바스크립트 이벤트 루프와 같은 내용을 많이 다뤘습니다. 그래도 이 책이 자바스크립트에 관한 책이 아닌가요?

A 네, 확실히 아닙니다. 이 책은 언어와 관계없이 읽을 수 있는 함수형 프로그래밍에 대해 다루고 있습니다. 하지만 어떤 일이 일어나는지 모두 이해하기 위해서 자바스크립트 내부 동작에 대해 조금 설명했습니다.

코드를 설명하기 위해 언어를 선택해야 했습니다. 자바스크립트는 여러 가지 이유로 함수형 프로그래밍을 가르치기 좋은 언어입니다. 그 이유 중 하나는 대중적인 언어라는 점입니다. 만약 자바나 파이썬을 선택했다고 하더라도 언어의 내부 동작에 대해 어느 정도 설명이 필요했을 것입니다.

함수형 프로그래밍의 개념을 설명하면서 자바스크립트에 빠지지 않도록 노력했습니다. 언어보다 어떤 일을 하고 있는지 동작 원리와 개념을 중심으로 보세요.

연습 문제

다음 문장이 맞으면 true, 틀리면 false라고 표시해 주세요.

1. 두 타임라인은 자원을 공유할 수 있습니다.

2. 자원을 공유하는 타임라인이 자원을 공유하지 않는 타임라인보다 안전합니다.

3. 같은 타임라인에 있는 두 액션은 서로 자원을 공유하지 않도록 해야 합니다.

4. 계산은 타임라인에 그릴 필요가 없습니다.

5. 같은 타임라인에 있는 두 액션은 동시에 실행됩니다.

6. 자바스크립트는 스레드가 하나이기 때문에 타임라인을 무시해도 됩니다.

7. 서로 다른 타임라인에 있는 두 액션은 동시에 실행되거나 왼쪽 먼저, 오른쪽 먼저 실행될 수 있습니다.

8. 공유하는 전역변수를 없애는 방법은 인자나 지역변수를 사용하는 것입니다.

9. 타임라인 다이어그램은 소프트웨어가 동작할 때 실행 가능한 순서를 이해하기 좋습니다.

10. 자원을 공유하는 타임라인은 타이밍 문제가 생길 수 있습니다.

정답

1. T, 2. F, 3. F, 4. T, 5. F, 6. F, 7. T, 8. T, 9. T, 10. T

재사용하기 더 좋은 코드로 만들기

회계팀에서 calc_cart_total()을 DOM 업데이트
없이 쓰고 싶다고 합니다. DOM을 업데이트하는
대신 total 값을 다른 계산에서 사용할 수 있도
록 숫자로 받아 쓸 수 있으면 좋겠다고 합니다.

하지만 calc_cart_total()에서 total을 값으로 리턴할 수 없
습니다. 두 개의 비동기 호출이 끝나야 값을 줄 수 있기 때문입니
다. 어떻게 값을 줄 수 있을까요? 비동기 호출을 사용하면서 암묵적
인 출력을 어떻게 리턴값으로 바꿀 수 있을까요?

4장과 5장에서 암묵적 출력을 리턴값으로 바꾸는 것을 봤습니다.
DOM을 바꾸는 것은 암묵적 출력입니다. 하지만 비동기 콜백이 완
료되어야 합니다. 리턴값으로는 전달할 수 없습니다. 방법이 있을까
요? 그렇습니다. 다시 콜백을 만들면 됩니다!

값을 리턴할 수 없기 때문에 콜백 함수로 전달해야 합니다. 여기
서는 total 값 계산이 완료되었을 때 update_total_dom()에
total 값을 전달합니다. **함수 본문을 콜백으로 바꾸기**replace body
with callback 리팩터링을 사용해 봅시다.

> 회계팀 사람들이 이 함수가
> 필요하다는 것에 공감합니다. 재사용할 수
> 있도록 만들 수 있을까요?

비동기 호출을 사용한
다면 출력을 콜백으로
바꿀 수 있습니다.

개발팀

함수 본문을 콜백으로 바
꾸기 단계
1. 본문의 앞부분과 뒷부분을
   확인합니다.
2. 함수로 빼냅니다.
3. 콜백으로 빼냅니다.

이미 별도의 함수이기 때문에
이 단계는 건너뜁니다.

원래 코드

원래는 update_total_dom()에
total을 전달합니다.

```
function calc_cart_total(cart) {
  var total = 0;
  cost_ajax(cart, function(cost) {
    total += cost;
    shipping_ajax(cart, function(shipping) {
      total += shipping;
      update_total_dom(total);
    });
  });
}
```

본문

```
function add_item_to_cart(name, price, quant) {
  cart = add_item(cart, name, price, quant);
  calc_cart_total(cart);
}
```

callback으로 바꿈

```
function calc_cart_total(cart, callback) {
  var total = 0;
  cost_ajax(cart, function(cost) {
    total += cost;
    shipping_ajax(cart, function(shipping) {
      total += shipping;
      callback(total);
    });
  });
}
```

콜백 인자로 바꿉니다.

```
function add_item_to_cart(name, price, quant) {
  cart = add_item(cart, name, price, quant);
  calc_cart_total(cart, update_total_dom);
}
```

update_total_dom을
콜백으로 전달합니다.

이제 계산이 완료되었을 때 total 값을 얻을 방법이 생겼습니다.
어디서나 쓸 수 있는 함수가 되었습니다. DOM을 업데이트하거나
계정팀이 필요한 기능을 만들 때도 쓸 수 있습니다.

원칙: 비동기 호출에서 명시적인 출력을 위해 리턴값 대신 콜백을 사용할 수 있습니다

비동기 호출에서 결괏값을 리턴값으로 줄 수 없습니다. 비동기 호출은 바로 리턴이 되지만 결괏값은 콜백이 호출되어야 얻을 수 있기 때문입니다. 동기화된 함수와 같이 일반적인 방법으로 결과를 받을 수 없습니다.

비동기 호출에서 결과를 받을 수 있는 방법은 콜백을 사용하는 것입니다. 결과가 준비되었을 때 결과를 인자에 넣어 콜백을 호출합니다. 자바스크립트에서 일반적인 비동기 프로그래밍 방법입니다.

함수형 프로그래밍을 할 때 이 기술은 비동기 함수에서 액션을 빼낼 때 사용할 수 있습니다. 동기화된 함수에서 액션을 빼낼 때 액션을 호출하는 대신 액션에 넘기는 인잣값을 리턴했습니다. 그리고 호출하는 곳에서 리턴값을 받아 액션을 호출했습니다. 비동기 함수에서는 리턴값 대신 콜백을 사용합니다.

다음 두 함수는 하나는 동기화 함수이고 하나는 비동기 함수라는 점만 다르고 나머지는 같습니다.

> **동기 함수**
> * 호출하는 곳에서 리턴값을 사용할 수 있습니다.
> * 액션을 빼내기 위해 액션을 부르는 곳은 리턴값으로 바꾸고 액션에 리턴값을 인자로 전달합니다.

> **비동기 함수**
> * 미래에 어떤 시점에 콜백을 통해 결과를 받습니다.
> * 액션을 빼내기 위해 액션을 부르는 곳은 콜백을 부르도록 바꾸고 액션을 콜백으로 전달합니다.

액션을 빼내기 전 동기 함수

```
function sync(a) {
  ...
  action1(b);
}
```

```
function caller() {
  ...
  sync(a);
}
```

처음에는 동기 함수와 비동기 함수가 비슷하게 생겼습니다.

호출하는 부분도 비슷하게 생겼습니다.

액션을 빼내기 전 비동기 함수

```
function async(a) {
  ...
  action1(b);
}
```

```
function caller() {
  ...
  async(a);
}
```

액션을 빼낸 후

```
function sync(a) {
  ...
  return b;
}
```

```
function caller() {
  ...
  action1(sync(a));
}
```

동기 함수는 리턴값을 사용하고 비동기 함수는 콜백을 사용합니다.

동기 함수에서 호출하는 곳은 리턴값을 사용해 액션을 부르고 비동기 함수에서 호출하는 곳은 액션을 콜백으로 전달합니다.

액션을 빼낸 후

```
function async(a, cb) {
  ...
  cb(b);
}
```

```
function caller() {
  ...
  async(a, action1);
}
```

더 진행하기 전에 가벼운 질문을 보면서 쉬어 갑시다.

Q 비동기 함수에서 왜 리턴값을 쓰지 못하나요? 모든 함수는 리턴을 할 수 있는 것이 아닌가요?

A 정확히 말하면 리턴은 할 수 있습니다. 하지만 일반적으로 원하는 리턴값을 쓸 수는 없습니다. 다음 예를 봅시다.

```
function get_pets_ajax() {
  var pets = 0;
  dogs_ajax(function(dogs) {          dogs_ajax()와 cats_ajax()에 전달된
    cats_ajax(function(cats) {        콜백은 네트워크 응답이 도착해야 실행됩니다.
      pets = dogs + cats;             그 때까지 pets 값은 설정되지 않습니다.
    });
  });
  return pets;                        ajax 요청이 끝나기 전에
}                                     바로 리턴합니다.
```

이 함수의 리턴값은 무엇일까요? 무엇인지 몰라도 pets 변숫값을 리턴합니다. 하지만 항상 0을 리턴할 것입니다. 함수가 리턴을 하지만 원하는 값이 아닙니다.

문제는 get_pets_ajax()가 dogs_ajax()를 부른다는 것입니다. dogs_ajax()는 네트워크 요청이기 때문에 요청을 네트워크 엔진으로 보내고 바로 다음 코드로 넘어갑니다. 다음 코드는 리턴 구문이기 때문에 pets 값이 리턴됩니다. 그리고 나중에 ajax 요청이 완료되면 완료 이벤트(load 이벤트)가 작업 큐에 들어갑니다. 얼마 후 이벤트 루프가 작업 큐에 있는 이벤트를 꺼내 콜백을 호출할 것입니다.

실제로 리턴을 할 수 있지만 리턴값은 동기화된 코드에서 계산된 값과 같아야 합니다. 하지만 비동기 코드에서 계산된 값은 이벤트 루프에서 나중에 실행되기 때문에 즉시 리턴값으로 받을 수 없습니다. 이 시점에 호출 스택은 비어있게 됩니다. 따라서 비동기 코드에서 결괏값은 콜백을 통해 전달해야 합니다.

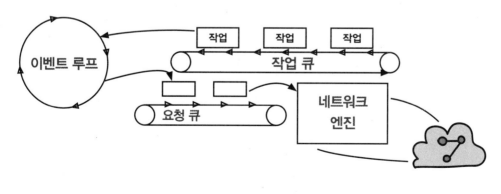

다음은 설거지를 수행하는 코드입니다. 전역변수를 사용하고 있고 설거지가 끝났다는 것을 DOM 업데이트로 알 수 있습니다. 암묵적인 입력과 출력이 없도록 코드를 리팩터링해 보세요. 인자와 지역변수를 사용해야 합니다. 그리고 DOM을 업데이트하는 대신 콜백을 사용하세요.

```
var plates = ...;
var forks  = ...;
var cups   = ...;
var total  = ...;

function doDishes() {
  total = 0;
  wash_ajax(plates, function() {
    total += plates.length;
    wash_ajax(forks, function() {
      total += forks.length;
      wash_ajax(cups, function() {
        total += cups.length;
        update_dishes_dom(total);
      });
    });
  });
}

doDishes();
```

여기에 정답을 써보세요.

```
var plates = ...;
var forks  = ...;
var cups   = ...;

function doDishes(plates, forks, cups, callback) {
  var total = 0;
  wash_ajax(plates, function() {
    total += plates.length;
    wash_ajax(forks, function() {
      total += forks.length;
      wash_ajax(cups, function() {
        total += cups.length;
        callback(total);
      });
    });
  });
}

doDishes(plates, forks, cups, update_dishes_dom);
```

결론

이 장에서 타임라인 다이어그램을 그리고 다이어그램으로 버그를 찾는 방법을 배웠습니다. 또 자바스크립트 스레드 모델 지식을 사용해 타임라인을 단순화했습니다. 다이어그램을 단순화해서 더 짧고 적은 타임라인을 만들 수 있었습니다. 마지막으로 버그를 없애기 위해 공유하는 자원을 줄이는 원칙을 적용해 봤습니다.

요점 정리

- 타임라인은 동시에 실행될 수 있는 순차적 액션을 말합니다. 코드가 순서대로 실행되는지 동시에 실행되는지 알 수 있습니다.
- 현대 소프트웨어는 여러 타임라인에서 실행됩니다. 서로 다른 컴퓨터나 스레드, 프로세스, 비동기 호출과 같은 것이 있다면 새로운 타임라인을 추가합니다.
- 서로 다른 타임라인에 있는 액션은 끼어들 수 있어서 여러 개의 실행 가능한 순서가 생깁니다. 실행 가능한 순서가 많으면 코드가 항상 올바른 결과를 내는지 알기 어렵습니다.
- 타임라인 다이어그램은 코드가 순서대로 실행되는지 동시에 실행되는지를 알려줍니다. 타임라인 다이어그램으로 서로 영향을 주는 부분이 어떤 부분인지 알 수 있습니다.
- 언어에서 지원하는 스레드 모델을 이해하는 것은 중요합니다. 분산 시스템에서 어떤 부분이 순서대로 실행되고 어떤 부분이 동시에 실행되는지 이해하는 것이 중요합니다.
- 자원을 공유하는 부분은 버그가 발생하기 쉽습니다. 공유 자원을 확인하고 없애면 코드가 더 좋아집니다.
- 자원을 공유하지 않는 타임라인은 독립적으로 이해하고 실행할 수 있습니다. 따라서 함께 생각해야 할 내용이 줄어듭니다.

다음 장에서 배울 내용

아직 공유하고 있는 자원이 하나 남았습니다. 바로 DOM입니다. 두 개의 add-to-cart 타임라인은 하나의 DOM에 서로 다른 값을 쓰려고 합니다. 사용자에게 결과를 보여줘야 하므로 DOM 업데이트를 없앨 수는 없습니다. 공유하고 있는 DOM을 안전하게 쓸 수 있는 방법은 타임라인을 조율하는 방법뿐입니다. 다음 장에서 이러한 방법에 대해 알아보겠습니다.

CHAPTER 16

타임라인 사이에 자원 공유하기

이번 장에서 살펴볼 내용

- 자원을 공유해서 생기는 버그를 찾는 방법을 배웁니다.
- 안전하게 자원을 공유할 수 있는 자원 공유 기본형을 만드는 방법을 이해합니다.

지난 장에서 타임라인끼리 공유 자원을 줄이는 방법에 대해 배웠습니다. 자원을 공유하지 않는 타임라인이 가장 좋습니다. 하지만 자원 공유가 필요한 경우가 있습니다. 자원을 공유해야 한다면 안전하게 공유해야 합니다. 이 장에서는 자원을 안전하게 공유하기 위해 **동시성 기본형**concurrency primitive이라는 재사용 가능한 코드를 만드는 방법에 대해 알아보겠습니다.

좋은 타임라인의 원칙

다음은 지난 장에서 알아본 좋은 타임라인의 원칙입니다. 1번부터 3번까지 알아봤습니다. 올바른 코드를 만드는 데 이 원칙들이 중요하다는 것을 알았습니다. 이 장에서는 네 번째 원칙에 대해 알아보겠습니다. 타임라인끼리 공유하는 자원을 조율하기 위해 재사용 가능한 방법을 만들 것입니다. 이 방법을 사용하면 서로 안전하게 자원을 공유할 수 있습니다.

1. 타임라인은 적을수록 이해하기 쉽습니다.

새로운 타임라인이 생기면 시스템은 더 이해하기 어려워집니다. 타임라인 수(오른쪽 공식에서 t)을 줄이면 시스템을 이해하기 더 쉽습니다. 하지만 타임라인 수를 언제나 마음대로 정할 수는 없습니다.

2. 타임라인은 짧을수록 이해하기 쉽습니다.

타임라인 단계(오른쪽 공식에서 a)를 줄이면 실행 가능한 순서를 많이 줄일 수 있습니다.

3. 공유하는 자원이 적을수록 이해하기 쉽습니다.

타임라인을 볼 때 자원을 공유하는 단계만 조심하면 됩니다. 자원을 공유하는 단계를 줄이면 가능한 순서를 줄일 수 있습니다.

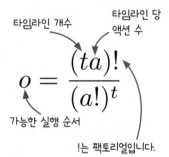

가능한 실행 순서의 개수 공식

$$o = \frac{(ta)!}{(a!)^t}$$

타임라인 개수 / 타임라인 당 액션 수 / 가능한 실행 순서 / !는 팩토리얼입니다.

4. 자원을 공유한다면 서로 조율해야 합니다.

공유 자원을 많이 없앤다고 해도 여전히 없앨 수 없는 공유 자원이 남습니다. 타임라인은 공유 자원을 안전하게 공유할 수 있어야 합니다. 안전하게 공유한다는 말은 올바른 순서대로 자원을 쓰고 돌려준다는 말입니다. 그리고 타임라인을 조율한다는 것은 실행 가능한 순서를 줄인다는 것을 의미합니다. 그 과정에서 올바른 결과가 나오지 않는 순서를 없애면 분석하기 쉬워집니다. 현실에서 사용하는 방법에서 착안해 재사용 가능한 조율 방법을 만들 수 있습니다.

5. 시간을 일급으로 다룹니다.

액션의 순서와 타이밍은 맞추기 어렵습니다. 타임라인을 관리하는 재사용 가능한 객체를 만들면 타이밍 문제를 쉽게 처리할 수 있습니다. 다음 장에서 예제를 통해 알아보겠습니다.

그럼 버그가 있는 장바구니 코드에 네 번째 원칙을 적용해 봅시다.

장바구니에 아직 버그가 있습니다

다음은 지난 장에서 완성한 타임라인 다이어그램입니다. 타임라인 다이어그램으로 버그가 있다는 것을 명확히 알 수 있습니다. 아직 다이어그램에서 버그가 보이지 않아도 괜찮습니다. 능숙한 함수형 개발자도 모르는 경우가 많습니다. 이 장을 끝까지 읽으면 버그를 볼 수 있을 것입니다. 또 버그를 고치는 방법도 알 수 있습니다.

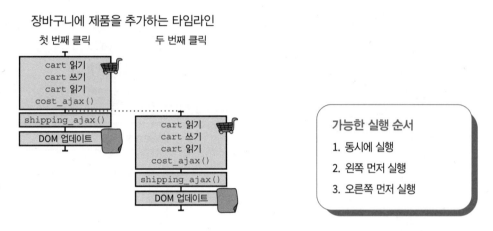

버그는 DOM 자원을 공유하기 때문에 생깁니다. 두 액션이 자원을 공유하지 않는다면 실행 순서를 신경 쓰지 않아도 됩니다. 가능한 모든 순서에서 같은 결과가 나오기 때문입니다. 하지만 자원을 공유한다면 실행 순서는 중요합니다. 두 타임라인은 DOM을 공유하고 있기 때문에 잠재적으로 문제가 있습니다.

다음은 DOM을 업데이트하는 두 액션이 실행할 때 가능한 순서입니다.

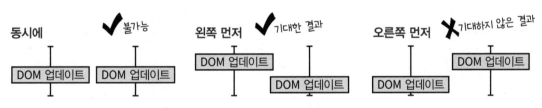

자바스크립트 스레드 모델에서 동시에 실행하는 것은 불가능합니다. 따라서 이 순서는 생각하지 않아도 됩니다. 하지만 다른 스레드 모델에서는 고려해야 할 수도 있습니다.

기대한 결과가 나오는 실행 순서입니다. 두 번째 DOM 업데이트가 최신 정보이기 때문에 두 번째 DOM 업데이트로 첫 번째 DOM이 업데이트 한 값을 덮어써야 합니다.

잘못된 결과가 나오는 실행 순서입니다. 두 번째 합계를 첫 번째 합계가 덮어쓰면 안 됩니다. 하지만 이 순서가 생기는 것을 막을 수 없습니다!

첫 번째 DOM 업데이트가 나중에 실행되면 올바른 결과인 두 번째 결과를 덮어쓰게 됩니다. 왜 이런 일이 생기는지 다음 장에서 살펴봅시다.

같은 순서로 제품을 장바구니에 추가했지만 다른 결과가 나옵니다. 두 타임라인을 보면 왜 그런지 알 수 있습니다.

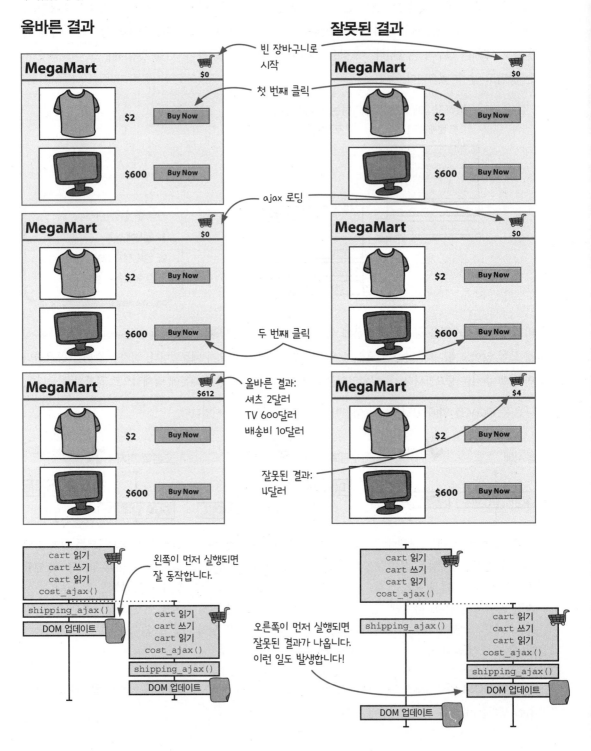

올바른 결과

잘못된 결과

빈 장바구니로 시작

첫 번째 클릭

ajax 로딩

두 번째 클릭

올바른 결과:
셔츠 2달러
TV 600달러
배송비 10달러

잘못된 결과:
4달러

왼쪽이 먼저 실행되면 잘 동작합니다.

오른쪽이 먼저 실행되면 잘못된 결과가 나옵니다. 이런 일도 발생합니다!

DOM이 업데이트되는 순서를 보장해야 합니다

특정 순서로 DOM이 업데이트되어야 문제가 없습니다. 하지만 타임라인으로 두 타임라인의 순서를 보장할 방법은 없습니다. 업데이트 순서를 제한해야 합니다. **오른쪽이 먼저 실행**되는 것을 막아야 합니다.

어떻게 DOM이 올바른 순서로 업데이트되도록 만들 수 있을까요? 두 클릭은 서로 클릭했는지 모릅니다.

개발팀

오른쪽 먼저 ✔ 불가능

| DOM 업데이트 |

| DOM 업데이트 |

클릭한 순서대로 DOM이 업데이트돼야 합니다. 하지만 DOM 업데이트는 아무도 통제할 수 없습니다. DOM 업데이트는 네트워크 요청이 완료되면 실행되고 네트워크 요청이 완료되는 시점은 통제할 수 없는 많은 변수에 의존합니다. 항상 클릭 순서대로 업데이트되도록 DOM 업데이트를 조율할 방법이 필요합니다.

현실에서도 공유된 자원을 사용하기 위해 자연스럽게 조율을 하고 있습니다. 현실에서 조율하는 것을 보고 타임라인을 조율하는 데 사용할 수 있습니다. 현실에서 어떤 일이 순서대로 진행되게 하는 방법의 하나는 줄을 서는 것입니다.

큐queue는 들어온 순서대로 나오는 데이터 구조입니다. 사용자 클릭을 큐에 넣으면 넣은 순서대로 꺼낼 수 있습니다. 큐는 여러 타임라인에 있는 액션 순서를 조율하기 위해 많이 사용합니다.

큐는 공유 자원이지만 안전하게 공유됩니다. 순서대로 작업을 꺼내 쓸 수 있기 때문입니다. 그리고 큐에 있는 모든 작업은 같은 타임라인에서 처리되기 때문에 순서가 관리됩니다.

> **📚 용어 설명**
>
> **큐**(queue)는 넣은 순서대로 항목을 꺼낼 수 있는 데이터 구조입니다.

작업은 들어온 순서대로 처리됩니다.

워커는 반복해서 모든 작업을 처리합니다.

작업은 한 타임라인에서 처리되기 때문에 항상 같은 순서로 끝납니다.

세 번 클릭하면 세 개의 작업이 큐에 추가됩니다.

클릭을 큐에 추가

| 큐에 추가 |

| 큐에 추가 |

| 작업 | 작업 | 작업 |
큐

| 큐에 추가 |

항목은 클릭한 순서대로 추가됩니다.

| 작업 |
큐 워커

큐는 공유된 자원입니다.

다음 중 타임라인이 서로 공유하면 문제가 될 수 있는 것에 동그라미 표시를 해보세요.

1. 전역변수

2. DOM

3. 계산을 부르는 것

4. 지역변수를 공유하는 것

5. 바꿀 수 없는 값

6. 데이터베이스

7. API 호출

정답

타임라인이 다음 자원을 공유하면 문제가 될 수 있습니다: 1, 2, 4, 6, 7.

자바스크립트에서 큐 만들기

자바스크립트에는 큐 자료 구조가 없기 때문에 만들어야 합니다.

큐는 자료 구조지만 타임라인 조율에 사용한다면 **동시성 기본형** concurrency primitive이라고 부릅니다. 동시성 기본형은 자원을 안전하게 공유할 수 있는 재사용 가능한 코드를 말합니다.

동시성 기본형을 기본적으로 제공하는 언어도 있습니다. 하지만 자바스크립트에는 없기 때문에 직접 만들어야 합니다. 직접 만들어 볼 수 있는 좋은 기회입니다. 직접 만들어 보는 것이 왜 좋은지 곧 알 수 있을 것입니다.

용어 설명

동시성 기본형(concurrency primitive)은 자원을 안전하게 공유할 수 있는 재사용 가능한 코드를 말합니다.

만들기 전에 큐에서 처리할 일과 클릭 핸들러에서 처리할 일을 나눠 봅시다.

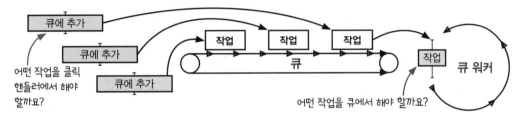

클릭 핸들러 다이어그램을 통해 큐에서 할 일과 핸들러에서 할 일을 찾아봅시다.

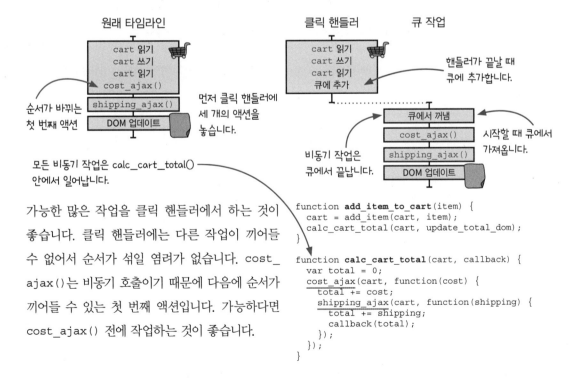

가능한 많은 작업을 클릭 핸들러에서 하는 것이 좋습니다. 클릭 핸들러에는 다른 작업이 끼어들 수 없어서 순서가 섞일 염려가 없습니다. cost_ajax()는 비동기 호출이기 때문에 다음에 순서가 끼어들 수 있는 첫 번째 액션입니다. 가능하다면 cost_ajax() 전에 작업하는 것이 좋습니다.

```
function add_item_to_cart(item) {
  cart = add_item(cart, item);
  calc_cart_total(cart, update_total_dom);
}

function calc_cart_total(cart, callback) {
  var total = 0;
  cost_ajax(cart, function(cost) {
    total += cost;
    shipping_ajax(cart, function(shipping) {
      total += shipping;
      callback(total);
    });
  });
}
```

현재 calc_cart_total() 함수에는 cost_ajax() 전에 할 수 있는 작업이 없습니다. 클릭 핸들러에서 할 수 있는 작업(끼어들 수 있는 작업을 제외하고)을 포함하고 있었다면 클릭 핸들러로 옮겼을 것입니다.

큐에서 처리할 작업을 큐에 넣기

현재 모든 코드는 타임라인 하나에 있습니다. 큐에서 처리할 작업을 다른 타임라인으로 옮겨야 합니다. 하지만 먼저 큐에서 처리할 작업을 큐에 넣는 액션 하나로 바꾸는 작업을 해봅시다.

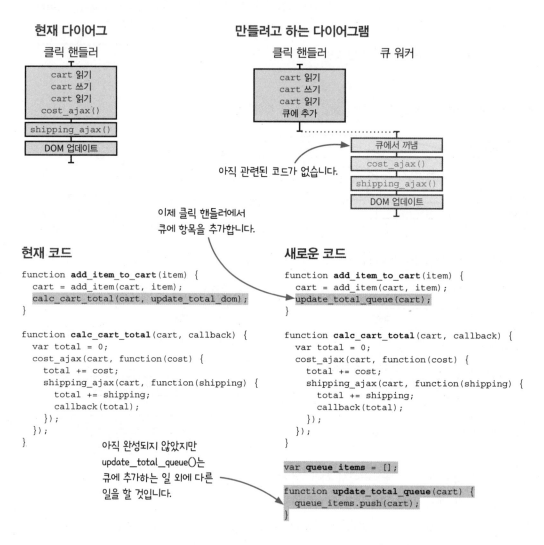

지금까지 큐는 단순합니다. 그냥 배열입니다. 큐에 항목을 추가하는 것은 배열 끝에 항목을 추가하는 간단한 코드입니다.

큐에 있는 첫 번째 항목을 실행합니다.

이제 큐 끝에 항목을 넣었기 때문에 작업을 실행할 수 있습니다. 작업을 실행하려면 큐(순서가 관리되는) 가장 앞에 있는 항목을 꺼내 작업을 시작하면 됩니다.

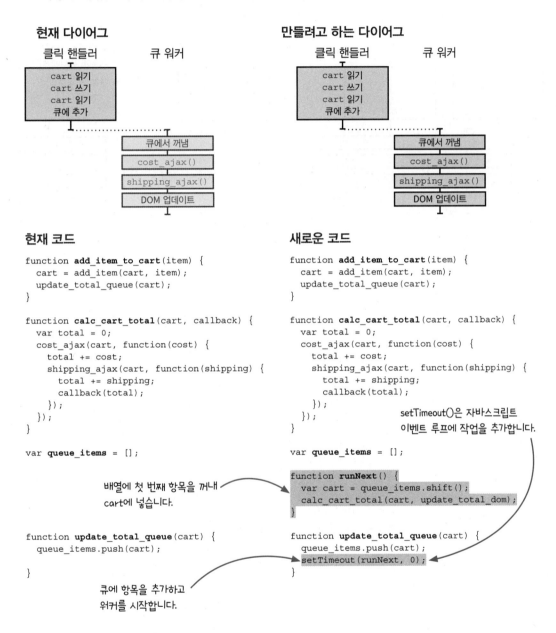

현재 다이어그

클릭 핸들러 | 큐 워커

```
cart 읽기
cart 쓰기
cart 읽기
큐에 추가
```

```
큐에서 꺼냄
cost_ajax()
shipping_ajax()
DOM 업데이트
```

만들려고 하는 다이어그

클릭 핸들러 | 큐 워커

```
cart 읽기
cart 쓰기
cart 읽기
큐에 추가
```

```
큐에서 꺼냄
cost_ajax()
shipping_ajax()
DOM 업데이트
```

현재 코드

```javascript
function add_item_to_cart(item) {
  cart = add_item(cart, item);
  update_total_queue(cart);
}

function calc_cart_total(cart, callback) {
  var total = 0;
  cost_ajax(cart, function(cost) {
    total += cost;
    shipping_ajax(cart, function(shipping) {
      total += shipping;
      callback(total);
    });
  });
}

var queue_items = [];
```

배열에 첫 번째 항목을 꺼내 cart에 넣습니다.

```javascript
function update_total_queue(cart) {
  queue_items.push(cart);
}
```

큐에 항목을 추가하고 워커를 시작합니다.

새로운 코드

```javascript
function add_item_to_cart(item) {
  cart = add_item(cart, item);
  update_total_queue(cart);
}

function calc_cart_total(cart, callback) {
  var total = 0;
  cost_ajax(cart, function(cost) {
    total += cost;
    shipping_ajax(cart, function(shipping) {
      total += shipping;
      callback(total);
    });
  });
}
```

setTimeout()은 자바스크립트 이벤트 루프에 작업을 추가합니다.

```javascript
var queue_items = [];

function runNext() {
  var cart = queue_items.shift();
  calc_cart_total(cart, update_total_dom);
}

function update_total_queue(cart) {
  queue_items.push(cart);
  setTimeout(runNext, 0);
}
```

항목을 순서대로 처리해야 하지만 지금은 동시에 두 항목이 처리되는 것을 막는 코드가 없습니다. 모든 항목을 순서대로 가지고 있어서 한 번에 하나씩 처리하면 됩니다.

다음 페이지에서 만들어 봅시다.

두 번째 타임라인이 첫 번째 타임라인과 동시에 실행되는 것을 막기

지금까지 만든 코드는 두 타임라인이 섞이는 것을 막지 못합니다.
한 번에 하나만 실행되도록 만들어야 합니다. 이미 실행되는 작업
이 있는지 확인해서 두 타임라인이 섞이지 않도록 만들어 봅시다.

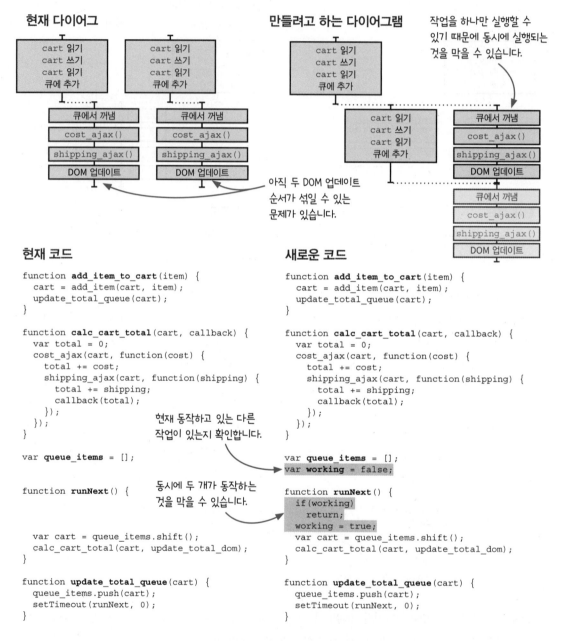

현재 다이어그

만들려고 하는 다이어그램

작업을 하나만 실행할 수 있기 때문에 동시에 실행되는 것을 막을 수 있습니다.

아직 두 DOM 업데이트 순서가 섞일 수 있는 문제가 있습니다.

현재 코드

```
function add_item_to_cart(item) {
  cart = add_item(cart, item);
  update_total_queue(cart);
}

function calc_cart_total(cart, callback) {
  var total = 0;
  cost_ajax(cart, function(cost) {
    total += cost;
    shipping_ajax(cart, function(shipping) {
      total += shipping;
      callback(total);
    });
  });
}

var queue_items = [];

function runNext() {



  var cart = queue_items.shift();
  calc_cart_total(cart, update_total_dom);
}

function update_total_queue(cart) {
  queue_items.push(cart);
  setTimeout(runNext, 0);
}
```

현재 동작하고 있는 다른 작업이 있는지 확인합니다.

동시에 두 개가 동작하는 것을 막을 수 있습니다.

새로운 코드

```
function add_item_to_cart(item) {
  cart = add_item(cart, item);
  update_total_queue(cart);
}

function calc_cart_total(cart, callback) {
  var total = 0;
  cost_ajax(cart, function(cost) {
    total += cost;
    shipping_ajax(cart, function(shipping) {
      total += shipping;
      callback(total);
    });
  });
}

var queue_items = [];
var working = false;

function runNext() {
  if(working)
    return;
  working = true;
  var cart = queue_items.shift();
  calc_cart_total(cart, update_total_dom);
}

function update_total_queue(cart) {
  queue_items.push(cart);
  setTimeout(runNext, 0);
}
```

두 타임라인이 동시에 실행되는 것을 막았지만 장바구니에 추가된 작업이 항상 하나만 실행될 것입니
다. 현재 작업이 끝났을 때 다음 작업을 실행할 수 있도록 고쳐봅시다.

다음 작업을 시작할 수 있도록 calc_cart_total() 콜백 함수를 고쳐봅시다.

`calc_cart_total()`에 새로운 콜백을 전달해 봅시다. 작업 완료
(`working = false`)를 기록하고 다음 작업을 실행할 수 있도록 고
쳐봅시다.

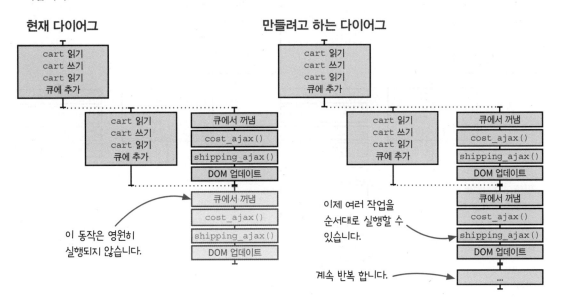

현재 코드

```
var queue_items = [];
var working = false;

function runNext() {
  if(working)
    return;
  working = true;
  var cart = queue_items.shift();
  calc_cart_total(cart, update_total_dom);



}

function update_total_queue(cart) {
  queue_items.push(cart);
  setTimeout(runNext, 0);
}
```

작업 완료를 표시하고
다음 작업을 시작합니다.

새로운 코드

```
var queue_items = [];
var working = false;

function runNext() {
  if(working)
    return;
  working = true;
  var cart = queue_items.shift();
  calc_cart_total(cart, function(total) {
    update_total_dom(total);
    working = false;
    runNext();
  });
}

function update_total_queue(cart) {
  queue_items.push(cart);
  setTimeout(runNext, 0);
}
```

비동기로 작업을 이어서 할 수 있는 중요한 반복 구조를 만들었습니
다. 이제 배열에 있는 모든 항목을 반복할 수 있습니다. 하지만 문제가
있습니다. 배열이 비었을 때 멈추지 않는다는 것입니다. 고쳐봅시다.

항목이 없을 때 멈추게 하기

큐 워커는 기본적으로 큐가 바닥날 때까지 실행합니다. 빈 큐에서 `queue_items.shift()`를 호출하면 `undefined`가 나올 것입니다. 이 값을 장바구니 항목으로 사용하면 안 됩니다.

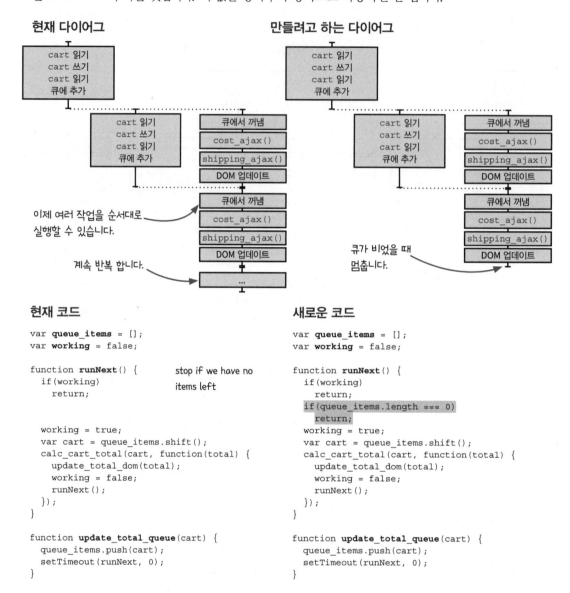

현재 다이어그

만들려고 하는 다이어그

이제 여러 작업을 순서대로 실행할 수 있습니다.

계속 반복 합니다.

큐가 비었을 때 멈춥니다.

현재 코드

```
var queue_items = [];
var working = false;

function runNext() {
  if(working)
    return;



  working = true;
  var cart = queue_items.shift();
  calc_cart_total(cart, function(total) {
    update_total_dom(total);
    working = false;
    runNext();
  });
}

function update_total_queue(cart) {
  queue_items.push(cart);
  setTimeout(runNext, 0);
}
```

stop if we have no
items left

새로운 코드

```
var queue_items = [];
var working = false;

function runNext() {
  if(working)
    return;
  if(queue_items.length === 0)
    return;
  working = true;
  var cart = queue_items.shift();
  calc_cart_total(cart, function(total) {
    update_total_dom(total);
    working = false;
    runNext();
  });
}

function update_total_queue(cart) {
  queue_items.push(cart);
  setTimeout(runNext, 0);
}
```

잘 동작하는 큐가 생겼습니다! 이제 사용자가 아무리 많이 빠르게 클릭해도 순서대로 처리할 수 있습니다.

쉬어가기 전에 마지막으로 할 일이 있습니다. 큐 코드에 전역변수 두 개가 있습니다. 전역변수는 잠재적으로 문제가 될 수 있기 때문에 없애 봅시다.

변수와 함수를 함수 범위로 넣기

지금 코드는 두 개의 전역변수를 변경합니다. Queue()라는 함수에 전역변수와 사용하는 함수를 넣어 다른 곳에서 접근할 수 없도록 해봅시다. 사용자는 update_total_queue()만 필요하기 때문에 Queue()의 리턴값을 update_total_queue 변수에 할당해서 사용하면 됩니다.

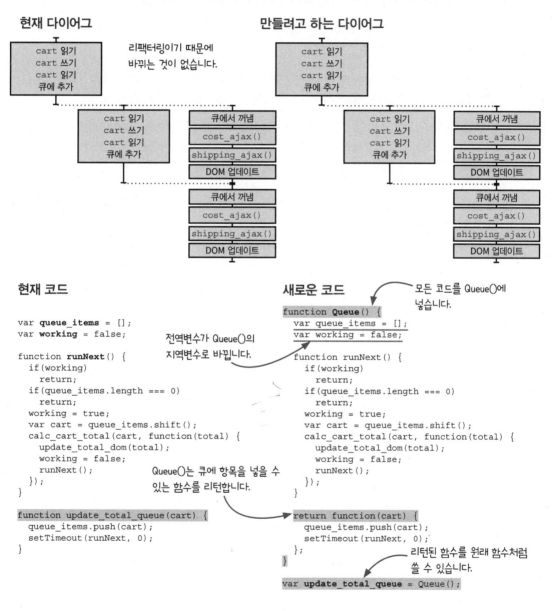

모든 전역변수를 Queue() 범위로 넣었기 때문에 더는 Queue() 밖에서 변경할 수 없습니다. 그리고 Queue()는 작은 코드이므로 전역변수에 접근하는 코드도 많지 않습니다. 그리고 큐를 여러 개 만들수 있게 되었습니다. 하지만 모두 장바구니에 제품을 추가하는 일을 합니다.

 **쉬는 시간**

더 진행하기 전에 가벼운 질문을 보면서 쉬어 갑시다.

Q 함수형 프로그래밍을 하는 데 변경 가능한 값을 자주 사용하는 것이 아닌가요?

A 정말 좋은 질문입니다. 함수형 프로그래밍은 특정한 코딩 습관을 강요하지 않습니다. 대신 여러분의 선택을 통해 생각할 수 있는 틀을 제공합니다.

`update_total_queue()`는 액션입니다. 특히 호출하는 순서와 횟수가 중요한 공유 자원입니다. 함수형 프로그래밍에서는 계산보다 액션에 더 큰 노력과 주의를 기울일 필요가 있습니다.

그래서 공유할 수 있는 큐를 잘 만드는 것이 중요합니다. 어떤 타임라인에서나 `update_total_queue()`를 사용할 수 있고 동작을 예상할 수 있습니다. 함수형 프로그래밍은 다루기 어려운 액션을 잘 다루기 좋습니다. 만약 액션을 잘 사용하기 위해 값을 변경해야 한다면 그렇게 하는 것이 좋습니다.

Q 왜 콜백 안에서 `runNext()`를 호출해야 하나요? `calc_cart_total()` 다음에 `runNext()`를 호출하면 안 되나요?

A 왜 **이렇게** 하는 대신, **이렇게** 했는지 궁금하신 것 같습니다.

```
calc_cart_total(cart, update_total_dom);
 working = false;
 runNext();
```

```
calc_cart_total(cart, function(total) {
  update_total_dom(total);
  working = false;
  runNext();
});
```

콜백 안에서 `runNext()`를 호출하는 이유는 `calc_cart_total()`이 비동기 호출이기 때문입니다. 미래 어떤 시점에 호출되는 작업을 포함하고 있습니다. `calc_cart_total()` 안에서 두 ajax 호출에 대한 응답이 이벤트 큐에 추가되고 나중에 이벤트 루프에서 처리됩니다. `calc_cart_total()` 안에서 다른 이벤트가 처리되고 있다는 뜻입니다.

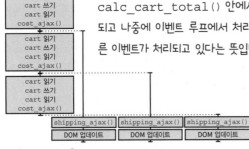

만약 왼쪽 코드처럼 `runNext()` 함수가 `calc_cart_total()` 다음에 있다면 ajax 요청이 진행되는 동안 다음 항목이 시작될 것입니다. 이렇게 동작하면 안 됩니다. 이러한 방식이 자바스크립트에서 쓰는 방식입니다.

Q 두 타임라인이 자원을 안전하게 공유하게 만들려면 많은 작업이 필요한 것 같습니다. 이 방법이 최선인가요?

A 큐를 만들기 위해 여러 단계를 거쳤습니다. 큐는 조심해서 만들어야 하기 때문에 여러 단계로 나눠 작업했습니다. 하지만 그렇게 긴 코드는 아닙니다. 그리고 한 번 만든 큐는 다시 만들 필요는 없습니다.

원칙:
공유하는 방법을 현실에서 착안하기

인간은 언제나 자원을 공유합니다. 그래서 자연스럽게 할 수 있습니다. 하지만 컴퓨터는 공유하는 방법을 모릅니다. 직접 프로그래밍을 해줘야 공유를 할 수 있습니다.

사람들이 자원을 공유하기 위해 줄queue을 서는 것을 보고 큐를 만들었습니다. 화장실을 공유할 때도 줄을 서고, 은행에서도 줄을 섭니다. 또 푸드 트럭에서 순서를 기다리기 위해 줄을 섭니다.

줄을 서는 것은 일반적이지만 모든 경우에 좋은 것은 아닙니다. 기다려야 한다는 단점이 있습니다. 사람들은 기다리지 않고 자원을 공유하기도 합니다.

- 한 번에 한 명씩 쓸 수 있게 화장실 **문을 잠글** 수 있습니다.
- **공공 도서관**(책이 모인 곳)은 지역사회가 많은 책을 공유할 수 있는 곳입니다.
- **칠판**을 사용하면 선생님(기록하는 사람) 한 명이 교실 전체(읽는 사람)에 정보를 공유할 수 있습니다.

자원을 공유하는 프로그램을 만든다면 이런 것을 모두 사용해 볼 수 있습니다. 다음 페이지에서 앞에서 만든 코드를 재사용할 수 있도록 만들어 봅시다.

생각해 보기

현실 세계에서 자원을 공유하기 위한 다른 방법을 생각해 보세요. 그리고 어떻게 동작하는지 생각해 봅시다.

큐를 재사용할 수 있도록 만들기

done() 함수 빼내기

큐 코드를 완전히 재사용할 수 있게 만들려고 합니다. 지금은 장바구니에 제품을 추가하는 기능에 특화되어 있습니다. 하지만 **함수 본문을 콜백으로 바꾸기**replace body with callback 리팩터링으로 큐를 반복해서 처리하는 코드(runNext()를 부르는 코드)와 큐에서 하는 일(calc_cart_total()을 부르는 코드)을 분리할 수 있습니다.

현재 코드

```javascript
function Queue() {
  var queue_items = [];
  var working = false;

  function runNext() {
    if(working)
      return;
    if(queue_items.length === 0)
      return;
    working = true;
    var cart = queue_items.shift();

    calc_cart_total(cart, function(total) {
      update_total_dom(total);




      working = false;
      runNext();
    });
  }

  return function(cart) {
    queue_items.push(cart);
    setTimeout(runNext, 0);
  };
}

var update_total_queue = Queue();
```

두 줄을 새로운 함수로 뺍니다.

본문

새로운 코드

```javascript
function Queue() {
  var queue_items = [];
  var working = false;

  function runNext() {
    if(working)
      return;
    if(queue_items.length === 0)
      return;
    working = true;
    var cart = queue_items.shift();
    function worker(cart, done) {
      calc_cart_total(cart, function(total) {
        update_total_dom(total);
        done(total);
      });
    }
    worker(cart, function() {
      working = false;
      runNext();
    });
  }

  return function(cart) {
    queue_items.push(cart);
    setTimeout(runNext, 0);
  };
}

var update_total_queue = Queue();
```

done은 콜백 함수 이름입니다.

원래 cart를 사용하지 않고 cart를 인자로 받아 지역적으로 사용합니다.

done() 콜백으로 큐 타임라인 작업을 이어서 할 수 있습니다. 콜백 함수에서 working 값을 false로 설정하고 다음 작업을 실행하기 위해 runNext()를 부릅니다. 이제 worker() 함수는 의존하고 있는 것이 없어서 Queue() 밖으로 빼서 Queue() 인자로 전달합니다.

워커 행동을 바꿀 수 있도록 밖으로 뺍니다.

아직 큐는 장바구니에 제품을 추가하는 일만 할 수 있습니다. 앞으로 특정한 동작을 하는 큐가 아니고 일반적인 큐가 필요할 수 있습니다. 일반적인 큐를 만들면 많은 동작에 재사용할 수 있습니다. 함수를 인자로 빼는 리팩터링으로 특정한 행동을 하는 코드를 없애고, 큐가 생성될 때 원하는 행동을 전달할 수 있습니다.

실행할 함수를 새로운 인자로 추가합니다.

현재 코드

```
function Queue() {
  var queue_items = [];
  var working = false;

  function runNext() {
    if(working)
      return;
    if(queue_items.length === 0)
      return;
    working = true;
    var cart = queue_items.shift();
    function worker(cart, done) {
      calc_cart_total(cart, function(total) {
        update_total_dom(total);
        done(total);
      });
    }
    worker(cart, function() {
      working = false;
      runNext();
    });
  }

  return function(cart) {
    queue_items.push(cart);
    setTimeout(runNext, 0);
  };
}
```

```
var update_total_queue = Queue();
```

새로운 코드

```
function Queue(worker) {
  var queue_items = [];
  var working = false;

  function runNext() {
    if(working)
      return;
    if(queue_items.length === 0)
      return;
    working = true;
    var cart = queue_items.shift();



    worker(cart, function() {
      working = false;
      runNext();
    });
  }

  return function(cart) {
    queue_items.push(cart);
    setTimeout(runNext, 0);
  };
}

function calc_cart_worker(cart, done) {
  calc_cart_total(cart, function(total) {
    update_total_dom(total);
    done(total);
  });
}
```

```
var update_total_queue = Queue(calc_cart_worker);
```

일반적인 큐를 만들었습니다! Queue()에 있는 기능은 모두 일반적인 기능입니다. 원하는 동작은 인자로 넘길 수 있습니다.

작업이 끝났을 때 실행하는 콜백을 받기

개발팀에서 작업이 끝났을 때 콜백을 실행하는 설정 기능이 필요하다고 합니다. 추가 정보는 작업 데이터와 콜백을 작은 객체로 만들어 큐에 넣을 수 있습니다. 다음 객체를 큐에 넣을 것입니다.

> 큐는 정말 잘 만들었네요! 그런데 작업이 끝났을 때 실행할 수 있는 콜백이 필요하네요.
>
> 개발팀

현재 코드

```javascript
function Queue(worker) {
  var queue_items = [];
  var working = false;

  function runNext() {
    if(working)
      return;
    if(queue_items.length === 0)
      return;
    working = true;
    var cart = queue_items.shift();
    worker(cart, function() {
      working = false;
      runNext();
    });
  }

  return function(cart) {
    queue_items.push(cart);



    setTimeout(runNext, 0);
  };
}

function calc_cart_worker(cart, done) {
  calc_cart_total(cart, function(total) {
    update_total_dom(total);
    done(total);
  });
}

var update_total_queue = Queue(calc_cart_
worker);
```

새로운 코드

```javascript
function Queue(worker) {
  var queue_items = [];
  var working = false;

  function runNext() {
    if(working)
      return;
    if(queue_items.length === 0)
      return;
    working = true;
    var item = queue_items.shift();
    worker(item.data, function() {
      working = false;
      runNext();
    });
  }

  return function(data, callback) {
    queue_items.push({
      data: data,
      callback: callback || function(){}
    });
    setTimeout(runNext, 0);
  };
}

function calc_cart_worker(cart, done) {
  calc_cart_total(cart, function(total) {
    update_total_dom(total);
    done(total);
  });
}

var update_total_queue = Queue(calc_cart_
worker);
```

worker에는 데이터만 전달합니다.

배열에 데이터와 콜백을 모두 넣습니다.

callback 기본값을 설정하기 위해 자바스크립트 관용 문법을 사용했습니다. 함수에 두 번째 인자를 전달하지 않으면 callback은 undefined가 될 수 있습니다. 콜백은 항상 실행해야 하므로 callback이 undefined인 경우 callback을 아무것도 하지 않는 함수로 설정했습니다.

```javascript
callback || function(){}
```

만약 콜백이 없다면 아무것도 하지 않는 함수를 사용합니다.

작업이 끝났을 때 실행되는 콜백을 데이터와 함께 저장했습니다. 하지만 아직 콜백을 사용하지 않았습니다. 다음 페이지에서 계속해 봅시다.

작업이 완료되었을 때 콜백 부르기

지난 페이지에서 작업 데이터와 콜백을 함께 저장할 수 있도록 만
들었습니다. 이제 작업이 끝났을 때 콜백을 불러 봅시다.

현재 코드

```
function Queue(worker) {
  var queue_items = [];
  var working = false;

  function runNext() {
    if(working)
      return;
    if(queue_items.length === 0)
      return;
    working = true;
    var item = queue_items.shift();
    worker(item.data, function() {
      working = false;

      runNext();
    });
  }

  return function(data, callback) {
    queue_items.push({
      data: data,
      callback: callback || function(){}
    });
    setTimeout(runNext, 0);
  };
}

function calc_cart_worker(cart, done) {
  calc_cart_total(cart, function(total) {
    update_total_dom(total);
    done(total);
  });
}

var update_total_queue = Queue(calc_cart_
worker);
```

done()이 인자를 받을
수 있도록 만듭니다.

item.callback을
비동기로 부릅니다.

새로운 코드

Queue()는 일반적인
함수이기 때문에
가능한 일반적인
이름을 사용합니다.

```
function Queue(worker) {
  var queue_items = [];
  var working = false;

  function runNext() {
    if(working)
      return;
    if(queue_items.length === 0)
      return;
    working = true;
    var item = queue_items.shift()
    worker(item.data, function(val) {
      working = false;
      setTimeout(item.callback, 0, val);
      runNext();
    });
  }

  return function(data, callback) {
    queue_items.push({
      data: data,
      callback: callback || function(){}
    });
    setTimeout(runNext, 0);
  };
}

function calc_cart_worker(cart, done) {
  calc_cart_total(cart, function(total) {
    update_total_dom(total);
    done(total);
  });
}

var update_total_queue = Queue(calc_cart_
worker);
```

콜백에 인자를
전달합니다.

cart에는 제품 데이터가
들어 있고 done은 완료될
때 부르는 함수입니다.

이 함수는 어떤 값을 사용하는지 알기 때문에 일반적인
이름이 아니고 구체적인 이름을 사용합니다.

Queue() 코드에서 item.data와 val 이름을 잘 보세요. 이제 Queue()는 일반적인 함수이기 때문에
어떤 데이터에 사용할지 모릅니다. 그래서 item.data와 val은 일반적인 이름을 사용했습니다. 하지
만 calc_cart_work()에서는 같은 값의 변수에 cart와 total이라는 이름을 사용했습니다. calc_
cart_work()는 이 값이 어떤 값으로 사용할지 알기 때문입니다. 변수명은 구체화 단계에 따라 하는
일을 표현해야 합니다.

이제 큐는 재사용하기 정말 좋습니다. 큐를 거치는 모든 작업을 처리하고 작업이 완료되면 타임라인이
이어서 작업을 계속합니다. 그럼 지금까지 한 일을 정리해 봅시다.

Queue()는 액션에 새로운 능력을 줄 수 있는 고차 함수입니다.

Queue()는 함수를 인자로 받아 또 다른 함수를 리턴하는 함수입니다.

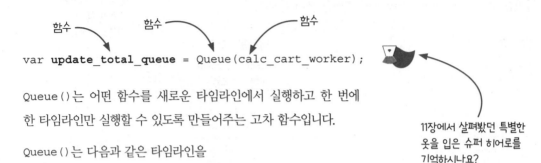

```
var update_total_queue = Queue(calc_cart_worker);
```

Queue()는 어떤 함수를 새로운 타임라인에서 실행하고 한 번에 한 타임라인만 실행할 수 있도록 만들어주는 고차 함수입니다.

11장에서 살펴봤던 특별한 옷을 입은 슈퍼 히어로를 기억하시나요?

Queue()는 다음과 같은 타임라인을

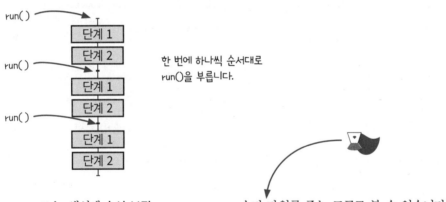

다른 타임라인에서 run()을 부르면 순서가 섞일 수 있고 서로 영향을 줍니다.

아래와 같은 타임라인으로 바꿔 줍니다.

한 번에 하나씩 순서대로 run()을 부릅니다.

Queue()는 액션에 **순서 보장**guaranteeing order <u>슈퍼 파워</u>를 주는 도구로 볼 수 있습니다.

Queue()라는 말 대신 linearize()라고 할 수도 있습니다. 큐가 액션 호출을 순서대로 만들기 때문입니다. 내부적으로 큐를 사용하지만 큐를 사용한다는 것은 내부 구현일 뿐입니다.

Queue()는 **동시성 기본형**concurrency primitive입니다. 여러 타임라인을 올바르게 동작하도록 만드는 재사용 가능한 코드입니다. 동시성 기본형은 방법은 다르지만 모두 실행 가능한 순서를 제한하면서 동작합니다. 기대하지 않는 실행 순서를 없애면 코드가 기대한 순서로 동작한다는 것을 보장할 수 있습니다.

> 📚 **용어 설명**
>
> **동시성 기본형**(concurrency primitive)은 자원을 안전하게 공유할 수 있는 재사용 가능한 코드를 말합니다.

지금까지 만든 타임라인 분석하기

해리의 말처럼 타임라인으로 서비스 동작 여부를 알 수 있습니다. 다음은 우리가 만든 타임라인 다이어그램입니다. 공유하는 리소스는 아이콘을 사용하여 강조해 봅시다.

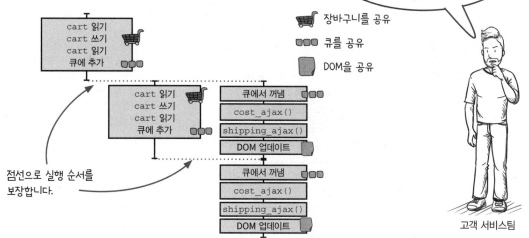

좋은 것 같습니다. 그런데 서비스에 배포하기 전에 타임라인으로 서비스가 올바르게 동작할지 알 수 있을까요?

고객 서비스팀

장바구니 전역변수와 큐, DOM을 공유하고 있습니다. 하나씩 올바르게 공유되고 있는지 알아봅시다. 같은 자원끼리 비교해야 한다는 것을 잊지 마세요. 그리고 자원을 공유하지 않는다면 액션이 어떤 순서로 실행되는지 중요하지 않는다는 것도 기억하세요.

먼저 장바구니 전역변수부터 살펴봅시다. 장바구니 전역변수는 클릭 타임라인에서 모두 사용하고 있습니다. 장바구니에 제품을 추가하기 위해 클릭하면 장바구니 전역변수에 세 번 접근합니다. 하지만 모두 같은 박스에서 동기적으로 실행됩니다. 장바구니 전역변수를 공유하는 서로 다른 타임라인에서 실행되는 단계의 순서가 잘못될 수 있는지 확인해 봅시다. 점선 때문에 한 가지 순서로만 실행할 수 있어 모든 실행 가능한 순서를 확인해 보지 않아도 됩니다. 하지만 확인해 보는 것도 좋을 것 같습니다.

동시에 실행 ✔ 불가능

자바스크립트 스레드 모델에서 동시에 실행하는 것은 불가능합니다. 따라서 이 순서는 생각하지 않아도 됩니다. 하지만 다른 스레드 모델에서는 가능할 수 있기 때문에 고려해야 합니다.

왼쪽 먼저 실행 ✔ 기대한 순서

원하는 실행 순서입니다. 두 클릭 핸들러는 클릭한 순서대로 실행됩니다.

오른쪽 먼저 실행 ✔ 불가능

기대하지 않는 동작이지만 점선 때문에 이 동작은 일어나지 않습니다. 점선은 이벤트 큐 실행 순서를 보장한다는 것을 나타냅니다. 따라서 UI 이벤트는 순서대로 일어나고 클릭 핸들러 역시 클릭한 순서대로 실행됩니다.

장바구니 전역변수는 공유할 때 문제가 없는 것 같습니다. 다음으로 DOM에 대해 알아봅시다.

장바구니 자원은 공유하는 데 문제가 없다는 것을 확인했습니다. 앞에서 만든 큐는 DOM을 공유하는 문제 때문에 만들었습니다. DOM을 공유하는 문제를 다시 살펴봅시다.

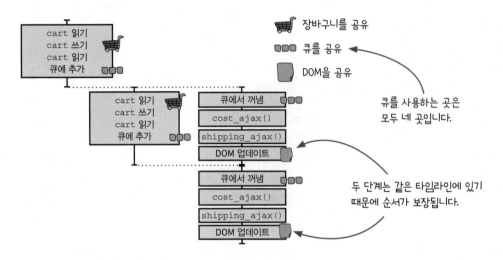

큐를 사용해 DOM 업데이트를 같은 타임라인에서 하도록 만들었기 때문에 순서 문제가 생기지 않습니다. 제품 추가 버튼을 누르는 순서대로 DOM 업데이트가 실행됩니다. 같은 타임라인에 있기 때문에 가능한 순서를 따져볼 필요가 없습니다. 하나의 타임라인에 있는 액션은 항상 순서대로 실행됩니다.

마지막 공유 자원은 큐입니다. 큐는 모든 타임라인에서 서로 다른 네 단계에서 사용하고 있습니다.

DOM을 공유하는 것은 문제가 없다는 것을 알았습니다. 하지만 큐를 공유하는 것은 문제가 있어 보입니다. 큐는 모든 타임라인의 서로 다른 단계에서 공유하고 있습니다. 어떻게 분석해야 할지 살펴봅시다. 먼저 가장 쉬운 것부터 알아봅시다.

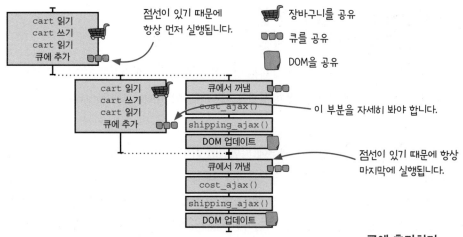

점선이 있기 때문에 항상 먼저 실행됩니다.

🛒 장바구니를 공유

▢▢▢ 큐를 공유

▢ DOM을 공유

이 부분을 자세히 봐야 합니다.

점선이 있기 때문에 항상 마지막에 실행됩니다.

다이어그램을 보면 큐에 추가하는 두 단계 중 하나는 항상 먼저 실행됩니다. 그리고 큐에서 꺼내는 단계 두 개 중 하나는 항상 마지막에 실행됩니다. 점선으로 이런 사실을 알 수 있습니다.

그렇다면 이제 가운데 있는 두 단계가 남았습니다. 두 단계는 실행 순서가 섞일 수 있습니다. 각각의 실행 순서를 보면서 기대한 값이거나 불가능한 순서인지 확인해야 합니다.

큐에 추가하기

```
queue_items.push({
    data: data,
    callback: callback
});
```

큐에서 꺼내기

```
queue_items.shift();
```

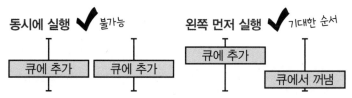

동시에 실행 ✔ 불가능

| 큐에 추가 | 큐에 추가 |

자바스크립트 스레드 모델에서 동시에 실행하는 것은 불가능합니다. 따라서 이 순서는 생각하지 않아도 됩니다. 하지만 다른 스레드 모델에서는 가능할 수 있기 때문에 고려해야 합니다.

왼쪽 먼저 실행 ✔ 기대한 순서

| 큐에 추가 |
| 큐에서 꺼냄 |

기대한 동작입니다. 한쪽 타임라인에서 큐에 넣고 다른 쪽 타임라인에서 꺼내는 것은 올바른 동작입니다. 항목의 순서는 큐가 관리해 줍니다.

오른쪽 먼저 실행 ✔ 기대한 순서

역시 기대하는 동작입니다. 큐에서 먼저 꺼내고 나중에 추가해도 문제가 없습니다. 항목의 순서는 큐가 관리해 줍니다.

액션의 순서가 바뀌는 것은 막을 수 없습니다. 하지만 가능한 한 두 순서 모두 올바른 결과가 나옵니다. 동시성 기본형인 큐가 이런 것을 보장해 줍니다.

원칙: 문제가 있을 것 같으면 타임라인 다이어그램을 살펴보세요

타임라인 다이어그램의 가장 큰 장점은 타이밍 문제를 명확히 보여준다는 것입니다. 공유된 자원이 잘 못된 순서로 사용되는지 알 수 있습니다. 이러한 장점이 있기 때문에 다이어그램을 그리는 것이 좋습니다.

타이밍에 관한 버그는 재현하기 매우 힘들기 때문에 타임라인 다이어그램이 필요합니다. 코드에서 명확하게 드러나지 않고 모든 테스트를 통과할지도 모릅니다. 테스트를 백 번 수행해도 실행 가능한 순서를 모두 재현하지 못할 수도 있습니다. 하지만, 서비스에 배포해서 천 명 또는 백만 명의 사용자가 코드를 실행한다면 결국 문제가 생길 것입니다. 타임라인 다이어그램은 서비스에 배포해 보지 않아도 문제를 찾을 수 있습니다.

만약 액션을 사용하는 프로그래밍을 하고 있다면 타임라인 다이어그램으로 그리는 것이 좋습니다. 타임라인 다이어그램은 모든 실행 가능한 순서를 포함해 소프트웨어가 어떻게 동작하는지 이해하는 데 쓸 수 있는 유연한 도구입니다.

큐를 건너뛰도록 만들기

세라 말이 맞습니다. 우리가 큐를 구현한 방식에
따르면, 워커는 각각의 작업이 끝나야 다음으로
진행할 수 있습니다. 이런 방식이기 때문에 매우 느
립니다. 만약 누군가가 정말 빠르게 장바구니에 제품은
담는 클릭을 네 번 한다고 생각해 봅시다. 마지막 합계만 DOM에
표시되면 됩니다. 하지만 큐에 있는 네 개의 작업이 모두 한 번에
하나씩 처리될 것입니다. AJAX 요청이 있어서 최종 결과가 업데이
트될 때까지 몇 초가 걸릴 수도 있습니다.

> 올바른 순서로 동작하는 것
> 같습니다. 하지만 너무 느려요!

개발팀

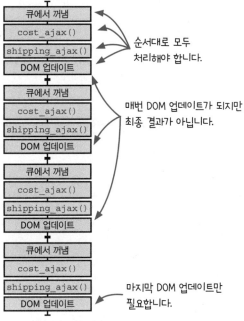

네 번 빠르게 클릭했을 때 큐

순서대로 모두
처리해야 합니다.

매번 DOM 업데이트가 되지만
최종 결과가 아닙니다.

마지막 DOM 업데이트만
필요합니다.

코드를 개선할 필요가 있습니다. 다이어그램을 통해 큐에 있는 마
지막 업데이트만 필요하다는 것을 알 수 있습니다. 다른 업데이트는
다음 업데이트가 끝나자마자 덮어써질 것입니다. 덮어쓸 항목을 큐
에서 빼면 어떻게 될까요? 지금 큐 코드를 살짝 고쳐서 그렇게 만
들 수 있습니다.

현재 큐는 작업이 끝나야 다음 작업이 시작됩니다. 새로운 작업이 들어오면 건너뛸 수 있도록 드로핑 dropping 큐를 만들어 봅시다.

일반 큐

```
function Queue(worker) {
  var queue_items = [];
  var working = false;

  function runNext() {
    if(working)
      return;
    if(queue_items.length === 0)
      return;
    working = true;
    var item = queue_items.shift();
    worker(item.data, function(val) {
      working = false;
      setTimeout(item.callback, 0, val);
      runNext();
    });
  }

  return function(data, callback) {
    queue_items.push({
      data: data,
      callback: callback || function(){}
    });

    setTimeout(runNext, 0);
  };
}

function calc_cart_worker(cart, done) {
  calc_cart_total(cart, function(total) {
    update_total_dom(total);
    done(total);
  });
}

var update_total_queue =
  Queue(calc_cart_worker);
```

드로핑 큐

DroppingQueue로 이름을 바꿉니다.

```
function DroppingQueue(max, worker) {
  var queue_items = [];
  var working = false;
```

보관 할 수 있는 최대 큐 크기를 넘깁니다.

```
  function runNext() {
    if(working)
      return;
    if(queue_items.length === 0)
      return;
    working = true;
    var item = queue_items.shift();
    worker(item.data, function(val) {
      working = false;
      setTimeout(item.callback, 0, val);
      runNext();
    });
  }

  return function(data, callback) {
    queue_items.push({
      data: data,
      callback: callback || function(){}
    });
    while(queue_items.length > max)
      queue_items.shift();
    setTimeout(runNext, 0);
  };
}
```

큐에 추가한 후에 항목이 max를 넘는다면 모두 버립니다.

```
function calc_cart_worker(cart, done) {
  calc_cart_total(cart, function(total) {
    update_total_dom(total);
    done(total);
  });
}

var update_total_queue =
  DroppingQueue(1, calc_cart_worker);
```

한 개 이상은 모두 버립니다.

드로핑 큐를 적용한 update_total_queue는 아무리 빨리 항목을 추가해도 큐 항목이 한 개 이상 늘어나지 않습니다. 사용자는 계속 기다릴 필요 없이 서버에 응답을 최대 두 번만 기다리면 됩니다.

큐 코드를 조금 고쳐서 요구 사항에 만족하는 개선된 결과를 얻었습니다. 두 버전 큐 모두 일반적으로 사용할 수 있어서 잘 두고 쓰면 됩니다. 중요한 것은 이 큐들을 자원을 공유하기 위한 동시성 기본형으로 사용할 수 있다는 것입니다.

문서 저장하기 버튼을 구현할 때 문제가 하나 있습니다. 네트워크가 느리다면 save_ajax() 호출은 서로 덮어 쓸 수도 있습니다. 다음 타임라인 다이어그램은 이 문제를 보여주고 있습니다. 드로핑 큐를 사용해 문제를 해결해 보세요.

```
var document = {...};

function save_ajax(document, callback) {...}

saveButton.addEventListener('click', function() {
  save_ajax(document);
});
```

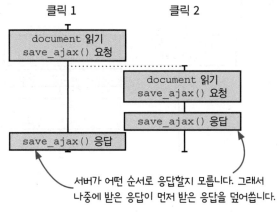

클릭 1   클릭 2

document 읽기
save_ajax() 요청

document 읽기
save_ajax() 요청

save_ajax() 응답

save_ajax() 응답

서버가 어떤 순서로 응답할지 모릅니다. 그래서
나중에 받은 응답이 먼저 받은 응답을 덮어씁니다.

정답을 여기에 써보세요.

```
var document = {...};

function save_ajax(document, callback) {...}

var save_ajax_queued = DroppingQueue(1, save_ajax);

saveButton.addEventListener('click', function() {
  save_ajax_queued(document);
});
```

클릭 1	클릭 2	큐

document 읽기
큐에 추가

document 읽기
큐에 추가

큐 읽기
save_ajax() 요청

save_ajax() 응답

큐 읽기
save_ajax() 요청

save_ajax() 응답

클릭한 순서대로
저장됩니다.

결론

이 장에서 자원 공유 문제에 대해 살펴봤습니다. DOM 업데이트는 특정한 순서로 발생합니다. 다이어그램을 통해 문제를 찾은 다음 큐를 만들어 문제를 해결했습니다. 큐 코드를 고쳐 재사용 가능한 고차 함수로 만들었습니다.

요점 정리

- 타이밍 문제는 재현하기 어렵고, 테스트로 확인하지 못할 수 있습니다. 타임라인 다이어그램을 그려 분석하고 타이밍 문제를 확인해 보세요.
- 자원 공유 문제가 있을 때 현실에서 해결 방법을 찾아보세요. 사람들은 항상 무엇인가를 문제없이 공유합니다. 사람을 통해 배우세요.
- 재사용 가능한 도구를 만들면 자원 공유에 도움이 됩니다. 자원 공유를 위한 도구를 동시성 기본형이라고 부릅니다. 동시성 기본형을 사용하면 코드가 더 깨끗하고 단순해집니다.
- 동시성 기본형은 액션을 고차 함수로 받습니다. 이 고차 함수는 액션에 슈퍼 파워를 줍니다.
- 동시성 기본형은 스스로 만들기 어렵지 않습니다. 작은 단계부터 시작해 리팩터링 하면서 스스로 만들 수 있습니다.

다음 장에서 배울 내용

자원 공유 문제를 확인하는 방법과 동시성 기본형으로 문제를 해결하는 것을 알아봤습니다. 다음 장에서 두 타임라인을 조율해 문제를 해결하는 방법을 알아보겠습니다.

CHAPTER **17**

타임라인 조율하기

이번 장에서 살펴볼 내용

■ 타임라인을 조율하기 위한 동시성 기본형을 만들어 봅니다.

■ 시간에 관한 중요한 관점인 순서와 반복을 함수형 개발자들이 어떻게 다루는지 배웁니다.

지난 장에서 자원 공유로 인한 버그를 찾고 **동시성 기본형**concurrency primitive으로 안전하게 자원을 공유했습니다. 어떤 경우에는 눈에 보이는 공유 자원은 없지만, 타임라인이 함께 협력해야 하는 경우가 있습니다. 이 장에서는 타임라인을 조율하고 잘못된 실행 순서를 없애기 위한 동시성 기본형을 만들어 볼 것입니다.

좋은 타임라인의 원칙

아래는 앞에서 살펴본 좋은 타임라인의 원칙입니다. 지난 두 장에서 1번부터 4번까지 알아봤습니다. 올바른 코드를 만드는 데 이 원칙들이 중요하다는 것을 알았습니다. 이 장에서는 다섯 번째 원칙을 살펴보겠습니다. 이제부터 시간을 다룰 수 있는 대상으로 생각해야 합니다.

1. 타임라인은 적을수록 이해하기 쉽습니다.

새로운 타임라인이 생기면 시스템은 이해하기 어려워집니다. 타임라인 수(오른쪽 공식에서 t)를 줄이면 시스템을 이해하기 더 쉽습니다. 하지만 타임라인 수를 언제나 마음대로 정할 수는 없습니다.

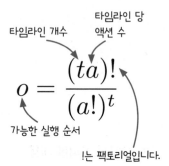

가능한 실행 순서의 개수 공식

타임라인 개수 · 타임라인 당 액션 수

$$o = \frac{(ta)!}{(a!)^t}$$

가능한 실행 순서

!는 팩토리얼입니다.

2. 타임라인은 짧을수록 이해하기 쉽습니다.

타임라인 단계(오른쪽 공식에서 a)를 줄이면 실행 가능한 순서를 많이 줄일 수 있습니다.

3. 공유하는 자원이 적을수록 이해하기 쉽습니다.

두 타임라인을 볼 때, 자원을 공유하는 단계만 생각하면 됩니다. 다이어그램에서 생각해야 할 단계와 가능한 순서를 효과적으로 줄일 수 있습니다.

4. 자원을 공유한다면 서로 조율해야 합니다.

타임라인을 볼 때 자원을 공유하는 단계만 조심하면 됩니다. 자원을 공유하는 단계를 줄이면 가능한 순서를 줄일 수 있습니다.

5. 시간을 일급으로 다룹니다.

액션의 순서와 타이밍을 맞추는 것은 어렵습니다. 타임라인을 관리하는 재사용 가능한 객체를 만들면 타이밍 문제를 쉽게 처리할 수 있습니다. 중요한 것은 시간에 대한 관점입니다. 호출 순서와 반복은 직접 다룰 수 있습니다.

모든 언어는 시간에 대한 암묵적인 모델을 가지고 있습니다. 하지만 언어에서 제공하는 시간 모델은 우리가 해결하려는 문제와 맞지 않는 모델인 경우가 있습니다. 함수형 프로그래밍으로 문제에 맞는 새로운 시간 모델을 만들 수 있습니다.

새로운 버그가 생긴 장바구니에 다섯 번째 원칙을 적용해 봅시다.

버그가 있습니다!

장바구니에 큐를 적용해서 배포한 지 일주일이 지났습니다. 그 후로 사용자 인터페이스 속도를 개선해달라는 요청이 많이 있었습니다. 그래서 장바구니에 대한 속도 개선과 제품 추가 버튼에 대한 최적화를 했습니다. 그런데 버그가 생겼습니다.

제품을 하나만 추가해도 가끔 잘못된 합계가 표시됩니다. 버그를 재현해 봅시다.

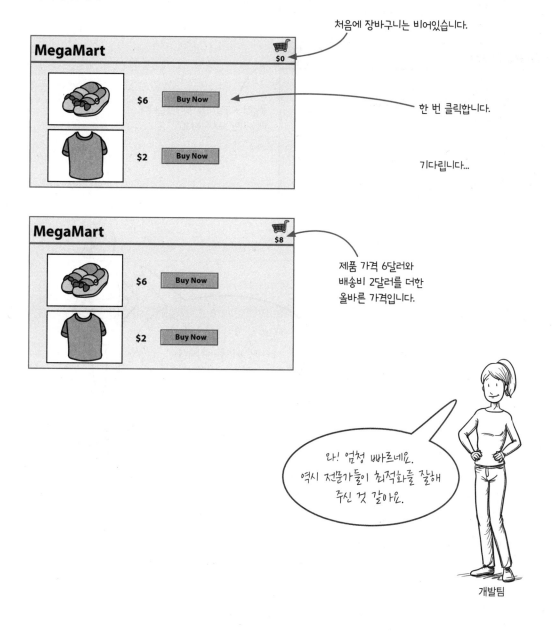

처음에 장바구니는 비어있습니다.

한 번 클릭합니다.

기다립니다...

제품 가격 6달러와 배송비 2달러를 더한 올바른 가격입니다.

와! 엄청 빠르네요. 역시 전문가들이 최적화를 잘해 주신 것 같아요.

개발팀

다음은 잘못 동작하는 경우입니다.

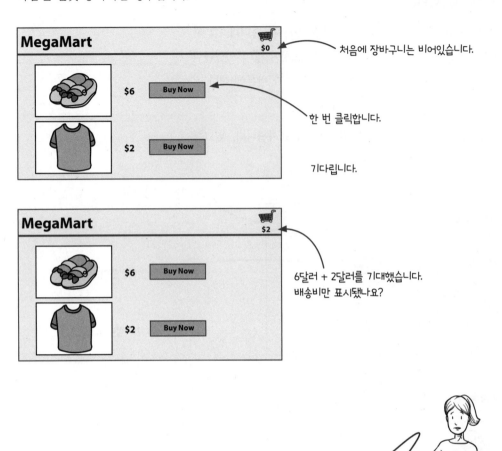

처음에 장바구니는 비어있습니다.

한 번 클릭합니다.

기다립니다.

6달러 + 2달러를 기대했습니다.
배송비만 표시됐나요?

가끔은 잘 동작하는 것을 보니
타이밍 버그로 보입니다.

개발팀

장바구니에 제품 하나만 추가했습니다. 여러 개의 제품을 빠르게
추가해도 역시 버그가 발생합니다. 하지만 재현할 수 없네요. 먼저
제품 하나를 추가했을 때 생기는 버그를 고쳐봅시다.

코드가 어떻게 바뀌었나요

최적화하기 전에는 모든 코드가 잘 동작했습니다. 하지만, 이제 제품 하나만 추가해도 가끔 실패합니다. 지난 장에서 마지막에 작업했던 코드와 최적화로 속도를 개선한 코드를 비교해 봅시다.

최적화하기 전(동작)

```
function add_item_to_cart(item) {
  cart = add_item(cart, item);
  update_total_queue(cart);
}

function calc_cart_total(cart, callback) {
  var total = 0;
  cost_ajax(cart, function(cost) {
    total += cost;

    shipping_ajax(cart, function(shipping) {
      total += shipping;
      callback(total);
    });
  });
}

function calc_cart_worker(cart, done) {
  calc_cart_total(cart, function(total) {
    update_total_dom(total);
    done(total);
  });
}

var update_total_queue =
  DroppingQueue(1, calc_cart_worker);
```

닫는 괄호들이 옮겨진 것 같습니다.

최적화한 후(동작하지 않음)

```
function add_item_to_cart(item) {
  cart = add_item(cart, item);
  update_total_queue(cart);
}

function calc_cart_total(cart, callback) {
  var total = 0;
  cost_ajax(cart, function(cost) {
    total += cost;
  });
  shipping_ajax(cart, function(shipping) {
    total += shipping;
    callback(total);
  });
}

function calc_cart_worker(cart, done) {
  calc_cart_total(cart, function(total) {
    update_total_dom(total);
    done(total);
  });
}

var update_total_queue =
  DroppingQueue(1, calc_cart_worker);
```

닫는 괄호들이 옮겨진 것 같습니다. 그 결과 `shipping_ajax()`는 `cost_ajax()` 콜백 안에서 호출되는 대신 `cost_ajax()` 다음 바로 실행됩니다. 물론 두 **ajax** 요청이 거의 동시에 실행되기 때문에 빠를 것입니다. 하지만 확실히 버그가 있습니다.

어떤 일이 벌어지는지 타임라인 다이어그램을 그려봅시다.

액션을 확인하기: 단계 1

지난 페이지에서 코드의 차이점을 비교해봤습니다. 코드를 콜백 밖으로 살짝 옮겨서 속도가 빨라졌지만, 버그가 생겼습니다. 다이어그램을 그리기 위해 먼저 액션을 확인해 봅시다.

다이어그램을 그리기 위한
세 단계
1. 액션을 확인합니다.
2. 각 액션을 그립니다.
3. 단순화합니다.

```
function add_item_to_cart(item) {
  cart = add_item(cart, item);
  update_total_queue(cart);          코드에 있는 액션에 밑 줄
}                                    표시를 합니다.

function calc_cart_total(cart, callback) {
  var total = 0;
  cost_ajax(cart, function(cost) {
    total += cost;
  });
  shipping_ajax(cart, function(shipping) {
    total += shipping;
    callback(total);
  });
}

function calc_cart_worker(cart, done) {
  calc_cart_total(cart, function(total) {
    update_total_dom(total);
    done(total);
  });
}

var update_total_queue = DroppingQueue(1, calc_cart_worker);
```

타임라인 다이어그램을 그릴 때 조심해서 그려야 합니다. total은 지역변수이지만 액션에 포함했습니다. 앞에서 전역변수인 total을 지역변수로 바꿔 다이어그램에서 없앴습니다. 지역변수는 같은 타임라인에서 접근하기 때문에 액션이 아닙니다. 하지만 이제 total은 여러 타임라인에서 사용하게 되었습니다. 안전하게 공유되는지 확신이 없습니다(그것이 아니라는 것을 곧 알게 될 것입니다). 어떤 가정을 하지 않고 타임라인 다이어그램을 그리는 것은 중요합니다. 나중에 세 번째 단계에서 단순화할 수 있기 때문에 일단은 total을 다이어그램에 포함하겠습니다.

그럼 두 번째 단계를 진행해 봅시다.

모든 액션을 그리기: 단계 2

첫 번째 단계를 진행하면서 코드에 모든 액션을 확인했습니다. 이제 모든 액션을 그리는 두 번째 단계를 진행해 봅시다. 처음부터 시작한다는 것을 잊지 마세요. 일단 전에 했던 가정은 모두 무시할 것입니다. 그리고 세 번째 단계에서 최적화할 것입니다.

다이어그램을 그리기 위한 세 단계

1. 액션을 확인합니다.
2. 각 액션을 그립니다.
3. 단순화합니다.

```
1 function add_item_to_cart(item) {
2   cart = add_item(cart, item);
3   update_total_queue(cart);
4 }
5
6 function calc_cart_total(cart, callback) {
7   var total = 0;
8   cost_ajax(cart, function(cost) {
9     total += cost;
10  });
11  shipping_ajax(cart, function(shipping) {
12    total += shipping;
13    callback(total);
14  });
15 }
16
17 function calc_cart_worker(cart, done) {
18   calc_cart_total(cart, function(total) {
19     update_total_dom(total);
20     done(total);
21   });
22 }
23
24 var update_total_queue = DroppingQueue(1, calc_cart_worker);
```

액션

1. cart 읽기
2. cart 쓰기
3. cart 읽기
4. update_total_queue() 부르기
5. total = 0 초기화
6. cost_ajax() 부르기
7. total 읽기
8. total 쓰기
9. shipping_ajax() 부르기
10. total 읽기
11. total 쓰기
12. total 읽기
13. update_total_dom() 부르기

이제 그려봅시다. 이미 경험이 있기 때문에 한 번에 하나씩 하는 대신 액션을 몇 개로 모아서 그리겠습니다.

```
2   cart = add_item(cart, item);
3   update_total_queue(cart);
```

클릭 핸들러

cart 읽기
cart 쓰기
cart 읽기
update_total_queue()

이 액션들은 모두 동기적으로 실행되기 때문에 타임라인 하나에 그립니다.

이 액션은 작업을 큐에 추가합니다.

지난 페이지에서 타임라인 다이어그램을 그리기 시작했습니다. 계속
해서 그려봅시다. 3번째 줄까지 그렸습니다.

```
1 function add_item_to_cart(item) {
2   cart = add_item(cart, item);
3   update_total_queue(cart);
4 }
5
6 function calc_cart_total(cart, callback) {
7   var total = 0;
8   cost_ajax(cart, function(cost) {
9     total += cost;
10  });
11  shipping_ajax(cart, function(shipping) {
12    total += shipping;
13    callback(total);
14  });
15 }
16
17 function calc_cart_worker(cart, done) {
18   calc_cart_total(cart, function(total) {
19     update_total_dom(total);
20     done(total);
21   });
22 }
23
24 var update_total_queue = DroppingQueue(1, calc_cart_worker);
```

액션

1. cart 읽기
2. cart 쓰기
3. cart 읽기
4. update_total_queue() 부르기
5. total = 0 초기화
6. cost_ajax() 부르기
7. total 읽기
8. total 쓰기
9. shipping_ajax() 부르기
10. total 읽기
11. total 쓰기
12. total 읽기
13. update_total_dom() 부르기

다음 코드를 그려봅시다.

```
7    var total = 0;
8    cost_ajax(cart, function(cost) {
9      total += cost;
10   });
```

+=는 읽고 쓰는 연산자라는 것을 잊지 마세요.

다이어그램을 그리기 위한 세 단계

1. 액션을 확인합니다.
2. 각 액션을 그립니다.
3. 단순화합니다.

클릭 핸들러

| cart 읽기 |
| cart 쓰기 |
| cart 읽기 |
| update_total_queue() |

큐

| Total 초기화 |
| cost_ajax() |

cost_ajax() 콜백

| total 읽기 |
| total 쓰기 |

이 부분은 큐에서 실행되기 때문에 새로운 타임라인으로 그립니다.

이 부분은 ajax 콜백에서 실행되기 때문에 새로운 타임라인으로 그립니다.

이제 코드의 절반 정도 그렸고, 모두 8개의 액션을 그렸습니다. 아직 그려야 할 액션이 더 남았습니다. 계속해서 그려봅시다.

```
1  function add_item_to_cart(item) {
2    cart = add_item(cart, item);
3    update_total_queue(cart);
4  }
5
6  function calc_cart_total(cart, callback) {
7    var total = 0;
8    cost_ajax(cart, function(cost) {
9      total += cost;
10   });
11   shipping_ajax(cart, function(shipping) {
12     total += shipping;
13     callback(total);
14   });
15 }
16
17 function calc_cart_worker(cart, done) {
18   calc_cart_total(cart, function(total) {
19     update_total_dom(total);
20     done(total);
21   });
22 }
23
24 var update_total_queue = DroppingQueue(1, calc_cart_worker);
```

액션

1. cart 읽기
2. cart 쓰기
3. cart 읽기
4. update_total_queue() 부르기
5. total = 0 초기화
6. cost_ajax() 부르기
7. total 읽기
8. total 쓰기
9. shipping_ajax() 부르기
10. total 읽기
11. total 쓰기
12. total 읽기
13. update_total_dom() 부르기

> **다이어그램을 그리기 위한 세 단계**
> 1. 액션을 확인합니다.
> 2. 각 액션을 그립니다.
> 3. 단순화합니다.

이제 shipping_ajax()를 다이어그램에 그려봅시다.

```
11   shipping_ajax(cart, function(shipping) {
12     total += shipping;
13     callback(total);
14   });
```

shpping_ajax()는 cost_ajax() 바로 다음에 부르기 때문에 같은 타임라인에 그립니다.

이 부분은 ajax 콜백에서 실행되기 때문에 새로운 타임라인으로 그립니다.

update_total_dom() 액션이 하나 남았습니다. 여백이 부족하기 때문에 다음 페이지에서 그려봅시다.

목록에 있는 액션 13개 중 12개를 그렸습니다. 이제 남은 액션은 하나입니다.

```
 1 function add_item_to_cart(item) {
 2   cart = add_item(cart, item);
 3   update_total_queue(cart);
 4 }
 5
 6 function calc_cart_total(cart, callback) {
 7   var total = 0;
 8   cost_ajax(cart, function(cost) {
 9     total += cost;
10   });
11   shipping_ajax(cart, function(shipping) {
12     total += shipping;
13     callback(total);
14   });
15 }
16
17 function calc_cart_worker(cart, done) {
18   calc_cart_total(cart, function(total) {
19     update_total_dom(total);
20     done(total);
21   });
22 }
23
24 var update_total_queue = DroppingQueue(1, calc_cart_worker);
```

update_total_dom()은 calc_cart_total() 콜백 안에 있습니다.

액션

1. cart 읽기
2. cart 쓰기
3. cart 읽기
4. update_total_queue() 부르기
5. total = 0 초기화
6. cost_ajax() 부르기
7. total 읽기
8. total 쓰기
9. shipping_ajax() 부르기
10. total 읽기
11. total 쓰기
12. total 읽기
13. update_total_dom() 부르기

인자로 받은 콜백에서 update_total_dom()을 부릅니다. 그리고 콜백은 shipping_ajax() 콜백 안에서 실행되기 때문에 update_total_dom()은 shipping_ajax() 콜백 타임라인에 그립니다.

```
18   calc_cart_total(cart, function(total) {
19     update_total_dom(total);
20     done(total);
21   });
```

> **다이어그램을 그리기 위한 세 단계**
> 1. 액션을 확인합니다.
> 2. 각 액션을 그립니다.
> 3. 단순화합니다.
>
> **자바스크립트에서 단순화하기 위한 두 단계**
> 1. 액션을 통합합니다.
> 2. 타임라인을 통합합니다.

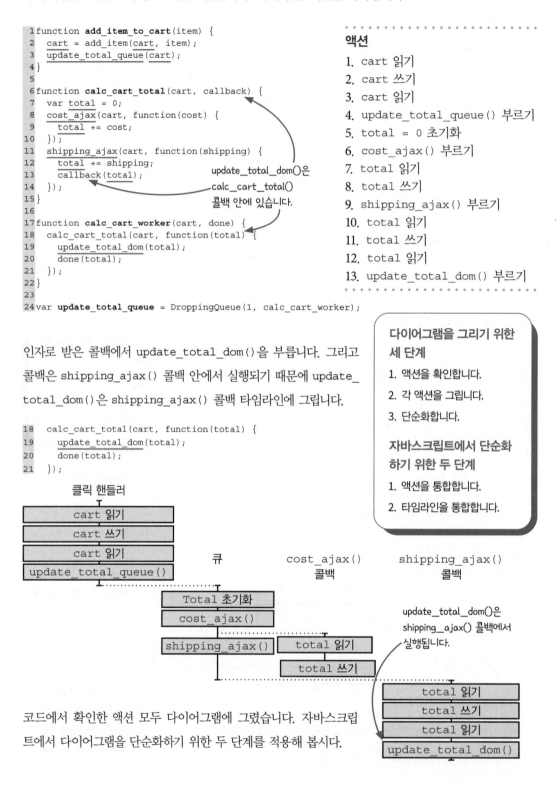

클릭 핸들러

| cart 읽기 |
| cart 쓰기 |
| cart 읽기 |
| update_total_queue() |

큐

| Total 초기화 |
| cost_ajax() |
| shipping_ajax() |

cost_ajax() 콜백

| total 읽기 |
| total 쓰기 |

shipping_ajax() 콜백

update_total_dom()은 shipping_ajax() 콜백에서 실행됩니다.

| total 읽기 |
| total 쓰기 |
| total 읽기 |
| update_total_dom() |

코드에서 확인한 액션 모두 다이어그램에 그렸습니다. 자바스크립트에서 다이어그램을 단순화하기 위한 두 단계를 적용해 봅시다.

다이어그램 단순화하기: 단계 3

13개의 액션을 모두 그렸습니다. 이제 최적화해 봅시다. 자바스크립트 스레드 모델에서 최적화하려면 두 단계를 적용하면 됩니다. 한 단계씩 차례로 적용해 봅시다.

자바스크립트 스레드 모델에서 단순화하기 위한 단계

1. 하나의 타임라인에 있는 모든 액션을 하나로 통합합니다.

2. 타임라인이 끝나는 곳에서 새로운 타임라인이 하나만 생긴다면 통합합니다.

두 단계를 거쳐 다이어그램을 최적화하면 더 쉽게 이해할 수 있을 것입니다. 다음은 최적화되지 않은 다이어그램입니다.

다이어그램을 그리기 위한 세 단계

1. 액션을 확인합니다.

2. 각 액션을 그립니다.

3. 단순화합니다.

자바스크립트에서 단순화 하기 위한 두 단계

1. 액션을 통합합니다.

2. 타임라인을 통합합니다.

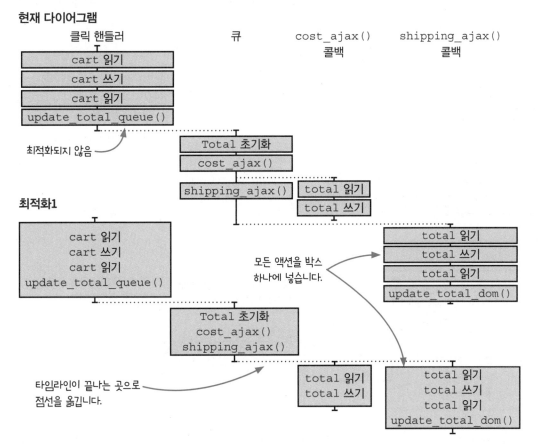

실행 순서를 명확하게 하기 위해 점선을 단계가 끝나는 지점으로 옮겼습니다.

이 다이어그램에서도 문제가 명확히 보이지만 나머지 단순화 단계를 계속해 봅시다.

첫 번째 단순화 단계를 마쳤습니다. 두 번째 단순화 단계를 진행해 봅시다. 다음은 첫 번째 단계를 마친 다이어그램입니다.

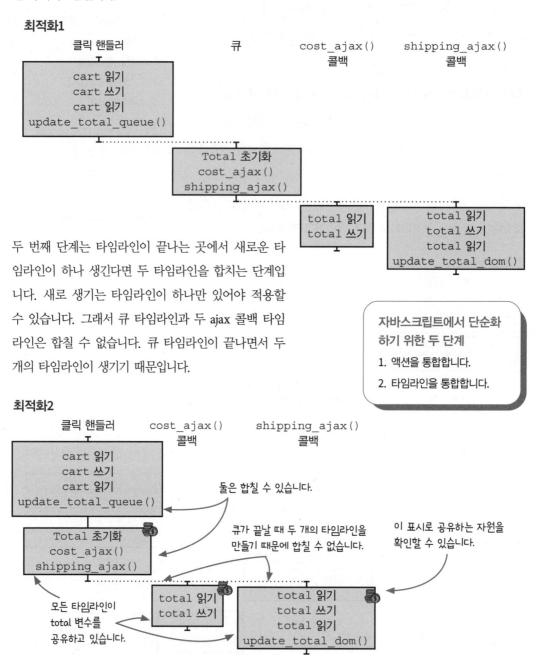

최적화1

두 번째 단계는 타임라인이 끝나는 곳에서 새로운 타임라인이 하나 생긴다면 두 타임라인을 합치는 단계입니다. 새로 생기는 타임라인이 하나만 있어야 적용할 수 있습니다. 그래서 큐 타임라인과 두 ajax 콜백 타임라인은 합칠 수 없습니다. 큐 타임라인이 끝나면서 두 개의 타임라인이 생기기 때문입니다.

> **자바스크립트에서 단순화하기 위한 두 단계**
> 1. 액션을 통합합니다.
> 2. 타임라인을 통합합니다.

최적화2

단순화 작업을 끝냈습니다. 이제 타임라인에 있는 단계가 어떤 자원을 공유하는지 볼 수 있습니다. 공유하고 있는 자원은 total 변수뿐입니다. total은 지역변수이지만 모든 타임라인에서 접근하고 있습니다. 다음 페이지에서 조금 더 자세히 살펴보겠습니다.

실행 가능한 순서 분석하기

지난 페이지에서 타임라인 다이어그램을 완성하고 타임라인이 공유하는 자원은 total 변수뿐이라는 것을 확인했습니다.

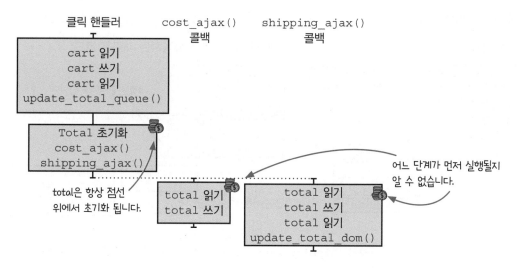

이제 두 콜백 타임라인의 실행 가능한 순서를 알아보고 문제가 있는지 봅시다.

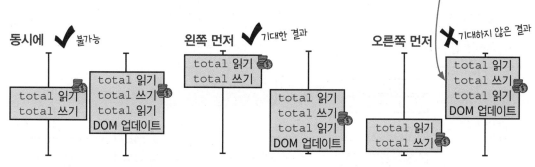

자바스크립트 스레드 모델에서 동시에 실행하는 것은 불가능합니다. 따라서 이 순서는 생각하지 않아도 됩니다. 하지만 다른 스레드 모델에서는 고려해야 할 수도 있습니다.

기대한 동작입니다. 모든 값(가격과 배송비)이 total 변수에 합산되고 DOM이 업데이트됩니다.

잘못된 동작입니다. cost_ajax() 응답을 받기 전에 DOM이 업데이트됩니다. 버그입니다!

두 콜백이 기대하지 않은 순서로 실행될 수 있다는 것을 확인했습니다. 요청 순서는 올바르지만 shpping_ajax() 콜백이 cost_ajax() 콜백보다 먼저 실행될 수 있습니다. 이것은 버그입니다!

코드를 고치기 전에 왜 잘못된 코드가 더 빠르게 실행되는지 확인해 봅시다.

왜 지금 타임라인이 더 빠를까요?

공격적인 최적화로 버그가 생겼다는 것을 지난 페이지에서 확인했습니다. 어떤 경우에 잘 동작하고 어떤 경우에 실패하는지 확인했습니다. 그럼 원래 코드보다 새로운 코드가 왜 빠른지 타임라인 다이어그램을 통해 알아봅시다.

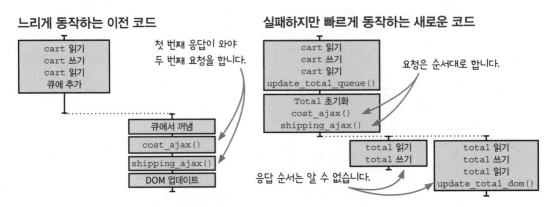

cost_ajax() 응답은 3초가 걸리고 shipping_ajax() 응답은 4초가 걸린다고 생각해 봅시다. 실제 웹 요청은 이것보다 빠르겠지만 그렇게 가정해 봅시다. 두 타임라인을 보고 DOM이 업데이트될 때까지 사용자가 기다려야 하는 최소 시간은 어떻게 될까요? 그림을 보고 답해 봅시다.

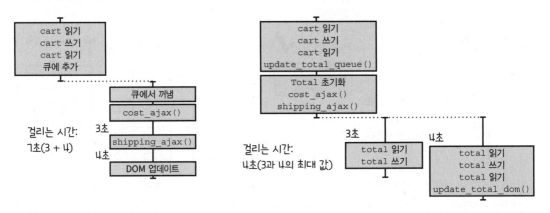

걸리는 시간은 임의로 정했지만, 문제를 잘 확인할 수 있습니다. 왼쪽 타임라인은 두 응답을 **순서대로**sequence 기다려야 합니다. 따라서 걸리는 시간을 더해야 합니다. 오른쪽 타임라인은 두 응답을 **병렬**parallel로 기다립니다. 따라서 둘 중 더 긴 시간이 걸립니다. 그래서 오른쪽 타임라인이 더 빨리 끝납니다.

물론 빨리 끝나는 타임라인은 문제가 있습니다. 실패하지 않고 병렬로 응답을 기다려 실행 속도를 개선할 수 있는 방법이 있을까요? 방법이 있습니다. 타임라인을 조율할 수 있는 또 다른 동시성 기본형을 만들 것입니다. 그래서 빠르고 항상 올바른 순서로 동작하게 만들 수 있습니다.

쉬는 시간

더 진행하기 전에 가벼운 질문을 보면서 쉬어 갑시다.

드물지만 하루 천 명의 사용자가 사용한다면 발생할 수 있습니다.

Q 타임라인에서 `cost_ajax` 요청을 `shipping_ajax` 보다 먼저 보냈는데 `cost_ajax` 응답이 `shipping_ajax` 보다 가끔 늦어지는 이유는 무엇인가요?

A 좋은 질문입니다. 요청에 대한 응답이 순서에 맞지 않게 오는 원인은 정말 많이 있습니다. 너무 많은 원인이 있어서 가능성을 모두 나열할 수 없습니다. 그래서 몇 가지 원인을 적어 봤습니다.

1. `cost_ajax` 응답의 크기가 커서 다운로드하는 데 시간이 오래 걸립니다.

2. 배송 API 서버보다 `cost_ajax`를 처리하는 서버가 더 바쁩니다.

3. 이동 중인 차 안에서 핸드폰으로 `cost_ajax` 요청을 보냈지만, 기지국이 바뀌는 동안 지연이 생겼습니다. `shipping_ajax`는 같은 기지국을 사용했기 때문에 빨랐습니다.

컴퓨터와 서버 사이에 네트워크 상황은 혼란스럽습니다. 그래서 언제나 문제가 생길 수 있습니다.

Q 문제를 찾기 위해 많은 단계가 필요했습니다. 정말로 모든 단계를 거쳐 타임라인을 그려야 하나요?

A 어려운 질문이지만 그렇습니다. 하지만 조금 더 빠르게 할 수 있습니다. 익숙해지면 머릿속에서 이러한 분석을 할 수 있을 것입니다. 그렇다면 모두 그리지 않아도 됩니다. 여기서는 사고의 흐름을 보여주기 위해서 모든 단계를 거쳤습니다. 하지만 익숙해진다면 단계를 건너뛰어도 됩니다.

모든 병렬 콜백 기다리기

목표는 간단합니다. 동시에 도착하는 ajax 응답을 모두 기다렸다가 DOM을 업데이트하면 됩니다. 하나가 끝났지만, 나머지가 끝나지 않은 상태에서 DOM을 업데이트하면 잘못된 결과가 나옵니다. 오른쪽에 있는 다이어그램이 우리가 원하는 결과입니다.

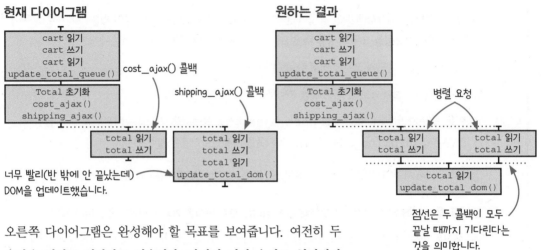

오른쪽 다이어그램은 완성해야 할 목표를 보여줍니다. 여전히 두 응답은 병렬로 처리되고 있습니다. 따라서 어떤 순서로 처리될지 알 수 없습니다. 하지만 두 응답이 모두 처리되고 나서 마지막으로 DOM을 업데이트합니다. 두 콜백은 서로 끝나기를 기다립니다. 다이어그램에서 점선이 이러한 것을 나타냅니다.

이 점선을 **컷**cut이라고 부르겠습니다. 앞에서 사용했던 점선처럼 순서를 보장해 주는 역할을 합니다. 하지만 컷은 앞에서 본 점선과 다르게 여러 타임라인의 끝에 맞춰 그립니다. 타임라인에 컷이 있다면 컷 위에 있는 단계는 컷 아래 단계가 실행되기 전에 모두 끝나야 합니다.

컷을 만들면 좋은 점이 있습니다. 컷은 타임라인을 앞부분과 뒷부분으로 나눕니다. 그래서 컷 앞에 있는 타임라인과 뒤에 있는 타임라인을 따로 분석할 수 있습니다. 컷의 앞부분과 뒷부분에 있는 액션은 서로 섞이지 않습니다. 컷은 실행 가능한 순서를 줄이기 때문에 애플리케이션의 복잡성을 줄여줍니다.

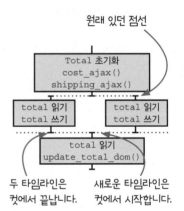

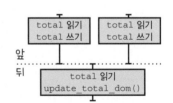

이 경우 타임라인에 있는 두 콜백을 조율해야 최종 결과를 계산할 수 있습니다. 각 타임라인은 최종 결과에 반영해야 하는 숫자를 가지고 있습니다. 그리고 공유 자원(total 지역변수)을 사용해 협력합니다. 타임라인을 조율해서 total을 한 번 읽어 DOM에 업데이트할 수 있도록 해야 합니다. 컷을 동시성 기본형으로 만들 수 있습니다. 그럼 만들어 봅시다!

타임라인을 나누기 위한 동시성 기본형

여러 타임라인이 다른 시간에 종료되어도 서로 기다릴 수 있는 간단하고 재사용 가능한 기본형이 필요합니다. 만약 그런 것이 있다면 여러 타임라인이 실행되는 순서를 신경 쓰지 않아도 되고 타임라인이 모두 끝나는 것도 쉽게 처리할 수 있습니다. 결국 경쟁 조건을 막을 수 있습니다.

 용어 설명

경쟁 조건(race condition)은 어떤 동작이 먼저 끝나는 타임라인에 의존할 때 발생합니다.

이 기본형 역시 현실에서 영감을 받는 원칙을 따릅니다. 현실에서 여러분과 친구가 각각의 일을 하고 있다고 생각해 봅시다. 여러분은 누가 먼저 끝나는지 신경 쓰지 않고 서로를 기다릴 것입니다. 그리고 점심을 함께 먹습니다. 만들려고 하는 기본형은 타임라인이 서로 다른 순서로 끝나도 모든 타임라인이 끝나야 계속 진행하도록 해야 합니다. 다음 페이지에서 그러한 기본형을 만들어 보겠습니다.

멀티스레드를 지원하는 언어에서는 스레드가 변경 가능한 상태를 공유하기 위해 원자적atomic 업데이트 같은 기능을 사용해야 합니다. 하지만 자바스크립트는 단일 스레드라는 장점을 활용할 수 있습니다. 가능한 동기적으로 접근하는 간단한 변수로 동시성 기본형을 구현할 수 있습니다. 어떤 함수를 만들겠습니다. 그리고 어떤 타임라인 작업이 끝났을 때 이 함수를 부를 것입니다. 이 함수는 호출될 때마다 호출된 횟수를 증가시킵니다. 그리고 마지막 타임라인이 함수를 호출했을 때 콜백을 불러줍니다.

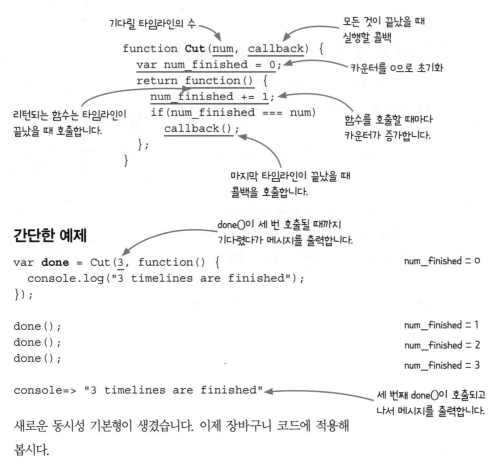

간단한 예제

```
var done = Cut(3, function() {
  console.log("3 timelines are finished");
});

done();
done();
done();

console=> "3 timelines are finished"
```

num_finished = 0

num_finished = 1
num_finished = 2
num_finished = 3

세 번째 done()이 호출되고
나서 메시지를 출력합니다.

새로운 동시성 기본형이 생겼습니다. 이제 장바구니 코드에 적용해 봅시다.

 되새겨보기

자바스크립트 스레드는 하나입니다. 타임라인은 다른 타임라인이 시작되기 전에 완료됩니다. Cut()은 이런 장점을 활용해 변경할 수 있는 값을 안전하게 공유합니다. 다른 언어에서는 타임라인을 조율하기 위해 락이나 다른 기능을 사용해야 합니다.

코드에 Cut() 적용하기

Cut() 동시성 기본형이 생겼습니다. 장바구니에 제품을 추가하는 코드에 적용해 봅시다. 다행히 고쳐야 할 것이 많지 않습니다. 두 가지만 고민하면 됩니다.

1. Cut()을 보관할 범위
2. Cut()에 어떤 콜백을 넣을지

1. Cut()을 보관할 범위

응답 콜백 끝에서 done()을 불러야 합니다. 따라서 두 응답 콜백을 만드는 calc_cart_total() 함수 범위에 Cut()을 만드는 것이 좋을 것 같습니다.

2. Cut()에 어떤 콜백을 넣을지

calc_cart_total()에는 total 값 계산이 끝났을 때 부르는 콜백이 이미 있습니다. 실제로 update_total_dom()이 실행될 것이지만 Cut()은 어떤 것을 호출하는지는 상관이 없습니다. 따라서 Cut() 콜백에서 calc_cart_total() 콜백을 실행하면 됩니다. 다음은 완성된 코드입니다.

원래 코드

```
function calc_cart_total(cart, callback) {
  var total = 0;



  cost_ajax(cart, function(cost) {
    total += cost;


  });
  shipping_ajax(cart, function(shipping) {
    total += shipping;
    callback(total);
  });
}
```

Cut()을 적용한 코드

```
function calc_cart_total(cart, callback) {
  var total = 0;
  var done = Cut(2, function() {
    callback(total);
  });
  cost_ajax(cart, function(cost) {
    total += cost;
    done();
  });
  shipping_ajax(cart, function(shipping) {
    total += shipping;
    done();
  });
}
```

타임라인 다이어그램

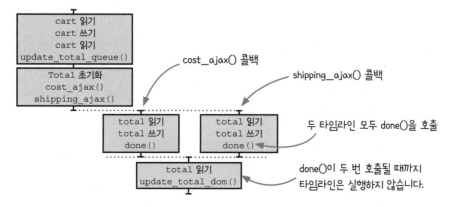

 **쉬는 시간**

더 진행하기 전에 가벼운 질문을 보면서 쉬어 갑시다.

Q Cut()은 정말 잘 동작하나요?

A 좋은 질문입니다. Cut()은 잘 동작합니다. 하지만 한 가지 지켜야 할 원칙이 있습니다. done() 은 항상 타임라인 끝에서 불러야 한다는 것입니다. 만약 타임라인이 끝나기 전에 done()을 부르면 done() 이후에 코드가 실행됩니다. 이것은 의도한 동작이 아닙니다. 혼동할 수 있어서 이런 일은 피하는 것이 좋습니다. done()을 부르는 규칙은 컷이 필요한 타임라인의 끝에서 호출하는 것입니다.

Q Cut()은 정말 작은 코드입니다. 이렇게 간단한 코드가 유용할 수 있나요?

A 정말 좋은 질문입니다. 이렇게 물어볼 수 있을 것 같습니다. 간단하지 않은 것을 재사용하기 쉬울까요? 앞에서 매우 단순한 상황을 두고 구현했습니다. 만약 5명이 함께 점심을 먹으려고 하는데 모두 올 때까지 호텔 로비에서 기다리고 있다고 해봅시다. 이 상황에서 점심을 먹으러 가려면 5명을 모두 세야 합니다. 이것이 Cut()이 하는 일입니다. 세야 할 숫자가 있고 다 세면 함수를 실행합니다.

Q Promise처럼 다른 것을 사용하는 것이 더 좋지 않나요?

A 좋은 지적입니다. 이미 구현된 동시성 기본형이 많이 있습니다. 각 언어는 나름의 동시성 기본형 을 가지고 있습니다. 자바스크립트에 익숙한 개발자라고 한다면 Promise에 익숙할 것입니다. 특히 Cut()과 매우 비슷한 Promise.all()을 알고 있을 것입니다.

문제를 해결하기 위해 이미 알고 있는 기본형이 있다면 그것을 사용하면 됩니다. 하지만 이 책은 자바스 크립트가 아닌 함수형 프로그래밍을 알려주는 것이 목적입니다. 언어와 상관없이 어떤 소프트웨어 문제 를 만났을 때 이런 원칙을 사용할 수 있어야 합니다. 만약 기본형이 없다면 구현할 수 있어야 합니다.

불확실한 순서 분석하기

Cut() 동시성 기본형을 코드에 적용해 봤습니다. 동시에 실행하기 때문에 빠르고 모든 실행 순서에 문제가 없어서 올바른 결과를 얻을 것으로 예상합니다.

정말 그렇게 동작하면 좋겠습니다! 그럼 예상한 것처럼 두 가지 장점이 잘 동작하는지 타임라인 다이어그램을 분석해 봅시다.

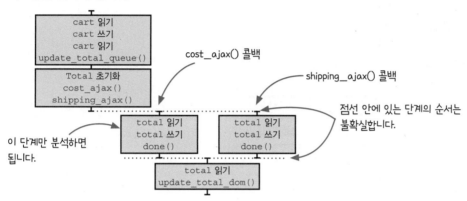

가장 중요한 부분을 먼저 살펴봅시다. 모든 가능한 순서로 실행했을 때 올바른 결과가 나오는지 확인해봐야 합니다.

타임라인을 점선으로 나눴기 때문에 분석하기 쉽습니다. 점선과 점선 사이에 있는 부분만 확인하면 됩니다.

첫 번째 점선 위로는 타임라인이 하나밖에 없으므로 실행 가능한 순서는 하나입니다. 그리고 두 번째 점선 아래로도 역시 타임라인이 하나이므로 실행 가능한 순서는 하나입니다.

남은 부분은 점선 사이에 있는 두 단계입니다. 두 타임라인은 각각 한 단계씩 가지고 있습니다. 실행 순서를 나열하고 확인해 봅시다.

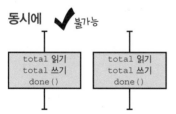

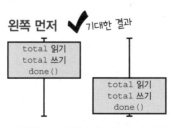

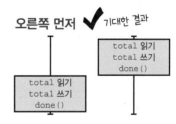

자바스크립트 스레드 모델에서 동시에 실행하는 것은 불가능합니다. 따라서 이 순서는 생각하지 않아도 됩니다. 하지만 다른 스레드 모델에서는 고려해야 할 수도 있습니다.

기대한 동작입니다. 제품 가격을 total에 더하고 나서 배송비를 더합니다. 그리고 done()을 각각 부릅니다.

역시 기대한 동작입니다. 배송비를 total에 더하고 제품 가격을 더합니다. 그리고 done()을 각각 부릅니다.

병렬 실행 분석

타임라인이 올바른 순서로 동작한다는 것을 확인했습니다. 다음으로 빠르게 동작하는지 확인해 봅시다.

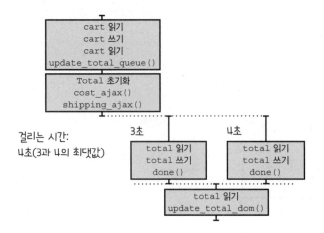

cost_ajax()는 응답받는 데 3초, shipping_ajax()는 응답받는 데 4초가 걸린다고 다시 가정해 봅시다. 다이어그램을 실행해 보면 총 걸리는 시간은 두 응답 중 더 오래 걸리는 시간인 4초입니다.

성공입니다! 동시에 실행하면서 속도도 개선하고 순서대로 실행하는 것과 같은 올바른 결과도 얻었습니다.

한 번 클릭할 때 발생하는 문제를 해결하기 위해 작업을 했습니다. 두 병렬 타임라인이 다음 작업을 시작하기 전에 기다리도록 타임라인을 분리했습니다. 그래서 잘 동작하게 되었습니다.

하지만 여러 번 클릭해도 잘 동작할까요? 다음 페이지에서 살펴봅시다.

여러 번 클릭하는 경우 분석

한 번 클릭한 경우 코드가 빠르게 잘 동작한다는 것을 확인했습니다. 두 번 이상 클릭하면 어떻게 될까요? 컷이 큐에서도 잘 동작할까요? 봅시다!

먼저 큐에서 동작하도록 타임라인을 조금 고쳐봅시다.

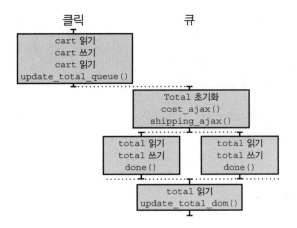

다음은 여러 번 클릭하면 어떻게 되는지 다이어그램을 그려봅시다.

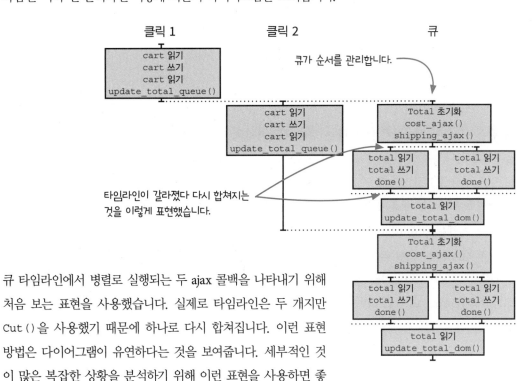

큐 타임라인에서 병렬로 실행되는 두 ajax 콜백을 나타내기 위해 처음 보는 표현을 사용했습니다. 실제로 타임라인은 두 개지만 Cut()을 사용했기 때문에 하나로 다시 합쳐집니다. 이런 표현 방법은 다이어그램이 유연하다는 것을 보여줍니다. 세부적인 것이 많은 복잡한 상황을 분석하기 위해 이런 표현을 사용하면 좋습니다.

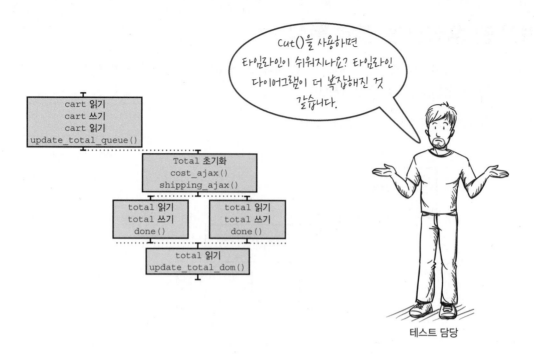

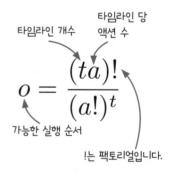

테스트 담당

어려운 질문이네요! 다이어그램에 많은 내용이 있다는 것은 코드를 실행하는 상황이 복잡하다는 것을 말합니다. 병렬로 실행되는 ajax 요청은 두 개입니다. 장바구니 합계를 계산하기 위해 두 개의 응답이 필요합니다. 그리고 모든 응답은 Cut()이 있어서 완료될 때까지 기다린 후 DOM을 업데이트해야 합니다. 큐가 있어서 빠르게 장바구니에 제품을 추가해도 잘 동작합니다. 버튼 하나에 생각해야 할 것이 많고 분석할 것도 많습니다.

하지만, Cut()이 있어서 다이어그램을 분석하기 조금 쉽습니다. 짧은 다이어그램이 분석하기 더 쉽다는 것을 기억하세요. 타임라인을 두 개로 나누는 점선을 컷cut이라고 불렀습니다. 점선을 기준으로 위와 아래를 따로 분석할 수 있습니다. 이 타임라인 다이어그램은 병렬로 실행되는 부분이 있습니다. 여기에는 단계(a=1)를 하나씩 갖는 두 개의 타임라인(t=2)이 있습니다. 따라서 가능한 실행 순서는 두 가지(자바스크립트에서는 동시에 실행되는 경우는 없으므로 확인하지 않아도 됩니다)입니다. 나머지는 타임라인은 순서대로 완료되기 때문에 쉽습니다. Cut()은 올바른 코드를 위한 기능이지만 동작을 쉽게 분석할 수 있도록 해줍니다.

가능한 실행 순서의 개수 공식

타임라인 개수

타임라인 당 액션 수

$$o = \frac{(ta)!}{(a!)^t}$$

가능한 실행 순서

!는 팩토리얼입니다.

정말 좋은 질문입니다. 이 질문에 답을 하기 위해서 복잡성이 어디에서 생기는지 생각해 보면 좋을 것 같습니다. 우리는 다음 세 가지 복잡성을 다루고 있습니다.

> 이렇게 복잡한 것이 모두 필요한 것인가요? 그냥 브라우저에서 동작하는 간단한 GUI를 만들려고 하는데요.

개발팀

1. 비동기 웹 요청
2. 결과를 합쳐야 하는 두 개의 API 응답
3. 예측 불가능한 사용자의 액션

1번과 3번은 아키텍처 때문에 생기는 복잡성입니다. 웹에서 동작하는 자바스크립트 애플리케이션은 비동기 웹 요청을 사용해야 합니다. 그리고 장바구니는 사용자가 조작할 수 있어야 하므로 인터랙션이 필요합니다. 이것은 아키텍처를 이렇게 선택했기 때문에 발생하는 복잡성입니다. 그럼 1번과 3번 복잡성이 항상 필연적인 걸까요? 아닙니다.

애플리케이션을 만들 때 사용자 인터랙션을 적게 만들어 3번을 없앨 수 있습니다. 사용자에게 입력 폼을 줄 수 있습니다. 사용자가 구매하고 싶은 모든 것을 적고 입력 폼을 전송할 수 있습니다. 물론 이것은 사용자에게 좋지 않은 경험을 줍니다. 인터랙션을 줄이는 것보다 충분히 편리하도록 사용자가 앱과 인터랙션을 할 수 있어야 합니다.

ajax 요청을 사용하지 않으면 1번을 없앨 수 있습니다. ajax를 사용하지 않는 표준적인 웹 애플리케이션을 만들 수 있습니다. 링크와 입력 폼을 전송하고 작은 변경에도 페이지가 새로 고쳐질 것입니다. 하지만 이런 것을 만들고 싶지 않을 것입니다.

2번 복잡성은 어렵습니다. 만약 API 하나로 처리할 수 있다고 생각해 봅시다. 그러면 동시에 요청하지 않아도 되고 응답을 조합하지 않아도 됩니다. 하지만 이것은 복잡성을 없앤 것이 아닙니다. 다만 복잡성을 서버로 옮긴 것뿐입니다.

서버는 브라우저보다 더 복잡하거나 덜 복잡할 수 있습니다. 이것은 백엔드 아키텍처에 따라 다릅니다. 벡엔드에 스레드가 있는지, 데이터베이스 하나에서 두 계산(제품 합계와 배송비)을 처리하는지, 여러 API를 사용하고 있는지, 복잡성이 생길 수 있는 질문은 정말 많이 있습니다.

그럼 복잡성은 필연적일까요? 아닙니다. 복잡성은 바꾸지 않으려고 하는 선택들로부터 생깁니다. 선택한 것이 항상 고려되어야 한다면 복잡성은 피할 수 없을지도 모릅니다. 그래서 우리에게는 복잡성을 다룰 수 있는 좋은 프로그래밍 기술이 필요합니다.

다음은 서로 다른 계산대에서 돈을 세기 위해 전역변수인 sum을 함께 읽고 쓰는 코드입니다.
여기에는 여러 타임라인이 있습니다. 이 코드에 대한 타임라인 다이어그램을 그려보세요.

```
var sum = 0;

function countRegister(registerid) {
  var temp = sum;
  registerTotalAjax(registerid, function(money) {
    sum = temp + money;
  });
}

countRegister(1);
countRegister(2);
```

여기에 다이어그램을 그려보세요.

정답

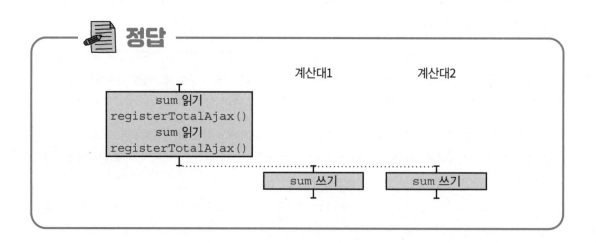

다음은 앞 페이지에서 그린 타임라인 다이어그램입니다. sum 전역변수를 사용하고 있습니다.
분석이 필요한 액션에 동그라미를 치고 세 가지 실행 가능한 순서를 분석해 보세요.

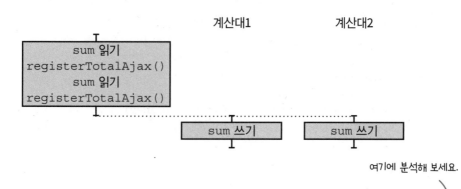

정답

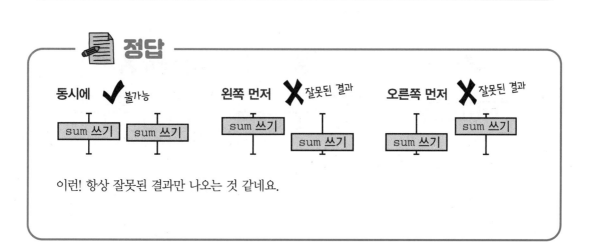

이런! 항상 잘못된 결과만 나오는 것 같네요.

다음은 이전 연습 문제에 대한 코드입니다. 올바른 결과를 주는 실행 순서가 없습니다. 버그를
찾을 수 있나요? 다이어그램을 그리고 코드를 고쳐 다시 분석해 보세요.

힌트: sum을 설정하는 곳 근처로 옮기면 어떻게 될까요?

```
var sum = 0;

function countRegister(registerid) {
  var temp = sum;
  registerTotalAjax(registerid, function(money) {
    sum = temp + money;
  });
}

countRegister(1);
countRegister(2);
```

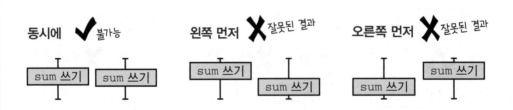

정답

```
var sum = 0;

function countRegister(registerid) {
  registerTotalAjax(registerid, function(money) {
    sum += money;
  });
}

countRegister(1);
countRegister(2);
```

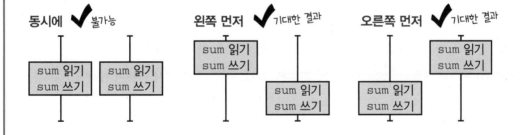

동시에 ✔ 불가능

왼쪽 먼저 ✔ 기대한 결과

오른쪽 먼저 ✔ 기대한 결과

딱 한 번만 호출하는 기본형

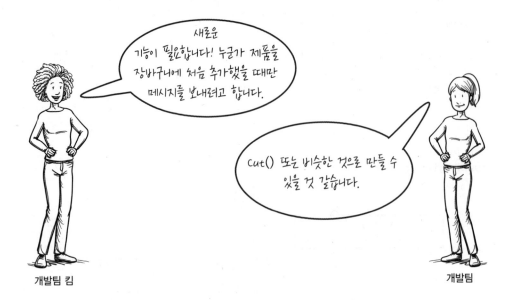

새로운 기능이 필요합니다! 누군가 제품을 장바구니에 처음 추가했을 때만 메시지를 보내려고 합니다.

Cut() 또는 비슷한 것으로 만들 수 있을 것 같습니다.

개발팀 킴

개발팀

킴: 정말요? Cut()은 모든 타임라인이 완료되면 콜백을 부르는 동시성 기본형이 아닌가요?

제나: 맞습니다. 그런데 어떻게 동작하는지 자세히 봅시다. Cut()은 **마지막**last으로 실행되는 타임라인이 done()을 부르면 콜백을 실행합니다. 이런 방식으로 타임라인을 조율합니다. 만약 **첫 번째**first로 실행되는 타임라인이 done()을 부르면 콜백이 실행되는 동시성 기본형이 있다면 어떨까요?

킴: 맞아요! 그런 것이 있다면 콜백을 한 번만 부를 수 있을 것 같습니다!

제나: 네! 이 기본형을 JustOnce()라고 합시다! 그리고 다음 페이지에서 만들어 봅시다.

킴은 액션을 여러 번 호출해도 한 번만 실행되도록 만들 수 있는 방법을 찾고 있습니다. 이것은 동시성 기본형을 만드는 일입니다. 완성하면 어떤 액션에 한 번만 실행되는 슈퍼 파워를 주는 고차 함수가 될 것입니다.

예제를 봅시다. 킴은 누군가에게 메시지를 보내는 함수를 사용하려고 합니다. 사이트에 처음 방문한 사용자에게 환영 메시지를 보내거나 하는 데 쓸 수 있습니다.

함수를 호출할 때마다
메시지가 전달됩니다.

```
function sendAddToCartText(number) {
  sendTextAjax(number, "Thanks for adding something to your cart. " +
                       "Reply if you have any questions!");
}
```

다음은 어떤 함수를 새로운 함수로 감싸는 JustOnce() 동시성 기본형입니다.

액션을 전달

함수가 실행됐는지
기억합니다.

실행한 적이 있다면
바로 종료합니다.

인자와 함께 액션을
호출합니다.

함수가 실행됐다고 생각하고
실행한 사실을 기록합니다.

```
function JustOnce(action) {
  var alreadyCalled = false;
  return function(a, b, c) {
    if(alreadyCalled) return;
    alreadyCalled = true;
    return action(a, b, c);
  };
}
```

되새겨보기

자바스크립트 스레드는 하나입니다. 타임라인은 다른 타임라인이 시작되기 전에 완료됩니다. JustOnce()은 이런 장점을 활용해 변경할 수 있는 값을 안전하게 공유합니다. 다른 언어에서는 타임라인을 조율하기 위해 락(lock)이나 다른 기능을 사용해야 합니다.

Cut()처럼 JustOnce()도 타임라인 사이에 변수가 공유*될 수 있습니다. 하지만 비동기 코드가 아니기 때문에 자바스크립트에서는 안전합니다. 멀티스레드를 지원하는 언어에서는 스레드를 조율하기 위해 원자적atomic 업데이트 같은 것을 사용해야 합니다. 이제 한 번만 실행하는 sendAddToCartText() 버전을 쉽게 만들 수 있습니다.

```
var sendAddToCartTextOnce = JustOnce(sendAddToCartText);

sendAddToCartTextOnce("555-555-5555-55");
sendAddToCartTextOnce("555-555-5555-55");
sendAddToCartTextOnce("555-555-5555-55");
sendAddToCartTextOnce("555-555-5555-55");
```

첫 번째 실행할 때만 메시지를 보낼 수 있는 슈퍼 파워를 sendAddToCartText() 함수에 줍니다.

또 다른 동시성 기본형을 만들었습니다. 이를 통해 여러 타임라인이 액션을 공유하고, 협력하는 방법을 선택합니다. 그리고 다른 기본형과 마찬가지로 재사용이 가능합니다.

지금까지 세 가지 동시성 기본형을 살펴봤습니다. 이 책에서 동시성 기본형이 필요할 때 더 볼 것입니다. 중요한 것은 동시성 기본형을 만들기 어렵지 않다고 느끼는 것입니다. 점진적으로 개선하고 재사용할 수 있도록 일반적인 부분과 애플리케이션의 특별한 부분으로 분리하면 더 만들기 쉽습니다.

용어 설명

최초 한 번만 효과가 발생하는 액션을 **멱등원(idempotent)**이라고 합니다. JustOnce()는 어떤 액션이든 멱등원으로 만들어 줍니다.

암묵적 시간 모델 vs 명시적 시간 모델

모든 언어는 암묵적으로 시간에 대한 모델을 가지고 있습니다. 시간 모델로 실행에 관한 두 가지 관점을 알 수 있습니다. 바로 순서와 반복입니다.

자바스크립트의 시간 모델은 간단합니다.

1. 순차적 구문은 순서대로 실행됩니다.
2. 두 타임라인에 있는 단계는 왼쪽 먼저 실행되거나, 오른쪽 먼저 실행될 수 있습니다.
3. 비동기 이벤트는 새로운 타임라인에서 실행됩니다.
4. 액션은 호출할 때마다 실행됩니다.

순서

반복

---

* [옮긴이] JustOnce()에서 이미 실행되었는지 확인하는 변수는 타임라인 사이에 공유될 수 있습니다.

이 모델은 명확하기 때문에 좋습니다. 다음은 이 모델을 타임라인
다이어그램으로 그린 것입니다.

1. 순차적 구문은 순서대로 실행됩니다.

2. 두 타임라인에 있는 단계는 두 가지 순서로 실행됩니다.

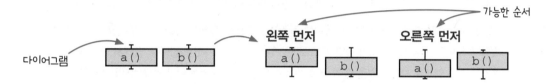

3. 비동기 이벤트는 새로운 타임라인에서 실행됩니다.

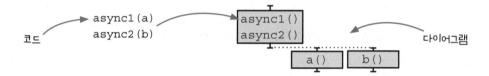

4. 액션은 부를 때마다 실행됩니다.

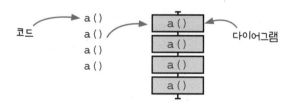

간단한 프로그램에서 암묵적 시간 모델은 좋습니다. 하지만 실행 방식을 바꾸지 못합니다. 사실 암묵
적 시간 모델의 실행 방식이 애플리케이션에서 필요한 실행 방식과 딱 맞을 일은 거의 없습니다. 그래
서 함수형 개발자는 필요한 실행 방식에 가깝게 새로운 시간 모델을 만듭니다. 예를 들어 비동기 콜백
을 사용할 때 새로운 타임라인을 만들지 않도록 큐를 만들었습니다. 또 여러 번 호출해도 한 번만 실
행하는 액션을 만들기 위해 JustOnce() 기본형을 만들었습니다.

 쉬는 시간

더 진행하기 전에 가벼운 질문을 보면서 쉬어 갑시다.

Q 앞에서 만든 동시성 기본형 세 개는 모두 고차 함수입니다. 모든 동시성 기본형은 고차 함수로 만들어야 하나요?

A 좋은 질문입니다. 앞에서 만든 동시성 기본형은 모두 고차 함수로 만들었습니다. 하지만, 항상 고차 함수를 사용하는 것은 아닙니다. 자바스크립트에서는 비동기 콜백을 많이 사용하기 때문에 고차 함수를 많이 사용합니다. 다음 장에서 셀(Cell)이라고 하는 동시성 기본형에 대해 알아볼 것입니다. 셀은 상태를 공유하기 위해 사용합니다. 역시 고차 함수를 사용해 만들었지만, 사실 셀 자체는 고차 함수가 아닙니다.

대부분의 함수형 프로그래밍에 있는 동시성 기본형은 공통된 특징이 있습니다. 일급 값을 사용한다는 것입니다. 어떤 것을 일급으로 만들면 프로그래밍 언어로 다룰 수 있게 됩니다. 앞에서 만든 동시성 기본형도 일급 액션을 사용한 것을 알 수 있습니다. 예를 들어 큐 워커는 다른 문맥에서도 호출할 수 있습니다. 그리고 메시지를 전송하는 액션을 일급으로 사용했습니다. 메시지를 전송하는 액션을 한 번만 동작하도록 다른 함수에 넘겨 새로운 함수를 만들었습니다. 이 모든 것은 액션이 일급 값이기 때문에 가능합니다.

Q 다섯 번째 원칙에서 '시간을 다룬다'라는 말이 있습니다. 조금 과장된 표현이 아닌가요?

A 어쩌면 그럴지도 모르겠습니다. 프로그래밍을 할 때 중요한 관점인 순서와 반복을 명시적인 모델로 만들 때 '다룬다'는 용어를 사용했습니다. 언어가 사용하는 암묵적인 모델 대신 명시적인 모델을 만들 수 있지만, 엄밀히 말하면 시간을 다루는 것이 아니고 시간 모델을 다룬다고 하는 것이 맞습니다.

다음은 이 책에서 만든 동시성 기본형입니다. 각각이 어떤 시간 모델을 만든 것일까요? 간단히
설명을 써보고 타임라인 다이어그램을 그려보세요. 시간의 중요한 요소는 순서와 반복이라는
것을 잊지 마세요.

- Queue()

- Cut()

- JustOnce()

- DroppingQueue()

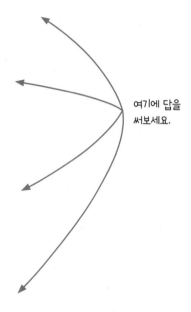

여기에 답을
써보세요.

Queue()

큐에 추가된 항목은 독립적으로 하나의 타임라인에서 처리됩니다. 하나의 항목이 처리되어야 다음 항목을 처리할 수 있습니다.

```
var q = Queue(function() {
  a();
  b();
});

q();
q();
```

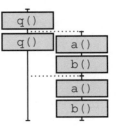

Cut()

모든 타임라인이 완료되면 콜백을 불러 새로운 타임라인을 시작합니다.

```
var done = Cut(2, function() {
  a();
  b();
});

function go() { done(); }

setTimeout(go, 1000);
setTimeout(go, 1000);
```

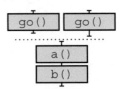

JustOnce()

JustOnce()로 감싼 액션은 여러 번 불러도 한 번만 실행됩니다.

```
var j = JustOnce(a);

j();
j();
j();
```

DroppingQueue()

Queue()와 비슷하지만 항목이 빠르게 늘어나면 작업을 건너뜁니다.

```
var q = DroppingQueue(1, function() {
  a();
  b();
});

q();
q();
q();
```

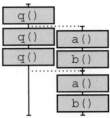

요약: 타임라인 사용하기

다음은 앞에서 살펴본 타임라인 사용법입니다. 더 좋은 방법으로 여러 타임라인을 함께 사용하기 위한 방법입니다. 가장 중요한 것부터 순서대로 나열했습니다.

타임라인 수를 줄입니다.

스레드나 비동기 호출, 서버 요청을 줄여 적은 타임라인을 만들면 시스템이 단순해집니다.

타임라인 길이를 줄입니다.

타임라인에 있는 액션을 줄여보세요. 또 액션을 계산(타임라인에 표시하지 않습니다)으로 바꿔 보세요. 그리고 암묵적인 입력과 출력을 없애 보세요.

공유 자원을 없앱니다.

공유하는 자원을 줄여보세요. 자원을 공유하지 않는 타임라인은 순서 문제가 생기지 않습니다. 가능하다면 단일 스레드에서 공유 자원에 접근하세요.

동시성 기본형으로 자원을 공유합니다.

자원을 안전하지 않게 공유한다면 큐나 락을 사용해 안전하게 공유할 수 있는 방법으로 바꾸세요.

동시성 기본형으로 조율합니다.

타임라인을 조율하기 위해 Promise나 컷과 같은 것으로 액션에 순서나 반복을 제한해 보세요.

결론

이 장에서 웹 요청의 시간 차이 때문에 발생하는 경쟁 조건에 대해 알아봤습니다. 요청한 순서대로 응답이 도착하면 모든 것이 문제없습니다. 하지만 이것은 보장할 수 없습니다. 그래서 가끔 잘못된 결과를 얻게 됩니다. 두 타임라인이 협력할 수 있는 동시성 기본형을 만들었습니다. 그래서 항상 같은 결과를 얻을 수 있었습니다. 이런 방법으로 타임라인을 조율할 수 있었습니다.

요점 정리

* 함수형 개발자는 언어가 제공하는 암묵적 시간 모델 대신 새로운 시간 모델을 만들어 사용합니다. 새로운 모델은 해결하려고 하는 문제를 푸는 데 도움이 됩니다.
* 명시적 시간 모델은 종종 일급 값으로 만듭니다. 일급 값으로 만든 시간 모델은 프로그래밍 언어를 사용해서 시간을 다룰 수 있습니다.
* 타임라인을 조율하기 위해 동시성 기본형을 만들 수 있습니다. 가능한 순서를 제한해 항상 올바른 결과가 나올 수 있도록 보장합니다.
* 타임라인을 나누는 것도 타임라인을 조율하는 방법 중 하나입니다. 컷은 모든 타임라인의 작업이 끝날 때까지 기다렸다가 새로운 타임라인을 시작할 수 있도록 합니다.

다음 장에서 배울 내용

파트 II에서 일급 함수와 고차 함수를 많이 살펴봤습니다. 일급 함수와 고차 함수를 조합하는 방법도 살펴보고 시간 모델을 만드는 방법도 알아봤습니다. 이제 파트 II의 마지막 주제인 어니언 아키텍처 onion architecture를 중심으로 설계에 대해 이야기해 보겠습니다.

18

반응형 아키텍처와
어니언 아키텍처

이번 장에서 살펴볼 내용

- 반응형 아키텍처로 순차적 액션을 파이프라인으로 만드는 방법을 배웁니다.

- 상태 변경을 다루기 위한 기본형을 만듭니다.

- 도메인과 현실 세계의 상호작용을 위해 어니언 아키텍처를 만듭니다.

- 여러 계층에 어니언 아키텍처를 적용하는 방법을 살펴봅니다.

- 전통적인 계층형 아키텍처와 어니언 아키텍처를 비교해 봅니다.

파트 II에서 일급 함수와 고차 함수로 만든 애플리케이션을 많이 살펴봤습니다. 이 장에서는 조금 더 높은 수준에서 설계와 아키텍처에 대해 살펴보려고 합니다. 두 가지 일반적인 패턴을 하나씩 살펴보겠습니다. **반응형 아키텍처**reactive architecture는 순차적인 액션을 표현하는 방식을 뒤집습니다. **어니언 아키텍처**onion architecture는 함수형 프로그래밍으로 현실 세계를 다루기 위한 고수준의 개념입니다. 함께 살펴봅시다!

두 아키텍처 패턴은 독립적입니다

이 장에서 **반응형**reactive과 **어니언**onion 패턴에 대해 알아보겠습니다. 두 패턴은 서로 다른 단계에서 사용합니다. 반응형 아키텍처는 순차적 액션 단계에 사용하고, 어니언 아키텍처는 서비스의 모든 단계에 사용합니다. 두 패턴은 함께 사용할 수 있지만 따로 사용할 수도 있습니다.

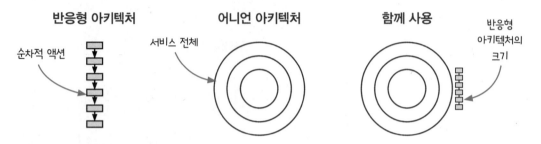

반응형 아키텍처

반응형 아키텍처는 코드에 나타난 순차적 액션의 순서를 뒤집습니다. 앞으로 살펴보겠지만 효과effect와 그 효과에 대한 원인을 분리해서 코드에 복잡하게 꼬인 부분을 풀 수 있습니다.

이 아키텍처를 먼저 살펴보겠습니다.

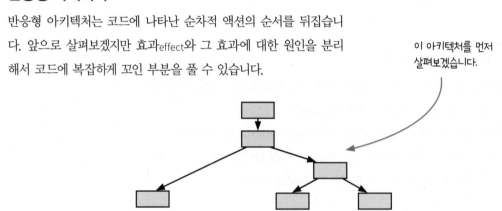

어니언 아키텍처

어니언 아키텍처는 웹 서비스나 온도 조절 장치 같은 현실 세계와 상호작용하기 위한 서비스 구조를 만듭니다. 함수형 사고를 적용한다면 자연스럽게 쓸 수 있는 아키텍처입니다.

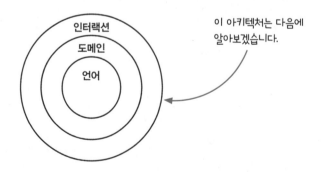

이 아키텍처는 다음에 알아보겠습니다.

변경에 대한 원인과 효과가 강력하게 결합

개발팀

개발팀 킴

제나: 장바구니에 관한 UI를 추가할 때마다 고쳐야 하는 곳이 10군데나 있습니다. 몇 달 전에는 3군데만 고치면 되었는데요.

킴: 네, 저도 같은 문제를 겪고 있어요. 전통적인 n × m 문제 같습니다.

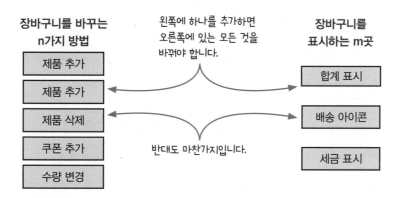

킴: 한쪽에 뭔가를 추가하면 다른 쪽에 있는 모든 것을 변경하거나 복제해야 합니다.

제나: 바로 그 문제입니다! 해결할 방법이 있을까요?

킴: 제 생각에는 반응형 아키텍처를 사용하면 될 것 같아요. 오른쪽 액션과 왼쪽 액션이 결합된 것을 분리할 수 있습니다. 다음 페이지에서 알아봅시다.

반응형 아키텍처는 무엇인가요?

반응형 아키텍처는 애플리케이션을 구조화하는 방법입니다. 반응형 아키텍처의 핵심 원칙은 이벤트에 대한 반응으로 일어날 일을 지정하는 것입니다. 반응형 아키텍처는 웹 서비스와 UI에 잘 어울립니다. 웹 서비스는 웹 요청 응답에 일어날 일을 지정하고, UI는 버튼 클릭과 같은 이벤트 응답에 일어날 일을 지정하면 됩니다. 이런 것을 일반적으로 이벤트 핸들러라고 합니다.

이벤트 핸들러 예제

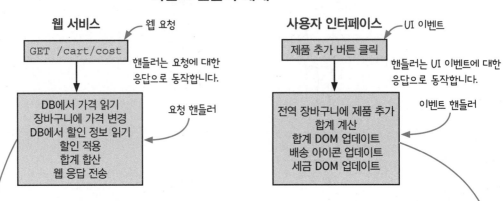

이벤트 핸들러는 다음과 같이 동작합니다. X가 일어나면 Y, Z, A, B, C를 순서대로 하세요. 반응형 아키텍처에서는 하려고 하는 것만 처리합니다. 그리고 모든 것은 어떤 일이 일어나면 그에 대한 응답으로 처리합니다. X가 일어나면 Y를 하고 Y가 일어나면 Z를 하고 Z가 일어나면 같은 방법으로 A, B, C를 처리합니다. 원래 핸들러 함수에서 순서대로 실행되던 것을 여러 개의 핸들러에서 실행되도록 나눕니다.

반응형 아키텍처

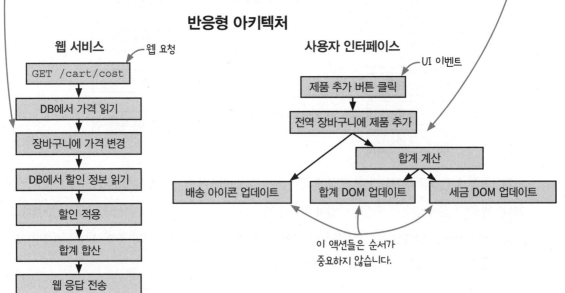

반응형 아키텍처의 절충점

반응형 아키텍처는 코드에 나타난 순차적 액션의 순서를 뒤집습니다. X를 하고 Y 하는 대신, X가 일어나면 언제나 Y를 합니다. 이렇게 하면 코드를 읽기 쉽고 유지보수하기도 좋습니다. 하지만 꼭 그렇지는 않습니다. 만능열쇠는 없습니다. **언제**when 사용하고 **어떻게**how 사용할지는 여러분이 판단해야 합니다. 반응형 아키텍처를 완전히 이해하면 사용하는 방법과 시기를 잘 판단할 수 있을 것입니다. 목적을 달성하기 위해 여러분은 전통적인 아키텍처를 사용할지, 반응형 아키텍처 사용할지 비교할 수 있을 것입니다.

원인과 효과가 결합한 것을 분리합니다.

어떤 경우에는 원인과 효과effect를 분리하면 코드가 읽기 어려워집니다. 하지만 코드가 더 유연하고 하려고 하는 것을 정확하게 표현할 수 있습니다. 두 가지 상황 모두 예제를 통해 알아봅시다.

여러 단계를 파이프라인으로 처리합니다.

앞에서 데이터를 변환하는 단계를 파이프라인으로 처리했습니다. 좋은 점이 많이 있었습니다. 파이프라인은 함수형 도구를 연결해서 만들었습니다. 계산을 조합하는 정말 멋진 방법이었습니다. 반응형 아키텍처로 이와 비슷하게 액션과 계산을 조합할 수 있습니다.

타임라인이 유연해집니다.

순서를 표현하는 방법을 뒤집으면 타임라인이 유연해집니다. 물론 이러한 유연성이 기대하지 않은 실행 순서로 이어진다면 좋지 않을 수도 있습니다. 하지만 익숙해지면 더 짧은 타임라인을 만들 수 있습니다.

이제 강력한 일급 상태 모델을 만들어 보려고 합니다. 많은 웹 애플리케이션과 함수형 프로그램에서 사용하는 상태 모델입니다. 상태는 애플리케이션에서 중요한 부분을 차지합니다. 함수형 프로그램에서도 마찬가지입니다. 다음 페이지에서 상태 모델을 만들고 생성한 상태 모델을 통해 위에서 나열한 내용을 하나씩 알아봅시다.

셀은 일급 상태입니다

우리가 살펴본 장바구니 예제에서 전역 상태는 장
바구니뿐입니다. 나머지는 신경 쓰지 않을 것입니다.
필요한 것은 장바구니가 변경될 때 Y를 하는 것입니다.

장바구니는 언제 바뀔지 모릅니다. 전역변수이고 할당 연산자를 통해 값을 바꾸
고 있습니다. 상태를 일급 함수로 만들어 봅시다. 전역변수를 몇 가지 동작과 함
께 객체로 만듭니다. 다음은 변경 가능한 값을 일급 함수로 만드는 코드입니다.

> 알 것 같아요.
> X가 일어날 때 Y를 하는
> 것이군요. 그럼 장바구니에
> 어떻게 적용하죠?

개발팀

```
function ValueCell(initialValue) {
  var currentValue = initialValue;       변경 불가능한 값(컬렉션이 될 수
  return {                               있습니다)을 하나 담아 둡니다.
    val: function() {                     현재 값을 가져옵니다.
      return currentValue;
    },
    update: function(f) {                 현재 값에 함수를
      var oldValue = currentValue;        적용해 값을
      var newValue = f(oldValue);         바꿉니다(교체 패턴).
      currentValue = newValue;
    }
  };
}
```

ValueCell에는 값 하나와 두 개의 동작이 있습니다. 값을 읽는
(val()) 동작과 현재 값을 바꾸는(update()) 동작입니다. 두 연
산 모두 앞에서 장바구니를 구현할 때 사용했던 패턴을 사용했습
니다. 그럼 장바구니에 적용해 봅시다.

> 반응형 아키텍처로 만든 스
> 프레드시트에서 영향을 받아
> ValueCell이라는 이름을 사용
> 했습니다. 스프레드시트는 어
> 떤 셀의 값이 바뀌면 스프레드
> 시트 함수가 다시 계산합니다.
>
> 스프레드시트에서 셀 값을 하
> 나 바꾸면 그에 대한 반응으로
> 스프레드시트 함수가 다시 계
> 산합니다.

값을 변경하기 위해 값을 직접
사용하지 않고 메서드를 호출합니다.

원래 코드

읽고 바꾸고
쓰는(교체) 패턴

```
var shopping_cart = {};

function add_item_to_cart(name, price) {
  var item = make_cart_item(name, price);
  shopping_cart = add_item(shopping_cart, item);

  var total = calc_total(shopping_cart);
  set_cart_total_dom(total);
  update_shipping_icons(shopping_cart);
  update_tax_dom(total);
}
```

셀을 적용한 코드

```
var shopping_cart = ValueCell({});

function add_item_to_cart(name, price) {
  var item = make_cart_item(name, price);
  shopping_cart.update(function(cart) {
    return add_item(cart, item);
  });
  var total = calc_total(shopping_cart.val());
  set_cart_total_dom(total);
  update_shipping_icons(shopping_cart.val());
  update_tax_dom(total);
}
```

shopping_cart를 읽고 쓰는 코드는 명확한 메서드 호출로 바꿨습니다. 다음 페이지에서 다음 단계
를 진행해 봅시다.

ValueCell을 반응형으로 만들 수 있습니다

이전 페이지에서 변경 가능한 상태를 나타내는 새로운 기본형을 만들었습니다. 상태가 바뀔 때 X를 하도록 만들어야 합니다. 바로 만들어 봅시다. ValueCell 코드에 **감시자**watcher 개념을 추가해 봅시다. 감시자는 상태가 바뀔 때마다 실행되는 핸들러 함수입니다.

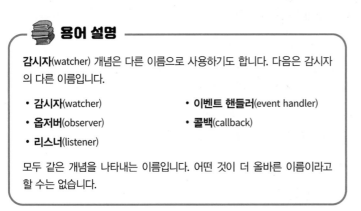

원래 코드

```
function ValueCell(initialValue) {
  var currentValue = initialValue;

  return {
    val: function() {
      return currentValue;
    },
    update: function(f) {
      var oldValue = currentValue;
      var newValue = f(oldValue);

      currentValue = newValue;
    }
  };
}
```

감시자를 적용한 코드

```
function ValueCell(initialValue) {
  var currentValue = initialValue;
  var watchers = [];
  return {
    val: function() {
      return currentValue;
    },
    update: function(f) {
      var oldValue = currentValue;
      var newValue = f(oldValue);
      if(oldValue !== newValue) {
        currentValue = newValue;
        forEach(watchers, function(watcher) {
          watcher(newValue);
        });
      }
    },
    addWatcher: function(f) {
      watchers.push(f);
    }
  };
}
```

감시자 목록을 저장

값이 바뀔 때 모든 감시자를 실행

새로운 감시자를 추가

감시자로 장바구니가 바뀔 때 할 일을 지정할 수 있습니다. 따라서 장바구니가 바뀔 때 배송 아이콘을 갱신하도록 만들 수 있습니다.

> **용어 설명**
>
> **감시자**(watcher) 개념은 다른 이름으로 사용하기도 합니다. 다음은 감시자의 다른 이름입니다.
>
> - **감시자**(watcher)
> - **옵저버**(observer)
> - **리스너**(listener)
> - **이벤트 핸들러**(event handler)
> - **콜백**(callback)
>
> 모두 같은 개념을 나타내는 이름입니다. 어떤 것이 더 올바른 이름이라고 할 수는 없습니다.

셀을 감시하는 기능이 생겼습니다. 다음 페이지에서 add-to-cart에 적용해 봅시다.

셀이 바뀔 때 배송 아이콘을 갱신할 수 있습니다

지난 페이지에서 ValueCell에 감시자 기능을 추가했습니다. 그리고 셀이 바뀔 때 등록된 모든 감시자를 실행할 수 있도록 만들었습니다. shipping_cart 값을 가진 ValueCell에 update_shipping_icons()를 감시자로 등록해 봅시다. 이렇게 하면 장바구니가 바뀔 때 항상 배송 아이콘이 갱신됩니다.

이후에 진행할 액션을 삭제해서
이벤트 핸들러가 간단해졌습니다.

원래 코드

```
var shopping_cart = ValueCell({});

function add_item_to_cart(name, price) {
  var item = make_cart_item(name, price);
  shopping_cart.update(function(cart) {
    return add_item(cart, item);
  });
  var total = calc_total(shopping_cart.val());
  set_cart_total_dom(total);
  update_shipping_icons(shopping_cart.val());
  update_tax_dom(total);
}
```

여기에 코드를 한 번만 써주면
장바구니가 바뀔 때마다 실행됩니다.

고친 코드

```
var shopping_cart = ValueCell({});

function add_item_to_cart(name, price) {
  var item = make_cart_item(name, price);
  shopping_cart.update(function(cart) {
    return add_item(cart, item);
  });
  var total = calc_total(shopping_cart.val());
  set_cart_total_dom(total);

  update_tax_dom(total);
}

shopping_cart.addWatcher(update_shipping_icons);
```

코드를 고치고 나서 두 가지 사실을 알 수 있습니다. 하나는 핸들러 함수가 더 작아졌다는 것입니다. 원래 하던 것보다 적은 일을 합니다. 그리고 아이콘 갱신을 직접 하지 않습니다. 이 책임은 감시자로 넘어갔습니다. 또 다른 사실은 장바구니를 바꾸는 모든 핸들러에서 update_shipping_icons()를 부르지 않아도 된다는 것입니다. 이제 장바구니가 변경될 때 항상 update_shipping_icons()이 실행됩니다. 장바구니에 제품을 추가, 삭제, 수량 변경을 할 때마다 항상 배송 아이콘이 갱신됩니다. 예상한 대로 잘 동작합니다. 배송 아이콘은 항상 최신 장바구니 상태를 반영합니다.

add_item_to_cart 핸들러에서 DOM 갱신하는 부분을 하나 없앴습니다. 이제 DOM을 갱신하는 코드는 두 군데 있습니다. total 값을 사용해 DOM을 갱신하는데, total 값은 장바구니 값에 따라 변하는 값입니다. 다음 페이지에서 어떤 값이 바뀌면 따라서 바뀌는 파생된 값을 관리하는 기본형을 만들어 보겠습니다.

FormulaCell은 파생된 값을 계산합니다

지난 페이지에서 ValueCell에 감시자 기능을 추가해 반응형으로 만들었습니다. 어떤 셀은 다른 셀의 값을 최신으로 반영하기 위해 파생될 수 있습니다. FormulaCell로 이미 있는 셀에서 파생한 셀을 만들 수 있습니다. 다른 셀의 변화가 감지되면 값을 다시 계산합니다.

```
function FormulaCell(upstreamCell, f) {
  var myCell = ValueCell(f(upstreamCell.val()));          ← ValueCell을 재사용
  upstreamCell.addWatcher(function(newUpstreamValue) {    ←
    myCell.update(function(currentValue) {
      return f(newUpstreamValue);                           셀 값을 다시 계산하기
    });                                                     위해서 감시자를 추가
  });
  return {                                                 val()과 addWatcher()를
    val: myCell.val,                                       myCell에 위임
    addWatcher: myCell.addWatcher
  };                              FomulaCell 값은 직접 바꿀 수 없습니다.
}
```

FormulaCell은 값을 직접 바꿀 수 없습니다. 감시하던 상위upstream 셀 값이 바뀌면 FormulaCell 값이 바뀝니다. 상위 셀이 바뀌면 상위 값을 가지고 셀 값을 다시 계산합니다. FormulaCell에는 값을 바꾸는 기능은 없지만 FormulaCell을 감시할 수 있습니다.

FormulaCell을 감시할 수 있기 때문에 FormulaCell이 total 값이라면 total 값이 바뀔 때 실행할 액션을 추가할 수 있습니다.

원래 코드

```
var shopping_cart = ValueCell({});



function add_item_to_cart(name, price) {
  var item = make_cart_item(name, price);
  shopping_cart.update(function(cart) {
    return add_item(cart, item);
  });
  var total = calc_total(shopping_cart.val());
  set_cart_total_dom(total);
  update_tax_dom(total);
}

shopping_cart.addWatcher(update_shipping_
icons);
```

고친 코드

shopping_cart가 바뀔 때 cart_total도 바뀝니다.

```
var shopping_cart = ValueCell({});
var cart_total = FormulaCell(shopping_cart,
                             calc_total);

function add_item_to_cart(name, price) {
  var item = make_cart_item(name, price);
  shopping_cart.update(function(cart) {
    return add_item(cart, item);
  });
}                          클릭 핸들러는 더
                           간단해졌습니다.

shopping_cart.addWatcher(update_shipping_
icons);
cart_total.addWatcher(set_cart_total_dom);
cart_total.addWatcher(update_tax_dom);
```

cart_total이 바뀌면 DOM이 업데이트됩니다.

이제 장바구니가 바뀔 때 항상 DOM 3개가 갱신됩니다. 핸들러는 간단해졌기 때문에 해야 할 일을 명확하게 하고 있습니다.

함수형 프로그래밍과 변경 가능한 상태

함수형 개발자는 어떻게 해서든지 변경 가능한 상태를 사용하지 않는다는 말을 들어본 적이 있을 것입니다. 많은 소프트웨어가 변경 가능한 상태를 남용하고 있기 때문에 이런 말이 생긴 것 같습니다.

> 잠시만요! 함수형 개발자들은 변경 가능한 상태를 쓰지 않는 줄 알았어요.

테스트 담당

함수형 프로그래밍을 비롯해 모든 소프트웨어는 변경 가능한 상태를 잘 관리해야 합니다. 소프트웨어는 변화하는 현실 세계로부터 정보를 가져와 일부는 저장해야 합니다. 따라서 새로운 사용자와 사용자의 행동을 파악하는 것이 중요합니다. 상태가 외부 데이터베이스에 있는지 메모리에 있는지는 중요하지 않습니다. 중요한 것은 상태를 가능한 한 안전하게 사용하는 것입니다. 셀은 변경할 수 있지만 변경 불가능한 변수에 값을 담아두기 때문에 전역변수보다 더 안전합니다.

`ValueCell`의 `update()` 메서드를 사용하면 현재 값을 항상 올바르게 유지할 수 있습니다. 왜 그럴까요? `update()`를 사용할 때 계산을 넘기기 때문입니다. 계산은 현재 값을 받아 새로운 값을 리턴합니다. 현재 값이 도메인 상에서 올바른 값이고 계산이 항상 올바른 값을 리턴한다면 `update()`는 올바른 값으로 새로운 값을 계산하기 때문에 항상 올바른 값을 유지할 것입니다. `ValueCell`은 다른 타임라인에서 읽거나 쓰는 순서를 보장하지 않습니다. 하지만 어떤 값이 저장되어도 그 값이 항상 올바른 값이라는 것은 보장합니다. 이 정도면 사용하기 충분합니다.

> update에는 항상 계산을 넘겨야 합니다.
>
> `ValueCell.update(`<u>`f`</u>`)`

> **ValueCell을 일관되게 유지하기 위한 안내**
> - 올바른 값으로 초기화합니다.
> - `update()`에는 계산을 전달(절대 액션을 전달하지 마세요)합니다.
> - 계산은 올바른 값이 주어졌다면 올바른 값을 리턴해야 합니다.

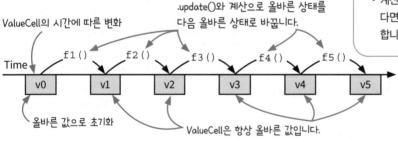

.update()와 계산으로 올바른 상태를 다음 올바른 상태로 바꿉니다.

ValueCell의 시간에 따른 변화

Time

v0 — f1() → v1 — f2() → v2 — f3() → v3 — f4() → v4 — f5() → v5

올바른 값으로 초기화

ValueCell은 항상 올바른 값입니다.

 용어 설명

많은 함수형 언어나 프레임워크에는 `ValueCell`과 같은 것이 있습니다.

- 클로저(Clojure): **Atom**
- 엘릭서(Elixir): **Agent**
- 리액트(React): **Redux store**와 **Recoil atom**
- 하스켈(Haskell): **TVar**

반응형 아키텍처가 시스템을 어떻게 바꿨나요

앞에서 코드를 반응형 아키텍처 버전으로 바꿨습니다. 어떤 것이 바뀔 때 실행되는 핸들러로 만들었습니다.

일반적인 아키텍처

```
var shopping_cart = {};

function add_item_to_cart(name, price) {
  var item = make_cart_item(name, price);
  shopping_cart = add_item(shopping_cart, item);
  var total = calc_total(shopping_cart);
  set_cart_total_dom(total);
  update_shipping_icons(shopping_cart);
  update_tax_dom(total);
}
```

반응형 아키텍처

```
var shopping_cart = ValueCell({});
var cart_total = FormulaCell(shopping_cart,
                             calc_total);

function add_item_to_cart(name, price) {
  var item = make_cart_item(name, price);
  shopping_cart.update(function(cart) {
    return add_item(cart, item);
  });
}

shopping_cart.addWatcher(update_shipping_icons);
cart_total.addWatcher(set_cart_total_dom);
cart_total.addWatcher(update_tax_dom);
```

핸들러에 모든 액션 시퀀스가 있습니다.

하위에 있는 액션은 핸들러 바깥에 있습니다.

제품 추가 버튼 클릭

전역 장바구니에 제품 추가
합계 계산
합계 DOM 업데이트
배송 아이콘 업데이트
세금 DOM 업데이트

직접적인 액션

하위(downstream) 액션

제품 추가 버튼 클릭

전역 장바구니에 제품 추가

합계 계산

배송 아이콘 업데이트

합계 DOM 업데이트

세금 DOM 업데이트

반응형 아키텍처가 바꾼 시스템의 결과는 무엇인지 살펴봅시다. 반응형 아키텍처는 코드에 3가지 중요한 영향을 줍니다.

1. 원인과 효과가 결합된 것을 분리합니다.

2. 여러 단계를 파이프라인으로 처리합니다.

3. 타임라인이 유연해집니다.

다음 페이지에서 하나씩 살펴봅시다.

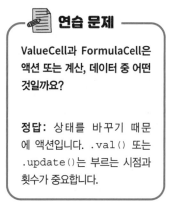

연습 문제

ValueCell과 FormulaCell은 액션 또는 계산, 데이터 중 어떤 것일까요?

정답: 상태를 바꾸기 때문에 액션입니다. `.val()` 또는 `.update()`는 부르는 시점과 횟수가 중요합니다.

원인과 효과가 결합한 것을 분리합니다

가끔 코드를 작성할 때 중요한 규칙을 구현해야 합니다. 이 책에서는 현재 장바구니에 있는 제품이 무료 배송 기준에 맞으면 무료 배송 아이콘을 표시하는 규칙이 있었습니다. 구현하기 어려운 규칙입니다. **현재 장바구니**current cart라는 조건을 잘 봐야 합니다. 현재 장바구니라는 것은 장바구니 상태는 언제나 바뀔 수 있고 장바구니 상태가 바뀔 때마다 배송 아이콘을 갱신해야 한다는 뜻입니다.

장바구니가 바뀌는 경우는 많이 있습니다. 제품을 추가할 때뿐만 아니라 제품을 삭제하거나 비울 때도 장바구니가 바뀝니다. 따라서 이런 코드에서 항상 배송 아이콘을 갱신해야 합니다.

현재 이 단계에 있습니다.

> **반응형 아키텍처**
> 1. **원인과 효과가 결합된 것을 분리합니다.**
> 2. 여러 단계를 파이프라인으로 처리합니다.
> 3. 타임라인이 유연해집니다.

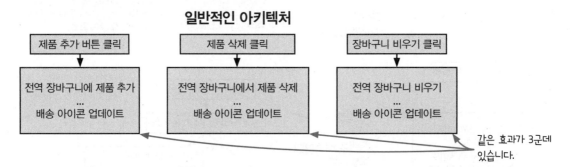

일반적인 아키텍처

같은 효과가 3군데 있습니다.

일반적인 아키텍처에서는 장바구니를 바꾸는 모든 UI 이벤트 핸들러에 같은 코드를 넣어줘야 합니다. 제품 추가를 클릭하면 배송 아이콘을 갱신해야 합니다. 또 제품 삭제나 장바구니 비우기를 클릭해도 마찬가지로 배송 아이콘을 갱신해야 합니다. 버튼 클릭이라는 원인과 그로 인해 발생하는 배송 아이콘 갱신이라는 효과effect가 결합하여 있습니다. 반응형 아키텍처를 사용하면 원인과 효과가 결합한 것을 분리할 수 있습니다. 어떤 원인에 의해 장바구니가 변경되더라도 배송 아이콘을 갱신합니다.

반응형 아키텍처

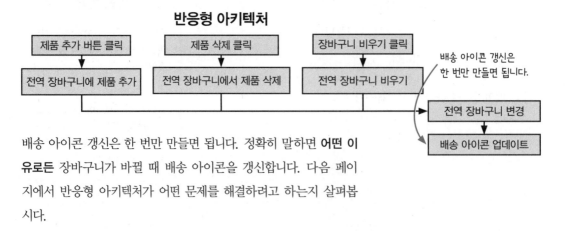

배송 아이콘 갱신은 한 번만 만들면 됩니다.

배송 아이콘 갱신은 한 번만 만들면 됩니다. 정확히 말하면 **어떤 이유로든** 장바구니가 바뀔 때 배송 아이콘을 갱신합니다. 다음 페이지에서 반응형 아키텍처가 어떤 문제를 해결하려고 하는지 살펴봅시다.

결합의 분리는 원인과 효과의 중심을 관리합니다

반응형 아키텍처가 원인과 효과를 어떻게 분리하는지 살펴봤습니다. 정말 어려운 문제를 풀 수 있는 강력한 기술입니다. 여기서는 장바구니를 바꾸는 방법과 장바구니가 바뀔 때 해야 할 일이 많은 것이 문제입니다.

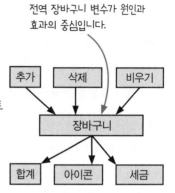

전역 장바구니 변수가 원인과 효과의 중심입니다.

장바구니를 바꾸는 방법

1. 제품 추가
2. 제품 삭제
3. 장바구니 비우기
4. 수량 변경
5. 할인 코드 적용

장바구니가 바뀔 때 해야 할 액션

1. 배송 아이콘 업데이트
2. 세금 표시
3. 합계 표시
4. 장바구니에 제품 개수 업데이트

장바구니를 바꾸는 방법과 바뀔 때 해야 할 일이 많이 있습니다. 앞으로 새로 추가될 수도 있습니다. 장바구니가 바뀔 때 해야 할 일을 하나 추가했다고 해봅시다. 몇 군데를 고쳐야 할까요? 모두 다섯 군데입니다. 장바구니가 바뀔 때 해야 할 일을 추가하기 위해 장바구니를 바꾸는 코드를 모두 고쳐야 합니다. 장바구니를 바꾸는 방법을 하나 추가해도 마찬가지입니다. 추가한 코드에 장바구니가 바뀔 때 할 일을 모두 추가해야 합니다. 어느 쪽이 추가되어도 고쳐야 할 것이 많습니다.

원인과 결과가 모두 연결되어 있기 때문에 관리해야 할 것이 20개라고 할 수 있습니다. 바꾸는 방법(원인) 5가지와 할 일(효과) 4가지를 곱한 값입니다. 원인이나 효과가 늘어나면 관리해야 할 것도 늘어납니다. 전역 장바구니는 원인과 결과의 중심이라고 할 수 있습니다. 원인과 효과의 중심을 잘 관리해서 관리해야 할 것이 빠르게 늘어나지 않도록 해야 합니다.

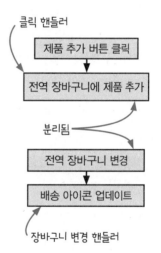

이 문제는 원인과 효과를 분리decoupling하면 해결됩니다. 관리해야 할 것이 늘어나는 문제를 곱셈에서 덧셈으로 바꿀 수 있습니다. 5개의 원인과 4개의 결과가 있기 때문에 5×4 대신 5+4로 만들 수 있습니다. 효과를 추가해도 원인을 고치지 않아도 되고, 원인을 추가해도 효과를 고치지 않아도 되기 때문에 관리해야 할 것은 하나만 늘어납니다. 이것이 원인과 효과를 분리해서 얻을 수 있는 장점입니다.

비슷한 문제가 생겼을 때 이 방법은 매우 강력합니다. 이벤트 핸들러는 장바구니를 바꾸는 일에만 신경 쓰면 됩니다. 또 DOM을 갱신하는 곳에서는 DOM을 갱신하는 것만 신경 쓰면 됩니다.

문제가 없는데 이 방법으로 분리하는 것은 좋지 않습니다. 코드에 액션을 순서대로 표현하는 것이 더 명확할 수도 있습니다. 장바구니처럼 원인과 효과의 중심이 없다면 분리하지 마세요.

여러 단계를 파이프라인으로 처리합니다

13장에서 함수형 도구로 여러 계산을 조합하는 방법을 봤습니다. 함수형 도구는 간단한 함수이지만 복잡한 동작을 만들 수 있습니다. 그래서 간단한 함수가 재사용하기 더 좋다는 것을 알 수 있었습니다.

반응형 아키텍처도 간단한 액션과 계산을 조합해 복잡한 동작을 만들 수 있습니다. 조합된 액션은 파이프라인과 같습니다. 데이터가 파이프라인으로 들어가 각 단계에서 처리됩니다. 파이프라인은 작은 액션과 계산을 조합한 하나의 액션이라고 볼 수 있습니다.

어떤 일이 발생하는 여러 단계가 있다면 파이프라인으로 처리하는 것이 좋습니다. 각 단계에서 생성된 데이터는 다음 단계의 입력값으로 사용될 것입니다. 파이프라인을 구현할 때 언어에 맞는 기본형을 사용하는 것이 좋습니다.

파이프라인은 반응형 프레임워크를 사용해 구현하기도 합니다. 자바스크립트를 사용한다면 Promise로 액션과 계산을 조합해 파이프라인을 구현할 수 있습니다. Promise는 단일값을 전달할 수 있기 때문에 파이프라인 단계 간 데이터를 전달할 수 있습니다.

단일 이벤트 대신 이벤트 스트림이 필요하다면 ReactiveX(http://reactivex.io/) 라이브러리를 사용해 보세요. 스트림에 map이나 filter를 사용할 수 있고 다양한 언어로 구현되어 있습니다. 자바스크립트 구현체는 RxJS입니다.

Kafka나 RabbitMQ와 같은 외부 스트림 서비스로 파이프라인을 구현할 수 있습니다. 스트림 서비스를 사용하면 반응형 아키텍처를 더 큰 범위에 적용할 수 있습니다. 액션과 계산 단위가 아닌 서비스 관점에서 서로 분리할 수 있습니다.

만약 여러 단계가 있지만 데이터를 전달하지 않는다면 이 패턴을 사용하지 않는 것이 좋습니다. 데이터를 전달하지 않으면 파이프라인이라고 볼 수 없습니다. 따라서 올바른 반응형 아키텍처가 될 수 없습니다.

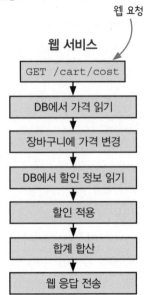

웹 요청

웹 서비스

GET /cart/cost

DB에서 가격 읽기

장바구니에 가격 변경

DB에서 할인 정보 읽기

할인 적용

합계 합산

웹 응답 전송

현재 이 단계에 있습니다.

반응형 아키텍처

1. 원인과 효과가 결합된 것을 분리합니다.
2. **여러 단계를 파이프라인으로 처리합니다.**
3. 타임라인이 유연해집니다.

🛳️ **한 걸음 더**

반응형 아키텍처는 마이크로서비스 아키텍처로 인해 더 인기를 얻었습니다. 자세한 내용과 장점에 대해서는 The Reactive Manifesto*(https://www.reactivemanifesto.org/)를 참고하세요.

★ 　[옮긴이] 한국어 버전은 https://www.reactivemanifesto.org/ko에 있습니다.

타임라인이 유연해집니다

반응형 아키텍처를 사용하면 타임라인이 유연해집니다. 순서를 정
의하는 방법을 뒤집기 때문에 자연스럽게 타임라인이 작은 부분으
로 분리됩니다.

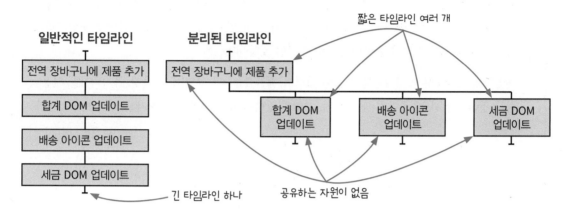

15장에서 짧은 타임라인이 좋은 것이라고 했지만 타임라인이 많아
지는 것도 좋지 않습니다. 하지만 타임라인이 많아도 문제가 없는
경우가 있습니다. 공유하는 자원이 없으면 타임라인이 많아져도 문
제가 없습니다.

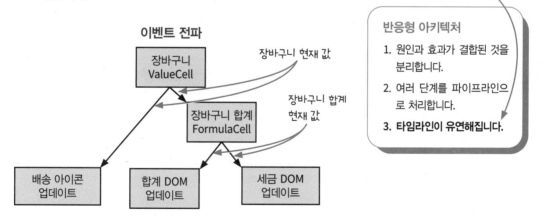

장바구니 ValueCell은 감시자를 호출할 때 현재 값을 넘겨주기 때문에 감시자 함수가 직접 장바
구니 값을 읽지 않아도 됩니다. 따라서 장바구니 값을 전역변수로 사용하지 않아도 됩니다. 마찬가지
로 합계 FormulaCell도 감시자를 호출할 때 현재 합계 값을 넘겨주기 때문에 DOM 갱신을 할 때
FormulaCell을 직접 읽지 않아도 됩니다. DOM을 갱신하는 모든 곳에서 자신의 DOM만 갱신하면
됩니다. 타임라인은 서로 다른 자원을 사용하기 때문에 안전하다고 할 수 있습니다.

고객에게 변경 사항을 알려주는 알림 시스템을 설계해야 합니다. 약관이 변경되거나 새로운 할 인 정보가 있을 때 알려주려고 합니다. 하지만 앞으로 다른 것도 알려줘야 합니다.

고객에게 알림을 보낼 때 고객마다 서로 다른 방법으로 알려줘야 합니다. 이메일로 알림을 보 낼 수도 있고, 웹 사이트 배너를 통해 알림을 줄 수도 있고, 채팅 메시지로 알림을 보낼 수도 있습니다. 앞으로 더 다양한 알림 방식이 추가될 것입니다.

개발팀에서 반응형 아키텍처를 사용해 보라고 제안했습니다. 여기에 반응형 아키텍처를 사용 하는 것이 좋을까요? 좋다면 왜 좋은지, 그렇지 않다면 왜 나쁜지 답해 보세요.

여기에 답을 써보세요.

정답

반응형 아키텍처를 사용하기 좋은 상황입니다. 여러 원인(알림 종류)이 있고 그에 따른 여러 효 과(알림 전달 방법)가 있습니다. 반응형 아키텍처는 원인과 효과를 분리하기 때문에 해야 할 일을 독립적으로 처리할 수 있습니다.

새로 만든 문서 전송 시스템은 반복적으로 실행하는 매우 직관적인 순차적 단계로 되어 있습니다. 문서를 검증하고 암호화된 서명을 하고 보관함에 저장한 후에 로그를 남깁니다. 여기에 반응형 아키텍처를 사용하는 것이 좋을까요? 좋다면 왜 좋은지 그렇지 않다면 왜 나쁜지 답해 보세요.

여기에 답을 써보세요.

정답

반응형 아키텍처에 잘 맞지 않습니다. 반응형 아키텍처는 원인과 효과의 중심을 관리합니다. 하지만 여기에는 원인과 효과의 중심이 없습니다. 순차적인 단계가 있고 항상 원인은 하나입니다. 여기에는 더 직관적인 순차적 액션이 좋은 것 같습니다.

또 다른 아키텍처 패턴

반응형 아키텍처에 대해 알아봤습니다. 이제 **어니언 아키텍처**onion architecture라고 부르는 아키텍처에 대해 알아보겠습니다. 어니언 아키텍처는 반응형 아키텍처보다 더 넓은 범위에 사용합니다. 어니언 아키텍처는 서비스 전체를 구성하는 데 사용하기 때문에 바깥 세계와 상호작용을 하는 부분을 다룹니다. 반응형 아키텍처와 함께 사용하면 반응형 아키텍처가 어니언 아키텍처 안에 들어 있는 것을 볼 수 있지만 서로 의존하지는 않습니다.

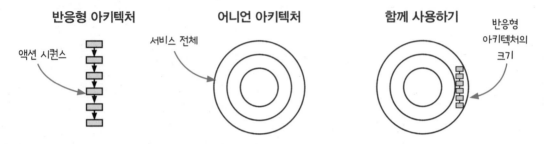

반응형 아키텍처

반응형 아키텍처는 코드에 나타난 순차적 액션의 순서를 뒤집습니다. 효과effect와 그 효과에 대한 원인을 분리해서 코드에 복잡하게 꼬인 부분을 풀 수 있습니다.

이 아키텍처는 이미 살펴봤습니다.

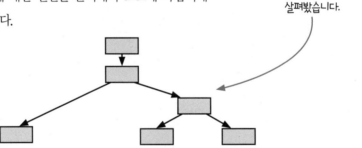

어니언 아키텍처

어니언 아키텍처는 웹 서비스나 온도 조절 장치 같은 현실 세계와 상호작용하기 위한 서비스 구조를 만듭니다. 함수형 사고를 적용한다면 자연스럽게 쓸 수 있는 아키텍처입니다.

다음에 살펴볼 아키텍처입니다.

인터랙션

도메인

언어

어니언 아키텍처는 무엇인가요?

어니언 아키텍처는 현실 세계와 상호작용하기 위한 서비스 구조를 만드는 방법입니다. 이름에서 알 수 있듯이 둥글게 겹겹이 쌓인 양파 모양을 하고 있습니다.

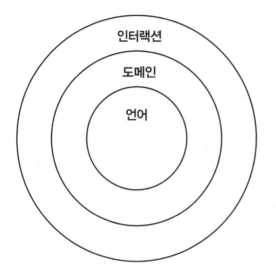

인터랙션 계층
- 바깥세상에 영향을 주거나 받는 액션

도메인 계층
- 비즈니스 규칙을 정의하는 계산

언어 계층
- 언어 유틸리티와 라이브러리

어니언 아키텍처는 특정 계층이 꼭 필요하다고 강제하지 않습니다. 하지만 많은 경우에 위와 같이 3가지 큰 분류로 나눌 수 있습니다. 위의 간단한 그림으로 함수형 시스템이 잘 동작할 수 있는 중요한 규칙을 알 수 있습니다.

1. 현실 세계와 상호작용은 인터랙션 계층에서 해야 합니다.
2. 계층에서 호출하는 방향은 중심 방향입니다.
3. 계층은 외부에 어떤 계층이 있는지 모릅니다.

어니언 아키텍처는 파트 I에서 배운 액션과 계산의 분리, 계층형stratified 설계 방식과 잘 맞습니다. 이 내용을 복습해 보고 어니언 아키텍처를 적용하는 예제를 살펴봅시다.

다시 보기: 액션과 계산, 데이터

파트 I에서 액션과 계산, 데이터의 차이점에 대해 배웠습니다. 어니언 아키텍처를 이해하는 데 도움이 되기 때문에 다시 한번 살펴봅시다.

데이터

데이터가 가장 단순하기 때문에 데이터를 먼저 설명하겠습니다. 데이터는 이벤트에 대한 사실입니다. 숫자나 문자열, 컬렉션 같은 것들이 데이터입니다. 데이터는 수동적이고 투명합니다.

계산

계산은 입력으로 출력을 만드는 연산입니다. 같은 입력을 주면 항상 같은 결과를 냅니다. 계산은 호출 시점이나 횟수에 영향을 받지 않습니다. 실행 순서가 중요하지 않기 때문에 타임라인에 표시하지 않습니다. 파트 I에서 액션을 계산으로 바꾸는 일을 많이 했습니다.

액션

액션은 바깥 세계에 영향을 주거나 받는 실행 가능한 코드입니다. 따라서 호출 시점과 횟수가 중요합니다. 파트 II에서 액션의 복잡성을 다루는 데 많은 시간을 보냈습니다. 데이터베이스나 API, 웹 요청과 상호작용하는 것은 모두 액션입니다. 이번 장에서 많이 다루게 됩니다.

4장에서 배운 방식으로 액션에서 계산을 빼내면 의도하지 않아도 어니언 아키텍처 구조가 됩니다. 그래서 함수형 개발자들은 어니언 아키텍처에 특별한 이름을 붙이지 않아도 된다고 생각할지도 모릅니다. 그래도 어니언 아키텍처라는 용어가 사용되기 때문에 알고 있어야 합니다. 어니언 아키텍처는 함수형 프로그래밍을 할 때 높은 차원에서 서비스를 구조화하기 좋은 방법입니다.

다시 보기: 계층형 설계

계층형stratified 설계는 함수 호출 관계를 기반으로 함수를 배치하는 방법입니다. 어떤 함수가 재사용하기 좋고 변경하기 쉬운지, 테스트할 가치가 높은 코드가 무엇인지 알 수 있습니다.

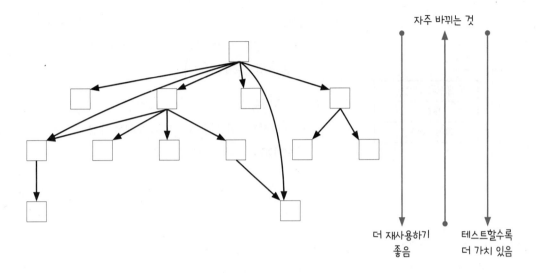

계층형 설계로 액션 전파에 대한 규칙도 알 수 있습니다. 만약 어떤 박스가 액션이라면 박스 위쪽 경로에 있는 모든 박스는 액션이 됩니다.

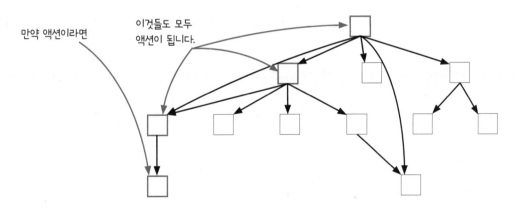

그래프에 어떤 액션이 있다면 그래프의 가장 위에 있는 것은 액션이 됩니다. 파트 I에서 계산에서 액션을 분리하는 데 시간을 많이 썼습니다.

전통적인 계층형 아키텍처

전통적인 아키텍처로 웹 API를 만들 때 계층layer이라고 하는 개념을 사용합니다. 하지만 어니언 아키텍처의 계층과는 다릅니다. 다음은 웹 서버를 만들 때 사용하는 전형적인 계층입니다.

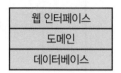

웹 인터페이스 계층

- 웹 요청을 도메인으로 바꾸고 도메인을 웹 응답으로 바꿉니다.

도메인 계층

- 애플리케이션 핵심 로직으로 도메인 개념에 DB 쿼리나 명령이 들어갑니다.

데이터베이스 계층

- 시간에 따라 바뀌는 정보를 저장합니다.

전통적인 계층형 아키텍처는 데이터베이스를 기반으로 합니다. 도메인 계층은 데이터베이스 동작으로 만듭니다. 그리고 웹 인터페이스는 웹 요청을 도메인 동작으로 변환합니다.

많이 볼 수 있는 아키텍처입니다. Ruby on Rails와 같은 프레임워크는 활성 레코드active record 객체를 사용해 도메인 모델(MVC에서 M)을 만듭니다. 활성 레코드를 통해 도메인 객체를 데이터베이스에 저장하고 가져올 수 있습니다. 물론 이런 아키텍처에 문제가 있다는 것은 아닙니다. 다만 이런 아키텍처는 함수형 스타일이 아닙니다.

데이터베이스 계층이 가장 아래 있다면 그 위에 있는 모든 것이 액션이 되기 때문에 함수형 스타일이 아닙니다. 모든 것이 계층에 쌓여있고 계산은 따로 관리되지 않고 우연히 사용됩니다. 함수형 아키텍처는 계산과 액션에 대한 명확한 규칙이 있어야 합니다.

다음 페이지에서 함수형 아키텍처와 비교해 봅시다.

함수형 아키텍처

함수형이 아닌 전통적인 아키텍처와 함수형 아키텍처를 비교해 봅시다. 눈에 띄는 차이점은 데이터베이스 계층과 도메인 계층의 관계입니다. 함수형 아키텍처는 도메인 계층이 데이터베이스 계층에 의존하지 않는다는 점입니다. 데이터베이스 동작은 값을 바꾸거나 데이터베이스에 접근하기 때문에 액션입니다. 아래 그림에서 액션과 계산을 구분하는 선을 그리고 라이브러리나 언어 기능과 계산을 구분하는 선을 그려 함수형 아키텍처를 표현할 수 있습니다.

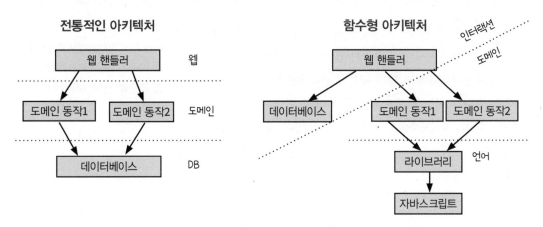

데이터베이스는 변경 가능하고 접근하는 모든 것을 액션으로 만든다는 것이 핵심입니다. 그래서 도메인 동작을 포함해 그래프에 가장 위에 있는 것까지 모두 액션이 됩니다. 파트 I에서 함수형 개발자는 액션에서 계산을 빼내려고 한다고 배웠습니다. 함수형 개발자는 액션과 계산을 명확하게 구분하려고 하고 도메인 로직은 모두 계산으로 만들어야 한다고 생각합니다. 따라서 데이터베이스를 도메인과 분리하는 것이 중요합니다. 가장 위에 있는 액션에서 도메인 규칙과 데이터베이스를 조합합니다.

위의 함수형 아키텍처 그림에서 각 점선 끝을 연결하면 어니언 아키텍처와 같은 모양이 됩니다.

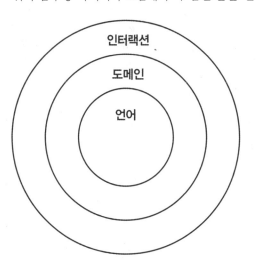

> **어니언 아키텍처 규칙**
> 1. 현실 세계와 상호작용은 인터랙션 계층에서 해야 합니다.
> 2. 계층에서 호출하는 방향은 중심 방향입니다.
> 3. 계층은 외부에 어떤 계층이 있는지 모릅니다.

변경과 재사용이 쉬워야 합니다

어떤 의미에서 소프트웨어 아키텍처는 변화를 다루는 일입니다. 어떤 것이 바꾸기 쉬워야 하나요? 이 물음에 답을 할 수 있다면 아키텍처의 반은 결정한 것입니다.

지금은 어니언 아키텍처에 대해 이야기하므로 어니언 아키텍처에서 어떤 것을 바꾸기 쉬운지 물어볼 수 있습니다.

어니언 아키텍처는 인터랙션 계층을 바꾸기 쉽습니다. 인터랙션 계층은 가장 위에 있어서 가장 바꾸기 쉽습니다. 도메인이 데이터베이스나 웹 요청에 의존하지 않기 때문에 인터랙션 계층에 속하는 데이터베이스나 서비스 프로토콜은 쉽게 바꿀 수 있습니다. 그리고 도메인 계층도 데이터베이스나 서비스 같은 것을 사용하지 않으므로 전부 계산으로 만들 수 있습니다. 어니언 아키텍처에서는 이런 것을 바꾸기 쉽습니다.

> 어니언 아키텍처는 인터랙션 계층을 바꾸기 쉽습니다. 그래서 도메인 계층을 재사용하기 좋습니다.

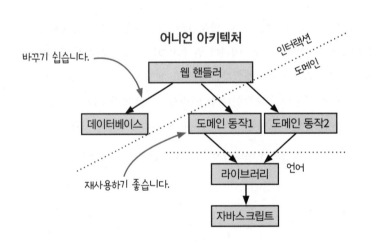

중요하기 때문에 다시 정리해 봅시다. 어니언 아키텍처는 데이터베이스나 API 호출과 같은 외부 서비스를 바꾸기 쉽습니다. 가장 높은 계층에서 사용하기 때문입니다. 도메인 계층은 외부 서비스에 의존하지 않아서 테스트하기 좋습니다. 어니언 아키텍처는 좋은 인프라보다 좋은 도메인을 강조합니다.

전형적인 아키텍처에서 도메인 규칙은 데이터베이스를 부릅니다. 하지만 어니언 아키텍처에서는 그렇게 하면 안 됩니다. 어니언 아키텍처는 같은 일을 다른 방식으로 처리합니다. 예제를 봅시다. 장바구니의 합계를 계산하는 웹 서비스가 있습니다. 장바구니 아이디가 123인 경우, /cart/cost/123 주소로 웹 요청을 할 수 있습니다. 장바구니 아이디로 데이터베이스에서 장바구니를 가져와야 합니다.

이 예제를 통해 두 아키텍처를 비교해 봅시다.

정말 좋아 보이네요. 그런데 도메인 규칙에서 데이터베이스를 사용해야 하는데 어떻게 하죠?

개발팀

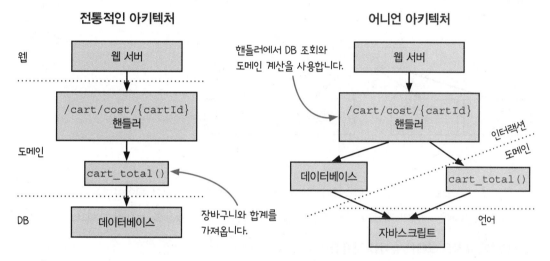

전형적인 아키텍처에서 계층은 순서대로 쌓여있습니다. 웹 요청은 핸들러가 처리합니다. 핸들러는 데이터베이스에 접속하고 클라이언트에게 응답하기 위해 가장 높은 웹 계층으로 결과를 리턴합니다.

여기서 장바구니 합계를 계산하는 도메인 규칙은 데이터베이스에서 합계를 가져와 처리합니다. 도메인은 데이터베이스에 접근하기 때문에 계산이 아닙니다.

어니언 아키텍처는 경계선이 경사져 있어서 자세히 봐야 합니다. 웹 서버와 핸들러, 데이터베이스는 인터랙션 계층에 속합니다. cart_total()은 제품 가격을 가지고 장바구니 합계를 만드는 계산입니다. 장바구니가 어디에서(데이터베이스 또는 다른 곳에서) 왔는지 모릅니다. 핸들러가 데이터베이스에서 장바구니를 가져와 도메인에 전달하는 역할을 합니다. 그래서 계층 구조가 다르지만 같은 일을 할 수 있습니다. 인터랙션 계층에서 값을 가져오고 도메인 계층에서 합산을 합니다.

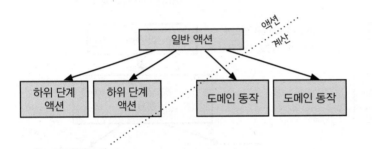

이제 패턴을 이해했습니다. 그런데 도메인 규칙이 액션이 되어야 하는 경우는 정말 없나요?

개발팀

정말 좋은 질문입니다. 간단한 답은 쉽습니다. 도메인을 계산으로 만드는 것은 항상 가능합니다. 파트 I에서 액션을 계산으로 만들기 위해 많은 것을 살펴봤습니다. 액션에서 계산을 빼내는 것이 좋습니다. 액션에서 계산을 빼내면 액션과 계산 모두 간단해집니다. 액션은 작은 로직을 갖는 하위 단계 액션이 됩니다. 하위 단계 액션이 되는 이유는 빼낸 도메인 계산과 액션을 상위 단계의 액션으로 조합할 수 있기 때문입니다.

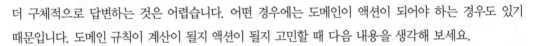

더 구체적으로 답변하는 것은 어렵습니다. 어떤 경우에는 도메인이 액션이 되어야 하는 경우도 있기 때문입니다. 도메인 규칙이 계산이 될지 액션이 될지 고민할 때 다음 내용을 생각해 보세요.

1. 도메인 규칙은 도메인 용어를 사용합니다.

2. 가독성과 어울리는지 따져 봐야 합니다.

다음 페이지에서 생각해 봅시다.

도메인 규칙은 도메인 용어를 사용합니다

프로그램의 핵심 로직을 **도메인 규칙**domain rule 또는 **비즈니스 규칙**business rule이라고 합니다. 모든 로직이 도메인 규칙이 아니므로 어떤 로직이 도메인 규칙인지 판단하기 위해 코드에 나타나는 용어를 참고할 수 있습니다. 다음과 같이 어떤 데이터베이스를 사용할지 결정하는 코드가 있습니다. 새 데이터베이스에 제품 이미지가 있다면 사용하고 없다면 이전 데이터베이스에서 가져옵니다. 데이터베이스를 읽는 액션이 2개 있습니다.

```
var image = newImageDB.getImage('123');
if(image === undefined)
  image = oldImageDB.getImage('123');
```

이 코드가 비즈니스에 중요한 부분이라고 해도 이 코드는 도메인 규칙이 아닙니다. 도메인 용어를 쓰지 않기 때문입니다. 도메인 규칙에는 **제품**product, **이미지**image, **가격**price, **할인**discount과 같은 용어를 사용합니다. **데이터베이스**database는 도메인을 나타내는 용어가 아닙니다. **새로운**new 데이터베이스나 **이전**old 데이터베이스도 도메인 용어가 아닙니다.

> 도메인 규칙은 도메인 용어를 사용합니다. 도메인 규칙에 속하는지 인터랙션 계층에 속하는지 판단하려면 코드에서 사용하는 용어를 보면 됩니다.

이 코드는 제품 이미지를 새로운 데이터베이스로 마이그레이션하는 과정에 사용하는 코드입니다. 도메인 규칙과 혼동하면 안 됩니다. 이 코드는 바깥세상과 상호작용하는 인터랙션 계층에 속하는 코드입니다.

또 다른 예제를 봅시다. 아래 코드는 웹 요청이 실패할 때 재시도를 하는 로직입니다. 웹 요청이 실패하면 여러 번 재시도합니다.

```
function getWithRetries(url, retriesLeft, success, error) {
  if(retriesLeft <= 0)
    error('No more retries');
  else ajaxGet(url, success, function(e) {
    getWithRetries(url, retriesLeft - 1, success, error);
  });
}
```

재시도가 비즈니스에 중요한 기능이라고 해도 비즈니스 규칙이 아닙니다. 마찬가지로 도메인 용어를 쓰지 않기 때문입니다. 전자 상거래 도메인 용어에 **AJAX 요청**ajax request은 없습니다. 이 코드는 불안정한 네트워크 문제를 해결하기 위한 코드입니다. 역시 인터랙션 계층에 속하는 코드입니다.

가독성을 따져 봐야 합니다

특정 패러다임의 장점이 항상 좋은 것이 아니라는 것을 알았습니다. 도메인을 계산으로 만드는 것도 마찬가지입니다. 도메인을 항상 계산으로 만들 수 있지만, 어떤 경우는 문맥에 따라 계산보다 액션이 읽기 좋은 경우가 있습니다.

가독성을 결정하는 요소는 여러 가지 있습니다. 다음은 가독성을 결정하는 몇 가지 요소입니다.

- 사용하는 언어
- 사용하는 라이브러리
- 레거시 코드와 코드 스타일
- 개발자들의 습관

앞에서 이야기한 어니언 아키텍처는 가장 이상적인idealized 모습입니다. 100% 순수한 어니언 아키텍처를 만들면 된다고 쉽게 생각할 수 있습니다. 하지만 세상에 완벽한 것은 없습니다. 설계자의 역할 중 하나는 현실 세계의 문제와 이상적인 다이어그램 사이를 균형 있게 유지하는 것입니다.

코드의 가독성

일반적으로 함수형 코드는 읽기 좋습니다. 하지만 함수형 코드가 아닌 코드가 더 명확한 경우도 있습니다. 이때 얼마나 더 명확해지는지 봐야 합니다. 어쩌면 명확함을 위해 함수형 스타일을 사용하지 않아야 할 수도 있습니다. 도메인 계층을 계산으로 만들어 인터랙션 계층과 분리하면서 읽기 좋은 코드를 만들려고 노력해야 합니다.

개발 속도

비즈니스 이유로 기능을 빨리 출시해야 하는 경우도 있습니다. 일반적으로 업무가 밀려오는 것은 좋지 않습니다. 이런 경우 많은 것을 타협해야 하기 때문입니다. 이런 경우에도 나중에 아키텍처에 맞춰 코드를 정리할 준비를 하는 것이 좋습니다. 이 책에서 배운 것처럼 계산을 추출하고 함수형 도구로 코드를 연결하고 타임라인을 잘 관리하세요.

시스템 성능

시스템 성능과 타협해야 하는 때도 있습니다. 변경 가능한 데이터 구조는 불변 데이터 구조보다 빠릅니다. 성능 개선과 도메인을 계산으로 만드는 것은 따로 생각하는 것이 좋습니다. 최적화는 인터랙션 계층에서 하고 도메인 계층은 재사용 가능한 계산으로 만드는 것입니다. 책 앞부분에서 데이터베이스에서 이메일을 비효율적으로 가져오는 코드를 최적화할 때도 도메인 계층을 고치지 않았습니다.

새로운 아키텍처를 적용하는 것은 항상 어려운 일입니다. 하지만 능숙해지면 처음 하더라도 읽기 좋은 방법을 유지하면서 어니언 아키텍처를 적용할 수 있을 것입니다.

좋은 질문입니다. 가능한 시나리오입니다. 지난해 판매
된 모든 제품에 대한 보고서를 만든다고 해봅시다.
다음과 같이 제품을 가져와서 보고서를 생성하는
함수를 만들어야 할 것입니다.

도메인 계층에서 선택적인 값을
어떻게 가져오나요?

테스트 담당

```
function generateReport(products) {
  return reduce(products, "", function(report,
product) {
    return report + product.name + " " + product.price + "\n";
  });
}

var productsLastYear = db.fetchProducts('last year');
var reportLastYear = generateReport(productsLastYear);
```

함수형 스타일로 잘 만들었습니다. 여기에 새로운 요구 사항이 생겨서 보고서
를 고쳐야 한다고 해봅시다. 이제 보고서에 할인 정보를 표시해야 합니다. 할
인 레코드의 아이디는 제품 레코드에서 찾을 수 있는데 **있을 때도 있고 없을
때도**(optional) 있습니다. 할인 레코드는 데이터베이스에서 가져와야 합니다.

```
{
  name: "shoes",
  price: 3.99,
  discountID: '23111'
}
```
제품에 discountID가
있습니다.

```
{
  name: "watch",
  price: 223.43,
  discountID: null
}
```
제품에 disccountID가
없습니다.

가장 쉬운 방법은 reduce 콜백에서 할인 레코드 아이디로 데이터베이스에서 가져오는 것입니다. 하지
만 이렇게 하면 generateReport()가 액션이 됩니다. 제품을 데이터베이스에서 가져오는 가장 상위
액션에서 이 작업을 해야 합니다.

```
function generateReport(products) {
  return reduce(products, "", function(report, product) {
    return report + product.name + " " + product.price + "\n";
  });
}

var productsLastYear = db.fetchProducts('last year');
var productsWithDiscounts = map(productsLastYear, function(product) {
  if(!product.discountID)
    return product;
  return objectSet(product, 'discount', db.fetchDiscount(product.discountID));
});
var reportLastYear = generateReport(productsWithDiscounts);
```

제품은 최상위
계층에 있는
인자입니다.

항상 도메인 계층과 인터랙션 계층을 분리해 도메인 규칙을 계산으로 유지할 수 있다는 것을 잊지 마
세요.

연습 문제

사용자가 책을 대여할 수 있는 공공 도서관 소프트웨어를 만들고 있습니다. 다음 기능들을 보고 어떤 계층에 속하는지 표시해 보세요. 인터랙션 계층은 I 표시를 도메인 계층은 D, 언어 계층은 L이라고 표시해 보세요.

1. 문자열을 처리하기 위해 불러온 라이브러리

2. 데이터베이스에서 사용자 레코드를 질의하는 루틴

3. 국회 도서관 API를 사용

4. 주제에 따라 책 분류를 결정하는 루틴

5. 주어진 대출 목록에 대한 벌금을 계산하는 루틴

6. 고객의 새로운 주소를 저장하는 루틴

7. Lodash 자바스크립트 라이브러리

8. 도서관 고객에게 대출 화면을 표시하는 루틴

> **표시 방법**
> **I** 인터랙션 계층
> **D** 도메인 계층
> **L** 언어 계층

정답

1. L, 2. I, 3. I, 4. D, 5. D, 6. I, 7. L, 8. I.

결론

이 장에서는 높은 수준의 개념인 반응형 아키텍처와 어니언 아키텍처에 대해서 알아봤습니다. 반응형 아키텍처는 액션에 반응할 다른 액션을 지정해 순차적 액션의 순서를 바꿉니다. 어니언 아키텍처는 함수형 사고를 적용한다면 자연스럽게 따라오는 아키텍처입니다. 어니언 아키텍처는 코드의 모든 단계를 다루기 때문에 유용한 개념입니다.

요점 정리

- 반응형 아키텍처는 코드에 나타난 순차적 액션의 순서를 뒤집습니다. X를 하고 Y를 하는 것을 X가 발생하면 Y를 하도록 바꿉니다.

- 반응형 아키텍처는 액션과 계산을 조합해 파이프라인을 만듭니다. 파이프라인은 순서대로 발생하는 작은 액션들의 조합입니다.

- 읽고 쓰는 동작을 제한해 변경 가능한 일급 상태를 만들 수 있습니다. ValueCell은 스프레드시트에서 영향을 받아 만들었습니다. ValueCell로 반응형 파이프라인을 구현할 수 있습니다.

- 어니언 아키텍처는 넓은 범위에서 소프트웨어를 세 개의 계층으로 나눕니다. 인터랙션과 도메인, 언어 계층입니다.

- 가장 바깥 인터랙션 계층은 액션으로 되어 있습니다. 도메인 계층과 액션을 사용하는 것을 조율합니다.

- 도메인 계층은 도메인 로직과 비즈니스 규칙과 같은 소프트웨어의 동작으로 되어 있습니다. 도메인 계층은 대부분 계산으로 구성됩니다.

- 언어 계층은 소프트웨어를 만들 수 있는 언어 기능과 라이브러리로 되어 있습니다.

- 어니언 아키텍처는 프랙털fractal*입니다. 액션의 모든 추상화 수준에서 찾을 수 있습니다.

다음 장에서 배울 내용

이제 파트 II가 끝났습니다. 다음 장에서 지금까지 배운 것을 정리해 보겠습니다. 그리고 앞으로 어떤 것을 더 배워야 할지 살펴보겠습니다.

---

* [옮긴이] 프랙털(fractal)은 일부 조각이 전체와 비슷한 구조입니다. 어니언 아키텍처를 소프트웨어 전체에 적용할 수도 있지만, 작은 부분에서도 같은 모습으로 적용할 수 있기 때문에 프랙털에 비유했습니다.

CHAPTER 19

함수형 프로그래밍 여행에 앞서

이번 장에서 살펴볼 내용

- 직장 상사의 심기를 건드리지 않고 새로운 기술을 적용하거나 학습하는 방법을 배웁니다.
- 함수형 기능에 심취하기 위해 함수형 프로그래밍 언어 한두 개를 골라 봅니다.
- 함수형 프로그래밍의 수학적인 관점으로 깊이 들어가 봅니다.
- 함수형 프로그래밍을 더 배우기 위한 책을 알아봅니다.

이제 다 배웠습니다! 이 책의 마지막 부분에 왔습니다. 마지막 장까지 오는 과정에서 함수형 프로그래 밍에 대한 기본 기술과 유용한 것들을 많이 배웠습니다. 어떤 프로젝트에도 바로 써먹을 수 있는 유용한 기술입니다. 그리고 앞으로 더 배울 내용에 대한 탄탄한 기초가 됩니다. 이 장에서는 새로운 기술을 적용하기 위한 현실적인 조언과 이 책을 덮고 나서도 배움을 이어나가기 위한 몇 가지 방법을 소개합니다.

마지막 장의 계획

다음 목록은 통과 의례와 같은 마지막 의식의 식순입니다. 이론 지식이 실제 사용할 수 있는 기술이 되도록 도와드리겠습니다. 이 장은 다음과 같은 순서로 진행하겠습니다.

이 책에서 배운 기술을 다시 보기

이 장까지 오는 과정을 돌아보기 위해 배운 기술을 다시 살펴보겠습니다.

마스터를 향해 가는 길

여러분은 기술을 배웠습니다. 배운 기술을 사용하기 시작했을 것입니다. 기술을 배우면서 우리는 비슷한 길을 걷게 됩니다. 마스터가 되기 위해 가는 길을 한 차원 높은 곳에서 살펴보겠습니다. 투 트랙 two-track 모델에 대해 배우게 됩니다.

트랙 1: 샌드박스

새로운 기술을 실험하고 연습해 보기 위한 장소가 필요합니다. 여기서 2가지 샌드박스sandbox 환경에 대해 알아보겠습니다.

- 사이드 프로젝트side project
- 연습 문제로 훈련하기

트랙 2: 제품

기술이 숙련되었다면 기술을 더욱 갈고닦기 위해 실제 제품에 적용해 봐야 합니다. 원하는 대로 적용해 볼 수 있지만, 다음과 같은 곳에 먼저 해보면 좋습니다.

- 오늘 당장 버그를 없애 보기
- 설계를 하나씩 개선해 보기

함수형 프로그래밍 여행을 계속하기 위해

지금까지 긴 시간 동안 든든한 기초를 얻었습니다. 기술을 더욱 갈고닦고 싶다는 생각이 든다면 다음과 같은 길이 있습니다.

- 함수형 언어를 배우기
- 수학적 지식을 얻기
- 더 많은 책을 읽기

전문가의 기술을 배웠습니다

이 책의 마지막 장입니다. 어떤 과정으로 여기까지 왔는지 다시 한번 배운 것을 정리해 봅시다. 이 기술은 모두 전문적인 함수형 개발자가 사용하는 기술입니다. 전문적인 함수형 개발자들은 강력함과 깊이를 위해 이런 기술을 선택했습니다.

파트 1: 액션과 계산, 데이터

- 코드에서 액션과 계산, 데이터를 구분해 가장 문제가 되는 부분을 찾습니다.
- 액션에서 계산을 빼내 재사용하기 좋고 테스트하기 쉬운 코드를 만듭니다.
- 암묵적인 입력과 출력을 명시적인 것으로 바꿔 액션의 설계를 개선합니다.
- 불변성immutability을 구현해 데이터 읽기를 계산으로 만듭니다.
- 계층형stratified 설계로 코드를 구성하고 개선합니다.

현재 이 단계에 있습니다.

이 장의 계획
- **기술 목록**
- 마스터가 되기 위한 투 트랙
- 트랙 1: 샌드박스
- 트랙 2: 제품
- 여행에 앞서

파트 2: 일급 추상

- 언어의 문법을 일급으로 만들어 코드를 추상화할 수 있습니다.
- 함수형 반복과 함수형 도구를 사용해 고차원으로 추론합니다.
- 함수형 도구를 연결해 데이터 변환 파이프라인을 만듭니다.
- 타임라인 다이어그램을 통해 동시성 분산 시스템을 이해합니다.
- 버그를 없애기 위해 타임라인을 활용합니다.
- 고차 함수로 안전하게 상태를 변경합니다.
- 반응형 아키텍처를 사용해 원인과 효과effect의 결합을 줄입니다.
- 세상과 상호작용하기 위해 어니언 아키텍처 설계를 서비스에 적용합니다.

꼭 기억해야 할 것

10년 뒤에 이 책의 내용 중 3가지만 생각날지 모릅니다. 다른 것은 다 잊어버려도 아래 3가지 내용은 가장 중요하기 때문에 꼭 기억하세요.

어떤 경우에는 액션에 계산이 숨어 있습니다.

계산을 찾아서 빼내는 것은 귀찮지만 가치 있는 일입니다. 계산은 액션보다 재사용하기 좋고, 테스트 하거나 이해하기 쉽습니다. 그리고 빼내는 데 그렇게 많은 시간이 걸리지 않을 것입니다. 액션과 계산, 데이터를 구분하는 것은 함수형 프로그래밍 기술의 기본입니다.

액션과 계산, 데이터는 변경되는 빈도에 따라 각각 다른 계층으로 구성할 수 있습니다. 넓은 관점에서 보면 아키텍처에 대한 문제이고 결국 어니언 아키텍처로 구성하게 됩니다.

고차 함수를 사용하면 추상화에 대한 개념이 넓어집니다.

고차 함수(함수를 인자로 받거나 함수를 리턴하는 함수)를 사용하면 똑같은 저수준의 코드를 반복적으로 만들지 않아도 됩니다. 생각해 보세요. 앞으로 얼마나 많은 반복문을 더 만들어야 할까요? 또 얼마나 많은 try/catch 구문을 만들어야 할까요? 고차 함수를 사용하면 한 번만 작성하면 됩니다. 그리고 도메인에 집중할 수 있습니다. 고차 함수는 함수형 프로그래밍에서 정말 많이 사용되는 개념입니다.

코드에서 시간의 의미는 마음대로 바꿀 수 있습니다.

어떤 코드가 여러 타임라인에서 실행된다면 기대하지 않은 실행 순서 때문에 버그가 생길 수 있습니다. 요즘은 대부분의 소프트웨어가 여러 타임라인을 갖습니다. 따라서 코드가 실행되는 순서를 이해하는 것은 매우 중요합니다.

타임라인 다이어그램으로 시간 흐름에 따라 코드가 어떻게 실행되는지 시각화할 수 있습니다. 액션이 동시에 실행되는지 차례로 실행되는지 알 수 있습니다. 액션은 실행 시점(순서)과 실행 횟수(반복)가 중요하다는 것을 기억하세요. 함수형 개발자는 액션의 순서와 반복을 바꿀 수 있다고 생각합니다. 기본형을 만들어 문법적 실행 방법을 다른 순서나 반복으로 바꿀 수 있습니다.

시간에 따른 기술과 열정의 변화

새로운 기술을 배울 때마다 완전한 숙달을 위해 누구나 비슷한 과정을 거칩니다. 처음에는 새로운 기술을 알게 된 기쁨을 주체하지 못하고 여기저기 적용할 곳을 찾아 이것저것 해봅니다. 그리고 쌓아 올린 기술을 자랑스럽게 생각합니다. 하지만, 곧 너무 높이 올라갔다는 것을 알고 바닥으로 추락하게 됩니다. 그리고 계속해서 기술의 한계에 대해 배웁니다. 서서히 기술을 적용할 때를 알게 되면 원래 알고 있던 다른 것들과 어떤 관계가 있는지 배우고 적용하지 않아야 할 때를 깨닫게 됩니다.

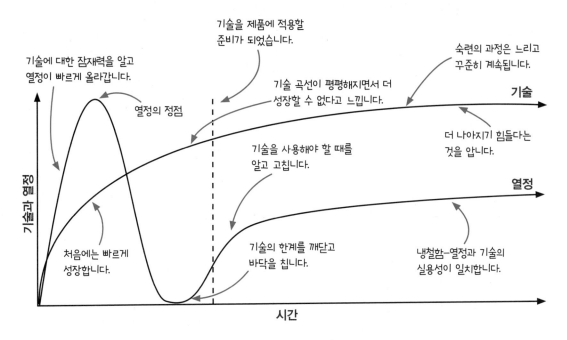

이 과정은 함수형 프로그래밍을 배울 때 겪게 되는 자연스러운 과정입니다. 이 과정 중 어디에 있는지 알아야 합니다. 그리고 끝에 도달했을 때 기술은 온전히 나의 것이 됩니다. 모든 가르침과 실험(성공과 실패), 잘못된 길과 옳은 것을 되돌아보면서 점점 기술이 익숙해질 것입니다.

이 곡선에서 가장 위험한 지점은 아직 숙달되지 않았지만, 과도하게 새로운 기술을 적용하려고 하는 때입니다. 처음에는 능력보다 의욕이 훨씬 앞섭니다. 제품 코드에 과도하게 적용해 가독성과 유지보수성이 나빠질 위험이 있습니다. 하지만 때가 되면 기술에 대한 한계를 알게 되고 제품에 적용할 준비가 됩니다. 그럼 기술을 완전히 익히고 실제 업무에 적용하기 위한 전략을 살펴봅시다.

현재 이 단계에 있습니다.

이 장의 계획
- 기술 목록
- **마스터가 되기 위한 투 트랙**
- 트랙 1: 샌드박스
- 트랙 2: 제품
- 여행에 앞서

투 트랙으로 마스터가 되기

현재 이 단계에 있습니다.

앞에서 기술과 열정이 어떻게 변하는지, 그래프를 통해 알아봤습니다. 문제는 숙련도보다 열정이 더 빠르게 상승한다는 점입니다. 기술을 적용하지 않아야 할 곳에도 적용하려고 할 수 있습니다. 아직 완성되지 않은 기술을 제품에 적용해 가독성과 유지보수성이 나빠지는 위험을 감수하고 싶지는 않을 것입니다. 그러면 어떻게 열정이 가장 높을 때 위험을 극복하면서 기술을 연습할 수 있을까요? 또 내가 가진 기술을 어떻게 확신할 수 있을까요?

> **이 장의 계획**
> • 기술 목록
> • **마스터가 되기 위한 투 트랙**
> • 트랙 1: 샌드박스
> • 트랙 2: 제품
> • 여행에 앞서

동시에 진행할 수 있는 투 트랙two-track 모델을 제안합니다. 트랙 1은 즐겁게 기술을 연습하고 실험하는 것입니다. 그리고 트랙 2는 조심스럽게 실제 코드에 기술을 적용하는 것입니다.

트랙 1: 샌드박스

좌절의 수렁에 빠지기 전에 기술을 연습할 공간이 필요합니다. 다음은 안전한 공간입니다.

- 연습 문제로 연습
- 사이드 프로젝트
- 제품 코드에서 버려진 브랜치

트랙 2: 제품

냉정하게 봤을 때 기술이 익숙해진 것 같다는 생각이 든다면 좋은 코딩 관행을 가진 실제 프로젝트에 적용해 볼 수 있습니다. 다음은 제품에 적용해 볼 수 있는 방법입니다.

- 이미 있는 코드를 리팩터링
- 이미 있는 프로젝트에 새로운 기능
- 새로 만드는 깨끗한 제품
- 다른 사람들을 가르치기

샌드박스 기술 | 제품 기술

이 선을 넘기 전까지는 샌드박스에서 기술을 연습합니다.

샌드박스sandbox는 연습하기 좋은 장소입니다. 그리고 제품은 기술이 실현되는 곳입니다. 두 트랙 모두 기술을 마스터하기 위해 중요하고 각 트랙은 기술마다 다른 시점에 있다는 것을 알아야 합니다. 처음에는 빠르게 성장한다고 느껴질 것입니다. 그리고 언젠가 모든 것이 판단과 개선에 대한 것이라고 생각하는 때에 도달합니다. 처음에는 모든 것이 실험과 한계에 대한 테스트라고 생각하겠지만 제품에 적용해야 할 때가 가까워지면 자연스럽게 기술을 다듬게 됩니다.

 생각해 보기

앞에서 이 책에서 배운 기술을 나열했습니다. 각 기술에 대해 곡선의 어디에 위치해 있는지 평가해보고 어떤 것을 샌드박스에 적용할 수 있는지, 어떤 것을 제품에 적용할 수 있는지 생각해 보세요.

샌드박스: 사이드 프로젝트를 시작하세요

사이드 프로젝트side project는 실패에 대한 큰 위험 없이 즐겁게 연습하기 좋습니다. 다음은 즐겁고 의미 있는 사이드 프로젝트를 위한 4가지 조언입니다.

처음에는 작은 프로젝트로 시작하세요.

성취감을 느낄 수 없는 너무 큰 프로젝트로 시작하는 것은 좋지 않습니다. 프로젝트 크기를 작게 유지하세요. 기술이 익숙해지면 프로젝트도 키워 갈 수 있습니다.

스스로에게 물어보세요.

- Hello World 웹 앱과 비슷한 것이 무엇인가요?
- Hello World 트위터 봇과 비슷한 것이 무엇인가요?

재미로 하는 사이드 프로젝트를 만드세요.

진지한 프로젝트는 목표를 이루지 못했을 때 좌절할 수 있습니다. 하지만, 재미로 하는 프로젝트는 부담없이 할 수 있습니다. 유머와 재미는 배우기 위한 가장 좋은 방법입니다.

스스로에게 물어보세요.

- 일 같지 않으면서 엉뚱한 것은 무엇인가요?
- 실패해도 재미있는 것은 무엇인가요?

> **이 장의 계획**
> - 기술 목록
> - 마스터가 되기 위한 투 트랙
> - **트랙 1: 샌드박스**
> - 트랙 2: 제품
> - 여행에 앞서
>
> 현재 이 단계에 있습니다.

익숙한 기술과 새로운 기술을 함께 사용하세요.

타임라인 기술을 배우려는데 새 프레임워크를 배우지는 마세요. 자신 있는 기술을 사용해 새 기술을 적용해 보세요.

스스로에게 물어보세요.

- 바로 만들 수 있는 것은 무엇인가요?
- 어떻게 하면 그 위에 새로운 기술 하나를 적용할 수 있을까요?

언제든지 기능을 추가해 볼 수 있는 프로젝트를 준비하세요.

기술을 연습하고 싶을 때 준비되어 있는 사이드 프로젝트가 있다면 좋습니다. 설계가 필요한 부분도 있을 것입니다. 또 새로운 기술로 추가해야 할 기본 기능도 있을 것입니다. 예를 들어 기본적인 블로그가 있다면 사이드 프로젝트에서 사용자 인증 기능을 추가하면 됩니다.

스스로에게 물어보세요.

- 어떤 프로젝트가 언제든지 기능을 추가할 수 있는 기반이 될까요?
- 나중에 추가할 만한 기본 기능은 무엇인가요?

샌드박스: 연습 문제로 훈련하기

기술은 훈련 필요합니다. 때로는 연습 문제를 풀어보는 것이 가장 좋은 훈련일 수 있습니다. 연습 문제는 맥락이 필요 없고 명확한 요구 사항이 있습니다. 연습 문제는 훈련을 위해 만들었기 때문에 성취할 결과물 없이 기술을 연마할 수 있습니다. 다음 사이트에서 좋은 연습 문제를 제공합니다.

Edabit(https://edabit.com/challenges)

Edabit에는 정말 많은 코딩 문제가 있습니다. 문제는 작고 명확하게 설명되어 있습니다. 또 쉬운 문제부터 어려운 문제까지 표시되어 있습니다. 함수형 프로그래밍 기술을 연습하기 위해 사용해 보세요. 같은 문제에 다른 기술을 적용해서 풀어 보세요.

Project Euler(https://projecteuler.net)

Project Euler 역시 많은 프로그래밍 문제가 모여 있는 곳입니다. 가끔 수학적인 문제가 있지만 모든 것을 명확하게 설명해 놨습니다. 이 사이트의 가장 좋은 점은 문제에 제약이 있다는 점입니다. 예를 들어 10번째 소수를 찾기는 쉽습니다. 하지만 해가 지기 전에 1,000,000번째 소수를 찾는 것은 도전적입니다! 메모리 제한도 있고 성능 제한, 스택 크기 제약과 같은 다양한 제약들이 있습니다. 이런 제약들은 이론을 넘어 기술을 실용적으로 사용하는 데 도움이 됩니다.

> **이 장의 계획**
> - 기술 목록
> - 마스터가 되기 위한 투 트랙
> - **트랙 1: 샌드박스**
> - 트랙 2: 제품
> - 여행에 앞서

현재 이 단계에 있습니다.

CodeWars(https://codewars.com)

CodeWars는 기술을 연습하기에 충분히 방대한 문제를 제공하고 몇 분 안에 풀 수 있는 간단한 문제로 되어 있습니다. 같은 문제를 다른 방식으로 풀어보는 데 도움이 됩니다.

Code Katas(https://github.com/gamontal/awesome-katas)

Code Katas는 같은 문제를 반복적으로 풀어 보는 방법으로 훈련을 할 수 있습니다. 문제를 푸는 것보다 프로그래밍하는 과정을 연습하기 위해 사용합니다. 함수형 프로그래밍 기술을 테스트와 같은 다른 개발 기술과 통합해보기 좋습니다.

제품: 오늘 당장 버그를 없애 보세요

이 책에서 소개하는 모든 기술은 코드에 바로 적용해 볼 수 있는 기술입니다. 하지만 10만 줄이 넘는 코드라면 어디에 적용해야 할지 찾기 어려울 것입니다. 걱정하지 마세요. 어떤 곳이나 작은 부분에 적용하면 됩니다. 작은 부분을 고쳐도 코드를 개선할 수 있습니다.

어떤 기술은 오늘 당장 소스 코드에 적용해 큰 버그를 없앨 수 있습니다. 그렇게 되면 코드가 크게 개선되고 팀 동료들과 함께 기뻐할 수 있습니다.

변경 가능한 전역변수를 하나씩 줄입니다.

3~5장에서 함수의 암묵적 입력과 출력을 확인하는 것을 배웠습니다. 암묵적 입력과 출력은 변경 가능한 전역변수일 때도 있습니다. 전역변수는 공유할 수 있는 데이터입니다. 변경 가능한 데이터를 공유하는 곳은 버그의 진원지가 될 수 있습니다. 큰 성과를 얻기 위해 변경 가능한 전역변수를 하나씩 줄여보세요. 전역변수 목록을 만들고 하나를 선택해 리팩터링으로 없애 보세요. 그리고 다음 전역변수를 선택해 없애 보세요. 여러분의 동료가 고마워할 것입니다.

> **이 장의 계획**
> - 기술 목록
> - 마스터가 되기 위한 투 트랙
> - 트랙 1: 샌드박스
> - **트랙 2: 제품** ←
> - 여행에 앞서

현재 이 단계에 있습니다.

타임라인을 하나씩 줄입니다.

15~17장에서 코드가 동작하는 방식을 이해하기 위해 타임라인을 사용하는 방법을 배웠습니다. 타임라인 다이어그램으로 경쟁 조건과 순서에 관한 문제를 알 수 있습니다. 타임라인을 격리하고 공유하고 조율하면 기대하지 않는 실행 순서를 없앨 수 있습니다. 긴 코드 베이스를 가지고 일을 하다 보면 직감적으로 버그가 생기리라는 것을 알 수 있습니다. 여기에 경쟁 조건이 있나요? 그렇다면 하나를 선택하고 잘못된 순서를 없애는 기술을 사용해 타임라인 다이어그램을 하나씩 줄여보세요.

제품: 설계를 하나씩 개선하세요

이 책에서 배운 기술 중 어떤 것은 코드 설계를 점진적으로 개선하기 위해 바로 사용할 수 있습니다. 점진적incremental이라는 말은 게임의 한 종류이기도 합니다.* 설계는 중요하지만 당장 좋은 점을 느끼지 못할 수도 있습니다. 하지만 시간이 지나면서 설계를 하나씩 개선하다 보면 좋은 설계의 장점이 빛나기 시작할 것입니다.

---

* [옮긴이] Incremental game은 단순한 작업으로 화폐를 모으는 형태의 게임입니다. 최적화를 결정하고 목표를 달성해 성취감을 얻는 게임의 형태가 점진적으로 설계를 개선하는 것과 비슷하므로 비유를 사용했습니다.

액션에서 계산을 빼내세요.

코드에서 액션을 없애는 것은 어렵습니다. 대부분의 액션은 목적이 있습니다. 불필요한 액션은 거의 없습니다. 할 수 있는 것은 액션을 작게 만드는 것입니다. 액션에서 로직을 찾고 로직을 계산으로 빼내세요. 간단하고 직접적인 액션이 좋은 액션입니다.

암묵적 입력과 출력을 명시적으로 바꿔 보세요.

다시 이야기하지만 액션을 없애는 것은 정말 어렵습니다. 암묵적인 입력과 출력을 없애는 것이 더 효과적입니다. 4개의 암묵적 입력과 출력을 3개로 줄인다면 코드가 더 좋아진 것입니다. 암묵적 입력과 출력이 줄어들어도 여전히 액션이지만 더 좋은 액션입니다. 시스템의 상태와 느슨하게 결합하기 때문입니다.

> **이 장의 계획**
> - 기술 목록
> - 마스터가 되기 위한 투 트랙
> - 트랙 1: 샌드박스
> - **트랙 2: 제품**
> - 여행에 앞서
>
> 현재 이 단계에 있습니다.

반복문을 바꿔 보세요.

12~14장에서 반복문을 대신해 쓸 수 있는 유용한 함수들을 살펴봤습니다. 반복문 하나를 없애는 것이 큰 의미가 없어 보일 수 있지만, 반복문에는 많은 알고리즘이 숨어 있습니다. 반복문 대신 `forEach()`나 `map()`, `filter()`, `reduce()`를 사용해 보세요. 반복문은 함수형 스타일로 가기 위한 디딤돌이 되기도 합니다. 반복문을 함수형 스타일로 만드는 과정에서 어쩌면 여러분만의 새로운 함수형 도구를 발견할 수도 있습니다.

인기 있는 함수형 프로그래밍 언어

실용적으로 배우기 좋은 함수형 언어들을 정리했습니다. 더 많은 함수형 언어가 있지만, 인지도가 높고 라이브러리가 많은 언어를 모아 봤습니다. 나열한 언어들은 다목적general-purpose 프로그래밍 언어이므로 어떤 것이든 잘 만들 수 있습니다. 일자리가 얼마나 많은지, 어떤 플랫폼에 쓸 수 있는지, 함수형 프로그래밍의 어떤 부분을 배울 수 있는지에 따라 나눠 보겠습니다.

클로저(Clojure, https://clojure.org)
클로저는 자바 가상 머신(JVM)과 자바스크립트 런타임(ClojureScript라고 부릅니다)에서 동작합니다.

엘릭서(Elixir, https://elixir-lang.org)
엘릭서는 얼랭 가상 머신에서 동작합니다. 동시성을 다루기 위해 액터actor 모델을 사용합니다.

스위프트(Swift, https://swift.org)

스위프트는 애플이 만든 주력 오픈 소스 언어입니다.

코틀린(Kotlin, https://kotlinlang.org)

코틀린은 자바 가상 머신에서 동작하고 객체 지향 언어와 함수형 프로그래밍 언어의 특징을 가지고 있습니다.

하스켈(Haskell, https://www.haskell.org)

하스켈은 주로 학교나 스타트업, 대기업에서 사용하는 정적 타입 언어입니다.

얼랭(Erlang, https://www.erlang.org)

Erlang은 장애 내성fault tolerance를 위해 만들어졌습니다. 동시성을 다루기 위해 액터actor 모델을 사용합니다.

엘름(Elm, https://elm-lang.org)

엘름은 프런트엔드 웹 애플리케이션에 사용하는 정적 타입 언어입니다. 자바스크립트로 컴파일됩니다.

스칼라(Scala, https://www.scala-lang.org)

스칼라는 객체 지향 개념과 함수형 프로그래밍 개념을 하나로 통합한 언어입니다. 자바 가상 머신과 자바스크립트 런타임에서 동작합니다.

F#(https://fsharp.org)

F#은 Microsoft Common Language Runtime에서 동작하는 정적 타입 언어입니다.

러스트(Rust, https://www.rust-lang.org)

러스트는 메모리 누수나 동시성 에러를 줄이기 위해 설계되었습니다. 강력한 타입 시스템을 갖고 있는 시스템 언어입니다.

퓨어스크립트(PureScript, https://www.purescript.org)

퓨어스크립트는 브라우저에서 실행하는 자바스크립트로 컴파일되는 언어입니다. 하스켈과 비슷합니다.

라켓(Racket, https://racket-lang.org)

라켓은 깊은 역사와 활발한 커뮤니티를 가지고 있습니다.

리즌(Reason, https://reasonml.github.io)

리즌은 자바스크립트와 네이티브 어셈블리native assembly로 컴파일되는 정적 타입 언어입니다.

> **이 장의 계획**
> - 기술 목록
> - 마스터가 되기 위한 투 트랙
> - 트랙 1: 샌드박스
> - 트랙 2: 제품
> - **여행에 앞서**
>
> 현재 이 단계에 있습니다.

일자리가 가장 많은 함수형 언어

함수형 프로그래밍으로 일할 수 있는 곳을 찾기 위해 새로운 언어를 배운다고 생각할 수도 있습니다. 함수형 개발자를 찾는 회사는 드물지만 있습니다. 함수형 프로그래밍 언어를 자연스럽게 배우기 위해 언어를 고르고 관련된 일자리를 찾아볼 수 있습니다. 앞에서 나열한 모든 언어는 제품을 만드는 데 사용하지만 다음 언어를 사용하는 개발자를 가장 많이 구합니다.

Elixir – Kotlin – Swift – Scala – Rust ← 시작하기 쉬운 것부터 어려운 순으로 정렬

그리고 아래 언어는 위 언어들보다 일자리가 적지만 그래도 많은 일자리가 있습니다.

Clojure – Erlang – Haskell ← 시작하기 쉬운 것부터 어려운 순으로 정렬

안타깝게도 다른 언어들은 일자리가 많지 않아 추천하지 않습니다.

사용할 수 있는 플랫폼별 함수형 언어

사용할 수 있는 플랫폼별로 함수형 언어를 나눌 수도 있습니다.

브라우저 (자바스크립트 엔진)

다음 언어는 자바스크립트로 컴파일됩니다. 브라우저에서 실행할 수도 있지만 Node에서도 실행할 수 있습니다.

Elm – ClojureScript – Reason – Scala.js – PureScript ← 시작하기 쉬운 것부터 어려운 순으로 정렬

웹 백앤드

다음 언어는 웹 애플리케이션 서버를 구현하는 데 많이 사용합니다.

Elixir – Kotlin – Swift – Racket – Scala – Clojure – F# – Haskell ← 시작하기 쉬운 것부터 어려운 순으로 정렬

모바일 (iOS와 안드로이드)

네이티브: **Swift**

JVM으로 사용: **Scala – Kotlin**

Xamarin으로 사용: **F#**

React Native로 사용: **ClojureScript – Scala.js**

임베디드 장치

Rust

배울 수 있는 것에 따라 나눈 함수형 언어

언어를 배울 때 특정 부분에 깊이 파고들면 학습에 도움이 됩니다. 그래서 함수형 언어를 선택할 때도 어떤 것을 배울 수 있는지에 따라 선택할 수 있습니다. 다음은 각 언어에서 특징적으로 제공하는 기능에 따른 분류입니다. 분류를 보고 집중해서 배우고 싶은 것에 따라 함수형 언어를 선택해 보세요.

정적 타입

오늘날 가장 진화된 타입 시스템은 함수형 언어에서 찾을 수 있습니다. 이런 타입 시스템은 수학적 논리에 기반해 일관성이 있다는 것이 증명되었습니다. 타입은 오류를 막는 것 이상의 역할을 합니다. 더 좋은 소프트웨어 설계로 안내합니다. 좋은 타입 시스템이 있다면 논리학자들의 어깨에 올라 좋은 소프트웨어를 쉽게 만들 수 있습니다. 타입 시스템에 대해 더 알고 싶다면 다음 언어들에 깊이 빠져보세요.

Elm – Scala – F# – Reason – PureScript – Rust – Haskell ← 시작하기 쉬운 것부터 어려운 순으로 정렬

Swift와 Kotlin, Racket은 타입 시스템이 있지만 강력하지 않습니다.

함수형 도구와 데이터 변환

대부분의 언어에는 좋은 함수형 도구가 있기 때문에 데이터 변환을 쉽게 할 수 있습니다. 하지만 다음 언어들은 데이터 변환에 특화되어 있습니다.

새로운 타입을 정의하는 대신 적은 데이터 타입과 데이터를 조작하는 많은 동작을 제공합니다.*

> **이 장의 계획**
> - 기술 목록
> - 마스터가 되기 위한 투 트랙
> - 트랙 1: 샌드박스
> - 트랙 2: 제품
> - **여행에 앞서**

Kotlin – Elixir – Clojure – Racket – Erlang ← 시작하기 쉬운 것부터 어려운 순으로 정렬

현재 이 단계에 있습니다.

동시성과 분산 시스템

대부분의 함수형 언어는 불변 데이터 구조를 지원하기 때문에 멀티스레드를 사용하기 쉽습니다. 하지만 어떤 언어는 동시성 작업을 더 잘 처리할 수 있습니다. 다음 언어들은 여러 타임라인을 직관적인 방법으로 잘 관리하는 기능을 가지고 있습니다. 제공하는 기능에 따라 다시 분류할 수 있습니다.

동시성 기본형: **Clojure – F# – Haskell – Kotlin**
액터actor 모델을 사용: **Elixir – Erlang – Scala**
타입 시스템을 통해: **Rust**

---

* [옮긴이] 앨런 펄리스(Alan J. Perlis)가 이야기한 "100개의 함수를 하나의 자료구조에 적용하는 것이 10개의 함수를 10개의 자료구조에 적용하는 것보다 낫다"라는 말을 인용했습니다.

수학적 지식을 얻기

함수형 프로그래밍의 많은 부분이 수학적 지식에서 온 것입니다. 어떤 사람들은 수학적인 부분 때문에 함수형 프로그래밍을 좋아하기도 합니다. 만약 수학적 지식에 대해 궁금하다면 다음 목록을 참고하세요. 여러분의 취향에 맞을지도 모릅니다.

람다 대수

람다 대수는 강력하고 단순한 수학 시스템입니다. 함수 정의와 함수 호출에 대한 내용을 다루고 있습니다. 람다 대수에서 함수를 많이 사용하므로 함수형 프로그래밍에 람다 대수를 얼마든지 사용할 수 있습니다.

콤비네이터

람다 대수에 흥미로운 부분 중 하나는 **콤비네이터**combinator에 대한 개념입니다. 콤비네이터는 다른 함수를 바꾸거나 조합하는 함수를 말합니다.

타입 이론

타입 이론도 람다 대수가 함수형 프로그래밍에 영향을 준 것 중 하나입니다.[*]

타입 이론은 기본적으로 코드에 적용된 논리입니다. 타입 이론은 논리적인 불일치 없이 도출하고 증명하는 것에 대한 개념입니다. 타입 이론은 정적 타입 시스템을 가진 함수형 언어의 기본이 됩니다.

카테고리 이론

너무 간단하게 이야기하는 것인지 모르겠지만 카테고리 이론은 서로 다른 타입 간에 구조적 유사성을 탐구하는 추상 수학입니다. 프로그래밍에 적용하면 소프트웨어 구현과 설계에 대한 많은 아이디어를 얻을 수 있을 것입니다.

이펙트 시스템

이펙트effect 시스템은 **모나드**monad나 **어플리커티브 펑터**applicative functor와 같이 카테고리 이론에서 사용하는 수학적 객체를 사용합니다. 이 개념을 통해, 실행하고 변경 가능한 상태, 예외, 다른 부수 효과와 같은 액션을 모델링합니다. 액션을 불변 데이터 구조로 모델링하기 때문에 계산과 데이터만 사용해 언어의 한계를 뛰어넘습니다.

> **이 장의 계획**
> - 기술 목록
> - 마스터가 되기 위한 투 트랙
> - 트랙 1: 샌드박스
> - 트랙 2: 제품
> - **여행에 앞서** ←
>
> 현재 이 단계에 있습니다.

---

[*] [옮긴이] 처음 소개된 기본 람다 대수에는 타입이 없지만 이후 간단한 타입 있는 람다 대수(simply typed lambda calculus)가 소개되었습니다.

더 읽을거리

마지막으로 함수형 프로그래밍 책을 추천하려고 합니다. 다음은 다음 단계로 넘어가기 위해 읽어보면 좋은 책입니다.

《Functional-Light JavaScript》 - Kyle Simpson

이 책은 자바스크립트 스타일 가이드와 함수형 프로그래밍에서 사용하는 용어들을 함께 설명합니다. 학문적으로 깊이 설명하지 않고 설명할 수 없다고 생각했던 함수형 프로그래밍 개념들을 잘 설명하고 있습니다. 멋지게 잘 설명하고 있습니다. 강력하게 추천합니다.

《Domain Modeling Made Functional》 - Scott Wlaschin

이 책은 고객의 요구사항을 함수형 작업 흐름으로 구현하는 방법을 보여줍니다. 타입 시스템을 사용해서 도메인을 모델링합니다. 제가 본 DDD_{Domain Driven Design} 책 중 최고라고 할 수 있습니다.

《Structure and Interpretation of Computer Programs》 - Harold Abelson, Gerald Jay Sussman, Julie Sussman*

이 책은 고전입니다. MIT_{Massachusetts Institute of Technology} 컴퓨터 과학 학생들의 교재로 처음 소개된 책입니다. 내용이 조금 어렵지만 여전히 중요한 개념들을 배울 수 있습니다. 책을 읽다가 막혀도 괜찮습니다. 이 책은 함수형 프로그래밍 기술을 학습하면서 항상 옆에 두고 보는 책이라고 생각하세요.

《Grokking Functional Programming》 - Michał Płachta

이 책은 다른 관점에서 함수형 프로그래밍을 소개하는 훌륭한 입문서입니다. 이 책을 읽으면 순수 함수와 함수형 도구, 불변 데이터에 대해 더 깊이 이해할 수 있습니다. 그리고 여기서 설명한 것보다 데이터 모델링에 대해 더 자세히 대해 다루고 있습니다.

위에서 소개한 책 말고도 관심 있거나 인기 있는 프로그래밍 언어 책을 읽어보세요. 대부분의 언어가 함수형 프로그래밍에 대해 다루고 있습니다. 그리고 함수형 언어에 대한 책도 많이 있습니다.

> **이 장의 계획**
> - 기술 목록
> - 마스터가 되기 위한 투 트랙
> - 트랙 1: 샌드박스
> - 트랙 2: 제품
> - **여행에 앞서** ◀
>
> 현재 이 단계에 있습니다.

---

* ⟨옮긴이⟩ 《컴퓨터 프로그램의 구조와 해석》(인사이트, 2016)이라는 제목으로 한글 번역된 책이 있습니다.

결론

마지막 장에서 이 책을 통해 배운 것을 정리하는 시간을 가졌습니다. 함수형 프로그래밍을 실제 코드에 적용할 수 있는 힘이 생겼습니다. 함수형 기술을 어떻게 연습하고 연마하면 좋을지 알아봤습니다. 또 더 많은 것을 배우려면 무엇을 봐야 하는지 살펴봤습니다.

요점 정리

- 이 책에서 중요한 기술을 많이 배웠습니다. 기술을 마스터하기 위해 계획을 세워 보면 좋습니다.

- 기술을 잘 쓸 수 있는 준비가 되지 않았지만 열정이 넘칠 수 있습니다. 실험하고 연습할 수 있는 안전한 장소를 찾으세요.

- 함수형 프로그래밍으로 더 좋은 제품 코드를 만들 수 있습니다. 제품 코드에 사용하면서 생기는 부담은 기술을 연마하는 데 도움이 되기도 합니다.

- 사이드 프로젝트나 실제 제품에 사용할 수 있는 실용적인 함수형 프로그래밍 언어가 많이 있습니다. 사이드 프로젝트나 실제 제품에 적용하는 것은 함수형 프로그래밍 분야에서 경험을 쌓기 좋은 환경입니다.

- 함수형 프로그래밍에는 수학적 개념이 사용되기도 합니다. 관심이 있다면 더 공부해 보세요! 배울 것이 많이 있습니다.

- 함수형 프로그래밍에 대해 배울 수 있는 좋은 책이 많이 있습니다. 한번 읽어보세요.

다음 장에서 배울 내용

없습니다! 잘 지내세요!
